国家出版基金项目
NATIONAL PUBLICATION FOUNDATION

郑筱筠 / 主编

中国社会科学院

总主编 谢伏瞻

庆祝中华人民共和国成立70周年书系 国家哲学社会科学学术研究史

新中国宗教学研究70年

中国社会科学出版社

图书在版编目（CIP）数据

新中国宗教学研究 70 年／郑筱筠主编 . —北京：中国社会科学

出版社，2020.9

（庆祝中华人民共和国成立 70 周年书系）

ISBN 978 - 7 - 5203 - 7380 - 7

Ⅰ . ①新… Ⅱ . ①郑… Ⅲ . ①宗教学—研究—中国 Ⅳ . ①B929. 2

中国版本图书馆 CIP 数据核字（2020）第 187811 号

出 版 人 赵剑英
责任编辑 刘亚楠
责任校对 郝阳洋
责任印制 王 超

出 版 中国社会科学出版社
社 址 北京鼓楼西大街甲 158 号
邮 编 100720
网 址 http://www. csspw. cn
发 行 部 010 - 84083685
门 市 部 010 - 84029450
经 销 新华书店及其他书店

印刷装订 北京君升印刷有限公司
版 次 2020 年 9 月第 1 版
印 次 2020 年 9 月第 1 次印刷

开 本 710 × 1000 1/16
印 张 37. 75
字 数 526 千字
定 价 209.00 元

中国社会科学院

《庆祝中华人民共和国成立70周年书系》

编撰工作领导小组及委员会名单

编撰工作领导小组：

组　长　谢伏瞻

成　员　王京清　蔡　昉　高　翔　高培勇　杨笑山

　　　　姜　辉　赵　奇

编撰工作委员会：

主　任　谢伏瞻

成　员　（按姓氏笔画为序）

卜宪群	马　援	王　巍	王立胜	王立峰
王延中	王京清	王建朗	史　丹	邢广程
刘丹青	刘跃进	闫　坤	孙壮志	李　扬
李正华	李　平	李向阳	李国强	李培林
李新烽	杨伯江	杨笑山	吴白乙	汪朝光
张　翼	张车伟	张宇燕	陈　甦	陈光金
陈众议	陈星灿	周　弘	郑筱筠	房　宁
赵　奇	赵剑英	胡　滨	姜　辉	莫纪宏

夏春涛　高　翔　高培勇　唐绪军　黄　平
黄群慧　朝戈金　蔡　昉　樊建新　潘家华
魏后凯

协调工作小组：

组　长 蔡　昉

副组长 马　援　赵剑英

成　员（按姓氏笔画为序）

王子豪　王宏伟　王　茵　云　帆　卢　娜
叶　涛　田　侃　曲建君　朱渊寿　刘大先
刘　伟　刘红敏　刘　杨　刘爱玲　吴　超
宋学立　张　骅　张　洁　张　旭　张崇宁
林　帆　金　香　郭建宏　博　悦　蒙　娃

总　序

与时代同发展　与人民齐奋进

谢伏瞻[*]

今年是新中国成立 70 周年。70 年来，中国共产党团结带领中国人民不懈奋斗，中华民族实现了从"东亚病夫"到站起来的伟大飞跃、从站起来到富起来的伟大飞跃，迎来了从富起来到强起来的伟大飞跃。70 年来，中国哲学社会科学与时代同发展，与人民齐奋进，繁荣中国学术，发展中国理论，传播中国思想，为党和国家事业发展作出重要贡献。在这重要的历史时刻，我们组织中国社会科学院多学科专家学者编撰了《庆祝中华人民共和国成立 70 周年书系》，旨在系统回顾总结中国特色社会主义建设的巨大成就，系统梳理中国特色哲学社会科学发展壮大的历史进程，为建设富强民主文明和谐美丽的社会主义现代化强国提供历史经验与理论支持。

壮丽篇章　辉煌成就

70 年来，中国共产党创造性地把马克思主义基本原理同中国具体实际相结合，领导全国各族人民进行社会主义革命、建设和改革，

---

* 中国社会科学院院长、党组书记，学部主席团主席。

战胜各种艰难曲折和风险考验，取得了举世瞩目的伟大成就，绘就了波澜壮阔、气势恢宏的历史画卷，谱写了感天动地、气壮山河的壮丽凯歌。中华民族正以崭新姿态巍然屹立于世界的东方，一个欣欣向荣的社会主义中国日益走向世界舞台的中央。

我们党团结带领人民，完成了新民主主义革命，建立了中华人民共和国，实现了从几千年封建专制向人民民主的伟大飞跃；完成了社会主义革命，确立社会主义基本制度，推进社会主义建设，实现了中华民族有史以来最为广泛而深刻的社会变革，为当代中国的发展进步奠定了根本政治前提和制度基础；进行改革开放新的伟大革命，破除阻碍国家和民族发展的一切思想和体制障碍，开辟了中国特色社会主义道路，使中国大踏步赶上时代，迎来了实现中华民族伟大复兴的光明前景。今天，我们比历史上任何时期都更接近、更有信心和能力实现中华民族伟大复兴的目标。

中国特色社会主义进入新时代。党的十八大以来，在以习近平同志为核心的党中央坚强领导下，我们党坚定不移地坚持和发展中国特色社会主义，统筹推进"五位一体"总体布局，协调推进"四个全面"战略布局，贯彻新发展理念，适应我国社会主要矛盾已经转化为人民日益增长的美好生活需要和不平衡不充分的发展之间的矛盾的深刻变化，推动我国经济由高速增长阶段向高质量发展阶段转变，综合国力和国际影响力大幅提升。中国特色社会主义道路、理论、制度、文化不断发展，拓展了发展中国家走向现代化的途径，给世界上那些既希望加快发展又希望保持自身独立性的国家和民族提供了全新选择，为解决人类问题贡献了中国智慧和中国方案，为人类发展、为世界社会主义发展做出了重大贡献。

70 年来，党领导人民攻坚克难、砥砺奋进，从封闭落后迈向开放进步，从温饱不足迈向全面小康，从积贫积弱迈向繁荣富强，取得了举世瞩目的伟大成就，创造了人类发展史上的伟大奇迹。

经济建设取得辉煌成就。70 年来，我国经济社会发生了翻天覆地的历史性变化，主要经济社会指标占世界的比重大幅提高，国际地位和国际影响力显著提升。经济总量大幅跃升，2018 年国内生产总值比 1952 年增长 175 倍，年均增长 8.1%。1960 年我国经济总量占全球经济的比重仅为 4.37%，2018 年已升至 16% 左右，稳居世界第二大经济体地位。我国经济增速明显高于世界平均水平，成为世界经济增长的第一引擎。1979—2012 年，我国经济快速增长，年平均增长率达到 9.9%，比同期世界经济平均增长率快 7 个百分点，也高于世界各主要经济体同期平均水平。1961—1978 年，中国对世界经济增长的年均贡献率为 1.1%。1979—2012 年，中国对世界经济增长的年均贡献率为 15.9%，仅次于美国，居世界第二位。2013—2018 年，中国对世界经济增长的年均贡献率为 28.1%，居世界第一位。人均收入不断增加，1952 年我国人均 GDP 仅为 119 元，2018 年达到 64644 元，高于中等收入国家平均水平。城镇化率快速提高，1949 年我国的城镇化率仅为 10.6%，2018 年我国常住人口城镇化率达到了 59.58%，经历了人类历史上规模最大、速度最快的城镇化进程，成为中国发展史上的一大奇迹。工业成就辉煌，2018 年，我国原煤产量为 36.8 亿吨，比 1949 年增长 114 倍；钢材产量为 11.1 亿吨，增长 8503 倍；水泥产量为 22.1 亿吨，增长 3344 倍。基础设施建设积极推进，2018 年年末，我国铁路营业里程达到 13.1 万公里，比 1949 年年末增长 5 倍，其中高速铁路达到 2.9 万公里，占世界高铁总量 60% 以上；公路里程为 485 万公里，增长 59 倍；定期航班航线里程为 838 万公里，比 1950 年年末增长 734 倍。开放型经济新体制逐步健全，对外贸易、对外投资、外汇储备稳居世界前列。

科技发展实现大跨越。70 年来，中国科技实力伴随着经济发展同步壮大，实现了从大幅落后到跟跑、并跑乃至部分领域领跑的历史性跨越。涌现出一批具有世界领先水平的重大科技成果。李四光等人提出"陆相生油"理论，王淦昌等人发现反西格玛负超子，第一颗原子弹装置爆炸成功，第一枚自行设计制造的运载火箭发射成功，在世界上首次人工合成牛胰岛素，第一颗氢弹空爆成功，陈景润证明了哥德巴赫猜想中的"1 + 2"，屠呦呦等人成功发现青蒿素，天宫、蛟龙、天眼、悟空、墨子、大飞机等重大科技成果相继问世。相继组织实施了一系列重大科技计划，如国家高技术研究发展（863）计划、国家重点基础研究发展（973）计划、集中解决重大问题的科技攻关（支撑）计划、推动高技术产业化的火炬计划、面向农村的星火计划以及国家自然科学基金、科技型中小企业技术创新基金等。研发人员总量稳居世界首位。我国研发经费投入持续快速增长，2018 年达 19657 亿元，是 1991 年的 138 倍，1992—2018 年年均增长 20.0%。研发经费投入强度更是屡创新高，2014 年首次突破 2%，2018 年提升至 2.18%，超过欧盟 15 国平均水平。按汇率折算，我国已成为仅次于美国的世界第二大研发经费投入国家，为科技事业发展提供了强大的资金保证。

人民生活显著改善。我们党始终把提高人民生活水平作为一切工作的出发点和落脚点，深入贯彻以人民为中心的发展思想，人民获得感显著增强。70 年来特别是改革开放以来，从温饱不足迈向全面小康，城乡居民生活发生了翻天覆地的变化。我国人均国民总收入（GNI）大幅提升。据世界银行统计，1962 年，我国人均 GNI 只有 70 美元，1978 年为 200 美元，2018 年达到 9470 美元，比 1962 年增长了 134.3 倍。人均 GNI 水平与世界平均水平的差距逐渐缩小，1962 年相当于世界平均水平的 14.6%，2018 年相当于世界平均水平的 85.3%，比 1962 年提高了 70.7 个百分点。在世界银行公布的人均 GNI 排名中，2018 年中国排名第 71 位（共计 192 个经济体），比 1978 年（共计 188 个经济体）提高 104 位。组织实施了一系列中长期扶贫规划，从救济式扶贫到开发式扶贫再到精准扶贫，探索出一条符合中国国情的农村扶贫开发道路，为全面建成小康社会奠定了坚实基础。脱贫攻坚战取得决定性进展，贫困人口大幅减少，为世界减贫事业做出了重大贡献。按照我国现行农村贫困标准测算，1978 年我国农村贫困人口为 7.7 亿人，贫困发生率为 97.5%。2018 年年末农村贫困人口为 1660 万人，比 1978 年减少 7.5 亿人；贫困发生率为 1.7%，比 1978 年下降 95.8 个百分点，平均每年下降 2.4 个百分点。我国是最早实现联合国千年发展目标中减贫目标的发展中国家。就业形势长期稳定，就业总量持续增长，从 1949 年的 1.8 亿人增加到 2018 年的 7.8 亿人，扩大了 3.3 倍，就业结构调整优化，就业质量显著提升，劳动力市场不断完善。教育事业获得跨越式发展。1970—2016 年，我国高等教育毛入学率从 0.1% 提高到 48.4%，2016 年我国高等教育毛入学率比中等收入国家平均水平高出 13.4 个百分点，比世界平均水平高 10.9 个百分点；中等教育毛入学率从 1970 年的 28.0% 提高到 2015 年的 94.3%，2015 年我国中等教育毛入学率超过中等收入国家平均水平 16.5 个百分点，远高于世界平均水平。我国总人口由 1949 年的 5.4 亿人发展到 2018 年的近 14 亿人，年均增长率约为 1.4%。人民身体素质日益改善，居民预期寿命由新中国成立初的 35 岁提高到 2018 年的 77 岁。居民环境卫生条件持续改善。2015 年，我国享有基本环境卫生服务人口占总人口比重为 75.0%，超过中等收入国家 66.1% 的平均水平。我国居民基本饮用水服务已基本实现全民覆盖，超过中等偏上收入国家平均水平。

思想文化建设取得重大进展。党对意识形态工作的领导不断加强，党的理论创新全面推进，马克思主义在意识形态领域的指导地位更加巩固，中国特色社会主义和中国梦深入人心，社会主义核心价值观和中华优秀传统文化广泛弘扬。文化事业繁荣兴盛，文化产业快速发展。文化投入力度明显加大。1953—1957 年文化事业费总投入为 4.97 亿元，2018 年达到 928.33 亿元。广播影视制播能力显著增强。新闻出版繁荣发展。2018 年，图书品种 51.9 万种、总印数 100.1 亿册（张），分别为 1950 年的 42.7 倍和 37.1 倍；期刊品种 10139 种、总印数 22.9 亿册，分别为 1950 年的 34.4 倍和 57.3 倍；报纸品种 1871 种、总印数 337.3 亿份，分别为 1950 年的 4.9 倍和 42.2 倍。公共文化服务水平不断提高，文艺创作持续繁荣，文化事业和文化产业蓬勃发展，互联网建设管理运用不断完善，全民健身和竞技体育全面发展。主旋律更加响亮，正能量更加强劲，文化自信不断增强，全党全社会思想上的团结统一更加巩固。改革开放后，我国对外文化交流不断扩大和深化，已成为国家整体外交战略的重要组成部分。特别是党的十八大以来，文化交流、文化贸易和文化投资并举的"文化走出去"、推动中华文化走向世界的新格局已逐渐形成，国家文化软实力和中华文化影响力大幅提升。

生态文明建设成效显著。70 年来特别是改革开放以来，生态文明建设扎实推进，走出了一条生态文明建设的中国特色道路。党的十八大以来，以习近平同志为核心的党中央高度重视生态文明建设，将其作为统筹推进"五位一体"总体布局的重要内容，形成了习近平生态文明思想，为新时代推进我国生态文明建设提供了根本遵循。国家不断加大自然生态系统建设和环境保护力度，开展水土流失综合治理，加大荒漠化治理力度，扩大森林、湖泊、湿地面积，加强自然保护区保护，实施重大生态修复工程，逐步健全主体功能区制度，推进生态保护红线工作，生态保护和建设不断取得新成效，环境保护投入跨越式增长。20 世纪 80 年代初期，全国环境污染治理投资每年为 25 亿—30 亿元，2017 年，投资总额达到 9539 亿元，比2001 年增长 7.2 倍，年均增长 14.0%。污染防治强力推进，治理成效日益彰显。重大生态保护和修复工程进展顺利，森林覆盖率持续提高。生态环境治理明显加强，环境状况得到改善。引导应对气候变化国际合作，成为全球生态文明建设的重要参与者、贡献者、引领者。①

新中国 70 年的辉煌成就充分证明，只有社会主义才能救中国，只有改革开放才能发展中国、发展社会主义、发展马克思主义，只有坚持以人民为中心才能实现党的初心和使命，只有坚持党的全面领导才能确保中国这艘航船沿着正确航向破浪前行，不断开创中国特色社会主义事业新局面，谱写人民美好生活新篇章。

---

① 文中所引用数据皆来自国家统计局发布的《新中国成立 70 周年经济社会发展成就系列报告》。

繁荣中国学术　发展中国理论
传播中国思想

70 年来，我国哲学社会科学与时代同发展、与人民齐奋进，在革命、建设和改革的各个历史时期，为党和国家事业作出了独特贡献，积累了宝贵经验。

一　发展历程

——在马克思主义指导下奠基、开创哲学社会科学。 新中国哲学社会科学事业，是在马克思主义指导下逐步发展起来的。新中国成立前，哲学社会科学基础薄弱，研究与教学机构规模很小，无法适应新中国经济和文化建设的需要。因此，新中国成立前夕通过的具有临时宪法性质的《中国人民政治协商会议共同纲领》明确提出："提倡用科学的历史观点，研究和解释历史、经济、政治、文化及国际事务，奖励优秀的社会科学著作。"新中国成立后，党中央明确要求："用马列主义的思想原则在全国范围内和全体规模上教育人民，是我们党的一项最基本的政治任务。"经过几年努力，确立了马克思主义在哲学社会科学领域的指导地位。国务院规划委员会制定了1956—1967 年哲学社会科学研究工作远景规划。1956 年，毛泽东同志提出"百花齐放、百家争鸣"，强调"百花齐放、百家争鸣"的方针，"是促进艺术发展和科学进步的方针，是促进中国的社会主义文化繁荣的方针"。在机构设置方面，1955 年中国社会科学院的前身——中国科学院哲学社会科学学部成立，并先后建立了 14 个研究所。马克思主义指导地位的确立，以及科研和教育体系的建立，为新中国哲学社会科学事业的兴起和发展奠定了坚实基础。

——在改革开放新时期恢复、发展壮大哲学社会科学。 党的十一届三中全会开启了改革开放新时期，我国哲学社会科学从十年

"文革"的一片荒芜中迎来了繁荣发展的新阶段。邓小平同志强调"科学当然包括社会科学",重申要切实贯彻"双百"方针,强调政治学、法学、社会学以及世界政治的研究需要赶快补课。1977 年,党中央决定在中国科学院哲学社会科学学部的基础上组建中国社会科学院。1982 年,全国哲学社会科学规划座谈会召开,强调我国哲学社会科学事业今后必须有一个大的发展。此后,全国哲学社会科学规划领导小组成立,国家社会科学基金设立并逐年开展课题立项资助工作。进入 21 世纪,党中央始终将哲学社会科学置于重要位置,江泽民同志强调"在认识和改造世界的过程中,哲学社会科学和自然科学同样重要;培养高水平的哲学社会科学家,与培养高水平的自然科学家同样重要;提高全民族的哲学社会科学素质,与提高全民族的自然科学素质同样重要;任用好哲学社会科学人才并充分发挥他们的作用,与任用好自然科学人才并发挥他们的作用同样重要"。《中共中央关于进一步繁荣发展哲学社会科学的意见》等文件发布,有力地推动了哲学社会科学繁荣发展。

——在新时代加快构建中国特色哲学社会科学。党的十八大以来,以习近平同志为核心的党中央高度重视哲学社会科学。2016 年 5 月 17 日,习近平总书记亲自主持哲学社会科学工作座谈会并发表重要讲话,提出加快构建中国特色哲学社会科学的战略任务。2017 年 3 月 5 日,党中央印发《关于加快构建中国特色哲学社会科学的意见》,对加快构建中国特色哲学社会科学作出战略部署。2017 年 5 月 17 日,习近平总书记专门就中国社会科学院建院 40 周年发来贺信,发出了"繁荣中国学术,发展中国理论,传播中国思想"的号召。2019 年 1 月 2 日、4 月 9 日,习近平总书记分别为中国社会科学院中国历史研究院和中国非洲研究院成立发来贺信,为加快构建中国特色哲学社会科学指明了方向,提供了重要遵循。不到两年的时间内,习近平总书记专门为一个研究单位三次发贺信,这充分说明党中央对哲学社会科学的重视前所未有,对哲学社会科学工作者的关怀前所未有。在党中央坚强领导下,广大哲学社会科学工作者增强"四个意识"，坚定"四个自信"，做到"两个维护"，坚持以习近平新时代中国特色社会主义思想为指导，坚持"二为"方向和"双百"方针，以研究我国改革发展稳定重大理论和实践问题为主攻方向，哲学社会科学领域涌现出一批优秀人才和成果。经过不懈努力，我国哲学社会科学事业取得了历史性成就，发生了历史性变革。

二　主要成就

70 年来，在党中央坚强领导和亲切关怀下，我国哲学社会科学取得了重大成就。

马克思主义理论研究宣传不断深入。新中国成立后，党中央组织广大哲学社会科学工作者系统翻译了《马克思恩格斯全集》《列宁全集》《斯大林全集》等马克思主义经典作家的著作，参与编辑出版《毛泽东选集》《毛泽东文集》《邓小平文选》《江泽民文选》《胡锦涛文选》等一批党和国家重要领导人文选。党的十八大以来，参与编辑出版了《习近平谈治国理政》《干在实处　走在前列》《之江新语》，以及"习近平总书记重要论述摘编"等一批代表马克思主义中国化最新成果的重要文献。将《习近平谈治国理政》、"习近平总书记重要论述摘编"翻译成多国文字，积极对外宣传党的创新理论，为传播中国思想作出了重要贡献。先后成立了一批马克思主义研究院（学院）和"邓小平理论研究中心""中国特色社会主义理论体系研究中心"，党的十九大以后成立了 10 家习近平新时代中国特色社会主义思想研究机构，哲学社会科学研究教学机构在研究阐释党的创新理论，深入研究阐释马克思主义中国化的最新成果，推动马克思主义中国化时代化大众化方面发挥了积极作用。

为党和国家服务能力不断增强。新中国成立初期，哲学社会科学工作者围绕国家的经济建设，对商品经济、价值规律等重大现实问题进行深入研讨，推出一批重要研究成果。1978 年，哲学社会科学界开展的关于真理标准问题大讨论，推动了全国性的思想解放，为我们党重新确立马克思主义思想路线、为党的十一届三中全会召开作了重要的思想和舆论准备。改革开放以来，哲学社会科学界积极探索中国特色社会主义发展道路，在社会主义市场经济理论、经济体制改革、依法治国、建设社会主义先进文化、生态文明建设等重大问题上，进行了深入研究，积极为党和国家制定政策提供决策咨询建议。党的十八大以来，广大哲学社会科学工作者辛勤耕耘，紧紧围绕统筹推进"五位一体"总体布局、协调推进"四个全面"战略布局，推进国家治理体系和治理能力现代化，构建人类命运共同体和"一带一路"建设等重大理论与实践问题，述学立论、建言献策，推出一批重要成果，很好地发挥了"思想库""智囊团"作用。

学科体系不断健全。新中国成立初期，哲学社会科学的学科设置以历史、语言、考古、经济等学科为主。70 年来，特别是改革开放以来，哲学社会科学的研究领域不断拓展和深化。到目前为止，已形成拥有马克思主义研究、历史学、考古学、哲学、文学、语言学、经济学、法学、社会学、人口学、民族学、宗教学、政治学、新闻学、军事学、教育学、艺术学等 20 多个一级学科、400 多个二级学科的较为完整的学科体系。进入新时代，哲学社会科学界深入贯彻落实习近平总书记"5·17"重要讲话精神，加快构建中国特色哲学社会科学学科体系、学术体系、话语体系。

学术研究成果丰硕。70 年来，广大哲学社会科学工作者辛勤耕耘、积极探索，推出了一批高水平成果，如《殷周金文集成》《中国历史地图集》《中国语言地图集》《中国史稿》《辩证唯物主义原理》《历史唯物主义原理》《政治经济学》《中华大藏经》《中国政治制度通史》《中华文学通史》《中国民族关系史纲要》《现代汉语词典》等。学术论文的数量逐年递增，质量也不断提升。这些学术成果对传承和弘扬中华民族优秀传统文化、推进社会主义先进文化建设、增强文化自信、提高中华文化的"软实力"发挥了重要作用。

对外交流长足发展。70 年来特别是改革开放以来，我国哲学社会科学界对外学术交流与合作的领域不断拓展，规模不断扩大，质量和水平不断提高。目前，我国哲学社会科学对外学术交流遍及世界100多个国家和地区，与国外主要研究机构、学术团体、高等院校等建立了经常性的双边交流关系。坚持"请进来"与"走出去"相结合，一方面将高水平的国外学术成果译介到国内，另一方面将能够代表中国哲学社会科学水平的成果推广到世界，讲好中国故事，传播中国声音，提高了我国哲学社会科学的国际影响力。

人才队伍不断壮大。70年来，我国哲学社会科学研究队伍实现了由少到多、由弱到强的飞跃。新中国成立之初，哲学社会科学人才队伍薄弱。为培养科研人才，中国社会科学院、中国人民大学等一批科研、教育机构相继成立，培养了一批又一批哲学社会科学人才。目前，形成了社会科学院、高等院校、国家政府部门研究机构、党校行政学院和军队五大教研系统，汇聚了60万多专业、多类型、多层次的人才。这样一支规模宏大的哲学社会科学人才队伍，为实现我国哲学社会科学建设目标和任务提供了有力人才支撑。

三　重要启示

70年来，我国哲学社会科学在取得巨大成绩的同时，也积累了宝贵经验，给我们以重要启示。

坚定不移地以马克思主义为指导。马克思主义是科学的理论、人民的理论、实践的理论、不断发展的开放的理论。坚持以马克思主义为指导，是当代中国哲学社会科学区别于其他哲学社会科学的根本标志。习近平新时代中国特色社会主义思想是马克思主义中国化的最新成果，是当代中国马克思主义、21世纪马克思主义，要将这一重要思想贯穿哲学社会科学各学科各领域，切实转化为广大哲学社会科学工作者清醒的理论自觉、坚定的政治信念、科学的思维方法。要不断推进马克思主义中国化时代化大众化，奋力书写研究阐发当代中国马克思主义、21世纪马克思主义的理论学术经典。

坚定不移地践行为人民做学问的理念。为什么人的问题是哲学社会科学研究的根本性、原则性问题。哲学社会科学研究必须搞清楚为谁著书、为谁立说，是为少数人服务还是为绝大多数人服务的问题。脱离了人民，哲学社会科学就不会有吸引力、感染力、影响力、生命力。我国广大哲学社会科学工作者要坚持人民是历史创造者的观点，树立为人民做学问的理想，尊重人民主体地位，聚焦人民实践创造，自觉把个人学术追求同国家和民族发展紧紧联系在一起，努力多出经得起实践、人民、历史检验的研究成果。

坚定不移地以研究回答新时代重大理论和现实问题为主攻方向。习近平总书记反复强调："当代中国的伟大社会变革，不是简单延续我国历史文化的母版，不是简单套用马克思主义经典作家设想的模板，不是其他国家社会主义实践的再版，也不是国外现代化发展的翻版，不可能找到现成的教科书。"哲学社会科学研究，必须立足中国实际，以我们正在做的事情为中心，把研究回答新时代重大理论和现实问题作为主攻方向，从当代中国伟大社会变革中挖掘新材料，发现新问题，提出新观点，构建有学理性的新理论，推出有思想穿透力的精品力作，更好服务于党和国家科学决策，服务于建设社会主义现代化强国，实现中华民族伟大复兴的伟大实践。

坚定不移地加快构建中国特色哲学社会科学"三大体系"。加快构建中国特色哲学社会科学学科体系、学术体系、话语体系，是习近平总书记和党中央提出的战略任务和要求，是新时代我国哲学社会科学事业的崇高使命。要按照立足中国、借鉴国外，挖掘历史、把握当代，关怀人类、面向未来的思路，体现继承性、民族性，原创性、时代性，系统性、专业性的要求，着力构建中国特色哲学社会科学。要着力提升原创能力和水平，立足中国特色社会主义伟大实践，坚持不忘本来、吸收外来、面向未来，善于融通古今中外各种资源，不断推进学科体系、学术体系、话语体系建设创新，构建一个全方位、全领域、全要素的哲学社会科学体系。

坚定不移地全面贯彻"百花齐放、百家争鸣"方针。"百花齐放、百家争鸣"是促进我国哲学社会科学发展的重要方针。贯彻"双百方针"，做到尊重差异、包容多样，鼓励探索、宽容失误，提倡开展平等、健康、活泼和充分说理的学术争鸣，提倡不同学术观点、不同风格学派的交流互鉴。正确区分学术问题和政治问题的界限，对政治原则问题，要旗帜鲜明、立场坚定，敢于斗争、善于交锋；对学术问题，要按照学术规律来对待，不能搞简单化，要发扬民主、相互切磋，营造良好的学术环境。

坚定不移地加强和改善党对哲学社会科学的全面领导。哲学社会科学事业是党和人民的重要事业，哲学社会科学战线是党和人民的重要战线。党对哲学社会科学的全面领导，是我国哲学社会科学事业不断发展壮大的根本保证。加快构建中国特色哲学社会科学，必须坚持和加强党的领导。只有加强和改善党的领导，才能确保哲学社会科学正确的政治方向、学术导向和价值取向；才能不断深化对共产党执政规律、社会主义建设规律、人类社会发展规律的认识，不断开辟当代中国马克思主义、21世纪马克思主义新境界。

《庆祝中华人民共和国成立70周年书系》坚持正确的政治方向和学术导向，力求客观、详实，系统回顾总结新中国成立70年来在政治、经济、社会、法治、民族、生态、外交等方面所取得的巨大成就，系统梳理我国哲学社会科学重要学科发展的历程、成就和经验。书系秉持历史与现实、理论与实践相结合的原则，编撰内容丰富、覆盖面广，分设了国家建设和学科发展两个系列，前者侧重对新中国70年国家发展建设的主要领域进行研究总结；后者侧重对哲学社会科学若干主要学科70年的发展历史进行回顾梳理，结合中国社会科学院特点，学科选择主要按照学部进行划分，同一学部内学科差异较大者单列。书系为新中国成立70年而作，希望新中国成立80年、90年、100年时能够接续编写下去，成为中国社会科学院学者向共和国生日献礼的精品工程。

是为序。

目　　录

第 一 章

中华人民共和国 70 年
马克思主义宗教观研究
（1949—2019）

第一节 社会主义革命和建设时期
（1949—1978）的马克思
主义宗教观研究

一 相关历史轮廓及党的宗教政策

1949 年 10 月 1 日，中华人民共和国成立，中国的历史翻开了划时代的崭新篇章。1949 年至 1956 年，在胜利完成繁重的社会改革任务和进行伟大的抗美援朝、保家卫国战争的同时，中国共产党领导全国各族人民有步骤地实现了从新民主主义革命到社会主义革命的转变，迅速恢复了国民经济并开展了有计划的经济建设，在全国绝大部分地区基本上完成了对生产资料私有制的社会主义改造。

社会主义改造基本完成以后，1956 年至 1966 年，中国共产党领导全国各族人民开始进行全面的、大规模的社会主义建设，尽管先后出现过"大跃进"等人为失误和无法抗拒的严重自然灾害，但在工业、农业、教育、科学和文化等社会主义建设事业方面仍然取得了很大的成就。

1966 年至 1976 年，在经济和科技等方面仍有不容忽视的进步，但"文化大革命"全局性"左"倾严重错误持续十年，给党和人民的事业造成严重损失。1976 年至 1978 年，党和国家在总体上处于徘徊中前进的状态。

1949 年至 1978 年，这一时期在宏大叙事的意义上或中国当代史意义上一般被称为"毛泽东时代"，这一时期的主流意识形态是马克思列宁主义、毛泽东思想及党和国家的相关路线方针政策。

虽然这一时期民众的生活水平和科学文化素质并不是很高，宗教有神论及迷信思想对相当多的国民也仍有这样或那样的影响，但随着佛教、道教、伊斯兰教、天主教、基督教等全国性宗教组织的清理、整顿和脱胎换骨般的改造，随着社会主义革命和建设事业的欣欣向荣、蒸蒸日上，随着进化论、唯物史观和科学文化知识的日益昌明，宗教有神论的渐趋衰微是不难想象的，与宗教相关或由宗教引发的所谓"宗教问题"也渐趋绝迹，那个年代留给人们的记忆更多的则是新中国成立初期"从猿到人"的科普展览，恩格斯名著《劳动在从猿到人转变过程中的作用》的学习热潮，20 世纪 60 年代年代初期古为今用的通俗读物《不怕鬼的故事》的风行，甚或某时某地剑走偏锋地出现过试图"消灭宗教"的极"左"言行。但这一时期党和国家明文实行的是宗教信仰自由政策，毛泽东也明确要求，对于世界观和思想认识问题要坚持用说理而非强制的办法来解决，并要求设立国家级的宗教研究机构，用马克思主义的立场、观点、方法来研究宗教。

二　马克思主义宗教观研究概况

中华人民共和国成立不久，有关部门就翻译出版了马克思、恩格斯、列宁关于宗教问题的论著以及苏联有关马克思主义宗教观研究的论著，其中有《社会主义与宗教》和《宗教问题选辑》。前者收录了列宁的《社会主义与宗教》《论工人政党对宗教的态度》以及苏联大百科全书中的《苏联的宗教和教会》等文章；后者汇集了恩格斯、斯大林、福斯特（美）、荣孟源，以及吴黎平、艾思奇、米丁（苏）、费奥多洛夫（苏）、邹韬奋等人的文章。1950年10月18日，《人民日报》专门发表了题为"两本马列主义论宗教的书"的文章，介绍了这两本书的主要内容。1954年人民出版社又出版了《马克思恩格斯论宗教》一书，辑录了马克思、恩格斯自1842年到1894年的五十多年时间里关于宗教的部分著作。葛懋春在《文史哲》1955年第7期对该书的内容作了比较全面的介绍。

1956年《哲学研究》第5期发表唐尧的长篇论文《马克思列宁主义与宗教问题》。作者认为，马克思说的"宗教是人民的鸦片"的意思是说，"宗教和鸦片一样：鸦片可以用它所能给予人们的一时的舒适和爽快，而诱骗人们付出损害健康和身体败坏的代价；宗教能够用天堂幸福的谎话，引起人们的幻想，使人们的精神得到一些寄托，暂时忘却忧虑和痛苦，而结果则是削弱人们为争取美好生活的斗争意志，任凭剥削者为所欲为，永远过着苟延残喘的生活"。

1963年，游骧、刘俊望在《新建设》杂志第9期发表论文《马克思列宁主义宗教观的几个问题》。该文明确将恩格斯在《反杜林论》中的那一著名的论断，即"一切宗教都不过是支配着人们日常生活的外部力量在人们头脑中的虚幻的反映，在这种反映中，人间的力量采取了超人间的形式"作为宗教的定义，认为它概括了古今中外一切形式的宗教的基本特征。1964年，这两位作者又在中共中央机关刊物《红旗》杂志上发表《正确认识和处理宗教问题》一文，认为实行宗教信仰自由政策并不是说可以对群众遭受宗教束缚置之不理。无产阶级政党在任何时候都不能放弃无产阶级思想阵地，让宗教迷信思想泛滥成灾。当然，过分夸大这种宣传作用，认为单纯依靠宣传教育就能彻底解决人们的宗教信仰问题，也是不对的。

与此同时，学术界又开展了关于马克思"宗教是人民的鸦片"

这一论断的争论。牙含章在 1964 年 2 月 24 日《文汇报》上发表文章《有关宗教几个理论问题的理解》，认为马克思所说"宗教是人民的鸦片"这句名言"不是说的一般宗教，更不是讲原始社会的宗教，而是论述当时德国无产阶级面临的革命任务""具体说是指当时德国的宗教而言"。梁浩、杨真在《新建设》1965 年第 12 期上发表文章《宗教从来就是人民的鸦片》："我们与牙含章同志相反，认为宗教一贯是人民的鸦片，一切宗教都是人民的鸦片，宗教在哪里存在，它就在哪里麻醉人民，宗教在没有消亡之前它的鸦片烟作用就永远不会改变，正好像剥削阶级的剥削本性，非到进入坟墓是不会消除的一样。""认为原始宗教不是人民的鸦片，只是到了阶级社会，统治阶级把宗教抓到手以后，宗教才变成了人民的鸦片，这个论点并不新鲜，它在宗教辩护士那里是早就有的。至于说阶级社会一般的宗教也不是人民的鸦片，这更是完全荒谬的。"文章还批评牙含章偏离马克思主义宗教观轨道，走到了美化宗教的地步。[①]

三　小结

古往今来，宗教信仰及相关问题在中国这样一个大一统国度始终存在，其存在形态、影响范围、得失损益究竟如何，则因教而异、因时而异、因人而异，相关评判时常见仁见智、莫衷一是。宗教现象、宗教问题在中华人民共和国成立后的前三十年一直不是很突出，这是一个众所周知的不争事实，其原因固然与移风易俗、破除迷信、倡导科学、破旧立新等文化举措有关，但更重要的应该还是社会经济原因及相应的政治站位和世界观选择。这一时期在经济方面主要是内生式或内涵式发展，早期有苏联的有限度支持，后来完全是自力更生，初步建立了相对完整的国民经济体系，综合国力有很大提高，只是总体上处于计划经济阶段和短缺经济状态，人民生活水平不高，但大体均衡（甚或有"吃大锅饭"这种普遍现象），不存在

[①]　参见龚学增等《马克思主义宗教观中国化研究》，四川人民出版社 2012 年版。

严重的利益阶层两极分化、贫富悬殊现象，人们对那时的主流意识形态抱有极高的认同度与忠诚度，那种在宗教发生学意义上的因对社会经济政治现实失望或绝望而在世界观上求助于超现实话语、"用脚投票"的宗教增量现象在这一时期微乎其微，而旧时代遗留下来的实体性宗教存量又经过了脱胎换骨般的改造和治理，因此宗教问题近乎处于渐趋绝迹的状态，以至于20世纪60年代初，中央有关部门酝酿筹建若干国家级研究机构时，会集体无意识地遗忘宗教问题的研究。毋庸讳言，哲学社会科学的研究最终是要学以致用、经世致用、为解决现实问题服务的。只有当事物或问题充分发展、问题暴露到一定程度时，才会引起人们的重视，才会感觉到有从理论上进行深入研究的必要。从这个意义上说，当然有理由认为这一时期马克思主义宗教观学科的专业研究水平还不太高，其原因从根本上说是由那个时代的局限性造成的。抚今追昔，鉴往知来。从毛泽东强调宗教现象所反映的世界观差异只能用说理而非强制的办法解决，并要求创立国家级宗教研究机构以马克思主义为指导研究宗教问题这一举措看，[①] 当下时常困惑于国内外宗教乱象的我们不能不对这样一位旷世战略家的高瞻远瞩、独具慧眼和深邃的历史洞察力肃然起敬。

---

① 1963 年 12 月 30 日，毛泽东在对中共中央转发中央外事小组、中央宣传部关于加强研究外国工作的报告的指示稿的批语中写道："这个文件很好。但未提及宗教研究。对世界三大宗教（耶稣教、回教、佛教），至今影响着广大人口，我们却没有知识，国内没有一个由马克思主义者领导的研究机构，没有一本可看的这方面的刊物。《现代佛学》不是由马克思主义者领导的，文章的水平也很低。其他刊物上，用历史唯物主义的观点写的文章也很少，例如任继愈发表的几篇谈佛学的文章，已如凤毛麟角，谈耶稣教、回教的没有见过。不批判神学就不能写好哲学史，也不能写好文学史或世界史。这点请宣传部同志们考虑一下。"参见毛泽东《加强宗教问题的研究》，《毛泽东文集》第 8 卷，人民出版社 1999 年版，第 353 页。

第二节　改革开放和社会主义现代化
建设时期(1978—2012)的
马克思主义宗教观研究

一　相关历史轮廓及党的宗教政策

1978 年年底党的十一届三中全会的召开,标志着中国进入改革开放和社会主义现代化建设时期。党针对中国处于并将长期处于社会主义初级阶段的基本国情,逐步制定和确立了以经济建设为中心、坚持四项基本原则、坚持改革开放的路线方针政策,并在改革开放和现代化建设的实践中逐渐形成了包括邓小平理论、"三个代表"重要思想、科学发展观在内的中国特色社会主义理论体系。在社会主义市场经济的大环境中,在经济全球化的大背景下,中国全社会的活力在对内搞活、对外开放的政策鼓励下得到了极大激发,整个社会的生产力水平、整个国家的综合国力、全体民众的生活水平逐渐得到稳步的提高。

这一时期,整个国家的社会结构、社会组织形式、社会利益格局发生深刻变化,中国民众思想活动的独立性、选择性、多变性、差异性明显增强。与全球化进程中各种思想文化相互激荡的国际大背景相呼应的是,中国社会内部的核心价值观和意识形态的变迁,使得信仰多元化生态景观在当今中国渐趋成为一个不争的事实——制度化传统宗教、弥散型民间宗教及民间信仰历久弥新,意欲有为;新兴宗教及可疑的膜拜团体甚或邪教潜滋暗长,宗教问题乃至宗教乱象层出不穷。有鉴于此,在宗教政策和涉教类顶层设计方面,党和国家先后修订《宪法》,制定颁布了《关于我国社会主义时期宗教问题的基本观点和基本政策》(1982)、《宗教事务条例》(2005)等里程碑式的政策法规。21 世纪初,构建社会主义和谐社会逐渐成为整个国家的奋斗目标,但树欲静而风不止,以"法轮功"为代表的邪教大规模危害社会事件，包括 2008 年西藏"3·14"事件、2009 年新疆"7·5"事件在内的显性或隐性涉教类暴恐事件，为和谐社会愿景的憧憬者们、为一切有识之士重新认识、深入思考宗教与意识形态、宗教与国家安全之间的复杂关系问题提供了代价昂贵的研究素材。

二　马克思主义宗教观研究概况

这一时期的研究或争论对象，有老问题，也有新问题。

（一）关于"宗教是人民的鸦片"问题

马克思在《〈黑格尔法哲学批判〉导言》中的论断"宗教是人民的鸦片"①和列宁在《论工人政党对宗教的态度》中的论断"宗教是人民的鸦片，——马克思的这一句名言是马克思主义在宗教问题上的全部世界观的基石"②，长期以来一直被国际共产主义运动视为马克思主义宗教观的核心论断，在处理社会主义与宗教的关系问题上被奉为圭臬。但随着中国"文化大革命"被彻底否定，东欧剧变、苏联解体，国际共产主义运动衰落，随着两极格局终结、冷战结束，世界范围的宗教复兴趋势在部分国家和地区走强，尤其是随着晚近中国经济社会结构及核心价值观和意识形态发生深刻变迁，当代中国语境中围绕"宗教是人民的鸦片"这一论断所展开的反思、探讨和交锋，不仅学界、政界、教界曾不同程度地参与，蔚为大观，而且始终"有人想发言"，至今不绝如缕。

首先值得说明的是，在"宗教鸦片"论争发生以前，一位非宗教学领域的学者在研究中国文化经典中的古训"圣人以神道设教，而天下服矣"时，就曾以考证的方式旁及欧洲语境中宗教与鸦片相关联的某些典故：马克思所谓宗教乃人民对实际困苦之抗议，不啻为人民之鸦片。浪漫主义诗人早言，俗了仰宗教以解忧止痛，不过

---

① 《马克思恩格斯全集》第 3 卷，人民出版社 2002 年版，第 200 页。

② 《列宁选集》第 2 卷，人民出版社 1995 年版，第 248 页。

如收鸦片之效；或言，世人莫不吸食精神鸦片，以谬误信仰自醉。海涅屡取譬于此，如追忆亡友一编中言宗教为"可口之催眠药水、精神鸦片"；又 1840 年巴黎通信讯英国人日趋惰靡，将如中国人之不尚武，"宗教虔信主义乃最有害之鸦片"，与有咎焉。后来小说家有以不信奉基督教比于不求助鸦片；哲学家有以宗教比牙痛时所服之麻醉剂。要推马克思语为最明快矣。①

20 世纪 80 年代，中共中央文件《关于我国社会主义时期宗教问题的基本观点和基本政策》没有提及马克思的"宗教是人民的鸦片"论断，但强调"进到阶级社会以后，宗教得以存在和发展的最深刻的社会根源，就在于人们受这种社会的盲目的异己力量的支配而无法摆脱，在于劳动者对于剥削制度所造成的巨大苦难的恐惧和绝望，在于剥削阶级需要利用宗教作为麻醉和控制群众的重要精神手段"②。

这一时期围绕"宗教是人民的鸦片"论断而展开的争论，按其基本立场划分，大致可分为如下两派。

一派对"宗教鸦片论"持保留甚或否定态度。教界有代表性的观点认为："鸦片"的说法并不创始于马克思。在他之前和同时，宗教界有些人和反宗教的批判者借用鸦片或麻醉剂来比喻宗教的不一而足。例如说，借宗教以排遣忧愁苦恼，所能收到的不过是如同鸦片的功效，又例如把宗教比作牙痛时所服的麻醉剂，等等。马克思虽然认为宗教实际上对人民并无好处，但他却不因此责怪人民是什么"吸毒犯"，也并不把他们的宗教信仰扣上一顶"剥削阶级意识形态"的帽子，而是恰如其分地承认宗教作为被剥削者对其所受苦难的"抗议"的性质，也指出它只能是一声"叹息"而已。由此可

---

① 原文中的外文词句已删去，不影响原意。参见钱锺书《管锥编》第一册，《周易正义》之五《观》，中华书局 1982 年版。

② 中共中央文献研究室综合研究组、国务院宗教事务局政策法规司编：《新时期宗教工作文献选编》，宗教文化出版社 1995 年版，第 54—55 页。

见，笼统地提出"自人类社会划分阶级以来，宗教就成了统治阶级用来麻醉人民的鸦片烟和维护剥削阶级的精神支柱"，而不对具体的宗教和教派在特定的历史条件下所起的作用进行具体分析，这是违反马克思主义的，不符合历史本来面貌。剥削阶级利用宗教作为维护剥削制度的精神支柱，固然是大量存在的历史事实；但被剥削阶级也用宗教来作为其精神支柱去反对剥削阶级，这是马克思、恩格斯和列宁都承认的事实。[1] 学界有代表性的观点认为：鸦片是对宗教在阶级社会中一定条件下所起的消极作用作形象化比喻。历史上宗教的作用因时代、社会条件的不同而不同，不能一律用鸦片来概括，社会主义时期宗教的作用更不能用鸦片来说明。[2] 马克思说的话是有前言后语的，把前边的话和后边的话都丢开，斩头去尾，只孤立地抽出一句来大加发挥，这样的断章取义对理论研究没有好处，也无法说明今天的实际情况，而对宗教信仰者也只能起一种刺激宗教感情的作用。[3] "宗教是鸦片"并不是马克思首先提出的，在马克思以前，如德国的海涅、费尔巴哈等人就已经提出过。当时欧洲人把鸦片当作昂贵的镇痛药品，并无麻醉之意，我们只是在经历了鸦片战争后才过分强调了鸦片的副作用，从而对马克思的话产生误解。"人民的鸦片"在德文中是"das Opium des Volks"，是人民自己制造、拥有和使用的麻醉品，而不是少数人为人民制造的毒品。在我国社会主义时期，不能再强调"宗教是人民的鸦片"，如果这样做，就等于宣称我们的社会主义社会仍然和旧社会一样，人民还是"被压迫的生灵"，社会主义社会还是马克思所说的"无情的世界"，还是

---

① 参见赵朴初《对宗教方面的一些理论和实践问题的认识与体会》，中央党校《理论动态》1981 年 1 月第 1 期。作者时任中国佛教协会会长。

② 转引自罗竹风主编《中国社会主义时期的宗教问题》，上海社会科学院出版社1987 年版，第 169—175 页。

③ 参见罗竹风《进一步开展社会主义时期宗教问题的研究》，载上海社会科学院、上海市宗教学会编《宗教问题探索（1984 年文集）》，上海社会科学院出版社 1984年版。

"没有精神的制度"。①

　　另一派对"宗教鸦片"论持基本肯定态度。学界有代表性的观点认为：自人类社会划分为阶级以来，宗教就成了统治阶级用来麻醉人民的鸦片和维护剥削制度的精神支柱，一切走向反动的统治阶级（奴隶主阶级、封建地主阶级和资产阶级）毫无例外都利用宗教为其阶级利益服务。"宗教是人民的鸦片"这一科学论断，说明了宗教的本质及其社会作用，也表明了马列主义政党在宗教问题上的根本立场，指明马列主义政党应该与宗教进行原则性的斗争，并有意识地引导群众摆脱宗教的束缚。马克思关于"宗教是人民的鸦片"的论断，是他在《导言》中全面考察了宗教的社会本质和社会作用之后所作的总结。马克思看到人民在宗教幻想里对来世天堂的追求虽然包含了对现实苦难的不满和"抗议"，但是这种"抗议"实质上只是一种消极的、无可奈何的叹息，它只会使被压迫者麻木消沉，却无损于压迫者一根毫毛，所以宗教的抗议仍表现出它是麻醉人民的精神鸦片。宗教是对人民有害的东西，而不是"人民自己"的东西。对于马克思主义来说，只有人民的鸦片，没有人民自己的宗教。在社会主义社会的我国，宗教的本质并未改变，宗教仍然是颠倒的世界观，仍然是麻醉人民的鸦片，对信教群众始终起着消极的作用。人民自己的宗教，不仅在历史上并不存在，而且在社会主义社会中也不存在。② 虽然不能把马克思主义宗教观仅仅归结为"宗教是人民的鸦片"，但是马克思的这句话确实是马克思主义宗教观的重要组成部分，如列宁所说是"基石"，对此是决不能动摇的。否定"宗教是人民的鸦片"，也就没有马克思主义完整的宗教观。"宗教是人民的鸦片"在社会主义时期并没有过时，因为宗教还存在，只不过宗教的麻醉作用的范围、程度和阶级社会有所不同。我们不应强求宗

---

　　① 参见赵复三《究竟怎样认识宗教的本质?》，《中国社会科学》1986 年第 3 期。作者时任中国社会科学院副院长。

　　② 参见吕大吉《试论宗教在历史上的作用》，《世界宗教研究》1982 年第 4 期。

教界和信教群众接受马克思主义世界观，但是不赞成用马克思主义去适应满足宗教徒的宗教信仰，甚至用宗教的观点去解释马克思主义。① 宗教是一种精神麻醉剂。历史事实多次证明，它对于人民来说归根到底是有害的东西。马克思在讲到宗教对人民的麻醉作用时，丝毫没有责怪信教群众的意思，他对人民满怀着深切的同情，而把批判的矛头指向制造人间苦难的剥削制度，要求为铲除宗教存在的根源而斗争。马克思的这句名言对于建立科学的宗教观至关重要，是不容动摇的。②

20 世纪 80 年代的上述争论，因争论双方具有明显的地域特征而被称为关于宗教问题的"南北论争"，有时还被人们戏称为"第三次鸦片战争"，以强调其重要意义及争论的火药味或不可调和性。但也有当事人多年后认为"论争的实际效果应该说是积极的""为全面理解宗教的社会功能提供了新的论证""双方用不同的语言为宗教的社会存在之必要性作了肯定性的回答"。③

1982 年中共中央 19 号文件《关于我国社会主义时期宗教问题的基本观点和基本政策》没有提及马克思的"宗教是人民的鸦片"论断，但强调"进到阶级社会以后，宗教得以存在和发展的最深刻的社会根源，就在于人们受这种社会的盲目的异己力量的支配而无法摆脱，在于劳动者对于剥削制度所造成的巨大苦难的恐惧和绝望，在于剥削阶级需要利用宗教作为麻醉和控制群众的重要精神手段"④，实际上可以看作对这场争论的总结。

---

① 参见江平《认真学习马克思主义宗教理论和党的宗教政策》，《红旗》1986 年第 9 期。作者时任中共中央统战部副部长。

② 参见任继愈《关于宗教与无神论问题》，载中国社会科学院世界宗教研究所宗教学原理研究室编《宗教·道德·文化》，宁夏人民出版社 1988 年版，第 4—5 页。

③ 参见吕大吉《宗教学理论研究室的成长历程》，载中国社会科学院世界宗教研究所编《宗教研究四十年》，宗教文化出版社 2004 年版，第 17 页。

④ 中共中央文献研究室综合研究组、国务院宗教事务局政策法规司编：《新时期宗教工作文献选编》，宗教文化出版社 1995 年版，第 54—55 页。

20 世纪 90 年代，学界有研究者认为，"宗教是人民的鸦片"虽然正确地揭示了宗教的社会功能，但马克思所说的情形，只是宗教的局部的功能，是宗教在社会矛盾不太尖锐的情况下的功能，而不是全部的情形。宗教是人民鸦片的命题，是在宗教已经存在的情况下来看待它的社会功能，它没有揭示人类创立宗教的目的。而对于由人类自身所创立的东西来说，人类创立它的目的，才是该被造物的本质。可以设想，耶稣、释迦创立他们的宗教，其目的决不是给人民制造麻醉剂。①

21 世纪初，江泽民同志对于"宗教是人民的鸦片"作出如下的理解："在阶级社会中，宗教对人类的压迫是社会内部经济压迫的产物和反映，劳动群众受到这种压迫又无法解脱，就往往到宗教中去寻找精神寄托；剥削阶级也利用宗教作为控制群众的精神手段，削弱劳动群众的反抗意志，分散劳动群众的反抗力量。马克思说'宗教是被压迫生灵的叹息'、'宗教是人民的鸦片'，就是从这个意思上来讲的。"②

政界有论者公开撰文，认为列宁所说的马克思"宗教是人民的鸦片"的论断是马克思主义在宗教问题上的全部世界观的基石的观点是错误的，把马克思主义宗教观归结为"鸦片论"正是始于列宁。由于列宁在解释马克思"宗教是人民的鸦片"时创造性地加上了"麻醉"二字，即改为人们十分熟知的"宗教是麻醉人民的鸦片"，把原来"人民对宗教的需要"变成"统治阶级利用宗教麻醉人民"。主语换了，意思也就全变了。而更为不幸的是，列宁还把"鸦片"归结为"马克思主义在宗教问题上的全部世界观的基石"，由此得出我们必须与宗教作斗争，列宁的"鸦片论"因此长期成为我们制定宗教政策的基本依据。宗教被视为"毒品"，被视为旧

---

① 参见李申《论宗教的本质》，《哲学研究》1997 年第 3 期。
② 参见江泽民《论宗教问题》，《江泽民文选》第 3 卷，人民出版社 2006 年版，第 380 页。

社会的残余，被视为与先进阶级、先进政党、先进制度格格不入的异物，被视为与马克思主义对立的意识形态。但是，我们应当注意语言的历史文化背景，在欧洲，特别是在马克思所处的时代，他们对鸦片的理解与经历过"鸦片战争"的中华民族对鸦片的理解是不同的。①

对于上述观点，反对者则从专业角度予以辩驳：列宁在多篇关于宗教问题的文章中引用过马克思的这一名言，其俄文均为"Религия есть опиум народа"，其中并无"麻醉"一词。列宁的提法和马克思的德文原文"Sie ist das Opium des Volks"（代词"Sie"指"宗教"）完全一致。"宗教是麻醉人民的鸦片"是旧的中译文，20世纪80年代出版《列宁全集》中文第2版时，这句话已改译为"宗教是人民的鸦片"，去掉了"麻醉"二字。因此，不能说"麻醉"一词是列宁添加的。从翻译处理的角度来讲，"宗教是人民的鸦片"这一名言即使加上"麻醉"一词，也没有改变其内容实质，将列宁所说的"马克思的这一句名言是马克思主义在宗教问题上的全部世界观的基石"视为极大的"不幸"而加以批判是轻率的。众所周知，马克思和恩格斯目睹了英、法帝国主义殖民者对中国发动的两次鸦片战争（1840—1842年的第一次鸦片战争和1856—1860年的第二次鸦片战争），他们揭发和谴责英、法对中国人民犯下的野蛮罪行，关怀中国人民为此进行的斗争，这是见于他们亲手写下的文字的。现今收载在《马克思恩格斯论中国》一书中的18篇文章，是马克思和恩格斯于19世纪50年代至60年代初为美国《纽约每日论坛报》和奥地利《新闻报》所写，其中绝大多数文章都谈论到了鸦片战争。在这些文章中，马克思和恩格斯把鸦片叫作"麻醉剂""毒品""麻醉世人的甜蜜毒药"。马克思说，发动鸦片战争，是"英国

---

① 参见潘岳《我们应有怎样的宗教观——马克思主义宗教观必须与时俱进》，《华夏时报》2001年12月15日。作者时任国务院经济体制改革办公室副主任。

用大炮强迫中国输入名叫鸦片的麻醉剂"①。

政界有论者指出：马克思、恩格斯和列宁所处的时代是唤起被压迫人民的革命精神的时代，基于当时革命的需要对宗教进行了必要的批判。马克思说："宗教是被压迫生灵的叹息，是无情世界的心境，正像它是无精神活力的制度的精神一样。宗教是人民的鸦片。"②由此，列宁认为马克思"宗教是人民的鸦片"这句话是"马克思主义在宗教问题上的全部世界观的基石"。鸦片在当时既是毒品，又作为药物具有镇痛和麻醉的作用，马克思和列宁之所以把宗教视为鸦片，是因为当时的宗教确实像鸦片一样，对人民经受悲惨生活而造成的精神痛苦，起着镇静和麻醉作用，从而束缚了人民的革命意志，遏制了人民的革命精神。③

20 世纪 80 年代宗教鸦片问题争论的主要参与者认为：欧洲人至少早在马克思写"宗教是人民的鸦片"这句话时的两个世纪之前就已认为鸦片是麻醉剂（17 世纪法国喜剧大师莫里哀的剧作中已提及鸦片具有麻醉功能），并非只是鸦片战争后中国人的偏见。否认宗教是麻醉剂的一方思想开放的程度无疑更大一些，不仅得到宗教界的支持，也有一些宗教学者在支持。但当时此方企图通过马克思之口说宗教不是麻醉剂，在道理上难免牵强附会，既不合于马克思的原意，也不符合历史事实。从纯学术理性看，宗教具有一些麻醉性是否定不了的。只是我们不能把"麻醉"说成是宗教的全部功能，更不能把"鸦片"视为宗教的本质规定性，说成是"马克思主义在宗教问题上的全部世界观的基石"。不赞成完全否定"宗教鸦片论"，

---

① 参见宋书声、丁世俊、李其庆、翟民刚《对潘岳同志〈我们应有怎样的宗教观〉一文的意见》（http://www.cctb.net/xszm/200502240228.htm）。作者分别为中共中央编译局译审、编审、副局长、译审。

② 马克思：《〈黑格尔法哲学批判〉导言》，《马克思恩格斯选集》第 1 卷，人民出版社 1995 年版，第 2 页。

③ 参见王兆国《积极引导宗教与社会主义社会相适应》，《求是》2002 年第 10 期。作者时任中共中央政治局委员、中央统战部部长。

但也不赞成"鸦片基石论"。①

晚近有学者对"宗教鸦片论"作了较为全面的分析和评论：如果不看到这一论断是马克思针对 19 世纪欧洲资本主义社会中的某种宗教情况具体而言；如果不认识到当时劳动人民被压迫、无产阶级政党肩负着"推翻一个旧世界"的重任，宗教在当时或是被统治阶级作为安慰、安抚老百姓的工具，或是被作为被压迫者反抗当时剥削制度的旗帜；如果不体现"宗教是人民的鸦片"所包含的具体社会内容和阶级含义，而拘泥于其字面理解并将之用来与我们 20 世纪下半叶以来，中国社会主义社会中现存宗教情况对号入座，那么就会在理论逻辑上和社会现实中，使我们陷入不可避免且极为难堪的两难选择，即要么不承认宗教存在的社会经济和阶级根源已发生了根本改观，由此同情宗教以"消极"之态所表达的愿望，所追求的解救，同意它的"叹息""感情""表现"和"抗议"，而把我们自己的国家和社会作为"颠倒了的世界""现实的苦难""无情世界"和"没有精神的制度"来从根本上加以否定。因为按照马克思主义的理论推断，宗教自身没有"本质"，其"本质"乃"人的本质"，反映了人的"社会关系"的总和，而"反宗教的斗争间接地也就是反对以宗教为精神慰藉的那个世界的斗争"，对宗教的批判实质是对其得以产生的"苦难世界"的批判。在马克思主义论"宗教"的语境中，其对"社会""阶级""人的世界"的分析总是放在首位的、是最根本的。在此，马克思的"宗教批判"为虚、"社会批判"为实，是以对宗教的"同情"来揭示其改造社会之主题。这种逻辑关联无法回避，更不能推翻。在这一语境中，宗教与社会的关系不能被拆开、被割断，人们不应该"否定宗教"却"肯定社会"，因为马克思的清楚立意乃"同情宗教"、否定产生这种宗教的"社会"。或者，要么强调我们国家的社会制度已根本改变了这种人间惨景而

---

① 参见吕大吉《宗教学理论研究室的成长历程》，载中国社会科学院世界宗教研究所编《宗教研究四十年》，宗教文化出版社 2004 年版，第 17—18 页。

达到了普遍的正义、公平，并用事实来明确证实由此所带来的宗教影响之普遍减少和宗教存在之日渐消失。在马克思这一表述的语义逻辑中，宗教存在及影响的大小与社会的好坏成反比关系，即社会发展越好，宗教的存在和影响就越小；而社会状况越坏，宗教的存在及影响就越大。人们在此不可能抛开马克思的社会分析而仅谈宗教发展的认识根源或原因。然而，宗教在社会主义中国的存在和发展，完全是一个不争的客观现实，令人无法回避。因此，运用马克思主义不能生搬硬套，而必须"与时俱进"。

政界也有论者指出，马克思立意的着重点并非"麻醉人民的鸦片"，而是特定时代条件下"受鸦片麻醉的人民"，是哀其不幸——"宗教是被压迫生灵的叹息，是无情世界的感情"，也是促其奋斗——"反宗教的斗争间接地也就是反对以宗教为精神慰藉的那个世界的斗争"。①

后来又有学者试图以釜底抽薪的方式彻底颠覆人们对于马克思主义宗教观的传统理解：马克思写作《〈黑格尔法哲学批判〉导言》时尚处于"通向唯物主义历史观的道路上"，并且由于还不曾研究过政治经济学，而"不研究政治经济学就根本不可能创立历史唯物主义"，因此《〈黑格尔法哲学批判〉导言》"仍然停留在唯心主义宗教观上"，不是历史唯物主义的著作，当然也就不可能是马克思主义宗教观的奠基之作；其中长期被奉为圭臬的经典论断"宗教是人民的鸦片"这个著名的比喻实际上就源于青年黑格尔派。②

综上所述，这一时期围绕"宗教是人民的鸦片"的争论，实际上是想弄清楚马克思主义经典作家对于宗教本质和功能的理解。由于历史的和逻辑的原因，"宗教是人民的鸦片"在马克思主义宗教观

---

① 参见叶小文《发挥宗教在促进社会和谐方面的积极作用》，《学习时报》2006年 12 月 25 日。作者时任国家宗教局局长。

② 参见陈荣富《〈《黑格尔法哲学批判》导言〉不是马克思主义宗教观的奠基之作》，《世界宗教研究》2007 年第 2 期。

中一直处于特殊地位，甚至核心地位，西方学者一般都将"宗教鸦片说"视为马克思主义宗教观的核心思想。[①] 鸦片战争给中国人民带来的民族屈辱与苦难，又使得鸦片在中国的意识形态语境中具有不言而喻的负面含义，因此中国人特别容易接受宗教（尤其是与西方列强有瓜葛的基督宗教）与鸦片之间的比喻性关联，[②] 并非仅仅是受到列宁的"宗教鸦片基石"论的影响，而确实是"事出有因"、历史境遇使然。总之，晚近四十年对于"宗教是人民的鸦片"这一命题的认知，不仅受到境遇型民族情感、当代中国社会变迁和意识形态嬗变的制约，而且也受到国际共产主义运动、马克思主义历史命运升降沉浮和国际风云变幻的影响，同时还与研究者歧异参差的身份背景、认知学养、利益诉求等密切相关，因此对于"宗教是人民的鸦片"的解读随时空变换、语境沧桑、物是人非、物非人亦非而呈现众说纷纭、见仁见智的景观，便是很自然的事了。

不难发现，关于宗教问题的若干共识，并非纯学术探讨的产物，而是政界、教界、学界三者互动的结果。简而言之，1982 年中共中央出台《关于我国社会主义时期宗教问题的基本观点和基本政策》，1993 年明确提出"引导宗教与社会主义社会相适应"命题，2004 年

---

① 参见［美］罗德尼·斯达克、罗杰尔·芬克《信仰的法则：解释宗教之人的方面》，杨凤岗译，中国人民大学出版社 2004 年版，第 35—40 页；另可参见 Daniel L. Pals，*Seven Theories of Religion*，Oxford University Press，1996，§4。

② 日本学者小田晋从宗教病理学角度研究神秘体验，力图弄清精神心理和病理结构同信仰之间的关联。临床实验发现，造成神秘意识的原因可能是大脑中内啡呔和多巴胺两类分泌物质的失衡，而服用各种麻醉剂（如吗啡、SLD 等）也可以达到与宗教体验类似的境界。小田晋据此认为，马克思的名言"宗教是鸦片"从自然科学的角度看可以说是千真万确的。对于那些声称与上帝直接交通、与超自然力相会，甚或追求自身拥有这样的超自然力的人而言，宗教与迷幻剂在功能上是一样的，不同之处在于，宗教依靠系统性的洗脑，而迷幻剂则是制造一种依赖性的生理需求。参见王六二《神秘主义的状况、历史和背景》，载卓新平主编《宗教比较与对话》第五辑，宗教文化出版社 2004 年版，第 103—104 页。

首次提出"构建社会主义和谐社会"，2006 年首次提出"宗教关系"①"发挥宗教在促进社会和谐方面的积极作用"②，2007 年提出"发挥宗教界人士和信教群众在促进经济社会发展中的积极作用"③等，是马克思主义宗教观中国化的时序性产物和与时俱进的标志性成果，同时也毋庸置疑地成为当代中国语境中探讨宗教问题的思维前提、理论边界和逻辑归宿。

从"充分认识宗教存在的长期性、宗教问题的群众性和特殊复杂性"到"全面认识宗教在社会主义社会将长期存在的客观现实，全面认识宗教问题同政治、经济、文化、民族等方面因素相交织的复杂状况，全面认识宗教因素在人民内部矛盾中的特殊地位"，从"积极引导宗教与社会主义社会相适应""政治上团结合作、信仰上互相尊重"到形成"宗教工作基本方针"、强调促进"宗教关系"和谐的重要意义，中国共产党在改革开放和现代化建设实践中，在处理宗教与主流意识形态、与现存社会关系问题上的实践探索和理论创新、与对于"什么是社会主义、怎样建设社会主义"及中国特色的现代化历史进程的认识方面不断深化密切相关，与马克思主义宗教观和中国实际相结合的广度和深度密切相关，与全球化时代中国的历史方位和路径选择密切相关。

（二）关于"社会主义与宗教"的关系问题

学界晚近有研究者从全球化的视角来看待社会主义与宗教的关系问题：考虑到宗教存在的长期性，考虑到我国现阶段的宗教存在已与社会主义制度建立之前的宗教有着本质不同的社会基础，我们应该纠正和调整以前单从意识形态角度和"旧社会残留"之认知来看待宗教的理论观点，从基本理论层面给我国宗教以准确的再定位。

---

① 参见新华社北京 2006 年 7 月 12 日电。

② 参见新华社北京 2006 年 10 月 18 日电。

③ 参见胡锦涛《高举中国特色社会主义伟大旗帜　为夺取全面建设小康社会新胜利而奋斗——在中国共产党第十七次全国代表大会上的报告》（2007 年 10 月 15 日），人民出版社 2007 年版，第 31 页。

不可否认，由于观念和认知上的局限，我国宗教在一定程度上被置于当代社会的边缘，甚至成为与社会主流隔离的一块"飞地"。这种现实处境及其强烈反差使宗教与中国社会主义社会之间的关系仍不够协调、尚未达适应；由此引起的相关问题越来越从宏观整体上、从大局上成为我们的担忧之点、心病所在，为此而付出的经济与社会成本及代价也明显提高。我们只有锐意创新、积极进取，才可能变被动为主动、化消极为积极，避免使宗教问题演变为影响我国社会主义现代化进程、影响中华民族振兴的国际国内焦点问题。"积极引导宗教与社会主义社会相适应"，主要是考虑如何发挥宗教的正面社会功能和价值意义，号召我国宗教界人士努力挖掘、弘扬各宗教中的积极因素，为社会稳定、民族团结、祖国统一、经济发展多做贡献。在这种"积极引导"中，我们应坚持求同存异、增进沟通和理解、葆有对话开放的鲜活之态。面对多极世界和多元文化，作为开放社会一员的中国已不可能强求"价值一律"，而应力争在多元并存的社会思想文化氛围中唱好主旋律、引领新潮流，避免"独唱"变"绝唱"。同时还应该承认，处理好宗教与社会主义的关系，仅靠"正面引导"还远远不够。敌对势力在全球化的复杂环境下利用宗教问题对我国加以"分化""西化"和意识形态"对立化"乃不争的事实。在我国宗教问题已不再纯属"国内宗教工作"范围的大背景下，对西方强势文化以及"普世性""宣道性"宗教的辐射性和渗透力予以警惕、防范，加以引导、疏导，就显得非常重要和必要。[①]

（三）关于"和谐社会"语境中的"宗教关系"问题

还有研究者指出，在我国处于社会结构变动和全球化浪潮冲击、改革的深层次矛盾和利益格局冲突加剧、社会价值体系和道德标准失衡的态势面前，"相当一部分"社会成员转向宗教信仰当中寻求心理支撑和精神慰藉，乃至去寻求生命意义并不是什么不可思议的现象。把宗教整体上多元化、多维度的存在，看作我们这个社会的一

---

① 参见卓新平《全球化与当代宗教》，《世界宗教研究》2002 年第 3 期。

种常态，习惯于用合乎宗教自身运动规律的方法，认真探索与之建立协调、自然、顺畅、有序的互动模式，促成它与中国特色社会主义的和谐共存，直至基本转化为社会主义和谐社会的有机组成部分，既是促进"宗教关系"和谐的客观依据和逻辑内涵，也给"构建社会主义和谐社会"命题赋予了深远的理论探索空间。无产阶级政党以马克思主义宗教观为基础的宗教政策，同等地尊重和保护宗教信仰者"依法信教"和非宗教信仰者"依法不信教"的自由并且倡导两者相互尊重，比实质上只偏重于"信教自由"的资产阶级"宗教自由"政策更宽容、更人道。中国是一个多种宗教并存的文明古国，有着在爱国主义的政治伦理制高点主导下保持各宗教间"求同存异""和而不同"的良好传统，"和谐""和合"的思想成为各主要宗教义理学说的内在成分，这使得我们的工作不但可以依靠现有的政治优势，还可以依靠在当今世界上得天独厚的历史文化资源优势。①

（四）马克思主义宗教观中国化问题

政界有论者明确提出"社会主义的宗教论"：宗教长期存在，是马克思主义宗教观的一个重要观点。在观察世界宗教问题必须把握的主要特点中，最根本的是宗教存在的长期性。把宗教存在的长期性作为"根本性"问题来强调，就是要根治对待宗教问题上的"短视症"。在宗教问题的三个特点中，根本是长期性，所以要积极引导宗教与社会主义社会相适应；关键是群众性，所以要全面正确地贯彻执行宗教信仰自由政策；特点是复杂性，所以要依法管理宗教事务，坚持独立自主自办的原则。这就是社会主义宗教论的基本理论架构，坚持和发展马克思主义宗教观的与时俱进的创新理论。②

有学者则强调："可以说，尽力挖掘和发扬宗教某些内在的积极因素为中国革命、建设和改革事业服务，进而推进社会主义社会向

①　参见张新鹰《引导宗教参与和谐社会建设的纲领性文件》，《马克思主义研究论丛（第 7 辑）宗教观研究》，中央编译出版社 2007 年版。

②　参见秋石（叶小文）《社会主义的宗教论》，《求是》2003 年第 9 期。

前发展，是中国马克思主义宗教价值观的精髓。"①

三　小结

我们认为，上述话语片断仅仅是与宗教问题相关的话语空间热烈争鸣中非常典型的一部分，表面上看似乎与这一时期不争论、不折腾、不走回头路的时代主旋律相抵触，但实际上恰恰在某种程度上从一个侧面反映了利益诉求多元化年代的真实状况。宗教问题或涉教问题作为社会总问题的一部分，在某些特定时空背景下、社会情境中可能只是属于世界观范畴的思想认识问题，在另外一些时空背景下、社会情境中则有可能逐渐演变为危及社会稳定和国家安全的严重的社会问题（如"藏独""疆独"）。现有的对马克思主义宗教观的某些表述，实际上常常是其统战话语、法治话语、意识形态话语、无神论话语不同比例的混合物。对马克思主义宗教观的不同理解，可能基于或常常源于对其统战话语、法治话语、意识形态话语、无神论话语的不同侧重。而偏重于某一种话语形态，最终难免出现解释力下降、"边际效用递减"现象，此时必然会催生出穷则思变、矫枉纠偏意义上的思维创新和话语更新。在阶级话语隐遁、"从总体支配到技术治理"成为时代特征的政治语境中，从话语构建的角度而言，应当把马克思主义宗教观基本原理与中国宗教具体实际相结合，推进其统战话语、法治话语、意识形态话语、无神论话语的有机统一，使宗教问题的"成本收益比"优化并服从、服务于党和国家的工作大局。②

马克思主义宗教观研究，从一开始就具有强烈的政治属性和意识形态属性。在涉教话语空间日渐复杂的形势下，中国社会科学院

---

① 方立天：《论中国化马克思主义宗教观》，《中国社会科学》2005 年第 4 期。

② 参见黄奎《马克思主义宗教观的话语形态》，载曾传辉主编《马克思主义宗教观研究（2011）》，社会科学文献出版社 2011 年版，第 152 页；另见王伟光等主编《中国社会科学院马克思主义研究文集》2012 年第 3 辑，中国社会科学出版社 2013 年版，第 210—211 页。

世界宗教研究所 2009 年正式成立马克思主义宗教观研究室，设立马克思主义宗教观研究学科，当属全国首例。能否坚持以马克思主义为指导研究宗教，政治立场、价值取向、学术导向至关重要，由此也可见一斑。

第三节　中国特色社会主义新时代
（2012—2019）的马克思
主义宗教观研究

一　相关历史轮廓及党的宗教政策

党的十八大以来，以习近平同志为核心的党中央团结带领全党全国各族人民，全面审视国际国内新的形势，通过总结实践、展望未来，深刻回答了新时代坚持和发展什么样的中国特色社会主义、怎样坚持和发展中国特色社会主义这个重大时代课题，推动党和国家事业发生历史性变革、取得历史性成就，中国特色社会主义进入了新时代。

这一时期党的宗教政策，集中反映在习近平关于宗教问题的一系列重要论述中，尤其反映在 2016 年全国宗教工作会议上习近平的重要讲话中。2013 年 8 月，习近平在全国宣传思想工作会议上强调"意识形态工作是党的一项极端重要的工作"，并严词抨击"不问苍生问鬼神"现象。共产党人的世界观在社会转型期能否保持独立性和纯洁性的问题随后被尖锐提出，少数贪腐官员痴迷怪力乱神、封建迷信现象受到主流媒体抨击，文化的先进与落后、对党政官员和普通百姓的不同要求由此判然有别。2016 年 4 月，习近平在全国宗教工作会议上指出，做好新形势下宗教工作，就要坚持用马克思主义立场、观点、方法认识和对待宗教，遵循宗教发展和宗教工作规律，深入研究和妥善处理宗教领域各种问题，结合我国宗教发展变化和宗教工作实际，不断丰富和发展中国特色社会主义宗教理论，用以更好地指导我国宗教工作实践。积极引导宗教与社会主义社会相适应，一个重要的任务就是支持我国宗教坚持中国化方向。要用社会主义核心价值观来引领、教育宗教界人士和信教群众，弘扬中华民族优良传统，用团结进步、和平宽容等观念引导广大信教群众，支持各宗教在保持基本信仰、核心教义、礼仪制度的同时，深入挖掘教义教规中有利于社会和谐、时代进步、健康文明的内容，对教规教义作出符合当代中国发展进步要求、符合中华优秀传统文化的阐释。在新形势下，宗教工作范围广、任务重，既要全面推进，也要重点突破。要结合各宗教情况，抓住主要矛盾，解决突出问题，以做好重点工作，推进全局工作。各级党委要提高处理宗教问题的能力，把宗教工作纳入重要议事日程，及时研究宗教工作中的重要问题，推动落实宗教工作决策部署。要加强对党关于宗教问题的理论和方针政策的学习，加强对宗教基本知识的学习，把党关于宗教问题的理论和方针政策纳入干部教育培训计划，使各级干部尽可能多地掌握。要建立健全强有力的领导机制，做好对宗教工作的引领、规划、指导、督查。统战部门要负起牵头协调责任，宗教工作部门要担负起依法管理责任，各有关部门及工会、共青团、妇联、科协等人民团体要齐抓共管，共同做好宗教工作。要广泛宣传党关于宗教问题的理论和方针政策，宣传宗教相关法律法规，加强宗教方面宣传舆论引导。党的基层组织，特别是宗教工作任务重的地方基层组织，要切实做好宗教工作，加强对信教群众的工作。共产党员要做坚定的马克思主义无神论者，严守党章规定，坚定理想信念，牢记党的宗旨，绝不能在宗教中寻找自己的价值和信念。要加强对青少年的科学世界观宣传教育，引导他们相信科学、学习科学、传播科学，树立正确的世界观、人生观、价值观。①

与习近平总书记关于宗教问题和宗教工作的一系列重要讲话精

---

① 参见 http：//news. cctv. com/2016/04/23/ARTIqlrNODcW4xv9Gsx90d0p160423. shtml。

神相呼应的是，党的十八大以来在涉教类顶层设计方面先后出台的若干部党纪国法，均不同程度地提及了宗教问题，如《中国共产党统一战线工作条例（试行）》（2015）规定："共产党员应当团结信教群众，但不得信仰宗教。"《关于新形势下党内政治生活的若干准则》（2016）规定："党员不准搞封建迷信，不准信仰宗教，不准参与邪教，不准纵容和支持宗教极端势力、民族分裂势力、暴力恐怖势力及其活动。"《中华人民共和国国家安全法》（2015）规定："国家依法保护公民宗教信仰自由和正常宗教活动，坚持宗教独立自主自办的原则，防范、制止和依法惩治利用宗教名义进行危害国家安全的违法犯罪活动，反对境外势力干涉境内宗教事务，维护正常宗教活动秩序。国家依法取缔邪教组织，防范、制止和依法惩治邪教违法犯罪活动。"党的十九大报告涉及宗教工作和宗教问题的表述有："全面贯彻党的宗教工作基本方针，坚持我国宗教的中国化方向，积极引导宗教与社会主义社会相适应。"① "严密防范和坚决打击各种渗透颠覆破坏活动、暴力恐怖活动、民族分裂活动、宗教极端活动。"凡此种种足以说明，宗教问题始终是我们党治国理政必须处理好的重大问题，党的宗教政策与时俱进，已经进升到了一个崭新的高度。

二　马克思主义宗教观研究概况

以下选取的若干热点或"老大难"问题所引发的争论，或许足以窥见马克思主义宗教观研究之一斑。

（一）如何看待宗教的社会作用？

有论者认为，关于宗教的社会作用问题，通常说是具有两重性，既有积极的一面，也有消极的一面。这种说法比较全面、比较稳妥，

---

① 党的十七大报告、十八大报告关于党的宗教政策的表述均为"全面贯彻党的宗教工作的基本方针，发挥宗教界人士和信教群众在促进经济社会发展中的积极作用"。

但是不太说明问题。辩证唯物主义认为，一切事物都具有两重性，问题是要回答两重性中哪一重是主要的，而且主要方面又是在什么历史条件下形成的。从人类文明进程来看，宗教所起的作用是巨大的；如果我们承认人类文明是不断前进的，那也就要承认宗教的积极作用是主要的，而且积极作用大于消极作用。就以三大世界宗教来说，佛教传入中国后，对于维护中华民族团结、推进文化建设和推动社会稳定发展方面都发挥了积极作用。基督宗教在造就西方文明方面的贡献也是有目共睹的。俄罗斯现任总统普京也说："没有东正教，就没有俄罗斯。"至于伊斯兰教，其在伊斯兰世界的地位也是无可替代的。从总体上看，宗教在人类社会历史上的进步作用是主要的，其阻碍历史前进的负面作用是次要的，分清宗教社会作用两重性的主次，还宗教历史以客观真实，具有重要的理论意义和实践意义。①

有论者则认为，离开历史的、具体的分析，抽象地概括人类历史上的宗教是以积极作用为主还是以消极作用为主，那是形而上学的观点。如果说从宗教在人类社会的发展中发挥着重要的作用和人类社会总体上处在前进过程中的前提，推论出宗教的积极作用是主要的结论，那么，这样的逻辑可能靠不住。在人类社会发展史上发生过重要作用的事物有很多，这并不能保证它的作用主要是积极的。因为我们同样可以将这种逻辑应用到战争、疾病，甚至与宗教有着错综复杂关系的迷信等社会和文化现象上面，但我们很难说战争、疾病或迷信的作用主要是积极的。②

还有论者指出，中国特色社会主义宗教理论应该说是两大重要因素的有机结合。一是来自西方的马克思主义宗教观，其中自然会

---

① 参见方立天《运用法治思维和法治方式推动宗教健康发展》，《中国民族报》2013 年 10 月 22 日。

② 参见曾传辉《必须辩证看待宗教的社会作用》，《中国民族报》2015 年 9 月 3 日。

反映出西方文化传统及其优秀成果。马克思主义也不是凭空产生的，乃有其文化土壤，这是我们必须研究西方哲学、西方政治学、西方经济学和西方社会学的原因。我们只有深刻了解西方文化史、把握西方文明精神的精髓，才可能透彻体悟马克思主义的博大精深。从这一意义上，我们坚决反对那种彻底排拒、全盘否定西方思想文化的观点。对西方思想文化包括其宗教，不能采取粗暴简单地将之"打翻在地，再踏上一只脚"的态度，而是应该对其精神遗产之文本持有一种敬重的态度。当然，我们对马克思主义的吸收、消化也理应持一种使之"中国化"的姿态，防范一种水土不服的机械应用。二是来自中国的传统思想文化，中国特色社会主义宗教理论如果忽视中国文化则没了特色。在中华民族的精神追求、文化象征和道德标准中，中国人的宗教因素非常醒目。这种充满精神气质、有着独特精神境界的宗教文化是我们中华文化的有机组成部分，起着举足轻重的作用。中华传统文化的典型符号和象征，就有着明显的宗教印痕，保存着中国人灵性生活的记忆。所以，中国特色社会主义宗教理论不可能完全排拒中华文化传统中的宗教元素，不能仅从负面意义上来评价我们文化历史中的宗教。无论是从我们的社会现实，还是从我们的文化历史来审视，都要正视宗教在其中的积极意义，看到宗教对我们的文化发展所起的精神动力作用，正面面对宗教在我们社会存在和民众生活中的久远影响。①

（二）涉教渗透与反渗透话语

1. 关于抵御渗透与维护国家主权

在抵御渗透、维护涉教国家主权方面，有论者强调，独立自主自办原则是我国独立自主的外交路线在宗教工作中的体现，其实质就是我国宗教团体和宗教事务不受外国势力的支配。我们之所以要坚持这个原则，一是历史原因。鸦片战争后，外国基督教、天主教

---

① 参见卓新平《发展中国特色社会主义宗教理论》，《中国民族报》2014 年 7 月 29 日。

势力借着列强的坚船利炮进入中国，操纵、控制中国教会，使中国教会成为西方修会、差会的附庸。中华人民共和国成立后，宗教界开展了反帝爱国运动，基督教、天主教走上了独立自主自办的道路，教徒获得了作为中国人的尊严。如果放弃这个原则，就等于忘记了历史的教训，为外国插手中国内部事务留下一个很大的缺口。二是现实原因。当前，境外利用宗教对我国进行渗透的问题日益突出，境外基督教的渗透从东向西、从低文化层次向高文化层次蔓延；梵蒂冈极力利用"圣统制"操控我国天主教；伊斯兰极端主义派别向我国西部地区，特别是新疆渗透；达赖集团利用藏传佛教破坏西藏稳定、分裂国家。渗透目的是操纵我国宗教，进而把宗教变成反对中国党和政府的政治力量。因此，必须毫不动摇地坚持独立自主自办原则，维护我们党的领导地位和社会主义国家政权，维护国家的统一和人民的利益。[①]

关于反渗透与宗教工作的关系问题，有论者明确指出，抵制境外宗教渗透乃我国宗教工作的分内之事。如果我们缺乏国际眼光，对境外敌对势力缺乏必要的警惕、防范和抵制，那我们就不可能对我国的宗教事务进行卓有成效的管理，我国的宗教信仰自由政策就不可能全面彻底地贯彻，我们就不可能积极有效地引导宗教与社会主义社会相适应，换言之，我们就根本不可能做好宗教工作。更遑论能否有效地抵制境外宗教渗透，这不仅仅是一个关乎我国宗教工作能否取得预期效果的问题，还是一个关乎我国国家主权、国家安全、民族团结和国家统一的大问题。[②]

2. 关于抵御敌对势力利用宗教对高校进行渗透

在教育领域如何坚持教育与宗教相分离的原则？如何抵御敌对势力利用宗教对高校进行渗透？有论者指出，自20世纪50年代以

---

① 参见《朱维群谈对我国宗教特征和宗教工作的认识》，《人民政协报》2013年11月21日。

② 参见段德智《新中国宗教工作史》，人民出版社2013年版，第357—358页。

来，西方敌对势力企图对我国实施"西化""分化"的图谋一天也没有停止过。其中，利用宗教加紧对我国实施宗教渗透是他们采取的重要手法之一。改革开放以来，由于国际环境的变化，这种渗透和反渗透、分裂与反分裂的斗争表现得异常尖锐。实现"东突厥斯坦独立"、把新疆分裂出去，是境内外"三股势力"的长远战略目标。他们十分重视对青少年的争夺，重视利用宗教向教育的渗透，通过私办经文学校，向少数民族青少年灌输民族分裂、宗教极端和暴力恐怖主义思想；利用学校和课堂、利用信息和网络散布"双泛"思想；利用宗教干扰少数民族学校教育教学秩序；散发、出版反动宣传品和非法宗教书刊；拉拢、腐蚀少数民族青少年中的优秀和骨干分子等方式，对学校进行渗透和影响，妄图"培养"所谓"宗教事业的接班人"。大量事实说明，国内外敌对势力利用宗教对我实行"西化""分化"图谋，越来越集中地表现在和我们争夺下一代的思想问题上。民族分裂主义和非法宗教势力利用了宗教，同时宗教也掩护了民族分裂主义和非法宗教活动。当前新疆少数民族教育面临的首要问题是思想政治教育，即培养什么人的问题。在新疆，尤其是南疆地区，宗教向教育的渗透和影响已严重干扰了我们社会主义学校的培养目标。新疆中小学教育近十几年来的一个突出问题，就是反对有神论的干扰破坏，这也是南疆少数民族地区教育当前和今后要解决的最迫切的问题。①

有论者指出，境外反华势力利用宗教向大学校园进行渗透，使高校校园文化建设面临着挑战和考验。迈入 21 世纪，宗教不仅对人们的思想道德观念和价值行为取向产生影响，而且还常常成为境外反华势力打着"宗教自由"幌子干涉中国内政，实施"西化""分化"战略的重要载体和工具。近些年来，西方一些政治势力开始把

---

① 参见丛培兵《南疆少数民族青少年树立马克思主义宗教观的制约因素分析》，《喀什师范学院学报》2013 年第 4 期；另见吴敏《以马克思主义宗教观教育引导新疆高校学生正确认识和对待宗教问题研究综述》，《兵团党校学报》2013 年第 2 期。

传教的重点转向知识阶层，特别是在校大学生，他们认为这一群体与其他人群相比"更能影响中国的未来"。[①]

有论者指出，"宗教信仰热"有不断向大学校园蔓延的趋势，如何引导大学生正确对待宗教信仰问题，不仅关系到大学生自身的发展和前途，更关系到国家和民族的繁荣富强。高校马克思主义基本原理概论课肩负着引导大学生正确对待宗教信仰问题，以及接受马克思主义宗教观教育的职责与使命。敌对势力又把目光瞄准中国庞大的、尚未开发利用的宗教信仰市场，授意海外的基督教团体以所谓"慈善捐助"的形式向中国人传福音，试图用虚幻的"上帝"来"救赎"勤劳善良的中国大众脱离"水深火热"。为实现和平分裂中国的阴谋，他们做好了打持久战的准备，组织大量的人力、物力、财力，秘密或公开地来中国传播宗教。尤其令人愤慨的是，他们已经把传教的重点对象转向了知识阶层，特别是在校大学生，他们认为大学生这一群体似乎比中国农民更能影响中国未来的发展。[②]

与公办高校相比，民办高校自觉抵御涉教渗透可能更引人注目。有研究者指出，与公办高校学生相比，民办高校学生在学习、生活、就业前景和社会评价等方面面临着更多的压力，他们往往具有较强的自卑心理，对心理和精神慰藉有着更为强烈的需求。他们的这种需求，如果不能从日常的学习和生活中得到正确的教育和引导，就极易被宗教或其他社会文化思潮所吸引和利用。加强民办高校马克思主义宗教观教育，是民办高校思想政治教育的重要任务，也是落实我国相关宗教政策法规的重要措施，更是民办高校防范宗教渗透和促进学生健康成长的重要途径。那么，当代中国高校是如何完善思想政治理论课程教学，把宗教观教育融入课堂教学呢？具体做法

[①]　参见刘军《大学生宗教信仰与高校"思政课"教育教学》，《韶关学院学报》（社会科学版）2013 年第 3 期。

[②]　葛英杰：《高校"马克思主义基本原理概论"课引导大学生正确对待宗教信仰问题之我见》，《兰州教育学院学报》2013 年第 2 期。

是：在《思想道德修养和法律基础》中，加强了与宗教相关的法律政策和理想信念教育；在《马克思主义基本原理》课程教学中，加强了唯物史观和辩证法教育，并引导学生对马克思主义世界观与宗教世界观进行了讨论；在《毛泽东思想和中国特色社会主义理论体系概论》中，强化了我国的民族宗教政策教育，引导学生正确认识民族宗教问题；在《中国近现代史纲要》中，加强了防范宗教侵略和宗教渗透教育；在《形势与政策》课中，对个别人利用民族宗教问题搞分裂的企图进行了批判，加强了爱国主义教育。①

3. 对反渗透话语的不同看法

另有论者则对反渗透话语不以为然，认为高校抵御涉教渗透与宗教信仰自由的宪法条款存在矛盾：1982 年 12 月 4 日由第五届全国人民代表大会第五次会议通过，后又经过四次修订的中华人民共和国第四部《宪法》对中国公民信教的问题有着明确说明。《宪法》的表述很清楚，年满十八岁的公民完全可以自由地选择信仰宗教或不信仰宗教，这两种选择都是平等的，不能因其中某种选择而招致社会的歧视。如果公民仅因为信仰宗教而被指责或被人说三道四，显然就不符合我们的宪法精神。这里，《宪法》并没有指某种特殊群体才享有宗教信仰自由，而是对全体公民的表达。也就是说，包括年满十八岁的大学生如果选择宗教信仰，这也是这一群体的公民应该享有的自由，并不能因为他们是大学生就要遭到特别指责，而其所在大学也不能由此而必须为之承受负担和压力。只要是"正常的宗教活动"，就理应受到国家的保护。所以，我们应关注的并不是什么样的公民群体会信教，而只能是其宗教活动是否"正常"。正如《宪法》所规定的，"任何人不得利用宗教进行破坏社会秩序、损害公民身体健康、妨碍国家教育制度的活动""宗教团体和宗教事务不受外国势力的支配"。我们所不允许的，即这类"非正常"现象的

---

① 参见李铁华《民办高校马克思主义宗教观教育的实践与反思》，《黄河科技大学学报》2013 年第 3 期。

出现。至于大学生或其他青年人群中出现了信仰宗教的现象，一是没有必要过于敏感、紧张；二是应具体问题具体分析。实际上，在中国当代社会处境中，信教的大学生和其他青年人也毕竟是极少数，远低于在整个社会人口中信教人数的百分比，故而仍属正常发展。即使是从思想教育的角度，在对人生理想、价值观的认知和无神论的教育上，也没有必要谴责宗教、指责大学生或其他年轻人，我们所应该做的也只能是健体强身，加强自身思想教育、道德理想教育和无神论教育对大学生等青年人的吸引力和感染力，改善、改进我们思想教育的方法和组织形式，提高我们无神论教育及宣传的质量和水平，以我们的精神追求和智能智慧来打动青年人，争取并抓住社会人心，在多元思潮、多种精神的客观共在中提高我们自己的免疫力、竞争力和影响力。应该说，我们的青年工作、群众工作在这些方面的积极引导和指导还是很有优势的，但任何怨天尤人、大惊小怪、恼怒指责则只会暴露自己的无能和缺失信心，表现出其在教育、工作的理念及方法上已经落伍，而这种表现的结果则只会适得其反，达不到本想争取的目的。所以说，在精神信仰追求的自由上，我们一定要理解我国《宪法》原则的真谛，认识到为什么要坚持并保护这种自由，而不可能，也办不到靠行政命令的强迫或强力来解决思想信仰的问题。①

还有论者对反渗透闪烁其词，对无神论者却颇有微词：基督教确实有其复杂性，因为它和中西方的关系纠结在一起。现在我们常常讲西方利用基督教来渗透，这种渗透有两个方面的问题。一个方面是文化渗透，但是文化渗透历来就有，这是文化传播的规律。如果没有文化渗透，社会主义也来不了中国。另一个方面是恶意的，也就是背后隐藏着政治目的和政治利益。他们是希望借此将中国基督教化，从而把中国纳入西方的政治格局中，不让中国独立发展。

---

① 参见卓新平《保护公民信仰自由，促进宗教服务社会》，《世界宗教文化》2013 年第 5 期。

我们的文化战略应当是把基督教中国化，让它和中华的"仁和"文化相结合，用复兴中的儒释道的慈爱包容精神消解其先天的排他性，使它成为中华文化的有机组成部分，这就是"固本化外"的方略。完全没有宗教信仰的广大人群，既不可能，也是可怕的。如果有人既不信宗教，又不信社会主义，这样的无神者可以胆大妄为、肆无忌惮。因此，我们今天的执政者不要把宗教看作是敌对的，而是要把它作为社会主义的助力，而不是阻力；它能够安定社会，能够对社会道德风尚的改善起到积极作用，也有利于维护社会稳定。[①]

（三）关于宗教中国化问题

有论者认为，"宗教中国化"应具有三部分特质：中国的各宗教认同中国、中国文化、中华民族；适应中国社会；吸收、融入中国文化。那么，坚持我国宗教中国化方向提出的目的是什么？从国家的角度看，目的应该是：增加宗教中对于国家安全、宗教和睦、社会进步的有利因素，减少不利因素。国家安全、宗教和睦、社会进步都是国家的根本利益；维护国家根本利益，是国家的基本职责和使命。历史和现实充分表明，宗教既可以维护、增加这些利益，又可以损害、减少这些利益。宗教中国化，无论从理论上看，还是从历史经验上看，都是让宗教维护、增加这些利益，或者不损害、不减少这些利益的必要、有效的途径。[②]

有论者提出，外来宗教是否中国化，可以从地理标准、法律（或政治）标准、文化标准这三个维度来衡量。外来宗教来到中国，虽然完成了空间上的转换，但其毕竟仅是一种物理距离上的转移，宗教的各项要素未发生本土化改变，此时尚谈不上真正意义上的中国化，仅是外来宗教在中国。一旦宗教信仰者的身份转换为中国人，

---

① 参见路强《固本化外：中国宗教学研究的历程、问题与现实价值——牟钟鉴教授访谈录》，《晋阳学刊》2013 年第 3 期。

② 参见赵文洪《关于"宗教中国化"定义的理论思考》，《中国宗教》2018 年第 7 期。

或者中国人皈依外来宗教，从法律或政治的标准看，就说明宗教信仰者有了政治认同和国家认同的基础，这是外来宗教中国化的法律或政治前提。文化的标准是中国化程度的标志。当外来宗教被大部分中国人视为中国（传统）文化的有机组成部分时，就是宗教中国化最成功的表现。[①]

有论者认为，近来学术界探讨我国宗教中国化问题，大都提倡我国宗教认同中华优秀传统文化，或认同"文化中国"，即强调文化认同对于我国宗教中国化的重要意义。这样说当然并没有错，但在我国宗教中国化问题或"坚持我国宗教的中国化方向"系统工程的大方向上，政治认同无疑更加重要。具体而言，谈论我国宗教的中国化问题，首先必须强调的是自觉自愿的对于当代中国主流意识形态的认同，自觉自愿的对于中国共产党、对于中国特色社会主义政治制度的认同。泛泛地谈文化认同，仅在宗教服饰、宗教礼仪、宗教建筑风格等外部观瞻方面浅度吸纳中国文化元素是远远不够的，在特定时空背景下、特定情境中甚或有可能成为掩盖其去中国化、逆本土化的内在图谋的外在伪装，因此值得特别关注。[②]

有论者指出，当前，坚持宗教中国化方向，坚持宗教本土化，要防止宗教"去中国化""逆本土化"，避免中国宗教受境外一些国家的宗教极端主义影响，导致利用宗教进行民族分裂和暴力恐怖活动；坚持宗教中国化方向，坚持宗教本土化，要警惕宗教"伪中国化"倾向，也就是假借所谓"中国元素""中国符号"伪装成"宗教中国化""宗教本土化"，实际上是通过宗教渗透，危害国家主流意识形态安全，进而影响国家安全。[③]

（四）关于党员信教问题

有论者指出，有人以我国《宪法》规定公民有宗教信仰自由为

---

① 参见李维建《宗教怎样才算中国化》，《中央社会主义学院学报》2018年第2期。

② 参见黄奎《"坚持我国宗教的中国化方向"略论》，《世界宗教文化》2018年第6期。

③ 参见范弘雨《坚持我国宗教中国化方向》，《宁夏日报》2019年4月16日。

理由，反对共产党员不得信仰宗教的规定，指责这一规定限制了党员作为公民享有的宗教信仰自由。公民志愿加入中国共产党，表明他按照党章的规定立誓要坚持党的辩证唯物主义的无神论的世界观。党纪严于国法。"共产党员不得信仰宗教"是中国共产党在中华人民共和国《宪法》规定的范围内对自己的党员提出的更高的要求。党的纪律是管党治党的尺子，是党员不可逾越的底线。既然选择加入共产党，那就不仅要严守国法，更要严守党纪。某些不愿意受党纪约束的人，退出党的组织仍然可以享有《宪法》赋予公民的信仰宗教的自由。因此，党组织对党员的要求同《宪法》关于公民权利的规定是一致的，不应该将它们对立起来。共产党员不得信仰宗教，宗教信徒不能加入党组织，这是同一件事情的两个方面。允许党员信教，或允许宗教信徒入党，都意味着党内可以有信仰宗教有神论、背离党的马克思主义世界观的成员，这都是同党章的规定相违背的。要求党组织以吸收宗教信徒入党来"体现政治上、社会意义上对宗教的关怀和包容"，颠倒了社会主义社会与宗教的关系、党与宗教的关系，不是引导宗教与社会主义社会相适应，而是企图让社会主义社会去适应宗教。其结果，不是加强党和政府对宗教在政治上和社会上的管理，而是让宗教影响和改变党的政策和性质，干预国家政治事务和社会事务。①

　　有论者认为，坚持共产党员不能信教，主要应是从党的组织内部教育、整顿这一考量来坚定党员的政治信仰，加强党员的组织纪律，保持党组织自身的政治纯洁性、先进性及先锋队作用这种政党政治的意义上而言，应是从组织系统和纪检层面来抓的，而没有必要把共产主义这种政治信仰与宗教信仰相等同、相并列和相比较，更没有必要过于从价值意义或意识形态、世界观上去贬损宗教、否定宗教。我们不能把共产主义这种政治信仰等同于宗教信仰，因为

---

① 参见田心铭《严明"共产党员不得信仰宗教"的政治纪律》，《红旗文稿》2016 年第 14 期。

这种等同无意中会使我们的政治组织也被误解为一种宗教或准宗教组织，混淆政治信仰与宗教信仰的异质性和异层性，降低了党的领导地位和政治身份。至于个别党员拜神信鬼、算命求卦、参与迷信活动则必须得到整治，但这种负面性并不能完全被归为宗教，虽然宗教中仍有迷信等糟粕，这些迷信却不是，也不能被完全等同为宗教。宗教有清除迷信、不断改进和革新的任务，但宗教不是迷信，二者在本质上有别。我们同样也要清醒地认识到，宗教存在的社会处境已经发生了根本变化，我们党的社会地位也出现了根本变化，即已经从推翻旧社会的革命党变为领导建设新社会的执政党。这样，既然我们在对中国社会经济这一基础、根本问题的认识上都已经取得了突破，都已经允许与之关联的私人企业家入党，那么就更没有必要纠缠在有神、信教这种思想认识问题上。①

有论者指出，当前，有一种怪观象，就是不少共产党员不坚持辩证唯物主义世界观，不坚持马克思主义无神论，特别是有的领导干部也搞起了迷信，不问苍生问鬼神，有的甚至动辄花大把的钱去咨询请教所谓的"大师""算命先生"，在社会上造成了很负面的影响。这说明，坚持与宣传无神论，批判封建迷信思想在当前显得尤其重要。我们为什么要坚持无神论？首先，因为我们党的世界观是辩证唯物主义和历史唯物主义，而无神论是这一世界观的重要内容。抽掉无神论这一思想基石，党的理论大厦就要垮塌，党的奋斗所取得的一切都成虚妄。其次，无神论是中国传统文化的基本精神。中国文化有着深厚而又极富特色的无神论传统，在历史上虽然活跃着多种不同宗教，但中国从来不是一个宗教国家，而是一个世俗国家。这一特点，是我们党作为无神论政党而能如此自然地从人民中生长起来，得到人民长期支持，取得胜利并长期执政的重要原因。然而，当前国内外一些人极力制造种种谬论，诸如："惟有神论才有信念、

① 参见卓新平《保护公民信仰自由，促进宗教服务社会》，《世界宗教文化》2013 年第 5 期。

有文化、有道德，而无神论则导致社会物欲横流；今天中国道德水准下降的原因是中国人不信宗教特别是不信基督教；中国当务之急是对中国人进行宗教信仰补课……"这些谬论完全不符合中国社会实际。我们要旗帜鲜明地指出：恰恰相反，无神论传统不仅是中国古老文明的重要内容，也是今天中国现代化建设包括道德提升的一大优势。我们当然要学习人类文明的一切优秀成果，但我们决不学习西方的迷信思想，决不放弃自己无神论的特点和优势。最后，在今日中国，各色装神弄鬼的反科学、反理性现象有愈演愈烈之势，危害人民，危害社会，需要从源头上即从世界观上予以清理。应当清醒地看到：一些地方的民众为助长宗教热，滥建大佛、寺庙，热衷于组织大规模宗教活动，中央屡禁而不能止；一些地方盖办公楼、装修办公室要请"风水先生"指点，立"转运石""靠山石"，甚至不惜破坏城市规划和环境；形形色色的"大师""神医""半仙"，你方唱罢我登场，搅起阵阵污泥浊水……而这些愚昧、反科学行为背后，又都有一些党员干部甚至领导干部在推波助澜。有的共产党员不讲科学却搞迷信，见了神佛膝盖发软，带头崇拜各色怪力乱神，热衷于烧"第一炷香"、撞"第一声钟"，甚至一边"拜神"一边贪污，用贪污来的钱供"神"，从"神"的"庇佑"中获得贪污行为的精神支撑……这些已成为一道怪异的"风景"。我们不能说有神论世界观就一定导致这些现象发生，但这些现象的世界观根源一定出自对超自然力量的崇拜。我们的社会对这些乱象不是没有治理，但力度不够，迄今基本上限于戳穿一些具体骗局，而没有解决深层次的世界观上的病因。只要我们没有从哲学的高度予以清算，没有使无神论成为多数人至少是党员干部认识世界、改造世界的思想武器，我们就永远不可能建成一个科学昌明的现代社会。

坚持无神论，首先应当是执政党对自身建设的要求。党要不断对党员进行辩证唯物主义和历史唯物主义的教育，要求党员划清唯物主义与唯心主义、无神论与有神论的界限，坚决抵制各种腐朽思想对党的世界观的侵蚀、渗透，并提出纪律要求。这种教育不但要继续坚持，而且要不断加强。我们知道的 些党员干部搞封建迷信案例，大都是在查处其经济问题时带出来的，很少有干部是因搞封建迷信而受到批评、查处的。因此，应当把无神论教育列入党的各项教育活动中。党员不仅要保持政治上、组织上、作风上的纯洁性，还应在世界观上保持纯洁性。这项要求看似简单，但实践起来并不容易。党如果不能坚持自己科学的世界观，就不可能保持住自己的事业。①

（五）关于马克思主义宗教观的最新发展

有论者认为，党的十八大以来，习近平总书记系列重要讲话和在全国宗教工作会议上的讲话是中国共产党新的领导集体根据所处的历史方位、所面临的国内外形势、所肩负的历史使命，结合宗教问题和宗教工作的新情况进行的理论分析和政策把握，内容十分丰富深邃，将马克思主义宗教观的发展推向了一个历史新高度。习近平总书记关于宗教工作的重要论述的根本立足点就是要从国家安全、意识形态安全、文化安全以及巩固加强党的执政地位的战略高度来认识和处理宗教问题，把宗教纳入国家治理体系，管住管好，最大限度地把广大信教群众和不信教群众团结在党的周围。②

有论者认为，党的十八届三中全会提出，全面深化改革的总目标是完善和发展中国特色社会主义制度，推进国家治理体系和治理能力现代化。随着习近平治国理政思想的渐次展开，各领域治理思想相继问世，指导各项工作创新推进。在全国宗教工作会议上，习近平总书记全面阐述了以"导"为核心理念的宗教治理思想，指出宗教问题始终是我们党治国理政必须处理好的重大问题。我们的政权要巩固，我们的社会要太平，对宗教就要管得住、管得好，把宗

---

① 参见朱维群《为什么不问苍生问鬼神——谈保持共产党人世界观的纯洁性》，《求是》2013 年第 18 期。

② 参见曾传辉《改革开放 40 年我国在宗教治理方面对马克思主义宗教理论的发展》，《中国民族报》2018 年 5 月 15 日。

教治理纳入国家治理体系，确保任何组织和个人不得利用宗教进行破坏社会秩序、损害公民身心健康和损害国家利益、社会公共利益、公民合法权益的活动，确保宗教团体和宗教事务不受外国势力干涉。习近平总书记关于宗教工作的重要论述，发展了中国特色社会主义宗教理论，形成了习近平关于宗教工作的重要论述，是习近平新时代中国特色社会主义思想的重要组成部分和做好新时代宗教工作的根本遵循。①

还有论者指出，中国特色社会主义宗教理论是党和国家的总路线、总方针、总政策在宗教领域的体现。对于中国特色社会主义宗教理论的宗旨，必须放到马克思主义的整体之中去理解，放到当代中国的建设实践中去理解。正是在对世界的认识和改造的整体过程中，它才获得了极其深远的意义。中国特色社会主义宗教理论的目标，是通过处理好社会主义与宗教之间的关系，提升宗教与社会主义建设相适应的程度，服务于中国特色社会主义建设实践。在此基础上，改变宗教的存在状况，进一步促进人的全面而自由的发展。中国共产党和政府在马克思主义宗教观指导下所进行的成功的社会主义实践，既验证了马克思主义宗教观的科学性，又丰富和发展了马克思主义宗教观，形成了马克思主义宗教学的当代最新成果。②

三　小结

"理论是灰色的，而生活之树长青。"当代中国的一切问题，关键在党，宗教问题也不例外。近些年来，宗教研究领域话语歧异、莫衷一是，甚至连"党员能否信教"都成为相关各方激烈争论的一个问题。在习近平总书记业已明确要求"共产党员要做坚定的马克思主义无神论者，严守党章规定，坚定理想信念，牢记党的宗旨，

---

① 参见加润国《自觉用习近平关于宗教工作的重要论述武装头脑》，《中国民族报》2018 年 5 月 8 日。

② 参见叶小文《建设马克思主义宗教学探析》，《文史哲》2019 年第 2 期。

绝不能在宗教中寻找自己的价值和信念”的大背景下，相信在不久的将来，主流意识形态对于宗教问题会有更完善、更准确的表述和阐释。同时我们有理由期待，以往的种种理论分歧在实践的检验机制和纠错机制的不断作用下，随着时间的推移将会渐趋缩小直至消失，马克思主义的立场、观点、方法在宗教研究领域的指导地位因此将得到进一步巩固和加强。

具体而言，在坚持党的宗教工作基本方针的同时，根据习近平总书记在全国宗教工作会议上的重要讲话中的新思想、新观点、新导向，大胆而严谨地考虑对宗教问题和宗教工作中长期存在和运用的某些提法、思维、概念，进行适当的话语转换、权重调整或理论重构，集中论证和大力宣传习近平同志对中国特色社会主义宗教理论的丰富和发展，在这个过程中自觉完成对于部分思想观念、工作模式的推陈出新，多从有利于圆满回答中央领导核心提出的“三个如何”重大课题的角度去运思立论，谋篇布局，使涉及宗教问题和宗教工作的各条战线迎来党和人民所期待的新局面。①

必须清醒地认识到，旗帜鲜明地在党内按照“全面从严治党”总要求，坚持“共产党员不准信教”原则，在全社会各个领域坚持贯彻落实无神论这个大原则，在始终保持马克思主义无神论作为主流意识形态在人民群众思想中占据主导地位的前提下和基础上，综合制定实施更加注重实现公平正义的社会经济政策、更加注重提供高效均等服务的医保卫生政策、更有助于人们回归理性和常识的教育科学文化政策，随着经济社会发展和国力提升，针锋相对、切实有效地抵御宗教有神论对群众的精神诱惑和思想渗透，逐步稳步、锲而不舍地降低宗教信众的增加速度，以利于管好宗教存量、降低宗教增量，使全社会科学理性的主旋律和基本面形成相对于宗教有

① 参见张新鹰《坚持马克思主义无神论是大原则——第五届科学无神论论坛简讯》发言要点（http://cass.cssn.cn/keyandongtai/xueshuhuiyi/201707/t20170723_3587847.html）。

神论的压倒性态势，才能在力量对比或体量较量的意义上，真正确保"坚持我国宗教的中国化方向"等愿景不致沦为空谈。

　　坚持马克思主义的立场、观点、方法，以习近平新时代中国特色社会主义思想为指导，按照新时代语境中、全球化背景下中国共产党的初心和使命、中国的国家安全和永续发展、中华民族伟大复兴的愿景及构建人类命运共同体的远景相统一的价值评判标准，既坚守原则，又探索创新，初步尝试提出一套以习近平总书记关于宗教问题和宗教工作的重要论述为根本遵循，旨在为中国人民谋幸福、为中华民族谋复兴、为人类社会谋大同的马克思主义宗教观话语体系，可以成为而且应当成为未来很长一个时期马克思主义宗教观研究的努力方向。

第二章

中华人民共和国 70 年
汉传佛教研究（1949—2019）

引言　中国汉传佛教研究历史沿革

现代意义上的近现代中国佛教研究肇始于中华民国，中华人民共和国成立以后，在党和国家的大力支持下，中国佛教研究历经 70 年风雨兼程，在研究方法、研究成果等各领域都取得了长足的发展，完成了其自身的体系化、学术化、规模化、现代化、国际化建设，为中国宗教研究以及社会主义现代化建设作出了积极贡献。

中华民国时期佛教研究主要集中于汉传佛教和藏传佛教两个研究领域，尤其是在汉传佛教研究领域取得了诸多成绩，开启了现代中国佛教研究的先河。中华民国汉传佛教研究主要以杨仁山、欧阳渐为代表的金陵刻经处系，太虚法师为代表的改革派僧人系，韩清净为代表的三时学会系为中坚科研力量，研究方向主要涉及佛教义理哲学和佛教史等方面。南京金陵刻经处和北京三时学会着重研究印度佛教义理，尤其是对唯识学说的阐扬。太虚法师系的大勇、持松等人则从日本引入了久已失传的唐代密宗（真言宗），开启了从 1911 年到 1948 年唐密研究昙花一现式的短暂中兴，发表了一系列的研究成果。

除此之外，胡适、汤用彤、吕澂、高观如、黄忏华、周叔迦、范文澜等人也开始接受现代佛教研究方法，尝试将佛教作为客观对象，进行学理上的研究。学者吕澂、高观如、黄忏华等人在佛教史、佛教哲学等方面都相继发表了重要著作。

汤用彤是从史学角度研究佛教的代表，他的《汉魏两晋南北朝佛教史》已经成为佛教研究的经典著作。胡适实际上也是把主要精力都放在了史学考据与研究上，撰有《菩提达摩考》《楞伽宗考》等。

此阶段在佛教义理思想方面进行研究的有梁漱溟、冯友兰、熊十力、侯外庐等人。梁漱溟主要讲授印度哲学，止步于资料的罗列与归类；冯友兰有进一步的研究，但也正如他自己晚年在《三松堂自序》中的评价一样，"对于佛学没有学通，所以也不能讲透"[①]；熊十力借佛教的名相，以印度佛教唯识学为依托，杂糅诸家，自成体系，撰成《新唯识论》等，创立了自己的哲学体系；侯外庐则努力用辩证唯物主义对佛教思想进行分析。[②]

再者，此时期从国外留学回来的周一良、陈寅恪、许地山、陈之佛、季羡林等人也发表了部分关于汉传佛教研究的文章，为汉传佛教研究奠定了基础。

中华人民共和国成立以来，伴随中国社会政治、经济、文化等各个方面的发展和变化，中国佛教研究开启了新的篇章，其中任继愈、季羡林、杜继文、黄心川、方立天、楼宇烈、杨曾文等老一辈学者起到了承前启后的重要作用，在创新研究方法、开拓研究领域、培养科研梯队等各个方面为汉传佛教研究指明了道路，注入了新的活力，也为改革开放以后中国佛教研究的快速发展奠定了基础。20世纪 90 年代至 2019 年，是中国佛教研究的快速发展时期，新的一

---

① 冯友兰：《三松堂自序》，人民出版社 1998 年版，第 214 页。

② 参考方广锠《中国佛教研究的里程碑》，《普门学报》2004 年第 22 期。

代汉传佛教研究学者从崭露头角到独当一面，进一步在拓展研究领域和发表成果等多个方面作出了巨大贡献，甚至填补了诸多汉传佛教研究的空白。

1949 年以后的中国汉传佛教研究主要经历了几个明显的时代分期：1949 年中华人民共和国成立至 1978 年改革开放是我国汉传佛教研究的奠基与起伏期；1979 年至 1988 年是我国汉传佛教研究的恢复发展期；1989 年至 1998 年是汉传佛教研究的繁荣兴盛期；1999 年至 2008 年是汉传佛教研究的深入拓展期；2009 年至 2019 年则是我国汉传佛教研究的创新转换期。

第一节　中华人民共和国成立以后汉传佛教研究的奠基与起伏(1949—1978)

中华人民共和国成立初期，汉传佛教研究，乃至整个中国佛教研究的科研力量主要集中于 1955 年成立的中国科学院哲学社会科学学部。1964 年 5 月，世界宗教研究所成立，任继愈任所长，宗教研究所的学术活动分组进行，这标志着我国宗教研究开启了以马克思主义宗教观为指导的宗教研究的新篇章。当年，佛教研究组的成员主要有任继愈、侯外庐、黄心川、郭朋等。1964 年到 1976 年是中国社会科学院世界宗教研究所佛教研究室的筹备阶段，这一阶段佛教研究组的主要工作是学习马克思主义理论和佛教历史、教义等基础知识，并且调查研究各国的佛教现状。1977 年 5 月 7 日，经党中央批准，在中国科学院哲学社会科学学部的基础上正式组建了中国社会科学院。1976 年到 1980 年，佛教研究组的研究课题取得了一定的进展，这一时期的主要工作是调查研究各国的佛教现状、佛教研究成果，为《世界宗教研究》提供稿件，为深入开展中国和亚洲佛教的研究积累资料。1980 年，佛教研究室正式成立，世界宗教研究所所长任继愈兼任主任。此后，佛教研究室的人员不断增加，研究室也进入了快速发展时期，佛教研究的领域不断扩展，佛教研究成果纷纷涌现。

此阶段汉传佛教研究乃至整个中国佛教研究基本上都处于奠基起步阶段，发表成果有限，但这一阶段最为重要的佛教研究成果是，确定了以马克思主义为指导的佛教研究方法及研究体系，与中华民国时期的佛教研究形成了鲜明的对比，为当代佛教研究奠定了重要的理论基础。

此阶段研究成果多以油印等内部资料形式出现，也有部分内容掺杂于哲学史、思想史等著作中发表，主要有侯外庐等主编的《中国思想通史》（1—5 卷）（人民出版社 1949—1960 年版）、《中国哲学史略》（中国青年出版社 1958 年版）、《中国近代哲学史》（人民出版社 1978 年版），石峻、任继愈、朱伯昆编的《中国近代思想史讲授提纲》（人民出版社 1955 年版），汤用彤撰写的《汉魏两晋南北朝佛教史》（上、下册）（中华书局 1955 年版），黄心川撰写的《印度近现代哲学教学资料》（北京大学印行 1958 年版），任继愈撰写的《汉唐佛教思想论集》（人民出版社 1967 年版），任继愈主编的《中国哲学史简编》（人民出版社 1973 年版），季羡林翻译的《优哩婆湿》（人民文学出版社 1962 年版），吕澂撰写的《佛教研究法》（台湾汉声出版社 1972 年版）等。在此时期，方立天也在《新建设》等杂志上，刊载了多篇关于佛教哲学方面的研究成果，主要有道安的《佛教哲学思想》（《新建设》1964 年）、慧远的《佛教因果报应说批评》（《新建设》1964 年）、《试论慧远的佛教哲学思想》（《哲学研究》1965 年）、僧肇的《形而上学》（《新建设》1965 年）等。

另外，此时期的《现代佛学》也曾经发表了一些有关印度佛教的哲学、圣迹等论文或译文，特别是在 1956 年前后，世界佛教界沉浸在庆祝释迦牟尼涅槃 2500 周年纪念活动的气氛里，中国佛教协会先后组团访问了印度、锡兰（今斯里兰卡）、缅甸、柬埔寨、尼泊尔、越南等佛教国家，于是登载了一些有关这些国家佛教历史文化的文章。此后，在"文化大革命"期间，学者对于佛教的研究日趋减少，比较有影响的论文也不多，主要是吕澂的一些文章。中国佛教协会整理了一些中外佛教交流史料，油印成册。① 1978 年以后，佛教研究活动逐步开始恢复，汉传佛教研究方面也取得了丰富的研究成果。

第二节　汉传佛教研究的恢复
发展期(1979—1988)

1978 年 12 月，十一届二中全会的召开，开启了中国改革开放的历史新时期。改革开放的春风为中国带来了希望，也使汉传佛教研究得到了新的发展。此时期的佛教研究现状主要是以汉传佛教研究为主，兼顾藏传佛教研究和南传佛教研究。这一阶段的汉传佛教研究主要以恢复为主，研究方向集中于对佛教历史、佛教思想、《大藏经》等佛教文献、工具书、普及性读物等大方向研究。随着时间的推移，这一阶段后期汉传佛教研究逐渐得到了进一步的细化，纷纷涌现出诸多优秀成果。此时期，我国与世界佛教研究的交流与合作开始起步，主要以汉传佛教为主，国内诸多著名汉传佛教研究学者先后赴日本和欧美等国进行讲学与合作研究，为日后中国佛教研究与世界佛教研究接轨奠定了基础。

这一阶段的另一个重要的特点是，1978 年恢复高考以后，以中国社会科学院和北京大学等为代表的各科研单位在研究生培养上取得了成绩，为汉传佛教研究储备了大量的优秀人才队伍。1978 年起，中国社会科学院世界宗教研究所、南亚研究所率先招收佛教硕士研究生与博士研究生。这些研究生毕业后分配到全国各大科研机构及高等院校，成为各有关单位科研与教学的骨干力量。其后，北

---

① 参见黄夏年《四十年来对外国佛教研究综述》，《佛学研究》1992 年第 1 期。

京大学、人民大学、南京大学、复旦大学等诸多高校也先后开设宗
教专业并招收佛教研究生。此时期的汉传佛教研究，一方面是老一
辈佛教研究学者，如任继愈、吕澂、郭朋等继续发挥了巨大的学术
科研实力，新的研究成果不断出版、再版，其中不少成果成为新时
期佛教研究的必读经典著作；另一方面，此时期中年学者人才辈出，
发表了大量的优秀科研成果，其中较有影响的有黄心川、杜继文、
方立天、楼宇烈、杨曾文、季羡林、高振农等一批人。汉传佛教研
究基本上在这一时期完成了自身的体系化与学术化建设。

一　佛教史研究

佛教历史研究历来是汉传佛教研究的重点，改革开放以后也一
直受到了众多学者的关注和研究。改革开放至今，相较于其他汉传
佛教研究领域，佛教历史研究方面首先在数量上和质量上都取得了
卓越的成绩，在断代史、通史、宗派史等多个方面发表了诸多重要
的研究成果。

1979 年，吕澂先生的《中国佛学源流略讲》（中华书局 1979 年
版）和《印度佛学源流略讲》（上海人民出版社 1979 年版）两部书
出版，这是根据吕澂在 20 世纪 60 年代初，受原中国科学院哲学社
会科学学部的委托，举办的佛学研究班的讲稿整理而成，代表了他
中年以后的成熟观点，是大陆佛学通史的代表著作。两书篇幅虽然
不长，但内容精深丰富，对中印佛教史上各学派与宗派的思想特征、
学术渊源与流变作了细致的辨析。

此时期隋唐佛教断代史研究是一大热点，多位学者出版了专著，
其中有郭朋撰写的《隋唐佛教》（齐鲁书社 1979 年版），范文澜撰
写的《唐代佛教（附：隋唐五代佛教大事年表）》（人民出版社 1979
年版）等。1982 年，由汤一介整理的汤用彤 20 世纪 30 年代的授课
讲义《隋唐佛教史稿》在中华书局出版。该书虽然是未完稿本，但
凝聚了作者对隋唐佛教的诸多思考，有重要的学术价值。应该说，
这些著作成为新时期佛教史研究的奠基性著作，为后来的佛教研究

树立了典范。

20世纪30年代出版的汤用彤撰写的《汉魏两晋南北朝佛教史》为代表，我国的佛教史研究已经取得了巨大的成绩，但1949年以后还缺少一部上下通贯的通史性著作。1981年，任继愈主编，杜继文、杨曾文等人执笔的《中国佛教史》作为国内有史以来最大的佛教史研究项目开始启动，该书拟写8卷，1981年起由中国社会科学出版社陆续出版了3卷（共计136万字），内容包括了从佛教初传中土到南北朝佛教。该书以唯物史观为指导，全面贯彻用历史说明宗教，而不是用宗教说明历史的科研方针，无论在资料的考订使用方面，还是观点的论证阐述方面，都给人耳目一新的感觉，在国际、国内都产生了较大影响。可惜的是，计划中的后面5卷（隋、唐、宋、元、明、清及近现代）一直没有面世，"通史"实际上也就变成了"断代史"。

郭朋于1935年在北平广济寺弘慈佛学院出家，1941年就读于太虚法师创办的汉藏教理院，并开始接触马克思主义，1948年进入华北革命大学学习，之后又入平山党校学习，1949年入党，1952年参与筹备中国佛教协会。20世纪80年代，郭朋以个人之力，在没有助手协助的情况下撰写了《汉魏两晋南北朝佛教》（齐鲁书社1986年版）、《隋唐佛教》（齐鲁书社1979年版）、《宋元佛教》（福建人民出版社1981年版）、《明清佛教》（福建人民出版社1982年版）等系列专著，其后又将上述几本著作修订汇总成为三卷本《中国佛教思想史》（福建人民出版社1994年版）出版。该书努力以马列主义为指导，对中国佛教进行研究分析，在国内外佛教研究学术界都有较大的影响。

二 《大藏经》等佛教文献研究

1949年到2000年，我国的佛教文献学研究主要是基于汉语系经典和资料进行，早在改革开放初期，就得到了学者们的普遍重视。虽然这一阶段季羡林、徐梵澄、巫白慧等老一辈印度学、佛教学专家也进行了一些梵语经典的研究和探讨，但科研力量和业已发表的研究成果都未形成规模。2000 年以后，尤其是 2010 年以后，我国的佛教文献学研究在梵、藏、巴、汉文献对堪比较研究方面得到了很大的提升，甚至很多研究领域都走在了世界学界的前沿，为梵汉、藏汉、巴汉佛教经典的文献学研究与国际化合作提供了可能。

吕澂于 1980 年出版了其历经多年的研究成果《新编汉文大藏经目录》（齐鲁书社 1980 年版）一书，是中华人民共和国成立后最早发表的汉文《大藏经》目录研究，此目录分类科学合理，堪同精准严谨，考辨务实求真，得到了各方面的关注。

1982 年，由任继愈负责的《中华大藏经·汉文部分》编辑、校刊完成，在众多专家、学者 13 年的共同努力下，于 1998 年出版 106 册，其中分正、续两编，共收录佛教典籍 4200 余种，2300 余卷，是目前收罗最为宏富、校勘最为精良的藏经版本。同时传统《大藏经》之外的汉文佛教文献的收集、整理工作也在逐步展开，并汇集为《藏外佛教文献》逐步出版。

20 世纪 80 年代初，中华书局组织全国的佛学专家进行佛教经典的整理、校释工作，并陆续出版了一批重要的佛典注释书，以"中国佛教典籍选刊"的名义出版。如郭朋的《坛经校释》（中华书局 1983 年版），方立天的《华严金师子章校释》（中华书局 1983 年版），汤用彤的《高僧传》（中华书局 1983 年版），苏晋仁的《出三藏记集》（中华书局 1983 年版），周叔迦与苏晋仁校注的《法苑珠林校注》（中华书局 1983 年版），韩廷杰的《三论玄义校释》（中华书局 1983 年版）和《成唯识论校释》（中华书局 1983 年版），高振农的《大乘起信论校释》（中华书局 1983 年版）等。这批著作的出版，在一定程度上缓解了当时佛学研究基本资料缺乏的问题，并带动了相关基础研究的发展。

石峻、楼宇烈、方立天等人合编的《中国佛教思想资料选编》（中华书局 1981 年版）共 4 卷 10 余册，这部书旨在"为中国哲学史专业工作者研究或讲授中国哲学史，提供比较系统而简要的中国佛教思想的参考资料。同时也可供中国思想史、文学史、艺术史专业工作者参考",在学界也产生了很大的影响。

此时期,由任继愈任主编、杜继文任副主编的《佛教大辞典》的编纂与出版,也是这一阶段我国佛教研究的重大成果。该辞典是1949 年以来我国佛教研究学术界推出的第一部大型佛教工具书。

三　佛教思想哲学研究

佛教思想哲学研究始终是汉传佛教研究的另一个重要的研究领域。以往的佛教思想哲学研究,"以经解经"的方法论比较突出,较为注意范畴的自我演化。中华人民共和国成立以后,任继愈、侯外庐等开始将马克思主义辩证唯物主义、历史唯物主义的观点与方法应用到佛教哲学研究领域,并且取得了较大的成就,可谓"凤毛麟角"。

此时期,任继愈撰写的《汉唐佛教思想论集》出版后,一再增补再版,并被翻译为外文,成为佛教研究者必读的重要著作,除此之外,较有代表性的研究专著还有方立天撰写的《魏晋南北朝佛教论丛》(中华书局 1982 年版)、《佛教哲学》(中国人民大学出版社1986 年版),吕澂撰写的《因明入正理论讲解》(中华书局 1983 年版),赖永海撰写的《中国佛性论》(上海人民出版社 1988 年版),楼宇烈撰写的《神会的顿悟说》《圆瑛大师的佛学思想》《佛学与中国近代哲学》等论文与专著。

四　佛教文化研究

20 世纪 80 年代中期以来,把宗教看作一种重大的社会文化现象进行研究的观点日益盛行。越来越多的研究者认识到中国的传统文化是多元的汇合,在展开中国传统文化诸元分析时,必须重视佛教的文化品位,从而重视佛教对中国文化的巨大影响。赵朴初在《佛教与中国文化》等文章中,多次谈到佛教文化与社会主义物质文明及精神文明的关系,认为佛教文化是传统文化的重要组成部分,在当今建设有中国特色的社会主义，特别是社会主义精神文明建设中，仍然具有旺盛的生命力和特殊的积极作用。佛教在本土化的过程中，不断吸收中国传统文化以充实自身，同时佛教也深刻地影响着中国各个历史时期的雕刻、音乐、舞蹈、绘画等各方面的文化艺术。越来越多的学者从不同的学科领域出发，研究历史上佛教与传统的文化艺术交流和相互影响。这一观点与当时流行的对中国文化的反思相结合，形成对佛教文化的研究高潮，一批从文化的角度看待并研究佛教的著作相继推出。

葛兆光的《禅宗与中国文化》（上海人民出版社 1986 年版）一书，从中国文化史的角度出发，主要围绕着心理性格、人生哲学与生活情趣等方面来研究禅宗。张曼涛主编的《佛教与中国文化》（上海书店 1987 年影印版）一书，涵盖了 23 篇相关论文，研究内容主要囊括了佛教与文化、禅宗、文学、艺术、心性等多个方面。方立天的《中国佛教与传统文化》（上海人民出版社 1988 年版）从哲学、伦理、文学、艺术等多个方面论述了佛教与中国文化关系。孙昌武的《佛教与中国文学》（上海人民出版社 1988 年版）、《禅思与诗情》等著作，对汉译佛典的文学性质、六朝以来佛教的文本形式与思想观念，以及中国文学发展的影响做了深入的研究。1989 年，由中国社会科学院世界宗教研究所佛教室编写的《佛教文化面面观》，是一本介绍佛教知识的普及性读物，内容涵盖了佛教基本教义、重要历史人物、佛教在中国的传播简史、以中国为中心的北传佛教重要派别、佛教基本典籍、佛教艺术等多个方面。

此时期除了以上发表的科研成果以外，在世界佛学著作的翻译、印度佛教研究、因明学研究等各方面亦有所开展，如李荣熙翻译的《印度教与佛教史纲》（商务印书馆 1982 年版），中国台湾佛光出版社组织翻译的日本镰田茂雄著的《中国佛教通史》（全 8 卷，已经翻译出版 5 卷），周叔迦撰写的《法苑谈丛》（中国佛教协会 1985 年版），季羡林撰写的《原始佛教的语言问题》（中国社会科学出版社 1985 年版），杨廷福撰写的《玄奘论集》（齐鲁书社 1986 年版）、

《玄奘年谱》(中华书局 1988 年版),田光烈撰写的《玄奘哲学研究》(学林出版社 1986 年版)等,在相关领域得到了广泛的认可和关注。

第三节　汉传佛教研究的繁荣
兴盛期(1989—1998)

改革开放至 20 世纪 80 年代末,汉传佛教研究整体上处在研究的恢复阶段,尤其是在研究领域开拓以及培养人才方面。进入 90 年代以后,中国社会经济开始腾飞,各项社会文化事业得到了积极的开展。此时期,一大批新生力量的茁壮成长将我国汉传佛教研究带入全面发展的新时期,新的学术中心不断产生,新的研究学者不断成长,新的成果不断涌现,整个汉传佛教研究进入了繁荣兴盛时期。仅仅是 90 年代初,我国每年发表的佛教研究的论文数量,就已经超过"文化大革命"前 17 年的总和,每年出版的佛教书籍高达十几本甚至几十本,后期甚至超过百本。此外,近些年还先后创刊了《世界宗教研究》《世界宗教文化》《哲学研究》《中国佛教》《佛教文化》《佛学研究》等一批佛教专业学术刊物,仅在这些刊物上,每年发表的佛教论文便有数百万字。佛教研究俨然已进入一个前所未有的繁荣时期。

再者,改革开放以后,我国汉传佛教研究队伍开始从单一走向多元化的发展道路。从这一时期开始,汉传佛教研究既包括了中国社会科学院、各地方社会科学院等科研机构,也涵盖了诸如北京大学、中国人民大学、中央民族大学等多所高等院校,佛教界的教内研究队伍也开始逐渐成长为一支重要且有特色的科研队伍。其中,各科研机构与高校的研究人员至今仍为汉传佛教研究的科研主力军,佛教界内部的科研队伍在这一阶段也开始逐渐发表诸多学术文章与专著,如赴斯里兰卡留学的"新时代五比丘",后来都在多个研究领域取得了诸多成绩。

这一阶段的研究成果以数量而论固然比之近年来有所不足，但多数研究成果学术价值之高，为我国近年来的汉传佛教研究提供了重要的参考。整体而言，此阶段我国的汉传佛教研究，无论是科研队伍，还是研究成果等多个方面都开始走向了成熟和繁荣，各科研团队虽在研究兴趣、研究方向、研究方法乃至师承学风上有一定的差异，但我国汉传佛教研究至今并没有出现明显的学派。在研究方法上，以马克思主义历史唯物主义为指导，将宗教问题还原为世俗问题的方法论，在此时期仍然占据主导地位，但在此阶段后期，"以教论教"的研究方法论开始逐渐为诸多学者所了解。后一种方法论不仅反映在"在教言教"的佛教界研究人员中，也逐渐开始反映在其他的一些研究人员中。①

一　佛教史研究

中华人民共和国成立以后，汉传佛教研究可谓是较为新兴的学科，如何在马克思主义唯物史观的指导下进行研究，是一项重要的课题。尽管研究方法非常明确，但是撰写符合新时代学术研究的佛教史著作，无论是对佛教自身研究，还是对学科发展都有着极为重要的作用。1949 年后先有任继愈主编的《中国佛教史》（三卷）问世，影响很大，但是尚未有完整的中国佛教通史性著作诞生。20 世纪 90 年代开始，我国的汉传佛教研究界依然极为重视汉传佛教历史研究，这一阶段出版的杜继文等撰写的《佛教史》作为一部简明的世界佛教史，填补了汉传佛教研究在世界佛教史研究的空白。另外，在此时期，各汉传佛教宗派史、思想史、断代史，以及日本、韩国等域外佛教史也接踵发表，为我国汉传佛教研究打下了坚实的基础。

禅宗史方面，杜继文、魏道儒撰写的《中国禅宗通史》（江苏古籍出版社 1993 年版）是最早出版的中国学者撰写的禅宗通史性著

---

① 参见方广锠《中国佛教研究的里程碑》，《普门学报》2004 年第 22 期。

作，提纲挈领、大笔如椽，公允不偏地全面叙述了从印度禅学到清末禅宗的流变历史。潘桂明撰写的《中国禅宗思想历程》（今日中国出版社 1992 年版）反映了禅宗思想发展的总体趋势和不同历史阶段的具体特点，介绍分析了宋代之后的演变，弥补了同类书的不足。洪修平撰写的《禅宗思想的形成与发展》（江苏古籍出版社 1992 年版）旁征博引，对许多重要的理论问题作了条分缕析的深刻阐述，论证充分、可靠。葛兆光撰写的《中国禅思想史——从 6 世纪到 9 世纪》（北京大学出版社 1995 年版）在全面叙述中国禅宗思想历史的同时，对胡适以来的中外禅学研究作了一个历史性的回顾，从自己独特的视角出发，对这些研究方法进行质询、商榷。麻天祥的《中国禅宗思想发展史》（湖南教育出版社 1997 年版）集中论述了宋以后的佛教，尤其是禅宗的发展。吴立民、徐荪铭等撰写的《禅宗宗派源流》（中国社会科学出版社 1998 年版）一书，自觉地运用马克思主义的辩证唯物主义和历史唯物主义为指导来进行写作，在结构上改变了以往禅宗史头重脚轻的通病。

二　域外佛教史研究

中国佛教史研究历来局限于中国佛教领域，而在中国佛教领域的研究多集中于隋唐及唐以前，又以显教研究为主。另外，把中国佛教作为一个整体来研究的较多，注目区域性佛教研究的较少。此时期，除了以上中国佛教史研究成果外，在与汉传佛教研究相关联的印度佛教史、日本佛教史、韩国佛教史等诸多研究方面也取得了突破，开创了先河。

佛教由印度传入中国，印度佛教是中国佛教之源，而日本、朝鲜等国的佛教是在中国佛教的影响下产生与发展的，但以往我国对印度佛教的研究较为薄弱。吕澂的《印度佛学源流略讲》与印顺的《印度佛教思想史》力图改变这一局面。这两本书，前者原为讲义，偏重于论述作者的研究心得；后者则较为全面地论述了印度佛教思想的全貌。印度佛教是在与印度其他各宗教哲学派别的斗争中成长起来的，从这个角度讲，不了解印度哲学就无法真正了解印度佛教。黄心川的《印度哲学史》《印度近现代哲学》全面地论述了印度哲学，包括印度佛教哲学，成为佛教研究者必备的基本参考书。李志夫的《中印佛学之比较研究》则是中印佛教比较的第一部重要的研究专著。

杨曾文撰写的《日本佛教史》（浙江人民出版社 1995 年版）是中国第一部日本佛教通史专著，作者结合日本社会历史背景对佛教在日本的初传、民族化过程及其对日本历史文化的深远影响，做了系统的考察，为我国学者了解日本佛教、日本文化提供了重要的参考。

高洪撰写的《日本当代佛教与政治》（东方出版社 1995 年版），以论述现代日本佛教及其由传统佛教派生的新兴宗教为重点，考察了佛教同日本社会政治事务的种种关联形态，试图通过剖析两者间的内在联系，阐明当代日本佛教的地位、作用和影响。

何劲松撰写的《韩国佛教史》（上、下卷）（宗教文化出版社 1997 年版），主要记述了韩国自 4 世纪直至近代以来佛教的传入、传播、演变和发展过程，详加论述了韩国各个时期佛教的消长、教派的兴衰以及其与政治的关系。

除了以上著作以外，还有杨曾文主编的《日本近现代佛教史》，陈景富的《中韩佛教关系一千年》，黄有富、陈景富的《中朝佛教文化交流史》，以及黄心川关于中朝佛教的一系列论文，对日本佛教、朝鲜佛教、中朝佛教往来等也都作了深入的研究。

三　汉传佛教宗派研究

综观此时期的各汉传佛教宗派研究，比较而言，最受关注、成果最为丰硕的还是禅宗研究。在中国佛教诸宗派中，禅宗被认为是中国化佛教的典型，因此禅宗研究在中国佛教研究中具有特殊的意义，研究的深度与广度也超出了对其他佛教派别的研究。当然，这也与明清以来中国佛教的衰落有着密切的关系，近代以来的禅净争辉与其他宗派的没落，为禅宗和净土宗打下了坚实的信仰基础。

禅宗研究方面有方广锠的《印度禅》（浙江人民出版社1998年版），洪修平与孙亦平合著的《如来禅》（浙江人民出版社1997年版），董群的《祖师禅》（浙江人民出版社1997年版），梁晓虹的《日本禅》（浙江人民出版社1997年版）、《六祖慧能思想研究》，洪修平等著的《慧能评传》（南京大学出版社1998年版）、《"东山法门"与禅宗》（武汉出版社1996年版），邢东风的《禅悟之道——南宗禅学研究》（中国人民大学出版社1992年版）、《石头希迁与曹洞宗》（岳麓书社1997年版）等论著，或追根溯源，或一门深入，对禅宗前史及其发展的各个阶段或派别都作了认真的探讨。

净土宗研究方面有黄念祖撰写的《佛说大乘无量寿经》（中州古籍出版社1994年版），于凌波的《净土与唯识》（佛陀教育基金会1997年版）等。

华严宗研究方面有魏道儒的《中国华严宗通史》（江苏古籍出版社1998年版），该书是近年来华严宗研究的力作，全面研究了我国的华严经学与华严宗学。

律宗研究方面有劳政武的《佛教戒律学》（宗教文化出版社1999年版），该书从世俗法律学的角度考察佛教戒律，具有独特的意义。

天台宗研究方面有王志远撰写的《宋初天台佛学窥豹》（中国建筑工业出版社1989年版），该书比较深入地探讨与剖析了宋代天台宗，尤其归纳山家、山外之争的主题等问题，潘桂明撰写的《智顗评传》（南京大学出版社1996年版），以丰富翔实的原始资料为依据，对智顗的政治态度、佛学渊源、哲学性质和特色，以及判教原则等问题，发表了自己的看法。

三论宗研究方面则有杨永泉的《三论宗源流考》（江苏古籍出版社1998年版），华方田的《吉藏评传》（京华出版社1995年版）等。在唯识学研究方面有"三时学会"创办人韩清净居士，精研法相唯识的系列著作，如《大乘阿毗达摩集论科文》《大乘阿毗达摩集论别释》《缘起三科经科释》《摄大乘论科文》等，并于 1998 年由中国佛教文化研究所重新编辑，由香港中国佛教文化出版有限公司出版。另外，还有黄心川、葛黔君主编的《玄奘研究文集》（中州古籍出版社 1995 年版）等。此时期的汉传佛教密宗研究也得到了很大的发展，随着法门寺地宫的发掘与一批珍贵唐代文物的发现，促成了汉传佛教唐密的研究，其中吴立民、韩金科等人的成果较为引人注目。另外，还有严耀中的《汉传密教》以及吕建福撰写的《中国密教史》（中国社会科学出版社 1995 年版）。

四　佛教思想哲学研究

20 世纪 90 年代的汉传佛教研究，在佛教教义哲学方面也出版了部分专著性作品。杜继文撰写的《大乘起信论全译》（巴蜀书社 1992 年版），对《大乘起信论》的真伪之争，《起信论》产生的佛教背景及其流布、其哲学体系等多个方面详细诠释了《大乘起信论》。陈兵的《佛教禅学与东方文明》（上海人民出版社 1992 年版）从文化比较的角度，阐扬了禅定的理论及修习方法，详细介绍了禅法理论与气功养身、现代医学、心理学的关系。姚卫群撰写的《佛教般若思想发展源流》（北京大学出版社 1996 年版）深入地对佛教般若思想的发展和演变进行了详细的叙述。除以上著作之外，还有中国台湾学者陈英善撰写的《天台缘起中道实相论》（台湾东初出版社 1995 年版）等。

五　《大藏经》等佛教文献研究

佛教文献研究在 20 世纪 90 年代得到了学者们的充分关注，在古籍整理、典籍考释研究，尤其是敦煌文献研究方面取得了很大的成绩。

在此时期，在禅宗典籍的整理方面，有诸种敦煌本《坛经》录校本问世，其中主要有杨曾文的《敦煌新本六祖坛经》（上海古籍出版社 1993 年版），出版后受到广泛关注；周绍良的《敦煌写本坛经原本》（文物出版社 1997 年版）主张敦煌本《坛经》就是慧能的原本。中华书局推出的"中国佛教典籍选刊"，陆续出版了《五灯会元》《古尊宿语录》等禅宗灯录。

此时期在敦煌佛教文献的整理和研究方面，最为突出的学者是方广锠，其《敦煌佛教经录辑校》（江苏古籍出版社 1997 年版）是"敦煌文献分类录校丛刊"的重要一种，收录了流落于世界各地的敦煌文献中的佛教经录。另外，邓文宽、荣新江的《敦博本禅籍录校》（江苏古籍出版社 1998 年版）展示了敦煌文化中关于禅学文化的记载，是了解中国古代佛法、禅学发展非常重要的历史文献；周绍良的《敦煌变文讲经因缘辑校》（上、下册）（江苏古籍出版社 1998 年版）在解读敦煌变文讲经的同时，对于追溯现代汉语的来龙去脉，探寻古今汉语的演变轨迹，都具有十分重要的意义。

在古籍整理研究方面，此时期的研究成果主要有：黄夏年等主编的《中华佛典集成》（团结出版社 1996 年版），杨曾文编校的《神会和尚禅话录》（中华书局 1996 年版），林世田《禅宗精典精华》（宗教文化出版社 1999 年版），崔玉卿的《五台山传志选粹》（山西人民出版社 2000 年版）等。林世田点校的《密宗经典校释》（宗教文化出版社 1999 年版），对《大日经》《金刚顶经》《苏悉地经》《显密圆通成佛心要集》等密教经典作了详尽的点校考释，其中不乏新见。

另外，曹仕邦的《中国佛教译经史论集》（宗教文化出版社 1992 年版）对古代佛教典籍的翻译、译场等问题，作了开创性的研究。经典考释方面有何梅、魏文星的《元代〈普宁藏〉雕印考》（载《佛学研究》年刊 1999 年）等。

六　佛教文化研究

此时期佛教文化研究方面也涌现出了部分优秀作品，主要有魏道儒撰写的《宋代禅宗文化》（中州古籍出版社 1993 年版），薛克翘的《佛教与中国文化》（中国华侨出版社 1994 年版），中国社会科学院世界宗教研究所佛教室编写的《佛教文化面面观》（齐鲁书社 1989 年版），文史知识编辑部编的《佛教与中国文化》（中华书局 1988 年版），王志远主编的《宗教文化丛书》（今日中国出版社 1990 年版），黄夏年主编的《佛教三百题》（建安出版社 1996 年版）等。另外，此时期出版的一系列佛经注释书、白话佛经、佛教故事、禅宗公案等著作，也推动了佛教知识的普及和佛教文化的广泛传播。

七　僧官、寺院等研究

改革开放以后，佛教研究的细化也催动了僧官制度、佛教寺院、僧人生活等各领域的研究和发展，取得了一定的成果。在僧官制度方面有谢重光、白文固合著的《中国僧官制度史》（青海人民出版社 1990 年版）等。佛教寺院研究方面有张弓撰写的《汉唐佛寺文化史》（中国社会科学出版社 1997 年版），郝春文的《唐后期五代宋初敦煌僧尼的社会生活》（中国社会科学出版社 1998 年版）等。

八　区域性佛教研究

20 世纪 90 年代以来，随着佛教研究的深入和细化，全国各地对当地佛教资源的开发越来越重视，陆续召开过若干专题的学术研讨会，并出版了一批成果，如冷晓的《杭州佛教史》（杭州佛教协会 1993 年版）《近代杭州佛教史》（杭州佛教协会 1995 年版），胡恩厚的《甘肃佛教简史》（甘肃民族出版社 1993 年版），王荣国的《福建佛教史》（厦门大学出版社 1997 年版），韩溥的《江西佛教史》（光明日报出版社 1995 年版），何建明的《澳门佛教》（宗教文化出版社 1999 年版），蔡鸿生的《清初岭南佛门事略》（广东高等教育出版社 1997 年版）等，在一定程度上对于佛学研究的普及，以及新时代综合性佛教研究作出了重要贡献。

第四节　汉传佛教研究的深入
拓展期(1999—2008)

进入21世纪以后，中国社会经济高速发展，政通人和，国家在文化事业上的大力支持和投入、中国经济的腾飞，为此时期的汉传佛教研究顺利发展提供了支持，研究也呈现出了一派欣欣向荣的景象。2000年至2010年，不仅仅是中国快速迈向现代化的过程，也是世界各国逐渐完成"地球村"的演变过程，互联网的普及、全球化研究的交流合作都为汉传佛教研究展开了新的画卷。经过20世纪八九十年代老一辈佛教学者的奠基，此时期的佛教研究更进一步深入拓展，在我国呈现出了多元化的研究趋势，在汉传佛教、藏传佛教、南传佛教并肩发展的同时，还是以汉传佛教研究为主，藏传佛教研究作为后起之秀，取得了巨大的研究成果。另外，梵汉文献的对勘研究、汉藏佛教对比研究等佛教研究领域逐渐被学者重视，并得到了顺利展开，取得了一定的科研成果。

此时期，开展佛教研究的高等院校和研究所也逐年增加，20世纪八九十年代培养的一大批相关佛教研究学者逐渐从崭露头角开始走向成熟，并最终成长为当代佛教研究的中流砥柱。伴随高校扩招和研究进一步深化，此时期各科研机构均在自身科研梯队方面做出了极大的努力，在研究规模上也形成了规模化发展，并开始迈向研究的现代化转变。

从总体来看，这一阶段我国汉传佛教研究更加细化，各研究领域在均衡发展的同时，仍然以中国佛教史、佛教文献、佛教宗派等研究领域为主，部分研究领域处于世界前列，部分研究成果处于世界领先地位，得到了国内外学者的瞩目与认可。另外，在梵藏汉佛教比较研究，以及多种语言文献学比较研究方面，此时期也取得了一定的进展。

一　佛教史研究

此时期的佛教史研究，得力于各个高校和科研机构新时代科研队伍的建设，人才的培养为完成佛教史这样的大课题提供了支持。研究成果主要有赖永海主编的《中国佛教通史》（江苏人民出版社 2010 年版），高令印撰写的《中国禅学通史》（宗教文化出版社 2004 年版）和杨曾文的《宋元禅宗史》（中国社会科学出版社 2006 年版）等。

二　佛教思想哲学研究

1999 年到 2008 年，佛教哲学研究方面取得了诸多成果，杜继文、方立天、潘桂明等学者都有影响力广泛的著作问世。杜继文撰写了《汉译佛教经典哲学》（上、下卷）（江苏人民出版社 2008 年版），这是作者长期披辨和研究汉译佛教经典、着力厘清繁杂佛教哲学的精要之作。方立天撰写的《中国佛教哲学要义》（上、下卷）（中国人民大学出版社 2002 年版），以中国哲学思想及印度佛教哲学思想的发展为参照系，以哲学观念和范畴的研究为核心，追寻了中国佛教哲学的全部体系结构，说明中国佛教哲学不同于中国传统哲学及印度佛教哲学的特点。张风雷多年来致力于天台宗研究，发表了《智颛评传》（京华出版社 1995 年版）和《智颛佛教哲学述评》（佛光山文教基金会 2001 年版）等专著。除此之外，还有姚卫群的《佛学概论》（宗教文化出版社 2002 年版），陈坚撰写的《无明即法性——天台宗止观思想研究》（宗教文化出版社 2004 年版）和《烦恼即菩提——天台“性恶”思想研究》（宗教文化出版社 2007 年版），华方田的《中国佛教与般若中观学说》（宗教文化出版社 2005 年版），陈永革的《晚明佛教思想研究》（宗教文化出版社 2007 年版），潘桂明的《中国佛教思想史稿》（江苏人民出版社 2009 年版）等。

三　汉传佛教宗派研究

进入 21 世纪以后，汉传佛教研究势必会更进一步细化，汉传佛教宗派研究方面细化程度逐年提高的同时，在通史性著作以及研究深度方面也取得了很大的进步，相对而言，此时期的汉传佛教宗派研究除了禅宗研究仍然占据主流以外，其他教派研究也得到了充分的均衡发展。

禅宗研究方面，杨曾文撰写的《唐五代禅宗史》（中国社会科学出版社 1999 年版），对中国佛教中富有民族特色的宗派——禅宗在唐五代时期的成立和迅速兴起的历史，作了全面系统的考察和论述。龚隽的《禅史钩沉——以问题为中心的思想史论述》（生活·读书·新知三联书店 2006 年版），针对 20 世纪 80 年代以来的汉语禅学界的禅史写作圆乏无趣和研究方法陈旧，援引当代西方禅学研究的观点，展开了新的讨论。龚隽、陈继东合著的《中国禅学研究入门》（复旦大学出版社 2009 年版）分别对中、日、英三大语系禅学研究的成果进行了比较详细的介绍，提供了许多有用的资讯。杨文斌的《一心与圆教——永明延寿思想研究》（四川出版集团巴蜀书社 2011 年版）以永明延寿的佛学主旨为研究对象，以《宗镜录》所立"一心"范畴为考察基点，系统辨析了延寿佛学的核心精神和理论特征。吴言生的"禅学三书"——《禅宗哲学象征》《禅宗诗歌境界》《禅宗思想渊源》（中华书局 2001 年版），分别从宗教、哲学、文学等角度将禅宗研究带入一个新的境界。徐文明的《中土前期禅学思想史》（北京师范大学出版社 2004 年版）一书，选取自后汉以来传入中土的几部最重要的禅经，对其进行了十分细致的分析。

天台宗研究方面，此时期也取得了重大进展，并涌现出了一批高水平的中青年专家。潘桂明、吴忠伟合著的《中国天台宗通史》（江苏古籍出版社 2001 年版）是一部天台宗研究的通史类著作，分为 19 章；朱封鳌等的《中华天台宗通史》（宗教文化出版社 2001 年版）是朱封鳌与天台文史耆宿韦彦铎合作完成的，为一本贯通天台宗研究的通史性著作，内容丰富，文笔新颖；黄心川主编的《光山净居寺与天台宗研究》（天马图书有限公司 2001 年版）收集了中日学者有关论文 44 篇，附录 15 篇，围绕着光山净居寺和天台宗的有关问题作了深入的研究；董平的《天台宗研究》（上海古籍出版社 2002 年版）依据大量的史料，对天台学的历史作了比较概要性的陈述；朱封鳌的《天台宗——史迹考察与典籍研究》（上海辞书出版社 2002 年版）根据实物与资料对天台宗史迹和文献作了对比和考证，肯定了很多翔实的史迹；李四龙的《天台智者研究——兼论宗派佛教的兴起》（北京大学出版社 2003 年版）探讨了智𫖮大师，及天台宗与其他学派的思想辩驳等内容；俞学明的《湛然研究——以唐代天台宗中兴问题为线索》（中国社会科学出版社 2006 年版）围绕着唐代天台宗的"中兴问题"，探讨了湛然的佛学思想特点，及其在天台宗历史中的作用和地位。

唯识宗研究方面，通史性的著作有杨维中撰写的《中国唯识宗通史》（凤凰出版社 2008 年版），系统考察了中国唯识宗的兴起、发展和衰微的历程，展现了唯识宗由学派到宗派，再到唯识学的历史演变过程，并揭示了唯识宗与中国思想文化的关系；黄心川主编的《玄奘研究》（陕西师范大学出版社 1999 年版）和《玄奘精神与西部文化》（三秦出版社 2002 年版）是两部论文集，汇集了国内外 100 多篇研究玄奘与唯识宗的学术论文。另外，还有周贵华的《唯识，心性与如来藏》（宗教文化出版社 2006 年版）和《唯心与了别——根本唯识思想研究》（中国社会科学出版社 2004 年版）。

净土宗研究方面，陈扬炯的《中国净土宗通史》（江苏古籍出版社 2000 年版）作为净土宗研究的通史性著作，详细叙述了净土信仰、弥陀信仰发展而为净土宗的历史进程；魏磊（释大安）的《净土宗教程》（宗教文化出版社 2006 年版）从历史渊源与理论践行两个层面，对净土宗教理史迹、净土宗的理论框架、西方净土依正庄严、净业修持的方法等，作了系统的阐述；吴信如的《净土奥义》（中国藏学出版社 2004 年版），将顾净缘的净土五经述要和净土演坛编著成书，基本上综合了净土五经的要义，对净土宗作了较为全面的介绍。

三论宗研究方面，董群撰写的《中国三论宗通史》（凤凰出版社2008年版）是第一部三论宗通史性著作，全书分九章，系统地考察了三论宗的兴盛与沉寂历程；李勇的《三论宗佛学思想研究》（宗教文化出版社2007年版）以三论宗创始人嘉祥吉藏的著述为中心，对三论宗佛学思想的基本框架、佛性等思想的形成作了比较深入细致的分析和研究。

律宗研究方面，王建光撰写的《中国律宗通史》（凤凰出版社2008年版）是国内第一部律宗通史性著作，详述了律宗在唐代直至中华民国发展的历史轨迹，及各个时期的主要特征，对律学和律宗在中国的发展进行了全面梳理。

三阶教研究方面，张总撰写的《中国三阶教史》（社会科学文献出版社2013年版）论述了中国三阶教的创立、发展、被禁，最后湮灭的史实。全书从历史梳理到思想分析，从修行实践到社会影响，对三阶教做了较好的研究，是三阶教研究方面的"开荒之作"，填补了此时期国内该领域的研究空白。

四　区域性佛教研究

1999年至2008年的区域性佛教研究，在短暂的十年间涌现出了诸多研究成果，较之前一时期论述更加细致，篇幅和研究深度都有所增加和提升。崔正森的《五台山佛教史》（山西人民出版社2000年版），严耀中的《江南佛教史》（上海人民出版社2000年版），王海涛的《云南宗教史》（云南美术出版社2001年版），陈荣富的《浙江佛教史》（华夏出版社2001年版），昆明宗教局和昆明市佛教协会编的《昆明佛教史》（云南民族出版社2001年版），王路平的《贵州佛教史》（贵州人民出版社2001年版），徐荪铭、王传宗主编的《湖南佛教史》（湖南人民出版社2002年版）等著作的出版，对于地方性佛教研究作出了巨大贡献，是地方文化建设的重要组成部分。除此之外，尚有《上海宗教史》《近代江苏宗教》《长安佛教史》等论著相继出版。

五　《大藏经》与佛教文献研究

1999 年至 2008 年这一阶段，是佛教文献研究的重要阶段，方广锠、李富华、何梅、罗炤等学者在敦煌文献、《大藏经》文献、房山石经等各个领域的研究都取得了诸多重要的成果。在汉文佛教文献的整理、撰集方面成果丰硕，形式上、内容上、涵盖面等都取得了进一步的突破，既有原有藏经的翻印，又有新的佛教文献丛书的撰集；整理撰集者既有学界的专家学者，更有教界的高僧宿德。而对于汉文佛教文献的理论，学界也有一些讨论。

佛教典籍考释研究方面的研究成果主要有扈石祥、扈新红的《〈赵城金藏〉史迹考》（载《世界宗教研究》2000 年第 3 期），何梅的《山西崇善寺〈碛砂藏〉本的价值》（载《五台山研究》2000 年第 2 期），董志翘的《〈高僧传〉校点商议》（载《古籍整理研究学刊》2000 年第 1 期），韩廷杰校释的《成唯识论》（中华书局 2004 年版）。其中鲍金华的《〈高僧传〉校点商议》（载《古籍整理研究学刊》，2007 年）参考了目前国内不易见到的两种日本国藏《高僧传》写本（石山寺本、七寺本）及有关中古文献——主要是对中华书局 1997 年第 3 次印本的《高僧传》（汤用彤校注本）的校勘、标点等问题进行了探讨（新发现可商榷之处几百余例），该文择其中 36 例而成，研究价值甚高。

就经录与藏经的研究而言，此时期方广锠在敦煌遗书的研究和整理方面取得了诸多重要的成果，出版了《英国图书馆藏敦煌遗书目录》（斯 06981 号—斯 08400 号，工具书），《敦煌学佛教学论丛》（上、下册），《敦煌佛教经录辑校》（上、下册），《敦煌遗书总目索引新编》《敦煌已入藏文献综录》等专著，其中，《敦煌已入藏文献综录》是"敦煌文献分类录校丛刊"之一，共收录敦煌遗书中的佛教经录 380 余号，按照其流传情况与实际功用，分为十个部分。该书对绝大部分敦煌遗书佛教经录都作了研究性或介绍性的题解，附有作者的长篇前言，对敦煌遗书的佛教经录作了总体的研究与介绍。

在刻本藏经方面，先后出版的有李际宁的《佛经版本》，李富华、何梅的《汉文佛教大藏经研究》，李际宁的《佛教大藏经研究论稿》等。

《开宝藏》为我国最早的雕版大藏经，然而时移世变，《开宝藏》全藏基本亡佚，所存零卷又分藏各地，难得一见。2010 年文物出版社出版了由方广锠、李际宁搜集主编的《开宝遗珍》，为我们了解《开宝藏》提供了最为详细而可信的资料。

除了影印原藏外，这两年教界学界重新编撰的佛教丛书蔚为大观。由传印法师主编的《中华律藏》在 2009 年由中国书店出版社出版，全藏共 60 巨册，集戒律文献之大成，涵盖了历代律部文献及相关著述。传印法师尚编有《中国佛教护国文献集成》（中国书店 2010 年版），全书共 8 册，全面收录了与佛教有关的护国文献。

与《中华律藏》相呼应的是净慧法师编撰的《历代禅林清规集成》（中国书店 2009 年版），全书共 8 册，收录了自宋迄今的禅宗清规，是佛教界有史以来第一次对历代禅林清规的结集。

六　佛教文化研究

杜继文撰写的《中国佛教与中国文化》（宗教文化出版社 2003 年版）收录了其多年来在中国佛教与佛教文化论文研究方面的 21 篇论文，其中多篇论文都极具参考意义。魏道儒主编的《普贤与中国文化》（中华书局 2006 年版）通过阐释旧经典和研究新问题，比较全面地总结、检视了国内外有关研究普贤菩萨的学术成果。李利安撰写的《观音信仰的渊源与传播》（宗教文化出版社 2008 年版），将观音信仰纳入了一个信仰体系之中，再通过经典和史料的分析，对观音信仰在印度的产生、发展、演变，及其向中国的传播等历史进程做了考察。孙晓岗撰写的《文殊菩萨图像学研究》（甘肃人民美术出版社 2007 年版）一书，主要探讨了文殊信仰的图像学元素，以及文殊菩萨与山岳佛教对中国的佛教的影响等内容。另外，杨曾文和方广锠主编的《佛教与历史文化》，中国佛教文化研究所主编的《佛教文化》等著作，都从各自的角度进一步深化了这一方面的研究。

七　其他

此时期除了以上研究成果以外，白文固、赵春娥撰写的《中国古代僧尼名籍制度》（青海人民出版社 2002 年版）是国内外第一部研究僧尼名籍管理制度的专著，系统探讨了历代政府对僧团及寺院的管理办法。在佛教寺院考古和佛教民众信仰方面，宿白的《中国石窟寺研究》是佛教考古研究的经典之作。另外，还有李芳民的《唐五代佛寺辑考》（商务印书馆 2006 年版），侯旭东的《五、六世纪北方民众佛教信仰——以造像记为中心的考察》（中国社会科学出版社 1998 年版），何孝荣的《明代南京寺院研究》（中国社会科学出版社 2001 年版），圣凯的《中国汉传佛教礼仪》（宗教文化出版社 2001 年版）等也各有特色。

第五节　汉传佛教研究的创新
转换期（2009—2019）

2009 年至今是我国汉传佛教研究不断创新，探索完成现代化、国际化的重要时期，这一时期的佛教研究运用新科技和大数据等，也成为此时期的特色之一；此时期另一个重要的特点就是汉传佛教研究在国际研究合作、留学生培养、访学交流等多年的国际交流与合作中，开始把握了世界佛教研究的脉搏，不但在多种语言佛教文献的比较研究中取得了长足的进步，甚至在文献保护、数字文献等多方面也取得了国际领先的地位。此时期，欧美、日本各国佛教研究虽然热度不减，但政府投入和民间资本支持方面都与我国政府对丁佛教研究的建设与支持有着明显的差异。近年来，我国在佛教研究方面的政策支持和大力投入，为我国汉传佛教研究的进步和引领世界研究走向提供了坚实的保障，研究取得了令人瞩目的成绩。

2009 年至今的汉传佛教研究不仅在佛教史、佛教思想、佛教文献等传统强项研究领域里薪火相传，再结硕果，而且在佛教典籍数字化、佛教人物研究、佛教哲学等多个方面都取得了极好的成绩。

一　佛教史研究

在佛教通史研究方面，2009 年至今的汉传佛教研究，在佛教史方面首推魏道儒主编、国内外 20 多位老中青年佛教研究学者参与撰写的《世界佛教通史》(中国社会科学出版社 2015 年版)，共计 800 余万字，历时 8 年完成，是中国社会科学院创新工程重大科研成果，论述佛教从起源到 20 世纪在世界范围内的兴衰演变主要过程，在国内外学术界属于首创。《世界佛教通史》以辩证唯物主义和历史唯物主义为指导，坚持历史与逻辑相统一的原则，以史学和哲学方法为主，并且借鉴考古学、文献学、宗教社会学、宗教人类学、宗教心理学、宗教比较学、文化传播学等相关学科的理论和方法，全方位、多角度地对世界范围内的佛教进行深入研究。

通史方面研究还有季羡林、汤一介担任总主编，并会聚一大批佛教研究的专家学者共同编纂的《中华佛教史》(山西教育出版社 2014 年版)，历时 15 年完成，全书共 11 卷，上起汉魏，下及近代，涵盖了佛教在我国多民族的传播，以及汉传佛教在日本、朝鲜等国的发展，而且对佛教文学、艺术等方面进行了专题论述。

断代史研究方面，杨曾文撰写的《隋唐佛教史》(中国社会科学出版社 2014 年版)分为隋朝佛教、唐朝佛教两编。隋朝编有两章，首章为隋朝社会和佛教，介绍隋朝社会及佛教政策、佛教概况、僧官制度等；次章为隋代佛教宗派，介绍天台宗、三论宗和三阶教。唐朝编也有两章，首章是唐朝社会和佛教，次章是唐代佛教宗派。周齐的《清代佛教与政治文化》(人民出版社 2015 年版)是一部以

政治文化为考察视角，来系统研究清代佛教的学术专著。魏道儒的
《唐宋佛学》（中国社会科学出版社 2017 年版）一书，集中收录了
作者近年来研究中国唐宋时期天台宗和禅宗的论文，是一部致力于
佛教哲学和中国佛教宗派研究的著作。

　　此时期域外佛教史研究主要有，杨曾文、高洪等编著的《日本
近现代佛教史》（昆仑出版社 2011 年版），李海涛撰写的《韩国早
期佛教史论》（载《韩国学术情报》2014 年），张文良撰写的《日
本当代佛教》（宗教文化出版社 2015 年版），梁明霞的《近代日本
新佛教运动研究》（宗教文化出版社 2015 年版）等。

　　中国近现代思想的发展历史上，居士佛学发挥了相当重要的作
用。其中，杨文会、欧阳渐和吕澂，分别作为晚清、中华民国和中
华人民共和国时期居士佛学的典型代表，占据着各自时代居士佛学
研究的制高点，对佛学的发展作出了突出的贡献。刘成有撰写的
《近代居士佛学研究》（人民出版社 2013 年版）勾勒出了近现代中
国居士佛学发展的大致轮廓，并以此为基点探讨了居士佛学的困境、
历史作用与现代价值；唐忠毛撰写的《中国佛教近代转型的社会之
维：民国上海居士佛教组织与慈善研究》（广西师范大学出版社
2013 年版）一书，借助中华民国时期的佛教书刊、报纸、书信以及
相关档案、史志、传记等文献资料，对民国上海居士佛教组织与慈
善事业进行了实证研究。

　　近年来，不仅佛教史的撰写有重大成果出现，佛教史学史的研
究也渐受学界青睐，关于佛教中学史的研究既有论文，也有专著。
宋道发撰写的《佛教史观研究》（宗教文化出版社 2009 年版）对以
往学界不太重视的佛教史观进行了研究；纪赟撰写的《慧皎〈高僧
传〉研究》（上海古籍出版社 2009 年版）以梁慧皎《高僧传》为研
究对象，分别论述了《高僧传》的作者、成书背景、版本、分科、
史源等，并将《高僧传》与正史、笔记、史地作品进行了比较，最
后对《高僧传》所描写的神异、法术，《高僧传》的文学、史学风
格进行了深入探讨。

二　《大藏经》与佛教文献研究

2009 年至今的佛教文献研究不但承袭了传统文献研究的方法，也做出了具有划时代意义的相关研究，其中各科研院所佛教古籍整理的数字化以及《大藏经》《敦煌文献》《房山石经》等的数字化研究，是佛教研究与新时代、新科技最佳的合作方式。

蓝吉富的《佛教史料学》（东大出版社 2011 年版）综合讨论了佛教文献相关的议题，是专为佛教研究者所设计的史料学专书；田奇的《民国时期佛学资料汇编》，全书共 30 册，收录了中华民国时期与佛教有关的文献 50 种，内容涉及佛学图书目录、佛教语言工具书、法会记录等，对于了解和研究中华民国时期的佛教状况有一定的参考价值；宿白的《汉文佛籍目录》（文物出版社 2009 年版）主要讲述了汉文佛教典籍的版本问题、目录问题，以及汉文佛籍目录以外的工具书；杨旭主编的《宜春禅宗祖师语录》（宗教文化出版社 2012 年版）整理汇编了宜春境内佛教祖庭历代高僧大德的语录，时间跨越唐、宋、元几个朝代，内容丰富，校读精准；梁建楼整理编撰的《法舫文集》（金城出版社 2011 年版）收录了近代杰出高僧法舫法师的论著，共计约 200 万字。

2013 年 3 月，国家图书馆出版社出版了《中国地方志佛道教文献汇纂》，该丛书分为三大系列，是迄今为止对中国地方志进行的最大规模的专题文献选编和整理；何梅的《历代汉文大藏经目录新考》（社会科学文献出版社 2014 年版）分校释、校勘记、对照表、附录及经目索引五大部分，极具学术价值；纪华传的《明清鼓山曹洞宗文献研究》（社会科学文献出版社 2014 年版）整理、收录了明清时期极具版本价值和文献价值的鼓山刻经，填补了国内对于此处研究空白，推动了明清佛教史的研究；熊娟的《汉文佛典疑伪经研究》（上海古籍出版社 2015 年版）依据存现状态、语料性质对疑伪经进行分类，梳理了疑伪经在汉语史上的价值；方广锠主编的《国家图书馆藏敦煌遗书》于 2016 年全部出版，这套书以中国国家图书馆收藏的 16000 多件敦煌遗书为底本影印出版，是迄今为止披露该馆敦煌遗书藏品最大、最全的一部大型图录。

整理出版的佛教文献有，杨曾文、黄夏年主编的《中国禅宗典籍丛刊》（中州古籍出版社 2018 年版），于海波点校的《净土十要》（中华书局 2015 年版），富世平的《大宋僧史略校注》（中华书局 2015 年版），王孺童的《〈瑜伽师地论〉注疏三种》（宗教文化出版社 2015 年版），杨之峰点校的《阅藏知津》（中华书局 2015 年版），俞信芳的《四明尊者教行录校注》（浙江大学出版社 2015 年版），谯达摩、姚天恩编著的《慧远大师文集》（九州出版社 2011 年版）等。

另外，进入 21 世纪以来，科学技术的逐年进步为佛教文献的研究和整理提供了更多的有效途径。近些年来，佛教典籍的电子化和电脑网络的普及对佛学研究产生了重大的影响。佛典的电子化为佛教研究者提供了大量的原典资料，查询便利，引用方便。特别是被广泛使用的《大正藏》《续藏经》的电子本，以及越来越多的佛学数据库的建立，表明佛学研究已经迎来了网络化的时代。

三 汉传佛教宗派研究

汉传佛教宗派研究历来以禅宗研究最为热门，也是学术界投入人力最多、取得成果最丰富、研究视野最开阔的领域。尤其是近 20 年来，出现了研究禅宗历史、思想、流派、人物、典籍，以及禅宗与中国文化、禅与东方文化、禅与艺术等方面的大批论文和著作。但其他汉传佛教宗派研究近年来也得到了充分的发展，发表了一批重要的论文和专著。如，朱封鳌撰写的《天台宗浅谈》（宗教文化出版社 2012 年版）以通俗易懂的语言介绍了天台宗的简单历史和主要思想；顾毓琇撰写的《中国禅宗史（英汉对照）》（外语教学与研究出版社 2017 年版）的英文取自顾毓琇先生用英文所著《禅史》（1979 年在美国出版），中文由陈人哲、谈谷铮等人翻译而成；李利安主编的《中国汉传佛教八大宗派其祖庭丛书》（西安电子科技大学出版社 2016 年版）分别从域外渊源、传入与初期流播、创宗立派、历代传承、祖庭历史沿革、祖庭现状与当代价值六个方面展开论述。

四　佛教思想哲学研究

杨文斌撰写的《一心与圆教——永明延寿思想研究》（四川出版集团巴蜀书社 2011 年版）一书，以永明延寿的佛学主旨为研究对象，以《宗镜录》所立"一心"范畴为考察基点，系统辨析了延寿佛学的核心精神和理论特征；魏道儒、纪华传主编的《佛教护国思想与实践》（社会科学文献出版社 2012 年版）是在"佛教护国思想与实践"研讨会基础上修订编纂而成，收录论文 28 篇，涉及内容广泛，研究视野开阔，提出了不少有价值的新观点，具有较高的学术价值；李玲撰写的《华严十地修行体系》（宗教文化出版社 2012 年版）一书，首次把华严十地的起源、基本内容、主要特点和在大乘佛教中的运行状况结合起来进行贯通性研究，并对"华严十地"修行学说的起源、修行体系方面提出了新观点；张利文撰写的《〈成唯识论〉识变问题研究》（宗教文化出版社 2013 年版）以唯识今学"八识现行"与唯识古学"一种七现"的分别为基础，对唯识今学中一些晦涩难解的术语进行了卓有成效的解释；净慧撰写的《禅宗心性论》（湖北人民出版社 2015 年版）从存在、思想和语言三个维度阐明了慧能禅思想的构成，提出要以参禅的方式进入对禅宗美学的理论建构；刘正平撰写的《如来藏与本觉思想比较研究》（宗教文化出版社 2015 年版）从譬喻的角度，从语言的结构性上把握如来藏概念的梯度和广度，以摄受诸法的因果时间序列来阐述如来藏，使得如来藏哲学的大乘意义更加清晰化和条理化；姚彬彬撰写的《现代文化思潮与中国佛学的转型》（宗教文化出版社 2015 年版）一书，把中国近现代佛教的发展史，归纳为从宗派佛教向学派佛教的转型历史；姚卫群撰写的《印度婆罗门教哲学与佛教哲学比较研究》（中国大百科全书出版社 2015 年版）是对婆罗门教哲学和佛教哲学中的主要思想进行的系列专题比较研究，主要包括发展线索与远古圣典，事物根本与基本构成，思维方法与逻辑推理等方面。除了以上著作以外，还有成建华撰写的《佛学义理研究》（宗教文化出版社 2012 年版），江泓撰写的《真妄之间：作为史传家的禅师惠洪研究》（宗教文化出版社 2013 年版），韩传强撰写的《禅宗北宗研究》（宗教文化出版社 2013 年版），白光撰写的《〈坛经〉版本谱系及其思想流变研究》（宗教文化出版社 2013 年版）等。

五　佛教人物研究

王志远主编的《百年佛教高僧大德丛书》（华夏出版社 2012 年版）是近年来规模最大的一次文化典籍整理工作的优秀成果，集佛学、哲学、史学内容于一身，强调佛教文化是中国传统文化的重要内容，包含了百年来佛教名僧及著名居士、佛教学者共 22 人的文汇；李海涛撰写的《普照知讷真心思想研究》（宗教文化出版社 2015 年版）以知讷的原典著作为文本，以现有的国内外知讷研究成果为参照，运用经典诠释、内在诠释和比较学的方法对知讷的真心思想进行系统的分析研究，主要内容包括普照国师知讷、知讷真心思想的渊源等七章；方瑾的《中国佛教里程碑：道安法师贡献之研究》（湖北人民出版社 2015 年版）从中国佛教在道安之前的状况、道安在其时代所做的工作，以及道安对其后中国佛教发展的影响三个方面展开论述，使道安作为中国佛教构建者的地位一目了然；王亚荣的《道宣评传》（宗教文化出版社 2017 年版）全面研究介绍了道宣的生平事迹；林有能的《禅宗六祖慧能迹址探真》（商务印书馆 2017 年版）以考察慧能一生求法、弘法的行迹和现存遗址为重点，力求"厘清六祖慧能迹址的来龙去脉和变化"。

六　区域性佛教研究

杜斗城的《河西佛教史》（中国社会科学出版社 2009 年版）全

书自两晋叙起，直至明清，对河西佛教的经典、人物、石窟、写经、义学进行了论述；赖建成《吴越佛教之发展》（花木兰文化出版社 2010 年版）对吴越佛教的发展进行了全面的考察与论述，填补了吴越佛教研究的空白；邓家宙的《香港佛教史》（中华书局 2015 年版）介绍了香港佛教如何由山林郊野步入繁华都市，由隐居自修到深入社会，由扎根本地到连接国际，具体展现了中国香港佛教由出世到应世的发展情态；郑群辉的《潮汕佛教研究》（暨南大学出版社 2015 年版）对潮汕佛教历史文化作了全景式描述，凸显了佛教对潮汕历史文化的深远影响。此外，区域佛教研究的著作还有包世轩的《北京佛教史地考》（金城出版社 2015 年版），任颖卮、王东升的《青岛佛教研究》（中央编译出版社 2015 年版），刘正刚的《佛教与佛山文化》（齐鲁书社 2015 年版），吴道军、纳光舜、马虹的《贵州佛教文化史》（贵州人民出版社 2015 年版），赵伟的《崂山道教与佛教研究》（人民出版社 2015 年版）等。

七　佛教文化研究

"宗教是文化""佛教文化是传统文化的重要内容"等说法，虽然不是新的创见，但是，在特定的社会环境下，这种观点突破了以往视宗教为反动迷信的片面僵化的格局，有助于人们从更广阔的角度去看待和评价佛教，对推动佛学研究的繁荣和发展，提高对佛学研究重要性的认识，有着非常巨大的积极作用。同时，这一观点还大大拓宽了佛学研究的领域，为佛学研究增加了新的视角。

孙昌武一直致力于佛教文化研究，2009 年出版的《中国佛教文化史》（中华书局 2009 年版）全书分上、中、下三编，180 万字，是一部全面、细致描述中国佛教文化发展历史，阐发中国佛教文化成就、总结中国佛教文化发展规律的著作；刘晓英的《佛教道教传播与中国文化》（学苑出版社 2012 年版）一书，陈述了佛、道两教在中国本土的传播和发展的过程，重点探讨了佛教文化在传播过程中逐渐中国化的历程；黄夏年主编的《禅宗文化研究文丛》（大象出版社 2013 年版）包括《生活禅研究》《生活禅研究 2》《东山法门研究》（上、下）《禅宗文化研究》（上、下）《六祖慧能研究》五部著作，收录了第三届黄梅禅宗文化高峰论坛论文集和第二届河北禅宗文化论坛论文集。韩焕忠的《佛教四书学》（人民出版社 2015 年版）既给出了佛教四书学基本的历史线索和学术内容，还具体展示了儒佛两种不同思想文化传统间彼此互动的历程，对中国佛学史研究具有充实和深化的重要意义，对中国儒学史研究也具有积极推进作用。有关这些问题的论文也有不少，孙昌武的《北方民族与佛教：文化交流与民族融合》（中西书局 2015 年版）集中讨论了曾南下汉地并创建起政权的信仰佛教的民族的活动。全书共九个章节，论述了十六国时期、北魏、西夏、金、元、清这些少数民族政权领导下的佛教政策、佛教发展状况，以及佛教在文化交流、民族融合方面所起的作用。柯嘉豪的《佛教对中国物质文化的影响》（中华书局 2015 年版）从与佛教相关的器物入手，考察它们在印度的起源以及流传到中国的过程，尤其注重它们传入中国以后产生的变化，在流传、发展过程中本身意义的变化，以及它们与中国文化之间所产生的互动影响。

在佛教文学方面，佛教作为中国传统文化的核心要素之一，对其他文化形态的影响与渗透是深远而细微的，因而，作为新时期佛教研究繁荣的标志性内容之一，佛教与其他文化形态的交叉研究也取得了令人欣喜的成绩，佛教专题研究成果显著。近十年来，佛教文学的研究颇为繁荣，参与佛教文学的研究者既有学界前辈，又有更多新进后学；既探讨了佛典本身的文学性，又关注到了佛教对中国文学的影响。

陈允吉多年从事佛教文学的研究，2010 年将其多年研究心得结集为《佛教与中国文学论稿》。全书除自序、附录外，共收文章 40 篇。所选论文涉及佛学对中国文学影响的诸多方面，如佛经行文结构对文学体制的影响，佛经故事、寓言对中国文学的影响，佛经翻译对中国文学风格的影响，佛教人物、古印度神话人物对中国文学的影响，佛传文学、佛教叙事诗对中国文学的影响以及佛典本身文学性的探究。此书不仅是作者研究成果的展示，也对佛教与中国文学研究更具方法论意义。

佛教文体的研究向为佛教文学研究的薄弱环节，李小荣《汉译佛典文体及其影响研究》(上海古籍出版社 2010 年版)的出版，填补了这方面研究的空白；其他同类的专著，尚有吴光正等主编的《异质文化的碰撞：二十世纪"佛教与古代文学"论丛》(黑龙江人民出版社 2010 年版)，陈引驰撰写的《文学传统与中古道家佛教》(复旦大学出版社 2015 年版) 和张培锋的《宋诗与禅：禅的智慧》(中华书局 2009 年版)，谭洁的《南朝佛学与文学：以竟陵"八友"为中心》(宗教文化出版社 2009 年版)，刘晓珍的《宋词与禅》(人民文学出版社 2010 年版)，吴正荣的《佛教文学概论》(云南大学出版社 2010 年版)，宝力高的《蒙古文佛教文献研究》(人民出版社 2012 年版) 等。

八　佛教信仰研究

近年来，佛教信仰方面的研究也受到了越来越多的关注，如邵育欣《宋代妇女的佛教信仰与生活空间》(中国社会科学出版社 2015 年版)，刘淑芬的《慈悲清净：佛教与中古社会生活》(商务印书馆 2017 年版)，王雪梅的《弥勒信仰研究》(上海古籍出版社 2016 年版)，尹文汉撰写的《地藏菩萨图像学研究》(宗教文化出版社 2017 年版)。

九　其他

总体而言，2009 年至今的中国汉传佛教研究已经非常成熟，涉及研究领域非常细化，涵盖内容极为丰富，数量极大，相应的收集整理工作也非常具有难度，实难以论述得尽善尽美。除了以上所论述的传统研究领域以外，近年来汉传佛教研究在佛教科仪、佛教伦理学、社会学等多个方面，都有研究专著问世，如侯冲撰写的《汉传佛教、宗教仪式与经典文献之研究：侯冲自选集》（台北博扬文化事业有限公司 2016 年版）、《眉山水陆考》［载《华东师范大学学报》（哲学社会科学版）2016 年第 1 期］、《水陆斋意研究——以所见斋意文为中心》（载《以法相会：宝宁寺、毗卢寺、明、清代水陆画展暨学术研讨会论文集》，佛光出版社 2016 年版）、《回归佛教仪式旧有时空——三论大足宝顶为佛教水陆道场》（载《大足学》第一辑，重庆出版社 2016 年版）、《佛教科仪与疑伪经三题》（载《佛教文献研究》第二辑，广西师范大学出版社 2016 年版），李四龙的《欧美佛教学术史：西方的佛教形象与学术源流》（北京大学出版社 2009 年版），等等。

第六节　中国汉传佛教研究的趋势与展望

综观中华人民共和国成立以后至 2019 年的中国汉传佛教研究，每一点进步和发展都与国家的高度支持、社会的稳定，以及高速发展的经济、文化事业等密不可分。70 年的中国佛教研究成果证明，马克思主义宗教观为指导的宗教研究方法，在汉传佛教研究中起到了至关重要的作用，这些研究成果也为社会主义和谐社会的创建，与社会主义文化的发展作出了重要的贡献。

1949 年以来七十周年的中国汉传佛教研究，尤其是在 2000 年以后，真正进入了高速发展时期。2010 年开始，我国汉传佛教研究在加强国际合作与交流的同时，历经 70 年完成了自身的体系化、学术化、规模化、现代化和国际化建设，引领了世界汉传佛教研究的走向。"从 1978 年开始，佛教研究文章逐年递增。到 1992 年，一年发表的论文达到 1125 篇，超过 1949 年到 1966 年发表数量的总和。1996 年到 1998 年的 3 年时间里，各种报纸杂志发表与佛教相关的文章 3300 多篇，各种著作 400 余部。进入 21 世纪，佛教各类成果的数量更为迅速增加。到现在为止，综合已有的各种不完全统计数据，佛教各类文章大约有数万篇，著作大约有数千部。"① 另外，截止到2016 年，国内约有 52 所大学（含二级学院）设有宗教研究所（中心），其中大部分研究机构都设有专门从事佛教研究的科研梯队。近年来，我国的佛教研究尽管还存在一些需要进一步改进的方面，但研究方法不断更新；跨学科、跨宗教的对话、交流与整合不断加深；佛学研究资料的获取更为便利；研究领域不断拓展、深入；传统优势学科继续发展；新兴的佛教研究领域也如火如荼地展开，这些科研优势为我国佛教研究未来的发展，奠定了重要的基础。

我国的佛教研究包括汉传佛教研究与藏传佛教、南传佛教研究，基于我国宗教信仰自由等政策，与国家财力物力的支持和中国佛教研究的传统走向，以及世界各国的佛教研究趋势综合考量，未来的中国佛教研究，在开拓传统研究领域中的薄弱环节的同时，势必会更加关注汉传佛教与藏传佛教、南传佛教的对比研究、基于梵巴藏汉等佛教文献的翻译对勘研究、国际佛教研究的交流与合作等内容。再者，伴随我国佛教研究的进一步细化和研究队伍的日渐成熟，多学科间的交叉研究也会成为未来的发展走向之一。

21 世纪的中国，在政治、经济、文化等各方面的高速发展中，已然成长为了世界民族之林中的中坚力量，在党和国家的大力支持下，我们有理由相信，中国汉传佛教研究、中国佛教研究定能在不远的将来取得更进一步的成绩，也能更好地为构建和谐社会、丰富群众文化生活、拓展学科知识体系作出积极的贡献。

---

① 魏道儒：《改革开放四十年来的佛教研究》（上、下），《中国宗教》2018 年第8、9 期。

第 三 章

中华人民共和国 70 年
藏传佛教研究（1949—2019）

　　藏传佛教是在青藏高原孕育的具有鲜明文化特色的佛教派系，是中国佛教的重要组成部分，也是世界佛教三大语系之一。中华人民共和国成立以后，在藏传佛教研究领域取得了巨大成就，举世瞩目。其研究历程可分为三个阶段：第一阶段，1949—1978 年，即初创阶段；第二阶段，1979—1999 年，即发展阶段；第三阶段，2000—2019 年，即创新阶段。

第一节　初创阶段（1949—1978）

　　中华人民共和国成立之后，各项科学研究工作逐渐有序开展起来。1953 年，在北京成立中国佛教协会并创办《现代佛学》期刊；1956 年，在北京成立中国佛学院，喜饶嘉措大师任第一任院长；1956 年，全国人大民委和国家民委组织科研人员，对少数民族地区的社会和历史进行了大规模的调查研究；1958 年，中国科学院民族研究所、中央民族学院和各少数民族地区的有关单位，又对各少数民族地区的社会和历史做了必要的补充性调查，其中藏族地区的调查研究持续到 20 世纪 60 年代初期。多次大规模调查研究工作的开展，收集了不少有关藏传佛教历史和现状的第一手资料，为开展藏传佛教研究提供了便利条件。

总体而言，这一时期藏传佛教研究人员虽然人数较少，但是均为佛学功底深厚，且精通汉、藏双语并长期致力于藏传佛教研究的专家，如吕澂、法尊、王森、隆莲、牙含章、张建木等。诸学者中以吕澂、法尊、王森贡献最大，如王森的《关于西藏佛教史的十篇资料》影响深远。因此，1949 年后藏传佛教研究起点较高，当时问世的研究成果也都具有很高的学术水平，大多成为流芳百世的佳作。具体如下。

一　历史与人物研究

在历史研究方面，主要成果有法尊的《西藏前弘期佛教》（载《现代佛学》1956 年第 8 期）《西藏后弘期佛教》（载《现代佛学》1956 年第 6、7 期），王森的《关于西藏佛教史的十篇资料》（1965 年铅印本内部发行）。这些研究成果讨论了诸如"佛教的传入""佛教史的分期"等重要问题，为以后藏传佛教断代史、通史等研究打下了坚实的基础。

在人物研究方面，主要成果有张建木的《宗喀巴大师传》（载《现代佛学》1957 年第 12 期），郭元兴的《莲花生》《布敦》（载《中国佛教》第二辑），法尊的《克主杰》《嘉曹杰》（载《中国佛教》第二辑），王森的《宗喀巴年谱》《宗喀巴传论》（1965 年撰写，后附录在《西藏佛教发展史略》之中）等。牙含章的《达赖喇嘛传》（生活·读书·新知三联书店 1963 年版）是人物研究领域比较系统的一部专著，详细介绍了历辈达赖喇嘛的生平等内容，其中，重点介绍了第五世、第七世和第十三世达赖喇嘛，对深入认识达赖喇嘛活佛系统具有重要意义。综上可知，当时国内对格鲁派人物的研究成果相对丰富，更注重对格鲁派的研究，这也可谓是这一时期人物研究的特点。

二　宗派与经典研究

在宗派研究方面，法尊的《西藏佛教的宁玛派》（载《现代佛学》1957 年第 10 期）、《西藏佛教的噶当派》（载《现代佛学》1958 年第 2 期）等，阐述了宁玛派和噶当派的形成、传承以及教义等特点。此外，法尊还发表了《萨嘉派》《香巴噶举派》《迦举派》等研究宗派的文章；观空的《西藏佛教格鲁派概观》（载《现代佛学》1957 年第 12 期）则具体阐述了格鲁派的名称由来、宗喀巴的生平、格鲁派的特点等重要的宗派研究问题。这些文章促进了对藏传佛教宗派的全面了解，为进一步研究打下了基础。

在经典研究方面，法尊的《四宗要义讲记》（载《现代佛学》1951 年第 3、4 期，1952 年第 5、6、7、8 期）、《〈菩提道次第广论〉的造作、翻译、内容和题解》（载《现代佛学》1954 年第 11 期）和《宗喀巴大师的"菩提道次第广论"》（载《现代佛学》1957 年第 12 期）等论文，系统研究了佛教四部宗义，以及宗喀巴的道次第思想；吕澂的《西藏所传的因明》（载《哲学研究》1961 年第 2 期）系统梳理了因明学在西藏的建立与发展，认为桑浦寺时期、萨迦四祖时期、甘丹宗喀巴时期是因明发展的节点。事实上，在藏传佛教思想中，道次第与因明逻辑是备受关注的基础性学问。此外，还有王森的《现观庄严论》（载《中国佛教》第三辑），郭元兴的《大圆满》（载《中国佛教》第四辑），隆莲的《造像量度经》（载《中国佛教》第四辑）等专著。可以看出，诸位学者中法尊、吕澂、王森三位的学术贡献最大，是名副其实的中华人民共和国藏传佛教研究的开创者和奠基人。

此外，法尊等还翻译了《格西曲扎藏文辞典》（民族出版社1957 年版），这一藏汉辞典的问世，为藏传佛教研究提供了很好的工具书。

第二节　发展阶段(1979—1999)

　　1978 年,党的十一届三中全会召开,之后,科研工作全面恢复,科研人员和资料建设得到全面加强,藏传佛教研究也得以顺利展开。这一工作首先从各大民族院校发起,以中央民族学院的东嘎·洛桑赤列、王尧、王辅仁;西北民族学院的才旦夏茸;青海民族学院的夏尔东等著名教授为代表。他们不但亲自著书立说,而且还培养了一大批相关人才,为藏传佛教研究的持续发展做出了重大贡献。

　　在这一时期,国家成立了诸多重要的研究机构,如 1979 年在北京成立中华全国西藏佛教研究会;1978 年筹建并于 1985 年正式在拉萨成立西藏社会科学院;1986 年在北京成立中国藏学研究中心;1987 年在北京成立中国藏语系高级佛学院;1988 年在甘肃夏河县成立甘肃藏学研究所等。同时创办了许多重要期刊,如 1979 年《世界宗教研究》创刊;1980 年《世界宗教文化》创刊;1981 年《西藏研究》创刊;1988 年《中国藏学》创刊,以及主要民族学院的学报等期刊都相继创办。这些研究机构和期刊的成立与创办为藏传佛教的研究创造了良好的客观条件,尤其在人力、资金和成果发表上给予了有力的支持,使藏传佛教研究进入全面的发展轨道,科研成果纷纷问世。

　　可以说,在这一时期,藏传佛教研究取得了较快的发展,研究成果主要集中于藏传佛教的制度、僧侣、宗派、密宗以及寺院等主题,同时也涉及藏传佛教的典籍、历史、教义、哲学、仪轨、艺术、寺院经济、宗教现状等内容,具有开拓性和创新性。此外,藏传佛教的主要研究资料也在这一时期大多被译成汉文,特别是敦煌文献与吐蕃金石等资料的整编为藏传佛教研究提供了许多新材料。因此,这一时期是藏传佛教研究的发展期。具体如下。

一　制度研究

藏传佛教在长期的历史进程中形成了一系列或一整套制度，如政教合一制度、赏赐册封制度、活佛转世制度、金瓶掣签制度、寺院教育制度等，其中政教合一制度是最为凸显的制度之一。

在政教合一制度的研究上，主要以东嘎·洛桑赤列《论西藏的政教合一制度》（民族出版社 1985 年版）为代表，该书第一次突破藏族传统的经院式研究方法，运用马克思主义的唯物史观，对藏族地区的政教合一制度进行了全面剖析，在藏学界引起了强烈反响。

在活佛转世制度和金瓶掣签制度的研究上，主要有蒲文成的《关于藏传佛教活佛转世制度的几个问题》（载《社会科学参考》1985 年第 18 期），周炜的《活佛转世揭秘》（中国藏学出版社 1994 年版），陈庆英、周炜等的《清朝金瓶掣签制度及其历史意义》（载《中国藏学》1995 年第 3 期），廖庆炜的《清朝金瓶掣签制度的设立及其历史意义》（载《新华文摘》1995 年第 7 期）。这些研究成果梳理和分析了活佛转世制度和金瓶掣签制度的历史脉络、理论依据和发展进程等，进一步推动了活佛转世制度和金瓶掣签制度研究。

在寺院教育制度的研究上，周润年、刘洪记的《中国藏族寺院教育》（甘肃教育出版社 1986 年版）一书，比较系统地研究了寺院教育的创立与发展、各教派的教育实践，以及对寺院教育的特点和改造等内容；许德存的《西藏传统寺院教育及其对现代教育的影响》（载《中国藏学》1999 年第 3 期）一文，梳理了寺院教育的发生发展过程，在肯定寺院教育的积极作用的同时，也指出了寺院教育对于藏族社会发展的负面影响。

二　僧侣研究

（一）活佛研究

活佛虽是藏传佛教中的特殊人物，但如果仅从"僧人"的身份来研究活佛，也会有许多不同的认识。主要有牙含章《班禅额尔德

尼传》（西藏人民出版社 1987 年版），张羽新的《清代四大活佛》
（中国人民大学出版社 1989 年版），陈庆英的《章嘉·若必多吉年
谱》（一）（载《青海民族研究》1990 年第 1 期），若松宽、房建昌
的《呼图丹锡呼图克图考——清代驻京呼图克图研究》（载《蒙古
学信息》1990 年第 3 期），王云峰的《活佛的世界：金席大师贡唐
仓·丹贝旺旭传》（民族出版社 1997 年版）等。这些研究成果主要
以历史为线索，从"僧人"的角度，阐述了历辈活佛的生命历程，
提供了认识活佛的新视角和新路径。

（二）高僧大德研究

在藏传佛教出家僧人中除了转世活佛，还有很多高僧大德值得
关注。中华佛学研究所推出的《阿底峡与菩提道灯论释》（东初出
版社 1990 年版），陈庆英的《元朝帝师八思巴》（中国藏学出版社
1992 年版），班班多杰的《宗喀巴评传》（京华出版社 1995 年版），
王尧、储俊杰的《宗喀巴评传》（南京大学出版社 1995 年版），王
启龙的《八思巴生平与〈彰所知论〉对勘研究》（中国社会科学出
版社 1999 年版）。这些成果都展现了对藏传佛教主要宗派的高僧大
德的研究，而对这些高僧大德的深入研究，有助于全面认识藏传佛
教人物思想。

（三）大众僧尼研究

大众僧尼是佛教存在的组织基础，但也往往被研究者忽视。对
于大众僧尼的研究，房建昌《尼姑在藏传佛教中的产生及其发展》
（载《中国藏学》1988 年第 2 期）一文，从微观的视角分析了藏传
佛教历史上著名的尼僧，如意希措甲、玛吉拉珍、多吉帕姆、洛钦
卓卡等，同时概括了藏区出家女性的一般特征；宁世群的《苦行与
乐趣——藏传佛教僧侣生活》（青海人民出版社 1998 年版），该书共
设五章内容，作者用平实的话语阐述了僧侣的新生活，以及活佛的
生活，特别回眸寺院内外、透视小僧的心灵等，对于认识僧侣内心
世界，以及新生活方式具有重要参考价值。

三　寺院研究

寺院是佛教生存与发展的重要场所，而对于藏传佛教寺院的研究，主要有：阿芒·班智达的《拉卜楞寺志》（甘肃民族出版社1987 年版），何周德、索郎旺堆编著的《桑耶寺简志》（西藏人民出版社 1987 年版），蒲文成编著的《甘青藏传佛教寺院》（青海人民出版社 1990 年版），冉光荣的《中国藏传佛教寺院》（中国藏学出版社 1994 年版），次旺仁青主编的《色拉大乘洲》（民族出版社1995 年版），熊文彬的《中世纪藏传佛教艺术——白居寺壁画艺术研究》（中国藏学出版社 1996 年版），宿白的《藏传佛教寺院考古》（文物出版社 1996 年版），拉科·益西多杰的《塔尔寺史话》（民族出版社 1999 年版）。这些研究成果大多以藏传佛教的重要寺院为对象，介绍寺院的兴起与发展、艺术与考古等内容，有助于学界对佛教寺院的了解与认识。此外，许德存的《关于西藏寺院发展的一点思考》（载《佛学研究》1995 年第 4 期）一文，从转变观念、寺院经济、开放心态三方面，对今后藏传佛教寺院发展提出建议，认为寺院要积极适应社会主义制度，广泛开展自养运动，积极发挥自身的教育、医疗等优势，服务社会，这种理性反思是我们辩证认识寺院的重要前提。

四　密宗研究

密宗研究可谓是这一时期藏传佛教研究的重要内容，主要成果有：张曼涛主编的《密宗仪轨与图式——仪轨·真言与手印》（载《现代佛教学术丛刊（第八辑）》，大乘文化出版社 1979 年版）和《密教大辞典》（新文丰出版公司 1979 年版）。此类有着工具书性质书籍的问世，对准确解读密教文献具有辅助意义。许德存的《西藏密教史》（中国社会科学出版社 1989 年版）阐述了无上瑜伽续的重要内容，以及其在藏地的流传，同时分析了藏传佛教各主要教派最高密法以及藏密在国外的传播；李冀诚《密宗道次第广论研究》

（载《世界宗教研究》1993 年第 4 期）分析了密宗的由来、理论结构以及核心观点等内容，是较好的密宗理论研究成果；尕藏加的《西藏佛教神秘文化——密宗》（西藏人民出版社 1996 年版）一书，全面研究密宗的发展、特点以及西藏的密宗大师，并进一步深入研究了密宗的修行理论和仪轨、藏密各派的主要密法，以及密宗艺术等；东主才让的《藏传佛教密宗奇观》（青海人民出版社 1999 年版）阐述了密宗传入西藏的历史过程、无上瑜伽续的传承，以及密宗的修习仪轨等内容。可以说，密教研究是藏传佛教研究中的难题，它要求研究人员要对密教的传承、教义、仪轨等有全面的了解。从以上这些成果可以看出，在这一时期，学者已经从历史、教义、艺术乃至全新的视野对藏传密宗进行了研究，特别在密宗发展史的研究成果上最为突出，这些成果可谓奠定了中华人民共和国藏传密宗研究的基础。

五　宗派研究

在宗派研究的成果上，主要有李冀诚的《藏传佛教噶举派在国外的传播》（载《世界宗教资料》1988 年第 3 期）；释迦仁钦德著，汤池安译的《雅隆尊者教法史》（四川民族出版社 1988 年版）；阿旺·贡嘎索南著，陈庆英、高禾福、周润年译注的《萨迦世系史》（西藏人民出版社 1989 年版）；蒲文成、拉毛扎西的《觉囊派通论》（青海人民出版社 1993 年版）；李冀诚、许德存的《西藏佛教诸派宗义》（今日中国出版社 1995 年版）；刘立千的《藏传佛教噶举派》（载《中国藏学》1995 年第 4 期）；许德存的《宁玛派三根九乘的判教理论》（载《西藏研究》1996 年第 4 期）。这些成果大多系统研究了主要教派的教义、传承等内容，同时加强了对藏传佛教宗派的国外传播，以及对一些相对较小教派的研究。研究的拓展，对于我们全面了解藏传佛教宗派具有极大启迪意义。

六　综合研究

综合研究的成果主要有，王辅仁的《西藏佛教史略》（青海人民出版社 1982 年版），许德存的《客观评价佛教对藏民族政治文化的影响》（载《西藏研究》1995 年第 4 期），才旦夏茸的《藏传佛教各宗派名称辨析》（载《西藏研究》1984 年第 2 期），王尧的《吐蕃文化》（吉林教育出版社 1989 年版），丁汉儒的《藏传佛教源流及其社会影响》（民族出版社 1991 年版），班班多杰的《藏传佛教思想史纲》（上海三联书店 1992 年版），释妙舟的《蒙藏佛教史》（江苏广陵古籍刻印社 1993 年版），丹珠昂奔的《藏族文化志》（上海人民出版社 1998 年版），才让的《藏传佛教信仰与民俗》（民族出版社 1999 年版）。这些研究成果不但系统梳理了藏传佛教的生成发展史，而且深入解析了藏传佛教的教理思想，尤其以社会学的视角，描述与反思藏传佛教文化在藏族社会所起的具体作用。

七　典籍资料

典籍资料的翻译与整理是学术研究的基础性工作。而这一时期翻译和整理了大量的第一手宝贵资料，主要有如下几个方面。

（一）汉译藏文典籍

汉译藏文典籍主要有，格罗·宣努贝著，郭和卿译的《青史》（西藏人民出版社 1985 年版）；智贡巴·官却丹巴热杰著，吴均等译的《安多政教史》（甘肃民族出版社 1989 年版）；布顿著，郭和卿译的《佛教史大宝藏论》（民族出版社 1993 年版）；恰白·次旦平措等编著，陈庆英等译的《西藏通史·松石宝串》（西藏古籍出版社 1996 年版）等。这些藏文典籍具有代表性，可谓传世经典，是全面了解藏族古代社会历史的重要文献资料。故对这些文献资料的翻译和整理，无疑是为藏学包括藏传佛教的研究打下坚实的资料基础。尤其是土观·洛桑却吉尼玛著，刘立千译注的《土观宗派源流》（西藏人民出版社 1984 年版）一书，系统梳理了印度、藏地、内地等的主要佛教流派及思想学说，是汉译文献典籍中的佳作，也成为研究藏传佛教的重要依据之一。

（二）汉译外文文献

汉译外文文献主要以戴密微著，耿昇译的《吐蕃僧诤记》（甘肃人民出版社 1984 年版）为代表。吐蕃僧诤是藏传佛教研究中的重要历史事件和焦点问题，作者整理了敦煌等处的相关资料，详细分析了摩诃衍辩论失利的原因，耿昇先生高水平的翻译也使得该书成为研究吐蕃佛教的重要参考书之一。此外，王尧、陈庆英、张值英等人主编的《国外藏学研究译文集》（共十四辑）（西藏人民出版社 1985—1998 年版），从另一个侧面加强了国内学者对国外藏学研究进展的认识，同时也促进了国内藏传佛教研究的发展。

（三）敦煌文献与吐蕃金石

敦煌文献与吐蕃金石的整理和翻译，主要有王尧、陈践译注的《敦煌本吐蕃历史文书》（民族出版社 1980 年版），陈践、王尧编注的《敦煌本藏文文献》（民族出版社 1983 年版），王尧、陈践译注的《敦煌吐蕃文献选》（四川民族出版社 1983 年版），王尧编著的《吐蕃金石录》（文物出版社 1982 年版），王尧、陈践编著的《吐蕃简牍综录》（文物出版社 1986 年版）。这些资料的整理和翻译不仅为藏学研究提供了可靠的资料和依据，而且促进了藏传佛教的深入研究。

第三节　创新时期(2000—2019)

21 世纪的中国飞速发展，日新月异，社会文化在此进入了一个繁荣发展的阶段。国内的藏传佛教研究也迈入了一个崭新的时代，各个专业领域人才辈出，硕果累累，研究范围之广泛、涉及内容之丰富，前所未有。这一时期，国内的藏传佛教历史研究囊括断代史、宗派史、域/地域史以及通论性；藏传佛教的教理研究涵盖佛教哲学思想、藏传因明量论和密宗要义等专题；僧尼研究涉及活佛转世制度、各派高僧大德和大众僧尼等专题；宗教社会文化研究涉猎宗教生态、宗教艺术和寺院文化等专题；在新时代藏传佛教与社会主义相适应这一历史主题，也渐渐走入研究领域。同时，在学科交叉和大批不同领域的学者的推动下，诸如藏汉佛学（教）比较研究、女性视域下的藏传佛教研究以及藏传佛教与现代科学的交叉研究（如藏传佛教与心理学）等成果也涌现出来。

一　历史研究

藏传佛教历史研究，既是一个传统的课题，又是一项永无止境的工作。在此之前不乏重要的论著问世，但从严格意义上讲，至今尚未出现全面系统的藏传佛教通史类著作。当然，不可否认的是，前辈时贤在这一学术研究进程中勇于探索，继往开来，不断地提出问题、解决问题，为推动我国藏传佛教历史研究的繁荣发展作出了不可磨灭的贡献。尤其随着新文献资料的发现和考古学的新发现，解决了以往研究中遗留的很多难题和错讹现象。可以说，藏传佛教历史无论在断代史、宗派史，还是在通论性、区域性等研究方面，均取得了长足进展。

（一）断代史研究

藏传佛教的断代史研究具有一定的难度，因为不仅要搜集、整理和翻译第一手藏文文献资料，同时，还要投入相应的人力和财力支撑。所以问世的相关研究成果不算很多，而且，已经取得的成果，虽覆盖了自吐蕃直至元、明、清时期，但其研究重点多侧重于前弘期和后弘期两个节点，学者们先聚焦于前弘期（吐蕃时期的佛教），后逐渐向各个时期展开。其中尕藏加的《吐蕃佛教——宁玛派前史与密宗传承研究》（社会科学文献出版社 2007 年版）以新的研究视角、翔实的史料为这一领域的工作开辟了先河；此后问世的黄明信的《吐蕃佛教》（中国藏学出版社 2010 年版）也是这方面的力作；尕藏加的《清代藏传佛教研究》（中国社会科学出版社 2014 年版）

一书，对清代藏传佛教发展史做了全景式的梳理，从宗教史学的角度对清代西藏地区的藏传佛教发展、流布、演变做了细致的论述，以史论结合的方式，对清代藏传佛教的仪轨制度、政教合一制度、活佛转世制度、金瓶掣签制度、册封赏赐制度、度牒制度、僧团管理方式等，都进行了细致的描写，以翔实的藏汉文史料将各教派重要的人物、事件逐一还原，刻画出一幅栩栩如生的清代藏传佛教历史图景；李德成《藏传佛教史研究：当代卷》（中国藏学出版社2014 年版）一书，研究分析了当代藏传佛教的发展过程，同时也论述了当代藏传佛教的教义思想、文化艺术，并附以当代藏传佛教大事记、当代藏传佛教管理法规索引等，这些论著充分展示了近年来在藏传佛教断代史上取得的创新性成绩。

（二）宗派史研究

藏传佛教拥有众多宗派，诸如格鲁派、萨迦派、宁玛派、噶举派等。从历史上看，各宗派的发展极不平衡，有些宗派流行时间很短，有些宗派经改宗而融入他宗，有些宗派则支脉繁盛。同时，中国历代王朝对各宗派所持立场或关注度有较大差异，元代推崇萨迦派高僧及其帝师，明朝青睐噶玛噶举派的大宝法王，清代尊崇格鲁派及其活佛世系。因此，研究藏传佛教各宗派的历史，具有重要的学术价值和现实意义。在这一时期，在宗派史研究方面问世了数部著作，包括唐景福的《藏传佛教格鲁派史略》（甘肃人民出版社2006 年版），诺日尖措的《藏传佛教萨迦派》（西藏人民出版社2008 年版），古格·次仁加布的《藏传佛教噶举派》（西藏人民出版社2007 年版），达尔查·琼达的《藏传佛教宁玛派》（西藏人民出版社2007 年版），项智多杰的《藏传佛教格鲁派》（西藏人民出版社2007 年版），蒲文成、参看加的《藏密溯源——藏传佛教宁玛派》（青海人民出版社2006 年版）等。这些成果主要讨论了藏传佛教各个宗派的历史源流、教法义理、仪轨制度、文化艺术等内容。此外，德吉卓玛的《藏传佛教觉域流派探究》（中国藏学出版社2014 年版）一书，讨论了觉域派教法在其他宗派中流传，以及觉域派教法等内容；同期，她的另一著作《藏传佛教觉域派通论——一个藏族女性创立的宗派》（中国藏学出版社 2014 年版），则讨论了觉域派立教、源流、教理、修行特点，是系统研究觉域派的重要著作。作者同时也发表了一系列相关论文，对觉域派作了全面深刻的研究，在这一领域产生较大影响。

（三）通论性研究

随着藏传佛教成为一门显学，藏传佛教通论性的研究成为近来藏传佛教研究中的热门，因而问世的相关论著数量也比较多，如尕藏加的《西藏宗教》（五洲传播出版社 2002 年版）和《雪域的宗教》（宗教文化出版社 2003 年版），才让的《西藏佛教》（甘肃人民出版社 2007 年版），克珠群佩主编的《西藏佛教史》（宗教文化出版社 2009 年版），吴均的《藏传佛教面面观》（中国藏学出版社 2010 年版），弘学的《藏传佛教》（四川人民出版社 2012 年版），王尧的《藏传佛教丛谈》（中国藏学出版社 2012 年版），孙悟湖的《藏传佛教》（中国民主法制出版社 2015 年版），尹邦志的《藏传佛教史话》（社会科学文献出版社 2016 年版），王尧的《走近藏传佛教》（中华书局 2017 年版）等。这些论著成果对藏传佛教各宗派的演进历史、高僧大德的人生轨迹、藏族百姓的信仰模式，以及宗教仪轨、建筑艺术、政治文化、寺院教育等，作了全景式的宏观描述和个案式的微观论证，具有一定的学术含量。

特别是随着藏传佛教历史研究的深入，各领域理论和资料的完善，藏传佛教通史的研究也逐渐被大家所关注，而尕藏加的《中国藏传佛教（从佛教传入至公元 20 世纪）》（上、下卷）（中国社会科学出版社 2015 年版）堪称开辟了先河，该书以两卷本的篇幅，全面系统地论述了藏传佛教的形成、发展流变过程，尤其广泛引用藏汉文及国外最新成果，详细论述了藏传佛教在吐蕃时期、复兴时期、宗派形成与发展时期、萨迦达钦法王时期、帕主第悉法王时期、噶丹颇章政权时期、噶厦政府时期和近现代的发展演进历史。总之，该书资料丰富、理论准确，在藏传佛教通史研究中具有很高的学术价值；另有王尧的《中华佛教史》（西藏佛教史卷），对西藏佛教发展的历史做了简明的介绍。

（四）区域性研究

在区域性藏传佛教研究方面，取得了丰硕的学术成果，不仅数量众多，而且质量较高，成为藏传佛教历史研究领域取得的重要成绩。这方面的成果主要有蒲文成的《青海佛教史》（青海人民出版社2001年版），金成修的《明清之际藏传佛教在蒙古地区的传播》（社会科学文献出版社2006年版），丹曲的《卓尼藏传佛教历史文化》（甘肃民族出版社2007年版），乔吉的《蒙古佛教史》（内蒙古人民出版社2008年版），李德成的《藏传佛教与北京》（华文出版社2009年版），赵改萍的《元明时期藏传佛教在内地的发展及影响》（社会科学文献出版社2009年版），嘉木杨·凯朝的《中国蒙古族地区佛教文化》（民族出版社2009年版）等。此外，张保见的《康区藏传佛教历史地理研究》（四川大学出版社2011年版），于洪所的《北京藏传佛教史》（宗教文化出版社2011年版），胡日查、乔吉、乌云的《藏传佛教在蒙古地区的传播研究》（民族出版社2012年版），杨学政的《藏族、纳西族、普米族的藏传佛教》（云南人民出版社、云南大学出版社2016年版），王佳的《东北藏传佛教历史源流和发展现状研究》（黑龙江教育出版社2017年版），昂巴的《安多藏区藏传佛教实地研究》（甘肃人民出版社2017年版），这些论著成果涉及内容广泛、应用资料丰富、研究思路清晰，有着很强的学术性、知识性和可读性，大大加强了国内的藏传佛教区域性研究。

二 教理研究

藏传佛教教理研究，是藏传佛教研究领域具有深度、广度和难度的课题。藏传佛教将上座部佛教、大乘佛教和金刚乘佛教（密教）三乘融会贯通，相辅相成，建构了既有戒律传承、系统教义、宗派见地，又有密宗传承、修持次第、成就境界的理论体系和实践方法。对此，不少学者知难而进，在教理研究领域取得了可喜成绩，主要体现在佛教哲学思想、藏传因明和密宗要义三个方面。

（一）哲学思想研究

藏传佛教各宗派在遵循佛教经论、严守佛教戒律的基础上，建立了各自的教理仪轨，并形成各个宗派的核心教义，而且，藏传佛教对于宇宙论、本体论、认识论以及人生哲学等都有自己独到的见解。可以说，历史上藏传佛教极大地发展和提升了藏民族的哲学思想水准。

哲学思想研究方面主要有，洲塔的《佛学原理研究——论藏传佛教显宗五部大论》（甘肃民族出版社 2002 年版），李元光的《宗喀巴大师宗教伦理思想研究》（巴蜀书社 2006 年版），朱丽霞的《宗喀巴佛学思想研究》（社会科学文献出版社 2007 年版），李元光等的《藏传佛教直观主义认识论研究》（民族出版社 2009 年版），刘宇光译的《知识与解脱：促成宗教转依体验的藏传佛教知识论》（上海古籍出版社 2012 年版），吉美桑珠的《藏传佛教宇宙观与当代科学宇宙观比较研究》（中国藏学出版社 2013 年藏文版），徐东明的《宗喀巴中观哲学诠释》（人民出版社 2017 年版）。这些论著成果对藏传佛教哲学思想作了大胆的尝试性研究，在一定程度上揭示了藏传佛教哲学思想的博大精深。此外，刘俊哲的《藏传佛教哲学思想研究》（民族出版社 2013 年版），阐述了藏传佛教哲学的缘起性空论、中道观、因果论、心性论、认识论、宇宙观、人生观、生死观、伦理道德观、修行论等理论范畴的丰富内涵；乔根锁、魏冬、徐东明的《藏汉佛教哲学思想比较研究》（上海古籍出版社 2012 年版）一书，通过对佛教哲学中最核心的几个方面，如宇宙观、因果报应论、缘起论与中观思想、心性论、修行实践论及汉密（唐密）与藏密等问题，对汉传佛教与藏传佛教间不同的特点进行比较研究，以探寻两种哲学思想的基本特征及其共性与差异，并分析其形成的原因；刘宇光译的《藏传佛教中观哲学》（中国人民大学出版社 2005 年版），主要论述了宗喀巴对佛教中观哲学有独特的诠释，书中还附有译者刘宇光对宗喀巴中观哲学的相关论文，有助于研究者深入了解藏传佛教中观哲学。

（二）藏传因明研究

因明学，虽源于印度，但在藏地得以创造性地发展推演，并形成自成体系的藏传因明，既列入藏传佛教五部大论之一，又成为藏族传统十明学之构成部分。从历史上看，藏传佛教学僧运用和发挥陈那的《集量论》（本论）和法称的《释量论》（释论）等因明学的逻辑思维和推理路径，著书立说，破除印度外道四派学说，确立内道四派观见，以期达到建立中观应成派思想的宗旨。所以，因明学被誉为开启藏传佛教知识宝库大门的金钥匙，并作为一种探求真理和知识的方法论，而颇受广大学僧和学者的重视。近年来，在藏传因明学研究领域，问世了不少重要论著，主要有王森的《藏传因明》（中华书局 2009 年版），杨化群的《藏传因明学》（中华书局 2009 年版），祁顺来的《藏传因明学通论》（青海民族出版社 2006 年版），剧宗林的《藏传佛教因明史略》（中华书局 2006 年版），多识的《藏传佛教认识论——开启量学（因明学）宝库之金钥匙》（甘肃民族出版社 2010 年版）和郑堆主编的《藏传因明研究文集》（中国藏学出版社 2013 年版），这些成果从不同角度，对藏传因明的发展历史、结构体系和文化传承等作了系统梳理和精细解读，具有很高的学术价值和现实意义。此外，沈剑英的《佛教逻辑研究》（上海古籍出版社 2013 年版）一书，第一编阐述了从印度古因明、新因明到中国因明学以及藏传因明的源流；第二编论述了立宗、辨因、引喻、有体与无体等问题。

（三）密宗要义研究

密宗，这一概念是相对于显宗而提出来的，其含义在于显宗为佛教共法，而密宗为不共之法。也就是说，显宗以义理为主，密宗以实践为主。因而密宗在藏传佛教中受到了极大重视，赋予了殊胜意义，时有冠以"果乘""金刚乘"等尊称，足见其在藏传佛教中的至尊地位。近年来，随着藏传佛教密宗在世界各地的广泛弘传，也使得密宗这一学科在我国得到了广泛的关注和研究，取得了不少成果。主要有刘立千的《藏传佛教各派教义及密宗漫谈》（民族出版社 2000 年版），吕铁刚整理编纂的《中国藏密宝典》（民族出版社 2001 年版）、《藏密修法秘典》（华夏出版社 2002 年版），曲甘·完玛多杰译著的《藏传佛教神明大全》（青海民族出版社 2004 年版），尕藏加的《密宗——藏传佛教神秘文化》（中国藏学出版社 2007 年版），德吉卓玛的《圣殿中的莲花·度母信仰解析》（中国藏学出版社 2007 年版），昂巴的《藏传佛教密宗与曼荼罗艺术》（甘肃人民出版社 2009 年版），彭金章的《神秘的密教》（华东师范大学出版社 2010 年版），吕建福的《密教的思想与密法》（中国社会科学出版社 2012 年版），元音的《大手印浅释》（宗教文化出版社 2014 年版）等，这些论著成果对藏传密宗的文献、传承、义理、仪轨和修持等多方面进行了整理、阐释和探究。

三　僧尼研究

藏传佛教出家僧尼，被誉为"佛教三宝"（佛、法、僧）之一，即"僧宝"，是藏传佛教研究的重要内容。古今中外学者一直在这一研究领域默默耕耘。在国内这段时间将研究重心依然放在活佛、高僧和尼僧三大专题方面，问世了不少重要学术论著。

（一）活佛研究

活佛转世，是藏传佛教独有的传承方式。活佛，藏语称"珠古"（Sprul Sku），是根据大乘佛教法身、报身、化身之说而命名，意为佛、菩萨之"化身"。藏传佛教认为：法身不显，报身时隐时显，唯有化身随机显现，有成就的正觉身前在各地"利济众生"，圆寂后可以有若干个"化身"。所以，活佛在信奉藏传佛教的群体中享有至高无上的宗教地位，且在藏蒙地区普遍具有政教双重影响。蔡志纯、黄颢的《藏传佛教中的活佛转世》（华文出版社 2000 年版），周炜的《佛界——活佛转世与西藏文明》（光明日报出版社 2004 年版），陈庆英等编著的《历辈达赖喇嘛生平形象历史》（中国藏学出版社 2006 年版），华旦朋措的《水晶明镜——却西仁波切传记》（宗教文化出版社 2008 年版），陈新海的《明成祖与德银协巴》（青海人民出版社 2008 年版），秦永章的《乾隆皇帝与章嘉国师》（青海人民出版社 2008 年版），陈庆英、陈立健的《活佛转世及其历史定制》（中国藏学出版社 2010 年版），星全成、陈柏萍的《藏传佛教四大活佛系统与清代治理蒙藏方略》（青海人民出版社 2010 年版）等。这些论著成果从不同角度研究和论述了重量级活佛的生平事迹，同时，也描述和解析了活佛转世这一藏传佛教特有的神秘文化现象。

（二）高僧研究

藏传佛教高僧的研究，近年来亦发表或出版了很多论著，如陈庆英的《雪域圣僧——帝师八思巴传》（中国藏学出版社 2007 年版），陈楠的《明代大慈法王研究》（中央民族大学出版社 2005 年版），拉科·益西多吉编译的《藏传佛教高僧传略》（青海人民出版社 2007 年版），白玛措的《藏传佛教的莲花生信仰》（中国藏学出版社 2008 年版），益喜桑格、曲甘·完玛多杰的《藏传佛教顶级密宗高僧——热译师传》（青海人民出版社 2015 年版）等。这些著作对藏传佛教高僧大德的生平事迹，作了系统研究和历史评价，具有历史意义和现实意义。

（三）尼僧研究

藏传佛教尼僧，自公元 8 世纪产生以来，在漫长的历史发展过程中，建立了自己的生活价值取向和宗教行为模式，具有鲜明的宗教个性和文化特征。而且，僧团组织已遍布西藏、青海、四川、甘肃、云南藏区和内蒙古等信奉藏传佛教的广大地域。大众尼僧作为藏传佛教出家僧尼的主体，在这一时期得到了系统的关注与研究。德古卓玛的《藏传佛教出家女性研究》（社会科学文献出版社 2003 年版），首次全面、系统地梳理了藏传佛教出家尼僧的演进历史，既揭示了藏传佛教出家尼僧的神秘面纱，又填补了这一研究领域长期缺失的学术空白。

四 宗教文化研究

藏传佛教文化，不仅丰富多彩、博大精深和蔚为壮观，而且具有浓郁的地方特色和鲜明的文化风格，特别是藏传佛教形成并得到蓬勃发展之后，对藏族地区的政治、经济、哲学、文学、艺术、天文、历算、法律、科学、医学、建筑等领域产生了巨大影响。同时，藏传佛教在藏族人的生活中，尤其在精神文化生活中占有极其重要的地位，并发挥着举足轻重的作用。近年来，我国学者对藏传佛教文化展开全面研究，相继问世了不少学术论著，主要集中在宗教生态、宗教艺术和寺院文化三个方面。

（一）宗教生态研究

从文化与生态的关系看，生态环境在一定程度上影响了藏区民众的生活方式。对于藏传佛教与自然环境、经济社会、文化传统之间关系的研究，是一个正在探索的新领域。尕藏加的《藏传佛教与青藏高原》（江苏教育出版社、西藏人民出版社 2004 年版），既探讨了藏传佛教与自然环境之间业已存在的因缘关系，又阐述了藏传佛教在保护自然环境方面所起到的客观作用；尕藏加的《藏区宗教文化生态》（社会科学文献出版社 2010 年版），又是一部专门论述藏区宗教文化生态的专著，主要探讨了藏传佛教与自然环境、经济社会、文化传统等之间的互动关系，同时对藏区多元文化、多元宗教、多样化的宗教信仰，与构建和谐区域社会等现实问题，作了深度研究，是宗教生态研究方面取得的有着创新意义的成果。

（二）宗教艺术研究

在藏族地区，宗教与艺术就像一对孪生兄弟，形影不离。在很多情况下，艺术是伴随藏传佛教的兴盛而发展起来的。因为宗教在文化中属于幻想和未来，是人的心理中的一种恒常的内涵，而艺术则成为这些幻想的物化形象。实际上，藏传佛教艺术的特殊魅力，折射出藏族人民高超审美的一种表现形式。而研究宗教艺术方面的成果，主要有熊文彬的《西藏艺术》（五洲传播出版社 2002 年版）

和《元代藏汉艺术交流》（河北教育出版社 2003 年版），谢继胜、熊文彬、罗文华等的《藏传佛教艺术发展史》（上海书画出版社 2010 年版），昂巴的《藏传佛教密宗与曼荼罗艺术》（人民出版社 2011 年版），和靖的《西藏涌泉木刻浮雕唐卡》（文物出版社 2011 年版），向红笳译的《藏传佛教象征符号与器物图解》（中国藏学出版社 2014 年版）等，这些论著成果从多视域向人们描述了西藏佛教艺术的瑰丽画卷，以图文并茂的形式揭示了藏传佛教艺术的独特魅力，展现了藏传佛教艺术具有的浓郁民族和地域特色。

（三）寺院文化研究

藏传佛教寺院文化，底蕴深厚、内涵丰富，可展示多种多样、异彩纷呈的场景，诸如寺院组织、教育机制、宗教活动、法事仪轨、节日庆典，等等。而且，因自然地理环境和人文历史背景等差异，不同地区的各个寺院都具有自己的独特风格。这一时期，寺院文化研究方面出版或发表了不少论著，包括旺谦的《甘肃藏传佛教寺院录》（甘肃民族出版社 2000 年版），拉科·普西多杰的《塔尔寺史话》（民族出版社 2001 年版），牛颂主编的《雍和宫——中国藏传佛教著名古寺》（当代中国出版社 2002 年版），丹曲的《拉卜楞寺藏传佛教文化论稿》（甘肃民族出版社 2010 年版），王磊义、姚桂轩、郭建中的《藏传佛教寺院美岱召五当召调查研究》（中国藏学出版社 2009 年版），群培的《拉萨市藏传佛教寺院》（西藏人民出版社 2010 年版），才吾加甫的《新疆蒙古藏传佛教寺庙》（新疆人民出版社 2014 年版），龙珠多杰的《藏传佛教寺院建筑文化研究》（社会科学文献出版社 2016 年版），黄春和的《西藏丹萨替寺历史研究》（文物出版社 2016 年版）等。此外，陈庆英、李德成主编的《北京藏传佛教寺院》，乔吉主编的《内蒙古藏传佛教寺院》，丹曲、扎西东珠主编的《西藏藏传佛教寺院》，冉光荣、刘男主编的《四川、云南藏传佛教寺院》，郎建兰、旺谦主编的《甘肃藏传佛教寺院》，蒲文成主编的《青海藏传佛教寺院》，周毛编著的《藏传佛教寺院教育论文选集》等，这些成果论著系统描述和详细解读了不同地区各个寺院的历史、文化和艺术等丰富内容。

五　教义阐释与藏汉佛学研究

（一）教义阐释

结合新时期国内社会发展的需要，对藏传佛教教义进行新的诠释和阐述，是藏传佛教适应时代需要，也是构建和谐社会的必然要求。故这一方面的著作也逐渐推出，如郑堆主编的《藏传佛教教义阐释（试讲本）》（中国藏学出版社 2012 年版），该书分为爱国篇、道德篇、持戒篇、和谐篇四篇，内容涉及国难当头护卫国家，不作国贼、不反国制，报国王恩、庄严国土等。此外，尚有郑堆主编的系列丛书，即《藏传佛教教义阐释研究文集》，共 6 辑，由中国藏学出版社自 2012 年至 2017 年陆续出版。该系列丛书主要围绕爱国思想、道德建设、清规戒律与和谐进步四个主题展开，并对相关藏传佛教教义作出阐释，也就是选择藏传佛教部分与主题相关的佛典进行阐释，提出用教义教规中积极向上的内容，引导宗教面向现实、服务社会、以适应发展变化着的社会，走上与社会主义社会相适应的道路。

（二）藏汉佛学比较

随着藏传佛教研究的深入，不少学者开展了藏汉佛学比较研究，比较系统全面的研究论著主要有乔根锁、魏冬、徐东明的《藏汉佛教哲学思想比较研究》（上海古籍出版社 2012 年版），该书对佛教哲学中宇宙观、因果报应论、缘起论与中观思想、心性论、修行实践论以及汉密与藏密比较研究，从而探寻比较二者之汇通与差异。此外，尹邦志的《宗通与说通——吐蕃宗论的影响与汉藏佛教亲缘关系》（社会科学文献出版社 2014 年版）和《王尧藏学文集（卷五）：藏汉文化双向交流》（中国藏学出版社 2012 年版），亦是研究这一主题方面的具有代表性的成果。

六　小结

回顾 70 年的学术历程，检阅 70 年的研究成果。不难看出，中华人民共和国成立以来的藏传佛教研究事业长足发展，迈向成熟之道，踏上兴旺之路，故而令人振奋，值得大写特写。但由于文章篇幅、时间要求等主客观条件所限，难免挂一漏万，尤其颇具数量和分量的学术论文，以及用藏文撰述的论著，在此几乎阙如，甚至在汉文著作中也会有不少被遗缺的佳作，有待今后补充。

但从总体上看，以上综述基本上展示了中华人民共和国成立 70 年来在藏传佛教研究领域所取得的主要成果。值得提出的是，中国在藏传佛教历史研究方面不但走在世界学术前列，而且体现了当前藏传佛教历史研究的最高水平。与此同时，也应该承认的是，在藏传佛教研究领域还存在许多不足，甚至有不少薄弱环节。例如，教理思想研究就相当薄弱，对于中观、唯识等哲学思想的研究还处于起步阶段，其进展十分缓慢；对于藏传密宗及仪轨制度的研究，对于藏传因明的研究，都有待于加强和深化。此外，随着社会的进步和学术的发展，藏传佛教研究面临新的机遇和挑战，诸如藏传佛教与社会主义社会相适应的问题，以及对藏传佛教教义做出符合新时代要求的阐释，依然任重而道远。

第 四 章

中华人民共和国 70 年
南传佛教研究（1949—2019）

引言　中国南传佛教研究的发展历程

20 世纪初，我国佛教界与南亚、东南亚南传佛教国家的交流日益活跃，僧俗两界的学者们逐渐认识到南传佛教在世界佛教发展中的地位和在佛教学术研究中的重要意义，开始了对南传佛教的关注和研究。

学界较早关注南传佛教研究的是汤用彤先生。1924 年，在其《佛教上座部九心轮略释》一文中介绍了南传阿毗达摩的一些名相概念及特色之处；1928 年的《南传〈念安般经〉译解》一文将南传经藏《中部》的《念安般经》（Ānāpānasatisuttaṃ）译为汉文。① 教界对南传佛教的关注以太虚法师为代表，他曾积极筹建世界佛学苑巴利三藏院，并数次派员留学锡兰（现称"斯里兰卡"）、暹罗（现称"泰国"）等国研习交流，培养了一批熟悉和了解南传佛教的人才。此外，南传佛教典籍的汉译工作也有所开展，在 1943 年《普慧大藏

---

① 参见《汤用彤全集》（第三卷），河北人民出版社 2000 年版，第 246—256 页。

经》编修过程中就从日译南传《大藏经》转译了部分南传经典。

事实上，上述南传佛教研究尚在萌芽状态，中国真正全面系统的南传佛教研究是中华人民共和国成立后开展起来的。可以说，南传佛教研究是与中华人民共和国的建设和发展同呼吸、共命运的。1949 年后南传佛教研究大概可以分为五个阶段，第一阶段从 1949 年到 1978 年改革开放，是南传佛教研究的奠基阶段，这一时期研究数量虽然不多，但得益于一些著名学者对南传佛教的关注，取得了一些成绩。由于受外部环境的影响，这一时期的研究也留下许多遗憾。第二阶段从 1979 年到 1989 年，南传佛教研究逐渐从沉寂中复苏，中国云南地区的南传佛教受到重视，中国南传佛教研究这一特殊领域开始形成。从 1990 年到 1999 年是第三阶段，南传佛教研究迎来了快速发展的十年，填补了一些研究空白，产生了一批重要的研究成果。进入 21 世纪的第一个十年，也就是 2000 年到 2009 年是第四阶段，这一时期南传佛教研究迈出了走向繁荣的脚步，研究的深度和广度都有新的突破。第五阶段是从 2010 年至今的十年，南传佛教研究进入成熟期。

第一节　南传佛教研究的奠基与起伏（1949—1978）

受多种因素影响，从中华人民共和国成立到 1978 年改革开放这一时期的南传佛教研究主要集中在 1949 年到 1966 年这段时间。此一时期的研究数量不多，成果展示平台也极其有限，几乎所有的研究都发表在《现代佛学》①杂志上，就研究性质而言，也多以介绍

---

① 1950 年创刊的《现代佛学》杂志是中华人民共和国第一个全国性佛教期刊，1964 年停办，在其存续期间共刊行 144 期，为中国的佛教学术研究提供了难得的展示平台。

性、概观式的研究为主。得益于吕澂、叶均、季羡林等佛学造诣深厚的名家参与，这段时间我国南传佛教研究在某些领域也达到了较高水准。

在南传佛教历史与现状研究方面，叶均的《锡兰佛教杂谈》，结合自己的亲身经历，对锡兰佛教的历史和现状做了一番概略考察，而其《锡兰佛教的传播及其宗派》一文，则深入探讨了锡兰佛教的传入、发展、宗派、影响、衰落、复兴的历史过程。吕澂的《谈南传的佛灭年代》，立足佛灭年代这个重要问题，围绕《慈恩传》所载的四种佛灭年代，参照西藏所传的资料，以及《善见律毗婆沙论》中"圣众点记"的说法，分析了南传佛教中存在的公元前 544 年和公元前 486 年两种佛灭年代的说法，探讨了其差异及其可能的原因。①

这一时期，南传佛教思想研究方面成绩最突出的是吕澂和从锡兰留学归来的叶均。吕澂的《略论南方上座部佛学》，以南传佛教整体为研究对象进行宏观把握，从部派、典籍、学说、实践四个方面对南传佛教的主要特色，以及研究价值给出了简明而深刻的评判，成为南传佛教研究的经典之作。叶均的成绩主要来自他关于南传阿毗达摩的一系列论文，《南传的八十九心》《八十九心的十四作用与心识活动》介绍了南传阿毗达摩思想体系中最为繁复的"心法"的名称、分类、结构及其在心识活动中的作用；《南传的五十二心所法》总结了与"心法"相对应的 52 种"心所法"。《南传上座部的色蕴》，探讨了"色法"的有关内容，对了解南传阿毗达摩思想奠定了基础。

在南传佛教典籍研究方面，谷响的《巴利语系三藏典籍》，对巴利三藏及藏外典籍的形成过程做了较为全面介绍，详细说明了各个时期的代表人物和主要作品。叶均的《觉音清净道论的简介》介绍了觉音论师的生平、造论的原因以及《清净道论》的结构和主要内

---

① 参见《吕澂佛学论著选集》，齐鲁书社 1979 年版，第 2318—2324 页。

容；《阿耨楼陀及其〈摄阿毗达摩义论〉》则对中世纪著名论师阿耨楼陀的论书《摄阿毗达摩义论》的主要内容和历史地位进行了总结。在经典汉译方面，叶均在锡兰留学期间，曾将南传《法句经》进行了汉译，后经印顺法师润文匡正，1953 年在香港出版。[1]

这一时期，语言学被应用到南传佛教研究当中，对澄清一些疑难问题起到了积极作用。1956 年季羡林发表《原始佛教的语言问题》，介绍了后世对于此巴利文文献中关于 "sakāya niruttiyā"[2] 的不同理解，以及由此引发的关于原始佛教语言问题的种种争议。文章认为南传佛教圣典语言巴利文并非摩揭陀语，而是一种古印度西部方言，也不是佛陀本人使用的语言。1958 的《再论南传佛教的语言问题》，主张 "原始佛教有一种用所谓'原始语言'写成的佛典，这种语言就是印度古代东部的方言，所谓古代半摩揭陀语"[3]，指出巴利文并不是这种原始语言，并对巴利文的性质做了进一步阐释。这两篇论文虽然并非专门研究南传佛教，但却对南传圣典语言问题的研究提供了新的思路。

从研究地域来看，这一时期学者们对云南地区的南传佛教进行了初步探讨。如义方的《佛牙在边疆》，记述了其护送佛牙到云南德宏、耿马等地的见闻，并介绍了当地南传佛教的有关情况；张天幼的《西双版纳佛教长老升级纪略》介绍了云南西双版纳地区举行的一次南传佛教升级典礼活动，是一份生动的现场记录和田野资料；无忧的《谈谈我国的傣文佛典》，对我国傣文佛典的源流和基本构成情况做了概述，1962 年他又发表《我国傣族和布朗族僧阶名称语源》一文，从语言的角度探讨了两族七级僧阶的名称来源及其与巴

---

① 参见惟善《当代留学斯里兰卡的佛学翻译家叶均居士》，中国佛教协会官网（http://www.chinabuddhism.com.cn/special/hcfjztyth2016/lchy11/hy111/2016-11-20/12344.html）。

② 意为自己的语言。

③ 季羡林：《印度古代寓言》，《季羡林文集》（第三卷），江西教育出版社 1998 年版，第 413 页。

利语的关系。以这些研究为开始，南传佛教研究的一个特殊领域——中国南传佛教研究开始形成。

第二节 南传佛教研究的复苏（1979—1989）

1978 年，中国迎来了改革开放的新时代，随着宗教信仰自由政策的落实，南传佛教研究也逐渐复苏。一些佛教研究期刊纷纷恢复或创刊，陆续有相关研究论文、译文发表，一些学术专著、译著也纷纷问世。学术交流活动日渐活跃，如 1982 年召开的"上座部佛教传入中国学术讨论会"就对中国南传佛教研究起到了很大的推动作用，有关南传佛教传入中国的时间、路线、派别等一系列问题成为研究热点，引发了学者们长期的关注和讨论。

在南传佛教历史与现状研究方面，经历了多年沉寂之后，学术界迫切需要对南传佛教现状进行了解，由于资料的缺乏，译介国外的相关研究是一个快速解决方案，因此这一时期的译文、译著为数不少。除译著外，有关南传佛教历史与现状研究大多还是概述性、介绍性的，但也有一些研究开始尝试聚焦具体问题，如王兰的《斯里兰卡的佛教复兴与僧伽罗民族主义》探讨了近代斯里兰卡佛教复兴运动与僧伽罗人争取民族独立的斗争；1989 年，宋立道的博士学位论文《当代南传佛教国家的宗教与政治》，从政教关系的角度，探讨了南传佛教在当代社会生活、政治活动，以及文化思潮中的相互影响与作用。

由于尚处学术研究的恢复时期，南传佛教思想研究比较少，但是学者们还是关注到南传佛教思想的实践性这一突出特征，对其禅修思想进行了一些初步研究。叶均的《略谈南传佛教修定的方法》，从禅修实践的角度介绍了南传佛教的十遍、十不净、十随念、四无量、一想、一差别、四无色等禅修方法的特点和作用。黄夏年的《觉音的〈清净道论〉及其禅法》对《清净道论》的禅法，分别从理论和实践两个部分进行了探讨。

在这一时期，南传佛教典籍研究取得了不小的成绩。中国佛教协会印行了叶均翻译的《南传法句经》《清净道论》及《摄阿毗达摩义论》三部重要的南传佛教典籍。其中，《清净道论》的翻译，是我国历史上第一次汉译这部重要著作，在整个佛经翻译史上也具有里程碑意义。1982 年黄宝生、郭良鋆将南传佛教《本生经》（Jātaka）中的《竹蛇本生》《狮子皮本生》《阎浮果本生》《速疾鸟本生》《豹本生》译为汉语。1985 年，二人将《本生经》中更多的章节译出，汇集成《佛本生故事选》一书，由人民文学出版社出版。此后，郭良鋆对南传三藏《小部》之《经集》（Suttanipāta）进行了研究和汉译。

此一时期的跨学科研究仍然以语言学、文学为主。季羡林在《巴利文与不定过去时》和《三论原始佛教的语言问题》中修正了此前的观点，认为巴利文是一种东部方言，并且属于摩揭陀语的一种形式，这个结论否定了西方学界的主流看法，支持了南传佛教的传统说法。郭良鋆的《印度巴利文佛教文学概述》，是从文学角度对巴利文佛教典籍进行的阐释，介绍了经藏中大量文学性的诗歌和故事，为了解南传佛教典籍提供了一个生动的文学视角。蔡祝生的《巴利语文学与上座部佛教国家文学》，论述了巴利语文学对南传上座部佛教国家文学创作的深远影响。

这一时期，云南上座部佛教逐渐成长为一个相对独立的研究领域——中国南传佛教。1983 年，"上座部佛教传入中国学术讨论会"在昆明召开，与会学者就南传佛教传入中国的时间和路线等问题，进行了深入的交流和研讨。此外，刀述仁的《南传上座部佛教在云南》一文，对在我国云南弘传的上座部佛教的历史、教派、典籍、寺院和僧侣、主要节日等进行了较为全面的介绍，并阐述了开展中国南传佛教研究的重要意义。

第三节　南传佛教研究的快速
发展（1990—1999）

进入 20 世纪 90 年代，南传佛教研究迎来了快速发展的十年。在研究方法上，由概观性、零散性研究向系统性、自觉性研究转变；在研究内容上，南传佛教与其传播国家或地区的社会政治、经济、历史、文化研究成为新的热点；从研究成果上看，这一时期相关论文、专著的数量、质量都有提升，许多领域的研究空白被填补，显示了南传佛教研究的不断深入。

这一时期南传佛教历史研究取得了很大进展。1991 年，邓殿臣的《南传佛教史简编》（中国佛教协会 1991 年版）出版，这是国内第一部系统研究南传佛教史的专著，填补了这一领域的空白，该书以国别和地区分类，详细介绍了斯里兰卡、缅甸、泰国、柬埔寨、老挝以及我国傣族地区的佛教简史。

在南传佛教哲学思想研究方面，郭良鋆陆续发表了一系列介绍南传佛教思想内容的文章，如《佛陀形象的演变》《佛教涅槃论》《佛教神通观》《佛陀的无我说》《佛陀的神话观》等。1997 年，其又在上述研究的基础上补充整理，出版了《佛陀和原始佛教思想》（中国社会科学出版社 1997 年版）一书，依据巴利文原典资料，系统介绍了南传佛教的文献与典籍、佛陀的生平，以及原始佛教的主要思想，是这一时期南传佛教哲学思想研究的重要成果。

20 世纪 90 年代，又有一批重要的南传典籍完成了汉译工作。1996 年，韩廷杰翻译的《岛史》①和《大史·斯里兰卡佛教史》②

---

① 韩廷杰：《岛史》，慧炬出版社 1996 年版。

② ［印］摩诃那摩：《大史·斯里兰卡佛教史》，韩廷杰译，佛光文化事业有限公司 1996 年版。

两部著作出版。其中《岛史》成书于公元 4—5 世纪，是斯里兰卡最古老的编年史诗，记录了南传佛教早期的重要历史；《大史》号称斯里兰卡国宝，是以佛教发展为主线的王朝史，二者都是南传佛教研究不可或缺的参考资料。同年，邓殿臣与斯里兰卡维摩拉拉特纳合译《长老偈·长老尼偈》，由中国社会科学出版社出版，这是巴利三藏《小部》中的两则偈颂体篇章，记载了佛陀时代佛弟子修行证道的体悟和感受。1997 年，巴宙翻译的《南传弥兰王问经》（中国社会科学出版社 1997 年版）出版，此经是南传上座部佛教非常重要的藏外经典，① 与我国东晋时期汉译的《那先比丘经》同源，但非属同一部派，对南北传佛教典籍比较研究提供了便利。

这一时期，南传佛教在南亚、东南亚各国社会经济发展、文化交流与传承中的意义与作用问题受到特别关注。如贺圣达《关于南传上座部佛教文化圈的几个问题》，杨学政的《南传上座部佛教在中国与南亚、东南亚各国文化经济交流中的作用》，傅增有的《小乘佛教对湄公河流域国家文化的影响》，邓殿臣的《佛教与僧伽罗民族文化》，钟智翔的《试论小乘佛教对缅甸文化的核心作用》，宋立道的《佛教与现代化的关系考察——以南传佛教国家为案例》等。而张英的《东南亚佛教与文化》（中央民族大学出版社 1999 年版）一书，详细梳理了南传佛教在东南亚传播的历史以及发展演变的现状，论述了南传佛教对东南亚各国历史、文化及社会生活的深刻影响。

进入 20 世纪 90 年代，教界及学界有关人士对云南上座部佛教研究的现状，以及存在的突出问题进行了一次系统反思，呼吁继续加强云南上座部佛教研究，② 深入挖掘这一文化资源宝库。这一时期，很多研究仍然聚焦上座部佛教传入云南这个热点问题。如刘岩的《南传佛教入滇历史简述》提出"十四世纪南传佛教从老挝或清迈传入西双版纳为上限，公元十五世纪从景东传入是下限"的论点；

---

① 在缅甸属于藏内。
② 刀述仁：《云南上座部佛教研究刻不容缓》，《世界宗教研究》1990 年第 3 期。

罗廷振的《从出土文物看小乘佛教在西双版纳的传播》运用出土文物与史料相结合，论述了南传佛教在西双版纳的传播情况；段玉明的《南传佛教入滇考》对汉唐之际、南诏时期，以及大理时期佛教在云南的传播发展进行了一番考察。另一个研究热点则集中在南传佛教与傣族文化方面，如王懿之、杨世光编的《贝叶文化论》（云南人民出版社 1990 年版）收录了不少有关云南上座部佛教与傣族文化的研究论文；刘岩的《南传佛教与傣族文化》（云南民族出版社 1993 年版）一书，对傣族南传佛教进行了较为系统和全面的介绍。

第四节　南传佛教研究走向繁荣（2000—2009）

进入 21 世纪，我国的南传佛教研究开启了迈向繁荣的脚步。在教史方面，既有深度的通史研究，也有展现历史断面的巧思；在思想研究方面，触及当代南传佛教最鲜活的思想脉动；在典籍研究方面，对傣文贝叶经的整理和研究，彰显了中国南传佛教这座文化资源宝库所蕴藏的巨大价值。同时，南传佛教在现代化、全球化背景下的深度嬗变，以及由此引发的问题成为新的研究热点。在中国南传佛教研究方面，多学科、多视角、全方位、多层次的研究，将中国南传佛教研究推向一个新高度。

在南传佛教史研究方面，净海的《南传佛教史》（宗教文化出版社 2002 年版）出版，该书以国别分类并划分章节，详细介绍了斯里兰卡、缅甸、泰国、柬埔寨、老挝等国南传佛教的发展历程。全书资料充分，内容翔实，是南传佛教通史研究的力作。而宋立道的《从印度佛教到泰国佛教》（东大图书股份有限公司 2002 年版）一书，考察了佛教从古代印度到斯里兰卡，再到遍布东南亚的流播过程中，在教理与教义、经典与习俗等诸多方面与当地社会文化的适应与融合，展现了南传佛教的历史变迁；惟善的《缅斯两国佛教的相互依存和发展》另辟蹊径，对缅甸和斯里兰卡这两个重要的南传佛教国家之间的佛教交流史进行了一番考察，探讨了两国佛教的交流互动与相互影响，为南传佛教史研究提供了一个新的视角。

在南传佛教思想研究方面，林欣的《上座部佛教止观禅法》介绍了当代南传佛教止观禅修体系，对缅甸帕奥禅师依据巴利圣典与《清净导论》中的记载，而教导的止观禅法和次第进行了介绍。在止禅的部分介绍了安般念修法，"佛随念""慈心观""不净观""死随念"四护卫禅，以及修习止禅的功德；在观禅的部分介绍了从修习四界分别观、分析色聚、辩识名法、透视缘起法的环节、培育观智，直到证悟涅槃的过程，并对在此过程中次第成就的"十六观智"以及四种"道果智"进行了说明。

这一时期关于南传佛教典籍研究最重要的工作，是围绕《中国贝叶经全集》的编辑整理展开的。从 2001 年开始，云南有关方面开始着手将西双版纳等地发现的傣文贝叶经整理出版，这项工作历时九年，最终由人民出版社出版。这是对上千年中国南传佛教典籍的一次全面整理，对西双版纳的历史文化以及南传佛教研究都具有非常重要的意义。①

在南传佛教与社会政治、文化研究方面，姜永仁的《论佛教与缅甸现代化进程》探讨了佛教对缅甸现代化进程的积极和消极影响；宋立道的《传统与现代：变化中的南传佛教世界》考察了南传佛教在现代东南亚社会中的现状，探讨了佛教如何适应新的社会历史条件，继续保持主流文化地位，为社会提供价值指导，为信众提供精神服务的问题；正道的《南传佛教中的妇女解放运动》以及宣方的《试析南传佛教恢复比丘尼传承运动的制约因素与行动策略》《当代南传佛教国家佛门女性解放运动之考察》等文章，关注的是 20 世纪 70 年代兴起的佛教妇女解放运动，介绍了斯里兰卡、泰国、缅甸等国的佛教妇女，要求恢复比丘尼制度和参与社会服务的诉求及抗争，

---

① 参见郑筱筠《中国南传佛教研究综述》，载《中国宗教研究年鉴》，宗教文化出版社 2011 年版，第 150—151 页。

反映出现代男女平权思想，与当代东南亚某些传统佛教制度之间的矛盾。

中国南传佛教研究向来都不是佛教学科的专有对象，学者们从多种学科、多个视角，对其进行了全方位、多层次的研究，使这一时期的中国南传佛教研究呈现出多姿多彩的繁荣景象。郑筱筠一系列论文如《佛教故事与傣族〈召树屯〉故事渊源》《傣族〈兰嘎西贺〉故事不同版本原因初探》等，从文学角度对中国南传佛教与傣族文学的关系进行了探讨；章立明的《西双版纳南传上座部佛教的社会性别分析》，从人类学的角度揭示了南传佛教社会性别制度内涵的丰富性和复杂性；保明所的《南传上座部佛教对西双版纳傣语的影响》，从语言学的角度探讨了南传佛教对傣语的影响；谭乐山的《南传上座部佛教与傣族村社经济》和罗莉的《南传佛教寺院经济略论》是从经济学的角度对南传佛教的考察；陈勉的《论傣族村社南传上座部佛教的世俗化与发展趋势》，探讨了南传佛教的世俗化问题；郑筱筠的《凡尘使命——中国南传佛教慈善事业的探索与实践》关注的是南传佛教在社会慈善事业中的责任与担当；吴之清的《贝叶上的傣族文明——云南西双版纳南传上座部佛教社会研究》运用社会学的方法，以西双版纳为切入点，对云南傣族佛教的历史与现状、伦理道德、生活习俗、艺术、医学、天文、历法、文学、庆典等进行了系统介绍。

第五节　南传佛教研究步入成熟（2010—2019）

2010 年以来，经历了多年的研究积累，我国南传佛教研究从繁荣向成熟迈进。2016 年，首届南传佛教高峰论坛在云南举办，推动了研究的发展。几部南传佛教研究通史著作的问世，标志着教史研究水平提升了一大截，巴利三藏经典的研究和汉译工作稳步推进，显示出南传佛教研究的功力越来越深厚。在南传佛教与社会政治、文化研究方面，学者们的视野更开阔，格局更广大，开始在全球化的视野中审视南传佛教的历史地位和作用问题。传统的热点领域——中国南传佛教研究也硕果频出，出现了不少高水准的研究成果。

在这一时期，南传佛教史研究获得了突破性进展，几部极具分量的南传佛教通史著作问世。2015 年，由中国社会科学院世界宗教研究所主持编写的我国第一部佛教世界通史著作《世界佛教通史》编辑出版。郑筱筠完成了其中南传佛教史的部分，包括第 8 卷《中国南传佛教》和第 12 卷《斯里兰卡与东南亚佛教》两部著作。对中国云南地区以及南亚、东南亚佛教的发展史进行了最全面、最系统的梳理和总结，勾勒出南传佛教在世界范围内传播发展的过程。张公瑾、杨民康、戴红亮参编的《中华佛教史·云南上座部佛教史卷》（山西教育出版社 2014 年版）也在这一时期完成，该书以二章的篇幅介绍了南传佛教传入云南、宋元明清时期在云南的传播与发展，以及近现代的分布与变异等历史。

在南传佛教思想研究方面，释永仁的博士学位论文《佛陀的教学方法研究——以巴利语三藏为基础》，以巴利三藏文献为基础，探讨了佛陀的教育方法及其所蕴含的教育哲学思想；萧贞贞的《巴利佛典〈长部〉中有关"梵"的思想研究》探讨了南传佛教对梵天的看法和观点；宋立道的《南传佛教的义理和特色》按照境、行、果的思路，介绍了南传佛教的认识论和以止观禅修为特色的解脱实践；何石彬的《法舫法师所译〈阿毗达摩摄义论〉之法相学体系初探》梳理了《阿毗达摩摄义论》的法相体系。在这一时期，一些作者还尝试以现代哲学概念诠释南传佛教思想，如冯天春、吴正容的《南传佛教的"新人文"视域》，吴远稳、吴正容的《南传佛教的生态实践关怀》等。

在南传佛教典籍汉译方面，这一时期学界与教界均独立开展了巴利三藏汉译工作，显示了南传佛教典籍研究方面的长足进步。在段晴等译的《汉译巴利三藏——经部·长部》（中西书局 2012 年版）一书中，翻译采用从巴利文直译的方式，经文底本来自泰国法身寺法胜大学提供的巴利圣典协会最新精校版，同时参考了其他语言的译本，并由法身寺方面"证义"，以提升译文的忠实性。[①] 同时，佛教界也在进行南传三藏的汉译工作，2015 年以来，由杭州佛学院光泉、智圆统筹，慧音、慧观依据缅甸第六次集结版的巴利语本陆续将南传三藏的《长部》和《中部》译出。在南传典籍研究方面，黄宝生的《巴汉对勘〈法句经〉》（中西书局 2015 年版）详细考察了《法句经》的多种语言版本以及多种汉译本，将南传巴利语《法句经》与维祇难汉译的《法句经》进行对勘，并添加了详细的注释。

这一时期，学者们从区域文化和国家战略的层面对南传佛教问题展开思考。如贺圣达的《东南亚上座部佛教文化圈的形成、发展及其基本特点》指出，南传上座部佛教文化圈在 11—15 世纪逐渐形成，其重要原因是南传上座部佛教文化，逐渐成为与缅、泰、柬、老等封建国家的形成和发展、王权巩固相适应的意识形态；宋立道的《南传佛教的历史地位与现实社会意义》从理论与实践两个层面论述了南传佛教在整个佛教史上的地位，探讨了南传佛教的社会政治功能，考察了南传佛教在当代社会现代化潮流中适应问题；郑筱筠的《试论南传佛教的区位优势与文化战略支点作用》将对南传佛教的研究纳入"一带一路"倡议的大格局之中，提出南传佛教的区位优势这一概念，阐述了其在地缘—跨地缘政治层面、民族关系层面、宗教源流层面、国际文化交流层面的不同含义，并指出发挥南传佛教区位优势的文化战略支点作用，因势利导，搭建国际文化交流平台，积极开拓多渠道宗教外交，以南传佛教的文化区位优势与经济合作交流机制相互配合，形成文化与经济交流互补的深度融合机制。

---

① 参见刘寅春《通过巴利文三藏走进原始佛教》，《中华读书报》2012 年 11 月 14 日第 12 版。

这一时期的中国南传佛教研究仍然继续其热度。郑筱筠的《中国南传佛教研究》（中国社会科学出版社 2012 年版），对中国南传佛教独特的政教关系模式，金字塔形的佛寺、佛塔乃至波章组织管理模式的论述，以及中国南传佛教在寺院教育、寺院经济、节庆活动的社会记忆、佛塔艺术、佛教文学及慈善公益事业等方面展开的社会实践成为研究的亮点和突破；伍琼华、彭多意的《中国南传佛教资料辑录》（云南大学出版社 2015 年版），从中国南传佛教的历史沿革、典籍研究、组织结构、僧侣教育、建筑艺术、音乐艺术、僧俗庆典与民俗、民众社会生活，以及国际交流九大部分对中国南传佛教研究的文献资料进行了收集整理；黄凌飞的《中国南传佛教音乐的人类学研究》（云南大学出版社 2015 年版）对中国南传佛教的音乐文化及生态系统进行了梳理；田玉玲的《供奉与表达——傣族南传佛教艺术与"赕"的关系解析》（云南大学出版社 2018 年版），剖析了"赕"与南传佛教艺术的密切关联。

第六节　反思与展望

时间来到公元 2019 年，南传佛教已经走过 2500 多年的漫漫旅程，中华人民共和国也迎来 70 华诞。70 年来，我国的南传佛教研究筚路蓝缕、以启山林，从初期的涓涓小溪汇成今日奔流的江河，取得了令人瞩目的成绩；学者们栉风沐雨、弦歌不辍，为南传佛教研究事业呕心沥血，令人动容。

在这 70 年中，以马克思主义为指导开展南传佛教学术研究成为基本共识，确立了南传佛教研究坚定的政治方向；与南传佛教跨民族、跨文化、综合性等特点相适应，形成了多学科、多层次、多视角的多元研究方法和研究体系。南传佛教历史研究不断深入，通史、断代史、国别史、地区史的研究均有所涉及，对许多历史疑难问题进行了考辨、探索，提出了不少建设性的观点；在思想研究方面，对南传佛教的教理、教义、哲学思想，及其当代价值进行了研究和阐释，对其思想特质有了较为深刻的把握；在典籍研究方面，对不少南传经典进行了个案研究，并对重要经典进行了汉译，系统翻译南传三藏的成果也初步显现；在南传佛教跨地区、跨文化研究方面，深入探讨了南传佛教与所在国社会政治、历史文化、民族性格等诸多方面的深厚渊源，以及在现代化、全球化背景下，南传佛教的历史命运。在中国南传佛教研究方面，更是具有得天独厚的优势，云南边陲珍贵的南传佛教现实传承是一座丰厚的文化资源宝库，滋养了众多学科的研究，成果斐然，蔚为大观，成为我国南传佛教研究最具特色与魅力之处。

在这 70 年中，南传佛教研究虽有很大发展，但比之传统的汉传佛教、藏传佛教，尤显不足。一方面，南传佛教虽在我国有弘传，但由于地处边缘，始终未进入主流视野，这其中固然有南传佛教自身思想特点的原因，也受到种种偏见的影响和左右，这种情况自然削弱了南传佛教的研究价值和受重视程度，从而导致经费不足、人才队伍匮乏等一系列现实问题；另一方面，就现有的研究成果来看，也有不少弱项，如关于南传佛教哲学思想研究、禅修实践和典籍整理等方面以及与这些研究相适应的方法论反思、学科建设等方面都有不少欠缺，未来应加强对这些领域的研究。

第 五 章

中华人民共和国 70 年
印度佛教研究（1949—2019）

引言　中国印度宗教研究的发展历程

中国的印度佛教研究可追溯至 2000 多年前。两汉之际，佛教初传，这是历史上印度佛教同中国社会的第一次交往，自此拉开了我国印度佛教研究的序幕。当时所谓的"研究"，主要是高僧大德对佛教典籍的翻译和注疏，以及他们所撰写的相关著作。在中国古代，对印度佛教的研究与传习主要局限在佛教信众内部，表现出非常明显的宗教信仰色彩；现代学术意义上的印度佛教研究，大约始于 20世纪初。1840 年之后，中国面临关乎民族生死存亡的巨大考验。在这种局面下，一批仁人志士试图从不同方面寻找救亡图存的方案，佛教成为重要的精神文化资源。梁启超、欧阳竟无、太虚大师等人提出复兴佛教、佛教救国等倡议，将佛教同民族复兴联系到了一起，他们除了反思中国佛教，还追根溯源至印度，期望从佛教的发源地寻找到理论和实践的根据。

中华人民共和国成立后，印度佛教研究在国内的发展进入全新的历史阶段。在 1949—2019 年的 70 年中，中国的印度佛教研究受到国家政治、经济、文化环境变化的深刻影响。它既经历过风雨和坎坷，也迎来过坦途和机遇。这整个过程的高低起落，大体可划分为四个时期：奠基起伏期（1949—1977）、恢复发展期（1978—1999）、繁荣兴盛期（2000—2009）以及创新转换期（2010—2019）。下文即以此为界，逐一介绍中华人民共和国成立 70 年以来印度佛教研究在我国的发展概况。

第一节　中华人民共和国成立后
印度佛教研究的奠基与
起伏（1949—1977）

　　中华人民共和国成立后至改革开放初的三十年间，我国的印度佛教研究在摸索中前行，曾经取得可喜的成绩与局面，更经历了诸多考验。"文化大革命"十年间，宗教研究一度沉入低谷，停滞不前，印度佛教研究也面临着消歇的窘境。

　　1949 年后的印度佛教研究，首推就职于中国社会科学院哲学所的吕澂先生。吕澂师从欧阳渐，通达梵、藏、巴利等多种语言，对印度佛学有很深的造诣，在此之前已发表了多种关于印度佛教的论著与论文。这一时期，吕澂在《现代佛学》上发表多篇关于印度早期部派佛学研究的文章，《略述正量部佛学》[①]《略述经部学》[②] 和《略述有部学》[③] 分别对三个部派的起源与学说作了深入细致的讨论，提出不少富有启发性的观点，比如，他对正量部的研究文章中，就认为正量部的"我"说并非是对正统佛学的背弃，而是对佛说的一种补充，由此延伸而来的业报理论就与大乘佛学有多方面的联系。

---

① 吕澂：《略述正量部佛学》，《现代佛学》1955 年第 11 期。
② 吕澂：《略述经部学》，《现代佛学》1955 年第 12 期。
③ 吕澂：《略述有部学》，《现代佛学》1956 年第 6 期。

除此之外，吕澂以"佛家逻辑——法称的因明说"① 为题，对印度佛教因明的来源和发展作了介绍，认为因明是从"正理"发展而来的，后经过陈那和法称，尤其是法称的创新和发展，使印度逻辑发生从类比到演绎的飞跃。

在印度佛教历史与社会方面，《现代佛学》刊发了多篇文章。中国佛教协会副会长李荣熙在 1956 年发表《略谈佛陀时代的印度宗教思想》，② 对佛教初创时印度社会的宗教思想加以论述，认为当时的印度社会纷乱复杂，涌现出各种思想，除佛教、婆罗门教之外，还有外道"六师"、拜火教以及各色宗教人士，他们分别提出不同的因果观、灵魂观和世界观，佛陀正是在这种环境中不停地吸收并创新自己的理论；赵步云《印度佛教创始于何时？其背景如何？》③ 一文，运用马克思主义的观点和立场来分析佛教的起源问题，认为佛教的出现是一场宗教运动，更是一场经济与政治运动，商业经济的发展导致各阶级经济地位发生变化，从而出现了打破原有种姓限制的诉求；季羡林于 1956 年撰写的《原始佛教的历史起源问题》④ 一文，运用马克思唯物主义的观点，从经济、政治和思想三个方面分析佛教的起源，探究印度在公元前 5 世纪的情况。

一量的《破邪显正》⑤ 对释迦牟尼的思想、阶级等作了介绍，认为释迦牟尼的思想是反对婆罗门的，是反教权阶级的，是反封建主义的，他并不是"不可思议的神"，而是一个活生生的人，具有突出的"人性"；他又在《释迦牟尼思想的历史根源》⑥ 一文中，运用历史唯物主义的观点、立场和方法，剥去佛的神性，揭示佛陀的人

① 吕澂：《佛家逻辑——法称的因明说》，《现代佛学》1954 年第 2、3、4 期。

② 李荣熙：《略谈佛陀时代的印度宗教思想》，《现代佛学》1956 年第 6 期。

③ 赵步云：《印度佛教创始于何时？其背景如何？》，《新史学通讯》1956 年第 8 期。

④ 季羡林：《原始佛教的历史起源问题》，《历史研究》1956 年第 6 期。

⑤ 一量：《破邪显正》，《现代佛学》1951 年第 2 期。

⑥ 一量：《释迦牟尼思想的历史根源》，《现代佛学》1951 年第 5 期。

性，并通过分析佛所处时代的社会背景，探究其思想来源，认为吠陀思想就是佛陀思想的最初根源。

　　寒光的《从太子出家的动机看佛陀对当时社会阶级的态度——读"佛传"偶记》① 和明真法师的《从佛陀抨击"种姓制度"的精神来看主张"泯除阶级观念"的荒谬性》，② 都是借助佛典来论证佛陀对印度阶级社会的批判态度；刘家和在《印度早期佛教的种姓制度观》③ 一文中，从历史和阶级两个方面系统论证了印度早期佛教对待种姓制度的态度，他认为，奴隶主专制国家的形成、经济地位和阶级的变化，与现实种姓制度产生了矛盾，从而引发人们思想上的怀疑和否定。一方面，早期佛教反对种姓制度；另一方面，确定佛教主张刹帝利的地位。

　　慧风在《释迦牟尼的时代及其成道》④ 中讨论印度社会的政治、经济和文化状况，以及释迦牟尼的诞生、出家、苦行和成道的经历；他在另一篇《轮回与业》⑤ 中，仔细分析了释迦牟尼的轮回业报思想及特点，指出轮回是印度社会古已有之的思想，释迦牟尼的轮回说，是根据当时人们的文化水平和已有概念，为了向他们阐释、宣讲真理的方便之说，文章还指出佛教对于人道始终是歌赞的、积极的，并非厌离的；明照的《试述早期佛教业感缘起论的产生和它所起的作用》⑥ 认为，业感缘起是佛陀从宗教的实证主义角度得出来的结论，它的产生与印度社会环境有关，标志着印度佛教哲学从"神"

---

　　① 寒光：《从太子出家的动机看佛陀对当时社会阶级的态度——读"佛传"偶记》，《现代佛学》1957 年第 10 期。

　　② 明真：《从佛陀抨击"种姓制度"的精神来看主张"泯除阶级观念"的荒谬性》，《现代佛学》1958 年第 1 期。

　　③ 刘家和：《印度早期佛教的种姓制度观》，《现代佛学》1962 年第 5 期。

　　④ 慧风：《释迦牟尼的时代及其成道》，《现代佛学》1954 年第 1 期。

　　⑤ 慧风：《轮回与业》，《现代佛学》1954 年第 2 期。

　　⑥ 明照：《试述早期佛教业感缘起论的产生和它所起的作用》，《现代佛学》1960 年第 7 期。

到"业"的转变;同时期一如发表的《漫谈佛教产生的时代背景和佛陀思想几个特点》① 一文,也探究了佛教产生的社会背景、佛陀的思想特征等内容。

巨赞法师是近现代中国有名的高僧,有很深的佛学造诣,他在《从阿育王法敕看佛陀遗教对于印度社会所发生的影响》一文中,将阿育王法敕依据内容分为八类,包括奉行正法,反对陋习,戒杀生,提倡医药,造林挖井,重视臣下的意见,信仰自由和民族政策,这些内容与佛陀提倡的正法在精神实质上有异曲同工之妙;② 船庵在《试述部派佛教》③ 中论述了佛灭后四百年间部派佛教的起源和发展;华山所写的《试说大乘佛教的兴起》④ 一文,采用哲学研究的视角,认为佛教是建立在理论上的一种宗教,大、小乘佛教的分裂主要在于哲学理论的分歧,大乘是对小乘理论的一种发展,是彻底的唯心主义。

中国社会科学院哲学所虞愚专治因明学,在《现代佛学》上发表多篇文章,内容涉及因明的历史、义理、人物等,比如《因明学发展过程简述》⑤ 详细论述印度因明学的起源和发展,认为因明是一种形式逻辑,探究它的起源需要从内学和外学入手,因明约起于佛灭后八百年,先后经历过辩论术、逻辑,再到知识论三个阶段;《试论因明学中关于现量与比量问题》⑥ 一文按时间顺序介绍尼也耶派的四量论、弥勒的三量论,以及陈那、法称的二量论;《法称的生平、

---

① 一如:《漫谈佛教产生的时代背景和佛陀思想几个特点》,《现代佛学》1960年第 3 期。

② 巨赞:《从阿育王法敕看佛陀遗教对于印度社会所发生的影响》,《现代佛学》1956 年第 5 期。

③ 船庵:《试述部派佛教》,《现代佛学》1961 年第 1 期。

④ 华山:《试说大乘佛教的兴起》,《现代佛学》1962 年第 4 期。

⑤ 虞愚:《因明学发展过程简述》,《现代佛学》1957 年第 11 期;1958 年第 1、2期。

⑥ 虞愚:《试论因明学中关于现量与比量问题》,《现代佛学》1958 年第 12 期。

著作和他的几个学派——重点介绍〈量释论〉各章次序所引起的争论》① 系统介绍了法称的生平著作，以及语言学派、克什米尔学派和宗教学派对法称《量释论》的注解。另外，虞愚在《释迦牟尼所处的社会和他的思想学说中的几个显著的特色》② 一文中指出，佛陀处于一个阶级压迫和原始共产主义共存的混合社会之中，这样的环境对佛陀的思想产生了极大的影响。他对种姓制度及神灵的否定，他所提出的缘起思想，都是对当时印度社会、政治与思想领域分歧与斗争的反映。

在这一时期，季羡林就原始佛教的语言问题发表了两篇文章。1957 年，季羡林在《原始佛教的语言问题》③ 一文中，对"原始佛教是否规定一种语言为标准语"这一悬而不决的问题进行讨论。他从佛教历史学和语言学两方面综合论证，通过对照比较巴利文小品故事，以及大藏经的五个中文译本后得出结论：原始佛教的语言是比丘自己的语言。在其看来，佛陀不允许使用婆罗门教言梵文，但是也并未规定摩揭陀语为唯一的语言。在实际的学习和传法过程中，佛陀允许比丘自由地使用自己的语言。次年的《再论原始佛教的语言问题》一文，则是对"原始佛教有一部用原始佛教语言——古代半摩揭陀语——写成的佛典"进行论证，这篇文章涉及巴利文、梵文、混合梵文、吐火罗文等多种语言的比较研究，对研究佛教经典的形成史具有很大的价值。④

在佛教艺术研究方面，中观在其《佛教艺术之起源》中指出，佛教艺术起源于印度的工巧明，并且对印度工巧明中的典范——建

---

① 虞愚：《法称的生平、著作和他的几个学派——重点介绍〈量释论〉各章次序所引起的争论》，《现代佛学》1962 年第 1 期。

② 虞愚：《释迦牟尼所处的社会和他的思想学说中的几个显著的特色》，《现代佛学》1959 年第 9 期。

③ 季羡林：《原始佛教的语言问题》，《北京大学学报》1957 年第 3 期。

④ 季羡林：《再论原始佛教的语言问题》，《语言研究》1958 年第 1 期。

筑、雕刻和绘画的起源以及在佛教中的表现形式进行逐一介绍。① 谷响在 1949—1965 年发表了多篇关于印度佛教文学与艺术研究的文章，内容丰富，涉猎广泛。1955 年，他在《谈梵呗》② 一文中认为，梵呗之所以受到释迦牟尼称赞，一方面是由于它采用了印度社会群众通俗易懂的语言；另一方面是因为梵呗契合了印度社会人民的宗教情感需求。在《本生谭》③ 一文中，谷响指出，佛陀利用印度本土流传的本生故事来说法，发展出佛教本生文学、本生壁画等艺术形式，对印度和中国的艺术都产生很大影响。岂予在《释迦牟尼佛与神造论者辩论的故事》中认为，释迦牟尼对印度种姓制度的批判，不仅是因为种姓制度的荒谬，更多的是他对人民群众的同情。

　　在这一时期，《现代佛学》还刊发了多篇国外学者关于印度佛教研究的译文，如 1950—1965 年，王森、虞愚、景行以及巫白慧等人在《现代佛学》上陆续发表苏联科学院院士舍尔巴茨基的著作节译，包括《佛教涅槃论》④《佛家哲学》⑤《法称的逻辑著述及其流派》⑥等，介绍舍尔巴茨基的研究成果；方之在 1953 年开始翻译印度瓦里醒哈的《印度佛教圣迹》⑦ 系列，共十一篇，主要介绍了蓝毗尼园、菩提伽耶等共十二处圣地；中国佛教协会副会长李荣熙翻译德国学者威廉·盖格《巴利语之起源》⑧ 一文，认为巴利语虽诚然非统粹

① 中观：《佛教艺术之起源》，《现代佛学》1951 年第 1、2 期。

② 谷响：《谈梵呗》，《印度佛教艺术与中国早期佛教画》1955 年第 3 期。

③ 谷响：《本生谭》，《现代佛学》1956 年第 1 期。

④ ［俄］舍尔巴茨基：《佛教涅槃论》，子农译，《现代佛学》1950 年第 9、10、11、12 期；1951 年第 1、2 期。

⑤ ［俄］舍尔巴茨基：《佛家哲学》，虞愚译，《现代佛学》1959 年第 2 期。

⑥ 景行：《法称的逻辑著述及其流派》，《现代佛学》1962 年第 4 期。

⑦ ［印度］瓦里醒哈：《印度佛教圣迹》，方之摘译，《现代佛学》1953 年第 1、2、3 期；1954 年第 11、12 期；1955 年第 3、4、6、11、12 期；1956 年第 1 期。

⑧ ［德］威廉·盖格：《巴利语之起源》，李荣熙译，《现代佛学》1954 年第 12 期。

之摩揭陀语，然系以摩揭陀语为根据之一种通俗语言，且为佛陀本人所用之语言，这些作品为中国学界了解国外的印度佛教研究提供了宝贵的资料。

由上可见，1949 年中华人民共和国成立之后，政治格局的改变引起了学术思想界的变化。马克思主义成为学术研究的指导思想，对学者的学术视野、研究方法产生了显著影响，不管是学者还是学僧，都积极地从阶级分析的角度研究、分析印度佛教。

中华人民共和国成立之初，各学科的建制体系并不完善，宗教学还未成为独立的学科。直到 1962 年，在毛泽东主席的批示下，中国科学院成立了世界宗教研究所，这是中华人民共和国首个专门研究宗教的学术机构，标志着我国宗教学的起步，但在当时并未形成独立的学科体系，对印度佛教的研究还处在积累资料、培养人才阶段。

不过，随着党和政府"左"倾路线的加剧，尤其是受 1966—1976 年"文化大革命"的影响，中华人民共和国的宗教研究几乎转入停滞状态。"文化大革命"期间，宗教被认为是"人民的鸦片"、是"落后的根源"、是"旧的意识形态"、是"资产阶级反动派用来捍卫剥削制度，麻醉工人阶级的机构"。宗教信仰自由的政策被严重歪曲，宗教活动被禁止，宗教场所被关闭，宗教文物被捣毁，大量的僧侣道士被迫还俗，宗教界人士被当作"牛鬼蛇神"而遭到批判，宗教渐渐从人们生活中淡化，宗教研究也基本处于停滞状态。据统计，"1967 年到 1974 年整个中国大陆没有发表过一篇宗教文章"①，直到 1977 年以后这种情况才得到改善。作为宗教研究的一部分，印度佛教研究在这样的大背景下，自然也不能幸免。

---

① 曹中建主编：《中国宗教研究年鉴（1996）》，中国社会科学出版社 1998 年版，第 102 页。

第二节 恢复发展期(1978—1999)

虽然我国宗教研究工作因"文化大革命"而被迫中断,但是 1976 年之后,形势慢慢好转。特别是 1978 年实行改革开放以来,宗教研究工作随着经济的快速发展逐渐恢复生机,大环境的回暖,为印度佛教研究提供了助力。这一年有三件大事对印度佛教研究产生了重要影响:首先是由北京大学与中国社会科学院联合创办的南亚研究所,成为专门研究印度文化、哲学、宗教、文学的科研与教育机构,所长由季羡林担任,副所长由黄心川担任;其次是创办的《南亚研究》期刊,很快成为南亚历史、文化与宗教的核心平台;最后是组织全国的南亚研究人员,成立中国南亚学会。研究所、学会、杂志的成立与创办为中国后来的印度佛教研究提供了人才、组织与平台保障,很快就促使国内的印度佛教研究焕发出新的活力。除《南亚研究》外,世界宗教研究所创办的《世界宗教资料》、中国佛教协会主办的《法音》等杂志,也是刊发印度佛教研究成果的重要平台。中国社会科学院南亚研究所、世界宗教研究所、哲学研究所、外国文学研究所、北京大学东方学系等,是从事印度佛教文化研究的主要学术团休,还有全国各地的一些大学的研究所及有关学者也在从事这方面的研究。在此期间,季羡林、金克木、黄心川等人成为从事印度佛教的领军人物,各自取得许多开创性的成果,同时也共同培养出一大批优秀的人才,在印度佛教历史、哲学、语言文化,以及印度佛教的跨文化传播与比较诸方面不断取得新的成绩与突破,同时也奠定了 21 世纪以来印度佛教研究繁荣与创新的基础,至今仍产生着重要影响。

一 印度佛教历史研究

1979 年上海人民出版社出版了吕澂的《印度佛学渊源略讲》,

该书是吕澂1961年在佛学班授课时的讲稿，采用历史和哲学的研究方法，将印度佛教分为"原始佛学""部派佛学""初期大乘佛学""小乘佛学""中期大乘佛学"和"晚期大乘佛学"六个阶段，其内容翔实、丰富，在重点关注印度佛教史时，也旁及印度思想史与文化史，是中华人民共和国第一部系统讲述印度佛学历史的力作，至今仍是印度佛学研究的经典之作；杜继文师从吕澂，对佛教经典与教义有精审的研究，他主编的《佛教史》①是一部佛教通史著作，地域上涉及印度、中国、日本、朝鲜、东南亚、欧洲多个国家和地区，内容上包括佛教的历史、教义哲学、典籍艺术等，作者秉持唯物主义的客观态度进行研究，内容翔实、深入浅出，是一部兼具学术性与普及性的印度佛教史研究著作。

杨曾文的《佛教的起源》②论述了佛教从原始佛教的产生和教义到部派佛教再到大小乘佛教这一发展过程，思路清晰明确，言简意赅；西北大学学者高扬等的《佛教起源论》③是一部以"原始佛教"为核心，系统论述原始佛教思想的作品；崔连仲的《从佛陀到阿育王》④讲述了佛教兴起到孔雀王朝阿育王时期的历史，内容涉及宗教、政治、经济、文化等方面。这是一本佛教史，更是一本印度断代史，该书资料丰富，立论新颖，视野开阔，将国内对佛教史和印度史的研究提升到一个新高度。另外还有韩廷杰的《印度佛教史》，⑤周叔迦的《印度佛教史》⑥等著作也颇受读者关注，显示出此时期印度佛教历史研究的良好状况。王镛的《印度美术史话》⑦介绍了印度孔雀王朝、笈多王朝、莫卧儿王朝时期的雕塑、绘画、

① 杜继文主编：《佛教史》，中国社会科学出版社1991年版。
② 杨曾文：《佛教的起源》，佛光出版社1991年版。
③ 高扬等：《佛教起源论》，陕西人民教育出版社1994年版。
④ 崔连仲：《从佛陀到阿育王》，辽宁大学出版社1991年版。
⑤ 韩廷杰：《印度佛教史》，文津出版社1996年版。
⑥ 周叔迦：《印度佛教史》，载《周叔迦佛学论著集》，中华书局1991年版。
⑦ 王镛：《印度美术史话》，人民美术出版社1999年版。

建筑等艺术的发展与消亡，佛教美术也是其中的重要内容。

　　除上述佛教史著作外，《南亚研究》《世界宗教研究》《世界宗教文化》《法音》等宗教学期刊，也刊发了不少印度佛教史的论文。如郭良鋆在此期间发表了多篇以梵语和巴利语文献学解读为基础的学术论文，其中《佛教神话中的摩罗》①《印度教三大主神的形成》②和《帝释天和因陀罗》③ 是对印度教和佛教中神灵的研究，《梵语佛教文学概述》④《佛教譬喻经文学》⑤ 和《〈因明入正理论〉梵汉对照》⑥（上、下） 是对佛教相关文献的翻译和研究，其在 1994—1997年陆续发表了《佛教神通观》⑦《佛陀的无我说》⑧《佛教涅槃论》⑨《佛陀的社会观》⑩ 和《佛陀的神话观》⑪，这一系列文章都是借助文献和语言学的考察，从而解析佛教教义，展现出作者扎实的语言学功底。葛维钧在《阿育王法与佛教的法不应混同》⑫ 一文中否定了"阿育王的法即佛法"诸如此类的观点，并且从语言、历史等多角度论证，阿育王的"法"是对当时印度诸多宗教思想的吸收和发展，而非仅仅是佛教思想。

　　朱锡强的《佛教在印度兴起与衰落的原因——兼谈婆罗门教、

　　① 郭良鋆：《佛教神话中的摩罗》，《南亚研究》1986 年第 4 期。

　　② 郭良鋆：《印度教三大主神的形成》，《南亚研究》1993 年第 4 期。

　　③ 郭良鋆：《帝释天和因陀罗》，《南亚研究》1991 年第 1 期。

　　④ 郭良鋆：《梵语佛教文学概述》，《南亚研究》1988 年第 2 期。

　　⑤ 郭良鋆：《佛教譬喻经文学》，《南亚研究》1989 年第 2 期。

　　⑥ 郭良鋆：《〈因明入正理论〉梵汉对照》（上、下），《南亚研究》1999 年第 2期；2000 年第 1 期。

　　⑦ 郭良鋆：《佛教神通观》，《南亚研究》1994 年第 2 期。

　　⑧ 郭良鋆：《佛陀的无我说》，《南亚研究》1994 年第 3 期。

　　⑨ 郭良鋆：《佛教涅槃论》，《南亚研究》1994 年第 4 期。

　　⑩ 郭良鋆：《佛陀的社会观》，《南亚研究》1996 年第 2 期。

　　⑪ 郭良鋆：《佛陀的神话观》，《南亚研究》1997 年第 1 期。

　　⑫ 葛维钧：《阿育王法与佛教的法不应混同》，《南亚研究》1988 年第 4 期。

佛教、印度教的关系》① 从社会历史发展的角度去分析佛教兴衰的原因，同时，他提出"耆那教，佛教，是由吠陀教和它的支派决裂出来的宗教"②，就本质而言，佛教、耆那教和印度教三者之间并没有区别，只是形式不同而已；许鸿棣在《论古代印度商人的起源及其与佛教的关系》③ 中指出，印度佛教对于古代商人阶级的兴起具有非常重要的影响；朱明忠在《印度教与佛教问题》④ 中认为，从历史发展的角度来说，吠陀教、婆罗门教、印度教是同一宗教的不同发展阶段，因为它们的本质，即经典和信仰的神灵都没有发生改变，而印度教与佛教之间是一种"肯定，否定，否定之否定"的关系，二者相互斗争，相互影响，最后趋于统一；刘欣如在《贵霜时期东渐佛教的特色》⑤ 中认为，在贵霜王朝时期，印度佛教艺术和文学中的世俗主义倾向，是当时社会经济发展产生的市民文化的一种映射。

庄万友在《拉杰普特时代印度宗教的发展与变化》⑥ 中叙述了印度 7 世纪中叶到 13 世纪这一混战割据时期各宗教的情况，婆罗门教转变为印度教，发展出毗湿奴、湿婆和性力派三大教派，迅速超越佛教成为印度占据统治地位的宗教，而佛教则逐渐衰落，转变为密教，后因 13 世纪穆斯林的入侵和毁坏，在印度本土几近消亡，与此同时，伊斯兰教传入印度，拉杰普特时代宗教的发展和变化，为印度今日宗教之局面奠定了基础。

1992 年，段晴的《戒日王的宗教信仰》，⑦ 综合运用了中印文献

---

① 朱锡强：《佛教在印度兴起与衰落的原因——兼谈婆罗门教、佛教、印度教的关系》，《青海民族学院学报》1982 年第 2 期。

② 同上。

③ 许鸿棣：《论古代印度商人的起源及其与佛教的关系》，《辽宁大学学报》1994 年第 5 期。

④ 朱明忠：《印度教与佛教问题》，《南亚研究》1991 年第 4 期。

⑤ 刘欣如：《贵霜时期东渐佛教的特色》，《南亚研究》1993 年第 3 期。

⑥ 庄万友：《拉杰普特时代印度宗教的发展与变化》，《华中师范大学学报》1993 年第 5 期。

⑦ 段晴：《戒日王的宗教信仰》，《南亚研究》1992 年第 1 期。

对戒日王个人的宗教信仰进行研究；如吉的《印度佛教瑜伽学之纲要——〈显扬圣教论〉结构试析》，[①]对瑜伽行派纲要典籍《显扬圣教论》第十一品的内容进行分析，认为其整体上是按照教、理、行、果的顺序进行安排。

在这一时期，关于印度佛教历史研究的译著比较丰富，翻译质量颇高，为人们了解与研究印度佛教史提供了重要的参考。1982 年商务印书馆出版了《印度教与佛教史纲》，[②]该书从全球文化背景去考察东方宗教和西方宗教的区别，对印度教和佛教的起源发展、教义思想等作了详细的介绍。诚如译者李荣熙所说："（这本书）引用资料相当丰富，治学态度严谨客观，对东方宗教的研究作出了可贵的贡献。"[③]

张建木译自藏文的多罗那它所著《印度佛教史》，[④]在教义思想等方面多有独到见解，是研究印度佛教史的经典之作；王世安译、渥德尔著《印度佛教史》，[⑤]佐佐木教悟等人所著的《印度佛教史概说》，[⑥]皆堪称教科书式的经典之作，出版后即成为众学者赏读之作。

二　印度佛教哲学研究

巫白慧是研究印度哲学的名家，他在这一时期发表了多篇关于印度哲学研究的文章，文中也涉及佛教哲学，诸如《印度古代辩证

---

① 如吉：《印度佛教瑜伽学之纲要——〈显扬圣教论〉结构试析》，《法音》1998 年第 6 期。

② ［英］查尔斯·埃利奥特：《印度教与佛教史纲》，李荣熙译，商务印书馆1982 年版。

③ 同上。

④ ［印］多罗那它：《印度佛教史》，张建木译，四川民族出版社1988 年版。

⑤ ［英］渥德尔：《印度佛教史》，王世安译，商务印书馆1987 年版。

⑥ ［日］佐佐木教悟等：《印度佛教史概说》，杨曾文、姚长寿译，复旦大学出版社1989 年版。

思维》①《印度逻辑及其源流》②《龙树的中观论及其几个主要发展阶段》③《略论大乘佛教哲学空有二宗的理论实质》④ 等，这些文章大都基于对梵文佛典的解读，在与印度其他宗教哲学的比较中发明新说。

黄心川是改革开放以来研究印度哲学与佛教哲学的大家，对印度佛教哲学有着精深的研究，同时还培养了一大批研究印度哲学与佛教哲学的弟子。1989 年，商务印书馆出版了黄心川的《印度哲学史》，⑤ 用十四章的篇幅，按照唯物主义和唯心主义划分方法，全面论述上古至中世纪印度的宗教哲学，其中佛教哲学发展史是其探究的重要内容。在这一部分内容中，黄先生主要依据中国保存的汉译佛经的史料，并参考国内外成果，对印度佛教的起源、教义、哲学思想的发展作重点阐述，把印度佛教的产生和发展置于整个社会大背景中加以探讨，揭示佛教与其他印度宗教派别之间的内在联系和外在区别，把宏观考察和微观研究较好地结合起来，勾勒了印度佛教哲学发展的基本线索。作者指出，印度佛教哲学经历了由简至繁的发展过程，它还包含了一些辩证法等合乎情理的内容，因此在世界哲学中占有重要的地位。1979—1999 年，黄心川发表多篇文章，对包括佛教哲学在内的印度哲学作了开创性研究，其《试论龙树的中观哲学》⑥《印度数论哲学述评——汉译〈金七十论〉与梵文〈数论颂〉对比研究》⑦ 代表了其研究内容与方法。

---

① 巫白慧：《印度古代辩证思维》，《哲学研究》1984 年第 11 期。

② 巫白慧：《印度逻辑及其源流》，《外国哲学》1986 年第 8 辑。

③ 巫白慧：《龙树的中观论及其几个主要发展阶段》，《场与有——中外哲学的比较与融通》第 1 辑，东方出版社 1994 年版。

④ 巫白慧：《略论大乘佛教哲学空有二宗的理论实质》，《哲学研究》1996 年第 10 期。

⑤ 黄心川：《印度哲学史》，商务印书馆 1989 年版。

⑥ 黄心川：《试论龙树的中观哲学》，《南亚研究》1981 年第 3 期。

⑦ 黄心川：《印度数论哲学述评——汉译〈金七十论〉与梵文〈数论颂〉对比研究》，《南亚研究》1983 年第 3 期。

　　方广锠师从黄心川学习印度佛教哲学，在此期间发表了《〈那先比丘经〉中的灵魂观》①《龙树及其著作与思想》②《关于佛教起源的几点思考》③《佛教的时间与空间》④《关于印度初期佛教研究的几个问题》⑤ 等多篇论文，对佛教史上的重要观念、人物与问题作出富于启发性的探讨。

　　1992 年，姚卫群的《印度哲学》⑥ 由北京大学出版社出版，该书分为三编，第一编论述印度各教派的哲学思想；第二编介绍了哲学中比较有争议的理论；第三编则是选译了各派比较有价值和代表性的资料。1996 年，姚卫群的《佛教般若思想发展源流》⑦ 全面介绍般若思想的基本内容和历史发展过程，是我国第一部系统论述般若思想的学术专著。姚卫群关于印度哲学的论文有多篇，诸如《印度古代哲学的因果观》⑧ 论述了印度数论派、胜论派、吠檀多和佛教的因果观念；《佛教哲学的否定型认识及其与婆罗门教哲学的渊源关系》⑨ 提到佛教的许多理论是对婆罗门教的借鉴和发展；《佛教早期的“中道”思想》⑩ 论述了大乘佛教之前的“中道”思想的核心要义，认为它的产生与婆罗门教有千丝万缕的关系。

　　方立天在《印度佛教本体论简述》⑪ 一书中，根据佛教的发展历史，认为佛教的本体论虽然经历了从一切有部提出的“本体实有

①　方广锠：《〈那先比丘经〉中的灵魂观》，《南业研究》1983 年第 1 期。

②　方广锠：《龙树及其著作与思想》，《南亚研究》1985 年第 2 期。

③　方广锠：《关于佛教起源的几点思考》，《南亚研究》1990 年第 2 期。

④　方广锠：《佛教的时间与空间》，《南亚研究》1993 年第 4 期。

⑤　方广锠：《关于印度初期佛教研究的几个问题》，《南亚研究》1994 年第 1 期。

⑥　姚卫群：《印度哲学》，北京大学出版社 1992 年版。

⑦　姚卫群：《佛教般若思想发展源流》，北京大学出版社 1996 年版。

⑧　姚卫群：《印度古代哲学的因果观》，《南业研究》1986 年第 1 期。

⑨　姚卫群：《佛教哲学的否定型认识及其与婆罗门教哲学的渊源关系》，《南亚研究》1992 年第 1 期。

⑩　姚卫群：《佛教早期的“中道”思想》，《南亚研究》1999 年第 2 期。

⑪　方立天：《印度佛教本体论简述》，《哲学研究》1997 年第 9 期。

论"，到大乘空宗时期的"本体性空论"，再到瑜伽行派时期的"本体心识论"这一发展过程，但是贯穿其中的根本精神即宇宙缘起性空论，则是一致的。

尚会鹏在《马克斯·韦伯的印度宗教观、种姓观浅析》[1] 中，介绍了马克斯·韦伯有关印度教、佛教和耆那教的论述。他认为韦伯是站在维护资本主义的立场上来考察印度社会和宗教，因此他将印度的落后归咎于印度的种姓制度和宗教有失公允，但是韦伯将宗教与经济社会联系在一起的考察方法值得借鉴。

这一时期因明学的研究出现不少有价值的成果，如 1981 年上半年甘肃人民出版社出版的《因明论文集》，收录了 1949 年以后国内学者研究因明的论文 19 篇，其中有吕澂的《佛学逻辑——法称的因明说》《因明学说在中国的最初发展》《西藏所传的因明》，虞愚的《玄奘对因明的贡献》《因明学发展过程简述》《因明的基本规律》等 9 篇文章。这些论文涉及因明的多个方面，如因明的产生和发展的历史、研究因明的意义、对因明的评价、因明经典著作研究等。1983 年 8 月，全国首届因明学术讨论会在敦煌召开，会议论文后来结集为《因明新探》，由甘肃人民出版社于 1989 年出版，收录学术论文 18 篇，国外因明学者的译文 4 篇。

沈剑英的《因明学研究》于 1985 年由东方出版中心出版，该书提纲挈领、简明晓畅，是中华人民共和国成立以来第一部系统研究因明学的学术著作。巫寿康的《〈因明正理门论〉研究》一文，以罗素的数理逻辑为工具，研究陈那的《因明正理门论》，认为是正美国、日本学者之误解，探求其本意。[2]

---

①　尚会鹏：《马克斯·韦伯的印度宗教观、种姓观浅析》，《南亚研究》1993 年第 4 期。

②　巫寿康：《〈因明正理门论〉研究》，生活·读书·新知三联书店 1994 年版。

三　印度佛教文献与语文研究

《大唐西域记》系唐代高僧玄奘在弟子辩机辅助下，根据自己在印度的游学经历，所编撰的一部印度求法实录，该书记述了128个国家和地区的都城、疆域、地理、历史、语言、文化、生产生活、物产风俗、宗教信仰，是继晋代法显之后又一取经游记巨著。书中除生动描述了阿富汗巴米扬大佛、印度雁塔传说、那烂陀学府，以及诸如佛祖成道、佛陀涅槃等无数佛陀圣迹外，还有很多佛教传说故事。内容全面系统，翔实生动，先后被译为英、法、德、日等国文字广为传播，是研究中外文化交流、佛教历史及交通史、民族史的珍贵资料。1985年，中华书局出版的季羡林等人的《大唐西域记校注》是20世纪80年代中国学者研究印度宗教尤其是印度佛教、中印文化交流史的扛鼎之作。该书由季羡林等人分工完成，其中范祥雍负责全书的标点、校勘工作，朱杰勤、张毅、蒋忠新和王邦维负责其中的印度部分，杨廷福负责原书的序言、佛教名词及词语部分的注释工作，全书的梵文本对勘由蒋忠新负责，季羡林负责定稿和前言。该书出版后，受到海内外学者的广泛关注，成为研究印度佛教的必备工具书。

在季羡林指导下，参与《大唐西域记校注》的王邦维先后完成对唐高僧义净所撰的《大唐西域求法高僧传》（中华书局1988年版）与《南海寄归内法传》（中华书局1995年版）的校注工作。这两本书同样成为研究印度佛教的重要参考书，受到国内外学者的关注与推介。《大唐西域求法高僧传》记述义净时代中土僧人赴印度求法者的籍贯乡里、西行所经的路线和在各国学习佛法等情况。文虽简短，却保存了当时许多印度佛教的重要史料。《南海寄归内法传》系义净由印度归国途中在南海室利佛逝（今印度尼西亚苏门答腊）停留时，依据说一切有部所传撰成。书中详细介绍了印度及其所历南亚诸国所行佛教仪轨40条，为研究南亚次大陆历史、地理和佛教史提供了重要的资料。《大唐西域求法高僧传校注》《南海寄归内法传校注》是王邦维在季羡林指导下攻读硕士与博士的学位论文，分别由中华书局于 1988 年、1995 年出版。以此二书的校注为基础，王邦维又完成了一系列研究印度佛教历史与宗派的学术论文，诸如《论义净时代的印度佛教寺院》①《部派、大乘和小乘》②《略论古代印度佛教的部派和大小乘问题》③ 《跋梵文贝叶经说出世部比丘律 Abhisamacarika》④《释迦牟尼时代以后的提婆达多派》⑤ 等，堪为此时期印度佛教研究的代表性成果，颇多孤鸣先发之见。

　　季羡林在这一时期就原始佛教的历史和语言问题，发表了诸多精彩的见解，如《商人与佛教》《佛教开创时期的一场被歪曲被遗忘了的"路线斗争"——提婆达多问题》《再论原始佛教的语言问题》等，这些文章在之后大多被收录在《印度古代语言论集》⑥《原始佛教的语言问题》⑦ 和《佛教与中印文化交流》⑧ 中。与季羡林同时期的金克木也是著名的翻译家，精通梵文、巴利文、印度语等多种语言，著有《梵语文学史》⑨ 和《梵佛探：梵竺庐集（丙）》⑩ 二书，前者对吠陀时代、史诗时代和古典时代重要的文献作品进行全面的阐释，后者则是一本收录了金克木关于印度文化、梵文文献、语言、思想研究的论文合集，佛教梵语与文学是两部著作探讨的重要内容。季羡林与金克木的论著都是基于梵、巴原始文献的解读，具有较高的学术水准与可信度，其研究路径与范式影响对其弟子有

---

　　① 《南亚东南亚评论》第 2 辑，北京大学出版社 1988 年版，第 113—150 页。

　　② 《南亚东南亚评论》第 3 辑，北京大学出版社 1989 年版，第 89—113 页。

　　③ 《北京大学学报》1989 年第 4 期，第 64—72 页。

　　④ 《中国文化》第 10 期，生活·读书·新知三联书店 1994 年版，第 116—123 页。

　　⑤ 《中国佛学》第一卷第一期，1998 年，第 217—223 页。

　　⑥ 季羡林：《印度古代语言论集》，中国社会科学出版社 1982 年版。

　　⑦ 季羡林：《原始佛教的语言问题》，中国社会科学出版社 1985 年版。

　　⑧ 季羡林：《佛教与中印文化交流》，江西人民出版社 1990 年版。

　　⑨ 金克木：《梵语文学史》，人民文学出版社 1964 年版。

　　⑩ 金克木：《梵佛探：梵竺庐集（丙）》，河北教育出版社 1996 年版。

深刻影响，蒋忠新、郭良鋆、葛维钧、王邦维等人都在这一时期完成了许多优秀的研究成果。

蒋忠新是改革开放以后国内首屈一指的梵语古抄本辨读考释专家，他先后读出和转写了民族文化宫图书馆、旅顺博物馆、中国藏学研究中心等处所藏的多种梵文《妙法莲华经》和其他佛典抄本。他的《民族文化宫图书馆藏梵文〈妙法莲华经〉写本：拉丁字母转写本》于 1988 年由中国社会科学出版社出版后，受到国内外梵文学界的广泛赞扬和重视。季羡林先生赞誉这部转写本"具有在国际学术界扬国威的意义"；1997 年，他又整理出版《旅顺博物馆藏梵文法华经残片影印版及罗马字版》，由旅顺博物馆与日本创价学会联合刊出。

四　印度佛教的跨文化研究

朱谦之《印度佛教对于原始基督教之影响》[①] 一文，从宗教传布、宗教教义和宗教仪式三个方面考察了印度佛教和基督教的关系，认为印度佛教对基督教有极大影响。值得注意的是，作者在这篇文章中综合运用文献学、民俗学和考古学等方法，资料翔实，考据有证。同时作者还在每个翻译名词之后附上原文，方便读者查阅，非常具有参考价值。

朱锡强在《略论罗马基督教兴盛与印度佛教衰落原因之比较》[②]中通过对比，分析了印度佛教的衰亡和罗马基督教的兴盛，认为宗教的兴衰不仅与外在的社会阶层，统治阶级息息相关，还与宗教自身的教义和组织活动有关；另外，他还考虑到宗教斗争方式和人民群众的态度对宗教兴衰的作用。他的另一篇文章《印度佛教与中国

---

① 朱谦之：《印度佛教对于原始基督教之影响》，《佛学研究》1996 年第 1 期。

② 朱锡强：《略论罗马基督教兴盛与印度佛教衰落原因之比较》，《史学月刊》1988 年第 2 期。

道教历史命运之比较》，① 则是对印度佛教和中国道教的兴衰状况进行比较研究；何乃英的《印度佛教与亚洲文学》② 详细论述了佛教对印度本土、南亚、东南亚和东亚各国文学的影响，作者认为不同国家所受影响程度之深浅与各国接收佛教之程度成正比，作者还采用辩证法对这种影响作了积极和消极之分，认为佛教在增加了文学的创造性、丰富了内容形式的同时，也带来了悲观主义和束缚性；复旦大学陈允吉教授在《论佛偈及其翻译文体》③ 中，对"佛偈"在印度的起源发展等情况作了说明，并且比较了佛偈的汉译版和梵本，认为汉译佛偈虽失去了音乐性，但增加了文辞美，对中国古典诗歌有着深远影响。

常青和李志坚在《印度佛教塔堂窟概述——兼谈对中国石窟的影响》④ 一文中，主要论述了印度佛教塔堂窟这一建筑类型的发展演变情况，该文图文并茂，可读性较强；1994 年，韩廷杰发表《婆罗门教神话和佛教神话比较研究》，⑤ 从神话学的角度对婆罗门教和佛教进行比较研究，认为婆罗门教的神灵是对吠陀教的继承和创新，而佛教为了自身的发展，也对婆罗门教的神灵进行直接继承和改造，表现了二者之间对立统一的复杂关系；高华和黄超在《从印度古代文化看早期汉译佛经中妇女观和禁欲观的变异——兼论中国早期菩萨像男性化的原因》⑥ 中提出，中国早期佛像全是男性形象这一特征，是中国传统文化对印度佛教的妇女观和禁欲观改造的结果。

---

① 朱锡强：《印度佛教与中国道教历史命运之比较》，《南亚研究》1989 年第 2 期。

② 何乃英：《印度佛教与亚洲文学》，《外国文学研究》1992 年第 1 期。

③ 陈允吉：《论佛偈及其翻译文体》，《复旦学报》1992 年第 6 期。

④ 常青、李志坚：《印度佛教塔堂窟概述——兼谈对中国石窟的影响》，《文博》1993 年第 1 期。

⑤ 韩廷杰：《婆罗门教神话和佛教神话比较研究》，《世界宗教研究》1994 年第 1 期。

⑥ 高华、黄超：《从印度古代文化看早期汉译佛经中妇女观和禁欲观的变异——兼论中国早期菩萨像男性化的原因》，《史学月刊》1995 年第 4 期。

第三节 繁荣兴盛期(2000—2009)

2000—2009 年的十年间,印度佛教研究进入了繁荣发展的阶段,涌现出一大批高质量的学术著作与论文。从研究内容来说,除了传统领域的研究内容进一步深入、丰富外,一些崭新的课题也得到了充分的重视和讨论,可谓百花齐放。从研究方法来说,除了一贯的历史学和哲学的研究方法,文献学、人类学、社会学的方法也被广泛运用到宗教研究中。不同研究方法的运用,大大拓宽了印度佛教研究的面向,对于整个学科的发展而言都有着显著的推动作用。

一 印度佛教历史研究

历史研究在这十年间依旧是学界关注的重点,许多宏观考察印度佛教历史的书籍陆续出版,填补了学界的许多空白。而相较以往的成果来看,这一时期对于印度佛教历史的考察,更倾向于从具体的历史语境、历史事件入手,反映出不同时期研究重点和思路的转变。

最能代表这一时期印度佛教史研究高度的当为杜继文积数十年工夫完成的《汉译佛教经典哲学》(上、下)。① 该书是作者长期披辨和研究汉译佛教经典、着力厘清繁杂佛教哲学的精要之作。全书共分两卷,上卷"原始佛教与部派佛教的基本教义和经典",主要分析佛教早中期形成的基础教义、基本概念及诸经典;下卷"大乘佛教思潮和大乘佛教经典",主要探究大乘思潮以及对中国佛教影响深远的大乘诸经典。该书的特色在于坚持"以历史说明宗教,而非以宗教说明历史"的方法,努力挖掘各种佛学思潮形

---

① 杜继文:《汉译佛教经典哲学》(上、下),江苏人民出版社 2008 年版。

成及发展的历史根源；把佛学作为一个整体，并从佛学本身出发，勾勒佛学思想的内在逻辑关系；以丰富的文本为基础，努力还佛学以真面目。

观音信仰是大乘佛教领域最流行的信仰形态，作为一种宗教文化现象，它流传极其广泛、影响极为深远，观音信仰作为学术研究，在学界，特别是我国大陆学界并未受到应有的重视，对古代印度观音信仰的研究更是薄弱。2006 年陕西人民出版社出版了李利安的《印度古代观音信仰研究》，该书专门讨论了古代印度观音信仰的渊源和流变，通过详细的历史梳理与深入的理论剖析，对印度观音信仰这一宗教文化现象有了更清晰的揭示与阐发。湛如的《净法与佛塔：印度早期佛教史研究》一文，依据翔实的文献资料和碑铭材料，对印度早期佛教僧团的净法与佛塔信仰做了深入的梳理与研究，指出所谓净法是佛教僧侣的行为准则，印度佛教的部派分裂即导源于对净法理解掌握上的诸多歧异；还通过对有关佛塔信仰各方面的深入探讨，认为在传统习俗影响下，佛塔信仰逐渐成为佛教的信仰形态之一，也日渐成为理解部派佛教的途径之一，它对大乘佛教的产生有一定的影响。①

姜景奎于 2005 年发表的《印度宗教的分期问题》② 一文，将印度宗教史划分为五大阶段，包括初期、古代时期、中世纪时期、近现代时期和当代时期。作者对每一阶段的宗教文化特征进行了概括和梳理，同时还对印度教、佛教等主要宗教加以描述。

二　印度佛教哲学研究

进入 21 世纪以后，印度佛教哲学进入了繁盛期，诸多富有开拓性与创新性的成果不断出现，周贵华关于唯识学的系列著作即代表了此期印度佛教哲学研究的空前盛况。其中，《唯心与了别——根本

---

① 湛如：《净法与佛塔：印度早期佛教史研究》，中华书局 2006 年版。
② 姜景奎：《印度宗教的分期问题》，《南亚研究》2005 年第 1 期。

唯识思想研究》一书，是周贵华对印度佛教瑜伽行派根本唯识学，亦即瑜伽行派三大师弥勒、无著、世亲著述的唯识思想的研究，是试图重新诠释印度唯识学的尝试。该书在方法上突破了中国传统唯识学研究方式，在梵文、藏文与汉文唯识学文献对比的基础上，结合语言学、文献学等方法进行研究；采取宏观结构分析与微观概念分析的两条进路，在内容上对唯识学给出了一个全新的梳理、解读与重建。①《唯识通论——瑜伽行学义诠》（上、下）是一部关于印度大乘佛教瑜伽行学（又称唯识学）的通论，内容包括序论编、教义学编、法相学编、唯识学编、道行学编、果位学编，其基本思想脉络是有为依唯识思想，以此贯穿全篇，并统摄大小乘教理。是一部根据唯识意境对佛教教理的一次全面梳理、比较、整合与重建的大乘佛教通论。②

姚卫群在这一段时间内依然保持着旺盛的创作精力，撰写了多篇印度佛教哲学相关的论文。如其《佛教早期的"中道"思想》③一文，就分析了"中道"思想在早期佛教的形成过程，以及与印度其他思想流派间的关系。作者认为，厘清佛教早期的"中道"思想，对于理解中观派等大乘佛教的核心理论，从总体上把握佛教的基本学说有非常重要的意义。《佛教的"轮回"观念》④一文对"轮回"做了专门的研究，其主要创新点在于对轮回形态的划分、轮回本质的判定以及轮回主体的解释。在其《佛教中的"心性清净"与"如来藏"思想》⑤一文中，作者认为，"心性清净"观念在佛教中较早

---

① 周贵华：《唯心与了别——根本唯识思想研究》，中国社会科学出版社 2004年版。

② 周贵华：《唯识通论——瑜伽行学义诠》（上、下），中国社会科学出版社2009 年版。

③ 姚卫群：《佛教早期的"中道"思想》，《南亚研究》1999 年第 2 期。

④ 姚卫群：《佛教的"轮回"观念》，《宗教学研究》2002 年第 3 期。

⑤ 姚卫群：《佛教中的"心性清净"与"如来藏"思想》，《南亚研究》2007 年第 2 期。

提出，而"如来藏"观念则是在吸收和改造"心性清净"等佛教思想的基础上形成的。而这一研究和分析，不仅有利于理解佛教基本理论的演变和发展，同时也能帮助读者认知佛教广为传播的原因。

傅新毅的《原始佛教缘起无我语义下的心识论》[1] 一文，基于对原典的解读，修正了学界长期以来对原始佛教"业报说"与"无我义"相矛盾的定论，同时还在缘起无我的语境下，探讨了其中"心识论"的意义。无独有偶，2004 年尹立、许孟青所撰的《佛教的"我"与"无我"》[2] 也同样讨论到了类似的问题，不过后者更多地集中在两个概念的内涵分析上，通过历史发展的梳理和概念解析，作者认为，佛教以"无我"为根本要旨，反对一切对"人我"与"法我"的执着，并在此基础上建立了"真我"和"假我"的概念。

陆沉的《论原始及部派佛教的"六识"说》探讨与分析了原始及部派佛教的"六识"说。作者运用哲学研究的方法，对几大概念及其之间的相互关系进行了解读；围绕心识与五蕴、十二处、十八界等概念的联系展开，作者指出了"六识"说存在的局限，而在其看来，正是由于这些局限，才使唯识学的"八识"说得以出现；"八识"说作为一种更为严密、周详的理论体系，它的出现可以视为一种发展的必然。哈磊的《说一切有部的大乘观念》[3] 一文，对有部的一些观念进行了考察。有部是部派佛教中非常重要的一支，在哲学观点上他们承认菩萨乘的存在，同时还从各个方面对佛、菩萨、波罗蜜道及三乘的差别有过深入细致的阐述和分析。作者对相关文献材料加以整理和搜集，较为可惜的是，这项工作并没有继续深入，比较停留在文献的梳理和归纳上。不过这一工作对于后来人继续深入研究有部的大乘观念，具有一定的参考价值。

---

① 傅新毅：《原始佛教缘起无我语义下的心识论》，《宗教学研究》2001 年第 4 期。

② 尹立、许孟青：《佛教的"我"与"无我"》，《宗教学研究》2004 年第 4 期。

③ 哈磊：《说一切有部的大乘观念》，《宗教学研究》2004 年第 1 期。

尹邦志的《〈大智度论〉禅观管窥》① 一文,以《大智度论》文本为考察对象,分析了禅的基本原理,禅定与般若的关系,禅的修习等内容,从而整理出《大智度论》中的禅观;黄志强的《佛教义理与因明逻辑》② 通过对三法印说与因明量论、三自性说与因三相、缘起说与三支论式等方面的比较分析,试图阐明佛学与因明学之间存在的内在因缘关系,作者通过哲学方法的考察,同时揭示了二者间的根本区别,即佛学本身固有这宗教伦理体系色彩,而因明则在本质上是一个不断趋向合理性、科学性、有效性的逻辑体系。

吕建福的《密教哲学的基本论题及其重要概念》③ 对秘密佛教进行了哲学性的考察,在传统的学术界中,一般认为密教哲学的核心概念是"六大缘起",作者一反前人,提出了密教哲学讨论的是"菩提心"的问题。作者立足于丰富的文献材料,系统地论证菩提心思想如何由大乘经论中"发菩提心功德"和"菩提心十二义"概念演变而来,同时又细致地分析了菩提心概念的多种表达,譬如大手印、大圆满等。这篇文章对密教哲学的诸多核心问题进行了考察,有助于中国密教哲学研究的进一步深入。

三　印度佛教文献整理与研究

李南的《从婆和婆吒著梵文〈胜乐轮注〉写本看佛教密宗的哲学思想》④ 一文,以《胜乐轮注》的梵文写本为研究对象,作者通过对比、对勘、译注等前期工作,发现此书较为系统地阐发了佛教密宗的哲学思想,故而对其内容加以整理。在国内学界,有关密宗哲学体系的原始材料并不多见,该文多少弥补了一些遗憾。

---

① 尹邦志:《〈大智度论〉禅观管窥》,《世界宗教研究》2004 年第 2 期。

② 黄志强:《佛教义理与因明逻辑》,《世界宗教研究》2001 年第 3 期。

③ 吕建福:《密教哲学的基本论题及其重要概念》,《世界宗教研究》2002 年第 1 期。

④ 李南:《从婆和婆吒著梵文〈胜乐轮注〉写本看佛教密宗的哲学思想》,《南亚研究》2004 年第 1 期。

牛宏的《〈大乘密严经〉中的"阿赖耶识"说》① 对《大乘密严经》进行了细致的解读,作者依照《大乘密严经》中各品的论述,对有关"阿赖耶识"的思想观点进行梳理和分析,并总结出其思想特性的表现及影响。

程恭让的《月称对〈中论〉第 24 品第 18 颂的解释》② 一文,以梵语佛学名著《清净句》为依据,对《中论》第 24 品第 18 颂的梵本加以解读。作者首先将相关文献翻译为汉文,而后又利用哲学的方法对这一颂的内容展开义理层面的分析。

四　印度佛教文学研究

印度佛教文学研究在这一阶段涌现出了众多论著,除了文本分析、文学评论外,中印文学比较研究也是其中的热点,如侯传文的《〈阿含经〉的文学意义》③ 一文,从文学的角度出发,审视佛教重要的经典文献《阿含经》,归纳出了其所具有的几大文学特点,包括写实性、传奇性、艺术性。文学理论与宗教文献相结合,使文本的内在价值呈现出了更为丰富的特征,也进一步揭示了宗教同文学间的密切关系。

在汉译佛经中有许多不同类型的诗诵,包括重颂、讽颂、赞颂,而这些概念极易混淆。陈明于 2007 年撰写的《汉译佛经中的偈颂和赞颂简要辨析》④ 就是对这些概念进行初步的辨析,从而突出佛教赞颂诗与其他诗体的差异,作者以诗颂为考察对象,在宗教文献研究中算是一个较为独特的选题;萨尔吉的《摩咥里制吒及其〈四百

---

① 牛宏:《〈大乘密严经〉中的"阿赖耶识"说》,《宗教学研究》2004 年第 4 期。

② 程恭让:《月称对〈中论〉第 24 品第 18 颂的解释》,《世界宗教研究》2005 年第 1 期。

③ 侯传文:《〈阿含经〉的文学意义》,《南亚研究》1999 年第 2 期。

④ 陈明:《汉译佛经中的偈颂和赞颂简要辨析》,《南亚研究》2007 年第 2 期。

赞〉》① 考察了印度佛教文学史上非常重要的佛赞作者——摩咥里制吒，以及他的作品《四百赞》。在该论文中，作者参照了相关的梵文残卷和藏文译本，第一次完整地将该佛赞翻译为汉文。这一译本不仅有助于作者本人对其进行研究，也丰富了佛教赞颂文学作品的文献材料，具有　定的学术贡献。

2009 年，薛克翘发表了《印度佛教金刚乘诗歌浅谈》，② 其内容首先对印度密教的产生和发展加以回顾，而后着重介绍了 8 世纪以后金刚乘成就师们的诗歌作品，这些诗歌被统称为"悉陀文学"。作者在对悉陀文学的挖掘中，发现了众多的闪光点，包括以社会边缘人物为中心对象、对保守主义的反抗、对印地语的贡献等，并给予了高度的评价。

第四节　创新转换期（2010—2019）

在最近的十年中，印度佛教研究出现了新的转向，最为明显的特征表现在研究方法的使用上。在以往的研究中，学者们所使用的方法较为单一。从近年来看，文献学、语言学、图像学、历史学等方法被更多地综合运用。交叉学科的比较研究，也为印度佛教研究的全新探索打开了大门。从世界范围来看，综合研究、交叉研究也是整个学术界的趋势。我国的学者能够自觉在方法上更新、转型，其国际性、前沿性成果不断涌现。

一　印度佛教历史研究

在佛教研究方面，2015 年出版的《世界佛教通史》，③ 是中国社

---

① 萨尔吉：《摩咥里制吒及其〈四百赞〉》，《南亚研究》2009 年第 4 期。
② 薛克翘：《印度佛教金刚乘诗歌浅谈》，《南亚研究》2009 年第 1 期。
③ 魏道儒等主编：《世界佛教通史》，中国社会科学出版社 2015 年版。

会科学院世界宗教研究所历时八年打造的恢宏巨制。在 14 卷内容中，第一卷《印度佛教：从佛教起源至公元 7 世纪》以及第二卷《印度佛教：公元 7 世纪至 20 世纪》重点围绕着印度佛教的发展史及思想史展开。这两部作品有助于我们更好地理解印度佛教起源、发展、兴盛、衰亡，以及近现代复兴的全过程，具有很高的学术价值。

圣凯的《印度佛教僧俗关系的基本模式》[①] 一文，从僧俗关系模式的理论依据出发，考察了大小乘佛教的不同思想，包括对"正法久住，广度众生"的不同强调、对戒律的不同理解等，进而得出结论，认为原始佛教及部派佛教时期，教法以出家为教导核心，确立了"僧尊俗卑"的伦理模式，而大乘佛教则以"广度众生"为实践目标，以"僧俗平等"为基本模式。

夏金华的《论佛典中的佛教与耆那教之争》[②] 一文中，关注了佛典文献中所记载的佛教与耆那教斗争的情况。作者总结出，两教在斗争中所采用的方式，包括相互辩论、利用神通压制对方，甚至是极端化的谋杀事件。彼此针锋相对，几乎难分高下。透过互相争斗的事实，作者进一步剖析背后的深层原因，认为这是两教在争夺信众时所必然出现的情况，其主要目的是扩大自身宗教的影响力，以获得供养。

密教的相关研究在这一阶段也出现了许多新的成果。2017 年，薛克翘先生多年的研究成果被汇编为《印度密教》[③] 一书，该书分章节讨论了印度密教的来源、印度教性力派对密教的影响，还涉及了诸多往世书的内容。此书既广泛地参考了前人研究的成果，又提出了许多创建，是一部综合、全面的印度密教研究著作。就论文来看，王雪梅发表的《试论弥勒信仰与密教的融合》[④] 认为，弥勒信

① 圣凯：《印度佛教僧俗关系的基本模式》，《世界宗教研究》2011 年第 3 期。
② 夏金华：《论佛典中佛教与耆那教之争》，《世界宗教研究》2014 年第 4 期。
③ 薛克翘：《印度密教》，中国大百科全书出版社 2017 年版。
④ 王雪梅：《试论弥勒信仰与密教的融合》，《宗教学研究》2010 年第 4 期。

仰与密教之间存在着多方面的相互影响，弥勒信仰与密教的结合，产生了密教化的弥勒形象和经典，拓展了弥勒信仰修持方法的新途径；侯慧明的《论密教早期之曼荼罗法》[①] 讨论了佛教曼荼罗法的形成过程，以及其与婆罗门教祠天的区别；张雅静的《密教中的八大尸林》[②] 关注了密教中的尸林概念，尸林在后期密教中是十分重要的组成部分，它不仅是重要的修行场所，还是各种法物的来源地，作者的这一选题十分富有新意，且能围绕着尸林这一概念，从其内涵、发展、嬗变的各个角度加以剖析，是一篇精巧的文章。

周广荣的《不空罥索密法探源》[③] 一文，利用文献学、语言学的方法，对不空罥索密法的源头进行探秘，指出其受到了印度教湿婆悉昙多派的影响，并借鉴了中国道教炼丹术。这一密法本身即蕴含着佛教与湿婆教、中国与印度文化的交流，具有重要的史料价值。

二　印度佛教哲学研究

中国人民大学佛教与宗教学理论研究所惟善副教授的"说一切有部研究"颇为深入细致，他发表的一系列著述受到国内外学者的关注。如他的《说一切有部之禅定论研究——以梵文〈俱舍论〉及其梵汉注释为基础》一书，以梵文原典《俱舍论》第八定品为基础，参考其梵汉注释以及汉、法、英等各种译本，并辅以巴利文经典，对四禅、四无色、等持、等至，以及四无量、八解脱、八胜处、十遍处等理论作了系统的分析和论述，并对一些重要的术语从翻译和历史演化等角度作了考证和辨析；[④] 惟善还在《说一切有部的禅修功德：四无量的修学体系》一文中指出，四无量是佛教所有宗派所共有的一种在现实生活中的修行实践，通过这种实践，可以使行者

---

① 侯慧明：《论密教早期之曼荼罗法》，《世界宗教研究》2011 年第 3 期。

② 张雅静：《密教中的八大尸林》，《世界宗教研究》2014 年第 1 期。

③ 周广荣：《不空罥索密法探源》，《世界宗教文化》2016 年第 2 期。

④ 惟善：《说一切有部之禅定论研究——以梵文〈俱舍论〉及其梵汉注释为基础》，中国人民大学出版社 2011 年版。

的心量变得更宽大、更善良，提升人生的精神境界。作为部派佛教影响最大的说一切有部（简称"有部"），对四无量的理论和实践体系做了清晰的解释和论证，认为四无量只能对治烦恼，但不能断除烦恼。修习四无量应当遵循从亲到疏，从内到外，从近到远，从小到大的修学次第，该文主要是从四无量的建立、性质、行相等方面进行探讨。①

成建华的《从"不二论"看佛教对吠檀多哲学的影响——以乔荼波陀的〈圣教论〉为例》刊登于《世界宗教研究》2014 年第 4 期，作者以吠檀多经典文献《圣教论》为例，从其的表述形式、"不生说""不二论"以及"幻论"与中观论的联系等方面，对吠檀多哲学与大乘佛家哲学进行了系统的梳理和比较研究；而其 2015 年发表的《中观佛教的渊源及其理论特色》② 一文，则从龙树中观理论的哲学思考入手，详细剖析了中观佛教的思想渊源和理论特色。两篇文章从不同的角度入手，但最终都回归于佛教思想的哲学思索。夏德美的《论中印佛教戒律学的哲学转型》③ 一文，从"戒体"出发，探讨了印度戒律学的哲学特征，以及戒律学中国化的历程。

程恭让的《佛典汉译、理解与诠释研究——以善巧方便一系概念思想为中心》④ 一文，也是以文献学、语言学为基础，考察了众多初期大乘佛教经典，试图还原"善巧方便"一系列概念的本来面貌。可以发现，语言学、文献学、哲学的综合应用是该书的重要特色，而这种研究方式也符合国内印度宗教研究的大方向。

叶少勇的《龙树中观哲学中的几个关键概念》⑤ 一文，基于龙

---

① 惟善：《说一切有部的禅修功德：四无量的修学体系》，《佛学研究》2010 年总第 19 期。

② 成建华：《中观佛教的渊源及其理论特色》，《世界宗教研究》2015 年第 6 期。

③ 夏德美：《论中印佛教戒律学的哲学转型》，《世界宗教研究》2016 年第 1 期。

④ 程恭让：《佛典汉译、理解与诠释研究——以善巧方便一系概念思想为中心》，中国社会科学出版社 2017 年版。

⑤ 叶少勇：《龙树中观哲学中的几个关键概念》，《世界哲学》2017 年第 2 期。

树的《中论颂》等著作，考察其哲学体系中"缘起""中道""不立自宗"和"二谛"等几个关键概念。作者指出，一切概念皆是空名而无所指对象，具有虚无主义的立场。而龙树的缘起观否定了缘生法的存在，将"缘起"等同于空性的无生之理。他的中道观是由彻底否定以远离二边，而非调和二谛。其不立自宗的声明有助于避免虚无主义悖论，破尽一切概念而不确立任何概念，龙树的思想与后世中观论师以二谛为框架的理论体系有巨大差异。

2013 年 5 月，何欢欢的《〈中观心论〉及其藏译古注〈思择焰〉研究》由中国社会科学出版社出版，该书以清辩论师的《中观心论》及其古注《思择焰》中对数论派、胜论派、吠檀多派的三品为研究对象，基于梵本与藏译的对勘，翻成这部分内容的首次汉译，并在此基础上分析以清辩为代表的佛教中观派对三大外道学说的客观叙述与有效批判，展示印度古代哲学的主要理论形态与思想纷争。此后，何欢欢又陆续发表了多篇印度佛教哲学的学术论文，诸如《中观空性的因明论证——"掌珍比量"辨析》[1]《中观思想的形成与发展——以龙树的定位为中心》[2] 等，展现出作者扎实的语言功底和哲学素养。

《如来藏"我"与"无我"义考》[3] 一文，是袁经文对如来藏哲学加以考察的成果，作者认为，如来藏兼有"我"和"无我"的一体化特征，而将如来藏"我"与婆罗门教"梵我"相等同的观点是对佛教经典的误读。作者通过对大量经文的梳理，认为佛教语境有两种"我"义，其一是妄我，即现实经验中的"我"；其二是真我，即涅槃寂静的如来藏。而如来藏的"我"与"无我"并不是具有两个东西，实是如来藏的圆融无碍。而杨东的《唯识古学诸论之虚妄

---

[1]　何欢欢：《中观空性的因明论证——"掌珍比量"辨析》，《世界宗教文化》2015 年第 2 期。

[2]　斋藤明、何欢欢：《中观思想的形成与发展——以龙树的定位为中心》，《世界哲学》2013 年第 4 期。

[3]　袁经文：《如来藏"我"与"无我"义考》，《世界宗教研究》2011 年第 3 期。

分别与三性义探析》① 一文，运用图表的形式，清晰地梳理了《辨法法性论》《中边》《庄严》以及《摄论》中有关虚妄分别和三性义的复杂关系，将在此基础上明晰不同文本中义理的独特性与共同性，文章内容翔实，文字简明流畅，让人一目了然。

2016 年，姚卫群教授的《佛教与印度哲学研究》② 一书，由中国大百科全书出版社出版，此书收录其近年来发表的 40 篇文章，讨论了印度佛教哲学、中国佛教文化、佛教与社会、印度佛教外宗教哲学、印度宗教哲学思想比较等内容，是作者多年印度宗教哲学研究的集大成之作。

三 印度佛教文献整理与研究

文献整理研究是基础性的研究工作，而这项工作有赖于新写本的发现与解读。2010 年，北京大学叶少勇博士就利用"原民族宫藏梵文写本"新发现的梵文贝叶残片，写成了《新发现的梵文贝叶写本——〈中论颂〉与〈佛护释〉》③ 一文。在此之前，《中论》相关梵文谱系较为单一，而新发现的材料有助于改善这一困境。作者首先对发现残片的情况和内容进行介绍，指出这一梵本是当时世界上唯一能为学者所利用的单行偈颂梵本，而梵本佛护的《中论颂》注释也是首次发现。作者根据字体特征推断，这两部残本抄出于 6 世纪后半期或 7 世纪前半期的尼泊尔，是现存最古的中观写本。对于学界而言，这一新发现不仅可以修正前人的刊本，还可以凭借两部写本所保存的梵文偈颂，对前人刊本作出多处修正，体现了诸家注释之间偈颂文本不同传承的一些痕迹，具有十分重要的文献价值。2011 年，叶少勇又在中西书局出版了《"中论颂"与"佛护释"：基

---

① 杨东：《唯识古学诸论之虚妄分别与三性义探析》，《世界宗教研究》2012 年第 6 期。

② 姚卫群：《佛教与印度哲学研究》，中国大百科全书出版社 2016 年版。

③ 叶少勇：《新发现的梵文贝叶写本——〈中论颂〉与〈佛护释〉》，《北京大学学报》2010 年第 1 期。

于新发现梵文写本的文献学研究》，该书是对"原民族宫藏梵文写本"（现藏西藏博物馆）之中新比定出的两部梵文贝叶残本所作的文本校勘和文献学研究；另外，他的《〈中论颂〉——梵藏汉合校·导读·译注》，是基于梵藏蒙文的对勘，对龙树《中论》所做的新译。

范慕尤的《佛说无二平等最上瑜伽大教王经》的梵藏汉时勘与研究，选取原藏于民族宫的 76 号梵文贝叶经《佛说无二平等最上瑜伽大教王经》为研究对象，对其进行了详细的释读和校勘，并将它与汉译和藏译对照，运用国际通行的佛教文献学方法编辑成梵、藏、汉对勘本。在这一对勘本的基础上，对这部经的属性、内容、语法特点以及汉译和藏译等问题都做了相应的探讨。

程恭让的《月称〈清净句〉龙树〈中论〉第 22 品注疏研究》[①]一文，对月称《清净句》龙树《中论》第 22 品注疏做了一个较为细致的考察。在作者重新翻译此品颂文的基础上，对勘了各家传本，从而详细解说了月称注疏的要点，并对中国三论宗祖师吉藏关于《中论》第 22 品分章问题，给予重新检讨和分析。《〈赞法界颂〉源流考》[②]综合分析比较了《赞法界颂》目前存世的梵、藏、汉共五个文本，作者刘震试图通过这种对勘的方式，探讨这一文本的源头以及流变，更进一步揭示此经托名于龙树的原因。

陈明的《译释与传抄：丝路汉文密教文献中的外来药物书写》[③]角度颇新，关切了敦煌存世写经中的医学知识，通过对汉文密教文献中外来药物的书写和表述方式，解释外来医学知识传播的复杂性。利用文献资料反映文化交流史的大背景，是陈明教授一贯以来的治学思路，其 2018 年发表的《佛教譬喻"二鼠侵藤"在古代欧亚的文

---

① 程恭让：《月称〈清净句〉龙树〈中论〉第 22 品注疏研究》，《世界宗教研究》2011 年第 2 期。

② 刘震：《〈赞法界颂〉源流考》，《世界宗教研究》2013 年第 2 期。

③ 陈明：《译释与传抄：丝路汉文密教文献中的外来药物书写》，《世界宗教研究》2016 年第 1 期。

本源流》① 同样如此，在这篇文章中，作者追溯了该譬喻在古代印度的多个源头，同时分析了这一譬喻以佛教文献为中介，在中国、日本、朝鲜半岛，以及其在西亚、欧洲文献中的传播，为跨文明语境中的相互理解，提供了一个具有丰富内涵的实例。

在此期间，黄宝生先生组织翻译的一系列梵汉对勘佛教文献也陆续出版，包括《梵汉对勘阿弥陀经·无量寿经》②《梵汉对勘究竟一乘宝性论》③《梵汉对勘唯识论三种》④《梵汉对勘妙法莲华经》⑤ 等，这些对勘作品的出版，极大地丰富了国内学者的研究材料，对于进一步深入相关的研究提供了很大的帮助。北京大学梵文贝叶经与佛教文献研究所推出的范慕尤的《〈无二平等经〉梵文写本的对勘与研究》⑥，李学竹、叶少勇合作的《〈六十如理颂〉——梵藏汉合校·导读·译注》⑦ 等，都是在多语言对勘的基础上，对古代文献进行了校对、翻译以及深入的解读。它们的出版丰富了国内学界的相关资料，也在世界范围内产生了一定的影响力。

四　印度佛教的跨学科比较研究

跨学科比较研究是当前流行的一种研究方法，不仅包括不同宗教之间的比较研究，还涉及不同学科门类方法的交叉运用。

中国大百科全书出版社于 2016 年出版的《印度佛教神话：书写

---

① 陈明：《佛教譬喻"二鼠侵藤"在古代欧亚的文本源流》，《世界宗教研究》2018 年第 6 期。

② 黄宝生译注：《梵汉对勘阿弥陀经·无量寿经》，中国社会科学出版社 2016 年版。

③ 黄宝生译注：《梵汉对勘究竟一乘宝性论》，中国社会科学出版社 2017 年版。

④ 黄宝生译注：《梵汉对勘唯识论三种》，中国社会科学出版社 2017 年版。

⑤ 黄宝生译注：《梵汉对勘妙法莲华经》，中国社会科学出版社 2018 年版。

⑥ 范慕尤：《〈无二平等经〉梵文写本的对勘与研究》，中西书局 2011 年版。

⑦ 李学竹、叶少勇：《〈六十如理颂〉——梵藏汉合校·导读·译注》，中西书局 2014 年版。

与流传》① 一书，是国内第一部专题性研究印度佛教神话的著作，作者陈明教授将佛教研究、神话学研究、文学研究等诸领域结合起来，立足于翔实的文献材料，从书写与流传两个维度入手，对印度佛教神话的传播、改写、接受和流传的过程进行了细致的梳理。此书极好地弥补了我国在印度佛教神话领域方面的空白，具有很高的学术价值。

借助图像进行研究是近年来的热点，李雯雯的《中印"初说法"图像研究》② 就利用了这一方法。佛陀初说法故事是佛教中非常重要的内容，而与其有关的图像材料也非常丰富，作者首先梳理了各种佛典经本中"初说法"的故事，并对故事中的各类要素加以分析，譬如人物、地点、法器等；而后比对图像中的绘制情况，加以探讨；作者还搜集了大量的文本和图像材料，囊括了实地考察的一手资料，这使得文章论据充分，细节丰富。

《佛塔受化形制渊源考略——兼谈中国与中、西亚之艺术交流》③ 的作者王敏庆结合了宗教与艺术两大学科，通过对早期佛塔的梳理，认为受花形成于中国本土，最早有花叶式和阶梯几何式两种类型。而受花形制的根源，可追溯到犍陀罗佛教雕刻中的石柱花叶柱头和遥远的西亚纳巴泰文明中的一种建筑形式。作者认为，受花在中国佛塔上的出现，正体现了中国与中亚，乃至更加遥远的西亚之间所存在的文化交流。

王邦维于 2019 年出版的《丝路朝圣——玄奘与〈大唐西域记〉故事》，以《大唐西域记》涉及的人、事、物、历史等为切入点，以此扩展开去，介绍与梳理与此有关的中印之间、中国与中亚其他国家之间以佛教为纽带的历史往来、民间传说、文学与文化的相互影响，是中印佛教文化交流的最新成果。④

---

① 陈明：《印度佛教神话：书写与流传》，中国大百科全书出版社 2016 年版。

② 李雯雯：《中印"初说法"图像研究》，博士学位论文，华东师范大学，2017 年。

③ 王敏庆：《佛塔受花形制渊源考略——兼谈中国与中、西亚之艺术交流》，《世界宗教研究》2013 年第 5 期。

④ 王邦维：《丝路朝圣——玄奘与〈大唐西域记〉故事》，中华书局 2019 年版。

第五节　中国印度佛教研究的趋势与展望

在中华人民共和国几十年的发展历程中，中国的印度佛教研究取得了众多可喜的成绩，大体表现在如下几个方面：第一，研究范围不断扩大。除了传统的佛教研究外，还兼及与印度教、耆那教的比较研究。在传统的研究主题，譬如哲学、思想史、宗教史、宗教人物之外，一系列全新的研究对象也得到了应有的重视，例如，印度宗教的医学、音乐、建筑等，都成了近年来学界的前沿课题。第二，研究方法更为多样。传统的文献学、哲学、历史学等向来是中国学者擅长的研究领域，而他们也不断寻找新的突破，运用语言学、图像学、人类学等支撑自己的研究。从某种程度上来说，研究方法的多样性，要求学者们具有更强的学术能力，掌握更多的学术资源。这些都表明了中国学者近几十年来所取得的长足进步。第三，研究人员及机构的数量持续增加。作为一个相对冷门和弱势的研究领域，印度佛教研究的科研人员和机构的数量一直较少。在中华人民共和国成立之初，国内基本上就没有专门从事相关研究的机构。但在国家的支持和培养下，经过几十年的发展，目前国内从事相关专业的科研人员数量大幅增加，有关的学术机构也在不同的省市、地区建立起来，大体上形成了覆盖全国的研究网络，这是非常令人欣喜的情况。

同时，我们也必须清醒地意识到，在世界范围内，我国的印度佛教研究同欧美、日本、印度相比，仍然有些差距，我们还要进一步吸收、利用已有的学术成果，争取提出新问题、新思路，从而收获新成果。另外，我国的印度佛教研究目前主要停留在基础研究的领域之内。如何将宗教与政治、经济、社会以及其他方面的研究相结合，进行综合研究以及更具有现实意义的应用型研究，这也是中国学者必须思考的问题。诚然，学术研究未必需要一味地求新、求变，基础研究也固然是非常重要且不可取代的环节。但从整个世界范围的研究趋势来看，综合型、应用型研究是接下来学术界的大方向，换句话说，这是一种时代选择的结果。中国学者有必要参与其中，并利用好当下的发展机遇，争取更高的突破。最后，中国的印度佛教研究应该要具有世界眼光和世界影响力。而所谓世界眼光，是指中国学者应该不断开阔自己的学术视野，尽可能地从更为宏观、立体的角度审视印度宗教研究的价值和意义。所谓世界影响力，则是希望我国的相关研究能够跳脱出本土，在世界最前沿、最顶尖的学术领域中占有一席之地。为实现这一目标，就要求中国的学者必须掌握多门语言，能够熟练运用英文进行学术写作，同时还要不断提高自身的研究水平，保持精进状态。

从长远的发展来看，中国印度佛教研究的态势是比较乐观的。这一信心主要来自三点：第一，中国需要印度佛教研究。印度是世界上仅次于中国的第二大发展中国家，两国在政治、经济、文化方面都有着深入的交往，彼此之间的重要性不言而喻。而印度又是一个宗教文明高度发达的社会，宗教对于印度社会的方方面面都有着难以估量的影响。研究印度，就必须研究印度的宗教；同印度交往，就必须理解他们的宗教文明。故而，无论是过去、现在，还是未来，中国都决不能缺少对印度宗教的研究。第二，中国学者有能力进行印度宗教研究。中华人民共和国成立以来的学术发展史已经向我们充分证明，中国学者有良好的学术素养和学术精神，他们的默默耕耘一定会取得丰硕的成果。第三，中国的印度宗教研究有坚强的后方保障。这一点主要是指来自政府和相关单位、机构的行政以及物质的支持。综上所述，我们有理由相信，印度佛教研究在中国一定会有更加美好的前景。

第 六 章

中华人民共和国 70 年
道教研究（1949—2019）

引 言

　　道教是中国本土产生的传统宗教，是中国传统文化的重要组成部分。一般认为，道教形成实体，大约始于东汉后期，是在汉代黄老道家理论基础上，吸收古代神仙家的方术和民间巫术、鬼神信仰而形成的一种宗教实体。道教信奉"道"，主张通过精神形体的修炼而成仙得道。道教有其独特的教理教义、经典科书、神仙信仰和仪式活动，还有其独特的道派传承、教团组织、活动场所、教戒制度等，具有中国本土宗教的典型特征。道教实体形成后，随着中国古代社会制度的变更和文化潮流的演进而不断发展，至今绵绵不绝，已有约两千年的历史。在漫长的历史发展过程中，道教作为中国传统文化的支柱之一，曾对中国古代社会的政治制度、哲学思想、宗教信仰、文学艺术、科学技术、民族关系等方面产生过重要影响。中国人的价值观念、思维方式、伦理道德、人格理想、审美情趣以及风俗民情等，无不烙印着道教文化的痕迹。因此，要想全面了解中国的社会历史和传统文化，发掘中华传统文化中的优秀成分，对传统文化进行创造性转化与创新性发展，就不能不深入研究和了解道教。

近现代学术界对道教的研究，大约起始于 20 世纪初，至今已有一百余年的历史。早在 1911 年，刘师培先生发表《读道藏记》；1914 年，黄季刚先生发表《仙道平话》；1921—1922 年，陈教友先生发表《长春道教源流考》等，这些可以说是近现代道教学术研究最早的成果。与此同时，一些学者和文化人士对道教的起源和文化地位进行了思考，如鲁迅于 1918 年提出"中国的根柢全在道教……以此读史，有许多问题可以迎刃而解"的断语，尽管没有详细论证，但这是中国新文化运动的代表人物对道教在中国文化中地位思考的开始。

1923—1926 年，上海商务印书馆以其图书室"涵芬楼"的名义，借用北京白云观藏明代正统《道藏》和万历《续道藏》，进行影印出版，缩为六开石印线装本，装订为 1120 册，共印 350 部。这一整理道教典籍的举措，改变了长期以来《道藏》深藏宫观、鲜为人知的状况，使一般学人能够利用与研究，从而吸引了学术界的注意和兴趣，此后道教研究成果逐渐丰富起来。

到了 20 世纪三四十年代，道教研究呈现上升趋势，出现了不少学术水平较高、影响较大的研究成果。首先是将道教作为一个整体的研究方式，得到普遍认同，出现了几部具有开拓意义的道教史著作，如许地山的《道教史》（上编），傅勤家的《道教史概论》《中国道教史》，刘鉴泉的《道教征略》等。上述几部有关"道教史"的著作，具有填补空白和开创性意义。同时，道教的专题研究也出现了一些重要成果，如陈寅恪的《天师道与滨海地域之关系》，胡适的《陶弘景的〈真诰〉考》，汤用彤的《读太平经书所见》，翁独健的《道藏子目引得》，吕思勉的《道教起源杂考》，陈垣的《南宋初河北新道教考》，王明的《论太平经钞甲部之伪》《周易参同契考证》《黄庭经考》《论老子与道教》，陈国符的《道藏源流考》，等等。总之，这些前辈学者的研究成果，都是道教研究的名作，至今仍具有重要的参考价值。

近代道教界还有一位著名学者陈撄宁先生（1880—1969），他在20 世纪三四十年代创建中华仙学院，撰写了不少关于道教仙学的文章。他还主编了《扬善半月刊》和《仙道月报》，这是两份关于道教研究的早期刊物。

从 20 世纪初到 1949 年之前，属于道教研究的奠基阶段，在这半个世纪的时间里，道教研究开始纳入现代学术的视野，并形成了一些开创性成果，奠定了后世研究道教的学术基础。这个阶段的道教研究，主要表现为以下特点。

一是研究成果相对较少。据初步统计，在这段时间发表的论文大概有 200 篇，专著十余部。无论是从研究力度，还是从成果数量来看，都比较薄弱。

二是研究成果多为名作。虽然此时研究道教的学者大都不是以道教作为其主要研究领域，属于附带性地研究道教文化，但这些学者又都是文史哲领域的学术大家，如刘师培、胡适、汤用彤、陈寅恪、许地山、陈垣、王明、陈国符等，故他们的研究成果，眼界高远，考证扎实，很多都是道教研究的名作，影响深远。

三是研究人员多为自发。据初步统计，这段时间涉足道教研究的人员大约有 160 人，他们的研究全都是自发的、分散的，并非有组织、有计划地开展研究。[①]

四是奠定了后来的研究范式。后世中国学者研究道教的基本思路和方法，大体于此时奠定。主要就是重视历史学和文献学的方法，善于发现新资料，能够广泛搜集、运用《道藏》和碑刻、方志等教外文献，进行道教历史的分析和研究。

1949 年中华人民共和国成立，到 2019 年，正好 70 周年。在这70 年间，道教学科得到了前所未有的重视和发展，道教研究也出现了颇多新局面新气象，成就斐然。以下将对 70 年来道教研究的发展

---

① 参见卿希泰《道教研究百年的回顾与展望》，《四川大学学报》2006 年第 4 期。

历程和重要成果进行简要总结，以此纪念中华人民共和国成立 70 周年，祝愿伟大的祖国繁荣昌盛。

第一节　中国道教研究 70 年的
基本历程与主要成果

中华人民共和国成立 70 年来，道教研究大致可分为前后两大阶段，即前 30 年（1949—1978）为第一阶段，后四十年（1979—2019）为第二阶段。在前 30 年中，由于政治运动不断和"左"的思潮影响，道教学术研究受到一定的冲击，发展缓慢，但还是有一些学者继续从事道教研究，取得了一些很有价值的成果；在后 40 年中，特别是 1978 年中共十一届三中全会的召开，确立了改革开放的路线，带来学术研究的繁荣，道教研究也进入全新的时期，取得了前所未有的成绩。40 年来，道教研究大致经历了复兴、发展和繁荣的过程，成果大量涌现。为方便叙述这 40 年的研究状况，将以 10 年为一个小阶段进行总结，即分为恢复发展期（1979—1989）、繁荣兴盛期（1990—1999）、深入拓展期（2000—2009）、创新转型期（2010—2019）。

一　道教研究的缓慢开展（1949—1978）

1949 年中华人民共和国成立后，制定了社会主义时期的宗教政策，保障公民个人宗教信仰自由。1957 年，中国道教协会（以下简称"中国道协"）成立。1961 年，在中国道协成立了道教研究室，这是国内最早成立的道教研究机构。著名的道教学者、第二届中国道协会长陈撄宁先生亲自主持制订了研究计划，指导研究人员搜集整理文献资料，创办了当时宗教界唯一的内部刊物《道协会刊》，一些学术水平较高的论文和资料，发表在此刊物上，推动了道教研究的进展。然而 1966 年"文化大革命"爆发，中国道教协会停止活动，道协研究室和《道协会刊》均停止工作。

在学术界，1949 年以后，一些前辈学者如王明、汤用彤、陈国符等先生，继续从事道教研究，取得了非常有学术价值和学术水平的成果。但由于此时期政治运动不断，后来又受到极"左"思潮的干扰，由此影响了正常的学术研究的开展，所以道教研究进展缓慢。这种缓慢不仅表现在前辈学者的学术成果难以发表，而且也几乎没有新生力量投入到道教研究中来。特别是在十年"文化大革命"期间，一些老学者被打成"反动学术权威"，其他学者也不敢从事学术研究，大陆的道教研究一度处于全面停顿状态。

尽管如此，在 1966 年"文化大革命"爆发以前，一些从事道教研究的老学者还是发表了不少有价值的学术成果。在这期间，发表的论文有 50 篇左右，专著只有王明《太平经合校》等极少几部。研究路向还是延续之前的传统，以历史和文献研究为主，但研究方法和讨论问题都受到当时意识形态的影响，如普遍关注农民战争、唯物唯心等主题。具体来说，主要有以下方面的研究成果。

（一）道教历史研究

关于道教历史的研究，仍然是此阶段研究的重点。如 1950 年，陈寅恪发表《崔浩与寇谦之》；1963 年，喻青松发表《道教的起源与形成》；1964 年，喻青松发表《中国的封建统治阶级同道教的关系》；而蒙文通的《道教史琐谈》，脱稿于 1958 年，发表于 1980 年《中国哲学》第四辑，也应属于这个时期的作品。

（二）道教文献整理与研究

在道教文献的整理研究方面，成果较多。如 1960 年，王明所著的《太平经合校》一书由中华书局出版，该书是系统整理早期道教经典《太平经》的力作。1963 年，陈国符的《道藏源流考》由中华书局出版增订本，对 1949 年版进行了少量修订，并新增了《道乐考略稿》《南北朝天师道考长编》等附录。另外，还有一些学术论文也探讨了道教经典问题，如王明的《敦煌古写本〈太平经〉文字残页》《太平经目录考》，汤用彤的《读〈道藏〉札记》，陈撄宁的

《〈老子〉第五十章研究》《〈南华内外篇〉分章标旨》《论〈四库全书提要〉不识道家学术之全体》等。这些学者的文献研究，均延续了先前的学术传统，考证扎实，至今仍被视为名家之作。

（三）道教思想与哲学研究

在道教思想的研究方面，也有一些成果，如王明的《试论〈阴符经〉及其唯物主义思想》，汤一介的《寇谦之的著作与思想》《康复札记四则》。这时期在道教思想的研究进路上，大家普遍关注的是唯物和唯心的问题。

（四）道教外丹与医药养生研究

此阶段有几位化学史研究者关注道教，研究外丹，发表了比较重要的成果。如袁翰青写有《推进了炼丹术的葛洪和他底著作》《从道藏里的几种书看我国的炼丹术》等论文。同时，还有几篇介绍葛洪及其炼丹术的文章，如徐克明的《研究化学的先驱者——记我国古代的炼丹家葛洪》，陈曼炎的《我国古代化学家葛洪》。而化学家出身的陈国符先生发现，不搞清楚道教，就说不清楚中国化学史，于是他从 20 世纪 40 年代开始，花费巨大精力研读《道藏》，撰有《道藏源流考》一书，于 1949 年出版。中华人民共和国成立后，陈国符先生继续研究外丹，撰有《中国外丹黄白术史略》。1963 年，《道藏源流考》出版增订本，其中就新增了《中国外丹黄白术考论略稿》《说周易参同契与内丹外丹》等外丹研究的新成果。

关于道教与医药养生的关系，也在本阶段有所关注，主要集中于介绍葛洪、陶弘景、孙思邈等道士医家的医学成就，如邝贺龄的《晋代医家葛洪对祖国医学的贡献》，王明的《陶弘景在古代科学上的贡献》，方昭的《孙思邈——唐代伟大的医学家》等论文。

（五）道教音乐艺术研究

此时期对于道教音乐艺术，也有一些调查和介绍。如 1957 年，中国舞蹈艺术研究会油印的《苏州道教艺术集》，对于苏州道教音乐和舞蹈艺术等进行了整理；1958 年，扬州市文联油印的《扬州道教音乐介绍》，对扬州地区的道教音乐进行了整理介绍；1958 年，民族音乐研究所油印的《湖南音乐普查报告》，对湖南衡阳地区的道教音乐进行了记谱整理和文字分析，该书于 1960 年由音乐出版社正式出版。另外，1963 年，陈国符的《道藏源流考》增订本出版，其中新增了《道乐考略稿》一文，这是对道教音乐的历史文献学研究。

以上是 1966 年之前，中国大陆地区道教研究的大致状况。1966—1977 年，由于"文化大革命"极"左"思潮的泛滥，中国大陆地区的道教研究几乎完全停止，也没有什么研究成果发表。

二　道教研究的恢复与发展（1979—1989）

1978 年 12 月，中共中央十一届三中全会召开，这是中华人民共和国历史上具有深远意义的伟大转折，邓小平作了题为"解放思想，实事求是，团结一致向前看"的重要讲话，为克服多年来"左"的指导思想，按正确方向建设有中国特色的社会主义奠定了思想基础。

中共十一届三中全会以后，中国社会进入解放思想、改革开放和社会主义现代化建设的新时期，宗教信仰自由政策逐步得到认真的贯彻落实，五大传统宗教的组织教务活动得到恢复，各地寺庙宫观陆续修复开放。改革开放的春风也带来了学术研究的繁荣，道教研究得到国家的重视和支持，专门的道教研究机构得以成立，专业的道教研究人才也不断培养出来，从此，道教研究步入崭新的历史时期，获得了蓬勃发展，取得了前所未有的成绩。

在 20 世纪 80 年代的十年间，道教研究获得较快的恢复和发展，研究成果大量涌现，无论从研究的领域、研究的深度，还是成果的数量来说，都实现了快速超越。据不完全统计，从 1979 年到 1989 年，共出版各种研究道教的著作 26 部，论文 300 多篇，超过之前 30 年的 6 倍以上。具体来说，主要表现在以下方面（以出版著作为例，不包括单篇论文）。

（一）道教历史与文化研究

20 世纪 80 年代，道教研究恢复之后，研究的重点首先集中在研究道教历史，尤其是道教通史上。如中国社会科学院世界宗教研究所道教研究室在 20 世纪 80 年代组织集体的力量，编写了国内第一部比较完整的道教通史《中国道教史》;①1987 年，萧坤华翻译日本窪德忠的《道教史》出版;1988 年，卿希泰主编的《中国道教史》（第一卷）出版。这几部道教通史类著作的出版，标志着道教历史研究的新进路。

同时，道教断代史、教派史、区域史的研究也有很大的进展，如 1985 年，李远国的《四川道教史话》出版;1987 年，王家祐的《道教论稿》出版;1988 年，汤一介的《魏晋南北朝时期的道教》出版;1989 年，詹石窗的《南宋金元的道教》出版;1989 年，胡孚琛的《魏晋神仙道教》出版。这些断代或专题的论著，也反映了道教历史研究的深化。

（二）道教文献整理与研究

对道教文献的整理和研究，也是本阶段研究的重心。首先是老专家的著作得以重印，如王明的《太平经合校》在 1979 年重印;陈国符的《道藏源流考》初版于 1949 年，修订重版于 1963 年，又于 1985 年重印。其次，新的有价值的研究成果不断出现，如 1980 年，王明的《抱朴子内篇校释》由中华书局出版;1981 年，周士一、潘启明的《周易参同契新探》出版;1983 年，王卡点校的《老子道德经河上公章句》出版;1983 年，陈国符的《道藏源流续考》出版;1988 年，陈垣等的《道家金石略》出版。另外，1988 年，由文物出版社、上海书店出版社和天津古籍出版社联合影印出版了大型道教典籍丛书《道藏》，该系列丛书是以中华民国涵芬楼影印本为底本缩印而成，共 36 册，该版《道藏》的影印出版，为道教学术研究的广泛开展提供了极大的便利条件。总之，上述成果既有对《道藏》和专门经典的整理研究，也有对碑刻资料的搜集整理，反映了道教文献研究的进一步深化。

---

① 任继愈主编:《中国道教史》，上海人民出版社 1990 年版。

（三）道教思想与哲学研究

在道教思想与哲学研究方面，也出现新气象和新成果。1980年，卿希泰著《中国道教思想史纲》（第一卷）由四川人民出版社出版，该书是第一部系统阐发道教思想的著作，也是改革开放后第一部有关道教的学术新著。1985 年，该书第二卷出版。1984 年，王明《道家和道教思想研究》出版，里面的论文多是研究道家、道教思想方面的精品力作。

（四）道教文化与基础知识研究

20 世纪 80 年代，中国曾出现文化热，主要是对传统文化进行反思，文化学成为道教研究的重要视角，出现不少关于道教与传统文化的著作。如葛兆光的《道教与中国文化》，卿希泰的《道教文化新探》，马西沙、王卡等的《道教文化面面观》，刘仲宇的《中国道教文化透视》等。上述著作从文化学的视角，将道教与其他宗教当成人类的文化现象，有利于解放思想，客观公平地进行评价和分析。

另外，还有一些介绍道教基础知识的读物，以及道教辞典等工具书的编纂。如曾召南、石衍丰的《道教基础知识》，李养正的《道教概说》，任继愈主编的《宗教辞典》，均有道教分支学科部分的研究，《中国大百科全书·宗教卷》也对此部分进行了详细探讨。

（五）道教内外丹与医学养生研究

关于道教的外丹与科技、内丹气功、医药养生等方面，也是本阶段研究的热点，出版了不少相关资料和研究成果。如何丙郁的《道藏·丹方鉴源》，张觉人的《中国炼丹术与丹药》，赵匡华的《中国炼丹术》等。另外，学者们还做了外丹黄白术模拟实验，公开发表的成果有孟乃昌的《汉唐硝石名实考辨》，郑同等的《单质砷炼制史的实验研究》等，都对道教炼丹术的研究有重要推进。

在内丹方面，李远国的《道教气功养生学》，王沐选编《道教五派丹法精选》，陈兵的《道教气功百问》等，主要从气功的角度研究道教内丹；在医学养生方面，有边治中的《中国道教秘传养生长寿术》，陈撄宁的《道教与养生》等。

总之，改革开放之后的 10 年间，道教研究获得快速恢复和发展，研究成果大量涌现，出版著作近 30 部，论文 300 余篇，平均每年大概新增 2 部著作、30 多篇论文。这样的数量和速度，不仅超越了中华人民共和国成立后的前 30 年，也超越了 1900—1949 年的近 50 年，可以说，实现了一个历史性的飞跃。那么，道教研究在此 10 年间能取得如此成就，是与当时的历史条件分不开的，这主要表现在国家级研究机构的设立和专业型研究人才的培养，以及学术刊物的创办等。

首先是国家级研究机构的设立。1978 年之前的道教研究，只是在少数学者当中分散地进行，很少有组织、有计划地开展。改革开放后，道教研究得到党和政府的重视。1979 年，中国社会科学院世界宗教研究所成立了道教研究室；1980 年，四川大学成立了以道教研究为主的宗教学研究所；1980 年，上海社会科学院成立了宗教研究所。此后，其他一些科研院校也陆续成立了专门的研究机构，如华东师范大学哲学系成立了道教文化研究室；四川省社会科学院哲学所有专门从事道教研究的研究员，并有道教方向的硕士点；北京大学于 1982 年创办了中国大学的第一个宗教学本科专业，于 1989 年成立了北大宗教研究所；1984 年，云南省社科院成立宗教研究所，主要开展云南道教的研究。这些国家级研究机构的建立，使得道教研究能够有计划、有组织地开展，能够形成一股集体攻关的力量，能够开展一些集体项目。事实上，当时的一些重点课题就是这样完成的，如中国社会科学院世界宗教研究所道教研究室成立后，在 20 世纪 80 年代初就集中力量研读《道藏》，花费几年的时间，集体编撰了《道藏提要》一书。同时，道教室还集中力量花费 3 年时间编写了《中国道教史》，该书是国内第一部比较完整的道教通史，在国内外影响深远。同时，四川大学宗教学研究所也在集体编写一部《中国道教史》，该课题列入国家"六五"规划。

其次是专门人才的培养。中国社会科学院世界宗教研究所和四川大学宗教学研究所都先后招收了道教专业的硕士生、博士生；而中国社会科学院哲学研究所的王明先生，自 1978 年开始招收道家哲学方向的硕士研究生，1984 年开始招收道教方向的博士研究生；北京大学哲学系也招收了攻读宗教专业的本科生，从而培养了一批专门从事道教研究的专业人才；四川省社会科学院哲学所自 20 世纪 80 年代开始招收道教方向的硕士研究生。同时，上海、四川、陕西等省市的社会科学研究机构通过公开招聘，从社会上吸收了一些中青年研究人员。另外，在一些高等院校和科研部门，还涌现了一批积极从事道教研究的学者。

最后就是学术刊物的创办。中国社会科学院世界宗教所创办的《世界宗教研究》杂志，每期都刊载有道教研究的论文。1982 年，四川大学宗教所也创办了以刊登道教研究内容为主的刊物《宗教学研究》，先在内部交流，出了六期；从 1985 年起，改为公开发行。另外，中国道教协会主办的《道协会刊》，也改为《中国道教》，公开发行。而陕西、上海道协还创办了《三秦道教》《上海道教》等刊物，进行内部交流。这些学术刊物的创办，为道教研究提供了发表和交流的平台，促进了道教研究的发展。

三　道教研究的繁荣与兴盛（1990—1999）

改革开放后的第二个 10 年，特别是进入 20 世纪 90 年代以后，道教研究开始走向繁荣。这种繁荣主要表现在以下方面。

第一，学术研讨会的增多。在 20 世纪 80 年代，也召开过几次小型的学术研讨会。而到 20 世纪 90 年代，道教学术研讨会明显增多，规模也明显增大，研讨的内容更加广泛而深入。这些研讨会的举办单位，不限于内地科研院校等学术机构，更多的是学术界与道教界联合举办，有的是海峡两岸共同举办；有地方性的，有全国性的，也有国际性的，非常活跃。这些学术会议的召开，大大推进了道教研究的繁荣。

第二，学术机构和学术刊物的增多。20 世纪 90 年代，又有一些科研院校成立了道教研究机构或研究中心，如 1999 年厦门大学成立了宗教学研究所；1999 年，中国社会科学院成立了道家与道教文化中心；1999 年，湖北汽车工业学院成立武当研究院；1999 年，山东师范大学成立齐鲁文化研究中心；1992 年，陕西省社会科学院成立宗教研究室，1994 年撤历史所改为历史宗教研究所，1999 年正式更名宗教研究所。一些地方还成立了群众性的道教文化研究会，如泉州市道教文化研究会、湖北省道教学术研究会、天台山道教文化研究会、福州市道教文化研究会等成立并开展活动。除此之外，道教界自身也重视学术研究，中国道教协会于 1989 年成立了道教文化研究所，地方道协也相继成立了道教文化研究机构。同时，道教学术刊物也在增多，如陈鼓应主编的《道家文化研究》，自 1992 年创办，到 1999 年已经出版了 17 辑，每辑均刊登有道家道教研究方面的文章 20 余篇，有力地促进了学术研究的发展。厦门大学创办了《道韵》，每年出版 1—2 期。在道教界，更多的地方道协也创办了自己的刊物，如福建省道协的《福建道教》、河北省道协的《河北道教》等。这些学术机构和刊物的创办，反映了道教研究的繁荣发展。

第三，学术新人和学术成果的大量涌现。改革开放伊始，从事道教研究的老一辈学者不多，只有王明、汤一介、卿希泰等少数几位。他们培养的学生在 20 世纪 80 年代开始成长，进入 90 年代，这批学者已经成为主力，并且已经成为硕士生、博士生导师，开始培养第三代人才。这样，随着学术新人的不断出现，道教研究队伍不断壮大，研究成果更是大量涌现。据不完全统计，这 10 年期间出版的各种专著、工具书、论文集、通俗读物等著作，有 200 余部，平均每年新增 20 余部；发表的学术论文达数百篇，平均每年在 50 篇以上。

20 世纪 90 年代道教学术的繁荣不仅表现在数量上，而且表现在研究的广度和深度上，研究领域不断拓展，研究成果也具有很高的水平，很多成果具有填补空白的意义，以下就这期间出版的成果进行择要介绍。

（一）道教历史研究

20 世纪 80 年代以来，道教历史研究一直是研究的重点和热点。中国社会科学院世界宗教研究所道教研究室集体编写的《中国道教史》，于 1990 年出版，这是国内第一部比较完整的道教通史。四川大学宗教学研究所集体编写的四卷本《中国道教史》，于 1988 年出版了第一卷，1992—1995 年又陆续出版了第二卷至第四卷。两部通史均是当时学术界中坚学者的集体著作，代表了当时道教研究的辉煌成就和最高学术水平，推动了海内外道教学的发展。

通史之外，在道教断代史、区域史、道派史等方面，也出版了非常丰富的成果，如李养正的《当代中国道教》，汤其领的《汉魏两晋南北朝道教史研究》，韩小忙的《西夏道教初探》，萧登福的《周秦两汉早期道教》等；在区域道教史方面，有杨立志等的《武当道教史略》，黄兆汉的《香港与澳门之道教》，赵亮等的《苏州道教史略》，樊光春的《长安·终南山道教史略》，赖宗贤《台湾道教源流》等成果；在道教宗派史研究，也取得不少成果，如郭树森等的《天师道》，张继禹的《天师道史略》，王士伟的《楼观道源流考》，黄小石的《净明道研究》等专题研究。

（二）道教文献整理与研究

对道教文献的整理仍然是此阶段研究的重点之一，出版了许多有价值的成果。首先是中国社会科学院世界宗教研究所集体编写的《道藏提要》一书，于 1991 年出版，该书对《道藏》中的 1400 多种经书撰写了提要；其次是胡道静、陈耀庭等主编的《藏外道书》丛书，于 1992—1994 年由巴蜀书社出版，该丛书搜集整理影印了 1000 余种明《道藏》之外的道教典籍；再次，是汤一介主编的大型丛书《道书集成》，共 60 册，影印出版了明《道藏》及其未收或新出的道经两千余种，这些都是从提供资料的角度，对道教文献进行的影印整理。最后，尚有不少研究道教文献的著作出版，如朱越利的《道经总论》，卿希泰、郭武的《道教三字经注释》，饶宗颐的《老子想尔注校证》，杨明照的《抱朴子外篇校笺》等。

对于道教文献中碑刻资料的搜集整理，本阶段也取得了不少成果。有张华鹏等编的《武当山金石录》，王忠信编的《楼观台道教碑石》，陕西省耀县药王山博物馆等编的《北朝佛道造像碑精选》，龙显昭、黄海德的《巴蜀道教碑文集成》，刘兆鹤等的《重阳宫道教碑石》等。

（三）道教思想与哲学研究

在道教思想与哲学研究方面，此阶段出版了不少开创性的成果。如卢国龙的《中国重玄学》《道教哲学》，李刚的《汉代道教哲学》，陈鼓应的《易传与道家思想》等专著，对于道家道教思想和哲学都有突破性研究。此外，牟钟鉴、胡孚琛等主编的《道教通论——兼论道家学说》，李刚的《劝善成仙——道教生命伦理》，姜生的《汉魏两晋南北朝道教伦理论稿》，李大华的《道教思想》，吕锡琛的《道家与民族性格》，何建明的《道家思想的历史转折》，陈德安等的《道家道教教育研究》，王利器的《葛洪论》，张广保的《超越心性——20 世纪中国道教文化学术论集》，姜生等的《明清道教伦理及其历史流变》，陈霞的《道教劝善书研究》等著作，亦对道教的伦理思想、心性思想、教育思想、劝善思想等方面有深入的研究。

（四）道教文化研究与工具书编纂

对于道教基础知识的介绍，以及道教与其他文化的关系，仍是此阶段探讨和研究的重要路向，出版了不少相关成果。首先是朱越利等译、日本福井康顺等监修的三卷本《道教》，于 1990 年、1992 年陆续出版，对于道教历史及其文化诸方面有比较全面的介绍。此后，陆续出版的著作有：卢国龙的《道教知识百问》，李养正的《道教与诸子百家》，刘国梁的《道教与周易》，张志哲主编的《道教文化辞典》，卿希泰主编的《中国道教》（1—4 卷），郭武的《道教历史百问》，等等。

同时，此阶段还编辑出版了多部道教辞典，如 1994 年，闵智亭、李养正主编的《道教大辞典》出版；1995 年，胡孚琛主编的《中华道教大辞典》出版；1997 年，李叔还编的《道教大辞典》出版。这些道教辞典类工具书的出版，有力地推动了道教学术研究的进展。

（五）道教内外丹与医学养生研究

进入 20 世纪 90 年代，关于道教内丹与气功的研究，仍是一个持续不断的热点，在 90 年代初期，涌现出众多道家气功与养生类著作。如王庆余的《秘传道家筋经内丹功》，周晓云等编的《道家气功宝典》，胡孚琛的《道教与仙学》，郝勤的《龙虎丹道——道教内丹术》，等等。

在外丹方面，有金正耀的《道教与科学》，孟乃昌的《道教与中国炼丹术史》，陈国符的《中国外丹黄白法考》，容志毅的《中国炼丹术考略》等著作出版。

道教与医学养生的关系，更有不少学者关注，出版的成果有：洪建林编的《道家养生秘库》，洪丕谟的《佛道修性养生法》，陈耀庭、李子微、刘仲宇等编的《道家养生术》，孟乃昌的《道教与中国医药学》，张钦的《道教炼养心理学引论》等。

（六）道教与文学艺术研究

关于道教与文学艺术的关系，是本阶段道教研究的热点之一，出版了相当多的成果。主要著作有：葛兆光的《想象力的世界：道教与唐代文学》，詹石窗的《道教文学史》《道教与戏剧》，伍伟民、蒋见元的《道教文学三十谈》，刘守华的《道教与民俗文学》，杨光文、甘绍成的《青词碧箫——道教文学艺术》，钟来因选编的《中国仙道诗精华》，黄世中的《唐诗与道教》，张松辉的《汉魏六朝道教与文学》《唐宋道家道教与文学》，潘显一的《大美不言——道教美学思想范畴论》，苟波的《道教与神魔小说》等。

道教与音乐艺术的关系，一直是学术界关注的重点之一，此阶段也相继出版了一些有分量的研究成果。如 1993 年，由王忠人、向思义、刘红、史新民、周振锡采录、记谱、编辑而成的《中国龙虎山天师道音乐》出版；王纯武、甘绍成的《中国道教音乐》出版；蒲亨强的《道教与中国传统音乐》出版。1994 年，周振锡、史新民、王忠人、向思义、刘红合著的《道教音乐》出版。

四　道教研究的深入与拓展（2000—2009）

历史进入 21 世纪，道教研究承前启后，也进入一个新的时期。新时期的道教研究，继承传统，开拓创新，不仅在研究领域上不断拓展，而且在研究范式上有一些新的转变。此前的道教研究，侧重于对道教历史文化的解读以及对道教文献的整理诠释。进入 21 世纪以来，一方面继承研究道教历史和文献的传统，研究不断深入；另一方面，人们开始较多地关注现实道教，并挖掘道教内部所具有的文化资源，以运用于解决当代社会面临的问题，从而更多地关注和肯定道教文化的当代价值，这不仅体现了道教研究领域的拓展，更体现了道教研究视角和范式的新趋向。

21 世纪的最初 10 年，是改革开放的第二个 10 年，经过前 20 年的积累，道教研究更是呈现出蓬勃发展的态势，研究成果大量涌现，研究方法不断创新，研究领域不断拓展，研究范式有所转换。据初步不完全统计，2000—2009 年的 10 年间，共发表道教相关学术论文上千篇，平均每年 100 篇左右；出版道教相关学术论著约 300 部，平均每年 30 部左右。

道教研究取得如此丰硕的成果，与我国改革开放 30 年来的经济发展、社会稳定、文化繁荣的国内环境有关，道教学术研究也因此获得了良好的发展机遇。这种机遇主要表现在如下方面：学术研究机构的继续成立和学术刊物的创办；学术人才的培养和研究队伍的壮大；各种课题资助的数量和力度加大。

在此期间，一些大学的宗教所和研究中心成为重点学科或重点研究基地，出版多种著作和刊物，培养研究人才，有力地促进了相关学科的发展。如 1999 年，四川大学宗教学研究所被批准为"教育部人文社会科学重点研究基地"，并更名为"四川大学道教与宗教文化研究所"。以道教史研究、道教思想史研究为主要特色，承担了大量各级科研项目，培养了众多道教方向的研究生。2000 年，中国人民大学佛教与宗教学理论研究所被正式批准为"教育部人文社会科学重点研究基地"，2007 年，以研究所为主要依托的中国人民大学宗教学学科被批准为国家级重点学科。

2001 年，陕西省社会科学院成立道学研究中心；2006 年，山东师范大学正式成立了全真道研究所；2002 年，华中师范大学道家道教研究中心成立，下设老庄学研究室、全真道研究室、地方道教研究室等专门研究机构，该中心于 2009 年获批为湖北省人文社会科学重点研究基地；2003 年，厦门大学成立厦门大学道学与传统文化研究中心，创办学术刊物《道学研究》；2003 年，西南大学成立宗教研究所，2004 年开始招收宗教学硕士研究生；2007 年，华东师范大学成立华东师范大学明道道教研究所，开展正一道教史、上海道教史等课题研究。

与此同时，在道教学科人才的培养上，除了中国社会科学院、北京大学、四川大学、中国人民大学、四川省社会科学院、北京师范大学等成立较早的宗教（哲学）所系继续培养人才之外，其他院校随着研究机构的成立和科研骨干的引进，也成为新的学位授权点，培养了一批硕士生、博士生和博士后，学术新人不断涌现。如华中师范大学道家道教研究中心挂靠历史文化学院，依托中国史一级学科博士点和博士后流动站，在专门史学科点招收道家道教文化研究方向的硕士生、博士生和博士后研究人员，培养了不少专门型人才。此外，如西南大学、厦门大学、山东师范大学、华东师范大学、兰州大学等，均可以培养道教方向的硕士生。

除此之外，在各级各类课题的申报上，道教学科也得到了较好的机遇。据统计，1991—1999 年，道教学科获得国家社科基金资助的项目有 24 项，平均每年不足 3 项。进入 21 世纪后，特别是 2004 年中央印发《关于进一步繁荣哲学社会科学的意见》，极大地推动了我国哲学社会科学研究的繁荣发展，国家项目数量大幅增加，道教学科也获得较多的资助。据统计，2000—2009 年，道教研究项目共获得52项国家社科资金资助，平均每年有5项多。[①] 在国家政策扶持和项目资助的良好环境下，我国的道教研究在21世纪初取得了非常丰硕的成果，呈现出蓬勃发展的态势。具体来说，主要表现在以下方面。

（一）道教历史研究

21世纪初，道教历史研究继续深化和拓展。20世纪已经完成出版了两部奠基式的《中国道教史》，此后这两部道教通史不断进行修订和重印。如2001年，任继愈主编《中国道教史》经过修订，分为上下册再版重印。在此期间，虽然有一些通史类新著出版，但都比较简略，而道教历史研究的重点和热点转向断代史、区域史、教派史等方面，出版了众多著作。

断代道教史方面，有张广保的《唐宋内丹道教》，李大华等的《隋唐道家与道教》，汤一介的《早期道教史》等；区域道教史方面更是成果突出，有郭武的《道教与云南文化》，樊光春的《陕西道教两千年》，福建省道教协会编的《福建道教史》，张宗奇的《宁夏道教史》，萧霁虹等的《云南道教史》，杨世华等的《茅山道教志》，任颖卮的《崂山道教史》等。

教派史方面，有王志忠的《明清全真道论稿》，张金涛的《中国龙虎山天师道》，赵卫东的《丘处机与全真道》，吴亚魁的《江南全真道教》，刘固盛的《道教老学史》等。这些著作的出版，大大地丰富和深化了道教历史的研究，拓展了研究领域。

（二）道教文献整理与研究

关于道教文献的整理，在新时代也进一步深化，呈现出新的气象，这主要表现在以下方面：一是大型道教文献整理项目的完成和出版；二是宫观山志、道教碑刻、出土文献、敦煌文献等新材料的

---

① 王东波、孟凯：《近25年来我国道教研究的现状分析——基于国家社科基金项目（1991—2015）及其学术成果的研究》，《西南民族大学学报》（人文社会科学版）2018年第4期。

进一步搜集整理和出版；三是道教经典的专题研究。

自 1996 年至 2004 年，中国社会科学院道家与道教文化中心与中国道教协会、华夏出版社等单位联合发起《中华道藏》的编修工程，这是明代以后中国首次全面整理编修《道藏》的大工程，全国各地科研院校的 100 多位专家学者参与了编纂和点校工作。2004 年，张继禹主编的《中华道藏》由华夏出版社出版，全书在《明道藏》的基础上，增补了部分黄老简帛书、敦煌道经写本、金元藏经刻本等，计 1526 种，分为 49 册，约 6000 万字。

除了《中华道藏》，还有一些大型文献整理项目也完成出版。如 2005 年，王卡、汪桂平主编《三洞拾遗》（全 20 册）由黄山出版社出版，共收录明道藏之外的道经 200 余种。此外，陆续出版的《中国道观志丛刊》（全 36 册）、《中国道观志丛刊正续编》（全 28 册），也是大型道教文献整理项目，收录了近百部道教名山宫观的方志资料。

在新材料的发掘和研究方面，也出版了不少有分量的成果。如 2004 年，王卡的《敦煌道教文献研究：综述·目录·索引》出版，著录敦煌道教文献 800 多件，含早期道教文献 170 余种，其中有 80 多种是明《道藏》未收的道书。新材料的发掘，还表现在道教碑刻的搜集与整理，此阶段出版的成果有：杨世华主编的《茅山道院历代碑铭录》，赵世瑜的《北京东岳庙与北京泰山信仰碑刻辑录》，张华鹏的《武当山金石录》，王宗昱的《金元全真教石刻新编》，吴亚魁的《江南道教碑记资料集》，张泽珣的《北魏关中道教造像记研究——附造像碑文录》等。

除了各类文献的搜集整理，对于道教经典的专题研究也是本阶段的热点，取得了许多重要成果，如王宗昱的《〈道教义枢〉研究》，俞理明的《〈太平经〉正读》，王承文的《敦煌古灵宝经与晋唐道教》，潘雨廷的《道藏书目提要》，陈国符的《陈国符道藏研究论文集》，任继愈主编的《道藏提要》（2005 年第三次修订再版），郭武的《〈净明忠孝全书〉研究》，姜守诚的《〈太平经〉研究》，叶贵良的《敦煌道经写本与词汇研究》，丁培仁的《增注新修道藏目录》，朱越利主编的《道藏说略》（上、下册），郑开主编的《水穷云起集——道教文献研究的旧学新知》等。这些著作既有对道藏目录和经典的专题研究，也有对敦煌文献、田野文献的考察研究，反映了新时代道教文献研究的新进展。

（三）道教思想与哲学研究

在道家与道教思想方面，此阶段的研究进一步深化，出版了一些相当有分量的成果。如卿希泰主编的《中国道教思想史》（全四卷）于 2009 年出版，填补了道教思想通史研究的学术空白。此外，李大华的《生命存在与境界超越》，李申的《道教本论：黄、老道家即道教论》，詹石窗的《易学与道教思想关系研究》，刘宁的《刘一明修道思想研究》，吕锡琛的《道家道教与中国古代政治：道家道教政治伦理阐幽》，郑开的《道家形而上学研究》，孙以楷主编的《道家与中国哲学》（全 6 卷），孙亦平的《杜光庭思想与唐宋道教的转型》，李霞的《生死智慧：道家生命观研究》，孔令宏的《从道家到道教》，章伟文的《宋元道教易学初探》，李刚等的《道治与自由》，金兑勇的《杜光庭〈道德真经广圣义〉的道教哲学研究》，刘笑敢的《老子古今：五种对勘与析评引论》，唐明邦的《论道崇真集》，丁常春的《伍守阳内丹思想研究》，吕锡琛的《道家健心智慧：道学与西方心理治疗学的互动研究》，李养正的《道教义理综论》（上、下编），朱晓鹏的《王阳明与道家道教》，孔又专的《陈抟道教思想研究》，朱展炎的《王常月修道思想研究》等著作，都对道家道教思想与哲学有深入的研究。

（四）道教科仪与法术研究

20 世纪 90 年代前的道教研究，偏重于历史文献和哲学，随着道教研究的深入，关于道教制度、仪式和方术等领域也逐渐进入学者的视野。关于道教仪式的研究，前期只有闵智亭的《道教全真科仪》，张泽洪的《道教斋醮科仪研究》等少量著作。21 世纪初，这方面的研究大量增加，先后有闵智亭的《道教仪范》，陈耀庭的

《道教礼仪》，任宗权的《道教科仪概览》，吕鹏志的《唐前道教仪式史纲》，卢国龙和汪桂平《道教科仪研究》等著作出版；在符咒法术方面，也有专门的研究，如王育成的《道教法印令牌探奥》，刘仲宇的《道教法术》，李远国的《神霄雷法》，张振国的《道教符咒选讲》等，都有一定的研究深度；关于道教戒律制度等，也出现了一定的研究成果，如伍成泉的《汉末魏晋南北朝道教戒律规范研究》，唐怡的《道教戒律研究》，刘绍云的《宗教律法与社会秩序——以道教戒律为例的研究》等。

（五）道教内丹与医学养生研究

自 20 世纪 80 年代以来，道教内丹与养生就一直是研究热门领域，进入 21 世纪，该领域依然热度不减，出现了不少相关著作。如张广保的《唐宋内丹道教》，戈国龙的《道教内丹学探微》，盖建民的《道教医学》，杨立华的《匿名的拼接：内丹观念下道教长生技术的开展》，张兴发的《道教内丹修炼》，戈国龙的《道教内丹学溯源》，谢正强的《傅金铨内丹思想研究》，杨玉辉的《道教养生学》，程雅君的《金元四大医家与道家道教》，黄永锋的《道教饮食养生指要》《道教服食技术研究》，詹石窗的《道教与中国养生智慧》，陈兵的《问道：道教修炼养生学》，胡孚琛的《道教与丹道》《丹道法诀十二讲》，霍克功的《内丹解码：李西月西派内丹学研究》，蔡林波的《神药之殇：道教丹术转型的文化阐释》等。

（六）道教与文学艺术研究

道教文学作为一个交叉学科，历来受到不同学科研究者的关注，成果较多。21 世纪初，道教文学艺术研究进一步深化，成果大量涌现，主要有：詹石窗的《南宋金元道教文学研究》，杨建波的《道教文学史论稿》，张松辉的《元明清道教与文学》《先秦两汉道家与文学》，孙昌武的《道教与唐代文学》《诗苑仙踪：诗歌与神仙信仰》，李生龙的《道家及其对文学的影响》，吴光正等主编的《想象力的世界》，赵益的《六朝南方神仙道教与文学》，蒋振华的《汉魏六朝道教文学思想研究》，曹静芬的《唐传奇的道教文化观照》，吴光正的《八仙故事系统考论：内丹道宗教神话的建构及其流变》，李艳的《明清道教与戏剧研究》，黄勇的《道教笔记小说研究》，刘敏的《天道与人心：道教文化与中国小说传统》，霍明琨的《唐人的神仙世界——〈太平广记〉唐五代神仙小说的文化研究》，王汉民的《道教神仙戏曲研究》，左洪涛的《金元时期道教文学研究》，田晓膺的《隋唐五代道教诗歌的审美管窥》，苟波的《仙境·仙人·仙梦——中国古代小说中的道教理想主义》，蒋振华的《唐宋道教文学思想史》，童翊汉的《中国道教与戏曲》，李小荣的《敦煌道教文学研究》等。

道教音乐的研究，也有不少新成果出现。如蒲亨强的《神圣礼乐：正统道教科仪音乐研究》，曹本冶、刘红的《道乐论：道教仪式的"信仰、行为、音声"三元理论结构研究》，傅利民的《斋醮科仪天师神韵：龙虎山大师道科仪音乐研究》，蒲亨强的《道乐通论》，史新民的《道教音乐》，朱瑞云的《扬州道教音乐考》，刘红主编的《天府天籁——成都道教音乐研究》。

在道教美术、图像学方面，有王育成的《明代彩绘全真宗祖图研究》，胡文和的《中国道教石刻艺术史》（上、下册），肖海明的《真武图像研究》，赵伟的《道教壁画五岳神祇图像谱系研究》，胡知凡的《形神俱妙——道教造像艺术探索》，张明学的《道教与明清文人画研究》，许宜兰的《道经图像研究》等。

（七）道教外丹与其他科学技术研究

道教与中国古代科学技术有着密切的关系，道家思想中蕴含有丰富的科学思想，古代道士在炼制外丹的过程中，留下了众多涉及化学、物理、医学等方面的理论与实践总结，开展道教与科技关系的研究，也一直是学术界持续不断的关注课题。进入21世纪初，在道教外丹方面的研究，也取得了一些新成果。如金正耀的《道教与炼丹术论》，容志毅的《道藏炼丹要辑研究·南北朝卷》，张觉人的《中国炼丹术与丹药》，韩吉绍的《知识断裂与技术转移——炼丹术对古代科技的影响》等，对道教炼丹术的经典和理论有所研究；关于道教与科技的关系，有詹石窗的《道教科技与文化养生》，盖建民的《道教科学思想发凡》，贺圣迪的《古树新枝：道教与中国科技文明》，姜生等主编的《中国道教科学技术史·汉魏两晋卷》《中国道教科学技术史·南北朝隋唐五代卷》等著作出版，有力地推动了相关领域的研究。

（八）道教与当代社会的探讨

新时期的道教研究，除了继续深化对道教历史、文献、思想等传统领域的研究外，人们开始关注道教与当代社会的关系，关注现实中的道教，并于现实生活中运用道教文化资源，因而对当代道教的研究大大加强。这与道教界本身的文化自觉，以及积极与学术界的合作有密切关系，同时，也与学术界本身研究领域的不断拓展、研究方法的多样化以及与国际交流的扩展有关。关于当代道教的研究，早在 1993 年，李养正就撰有《当代中国道教》一书；2000 年，李养正的《当代道教》出版，可被视为关注和研究当代道教的代表作。

关于道教与当代社会的关系，既探讨道教文化的当代价值，也是本阶段道教研究的新动向。2002 年，叶至明主编的《道教与人生》一书出版，收录了在庐山召开的两次学术研讨会的论文，探讨的主题是道教与现代文明、生活道教，反映了道教界和学术界共同关注道教与现实社会生活的研究路向。

从 2002 年到 2008 年，中国道教协会连续举办了四届"道教思想与中国社会发展进步"研讨会，从不同的角度和专题，学术界和道教界共同探讨新时期道教思想与当代社会如何适应的问题，并对道教教义作出符合社会进步要求的阐释，具有很强的现实意义。

2005 年，宫哲兵、陈明性主编的《当代道家与道教》出版，收录了海峡两岸当代道家研讨会论文 61 篇，主要围绕道家和道教学说在当代的发展和传承问题展开了研讨；2007 年，卿希泰的《道教文化与现代社会生活的研究》一书出版，该书着重探索了道教文化在当代社会的意义及发展方向。总之，对于道教文化资源和现代价值的肯定和挖掘，是此阶段学术界研究道教的新路向。

五　道教研究的创新与转型（2010—2019）

进入改革开放后的第四个 10 年，也就是 21 世纪的第二个 10 年，道教研究在前期积累的基础上，面对新时代的需求，有了进一步的深化和变化，主要表现为研究领域的深度拓展，研究方法的不断创新，研究范式的逐步转型。近 10 年来，道教学研究在研究平台、人才培养、课题申报和刊物创办上，都有所创新和发展，为道教学术的繁荣提供了更加坚实的基础。

首先是道教研究机构、研究中心和学会的不断创立，为道教研究搭建了学术交流的平台和人才培养的基地。如 2010 年，四川大学成立老子研究院，创办《老子学刊》；西南大学于 2010 年成立宗教音乐研究所，2012 年开始招收宗教学博士研究生；2016 年，华夏老子学研究联合会和中央民族大学道教与术数学研究中心在北京成立；同年，山东师范大学成立全真道研究中心，湖北汽车工业学院武当研究院更名为"武当文化研究与传播中心"；2018 年，中国宗教学会道教研究专业委员会成立；同年，北京师范大学哲学学院道家与中国思想文化国际研究中心成立；2019 年，四川大学成立四川大学道教与宗教文化研究所道教断代史研究中心、西南少数民族宗教文化研究中心等五个中心，西南交通大学成立西南交通大学中国宗教研究中心。这些研究中心、专业委员会的成立，有力地促进了道教学术研究的繁荣。

另外，各种学术刊物在此期间不断创办，为道教研究提供了发表和交流的平台。近年来，中国社会科学院、四川大学、华东师范大学、山东师范大学、中国人民大学等科研机构相继创办了一些学术集刊，以刊登道教研究的最新成果。如四川大学老子研究院于 2010 年创办了《老子学刊》，每年出版一辑，自 2017 年改为半年刊，主要刊登道家道教思想和传统国学类文章；山东师范大学全真道研究中心于 2010 年创办了学术辑刊《全真道研究》，每年出版一辑，自 2017 年开始，每年出版两辑；华东师范大学明道道教研究所于 2012 年创办了学术集刊《正一道教研究》，每年出版一辑；2018年，中国社会科学院世界宗教研究所道教与民间宗教研究室创办了学术集刊《中国本土宗教研究》，每年出版一辑；中国人民大学道教研究中心于 2018 年创办了学术集刊《道教学刊》，每年出版两辑。总之，这些学术集刊的持续出版，极大地推动了道教学术的发展。

从 2010 年至 2019 年的十年，道教研究成果突出，数量庞大。据初步统计，此期间共出版道家道教类著述 400 余种，平均每年新增 40 余种；在各类刊物上发表的道教学术论文在 2000 篇以上，平均每年在 200 篇左右。从成果的数量和研究的深度来说，应该远远超过了历史上任何一个时期。以下将主要以出版的学术著作为线索，从八个方面初步梳理最近十年间的道教研究状况。

（一）道教历史研究

道教历史研究是百年来道教研究永恒不变的主题和重点，在此期间的热点主要集中于道教区域史的研究，研究成果大量涌现。先后出版了樊光春的《西北道教史》，黎志添等的《香港道教：历史源流及其现代转型》，赖保荣的《罗浮道教史略》，孔令宏等的《江西道教史》《浙江道教史》，林正秋的《杭州道教史》，吴国富的《庐山道教史》，朱封鳌的《天台山道教史》，佟洵主编的《北京道教史》，赵芃的《山东道教史》，刘庆文等的《河北道教史》，刘固盛等的《湖北道教史》等。

区域道教史还应包括域外道教的研究，近年来亦有不少研究著作出版，如孙亦平的《东亚道教研究》《道教在日本》《道教在韩国》，宇汝松的《道教南传越南研究》等，都是有分量的最新研究成果，这些著作都体现了新时期学者们学术视野的扩大和研究的深化。

除了区域道教的研究之外，在道教通史、断代史、教派史方面也出版了不少成果。断代史方面，有刘屹的《神格与地域：汉唐间道教信仰世界研究》，向仲敏的《两宋道教与政治关系研究》，姜守诚的《出土文献与早期道教》，姜生的《汉帝国的遗产——汉鬼考》，寇凤凯的《明代道教文化与社会生活》，田茂泉的《清代道教"龙门中兴"研究——以秦陇鄂蜀及东北为中心的考察》，刘康乐的《明代道官制度与社会生活》，张方的《明代全真道的衰而复兴——以华北地区为中心的考察》，白照杰的《整合及制度化：唐前期道教研究》等。

教派史方面，有吴亚魁的《江南全真道教》，赵卫东的《金元全真道教史论》，李志鸿的《道教天心正法研究》，晏安宁的《道教全真派宫观、造像与祖师》，程越的《金元时期全真道宫观研究》，盖建民的《道教金丹派南宗考论》（上、下册），汪桂平的《东北全真道研究》，尹志华的《清代全真道历史新探》，广培仁的《元前道派研究》，张广保的《全真教的创立与历史传承》，刘莉的《道教天心派北极驱邪院研究》，曹群勇的《明代天师道研究》，李大华的《香港全真教研究》等。应该说，关于全真道的研究，是此阶段的热点，成果较多。除了上述专著外，山东师范大学赵卫东教授，于2010 年与香港青松观合作，创办了学术集刊《全真道研究》，至今已出版七辑，刊载了大量关于全真道研究的最新学术论文。

与此同时，正一道、净明道的研究，也受到较多的关注，并出版了不少成果。华东师范大学明道道教文化研究所，与上海城隍庙合作，编辑出版了学术集刊《正一道教研究》，自 2012 年至 2018年，已出版六辑，刊载了大量关于正一道研究的论文；而净明道方面，亦有不少成果，如许蔚的《断裂与建构——净明道的历史与文献》，许蔚校注的《净明忠孝全书》等。

（二）道教文献整理、典籍研究

道教文献整理与研究也是道教学永恒的主题和持续的热点。这十年来，学术界在道教文献整理方面更上一层楼，取得了令人瞩目的成绩。

明《正统道藏》作为唯一现存的《道藏》，是从事道教学术研究最基本、最必备的资料，中华民国上海涵芬楼曾对明《道藏》进行了缩版影印，发行数百部，有力地推动了道教研究。此后随着学术研究的不断推进，到 20 世纪七八十年代，中国台湾、日本和中国大陆又相继对涵芬楼影印版进行了重新影印，以满足不断增长的资料需求。到了 21 世纪初年，关于明《道藏》的点校整理本《中华道藏》出版。21 世纪 10 年代，对于明《道藏》的影印出版又掀起热潮——2015 年，九州出版社以涵芬楼本为底本，重新影印了明《道藏》，名《涵芬楼本正统道藏》（全 60 册）；2017 年，何建明主编的《道藏集成·第一辑》（全 108 册）由国家图书馆出版社出版，该辑影印的明《道藏》，其文字部分以涵芬楼本为底本，而插图部分则扫描了国家图书馆藏的明版《道藏》，是更为清晰、更为完整的《道藏》影印本。

作为道教的基本经典《老子》，历代注释家众多，传世版本不可胜数，2011 年，熊铁基主编的大型道教文化丛书《老子集成》（全 15 卷）出版，收录自战国至 1949 年关于《老子》的传本和注疏本，共 265 种，全部加以标点、校勘，重新整理，形成规范的、便于现代人使用的文本，是新时期道家道教文献整理工作的重大成果。另外，2018 年，方勇主编大型丛书《子藏·道家部·老子卷》（全 120 册）由国家图书馆出版社出版，共收录《老子》白文本、节选本、稿抄本、批校本及研究著作共 457 种，影印出版，集《老子》各种版本及研究资料之大成。

除此之外，此阶段在道教碑刻资料的挖掘整理上也取得了引人注目的成绩，主要表现在学者们下功夫对地方道教碑刻进行持续的整理，并陆续发表了大量的成果。如赵卫东主持的山东道教碑刻的搜集整理，现已出版三辑，包括赵卫东主编的《山东道教碑刻集·青州昌乐卷》《山东道教碑刻集·临朐卷》《山东道教碑刻集·博山卷》等；又有樊光春主持的西北道教碑刻调查项目，也已取得阶段性成果，如《山西道教碑刻》已出版四册，包括阳泉卷二册、晋中卷一册、长治卷一册。此外，其他地区的道教碑刻也在陆续整理和出版，如萧霁虹的《云南道教碑刻辑录》，黎志添等的《广州府道教庙宇碑刻集释》，潘明权等的《上海道教碑刻资料集》等。其他省份如甘肃省、湖北省、河北省、东北三省等的道教碑刻，亦有学者在搜集整理，有的已经立项为各级课题，有的正在出版中。

关于藏外文献的整理研究，碑刻是近年来最大的热点，除此之外，在地方志、档案、出土文献等方面，也受到关注和挖掘，如何建明主编的《中国地方志佛道教文献汇纂》（全 1200 册）分寺观卷、人物卷和诗文碑刻卷三大系列，分类搜集了全国各地历代六千余种地方志中的佛道教资料。

关于道教典籍的研究，也在不断深化，特别是对重要道教经典的点校整理和研究，不断推出新成果。如武峰的《葛洪〈抱朴子外篇〉研究》，刘永海的《元代道教史籍研究》，刘屹的《经典与历史：敦煌道经研究论集》《敦煌道经与中古道教》，王卡主编的《中华大典·宗教典·道教分典》，汪桂平等点校的《齐云山志（附二种)》，陈文龙的《王契真〈上清灵宝大法〉研究》，周作明点校的《无上秘要》，王岗点校的《茅山志》，王皓月的《析经求真：陆修静与灵宝经关系新探》，夏先忠的《六朝上清经用韵研究》，刘祖国的《魏晋南北朝道教文献词汇研究》，张阳的《〈道枢〉研究》等。

（三）道教思想与哲学研究

关于道家与道教思想、哲学的研究，也一直是学术界关注的重点，不断有新的成果出版，不断有新的理论构建。关于《老子》及道家思想的诠释研究，旧有的成果不断再版，而不少新成果也相继出现，如刘晗的《〈老子〉文本与道儒关系演变研究》，许抗生的《老子与道家》（上、下卷）等；陈鼓应的《老子注译及评介》也有多个版本，2015 年再次出版，其《庄子今注今译》于 2016 年又出版了最新版；詹石窗的《道德经通解》亦于 2017 年出版最新版。

此外，乐爱国的《中国道教伦理思想史稿》，何立芳的《道教社会伦理思想之研究》，罗中枢的《重玄之思：成玄英的重玄方法与认识论研究》，程乐松的《即神即心：真人之诰与陶弘景的信仰世界》，岑孝清的《李道纯中和思想及其丹道阐真》，隋思喜的《三教关系视野中的陈景元思想研究》，伍成泉的《道教的道德教化研究》，黄新华的《四海无波——道教的和平思想》，王闯的《清代老学研究》，陈霞的《道家哲学引论》，程乐松的《中古道教类书与道教思想》，吴根友的《道家思想及其现代诠释》，陈明的《全真道道德修养论研究》，杨普春的《汉魏南北朝道教身体哲学思想研究》，魏胜敏的《道藏传统生命观研究》，吴晓华的《章太炎道家思想研究》等，亦是道教思想研究的重要成果。2019 年 1 月，王卡先生的遗著《道家与道教思想简史》出版，该书用通俗易懂的语言、专业严谨的文风，勾勒出了从先秦道家到近现代约两千年的道家思想通史，是道教思想研究的最新重要成果。

（四）道教科仪与法术研究

进入 21 世纪以来，关于道教制度、仪式和法术等领域，逐渐引起学者的重视和关注，研究成果也不断增多。最近十年来，主要研究著述有：张泽洪的《道教礼仪学》，李远国的《道教法印秘藏》，刘仲宇的《符箓平话》，吴羽的《唐宋道教与世俗礼仪互动研究》，任宗权的《道教手印研究》，刘仲宇的《道教授箓制度研究》，张振国等的《道教符咒大观》，姜守诚的《中国近世道教送瘟仪式研究》，王承文的《汉晋道教仪式与古灵宝经研究》，高丽杨的《全真教制初探》等。另外，劳格文（John Lagerwey）、吕鹏志合作主编的《道教仪式丛书》计划首批出版 15 种，从 2014 年起陆续问世，目前已经推出的有：戴礼辉口述，蓝松炎、吕鹏志的《江西省铜鼓县棋坪镇显应雷坛道教科仪》；吕永升、李新吾的《师道合一：湘中梅山杨源张坛的科仪与传承》；叶明生的《闽西南永福闾山教传度仪式研究》。

（五）道教内丹养生与道教医学研究

道教内丹与医学养生研究，仍然是持续不断的热点，如胡孚琛的《丹道法诀十二讲》自 2009 年出版后，2013 年、2018 年又多次重印。此外，还有多本内丹养生学著作出版，如于德润的《长生久视：中华传统内丹学的现代转化》，杨玉辉的《中华养生学》，陈禾源的《武当丹道修炼》（上、下册），张义尚的《丹道薪传》，戈国龙的《道教内丹学溯源》，张钦的《仙道贵生：道教与养生》，丁常春的《道教性命学概论》，孔德的《道家内丹丹法要义》，陈兵的《道教修炼养生学》，霍克功的《道教内丹学》，徐刚的《生命哲学视域下的道教服食研究》，魏燕利的《道教导引术研究·东晋南北朝隋唐卷》等。

在道教医学方面，有盖建民的《道教医学精义》，何振中的《内丹医学思想研究》，崔仙任的《〈东医宝鉴〉道教医学思想研究》，张其成主编的《〈道藏〉医方研究》，金权的《中医运气学说与道教关系研究》等。

（六）道教与文学艺术研究

道教与文学艺术的关系，一直是学术界研究的热点之一。进入 21 世纪，有更多不同领域的学者参与道教文学艺术的研究，热度不减，成果众多，如张成权的《道家、道教与中国文学》，苟波的《道教与明清文学》，张泽洪的《道教唱道情与中国民间文化研究》，倪彩霞的《道教仪式与戏剧表演形态研究》，陈国学的《〈红楼梦〉的多重意蕴与佛道教关系探析》，申喜萍等的《玄风道韵：道教与文学》，孙昌武的《道教文学十讲》，雷文学的《老庄与中国现代文学》，陈耀庭的《全真道诗欣赏：全真道士的思想、生活和艺术》，张振谦的《道教文化与宋代诗歌》，成娟阳的《三界津梁：道教科仪文献的文学研究》，刘彦彦的《〈封神演义〉道教文化与文学阐释》，王志军的《南岳道教文学思想概论》，何江涛的《唐代丹道文学简论》等。

关于道教图像艺术的研究，近年来也成为研究的热点，研究成果日益丰富。2012 年，北京大学李凇教授的《中国道教美术史》第一卷出版；王宜峨也推出了道教艺术研究的系列成果，包括《卧游仙云：中国历代绘画的神仙世界》《玉宇琼楼：道教宫观的规制与信仰内涵》《陶铸永恒：道教神像的塑造工艺与经典造像》《道像庄严：壁画水陆画版画的神仙世界》等。此外，李俊涛的《道教图像艺术的意象与思想研究》，朱尽晖的《西部道教造像艺术研究》，张鲁君的《〈道藏〉图像研究》，谢波的《画纸上的道境：黄公望和他的富春山居图》，阳志辉的《道教与书法关系研究》等，都是道教图像艺术研究方面的重要成果。

在道教音乐的研究方面，持续有一些新成果涌现，如黄剑敏的《明清以来江西道教与地方音乐文化研究：以宜春、南昌、鹰潭为中心》，蒲亨强的《道乐探奥》（上、下册）、《道书存见音乐资料研究》，蒋燮的《畲客共醮，乐以相通：赣南道教节日祈祥法事科仪音乐研究》，胡军主编的《道教音乐研究文集》等。

（七）道教外丹与科学技术研究

关于道教外丹与科学技术的研究，此阶段的成果相对较少，主要有谢清果的《道家科技思想范畴引论》，蒋朝君的《道教科技思想史料举要——以〈道藏〉为中心的考察》，张中平的《〈淮南子〉气象观的现代解读》，刘芳的《道教与唐代科技》，韩吉绍的《道教炼丹术与中外文化交流》等著作出版。

（八）道教与当代社会的探讨

进入 21 世纪以来，关于当代道教的研究大大加强，关于道教与当代社会的关系，以及道教文化的现实状况，是学术界关注的焦点，于是人们加强了对道教现状的调查，加强了对道教当代价值的挖掘，出版了不少相关的研究成果。

2008 年，《中国宗教报告》（宗教蓝皮书）开始出版，此后每年一辑，到 2017 年已编纂出版十辑，每辑都有当年的各大宗教报告。其中每辑都至少有一篇道教报告，对当年的道教大事及热点问题进行总结和分析，如李刚的《新生态、新问题、新挑战下道教文化的角色功能》，王卡的《道教发展的新气象和新机遇》，李志鸿的《2010 年中国道教的发展与思考》，陈文龙的《现代社会中的道教及其未来》，詹石窗的《2012 年道教发展与养生问题考察》，汪桂平的《2013 年道教发展与走向世界》，王皓月的《2014 年传统文化复兴背景下的道教发展》，盖建民的《2015 年中国道教发展及道教医学养生文化报告》等，这些报告以其现实性、及时性和连续性，成为道教现状研究的最新前沿成果。

此外，还有不少专著或论文集也在探讨道教的现代价值和当代发展状况，如陈霞主编的《道教生态思想研究》一书，对道教与当代生态保护问题进行多方位探讨；黄永峰的《道教在当代中国的阐扬》，对道教在当代中国的发展进步及其未来趋势进行了专题考察；袁志鸿的《凝眸云水：关于道教文化的思考与阐扬》，对于道教在当代中国社会的传承和适应现状进行了多方位思考；王卡、汪桂平的《洞经乐仪与神马图像》，是对云南腾冲地区道教文化遗产的调查研究成果；李延丰、隋玉宝主编的《融合创新发展：2016 中国"温州"新媒体和道教文化发展高峰论坛论文集》，董中基主编的《道教教义建构与文化传扬——第六届长三角地区道教论坛文集》，均探讨了道教文化发展问题。

总之，道教与当代社会的研究是 21 世纪以来道教研究领域的拓展和研究范式的创新，并在未来有进一步发展的趋势。

第二节　新时期道教研究的展望与思考

综观中华人民共和国成立 70 年来的道教研究，从缓慢发展到繁荣兴盛，经历了曲折的发展历程。特别是改革开放 40 年来，随着我国综合国力的提升和文化事业的发展，道教研究也进入全新的时代，取得了前所未有的成就。道教学作为人文社会科学的一支，在机构建置、人才培养、刊物创办等方面，也取得了长足进展，建立了相对完善的道教学科体系。

新时代的道教研究，必将在 70 年来积累的巨大基础之上继续前行，在传承中创新，在发展中转型。展望道教研究未来的发展走向，大致会在以下方面进行继承和创新。

一　道教历史、文献等领域继续深化

道教历史研究一直是百余年来道教研究的主要脉络和重要领域，也仍然是未来道教学术的主流，将在研究的深度、广度和方法上进一步深化、细化和创新。如断代道教史（特别是宋元以后的断代史）、区域道教史（包括海外道教）、教派史等仍然是重点研究领域。道教通史也将在吸纳新成果的基础上，运用新的视角进行重新构建，如卢国龙主持的大型课题正在组织学者撰写十卷本的《道教通史》，樊光春也在编写道教学院教材《中国道教史》。

道教文献也是传统深厚、历久弥新的一个重点领域，70 年来出版的学术成果难以计数，未来仍然是道教研究的方向和重点，并且偏向于一些大型集体项目。如规模宏大的"中华续道藏"工程已经列入国家"十三五"规划之中，全国百余名专家学者参与其中，预计需要 10 年以上的时间。另外，敦煌道教文献合集、东方道藏、道藏集成、中华道经精要、道医集成等大型项目也已启动。

二　道教仪式、修炼、戒律、法术等领域重点关注，有待突破

道教仪式、修炼、戒律、法术等领域属于道教内部的信仰要求和行为方式，以前学者们虽有关注和研究，但偏重于历史和现状描述，近年来一些中青年学者开始借用人类学、社会学、图像学、现代科学等视角和方法来研究，有望实现突破和深化。如吕鹏志与劳格文（John Lagerwey）合作主编的《道教仪式丛书》，计划首批出版 15 种。卢国龙正在主持的"道教教义体系的现代建构"课题，其中在"道门威仪""道法修持"子项目上，研究进路也有所创新。

三　道教交叉学科具有活力

道教医学、道教心理学、道教图像学、道教文学、道教语言学等交叉学科虽然一直有学者进行研究，但兼具不同学科背景的学者相对较少，研究深度和广度也远远不够。随着中青年学者的成长和

不同学科的交流互动，该领域正充满活力，潜力无限。

四　研究范式和方法的创新

新时期的道教研究，范式转型和方法创新是时代的必然需求。老一辈研究者多为历史学、哲学、文学等出身，偏向于中国传统的治学方法。新一代研究者更为多元，兼具考古学、医学、心理学、艺术学、建筑学等学科背景，研究方法偏向于交叉学科，研究视野也更为开阔。在借用和吸收西方研究方法的同时，学者们提出要"构建道教研究的中国学派"①。因此，构建和完善中国道教学话语体系和学科体系，应是未来的必然之势。

---

① 郝光明等：《构建道教研究的"中国学派"——访教育部长江学者盖建民教授》，《中国道教》2018 年第 3 期。

第七章

中华人民共和国 70 年
儒教研究（1949—2019）

引 言

　　追溯中国儒教研究的历史，明末清初的"礼仪之争"就已初见端倪。晚清民初时期，康有为在《孔子改考制》中断言儒教为孔子所创，并试图用宗教化模式改造儒家思想。当时的中国正面临急速发展和巨大变迁之际，作为主流意识形态的儒学境遇发生了根本性改变。异质文化介入，使儒教备受质疑，并表现出复杂内涵。同属于一个文明框架下的两种文化形态的儒学与儒教，同时遭遇了来自近代西方的工业文明和政治意识形态的双重解构，致使儒学的现实生命力衰微。儒教攀附政治，也使其自身学理陷入尴尬困境。肩负使命的历代学者，不辱使命，殚精竭虑，挖掘中国传统文化精髓，弘扬儒学的价值精神而上下求索。

　　1949 年中华人民共和国成立，中国人民终于迎来了一个崭新的社会。以马克思主义的世界观和方法论作指导，中国的学术研究才有了一个根本性改变，焕发出史无前例的生机与活力。走中国特色社会主义道路，是近代以来中国人民经过艰辛探索最终选择的现代化道路，是实现民族复兴、国家富强、人民幸福的道路；中国特色社会主义道路，是在中国共产党领导下，立足基本国情，建设社会主义先进文化，实现和谐社会，促进人的全面发展，逐步实现全体人民共同富裕，建设富强、民主、文明、和谐、美丽的社会主义现代化强国；建设中国特色社会主义道路，就是要理直气壮地反对改革开放出现的或"左"或"右"的两种错误思潮，坚定中国特色社会主义道路的决心和信心。学术研究的发展始终离不开中国特色社会主义的实践要求，一切研究如果都围绕这个中心，以此为学术研究的动力，对各种学术问题的思考与探讨就变得有的放矢。

1978 年，是中华人民共和国历史上具有重要意义的一年。党的十一届三中全会的召开，标志着中国进入了一个崭新的时代。"拨乱反正"，开启了改革开放和社会主义现代化建设的新时期。全会重新确立的解放思想、实事求是的思想路线，冲破了长期禁锢人们思想的许多旧观念，摆脱了许多思想上的枷锁和禁锢。1978 年的中国，尊重知识，解放思想，中国学术界也迎来了万象更新、激情澎湃的春天。随着宗教信仰自由政策的贯彻落实，各地宗教活动的逐渐恢复，对外学术交流活动日益紧密，为中国学术研究提供了宽松的环境的同时，也提出了新的契机与挑战。1978 年底，任继愈先生适时在南京中国无神论会议上提出了"儒教是教"的论题。1979 年始，学界主要围绕"儒教是教"问题展开激烈争论。争论的焦点在于全面反思中国传统文化，清理封建文化糟粕，反对将儒学看作宗教。这一时期中国的儒教研究是对儒教进行宗教批判的时期，参与讨论者多是从事哲学研究的学者，也多是从哲学和哲学史角度进行批判。

1990 年，儒教研究迎来了它的繁荣期，这一时期是儒教研究思维转型与理论拓展时期。儒教问题的讨论呈现出一种更为开放的形式：参与的学者增多，探讨的角度多元，议题更为广泛。"宗法性传统宗教"的提出，肯定了中华民族有自己原生性的"正宗大教"，为儒教问题的讨论融入了新的元素，增添了新的标识。

2000 年，人类进入 21 世纪。世纪之交，随着互联网时代网络的发达，信息传播速度迅猛发展，思想学术的受众群体规模呈几何倍增长。儒教研究的成果突飞猛进，理论与实践上的影响力极具扩展。一个时期以来的儒教研究的理论争论和探讨，实际上把儒教的本质、存在形态、独特内涵等逐渐确立起来，并使人看清楚它的独特发展演进的历史进程。儒教正在形成一个独立的研究对象，因此，它必然具有自己的研究本体、内容，有自己特有的一套价值体系和形成一套知识结构；同理，儒学也有自己的价值选择和知识形态。新的历史时期的儒学也同样面临着在现代学术体系中，因应于西方学术体系框架下，作为中国从传统到现代转变的"文化担当"而需要作出一个学术的知识线索的再梳理。儒教是否是宗教，儒学是否具有宗教性，这就需要对宗教与哲学、儒教与儒学进行进一步分析、整理和归纳，达成符合科学认知规律的真理性认识。从这一角度来说，儒教研究的层层推进，也是对儒学属性的再体认，是对中国宗教和哲学知识体系的学理边界的再探讨。

2010 年至今，社会文化趋于多元，中国儒教研究的思想方法和实现路径发生了质的变化。儒教和中国人社会生活的关系是怎样的？儒教在中国人的生产、生活和实践中究竟扮演怎样的角色、起着怎样的作用？儒教在中国社会中究竟以什么样的形态存在？我们应该如何考察儒教的现实存在样态？对这些问题的思考和探讨，成为相当长一个时期儒教研究必须面对和解决的问题。随着西方社会科学方法论的不断引入，儒教存在形态的探讨与多视角、跨学科的研究进路，促使儒教研究进入了学术体系的重塑期。中国儒教研究开始搭建学术研究新的坐标体系，建构以儒学研究为代表的中国文化研究的学术话语体系。

中国儒教研究史 70 年的历史，看起来像是一个儒教问题争鸣史，而实际上它却是中国历史沧桑巨变、中国社会变化发展的一个镜像，观照出中华民族的思想观念和精神价值的变迁。今天的儒教研究，无论从概念、内涵来说，还是从研究的立场、观点和方法来看，都已经产生了不同于以往的新内容，出现了新的研究动向。立足于国情、民情，立足于中国特色社会主义建设的实际经验，儒教研究更是以其深入社会生活实践领域，切中民众伦常日用，彰显中国特色的终极人文关怀的优势性，进入人们的研究视野。可以说，儒教研究不仅不会日趋边缘化，反而会随着互联网文明全球化浪潮的不断推进，随着"一带一路"的建设，世界文明的交往共融，随着中国特色社会主义实践的不断发展，随着儒学与儒教研究成果的愈加繁富，而彰显其生命活力。

诚然，儒教研究还有更长的路要走，还有更多的工作要做，还有更多的疑惑需要去澄清，还有更多的问题亟待解决。道路虽然曲折，但毋庸置疑的是，中华人民共和国成立 70 年来的中国儒教研究为我们呈现了一个学术包容、胸怀开放的过程，一个思想解放的过程。

第一节 历史机遇和思想准备及"儒教"问题的提出(1949—1978)

一 历史机遇与思想准备

从 1840 年鸦片战争开始，东西方文明在贸易诉求的前提下以战争的形式正面冲突。随着西方列强用坚船利炮敲开了古老封闭的满清王朝的大门，外患内忧相互交织，启蒙与救亡并存。从西方文明发展的背景来看，14 世纪至 16 世纪，欧洲发生了思想文化启蒙和解放的文艺复兴运动，使欧洲迅速从中世纪一千年的思想黑暗中苏醒。文艺复兴不但恢复了古希腊哲学的思想，同时也使欧洲文明迅速成为世界文明的统一标志。19 世纪中后期，西方已经先后完成了两次工业革命。1870 年以后，科学技术迅猛发展，大大促进了经济发展。1885 年，日本"脱亚入欧"，率先倡导全面西化。

从自然科学和现代哲学的发展态势来看，随着西方资本主义发展，自然科学出现了分门别类的研究。近代哲学的兴趣集中在主体和客体、思维和存在关系问题的研究。一直到 19 世纪 40 年代，西方哲学进入了现代哲学发展的时期。19 世纪 30—60 年代，马克思主义哲学批判地吸收了黑格尔哲学的辩证法和费尔巴哈的唯物主义哲学内容，创立了辩证唯物主义和历史唯物主义。19 世纪 40 年代开始，马克思主义哲学在欧洲传播和发展。西方资本主义国家逐渐产生了实证主义、意志主义、生命哲学、实用主义、现象学、存在主义、结构主义和解构主义等各种哲学流派。这一时期相应地已经有了人类学与宗教、心理学与宗教、社会学与宗教、实用主义宗教观、现象学对宗教的研究、存在主义与宗教等。可以说，现代西方哲学与现代科技、人文学科持续不断的推新，裹挟着所有文明进程。

在西学强势冲击下，中国传统儒学一方面承受着外来西方思潮的猛烈冲击；另一方面承受着内在自身解体的危机。儒学地位和影响不断被削弱，日益衰微，最终失去了主流和统治地位而被边缘化。儒学已经无力抗衡，儒教也陷入"去中（儒教为主导）不能，欲西不达"① 的困境。是推行"全盘性反传统主义"，排斥儒家思想和传统文化？还是主张中西调和，重建中国文化的新体系？一批批有担当的爱国人士和知识分子，在西学的冲击中试图寻找中国传统文化发展的新出路，他们反观自己的精神文化发展概貌，提出了积极的、建设性的文化主张，构建中国文化的独立精神。

（一）尊孔复古还是文化革新

1892 年，康有为在其《孔子改制考》中，就儒教的发生、发展和儒教在中国思想文化史上的地位和作用，作了详尽的考论，之后又撰写了《孔教会序》等系列文章，提出了"儒教为孔子所创""孔子创儒教改制""六经皆孔子改制所作"② 等观点，主张立儒教为宗教、国教，从此在中国近代史上掀起了一场颇具影响力的儒学

---

① 张立文：《20 世纪中国儒教的展开》，《宝鸡文理学院学报》2001 年第 4 期。
② 康有为：《孔子改制考》，吉林出版集团股份有限公司 2017 年版，第 167、221、255 页。

宗教化、国教化运动；1912 年，袁世凯在全国发动成立"孔教会"，康有为要求"定孔教为国教"；1913 年，陈焕章等人发表"尊孔令"，通告全国举行"祀孔典礼"，提出尊孔读经，全国掀起尊孔复古热潮。

1915 年，由陈独秀创刊的《新青年》杂志成为新文化运动的核心。由胡适、陈独秀等一些受过西方教育的激进民主主义者发起"反传统、反孔教、反文言"的一场波澜汹涌、影响深远的文化运动。这场思想文化革新运动，宣传了资产阶级民主和科学思想，在当时的中国学术界形成了传统与现代、东方与西方的双重对立。1919 年，五四运动时期，一批向西方追求真理的先进知识分子，从西方请来了"德先生"（民主）和"赛先生"（科学），形成与中国的"孔圣人"势不两立的局面，当时的中国掀起了"打倒孔家店"的热潮，儒教的主人公地位丧失殆尽。

（二）儒学宗教性的现代反思

从 19 世纪中后期开始，儒学就面临着内发性解体和危机的到来。西方思潮的侵入，不仅加速了这一解体的步伐，由于其与儒家思想的异质性，导致这一解体的方向呈现出其独有性质与研究转向。百年儒学，风雨飘摇。灾难深重的中华民族，行进在救亡图存的道路中，儒家学者以"继往圣之绝学"的使命感，以"周虽旧邦，其命维新"的社会责任意识，不辱使命，殚精竭虑，以新的文化视角，以挖掘中国传统文化精髓，弘扬儒学的精神价值，而上下求索。

20 世纪 20 年代初期，出现了一批新儒家学者，形成了新儒学。新儒学是指近代西方文明输入中国后，在中西文明碰撞交融条件下产生的新的儒家学派。狭义的新儒学是指梁漱溟、张君劢、熊十力等提倡的新儒学；广义的新儒学可以上溯到鸦片战争以来关于儒家的学说。新儒家学派力图恢复儒家思想的主导地位，重建儒家价值系统，并融合会通西学，谋求中国文化和社会的现代化发展，展示和体现了当时儒学研究的新水平和取得的新突破。

现代新儒家的思想主张分为四个阶段：第一阶段，援释入儒。

以熊十力、梁漱溟等为代表，建立生命哲学中的心性本体论。第二阶段，贯通中西哲学。以张君劢、冯友兰、贺麟等为代表的，认为中国的现代化不等于西化，但也不同意中国文化本位论。他们要接着宋明理学讲，要贯通中西哲学。第三阶段，建立道德心性学说。以唐君毅、牟宗三等为代表，引进康德的道德哲学和黑格尔的精神现象学，建立以"良知"价值主体为核心的道德形而上学的心性学说。第四阶段，对话传统。以刘述先、杜维明、余英时等为代表，利用现代西方哲学的新思潮诠释中国的传统哲学。在社会经济层面上与马克思主义对话，在深度心理学层面上与弗洛伊德对话。

在挖掘传统儒学的宗教精神时，梁漱溟认为，在整个儒家思想中，包含着道德信仰的特质，但前提必须是道德自身成为一种信仰，因此提出"以道德代宗教"，陈独秀提出"以科学代宗教"，之后，蔡元培提出"以美育代宗教"，冯友兰则提出"以哲学代宗教"，认为哲学在中国文化中的地位，历来被看为可以和宗教在其他文化中的地位相比拟。1958 年元旦，以唐君毅、牟宗三、徐复观、张君劢联合署名发表的《为中国文化敬告世界人士宣言》，标志着新儒家在"儒学的宗教性"问题上已初步达成"共识"。①

二　"儒教是教"问题的提出

1978 年底，任继愈在"中国无神论学会成立大会"上发表主旨为"开展无神论研究，促进社会主义现代化"的报告，重新提出了"儒教是宗教"的论断。任继愈运用马克思主义唯物史观的立场、观点和方法，从中国哲学史的视角出发，通过与中世纪世界史的对比，揭示了"儒教是宗教"问题的本质，阐释了儒教形成、儒教教主、儒教的神职人员、儒教的特征及解脱方式、儒教的社会作用及影响等。"儒教是教"说作为一个学术问题的提出，标志着 20 世纪伊始

① 张志刚：《"儒教之争"反思——从争论线索、焦点问题到方法论探讨》，《文史哲》2015 年第 3 期。

的中国儒教研究的正式"出场"。

任继愈认为，孔子学说经历了两次大的改造。第一次改造在汉代，产生了董仲舒的神学目的论，使儒家具有宗教雏形；第二次改造在宋代，产生了三教合一的宋明理学，这是儒教的完成。先秦的儒家学说还不是宗教，只是作为一种政治伦理学说与其他各家进行争鸣。由儒学发展为儒教这一演变过程，是伴随着封建大一统帝国的建立和巩固逐渐进行的，经历了千余年的过程。儒教的教主是孔子，其教义和崇奉的对象为"天地君亲师"，其经典为儒家六经，教派及传法世系即儒家的道统论，有所谓十六字真传。儒教虽然缺少一般宗教的外在特征，却具有宗教的一切本质属性。[①] 儒教没有入教的仪式，没有精确的教徒数目，但在中国社会的各阶层都有大量信徒。儒教的信奉者绝不限于读书识字的文化人，不识字的渔人、樵夫、农民都逃不脱儒教的无形"控制"。儒教宗教组织，即中央的国学及地方的州学、府学、县学。学官，即儒教的专职神职人员。僧侣主义、禁欲主义、蒙昧主义，注重内心反省的宗教修养方法，敌视科学、轻视生产，这些中世纪经院哲学所具备的落后东西，儒教（唯心主义理学）也应有尽有。[②]

儒教不去改造客观世界，而是纯洁内心；不向外观察，而是向内反省；不去认识世界的规律，而是去正心诚意当圣贤。圣贤的规格就是儒教规格的人的神化，即典型的僧侣主义的"人"。儒教不主张出家，而是注重现实人伦日常之用，带有很强的世俗性。所谓"运水搬柴，无非妙道"，解脱的道路就体现于日常的生活之中。宗教所宣扬的彼岸世界，只是人世间的幻想和歪曲的反映。有些宗教把彼岸世界说成只是一种主观精神状态；儒教和其他宗教不同，它不是先虚构出一个彼岸世界，然后逐渐挪到现实世界中来，而是把现实世界中的"三纲五常"进行宗教的加工，使之转化成为一个彼

---

① 任继愈：《任继愈论儒佛道》，国家图书馆出版社 2016 年版，第 16 页。

② 同上书，第 33 页。

岸世界。宋明儒教反复讨论所谓"下学上达""极高明而道中庸",主张从下学人事去上达天理,在人伦日用之常中去追求所谓高明的精神境界,这种精神境界实质上就是一种彼岸世界。儒教不重视个人的生死问题,却十分重视家族的延续。"不孝有三,无后为大",就是把断子绝孙、不能传宗接代看作极端可怕的事情。

任继愈认为,儒教限制了新思想的萌芽,限制了中国的生产技术、科学发明。明代(16 世纪)以后,中国科技成就在世界行列中开始从先进趋于落后,造成这种落后的主要原因在于封建的生产关系日趋腐朽,使社会经济停滞不前,中国的资本主义没有得到发展的机会,而儒教体系对人们探索精神的扼制,也使得科学的步伐迟滞。中国封建社会特别顽固,儒教的作梗应当是原因之一。

需要说明的是,就当时学术研究的背景来看,自 1949 年以来,学界已经着手开始对马克思、恩格斯、列宁等经典作家论述的宗教问题的理论和观点,进行全面的整理、分析、研究和系统梳理探讨,试图从整体上勾勒出其基本学说体系,学术界一时呈现出丰富多彩的多元讨论的局面。这一时期,纠正了马克思主义宗教观理解上的"左"的趋势,并检讨认为,这种偏差在"文化大革命"期间又达到了顶峰,形成对宗教的"口诛笔伐",其基本特点是将马克思主义宗教观归结为"宗教是人民的鸦片"这一论断,以此强调宗教在本质上是反动的。这样,在 1978 年之前的中国理论界和整个社会,对马克思主义宗教观在一定程度上产生了误解和认识上的明显偏离或歪曲,基本上对宗教持负面或否定的态度。①

因此,任继愈将宋明理学看作儒教,认为"儒教是宗教"论题提出,犹如一石入水激起千层浪。它冲击了人们的思想,颠覆了人们固有观念。自兹厥后,儒教研究又经历了 40 多年时间。

---

① 卓新平主编:《马克思主义宗教观探究》,中华书局 2013 年版,第 215 页。

三　主要研究成果

这一时期，儒教研究成果较少。主要有牟宗三的《作为宗教的儒教》（载《人生杂志》1960 年第 20 卷第 1 期），唐君毅的《儒教之能立与当立》（载《新儒家》1972 年第 3 卷第 1 期），周予同的《有关讨论孔子的几点意见》（载《学术月刊》1962 年 7 月 30 日），陈申如的《外国基督教在华传播及其与儒教的关系》（载《山东大学学报》1962 年 12 月 31 日）。

第二节　儒教研究的宗教批判
时期(1979—1989)

1979—1989 年的儒教研究，基本上针对任继愈提出的"儒教是教"问题进行争论。参与讨论者多是从事哲学研究的学者，他们运用马克思主义关于宗教的论述，运用马克思主义唯物史观的立场、观点和方法，对"儒教是宗教"问题进行分析批判，为嗣后儒教问题的大规模讨论，奠定了理论起点。

一　儒教问题争论焦点

（一）儒学不是宗教

李国权、何克让在《儒教质疑》中，针对任继愈据以立论的大前提进行了反驳，认为儒家学说的流传和发展，不止儒家一条线索，说儒家有"发展成为宗教的可能"，是仅仅是一种"可能"，还有其他的可能。通观两千多年的历史，儒家学说的流传和发展，并不是单独一条线索，而是纵横交错，情况极为复杂。①

李国权等认为汉武帝支持、由董仲舒推行的中国历史上的"罢

---

① 任继愈主编：《儒教问题争论集》，宗教文化出版社 2000 年版，第 36 页。

黜百家，独尊儒术"，有其历史必然性，是由于社会经济政治结构的变化，影响和决定了意识形态随之发生相应变化的结果，是社会的前进运动。孔子学说的"第二次改造"并不是一次儒学造神运动。虽然宋明理学在它的建立过程中，吸收了禅宗的思想，但儒学始终不曾宗教化。

李国权等还批判性指出："宗教是粗俗的、赤裸裸的唯心主义，是彻底的对臆想出来的、离开肉体的灵魂或精灵的崇拜。"① 认为儒家经典没有一部宣传粗俗的信仰主义。孔子不是教主，"历史上确有某些贱儒或政客试图把儒家变成宗教，把孔子'推'为教主，但都失败了，其关键原因在于真正的儒家是反宗教的"②。

李锦全在《是吸取宗教的哲理，还是儒学的宗教化?》一文中指出，儒家虽然主张神道设教，但它本身只是讲道德伦理的教化作用，并没有形成宗教信仰。汉代的谶纬神学，虽然一度想将儒学宗教化，奉孔子为教主，但没有成功。朱熹的理学虽有不少佛老思想，但主要是吸取其中的哲理为儒家的伦理哲学作论证。他要人们在世俗生活中达到一种超世俗的精神修养境界，却形成不了宗教性的精神王国。朱熹宣扬的是精巧形态的信仰主义，但毕竟不是世俗的宗教。此外，就当时的中国的国情来看，中国特殊的社会历史条件，长期推行专制主义中央集权的封建宗法制度，是不允许产生具有独立权的宗教的，即使是外来的宗教，也要按照中国的国情来加以改造。

林金水在《儒教不是宗教——试论利玛窦对儒教的看法》一文中，从异域文化观点出发，梳理了明朝万历年间，耶稣会士利玛窦的"儒家不是宗教"的观点。他认为，儒教的宗教属性问题，早在明朝利玛窦来华时就已经提出了儒教不是宗教的看法。利玛窦主要从三个方面加以论述：第一，儒教不是一个宗教派别，而是一个学派；第二，儒教不具有一般宗教的基本属性；第三，儒教没有偶像

①　任继愈主编：《儒教问题争论集》，宗教文化出版社 2000 年版，第 47 页。
②　同上书，第 48 页。

崇拜。

周黎民、皮庆侯发表了《儒学非宗教论——与任继愈先生商榷》一文，开篇便提出儒学的本质问题，认为宗教就是对神的信仰和崇拜。儒学经过汉代董仲舒的第一次改造，并没有制造出神，因此儒学没有变成宗教，孔子也就不能成为宗教意义上的教主。而"天地君亲师"中，父母、老师都可以肯定是人而不是神；至于天地，按照董仲舒的说法，天的确是神，但汉代以后，儒学对天的看法有了变化，天从有意识的神，变成了自然之天或义理之天；在唐代，天地已变成自然中的物了。宋儒继承了这种看法。由于天在人们心中还有神秘感，还有崇高的地位，宋儒便把天与他们所说的理连在一起，称为"天理"，以此来提高理的地位。宋儒的埋不是神，理的代名词天，也不是神。因此孔子不是神，天地君亲师也不是神，宋儒理学也就不能成为宗教。总之，儒学没有产生宗教所说的"神"，因此儒学不是宗教。儒家思想不是宗教。[①]

（二）宋明理学不是宗教

1981 年第 9 期《哲学研究》刊载了张岱年的《论宋明理学的基本性质》文章，他指出："理学是哲学而非宗教。"理学与佛教相比，最重要的区别就是，佛教是宗教，理学只是哲学，不是宗教。因为，理学不信仰有意志的上帝，不信灵魂不死，不信三世报应，没有宗教意识，更不作祈祷，所以理学不是宗教。他认为，自南北朝隋唐以来，有儒释道三教之说。其所谓教，泛指学说教训而言。儒教之教，即"修道之谓教"之教，儒教即是儒学，并非一种宗教。理学吸取了道教和佛教的一些修养方法，但周程的学术宗旨，基本倾向还是与佛教、道教不大相同的。我们不能因为理学家采取了佛教、道教的一些修养方法，便认为理学也是宗教。同时，张岱年分析肯定了理学在历史上起过的消极作用和积极作用。

---

① 任继愈主编：《儒教问题争论集》，宗教文化出版社 2000 年版，第 230—237 页。

　　冯友兰则从道学传统、儒家道统角度反驳了道学是宗教说。冯友兰在《略论道学的特点、名称和性质》一文中指出，道学是中国哲学中的一个最大的派别。从哲学史的发展看，道学这个名称有其历史的渊源，韩愈作《原道》，提出了儒家的一个道统。道统发源于尧舜，经过孔子传于孟子，孟子死后这个道就失传了。"三教合一"中的"教"，指的是三种可以指导人生的思想体系，与宗教这个名词的意义不同。宗教这个名词，是个译文，有自己的意义。他认为，宗教的前提必须有一个崇拜的对象，有一个教主，作为全教的首领，这是前提。所以，任继愈论证的"天地君亲师"是儒教崇拜的对象，就首先应该证明"天地君亲师"是神。"天地君亲师"是荀子提出的，而荀子是中国哲学史中最大的"唯物主义者"，他不会把"天地君亲师"说成是神；另外，在"天地君亲师"这五者之中，君亲师显然都是人，不是神，而儒家所信奉的四书五经，都有来源可考，并不是出于神的启示，这样的书，不能说是宗教的经典。因此，如果说儒学是宗教，那就是一无崇拜的神，二无教主，三无圣经的宗教，能有这样的宗教吗？如果说这也是宗教，那恐怕是名词的滥用。[1]

　　崔大华发表了《"儒教"辨——与任继愈同志商榷》一文，他认为，宋明理学虽然受到佛家、道教或道家思想的深刻影响，但理论核心仍是儒家传统的伦理观念，而不是作为宗教思想本质特征的"神"和"彼岸"的观念。理学的基本论题是论证儒家提倡的伦理道德的最后根源，阐明完成儒家道德修养的方法和途径，而不是论证"上帝""佛性"，不是阐扬"解脱"或达到"天国"的修持方法，所以理学不是宗教，也不具有宗教属性。[2]

　　李锦全在《是吸取宗教的哲理，还是儒学的宗教化》一文中认为，宋明理学不是宗教。他说，即使朱熹的"创世说"是中国精巧

---

① 任继愈主编：《儒教问题争论集》，宗教文化出版社 2000 年版，第 75 页。

② 同上书，第 112 页。

形态的信仰主义，它要人们在世俗生活中修养出一套超世俗的精神境界，却形成不了宗教性的精神王国。朱熹的理学不是把儒学引向宗教化，而是吸取宗教的哲理，从而把儒家的伦理教义导向哲理化。"朱熹理学虽有其信仰主义的一面；但无可否认，较之董仲舒的神学，其思辨性是大大加强了。总的趋向，他不是把儒学引向宗教化，而是把曾经谶纬神学化的儒家教义导向了哲理化。"①

（三）儒教、儒学、儒家概念之别

1982 年，崔大华发表《"儒教"辨——与任继愈同志商榷》一文，追溯了"儒教"之起源，考辨了"儒教"之"教"的三种不同的含义。他认为，"儒教"之说由来已久，如司马迁谓："鲁人皆以儒教，而朱家以侠闻"，晋之王沈评论《傅子》曰："言富理济，经纶政体，存重儒教"，从中可以看出，对"儒教"之"教"字存在不同的理解。就思想史的角度看，"儒教"之"教"有三种不同的理解或含义：一是早期儒家学者把"教"字理解为儒家的教育内容和教育方法，即司马迁所说"鲁人皆以儒教"之"教"的意思；二是魏晋以后，随着佛教、道教逐渐取得和儒家鼎足而立之势，文人学者常把儒、释、道并成为"三教"，其最早可能在三国之时，如《吴书》云：吴主问三教。尚书阚泽对曰："孔老设教，法天制用，不敢违天；佛之设教，诸天奉行。"此后，梁武帝倡"三教同源"之论，白居易著《三教论衡》之文，这里的"教"自皆是指三家的整个学说内容或思想体系；三是某些现代学者，认为儒家学说发展到宋明理学阶段，在理论本质和形式上，以及在社会作用上，都成了和基督教、佛教等宗教完全一样的意识形态，故称为"儒教"。这个"教"字，既不是特指儒家的教育内容和方法，也不是泛指儒家的学说思想体系，而是专指某个阶段的儒家的宗教本质。②

李锦全也认为，儒家也有被称为"儒教"的，但"儒教"指的

---

① 任继愈主编：《儒教问题争论集》，宗教文化出版社 2000 年版，第 151 页。
② 崔大华：《"儒教"辨——与任继愈同志商榷》，《哲学研究》1982 年第 6 期。

是教化作用，并不具有宗教意义。从先秦到汉唐儒学的演变过程来看，汉代儒家向儒教方面的演变，似乎就到此为止。两汉以后到魏晋南北朝，由于玄学的兴起、佛教的传入和逐渐流行，儒学的教化作用不得不受到一定的限制，但儒家所要维护的名教纲常，是任何封建统治者所不能抛弃的。作为儒学一度宗教化标志的谶纬神学，两汉以后更是每况愈下，在隋代被焚毁了一次，到了宋代绝大部分都丧失了。①

1988 年，郝逸今发表的《儒家、儒教、儒学》一文，就"儒家、儒教、儒学"三者的内涵、外延及其产生、发展和影响进行分析论述。他认为，儒家系先秦时期诸子百家中的一个重要学术流派；儒教是指"圣（神）道设教"，以宣扬儒家思想和封建的道德说教，把儒家学说宗教化；儒学是对以孔孟之学为核心的中国封建文化的通称。儒，既是专门知识，又是与生活中的典章文物、礼仪制度相联系的。儒者，身兼两任——既具备礼仪知识，又可以帮助指导礼仪行为。可以说，古《仪礼》和《周礼》，是为古代贵族立身行事的生活手册。

从"儒"的历史发展渊源上看，"儒"最初是作为谋生手段，帮助贵族处理婚丧庆吊之事；另外，由于职业特点，同时还担负着"助人君明教化"的职责。可以想见，随着历史的发展，从事儒这种职业的人日渐增多，于是形成一种学派，即儒家学派。从两汉以后到清末，儒家学派有一个造神过程，也即"宗教化"过程，这使得儒家学派在很多地方与宗教相似。但儒家不是宗教，孔子创立的是儒家学派，而不是儒教。

二　主要研究专著和发表文章

在提出"儒教是教"问题后的十年时间里，任继愈陆续发表了系列文章，详细论证了儒教宗教论的思想。他发表的文章主要有：《论儒教的形成》（载《中国社会科学》1980 年第 1 期）、《儒家与

---

① 任继愈主编：《儒教问题争论集》，宗教文化出版社 2000 年版，第 152 页。

儒教》（载《中国哲学》1980 年第 3 辑）、《朱熹与宗教》（载《中国社会科学》1982 年第 5 期）、《儒教的再评价》（载《中国社会科学》1982 年第 2 期）等。

这一时期的主要文章有：李国权、何克让的《儒教质疑》（载《哲学研究》1981 年第 7 期），张岱年的《论宋明理学的基本性质》（载《哲学研究》1981 年第 10 期），冯友兰的《略论道学的特点、名称和性质》（载《社会科学战线》1982 年第 3 期），崔大华的《"儒教"辨——与任继愈同志商榷》（载《哲学研究》1982 年第 6 期），林金水的《儒教不是宗教——试论利玛窦对儒教的看法》（载《福建师范大学学报》1983 年第 2 期），李锦全的《是吸收宗教的哲理，还是儒学的宗教化》（载《中国社会科学》1983 年第 3 期），朱春的《儒教是社会化、世俗化的特殊宗教》（载《西南民族学院学报》1989 年第 6 期），胡孚琛的《清理封建文化让儒教早日消亡——任继愈教授答问录》（载《中国社会科学院研究生院学报》1988 年第 10 期），周黎民、皮庆侯的《儒学非宗教论——与任继愈先生商榷》（载《湘潭大学学报》1988 年第 7 期）。

比较研究的文章有：尹文成的《儒家思想在日本的传播》（载《东北师大学报》1981 年第 8 期）、唐建的《中国儒教和日本大化革新》［载《复旦学报》（社会科学版）1987 年第 1 期］；跨学科研究的文章主要有：李德尧的《论〈祝福〉对儒教的批判》（载《鲁迅研究》1984 年第 3 期）；异域文化视角的研究主要有：宋奈雷、钱明德、金计初的《犹太人的同化：中国犹太人之例》（载《民族译丛》1979 年第 6 期）。

第三节　儒教研究的思维转型与理论拓展（1990—1999）

1990—1999 年的十年间，是儒教研究的思维转型期，这一时期的儒教研究呈现出一种较为开放的形式：参与的学者增多，探讨的角度多元，议题更为广泛。牟钟鉴、张践提出了"宗法性传统宗教"的观点，为儒教问题的讨论融入了新的元素。

一　学术讨论的广泛开展

（一）儒教与宗法性传统宗教

1. 宗法性传统宗教与儒教

牟钟鉴在《中国宗法性传统宗教试探》① 一文中，在谈到儒学是不是宗教的问题时，他认为，儒学在中国中世纪思想文化中占主导地位，佛、道为之辅翼，其他宗教的影响无法与它相比。假如儒学是宗教，它便是中国历史上最大的宗教。史家习称"儒、释、道三教"的"教"，乃是教化之义，非宗教之称。儒家的天命鬼神思想确实包含着某种宗教性，但其基本倾向是入世的，以修身为出发点，以平治天下为最后的归宿，所以它不是宗教。历史上凡是离开这一基本轨道，而企图使儒学宗教化的儒者，如董仲舒、林兆恩等，都受到正统儒家的批评，未能成为主流派。然而，在中国历史上有一种大的宗教，一直作为正宗信仰而为社会上下普遍接受，并绵延数千年而不绝，这就是宗法性传统宗教，是维系社会秩序和家族体系的精神力量，是慰藉中国人心灵的精神源泉。

对此，李申回应认为，牟钟鉴的《中国宗法性传统宗教试探》一文，认为中国古代在佛道二教之外，还存在着一个"正宗大教"，并大致描述了这个"正宗大教"的神灵系统和礼仪制度，并认为该文虽不承认儒教说，但对"正宗大教"的描述，正是儒教的重要内容。②

2. 宗法性传统宗教与儒学

在谈到宗法性传统宗教与儒学的关系时，牟钟鉴指出，宗法性

---

① 任继愈主编：《儒教问题争论集》，宗教文化出版社 2000 年版，第 241 页。
② 同上书，第 386 页。

传统宗教与儒学确有交渗的地方，但儒学不等十宗教：儒学只是具有一定的宗教性，但又有更多的非宗教性，它的轴心不在宗教祭祀，而在修身治国。儒学有自己的学统，宗教有自己的教统，彼此影响但保持着相对独立的地位。① 他认为，儒学是理论形态的学术文化，而传统宗教是以祭祀活动为中心的实体化和实践化了的社会事物；儒学以理性为基础，追求成圣成贤、安民济世，传统宗教以信仰为基础，期望鬼神的护佑，两者不可混为一谈。②

张践在《儒学与宗法性传统宗教》中分析认为，各国的中世纪，普遍存在政教合一的国家宗教。因此，国外大多数宗教学学者及部分中国学者，也把中国定于一尊的官学——儒学视为宗教。但国内大多数学者从对儒学人文主义、理性主义底蕴的深切了解出发，难以接受儒学是宗教的观点。但是，否认儒学是宗教也有难以回避的问题。如果将儒学与宗法性宗教加以区分，儒学是不是宗教的问题，中国中世纪是否存在国家宗教的问题，都可以得到比较合理的说明。③

3. 儒学作为学术文化的独立发展

张践在《儒学与宗法性传统宗教》④ 一文中，特别提出了"孔子的宗教观及儒学作为学术文化独立发展"论。追根溯源，在儒家创立以前社会上就有"儒"这样的职业，其人员多从古代巫觋转化而来，专门为人们主持婚丧嫁娶仪式。孔子青年时代便以儒为业，精通周礼，所以他的学派也以儒得名。但孔子不满足于相礼为业，糊口谋生，而是对周礼中所包含的宗教以及世俗内容进行了深刻的理论思考，创立了自己的宗教观。孔子的宗教观服务于他"治国平天下"和"老安少怀"的政治理想，并决定了儒学和宗法性宗教在

---

① 任继愈主编：《儒教问题争论集》，宗教文化出版社 2000 年版，第 243 页。
② 同上书，第 261 页。
③ 同上书，第 264 页。
④ 同上书，第 267 页。

中世纪各自的发展方向。①

"儒学作为学术文化独立发展"论，清理了孔子的宗教思想，阐述了以孔子为代表的儒学的发生、发展和演变的学术进路，此论说扩充了儒教问题研究和思考的视野和范围，为儒教问题的深入研究提供了新的思路。

（二）儒教与中国儒家文化

1. 从古代经典文献出发认识儒教

李申是儒教研究最有力的推动者和倡导者，1995 年，他发表了《关于儒教的几个问题》一文，从古代经典文献的资料出发，详细论证了孔子不是不信神，而是虔诚地相信天命鬼神，并且为维护传统的宗教礼仪制度，进行了顽强的努力。关于儒教的上帝和神灵，他认为，汉武帝采纳董仲舒对策，决定独尊儒术后，即采纳亳人谬忌建议，以太一为至上神，五帝降为太一的辅佐。从此以后，上帝的名号及其意义，就完全由儒者根据儒经加以规定和进行解释了。西汉末年，王莽执政，将上帝称作"皇天上帝太一"。东汉承王莽，称"皇天上帝"。以后或称"皇皇帝天""皇皇后帝""昊天上帝""天皇大帝"，遂为后代沿用。北宋中期，儒者们又从气中体贴出了理。浩大的元气是上帝的形体，气中之理是上帝的灵魂，或者说，是上帝本身。这样的上帝和人不同形，却和人同性。它具有人格，可以赏善罚恶，可以和人感应。宋儒以后儒者用于修饬自己的"主敬"原则，绝不仅仅是一种道德心态，而首先是一种宗教心态。敬，就是敬畏上帝。

就儒教教义来看，不仅君主是接受天命而立；师，也是天之所命。而自独尊儒术之后，师也就由儒者担任。儒者的领袖，是孔子，称"先师"。此后的许多儒者，颜回，甚至董仲舒、王弼等，都获得过"先师"称号。而依周礼，先师也享受如同神灵一样的祭祀。圣人之言既是天之言，圣人所阐发的儒教教义，也就是传达了天意。

---

① 任继愈主编：《儒教问题争论集》，宗教文化出版社 2000 年版，第 267 页。

儒者们依儒经行事，也就是依天意行事。儒教有百神。从日月、山川，到鸟兽、门窗、名儒、名臣、名人等，都忝居百神之列。而百神之上还有一位主神，就是上帝。上帝和神灵们的世界，就是儒教的彼岸世界。和其他宗教不同的是，儒教是入世的，而不是出世的。儒教没有在政权组织以外建立自己的组织，政权组织同时也就是儒教的宗教组织。在这个组织中任职的官员，同时也是一种教职，执行宗教的职能。李申还就儒教的祭礼、祭品等祭祀的种种规定做了详细的说明，在他看来，否认儒教为教，就是"拦腰砍去"了儒家学说的上半截。这样，我们就无法全面地认识儒家文化，无法全面地、正确地认识整个中国古代文化。①

对此，王健批评认为："运用一元宗教的框架阐释复杂而又生动的儒家文化，很容易将两千多年的中华民族的精神历程，轧平为一部上帝鬼神的解说史以及在上帝意志支配下的社会行为史，从而遮掩了中华民族的文化个性和特征。"②

2. 从国情出发认识儒教

1996 年，任继愈发表《从佛教到儒教——唐宋思潮的变迁》一文，他强调指出，认识古代国情，才能摸清古代中国社会的性质。秦汉建立了中央集权的大一统的国家，政治上中央集权的高度集中，经济上的极端分散的个体小农经济，构成这一时期的矛盾。秦汉以来的两千年间都是在这一矛盾中发展过来的，这就是秦汉建国直到鸦片战争这一漫长历史时期的国情。③

从经典上看，汉代董仲舒的哲学体系，虽然属于比较粗糙的神学体系，但它基本上可以解答（不是解决）汉人可能提出的重大问题。而终唐一世，儒教通行的经典是《五经正义》。《五经正义》是杂收南北朝时期几家的经疏，没有形成完整的体系。因此，《五经正

① 任继愈主编：《儒教问题争论集》，宗教文化出版社 2000 年版，第 349 页。
② 鞠曦：《中国儒教史》，中国经济文化出版社 2003 年版，第 5 页。
③ 任继愈：《任继愈学术文化随笔》，中国青年出版社 1996 年版。

义》未能解答唐代人所遇到的宇宙、人生各种重大问题，不得不由佛、道二教承担。研究儒教要把三教放在一起考察，否则就无法全面理解、正确说明唐代思想的发展。

儒教在北宋时期，继承了韩愈、李翱的强化集中统一的路线，同时吸收了佛教，特别是禅宗的心性论，把佛教的心性修养，禅宗的明心见性，改造为主敬、涵养、守一，与治国平天下的政治目标相结合。可以说，唐朝《五经正义》没有完成的任务，宋儒用《四书》代替了《五经》，这是秦汉以后经学的一大变革。用《四书》为指导思想，就可以更好地协调中央高度集中的权力与小农经济极端分散的矛盾。君主（集权的象征）是天子又是家长（民之父母），本来处在对立的地位，经过新经学的解释，说成家人父子的关系。《大学》的格物、致知、正心、修身、齐家、治国平天下，这样的思想体系，既解释了中央政权高度集中的绝对性（天理），又说明了小农自然经济分散的合理性（理一分殊）。这样一来，持续了几千年的一对矛盾（中央与农户）就从理论上找到了一个合理的答案。①

（三）儒教研究的异质文化视角

从儒教问题的提出到儒教研究的逐渐展开，什么是宗教、宗教的本质等就随之成为进一步需要讨论清楚的问题。何光沪发表的《宗教观念的本质与上帝观》，切入了异质文化的视角。

何光沪认为，世界上过去没有、现在没有、将来也不会有什么无神的宗教。儒教尊奉"天地君亲师"，这个天就是万物的主宰，是有意志的人格神。他认为孔子的"予所否者，天厌之！天厌之！"（《论语·雍也》）等"天"的说法，不可能指没有人格的天，否则也不会有"丘之祷久矣"（《论语·述而》）之说。归根到底，对丝毫不具人格性的"天"是无法祷告，也不必设立牌位的，因为这种天与人无法相通，当然也就不是宗教的神了。但儒教的"天"绝非

① 任继愈主编：《儒教问题争论集》，宗教文化出版社 2000 年版，第 351、353、356 页。

与人无法相通。[1] 言外之意，儒教的"天"就是儒教的神，"儒教的宗教哲学必以其天道观为核心"[2]。

何光沪也发表了《中国文化的根与花——谈儒学的"返本"与"开新"》一文，文中他探讨了儒学与儒教深刻的源流关系："儒教是源，儒学是流；儒教是根，儒学是花；儒教的理论在儒学，儒学的精神在儒教；儒教在人民的下意识里，儒学在学者的意识之中；儒教在民众的生活里，儒学在文人的著述中。"[3] 这一论断洞悉了儒教的理论面向和生活面向，为进一步厘清儒教与现实生活的关系打开了思路。

（四）文学作品中的"儒"非宗教

郭豫适从文学艺术与宗教的角度分析儒教，指出"三教"中的儒教，指的是儒家的思想学说，所谓"教"，指的是教化，不应理解为宗教。儒家思想当然是影响中国古代小说创作的，但儒学就其性质而言，主要是一种社会政治伦理学说，把它说成是宗教恐非所宜。[4]

他在另一篇文章《论儒教是否为宗教及中国古代小说与宗教的关系》[5] 中，进一步阐述了这一思想。在中国各种宗教在学理上常相互影响，转相诠释，彼此包融，故常有"三教同源""三教同理""三教合一"之说，这个重要特点体现在一般的思想观念上，也反映在包括小说在内的文艺思想和创作上，不要把儒家学说视为宗教，这并不是说儒家的思想学说对中国古代小说不发生影响，两者没有关系。事实上，中国许多古代小说都或多或少地反映了儒家的思想，《儒林外史》的人物形象主要就是以儒林人物为原型，写出了各式各

---

① 任继愈主编·《儒教问题争论集》，宗教文化出版社 2000 年版，第 288 页。

② 同上书，第 292 页。

③ 同上书，第 312 页。

④ 郭豫适：《儒教是宗教吗?》，《文汇报》1996 年 6 月 12 日第 10 版。

⑤ 郭豫适：《论儒教是否为宗教及中国古代小说与宗教的关系》，《华东师范大学学报》（哲学社会科学版）1996 年第 3 期。

样的"儒",也写到了儒学和科举对于人们和社会的深刻影响。在古代小说中,宗教思想的引入情况是复杂的,其所产生的作用或正或负,由此而导致的对小说思想艺术成就是否有提高或损害,主要取决于小说家的思想认识、感情态度和艺术创造能力的高低。

关于《红楼梦》中写到的儒生、道士和和尚,作者认为,曹雪芹不是一个忠顺的儒教信徒,也不是虔诚的佛教、道教的信奉者。但他精通儒、道、释的学理,并用之娴熟地为自己塑造真实的人物形象服务,这正是曹雪芹能融会贯通,高出他人之处。文中写参禅非即主张参禅,而是写参禅和因参禅而引发的矛盾冲突及其最终解决,目的不是宣扬宗教,而是恰当地、创造性地运用宗教的思想材料去从事创作。

针对郭豫适对儒教的质疑,李申认为,儒经中那些上帝鬼神信仰,是包括孔子在内的所有儒者的思想和行为的基础,然而,我们多年来的传统文化研究,却偏偏忽略了这个基础。商周时代存在着一个为全社会所共同信仰的宗教,然而,汉代以后,这个宗教哪里去了呢?如果说消失了,又是怎样消失的呢?中国有五千年未曾中断的文化,这个曾为全社会所共同信仰的宗教怎能就悄无声息地消失了呢?庄严肃穆的天坛,与之配套的地坛、先农坛、社稷坛以及许许多多的神坛和神庙,由是,等待我们的便是揭示这些神坛在中国传统文化中的地位和意义。[①]

（五）儒教就是古代国家宗教

1996年,谢谦在《儒教:中国历代王朝的国家宗教》一文中,从政治学角度阐述了中国历史上一直以来客观存在的、历代王朝奉为正统的国家宗教——儒教。他认为,翻阅历代正史,就不难发现除佛道二教之外,中国还存在另外一种宗教现象,而且其历史比佛道二教还要悠久得多,这就是历代王朝列为国家祭典的郊庙制度。郊庙礼乐祭祀是天神、地祇、人鬼,这是历代王朝转相尊奉的三元

---

① 任继愈主编:《儒教问题争论集》,宗教文化出版社2000年版,第364页。

系列神。郊庙制度是国家祀典，不仅是一种宗教现象，同时也是一种政治制度。作为历代王朝国家祀典的郊庙制度，有着三层意义，即宗教信仰、政治制度与伦理观念。而这一套祭祀天地祖宗的宗教祀典，是中国历代王朝奉行的传统。即使佛道二教流行之际，甚至朝廷也举行水陆道场或斋醮等祈福仪式，但也没有废弃这一套宗教祀典，而且其重要性远在佛道仪式之上。历代都有人排斥佛道二教，但却没有人出来排斥这一套宗教祀典。原因非常简单，这才是本土源远流长的传统宗教，是商周立国的根本信仰，是自西汉以来历代王朝奉为正统的国家宗教。在中国人心目中，以天地祖宗为信仰中心的国家宗教与所谓"儒教"本来就是一回事。《诗》《书》《礼》《乐》《易》《春秋》即是儒教的圣经，其性质相当于犹太教的《旧约》，既是宗教宝典，又是古代先民的历史。儒教的传统并不始于孔子，孔子无非只是有这一古老文化传统的一位传人。所谓儒家，所谓学派，都是后人的表述。孔子既没有发明"儒"这个名词，也没有以"儒家"的创始人自居。事实上，在孔子生前以至身后的两千多年，华夏民族都保持一种以天地祖宗为中心的传统宗教，这就是儒教。

总之，当时的部分学者认为，儒教是华夏民族的传统宗教，是历代王朝的国家宗教，而孔子及其儒家则是传教者。儒家之于儒教，非常类似西方神学之于基督教，两者虽然有所分别，但又难以截然分开，而且常常被人混为一谈。① 在他看来，儒教就是以天地祖宗信仰为中心的国家宗教，是华夏民族的传统宗教，是历代王朝的国家宗教。

（六）儒教研究将何去何从

1996 年 6 月，中国社会科学院历史研究所、宗教研究所部分专

---

① 任继愈主编：《儒教问题争论集》，宗教文化出版社 2000 年版，第 366、370、372 页。

家学者举行了"儒学与宗教性问题"① 对谈,这是一个面对面的思想交锋,主要围绕儒学是否宗教问题进行讨论,各方意见难以趋同。

持反对立场的成中英认为,儒家的超越并没有延伸到出世的程度,儒家没有把传道(教)的工作组织起来,不是一个宗教。儒家的使命是教化(转化)社会,不是拯救个人。儒家没有组织的愿望,没有成为一个宗教。卢钟锋反对儒学是宗教的说法,他认为,儒学虽历经变迁,但它重人伦、尚经世的思想传统,它的伦理政治一体化的本质特征没有改变,而这正是儒学之区别于宗教的根本所在。如果因了儒学的变迁而引发了某些变化就断言儒学是宗教,认为儒学具有宗教性,这势必混淆了儒学与宗教的界限及其本质,因此是一种理论误导。②

姜广辉从信仰角度提出,儒学首先是一种信仰。信仰有两种:一种是宗教的信仰,另一种是非宗教的信仰。而儒学是一种非宗教的信仰,具体可以定义为一种"意义的信仰"。王恩宇认为,任何宗教都是以"出世"为其最本质特征的,凡主张"出世"的皆属于宗教,反之,就不是宗教。为此,李申回应道,出世、入世问题并不是宗教与非宗教的分水岭,出世不是宗教的本质和标志。宗教的本质在于,也仅仅在于,它借助非现实的力量,或者用非现实的手段,去解决现实问题。

李申认为,中国古代存在着一个为大多数人所信仰的全民性宗教,其至上神是天或上帝,天或上帝之下有等级森严的各级神灵。儒经及正史《礼志》,记载着这个祭祀演变的历史,这就是儒教。从汉武帝独尊儒术开始,儒者的领袖孔子被列入国家正式祀典,祭孔和郊祀、宗庙并行,称为儒教的三大祭祀系统。儒学为这个宗教提供教义和教理。从汉代开始,人们已逐渐把这个宗教称为"儒教",今天我们也称"儒教",不过沿袭传统而已。

---

① 任继愈主编:《儒教问题争论集》,宗教文化出版社 2000 年版,第 377 页。
② 同上书,第 379、380、382 页。

除了面对面的思想交锋,1998 年 1 月,《文史哲》编辑部举办了一次"儒学是否宗教"的笔谈,围绕着儒学是"学"还是"教"的问题展开讨论。在这次笔谈中,学者直抒胸臆,学术观点较前具有了更多的共识。

张岱年对儒学是否宗教问题的认识有一个转变。他说,十年前,他当时是同意梁漱溟先生所说的"儒学不信鬼神、不讲来世,所以不是宗教"的意见。但近年来,他重新思考了这个问题,认为假如对于宗教作广义的理解,虽不信鬼神、不讲来世,而对于人生有一定的理解,提供了对于人生的一定信念,能起指导生活的作用,也可称为宗教。以儒学为宗教,也是可以的。他认为,对于宗教,可以有不同的理解;对于儒学,也可以有不同的理解。因而,对于儒学是否宗教,可以有不同观点。

季羡林认为,"学"是一种学说,"教"则是一种宗教。孔子还活着的时候,以及他死后相当长的一个时期,只能称之为"儒学",没有任何宗教色彩。而当孔子被神化了,到了唐代,儒、释、道三家就并称为"三教"。到了建圣庙、举行祭祀时,儒家则完全成了一个宗教。因此,他认为,从"儒学"到"儒教"是一个历史演变的过程。讨论"儒学"或"儒教",必须有一个发展的观点,不能执着于一端。

基于印度尼西亚华人生存和文化需要,张立文提出了"精神化的宗教"概念。他认为,宗教大体上有两种形态:一是体制化的宗教;二是精神化的宗教。体制化宗教在宗教的自身发展过程中,形成了自己的教义、教规、教仪、教团,等等。而精神化的宗教,是指人在物质生活得到相对满足以后,精神生活成为最深刻、最普遍、最永久的需求。如果我们超越体制化宗教的标准来看精神化宗教,中国古代就存在着宗教的传统,并且营造了一个多元宗教共存、共处的格局。

郭齐勇认为,儒学具有宗教品格,但儒学不是宗教。你可以说它是"人文教",此"教"含有"教化"和"宗教"两义。它虽然有终极关怀，但又是世俗伦理。它毕竟不是宗教，也无须宗教化。了解其具有的宗教性意蕴，可以帮助我们深化对儒学的认识，但它不能归结为宗教。蔡尚思也认为，儒学不是宗教，却起了比某些宗教还要大的作用。

李申在会议上重新阐释自己的观点，他认为，名词本身决定不了事物的性质，说儒教是教化之教，并不能说明儒教就不是宗教，问题要看是否在神的名义下进行教化。儒教是教化之教，这教化之教就是宗教之教。① "中国传统文化是否值得自豪，不在于儒学是不是宗教，而在于作出了什么样的文化创造。儒教是宗教并不会贬低中国传统文化的品位，也不会影响我们的民族自豪感。"② 这一论述既纠正了一直以来人们谈宗教色变的错误，又指出了"儒教作出了什么样的文化创造"才是根本性问题。

思想在碰撞中得到启迪，学术在交流中获得发展。持续近 20 年的儒教问题争论，尽管仍未走出对它的判教，但 1999 年的思想交锋与"以文会友"的笔谈，被称为具有"风向标"③ 的意义。或许，这是儒教研究进程中的历史必然，又或许是一个中间节点——既承接过往，又预示一个新未来。

二　主要研究专著和发表文章

主要研究专著有：任继愈主编的《宗教大辞典》（上海辞书出版社 1998 年版），加润国的《中国儒教史话》（河北大学出版社 1999 年版）。

主要发表的文章有：李申的《关于儒教的几个问题》（载《世界宗教研究》1995 年第 2 期）；《儒教是宗教》（载《文汇报》1996

---

① 任继愈主编：《儒教问题争论集》，宗教文化出版社 2000 年版，第 424、427 页。

② 同上书，第 384 页。

③ 段德智：《近 30 年来的"儒学是否宗教"之争及其学术贡献》，《晋阳学刊》2009 年第 6 期。

年 9 月);《儒教、儒学和儒者》(载《中国社会科学院研究生院学报》1997 年第 1 期)。姜广辉的《儒学与宗教性问题——成中英教授与中国社科院专家对谈纪要》(载《现代传播(北京广播学院学报)》1996 年第 6 期),张岱年等的《"儒学是否宗教"笔谈》(载《文史哲》1998 年第 3 期),陈赟的《与鬼神结心儒教祭祀精神》(载《孔子研究》1998 年第 4 期),苗润田等的《儒学——宗教与非宗教之争》(载《中国哲学史》1999 年第 1 期),李申的《儒教研究史料补》(载《中国哲学史》1999 年第 1 期),郭齐勇的《当代新儒家对儒学宗教性问题的反思》(载《中国哲学史》1999 年第 1 期),段德智的《从存有的层次看儒学的宗教性》(载《哲学动态》1999 年第 7 期),王庆宇等的《析儒学是否为宗教》(载《江西社会科学》1999 年第 11 期),郭豫适的《论儒教是否为宗教及中国古代小说与宗教的关系》[载《华东师范大学学报》(哲学社会科学版)1996 年第 3 期],陈东的《儒教是关于死的宗教——加地绅行的儒教观》(载《中国哲学史》1997 年第 1 期)。

值得一提的是,在曹中建主编的《中国宗教研究年鉴(1996)》(宗教文化出版社 1998 年版)中,第一次将"儒教研究"纳入"其他"宗教研究中,与民间宗教研究、新兴宗教研究放在一个栏目下。

第四节　儒教研究的理论建构与实践探索(2000—2009)

20、21 世纪之交,随着互联网时代网络的发达,信息传播速度迅猛发展,思想学术的受众群体规模呈几何倍增长,使这十年成为儒教研究成果突飞猛进、儒教研究在理论与实践上极具影响力的十年。尤其是 2001 年,"孔子 2000"网站组织了全国范围内的关于"儒学与宗教"的讨论;2002 年,中国社会科学院哲学所与《中国哲学史》编辑部联合举办的"儒家与儒教"学术研讨会,将"儒学是否宗教"的讨论推向了一个新的高度，达成了更多共识，引发了极大关注。正如温历所说，这次"争鸣"本身也足以成为一个可追究的"范式"——网站的开放性或半开放性讨论模式，对于多少有些故步自封的学术界来说意味着什么？①

一　基本观点与儒教研究实践尝试

（一）儒教与儒学宗教性

邢东田在《儒教问题研究的发展和深入——儒教问题讨论会综述》② 一文中，对 2001 年 2 月在国家图书馆召开的儒教问题讨论会进行了总结。该会议就儒教是否宗教，儒教研究的意义、中国传统文化的性质、儒教和其他宗教的异同等问题，进行了广泛深入的讨论和对话，这次会议对于儒教是否宗教问题依然存在分歧。作者认为，不论是否赞成儒教是教说，探讨儒教问题对于中国传统文化和一般宗教的研究来说，都具有重要的理论与现实意义。任继愈在会上提出，不能否定儒教的历史贡献。中国是一个大国，要有凝聚力，儒教起了积极作用。由于儒教本质上是宗教哲学，所以它不仅讲认识，而且也讲做人。今后中国哲学，也应该把如何做人，如何进行道德修养，作为一项重要内容。如果有了正确的认识，并使之深入人心，人们的素质就提高了。李申认为，儒教问题是中国传统文化的核心问题，只有抓住儒教这条纲，才能对中国传统文化的各个方面进行准确的定位。

如果说这次会议基本上还是延续任继愈"儒教是宗教"的思路，那么，接下来的两次会议则在观点和视野上均有所突破。

2009 年 8 月，由安徽大学儒学研究中心等单位共同举办的"儒学与儒教关系"学术研讨会，就"儒学的宗教性与宗教化""儒学

---

① 《关于"儒家与宗教"的讨论》，《中国哲学史》2002 年第 2 期。

② 邢东田：《儒教问题研究的发展和深入——儒教问题讨论会综述》，《世界宗教研究》2001 年第 2 期。

与儒教的关系""海外儒教研究"等议题展开讨论。会议对儒学的宗教性、儒学的准宗教性、"三教"之一的儒教是教说，及儒教是"首位的教导"等议题进行了充分讨论。学者还就儒教在东南亚的传播方式和特征进行了深入探讨，认为儒学是借助"宗教"的神学外衣进行"神道设教"。有学者认为，不应该将东南亚各地供奉的各种神祇这种宗教现象，简单地视作"迷信"，而应该去了解和挖掘这诸多"宗教"信仰背后，所要传达的"儒学"及其教化作用。[①]

2002 年，在中国社会科学院哲学所与《中国哲学史》编辑部等联合举办的"儒家与宗教"讨论会上，与会专家各抒己见。此次会议议题中既有历史的追溯，又有现时代的观照；既在一些重要问题，如儒学宗教性问题上达成共识；又同时观照文化主体重建，及开发出生活儒学的意义。

宣方认为，一个基本事实是，在西方所有宗教学教材里，都把儒学处理成一个宗教。因此，不管你是在什么意义上把它叫作宗教或具有宗教性，至少在西方这个知识谱系中，儒教已经被明确纳入宗教里了。不管儒学是不是宗教，我们都可以以宗教学的方法去研究，从宗教学的视野来考察。[②]

牟钟鉴认为，我们不能忽视当代儒学不断宗教化的现象。在韩国，儒教会是正式的宗教团体，在印度尼西亚也有孔教会，这是一个比较具有影响的现代文化现象。他们在很大意义上是在宗教的活动方式、组织形式上把儒学宗教化，而不是把它神学化，把孔子的学说变成神学。但他又对此表示了担忧，如果没有宗教形态，儒学就很难和其他宗教相竞争，最多在知识分子里有点影响，几千万、几亿最普通的人需要一种宗教精神、仪式与活动方式，所以海外有

[①] 解光宇：《儒学与儒教并行不悖——"儒学与儒教关系"学术研讨会综述》，《世界宗教研究》2010 年第 5 期。

[②] 《关于"儒家与宗教"的讨论》，《中国哲学史》2002 年第 2 期，第 68 页。

人提倡把儒学宗教化①。

李德顺则从信仰层面表达了儒学的宗教性问题，他认为自西汉以后，特别是宋明之际，儒家也有被宗教化的迹象。这是因为，儒家被定为意识形态的一尊以后，儒家学说不再仅仅是一套人伦政治学说，而是进一步被当成了不容怀疑的信仰，要求人们无条件地膜拜、遵从，儒家学说的教条化意味着某种程度的神化。儒家本身并非宗教，但儒家在现实生活中却有被宗教化的趋势。②

张志强认为，儒家与宗教之间的关联是时代境域中历史遭遇的结果，而并非本质性的逻辑关联。儒家与宗教关系问题的实质是对"文化之体的重建"的时代课题的回应与解决。③

陈静认为，儒家作为一个在历史上长期规定着中国人的基本生活样态的文化传统，如何在这个问题之下，保持一个活的传统并继续在时间中开显它的意义，才是与我们的生活密切相关的问题。④

（二）儒教的社会实践性

1. "落实于人心"的儒教

彭永捷、方国根针对儒教所具有的"敬天法祖"的实践性特征认为，儒教已经不是一个单纯学术史的话题，而是带有强烈的现实关怀，"儒教就是一种把儒学和社会联结在一起的有效方式""儒教是儒学落实于人心的方式"⑤。儒教研究应该从儒教的现实关怀入手，探讨儒教影响社会的主要形态。对于儒学与儒教之密切关系，作者认为，一方面，儒教是儒学在现代复活的路径；另一方面，儒教是儒学落实于人心的方式。在儒学、儒术和儒教三者的关系中，儒术是儒学落实于社会的方式，儒教是儒学落实于人心的方式。离开了

---

① 《关于"儒家与宗教"的讨论》，《中国哲学史》2002 年第 2 期，第 69 页。

② 同上书，第 70 页。

③ 同上书，第 77 页。

④ 《关于"儒家与宗教"的讨论》，《中国哲学史》2002 年第 2 期，第 80 页。

⑤ 彭永捷、方国根：《中国儒教发展报告（2001—2010）》，河北大学出版社 2011 年版，第 4、13 页。

儒学落实于社会的儒术，离开了儒学落实于人心的儒教，儒学就成了毫无着落的学问，四处飘荡的游魂；反之，儒学是儒术与儒教的义理核心，是对儒术与儒教实践的理论思考和学术研究。此一认识与之前何光沪所提出的儒学与儒教关系颇有一致性：如果说何光沪揭示了儒教与儒学深刻的源流关系，洞察了儒教的理论面向和生活面向，为进一步厘清儒教与现实生活的关系打开了思路；那么，彭永捷的"落实于人心的儒教"，则不仅为儒教研究敞开了一个生活面向，而且通过落实于人心的儒教，走向了对人的现实存在意义的具体观照。

2. 实践性是中国文化的核心观念

2006 年，任继愈在《继承传统文化精华，迎接文化建设新高潮——在"儒学、儒教与宗教学学术研讨会"上的讲话》[①] 一文中指出，儒学与儒教代表了五千年的文化成果，而这一文化成果的核心是它的实践性。从实践出发的中国传统文化，一个基本的、核心的观念，就是敬天法祖，也就是说，中国文化从原始宗教开始，就有了一个重实践、从实际出发的传统。这个传统一直传到今天，始终是中国文化的核心精神。虽然，依附于政治制度的儒教已经消亡，但其思想影响还在，且以儒教为核心的传统文化的影响还在。因此，要建设新文化，传统文化是重要的资源。改革开放以来，世界影响着我们，我们也影响着世界。对于传统文化，文明需要认真研究。弄清儒教是不是宗教还不是最重要的，虽然这也是继承传统文化的优秀成果的一个方面。最重要的是要弄清哪些是精华，应该继承发扬；哪些已经过时，需要更正修改。我们对传统文化研究得越透彻，对建设新文化就越有利。

（三）儒教在当代复兴的途径

辛亥革命后，第一代新传统主义者只是借思想文化，解决现实

---

① 任继愈：《任继愈文集》第 8 卷，国家图书馆出版社 2014 年版，第 143—144 页。

中的政治问题，因而造成过分夸大思想传统的力量，这样，即使具有坚实的学理基础，一旦运用于政治实践后，便走向其主观愿望的反面，使学理陷入进退维谷的境地。陈焕章等人发起成立"孔教会"，在全国掀起声势浩大的国教情愿运动；康有为提出"定孔教为国教"的主张；此后，张勋打着尊孔的幌子，进行政治复辟的舆论准备，等到复辟失败后，新传统主义者便不得不陷入极为尴尬的困境之中。对此，马勇认为，在当时中国的特殊背景下，以恢复中国旧有的伦常观念为主要目的的尊孔运动，在本质上并不能独立地进行。①

对此，彭永捷等明确认识到，一些儒者或者学者提出的"儒教的复兴""儒家文化的重新体制化""儒教重建"等观点，"在理论上将儒教的重建或复兴，纳入中华文化复兴的全局战略中来思考，视作中华文化复兴的一个方面，这并无什么不妥之处，可是，如果把儒教的国教化视作实现儒教重建的必由之路，将儒教在当代中国合法身份的恢复当作解决儒家文化与意识形态关系的一个工具，这同样是以政治绑架儒教。宗教是宗教，政治是政治；内圣是内圣，外王是外王，提供信仰帮助的儒教，不能沦为政治诉求的工具"②。

段德智在《近 30 年来的"儒学是否宗教"之争及其学术贡献》③ 一文中指出，儒学的政治化、意识形态化或儒教之为国教的问题，逸出了学术研究或宗教的论域，而进入了法律和政治的领域。要坚持儒学研究去政治化和去意识形态化的理路，这是我国儒学研究和整个宗教哲学研究正常、健康发展的基本保证。他还认为，自 1978 年任继愈提出"儒教是教"观点以来的 30 年间，我国儒学研究和宗教哲学研究，已经开始跳出西方主义和民族主义的双重藩篱，

---

① 庞朴等编：《先秦儒家研究》，湖北教育出版社 2003 年版，第 7、8 页。

② 彭永捷等主编：《中国儒教发展报告（2001—2010）》，河北大学出版社 2011 年版，第 2、8 页。

③ 段德智：《近 30 年来的"儒学是否宗教"之争及其学术贡献》，《晋阳学刊》2009 年第 6 期。

逐步驶入了去政治化和去意识形态化、"面向事情本身"的学术正道。

（四）把儒教放到更广阔的视野中

从儒教研究的历史进程来看，儒教是否宗教、儒教概念的厘清，以及儒学具有宗教性的认识，构成了儒教研究的传统理论论述维度。从学术探讨的立场来看，儒教研究已经由·种批判立场转而为儒教的学术讨论，由儒教理论建构进而关注儒教社会实践的探索，儒教研究的学术视野亟须进一步扩展。

任继愈已经意识到了这一问题，2005 年，他在为李申的专著《中国儒教论》作序时指出：儒教是不是宗教，中国有没有宗教，在我国古代本来不成为问题。这是从辛亥革命到"五四"前后，重新提出的一个新问题。学术问题之所以引起争论，总是由于发现了新材料（文献的、考古的）引起了大家的兴趣。唯独儒教引发的这场争论，并没有发现新材料，双方的根据都引用"四书"，同样的根据引出不同的结论，这一特异现象，值得引起我们的注意。

关于儒教，"既然不能从儒教本身的解释去争是非，那就不妨暂时离开'四书'，试从更广泛的范围，如社会学、经济学、宗教学、人类学多方面考察，可能对问题的解决有所裨益"[1]。在任继愈看来，儒教的消亡，只是指当前的中国本土来说的，在世界各地的儒教照常活动。这是由于世界各地的社会条件与中国不同。任继愈在文章的最后明确指出，由于儒教在中国义化史上的地位和影响，远远超过中国其他诸教，如果能从文化、社会切近生活及今天仍在活动的儒教诸因素，展开剖析，当可发现更多、更深层次的东西。[2] 任继愈从本土视野的儒教看到了不同国家和地区、不同社会条件下的儒教生存和活动情况，这一认识无疑对于儒教研究从视野与研究方法上进一步拓展指出了方向。

---

① 任继愈：《把儒教放在更广阔的视野里来观察——序李申著〈中国儒教论〉》，《云梦学刊》2005 年第 2 期。

② 同上。

　　韩星在《儒教问题——争鸣与反思》一书中，以中国台湾为例，说明儒学的宗教化，走民间发展的道路是一种现代社会多元文化发展的必然趋势。当中国海峡两岸学术界还在争论儒家是不是宗教的时候，中国儒教会在中国台湾成立，这显然具有划时代的意义，代表了中国台湾地区四百年的儒教文化跨出了第一步，值得学术界注目与研究。

　　彭永捷在《中国儒教发展报告（2001—2010）》中也提到这一问题。他列举了同属儒教文化圈的韩国人与海外华人，争取本族宗教合法身份的印度尼西亚、中国台湾的儒教组织活动，以及中国大陆以书院、精舍、圣堂为代表的儒教道场的出现等事实，认为学者们应该把眼光从书斋转向现实，看看中国大陆周边国家和地区儒教存在和发展的图景，也许会有新的思路。[①]

　　（五）儒教的跨学科与比较研究。

　　在这一时期，儒教的人类学、民俗学等跨学科研究日渐深入。陈晓毅发表了《儒家乎？儒教乎？——苗疆"堂祭三献礼"的宗教人类学研究》一文，作者认为，儒教是教非教的论争，大多还属于哲学层面，立论者或从儒学经典出发，或从史料出发，来论证自己的观点。因为缺乏来自现实生活中的硬性证据，这些论争都只是在学理层面展开，而对儒教在当今社会的实际情况缺乏应有的关注。有鉴于此，作者本着"礼失求诸野"的研究态度，以人类学田野调查手段，通过调研贵州省锦屏县河口乡苗族人民具有浓厚儒教色彩的"堂祭三献礼"仪式和文本，分析仪式具有的儒教文化因素，找出这一仪式至今仍有生命力的关键所在。作者认为，儒教仪式进入苗族文化的潜意识、深层次的过程，就是儒教礼仪所表达的宗教观念与苗族祖先崇拜传统对接，并在某些方面取而代之的过程。当地苗族民间宗教信仰的核心是祖先崇拜，而"堂祭三献礼"中所宣扬的中心观念之一就是"孝"，

————————

　　① 彭永捷等主编：《中国儒教发展报告（2001—2010）》，河北大学出版社 2011 年版，第 9 页。

这与苗族的祖先崇拜是相通的，锦屏苗族在丧葬仪式中采纳了儒教仪式，为儒教文化和苗族文化的交融提供了示范。同时，"堂祭三献礼"也为儒教仪式提供了人类学的证据。[①]

致力于民间儒教研究的中国台湾学者钟云莺，提出了"宗教的庶民儒学"[②]的概念。

张荣明在《儒教与道教关系》[③]一文中，通过比较汉代官方儒学的《春秋繁露》与道教经典《度人经》，厘清了儒教与道教之不同。他认为，虽然儒教和道教都具有神学特征，但二者的根本指向不同，儒教指向的是现实社会，而道教指向的是彼岸世界。他对"儒教"的精准定义，是指儒术独尊以后的中国中世纪官方意识形态，既不指向此前或此后的儒学，也不指向中国中世纪非官方化的儒学；他的道教是指宗教学界约定俗成意义上的道教，而不指向哲学界所讨论的一般意义上的道家哲学。

（六）海外儒教研究

在这一时期，海外儒教研究方兴未艾，我国学者主要从亚洲受儒学影响较深的国家入手进行研究。

1. 韩国儒教研究

周月琴在《儒教在当代韩国的命运及其传统文化意义》[④]一文中，对儒教在当代韩国的命运作了详尽分析。她认为，在短短 20 年间，儒教在当代韩国的命运可谓冰火两重天：20 世纪 90 年代以前，儒教被称为创造"工业东亚"经济奇迹的文化动力而备受赞扬；90 年代中期，东南亚金融危机波及韩国，遂使儒教在韩国面临被批判

---

① 陈晓毅：《儒家乎？儒教乎？——苗疆"堂祭三献礼"的宗教人类学研究》，《中山大学学报》2003 年第 6 期。

② 钟云莺：《清末民初民间儒教对主流儒学的吸收与转化》，台湾大学出版中心2008 年版，第 3 页。

③ 张荣明：《儒教与道教关系》，《管子学刊》2006 年第 1 期。

④ 周月琴：《儒教在当代韩国的命运及其传统文化意义》，《哲学动态》2005 年第 11 期。

和被抛弃的现实困境。周月琴重点分析了儒教被抛弃和被冷落的三个根源：一是在经济层面上，新自由经济对儒教价值之批判。金融危机爆发后，韩国实行新自由主义经济政策，这必将与儒家传统的伦理经济相冲突；而面对现实压力的韩国人自然而然顺应了改革浪潮，无情地抛弃了传统儒教的价值观。二是在学理层面上对儒教精神之驳斥。1999 年出版的《孔子应该死亡，国家才能生存》一书，从历史领域到现实层面，从先秦儒学到程朱理学，从祖先崇拜到神道设教，从日本儒教到韩国儒教，对儒教文化作出了全方位、多角度的哲学批判。三是废除户主制对儒家伦理之消解。户主制是韩国法律中一项对户主（男性）为中心，建构家庭关系的法律制度，贯彻了儒教男尊女卑的观念。然而，20 世纪 90 年代，新自由主义的经济改革自然殃及户主制，经过反复争论与探讨，2005 年，韩国政府终于取消了户主制。至此，自朝鲜时代以来一直居于正统地位的儒教意识形态、价值观念与生活方式，终于走进了历史的暗角。

2. 越南儒教研究

雷慧萃发表《试论儒教在越南的传播与发展》[①] 一文，认为作为儒教文化圈之一的越南"受儒教的影响最深最广"。在两千多年的历史中，无论是内属中国时期还是独立时期，儒教与越南民族的历史和文化圆融无碍、相得益彰，早已结下了不解之缘。作者认为，儒教在越南的传播与发展经历了四个阶段：第一个阶段，儒教开始传入时期，此时的越南内属于中国汉朝。西汉中叶，儒家思想被定为一尊，儒教逐渐成为国家意识形态主流，作为汉王朝的一部分的越南自然受到儒教的熏染。但由于此时的越南刚刚摆脱愚昧，步入文明，儒教对越南的影响不大。第二个阶段，佛教盛于儒教时期。三国时代，佛教传入越南，随着大量佛学经典的涌入，佛教文化成为越南社会的主流文化，其影响力远远盛于儒教。第三个阶段，是

---

① 雷慧萃：《试论儒教在越南的传播与发展》，《东南亚纵横》2003 年第 2 期。

儒佛并进时期。此时的越南不仅寺院遍布天下，僧侣人数也极其庞大，但佛教并非一枝独秀，儒教也呈蓬勃发展之势。从稳定社会立场出发，越南皇室日益注重吸取儒家的典章制度与价值理念，尤其是科举制的推行，为越南儒教之重振提供了制度保障。第四个阶段，儒教全盛时期。越南早期内属明朝，蓝山起义赶走了明朝统治者，越南重新获得独立，并进入了新的发展阶段。为了巩固政权，越南王朝采取了一系列改革措施，在政治上建立统一的中央集权制；在思想上，排斥佛教，重新确立了儒教的正统地位，经过千百年的传播和发展，儒学早已成为越南传统文化不可分割的一部分。虽然越南早已废除汉字，但儒家思想依然必将继续影响着越南人民生活的各个层面。

3. 日本儒教研究

韦立新通过对日本近世思想中较有代表性的思想体系的特征及其形成进行了考察，并将其核心内容与儒教的核心思想进行比较分析，认为中国的儒教文化实际上给整个日本的近世思想打上了难以磨灭的"烙印"。[①]

4. 泰国儒教研究

珍尼·理查森·汉克斯等考察了生活在泰国北部山地的泰族及其他少数民族，认为他们深受中国汉族的儒家信仰及传统观念的影响，特别是在"礼仪""尊卑""举止"上，都严格遵循儒家规矩。同时，也用儒家伦理道德来处理民族之间的关系。[②]

二　主要研究专著和发表文章

主要研究专著有：李申出版了《中国儒教史》（上、下）（上海

---

① 韦立新：《中国儒教文化与日本近世思想的形成》，《广东外语外贸大学学报》2002 年第 4 期。

② ［美］珍尼·理查森·汉克斯：《泰国北部各民族中的儒教传统》，《思想战线》2002 年第 3 期。

人民出版社 1999 年版）、《中国儒教论》（河南人民出版社 2004 年版）《上帝——儒教的至上神》（东大图书股份有限公司 2004 年版）、《儒学与儒教》（四川大学出版社 2005 年版）等系列儒教研究专著；此外，还有鞠曦的《中国儒教史批判》（中国经济文化出版社 2003 年版），任继愈主编的《儒教问题争论集》（宗教文化出版社 2000 年版），林存光的《儒教中国的形成——早期儒学与中国政治文化的演进》（齐鲁书社 2003 年版），韩星的《儒教问题——争鸣与反思》（陕西人民出版社 2004 年版），杜维明的《儒教》（上海古籍出版社 2008 年版），卢国龙的《儒教研究》第 1 辑（社会科学文献出版社 2009 年版），马克斯·韦伯等的《儒教与道教》（江苏人民出版社 2008 年版），约瑟夫·R. 列文森的《儒教中国及其现代命运》（中国社会科学出版社 2000 年版）。

主要论文有：解光宇的《关于儒教的思考》（载《世界宗教研究》2000 年第 1 期），陈晓龙的《论宗教及儒学的超越性》（载《西北师大学报》2000 年第 3 期），黄俊杰的《试论儒学的宗教性内涵》（载《原道》2000 年第 6 辑），刘平的《"儒教"对民众、对清代秘密社会的影响》（载《江苏教育学院学报》2000 年第 1 期），黄克剑的《儒道·儒教·儒者——我之儒学观》（载《东南学术》2000 年第 5 期），葛兆光的《穿一件尺寸不合的衣衫——关于中国哲学和儒教定义的争论》（载《开放时代》2001 年第 11 期），蔡德贵的《儒学儒教一体论》（载《中山大学学报》2001 年第 9 期），张立文的《20 世纪中国儒教的展开》（载《宝鸡文理学院学报》2001 年第 12 期），张宗华的《重新审视儒教伦理在东亚现代化进程中的作用》（载《西北师大学报》2001 年第 3 期），苗润田的《儒学宗教论的两种进路——以牟宗三、任继愈为例》（载《孔子研究》2002 年第 7 期），赵吉惠的《儒学二重性：既是哲学又是道德宗教》（载《孔子研究》2002 年第 7 期），李小艳的《儒教婚姻文化及其与异地非儒文化的冲突——以广东顺德的"姑婆屋"和纳西族的"殉情"为例》（载《湖北民族学院学报》2002 年第 12

期），韩星的《儒教是教非教之争的历史起源及启示》（载《宗教学研究》2002 年第 6 期）、《大陆儒教派的学术理路评析》（载《唐都学刊》2004 年第 6 期），彭永捷的《当代文化建设中的儒教问题》（载《中国人民大学学报》2007 年第 1 期），段德智的《近 30 年来的"儒学是否宗教"之争及其学术贡献》（载《晋阳学刊》2009 年第 11 期）。

跨地域、跨学科的研究主要有：岛园进、宇寒的《宗教概念的再探讨》（载《国外社会科学文摘》2001 年第 7 期），韦立新的《中国儒教文化与日本近世思想的形成》（载《广东外语外贸大学学报》2002 年第 11 期），崔亨植的《民主条件下的儒教传统》（载《东岳论丛》2002 年第 2 期），珍尼·理查森·汉克斯、李玉龙的《泰国北部各民族中的儒教传统》（载《思想战线》2002 年第 6 期），张璐的《浅谈韩剧中的儒教倾向》（载《枣庄学院学报》2009 年第 12 期）。

主要会议和综述有：梁溪的《三十年来的儒教研究综述》（载《儒道研究》第 1 辑，中国社会科学出版社 2009 年版），加润国的《儒教研究的世纪回顾与展望——关于儒教问题的研究报告》〔载曹中建主编《中国宗教研究年鉴（2001—2002）》，宗教文化出版社 2003 年版〕。

必须提及的是，在金泽、邱永辉主编的《中国宗教报告（2009）》（社会科学文献出版社 2010 年版）一书中，"儒教"首次被列入年度报告内容之一；由曹中建主编的《中国宗教研究年鉴（2001—2002）》（宗教文化出版社 2003 年版），首次将"儒教研究"单独列为一个栏目，与五大宗教研究并列。可以说，这是儒教在国家级宗教学术刊物中，首次拥有了自己的发言权，并获得了独立的学术研究地位。

第五节　儒教存在形态与多视角跨学科的研究（2010—2019）

2010 年至今的 10 年间，中国儒教研究的思想方法和实现路径悄然发生着变化。随着改革开放深入开展，社会趋于多元，以儒家传统为中心的议题，已经引起了各方关注并成为热点。儒教和中国人的社会生活究竟是怎样的？儒教在中国人的生活和实践中究竟扮演怎样的角色、起着什么样的作用？儒教在中国社会中究竟以什么样的形态存在？我们应该如何考察儒教的现实存在样态？对这些问题的思考和探讨，是儒教研究必须面对和解决的问题。

一　基本观点与儒教研究学术视野

（一）儒教存在形态的考察

长期以来，儒教研究似乎总是难以摆脱一种尴尬的境地：一方面，儒教研究者大谈儒教；另一方面，儒教的合法性问题又备受质疑。一些学者"搁置判教"，转而开始关注"儒教是以怎样的方式存在"等更具现实意义的问题。卢国龙在《"礼失求诸野"义疏》①一文中，提出"礼失求诸野"。在一定意义上说，儒教早已转化为一套较为固定的生活模式，渗透在百姓日用中。儒教研究应该从"礼失求诸野"的文化机制入手，深入生活，切入民间，从儒教的载体和活化石中寻找儒教的真意和生生不息的精神。儒教研究转向儒教在民间存在形态的考察，开辟了儒教研究的一条新路径。

1. 儒教的物质文化载体

地方志和碑文中的"儒教"。随着儒教研究愈加深入，有学者从

---

① 金泽、邱永辉主编：《中国宗教报告（2008）》，社会科学文献出版社 2008 年版，第 85 页。

地方志与碑碣等儒家文化物质载体来考察"儒教"的存在样态,作为国人信仰的儒教、孔教,在中华民国之前的史料中随处看到。由清秦兆阶纂修的《赞皇县乡土志·宗教》(抄本)载:"吾国有儒教,以孔子为宗主。"由陈继淹、许闻诗纂的《张北县志·礼俗志·宗教》(1935 年铅印本)载:"天地之间,无论何教,亦不出乎儒教所谓孝悌忠信礼义廉耻范围之外,人人日在儒教中,须臾不可离,离则乱矣。但人习以为常,均不知觉耳。"由斐焕星修、白永真纂的《辽阳县志·宗教》(1928 年铅印本)载:"中国孔子集群圣之大成,以儒立教,万世宗之,然不以宗教名也。"据《续修广饶县志》载:"宗教名词不见于古籍,自泰西传教士东来,始有宗教之名称。……有崇拜道教者,其大多数皆守孔子之道,为社会伦理中心。"由张志熙等修、刘靖宇纂的《东平县志·风土志·宗教》(1936 年铅印本)中记载:"宗教名义不同而为世界所公认者,有孔教、佛教、道教、回教、耶稣、天主等教,中惟孔教为最盛行……故无人不是在教之中。""我国上流社会无不奉儒教、宗孔子,其备致尊崇之意。儒教而外,排斥不遗……民国成立,一切宗教任人信仰自由,苟无背于法律,皆不加干涉,适合于孔子大同主义。"①

可以说,来自方志对孔教、儒教的记载,与诠释可谓不胜枚举,这是因为当时的中国,尽管外来宗教已经遍布全国,但国人还是非常自信,认为我们有自己的"正宗大教"。但 1949 年以后,全国号召"破四旧""提倡道德新风尚",拆庙、毁庙,这些旧的内容就逐渐被取代了。后又经过"文化大革命","儒教"传统基本上完全断裂。今天我们再翻各地方志,尤其是 20 世纪 80 年代以后修的志,已经完全找不到"儒教""孔教"二字。除了地方志里有"儒教"的记载,保存下来的碑石铭文也为我们留下了那段历史的踪迹。如收藏于某博物馆中的元代碑刻上写着"孔老之教并行乎中国",清代

---

① 张先清等编:《中国地方志基督教史料辑要》,东方出版中心 2010 年版,第 55、60 页。

碑刻上写着"崇儒尚道"等文字。① 碑碣是文化得以传承的重要物质载体，因为它承载着信息、表达着思想、寄托着信仰，因此，分析碑碣文献对于我们认识和了解当时社会的政治、经济、文化和社会生活具有重要意义。

儒教与文庙。王志跃认为，儒教作为中国传统文化的主要表现形式，是与广大的中国民众的生活世界结合在一起的，它不仅是传统，是历史，更是实实在在的生活世界。儒教在当代社会生活中的呈现，主要体现在民间的存在形态上，即祭祀、宗祠和习俗三个方面。② 作为"儒教"的物质文化载体，如文庙、宗祠、族谱、书院、楹联及碑刻等，"散落"在民间，且比比皆是。"人人敬祖""村村有庙""家家有祠堂"成为当今农村普遍存在的现象，能让人从中体会到百姓对超自然力量的崇拜与敬畏。围绕孔庙所进行的一系列敬拜和祭祀的行为，其中所蕴含的宗教信仰的精神文化和行为文化要素，是无论如何都不能避开的话题。从此一角度上说，文庙是儒教存在形态的最典型的物质载体。文庙作为"保存的历史"，今天具有两类功能：一类是提供学习和接受教育的场所，如有的文庙成为博物馆，有的建成了爱国主义教育基地，还有的在文庙举办群众性文娱活动，如举办书画展、摄影展等，这类功能保持了文庙历史记忆的同时，实现了文庙与时代的结合，并成功进行了社会功能的现代转换，使古老文庙在今天依然能发挥作用；第二类是成为人们祭拜祈福的圣地，这类文庙，平时对外开放，作为旅游景点迎接来自海内外游客参观、拜谒孔子、了解中国传统儒家文化，而每逢过年、过节，每逢考试日，尤其是高考日和孔子诞辰日，香火之旺，异乎寻常。人们在这里虔诚祈福、许愿、保佑工作、学习和生活平安。

---

① 金泽、邱永辉主编：《中国宗教报告（2009）》，社会科学文献出版社 2010 年版，第 193、194 页。

② 金泽、邱永辉主编：《中国宗教报告（2011）》，社会科学文献出版社 2011 年版，第 8 页。

这类文庙在民众信仰深处依然发挥着重要的精神抚慰和支撑作用。列文森曾记载了1962年清明节时候的曲阜孔庙,说成千上万的祭拜者涌到那里,"犹如赶集"① 一般。可见,文庙所具有的祭祀功能并非偶然,而是有着历史的传承与深刻的历史记忆。

儒教与宗祠。宗祠的基本功能是祭祖,但是现在的宗祠功能却呈现出多元化的趋势。现在的宗祠中随处可以看到老人协会、文化活动场所、党员活动场所、爱国教育基地等。当代宗祠活动在内容和形式上的变化,就其实质来说,是中国传统宗教观念和宗教活动适应时代要求的结果。

2. 儒教的行为文化方式

儒教与民间祭孔活动。自2004年9月28日,孔子诞辰2555年,政府首次公祭孔子开始,各地祭孔仪式不断:2005年全球联合祭孔、2006年海峡两岸祭孔大典、2007年山东曲阜举行了"迎奥运建和谐"祭孔大典,从此,每年逢孔子诞辰日,祭孔大典就如同必修科目,在全国各地如约举行。伴随着孔庙祭孔,儒学发展呈昌盛之势。2004年11月21日,全球第一所"孔子学院"在韩国首都挂牌。"孔子学院"秉承孔子"和为贵""和而不同"的思想理念,以推动中国文化与世界各国文化的交流与融合,以建立一个持久和平、共同繁荣的和谐世界为宗旨。据统计,截至2010年10月,孔子网络学院已经在96个国家和地区,建了322所孔子学院和369个孔子课堂。②

读经活动的兴盛。据《海南特区报》报道,2010年6月21日,海南省首家"现代私塾"现身海口;2010年被批准的"温州第一座孔庙",由四甲孔氏子孙自愿捐资,并在2009年前后已经进行了8次增修园谱的工作。孔庙还设立了一个"《论语》学习日",旨在学

---

① [美]约瑟夫·列文森:《儒教中国及其现代命运》,郑大华、任菁译,广西师范大学出版社2009年版,第322页。

② 金泽、邱永辉主编:《中国宗教报告(2011)》,社会科学文献出版社2011年版,第184页。

习研究儒学，搞群众文娱活动，祭祖缅怀祖德的丰功伟绩及进行传统教育，传儒学万世而不朽。据 2011 年 2 月 11 日《南国早报》报道，2011 年春节期间，南宁新落成的孔庙开门迎接前来祭拜至圣先师孔子的人群，而新建孔庙的建筑面积是旧庙的 6 倍，成为南宁不可多得的人文景观。据佛教在线海外讯，2010 年 12 月 23 日，印度尼西亚总统苏西洛亲自主持孔庙落成仪式，他希望本国孔教徒成为各种宗教和谐的榜样，共同建设一个没有歧视、和谐、互助合作的社会。[①]

民间书院的活动。据统计，截至 2012 年底，中国大陆书院有 591 所实体书院，网络虚拟空间办的书院有 100 多所。经过近十年的复兴，中国书院已经呈现出向现代化和国际化发展的趋势。目前，中国大陆书院大致可分为三大类：一是传统书院的复兴；二是文化名人办的一般性的文化书院；三是各种民间书院，这类书院其实大多是体制外的读经学校。[②]

历史和实践发展到哪里，人的认识就会发展到哪里，人的宗教观念也相应地发展到哪里。儒教的存在形态也必定随着历史和实践的发展而发展，而伴随着儒教问题讨论的全面展开，在社会一定范围内带动了国学热、读经热、民间书院热等，一系列弘扬儒家文化的实践活动，这一现象令人深思。

（二）儒教与马克思主义宗教观

王士良发在《儒教论争中的马克思主义宗教本质观》[③] 一文中，追溯了近代以来围绕"儒学是否宗教"产生的论争，详述了以陈独秀、任继愈为代表的一些学者关于宗教、孔教（儒教）的相关论述，

① 金泽、邱永辉主编：《中国宗教报告（2011）》，社会科学文献出版社 2011 年版，第184 页。

② 邱永辉等主编：《中国宗教报告（2014）》，社会科学文献出版社 2015 年版，第 145 页。

③ 王士良：《儒教论争中的马克思主义宗教本质观》，《南昌师范学院学报》（社会科学版）2018 年第 1 期。

认为，这些论述已经体现出马克思主义关于宗教的基本观点和方法，即宗教的本质及其发展规律是开展宗教相关研究的前提性或基础性问题。无论是利玛窦、康有为，抑或陈独秀、任继愈，他们在对儒教（孔教）进行判定，以及对其他宗教进行比较分析的时候，往往依据他们对于宗教的本质及其发展规律所进行的整体性研究。就宗教的本质论这一问题领域而言，陈独秀、任继愈的思想观点与马克思主义宗教理论极具相通之处。如，陈独秀、任继愈均是从人与异己力量（天、神、自然、社会等）的关系出发，讨论宗教的本质及其产生发展的认识论根源与社会根源，并尤其突出了社会之于宗教的独特意义，体现了辩证唯物主义和历史唯物主义的基本特点。以此为前提，在宗教发展的最终趋势这一问题上，他们亦基本上持一致的态度，即坚信宗教在人与异己力量的调整变迁的过程中（包括人的理性认识过程和物质生产实践的过程）终将走向消亡。因此可以说，陈独秀和任继愈关于宗教、儒教（孔教）的相关论述，实现了马克思主义宗教观与中国的宗教传统相结合，推动了中国化马克思主义宗教观的形成和发展，是中国化马克思主义宗教学发展史上的关键环节，具有重要的理论和现实意义。

（三）对儒教进行科学研究

吕力发表了《儒学当代全球传播、化约儒学与儒教社会科学》[①]一文，作者从当代儒学与儒教传播入手，认为儒教要立足于全球，在全球化背景下重建与阐释儒学的价值，并提出以心学为基础，"化约儒学"，使之简明、易于理解；修正阳明理论中的禅学化倾向，使之规范化；尤其要重视儒学与儒教为全球民众所理解、所信服。文章提出了"儒教社会科学"概念，主张对儒教进行科学研究。重视使用实证方法收集实证数据和材料，进行客观的分析和归纳，从而得出科学的理论来解释儒教现象以及儒教与社会其他方面的互动

---

① 吕力：《儒学当代全球传播、化约儒学与儒教社会科学》，《产业与科技论坛》2018 年第 17 卷第 7 期。

关系。

（四）把儒教纳入现代文学研究视野

刘宁在《末代士绅阶层的式微与儒教文化之危机——兼论〈白鹿原〉的当代文化意义》① 一文中，通过分析陈忠实的小说《白鹿原》主要人物，提出在中国传统社会里，士绅阶层所尊崇的儒教不仅是官方政治意识形态，也是两千年来具有稳固统治地位的宗法家族中，共同遵守的文化传统。19 世纪中后期以来，在西方现代化的侵袭之下，士绅阶层日渐式微，他们所信奉的儒教文化也面临着前所未有的危机。

2017 年，哈迎飞发表《现代文学研究中的"宗教"问题》② 一文，认为"儒教对中国现代文学的影响弊大于利"，并提出"借助宗教的视角，或许更容易看出其中的真相"。作者认为，自 20 世纪 90 年代以来，对佛教、基督教、伊斯兰教与中国现代文学的关系研究较多，成果也较多。但研究宗教与中国现代文学的关系，目光不能仅仅局限在三大宗教上。自古以来，中国人的终极关怀主要是由宗教代用品来解决的。因此，就中国现代文学而言，真正重要的是与宗教代用品的关系，也就是说，儒教问题以及作为中国人"第二本能和宗教"的生活的艺术，应该纳入现代文学的研究视野。

（五）儒教的跨学科研究

白欲晓在《回到儒教自身——儒教学术形态引论》③ 一文中，借用西方人类学的方法论分析中国的儒教，提出儒教研究需要"回

---

①　刘宁：《末代士绅阶层的式微与儒教文化之危机——兼论〈白鹿原〉的当代文化意义》，《陕西师范大学学报》2013 年第 5 期。

②　哈迎飞：《现代文学研究中的"宗教"问题》，《首都师范大学学报》2018 年第 12 期。

③　白欲晓：《回到儒教自身——儒教学术形态引论》，《安徽大学学报》2010 年第 4 期。

到儒教自身",以寻求关于"儒教"的切己描述。儒教作为"社会存在",具有自身的结构和功能,并通过观念性和物质性的"结晶化"形式表现自己。对于传统中国来说,身处于儒教的世界,是基本的历史事实。当"儒教"成为对象而为现代思想所刻画时,表明现代中国已经疏离了"儒教"传统。19 世纪以来,中国思想界关于"儒教"的思考与探求,无论是文化的反思,还是意识形态的批判,乃至现代性的建构,常常是基于某种时代观念和社会实践的需要而对"儒教"的现代说明。现代中国思想中的儒教言说,缺乏一个最基本的向度,这就是"回到儒教自身"。

首先要正视中国及东亚的儒教历史传统。他认为,"历史上的儒教存在",仍然是一种关于儒教的"叙述"。这样的叙述,即使是建立在具体的历史考察基础上而自命为客观,也难以避免研究者的研究视角和历史观念的局限,所以,"回到儒教自身",应该贯彻一种现象学的眼光。另外,无论我们如何界定儒教,儒教作为一种"社会存在"是其最直接显明的特征。儒教不只是一种自然的存在,不只是某种集体的精神现象,更不是个体的心理现象,儒教有着社会性的构造与形态。因此,把握儒教的"社会"属性和"存在"的特征,是通向"儒教自身"的基本道路。作为"社会存在"的儒教,其"存在"的内容和特征,可以借鉴涂尔干"社会事实"的描述和研究获得具体的说明。

"儒教"的"人类学"原因,与"儒教"的社会历史动因合称为中国社会的"儒教本性"。这种"儒教本性"源于传统中国人关于世界的基本理解,也植根于传统中国的社会和历史需要。而儒教所具有的"人类学"的原因,就是古代中国人所具有的存在领悟。正是在这种存在理解和社会历史要求的双重促动下,儒教得以成为传统中国最为重要的社会存在。

任文启在《儒教:作为一种身体中的宗教——一个现象学的

视角》① 一文中，从中西文化比较的论域，以现象学的方法重新界定宗教的本质，并对儒教予以现象学的解读。作者认为，儒教已经是一个"过去完成进行时"的存在，我们无法在"事实中"直观到，虽然可以通过对中国当下社会中儒教留下来的生活方式，进行一些碎片化的观照。通过对《论语》文本现象学的考察分析认为，不论如何进行"想象力的自由变更"，我们总可以直观到"身体"这一前后一贯的现象，所有的神圣性都具有围绕身体建构的特征，以此特征可以观照到整个中国文化。而儒教的超越性就体现在，有限的身体在时间中的展开以达到无限的过程中。

总之，以一种更为开阔的学术视野，借鉴西方宗教学家、社会学家、人类学家的思想方法，可以为儒教研究提供新的坐标。

二　主要研究专著和发表文章

主要研究专著有：马克斯·韦伯的《儒教与道教》（陕西师范大学出版社 2010 年版），李申等的《儒教天道观》（国家图书馆出版社 2010 年版）、《清代中后期儒者的儒教意识》（国家图书馆出版社 2010 年版），黄玉顺的《儒教问题研究》（人民出版社 2012 年版），李申的《儒教简史》（广西师范大学出版社 2013 年版），初小荣的《儒家、儒学与儒教》（国家图书馆出版社 2011 年版），彭永捷的《中国儒教发展报告》（河北大学出版社 2011 年版），任继愈的《宗教典·儒教分典》（河北人民出版社 2012 年版），石磊的《秦汉代儒教天论研究》（中华书局 2015 年版），哈迎飞的《儒教与中国现代文学》（商务印书馆 2013 年版），韩星的《儒教的现代传承与复兴》（福建教育出版社 2015 年版），周月琴的《儒教在当代韩国的命运》（知识产权出版社 2014 年版）。

主要论文有：杨义芹的《关于"儒教"概念的考察及其思考》

---

① 任文启：《儒教：作为一种身体中的宗教——一个现象学的视角》，《宗教学研究》2011 年第 12 期。

（载《孔子研究》2010 年第 7 期），李华伟的《当代大陆儒教复兴之载体及其效用——历史视野下的反思》（载《宗教学研究》2013 年第 3 期），张宏斌的《儒教在民间的存在状态及启示》［载《中国宗教报告（2012）》，社会科学文献出版社 2012 年版］，陈进国的《传统的唤醒与发明》（载《中国社会科学院世界宗教研究所建所 50 年纪念文集（1964—2014）》，社会科学文献出版社 2014 年版），李明的《儒教基本价值观与思维方式述要》（载《孔子研究》2014 年第 11 期），钟晓文的《"儒教"的跨文化认知与传播：语义变异与幻想建构》（载《福建师范大学学报》2014 年第 2 期），李天纲的《江南镇乡祭祀体系中的地方与国家——以上海金泽镇及苏、松二府为例》［载《华东师范大学学报》（哲学社会科学版）2014 年第 7 期］，谢光宇的《宗教视野中的民间儒教——以明清徽州释奠朱子为例》（《宗教与哲学》2014 年第 1 期），楼宇烈的《儒家、儒教与宗教》（载《北京日报》2016 年 9 月 19 日），林安梧的《儒教释义：儒学、儒家与儒教的分际》（载《当代儒学》2016 年第 12 期），杨莉的《分化与叠合现象中儒教文化认同的建构——以印度尼西亚泗水文庙为例探讨》（载《儒道研究》2016 年第 7 期），谢遐龄等的《从哲学与社会学的视角看儒学/儒教的复兴》（载《原道》2017 年第 12 辑），张闰洙的《儒教的家族观与后现代意义》（载《湖南大学学报》2017 年第 7 期），石顺林的《从民间葬礼出发重新认识儒教》（载《大理大学学报》2017 年第 7 期），程志华的《生活儒学：当代儒学发展的一种哲学向度》（载《当代儒学》2017 年第 8 期）。

第六节　儒教研究的未来前景与展望

学术争鸣是文化繁荣的主要标志，是社会向前发展的重要表现，是促进学术研究蓬勃开展的有益形式。回顾中华人民共和国成立以来 70 年来的儒教研究历程，既有激烈的思想交锋，又有深刻的理论辨析，其过程跌宕起伏、引人深思。

一 让儒教研究走出"灰蒙之境"

杨庆堃曾对中国宗教从更广阔的社会学角度进行了描述，他认为，中国"几乎每个角落都有寺院、祠堂、神坛和拜神的地方。寺院、神坛散落于各处，比比皆是，表明宗教在中国社会强大的、无所不在的影响力，它们是一个社会现实的象征"①，这一认识是对中国现实状况的真实反映，也显示了杨氏对中国宗教与社会关系的整体性把握。随着宗教越来越朝向个体化、私人化的层面渗透，宗教权威、规范化的信仰方式、教条和形式的重要性日益下降，私人的东西、内在感受、个体经验和当下"生活"的权威逐渐上升，儒教作为一种宗教的现实存在形态的问题意识已经凸显出来。如何对这一宗教现象进行正确解读和定位，依然存在认识和实践上的模糊性。卓新平在《金融危机与宗教发展》② 中，把当代社会变动中的宗教板块分为"护持"型的"核心板块"、"自发"型的"新生板块"和"模糊"型的"边缘板块"三大类。对"模糊"型的"边缘板块"所涉及的"宗教"，既有认识上的"模糊"，亦有实践中的"模糊"。而对儒教的认识就属于这一类，他认为，目前对儒教的认识依然处于"灰蒙之境"。民众在庙宇、道观等烧香拜佛、占卜求签之举，究竟是民俗、时尚，还是宗教意识或情感，亦颇难分辨。对于这种信仰的随意性，人们更愿意有一种"非宗教性解释"。而只把较为正规、系统的信仰崇拜视为宗教。因此，对"模糊"的"边缘板块"的研究，我们不应该有"泛宗教"认识的偏激，也不能忽视或无视其中的宗教因素，不能放弃中国人对"宗教性"的认

---

① ［美］杨庆堃：《中国社会中的宗教：宗教的现代社会功能与其历史因素之研究》，范丽珠等译，上海人民出版社 2007 年版，第 4 页。

② 金泽、邱永辉主编：《中国宗教报告（2009）》，中国社会科学出版社 2009 年版，第 30—31 页。

识和界说。

二 优秀传统文化是中华民族的精神命脉

习近平总书记曾强调指出，中华民族优秀的传统文化是我们民族的"根"和"魂"，丢了这个"根"和"魂"，就没有了根基。抛弃了传统，丢掉根本，就等于割断了自己的精神命脉。在我们的民族文化传统中，有没有宗教文化的因素，如何看待和评价中国传统宗教精神，是一种必要的文化反思，也是儒学与儒教研究不可回避、不能绕过的问题。儒学与儒教如何研究，关涉中国传统儒家文化如何复兴，如何转生的大问题。习总书记提出的"创造性转化、创新性发展"，是指导传承发展中华优秀传统文化的重要方针。党的十九大报告指出："人民有信仰，民族有希望，国家有力量。"信仰决定了人的价值取向，决定了人的生活方式，决定了人的精神面貌，是人的一切行为的出发点和归宿。习近平总书记指出："未来中国，是一群正知、正念、正能量的人的天下。真正的危机，不是金融危机，而是道德与信仰的危机。"面对当今外来宗教大炽，国人信仰匮乏，民间邪教猖狂，道德底线失守，人性堕落，社会亟须提高正能量。"作为表达中华民族情感的信仰方式"①，"关注人心"的儒教如何在中华民族共有家园的建设中尽一己之力，是儒教研究的重中之重，学者依然肩负使命。

三 构建中国文化研究的学术话语体系

中华文化的核心精神就是实践，儒教本质上就是一个实践性课题。改革开放以来，中国学者走出"象牙塔"，奔赴乡间田野，深入民众生活，不仅了解到乡土民情和百姓的精神需求，同时也考察了儒教现时代的存在样态。几千年来，传承儒家文化的物质载体，历经风雨和战乱洗礼，多数并没有保存下来。应该看

---

① 单纯：《"儒教"：认识民族情感的新视野》，《中国图书评论》2013年第5期。

到的是，物质载体可以毁损，实体可以消亡，行为文化的内容可以增减、形式可以改变，但深入民众精神深层的理念却融入进百姓"日用而不知"的生活中，形成中国人独特的思想意识和道德行为规范，并深层积淀于中华民族的灵魂中，构成了中华民族精神的基石。

作为中国儒家传统文化的重要部分，延续着儒家文化传统的祭祖仪式、族谱续修、祖茔维护、书院建设、祠堂楹联等一系列民间信仰习俗和民间祭祀传统，一直都在传统与现代的动态重构中探索新的发展思路。传递宗谱，意味着接受了传家的责任；国人普遍接受的神圣价值就在世俗生活的仪式中得以传递。通过续修家谱、修建宗族祠堂，以及各种各样祭祀祖先仪式而活跃于民间的儒教活动，连同那些彰显儒教价值与精神的民间宗教实践，使得民间儒教散发着庙堂儒学难以具有的活力和对社会生活的影响力，回应着社会急速变迁过程中民众对精神归宿和道德秩序的渴求①。事实上，儒教一直都在致力于助推乡村社会互助发展、乡邻和睦、乡风文明建设和社会主义新农村建设的实践，一直都在尝试个体自我约束与自我规范的"过化存神"的自觉修为，也一直试图努力探索人与社会的和谐发展。

儒教研究的实践推进，充实了优秀传统文化的内涵，同时也丰富了实践儒学的鲜活内容。客观上，儒家文化的物质载体和行为文化方式，早已渗透进新时代的思想，并获得了新时代精神的伟大引领。儒教研究在未来将呈现全方位、多视角，乃至跨学科、跨领域的研究态势，并因此获得更大的发展空间。

社会在发展，思想必须前行。唤醒我们民族的灵魂，接续我们文化的精神和传统的慧命，就必须要对自己的文化有真切的了解和全面认识。而只有回到中国社会的现实国情中，回到民众日用而不

---

① 范丽珠：《中国当代儒教复兴与发展问题报告》，载邱永辉等主编《中国宗教报告（2015）》，社会科学文献出版社 2016 年版，第 140 页。

知的社会生活中，讲出我们自己的原汁原味的故事，构建出反映我们自己国情的学术话语体系，做到既有"中国立场"，又要学习"世界表达"，如此，中国传统文化才能再次找到新的生长点，重新焕发生机和活力。

第八章

中华人民共和国 70 年
民间宗教研究（1949—2019）

引　言

　　中国民间宗教是不同于正统佛教、道教等宗教形态的另一种宗教形式。就宗教意义而言，民间宗教与正统宗教之间没有隔着不可逾越的壕沟。由于民间宗教在中国历史上大都秘密流传，因此，国内，还有些学者将中国民间宗教称为"秘密宗教""民间秘密宗教""民间秘密宗教结社"。然而，并非所有的民间宗教在任何时代都遭到取缔，某些教派传教曾有相当的公开性，如元代初、中叶的白莲教，明代中叶的无为教、三一教，等等。因此"不能以秘密宗教加以概括，民间宗教这一概念，更具有包容性和普遍性"①。欧大年也指出，在研究中国民间宗教时，不能将民间宗教与一些自愿结社，如秘密会社以及不时爆发的农民起义混为一谈。应该对中国民间各种结社进行更为准确的分类，不仅要注意其政治功能，而且应该重视其内部的历史和宗旨，进而根据其源流、教义和实践把各种不同

---

① 　参见马西沙《中国民间宗教简史》，上海人民出版社 2005 年版，绪言。

的宗教运动形式区分开来。①

在当今中国宗教史的研究中，学界又往往使用"教门"一词指称明清之际的民间宗教教派。马西沙认为，所谓教门是指下层民众以信仰为纽带的结社组织。溯其源流，东汉末年的太平道、五斗米道；南北朝佛教异端派生出的大乘教、弥勒教；南北朝时期从西域传入中原的摩尼教；隋唐时代摩尼教与弥勒教的融合；北宋的妖教；南宋初在江南问世的白莲教、白云宗；金元时期在北方出现的被耶律楚材称为"老氏之邪"的全真道、混元道、太一道、真大道等"新道教"②；元代白莲教及弥勒教与摩尼教的混合教派即"香会"等，其初始都是民众以信仰为纽带的结社组织，即教门无疑。进而，马西沙认为，就宗教本质而言，明清民间教门与正统宗教之间并无本质不同。③路遥先生亦以"教门"指称明清民间宗教教派，但是在路遥先生那里，"教门"是一中性的语汇，并不带有思维判断。④当然，国内还有一些学者将"教门"作贬义解，指出："把秘密教门归入宗教信仰，从而否定它是民间秘密结社，也是值得商榷。"⑤这无疑是认为明清民间"教门"并非宗教。

事实上，"教门"一词的使用并非始于明清之际的民间宗教，更不是明清民间宗教的专称。"教门"一词乃是中国历史上多种宗教的称谓，尤以传统的释、儒、道三教为多。明清的民间宗教（民间教

① ［美］欧大年：《中国民间宗教教派研究》，刘心勇、严耀中等译，上海古籍出版社1993年版。

② 马西沙认为，全真道兴起于民间，乃是典型的民间宗教，其一反北宋道教的作为，明显带着宗教改革的性质。关于全真道的民间性请参见马西沙《论全真道的民间性》，以及李刚《全真道何以能成立》，载《全真道传承与开创国际学术研讨会2003年论文集》，第91—96、56—66页。

③ 马西沙、韩秉方：《中国民间宗教史》，中国社会科学出版社2004年版；马西沙：《中国民间宗教简史》，上海人民出版社2005年版。

④ 路遥：《山东民间秘密教门》，当代中国出版社2000年版。

⑤ 秦宝琦：《中国地下社会》，学苑出版社1993年版，第6页。

门、秘密教门）当为宗教无疑。① 显然，当今学界是从政治学层面对民间宗教进行定义的。这种定义方式虽然能比较确切地反映明清民间宗教与农民运动的紧密联系，但却隐含先入为主的价值判断。在这种定义下的民间宗教本质上是一种对抗正统政权的政治势力，而宗教只是一种形式而已。②

到底应该如何看待"民间宗教"这一概念呢？

我们认为，"所谓民间宗教，是指流行于社会中下层、未经当局认可的多种宗教的统称"，民间宗教这一概念比秘密宗教、秘密社会或民间秘密结社"更具有包容性和普遍性"③"民间宗教与正统宗教虽然存在质的不同，但差异更多地表现在政治领域，而不是宗教本身。……就宗教意义而言，民间宗教与正统宗教之间没有隔着不可逾越的壕沟"④。道、释等正统宗教及儒学在民间的散布形态（如民间道教和佛教），理所当然地属于民间教派或民间宗教。

正统宗教与民间宗教的差别更多地表现在政治范畴，而不是宗教层面。民间宗教主要不是活在国家政治里，而是活在民众的民俗文化中。⑤ 随着时代的发展，"在未来的社会，所谓民间宗教，所谓正统宗教的概念都会消失，将代之以传统宗教、新兴宗教的概念"⑥。

---

① 参见李志鸿《〈教门〉考》，2007 年未刊论文。

② 王庆德：《中国民间宗教史研究百年回顾》，《文史哲》2001 年第 1 期。

③ 马西沙：《民间宗教志》，上海人民出版社 1998 年版，第 1 页。

④ 马西沙、韩秉方：《中国民间宗教史》，上海人民出版社 1992 年版，第 2 页。

⑤ 董晓萍：《田野民俗志》，北京师范大学出版社 2003 年版，第 578 页。

⑥ 马西沙：《中国民间宗教简史》，上海人民出版社 2005 年版，第 436 页。

第一节 中国民间宗教研究 70 年的 基本历程与主要成果

一 民间宗教研究的缓慢开展（1949—1978）

（一）民间宗教与社会运动

在中国民间宗教史上，存在着民间宗教与农民运动相结合的现象。在一定历史条件下的民间宗教运动，在一定程度上冲击了历代王朝的统治秩序。中华人民共和国成立后，中国学界对民间宗教的关注，实际上即源于对农民战争的研究。

1948 年底，李世瑜的《现代华北秘密宗教——民俗民间文学影印资料之五十九》出版。① 熊德基的《中国农民战争与宗教及其相关问题》，发表于 1964 年《历史论丛》第一辑，② 该书运用马克思主义观点分析了在农民战争中宗教的两重性作用。

（二）民间宝卷的收集整理

中国民间宗教研究所涉及的史料众多，但凡历代官书、笔记、杂录、档案、宝卷皆在其列，其中，以清代档案和教派宝卷尤为重要。相对于档案而言，宝卷是研究民间宗教的另一重要文献群，作为尚未被充分发掘、整理、研究的民间文献，宝卷与宋元以来的中国民间宗教有着重要的关联。20 世纪二三十年代，顾颉刚、郑振铎、向达等学者开始搜集、研究宝卷。此时的研究主要是将宝卷作为民间俗文学来看待的。日本学者泽田瑞穗著的《增补宝卷的研究》③，共收录作者以及日本公私收藏宝卷 209 种，是海外汉学界收集最丰者。综观学者对宝卷的整理，可以分为"叙录"和"编目"

---

① 李世瑜编：《现代华北秘密宗教》，上海文艺出版社 1990 年版。

② 熊德基：《中国农民战争与宗教及其相关问题》，载《历史论丛》第一辑，1964 年。

③ ［日］泽田瑞惠：《增补宝卷的研究》，国书刊行会 1975 年版。

两类。1961 年 10 月，李世瑜编的《宝卷综录》一书由中华书局出版，[①] 该书不仅收集了李氏自身收集的宝卷，而且综合了《破邪详辨》《涌幢小品》等历史著作所载经文目录，及从郑振铎到胡士莹等人藏书及藏目、书目。20 世纪 50 年代开始，已经有学者开始对宝卷演唱活动的调查。这一时期，学者在对江苏南部戏曲调查中获得了一些宝卷曲目。[②] 在宝卷目录研究上，车锡伦堪称集大成者，其著《中国宝卷总目》[③]，共收录海内外公私 104 家收藏的宝卷 1585 种，5000 余种版本，是目前收录最全的宝卷目录。如前所述，宝卷数量巨大，可以说是独立于佛经、道藏外的另一中国传统宗教的经典。这些为数不少的宝卷，包括了相当种类的劝善书，但作为民间宗教教义的宝卷亦有二三百种。

二　民间宗教研究的恢复与发展（1979—1989）

改革开放以后，中国学术界开始了真正对民间宗教的研究。喻松青是在民间宗教研究开风气之先的学者。1987 年喻松青《明清白莲教研究》一书由四川人民出版社出版，该书是十二篇文章的结集。[④] 杨讷则在宋元白莲教研究上取得重要成果，曾与陈高华共同编辑了《元代农民战争史料汇编》[⑤]，再编《元代白莲教资料汇编》[⑥]。

1982 年后，马西沙开始利用档案与宝卷研究罗教体系的斋教、青帮及民间道教体系的黄天道与弘阳教。1989 年马西沙在中国人民大学出版社出版了专著《清代八卦教》[⑦]。该书以大量的清代档案，以及作者调查得来的八卦教经卷为主要史料，揭示了八卦教的起源、

---

① 李世瑜编：《宝卷综录》，中华书局 1961 年版。
② 《江苏南部民间戏曲说唱音乐集》，音乐出版社 1955 年版。
③ 车锡伦：《中国宝卷总目》，北京燕山出版社 2000 年版。
④ 喻松青：《明清白莲教研究》，四川人民出版社 1987 年版。
⑤ 杨讷等编：《元代农民战争史料汇编》，中华书局 1985 年版。
⑥ 杨讷编：《元代白莲教资料汇编》，中华书局 1989 年版。
⑦ 马西沙：《清代八卦教》，中国人民大学出版社 1989 年版。

演变、内部组织，由此形成的世袭传教家族的兴衰。进而还分析了教义、仪式、教规与农民运动的关系。对八卦教与华北诸多的民间宗教教派的复杂关联，也给予深入的关注。徐梵澄先生在 1992 年第 8 期《读书》上以"专史·新研·集成"为题评价《清代八封教》，认为著者"在极难措手的专题理出了一个头绪，使人明确见到史实的真姿，这是深可赞扬的事"①。福建师大的林国平在 20 世纪 80 年代先后发表了《论三一教的形成和演变》《论林兆恩的三教合一思想》《三一教与道教的关系——从林兆恩与卓晚春、张三丰的关系谈起》② 等六篇关于三一教的文章。20 世纪 80 年代之后，宝卷的田野调查卓有成绩，随着宝卷调查研究的深入，学者也对宝卷研究进行了反思，③ 对"宝卷学"④ 也进行了阐述。

三　民间宗教研究的繁荣与兴盛（1990—1999）

（一）中国民间宗教史研究

1992 年 12 月，马西沙、韩秉方合著《中国民间宗教史》⑤ 由上海人民出版社出版，全书共计二十三章、106 万字，涉及从汉代至清代民间道教、民间佛教、摩尼教、罗教、黄天教、弘阳教、闻香教、江南斋教之大乘、龙华教、金幢教、金丹道、八卦教、九宫道、龙天教、一炷香教、收元教、混元教、刘门教、黄崖教、三一教等数十种宗教。1992 年，林国平出版专著《林兆恩与三一教》⑥。而连

---

①　徐梵澄：《专史·新研·集成》，《读书》1992 年第 8 期。

②　林国平：《三一教与道教的关系——从林兆恩与卓晚春、张三丰的关系谈起》，《宗教学研究》1988 年第 4 期。

③　车锡伦：《中国宝卷研究的世纪回顾》，《东南大学学报》（哲学社会科学版）2001 年第 3 期。

④　濮文起：《宝卷学发凡》，《天津社会科学》1999 年第 2 期。

⑤　马西沙、韩秉方：《中国民间宗教史》，上海人民出版社 1992 年版。

⑥　林国平：《林兆恩与三一教》，福建人民出版社 1992 年版。

立昌的《福建秘密社会》① 与林国平著作互为补充。

（二）中国民间宗教志研究

1998 年马西沙独立完成《民间宗教志》②，由上海人民出版社出版。2005 年该志书以《中国民间宗教简史》为名在上海人民出版社再版。③ 再版时，收入马西沙的新近文章两篇，以及后记一篇。简史对《中国民间宗教史》的不足和缺憾进行补正，系统研究了中国民间宗教史上弥勒教与摩尼教的融合，进而指出元末农民起义为白莲教起义这一观点，是对历史的误判，明清民间宗教世界也不存在一个"白莲教系统"；同时，简史也对从变文到宝卷的源流关系进行统观，对罗教的五部六册宝卷教义作了阐释，即由净入禅，再由禅入净，形成禅、净结合，心性即安身立命之净土，心性即本体。

四　民间宗教研究的深入与拓展（2000—2009）

（一）民间宗教方向研究生的培养

2000 年以来，随着民间宗教学科建设的完善，中国社会科学院宗教所、中国人民大学历史系、北京师范大学等均设有民间宗教研究方向的博士招生点。宋军是人大历史系的博士生，于 2002 年 2 月由社会科学文献出版社出版的《清代弘阳教研究》④ 是又一部就专一民间教派研究的专著，是作者长期以来对弘阳教进行研究的系统成果。2002 年，刘平的《文化与叛乱：以清代秘密社会为视角》⑤ 由商务印书馆出版发行。该书以清代秘密社会为对象，从文化的角度来研究农民叛乱。梁景之是马西沙与日本学者浅井纪共同指导的博士生，他在 1997 年至 2002 年苦读五年，终于完成《清代民间宗教研究——关于信仰、群体、修持及其乡土社会的关系》的论文。

---

① 连立昌：《福建秘密社会》，福建人民出版社 1989 年版。
② 马西沙：《民间宗教志》，上海人民出版社 1998 年版。
③ 马西沙：《中国民间宗教简史》，上海人民出版社 2005 年版。
④ 宋军：《清代弘阳教研究》，社会科学文献出版社 2002 年版。
⑤ 刘平：《文化与叛乱：以清代秘密社会为视角》，商务印书馆 2002 年版。

论文不同于以往对清代民间宗教研究的历史学、宗教学方法论，不是具体研究某一派或几派的宗教史，而是把历史学与人类学的方法论结合起来；同时也关注民间宗教的乡土性与民俗性。① 2003 年，北京师范大学民俗学博士生尹虎彬完成其论文《河北民间后土信仰与口头叙事传统》②，这篇论文运用了民俗学的方法论，对河北某一地区的乡土社会进行了两年时间的一以贯之的专题调查。将宝卷作为心理的、行为的、仪式的传承文本，考察宝卷与口头叙事传统的互为文本的历史意义。③ 2005 年，马西沙的韩国留学生李浩栽完成其博士学位论文《弘阳教研究》，该论文是对新近出现的六种弘阳教经卷的解读，与对韩祖庙宗教现状的田野调查相结合的成果。④ 2002 年，陈进国进入世界宗教研究所，师从马西沙先生研究民间宗教，2017 年其新著《救劫——当代济度宗教的田野研究》由社会科学文献出版社出版。⑤ 2004 年，李志鸿进入世界宗教研究所，师从马西沙先生攻读博士学位，研究宋代以来的道教仪式与民间社会。⑥ 此后，2009 年，李志鸿开始对闽浙赣的民间宗教，以及宣卷仪式进行研究。2007 年，危丁明进入世界宗教研究系，师从马西沙先生攻读博士学位，完成《先天道及其在港台与东南亚地区的发展》博士学位论文，并于 2015 年出版⑦。

---

① 梁景之：《清代民间宗教与乡土社会》，社会科学文献出版社 2004 年版。

② 尹虎彬：《河北民间后土信仰与口头叙事传统》，博士学位论文，北京师范大学，2003 年。

③ 尹虎彬：《河北民间后土地祇崇拜》，学苑出版社 2015 年版。

④ ［韩］李浩栽：《弘阳教研究》，博士学位论文，中国社会科学院研究生院，2005 年。

⑤ 陈进国：《救劫——当代济度宗教的田野研究》，社会科学文献出版社 2017 年版。

⑥ 李志鸿：《道教天心正法研究》，社会科学文献出版社 2011 年版。

⑦ 危丁明：《先天道及其在港台与东南亚地区的发展》，博士学位论文，中国社会科学院研究生院，2010 年；《庶民的永恒：先天道及其在港澳及东南亚地区的发展》，博扬文化事业有限公司 2015 年版。

（二）民间宗教的合法性过程

改革开放以来，中国大陆社会发生了翻天覆地的变化，宗教信仰的政治环境比较宽松，为民间宗教复兴提供了有利的条件。[①]

1949 年以来，有些民间宗教的领袖开始关注本教门的法律地位，并为争取本教门的合法权益而努力。以三一教为例，虽然改革开放以来，三一教可以公开传播，但未能得到政府的承认，从法律上说，三一教仍然是非法宗教组织。三一教上层人士通过召开学术研讨会、政协提案、书面报告不断地向上级有关部门和领导反映，反复强调三一教不同于其他民间信仰，更不是封建迷信，而是地地道道的民间宗教，具备宗教的一切要素，强烈要求与佛教、道教、伊斯兰教、基督教、天主教一样得到法律保护，承认其合法地位。经过二十多年不懈的努力，2006 年 12 月 8 日，经过莆田市民政局的批准和市宗教局同意，莆田市三一教协会正式成立，标志着莆田市三一教"纳入政府依法管理的轨道"，实现了三一教信徒梦寐以求的愿望。[②]

（三）当代民间宗教与民间文艺

从民俗的角度来研究民间宗教，有助于我们对民间宗教的特殊性进行重新认识。在民众的民俗生活中，民间宗教在转化之后，却得到了延续。华北的民间宗教在华北民众的群体实践中，被转化成了口头讲唱经卷的形式，几百年以来一直在流传，从未消失。在当

---

① 参见濮文起《当代中国社会的民间宗教问题及其对策研究——以河北省天地门教、弘阳教为例》，《当代宗教研究》2005 年第 2 期；《民间宗教的活化石——活跃当代中国某些乡村社会的天地门教》，《天津社会科学》2006 年第 3 期；《民间宗教的又一块活化石——活跃在当今天津市西青区杨柳青镇的明代西大乘教》，《当代宗教研究》2006 年第 3 期。王熙远：《桂西民间秘密宗教》，广西师范大学出版社 1994 年版。王宏刚：《上海农村城市化过程中的宗教问题研究》，《世界宗教研究》2005 年第 4 期；《上海农村城市化过程中的宗教及民间信仰问题研究》，《宗教与世界》2005 年第 11 期。

② 林国平：《当代民间宗教的复兴与转型——以福建三一教为例》，《东南学术》2011 年第 6 期。

代民间社会，秧歌戏、书会、音乐社等一些生命力很强的民间文艺，通常具有民间宗教经卷的性质。它们的流传，受到了基层社会组织的保护，它们的讲唱核心是劝善，已成为农民自我教育的历史方式。经卷文艺所反映的民间道教、佛教和儒家思想有差异但不矛盾，其原因在于三者没有根本的利益冲突。在民众的日常生活中，这种差异不仅是被允许的，而且是可以被再生产的。①

五　民间宗教研究的创新与转型（2010—2019）

（一）民间宗教历史的再调查

马西沙《一炷香教：世俗化道教教派》② 一炷香教从董西海创教开始，流行于明末及整个清代。活动地域在山东北部、河北南部数十州县，其特点是跪一炷香、拜天地、孝父母，不参与任何政治活动。教派组织形态较为松散，与民众生活密切相关。它的出现和流传展现了道教形态的多样化。马西沙的《清代康、雍、乾三朝对民间宗教的政策及其后果》，运用大量的史料，针对清代康、雍、乾三朝，对民间宗教的政策及其后果进行开创性的研究。清康熙时代对待民间宗教政策，与康熙时代的其他政策基本一致，即全面实施与民休息的政策，提供了一种宽松的历史环境。面对蓬勃兴起的民间宗教运动，雍正王朝实行了比康熙时代严峻的禁断措施，但总体上说是宽严兼济，并有区别对待的政策。乾隆时代当局对民间宗教采取了残酷镇压的政策，造成了严重后果。乾隆中叶以后，在要求变革现实的苦难的人群面前，一切民间宗教内部的各种政治势力都面临着抉择，然后由人民来决定他们的命运兴衰。③

最近在赣南、闽西、闽东所发现的民间宗教的最新资料值得关

---

① 董晓萍：《田野民俗志》，北京师范大学出版社 2003 年版，第 578 页。

② 马西沙：《一炷香教：世俗化道教教派》，《宗教学研究》2014 年第 3 期。

③ 马西沙：《清代康、雍、乾三朝对民间宗教的政策及其后果》，《世界宗教研究》2016 年第 5 期。

注。陈进国在闽东对新近发现的摩尼教珍贵材料进行了研究，为国际摩尼教研究界所瞩目。该文结合文献和田野，推证了福建霞浦县柏洋乡盖竹上万村"入明教门"的林瞪应该是宋代"地方化"的教派——明教门形成时期的一个关键性人物。霞浦资料佐证是摩尼教是从"陆路"而非"海路"传入福建的。上万村乐山堂遗址是一座始建于北宋，具有一定规模的"脱夷化"的摩尼教寺院。明代上万村三佛塔座石刻和盐田乡暗井村飞路塔的明教楹联，柏洋乡木刻摩尼光佛像等文物，也佐证了明教一直在霞浦有着较大的影响。[①] 李志鸿通过对闽赣边界现存罗祖教的田野调查，发现大量珍贵资料，这些资料上续马西沙先生的《中国民间宗教史》，下接罗祖教在清末以及近现代的传承、演变，对理解台湾斋教的历史也有所补益。该文指出：该支罗祖教以罗梦鸿为初祖，罗梦鸿的异姓弟子李心安为二祖，江西的黄春雷为三祖，此支罗教不以"普"字为号，流传有 78 字字派，迥异于江南斋教，是闽赣边界地区流传的罗教正宗。[②] 中国香港与中国台湾地区学者一般把民间宗教也列入道教研究领域，如危丁明的博士学位论文《先天道及其在港台与东南亚地区的发展》，以及《庶民的永恒：先天道及其在港澳及东南亚地区的发展》[③]，该书以先天道的发生和沿革为基本线索，再根据不同时代风貌和地区情况，以经典个案，呈现其发展特点和主要问题；梁景之《华北新见黄天道寺庙壁画初探》[④]，以万全县赵家梁村重新发现的黄天道"传画"性质的寺庙壁画共 50 幅为主题，结合方志、宝卷等文献，探讨了早期黄天道中始祖李宾身世与经历，得出普明的出生地，即

---

①　参见陈进国《明教的再发现——福建霞浦县的摩尼教史迹辨析》，载雷子人主编《不止于艺——中央美院"艺文课堂"名家讲演录》，北京大学出版社 2010 年版。

②　李志鸿：《南传罗祖教初探》，《世界宗教研究》2010 年第 6 期。

③　危丁明：《先天道及其在港台与东南亚地区的发展》，博士学位论文，中国社科院研究生院，2010 年；《庶民的永恒：先天道及其在港澳及东南亚地区的发展》，博扬文化事业有限公司 2015 年版。

④　梁景之：《华北新见黄天道寺庙壁画初探》，《世界宗教文化》2014 年第 2 期。

为今怀安县第三堡乡的牛家堡和狮子口村，当生于 1508 年的结论；李志鸿的《闽西罗祖教与佛教》[①] 一书，从晚清民国时期闽西高僧与罗祖教的复杂关系、晚清民国时罗祖教与佛教道场的重建和当代的闽西罗祖教与佛教的关系三个主要方面进行探讨，认为闽西罗祖教与佛教并非正教与邪教的关系，而是源与流的关系，并以此引申认为，我们应该摒弃过去所谓正统与民间的概念，而代之以传统宗教与新兴宗教。[②]

濮文起等的《"师傅林"：天地门教研究的新发现——河北省 HH 市 NPH 镇"师傅林"调查记》[③]，从对河北省 HH 市 NPH 镇两处天地门教（一炷香教）的"师傅林"调查入手，对天地门教的"师傅"和"师傅林"制度的形成、发展、特点和功能进行了考察研究，认为这种民间宗教的表现形式，有其特定的历史成因和传播原因，不能盲目地予以取缔，也不应对此种文化形式不予埋睬；濮义起、梁家贵的《挽劫救世：中国民间宗教的社会关怀》[④] 指出，在中国宗教中，民间宗教是一种具有强烈的社会关怀的下层民众信仰组织，它留给中国历史的记忆，是基于率真的"挽劫救世"的宣教和解脱民众于倒悬的信仰运动，以及反抗封建暴政的斗争运动。"挽劫"是路径，"救世"才是目的，而"救世"则始于"救己"，中经"救人"，最后达致"救世"。

陈进国的新著《救劫——当代济度宗教的田野研究》[⑤] 认为，

---

① 李志鸿：《闽西罗祖教与佛教》，《世界宗教研究》2015 年第 5 期。

② 李志鸿：《罗祖教：禅宗民间宗教化的典型案例》，《云南师范大学学报》2016 年第 1 期。

③ 濮文起、莫振良、濮蕾：《"师傅林"：天地门教研究的新发现——河北省 HH 市 NPH 镇"师傅林"调查记》，《世界宗教文化》2015 年第 5 期。

④ 濮文起、梁家贵：《挽劫救世：中国民间宗教的社会关怀》，《宗教学研究》2016 年第 1 期。

⑤ 陈进国：《救劫——当代济度宗教的田野研究》，社会科学文献出版社 2017 年版。

以"应世救劫"为内核的精神基因和神学秩序，是各类济度宗教得以持续成长的关键。近世济度宗教团体，在地理和文化中国之不同地方的生长和存续，又总是伴随着信教的陌生人之不断"迁流"异乡的历史进程。侨人、侨士在侨居地进行"开荒引（阐）道"，随时随地构建起道（教）门的文明纲常（信仰体系、神道设教），将外境"过化"为吾境，将他乡"存神"为故乡，从而形成了一个不断生长的济度宗教世界。

钟晋兰的《宁化县的普庵教与地方宗教仪式》[1]，利用笔者2007—2013 年在宁化所做的田野调查，即用人类学的方法，结合道士的科仪本、杂用本、族谱、碑记、寺庙张贴的许愿单、契单与念佛嬷嬷传承的小经等民间文献，对宁化普庵教的道坛、神图、法器、服饰等具体形态进行深描，指出了它与当地先天教、罗祖教等地方传统宗教仪式的区别与联系。此外，就接珠点佛仪式分析了当地社会的经济文化背景与价值观念、当地妇女的社会文化生活。

上述研究成果都依赖大量的田野调查，民间宗教的研究方法与传统历史文献研究方法有一定的区别。在历史上，道教与民间宗教有着同生共长的关系。民间宗教与民间道教大大拓宽了中国本土宗教的研究视野，它预示着一种研究模式的转换。

（二）民间宝卷的出版与研究

2012 年，马西沙先生主编的大型宗教文献资料集《中华珍本宝卷》（第一辑）由社会科学文献出版社出版发行[2]，2014 年《中华珍本宝卷》（第二辑）正式出版发行，[3] 2015 年《中华珍本宝卷》（第三辑）正式出版发行，[4] 该系列丛书的出版必将引起中国学术界的广泛关注，对中国民间宗教、民间文学、佛教、道教、宗教艺术等研

---

[1]　钟晋兰：《宁化县的普庵教与地方宗教仪式》，社会科学文献出版社 2017年版。

[2]　马西沙主编：《中华珍本宝卷》（第一辑），社会科学文献出版社 2012 年版。

[3]　马西沙主编：《中华珍本宝卷》（第二辑），社会科学文献出版社 2014 年版。

[4]　马西沙主编：《中华珍本宝卷》（第三辑），社会科学文献出版社 2015 年版。

究将有重大的意义。

　　《中华珍本宝卷》囊括中国历代宝卷之精品。客观地说，在此之前，中国学界关于民间宗教文献也有数次编辑，也值得关注。濮文起与宋军等人经过长期艰巨的努力出版了四十册的《宝卷》，收集了一部分相当珍贵的文献。这是民间宗教史研究以来，第一次公开出版如此众多的宝卷经书，它给国内外研究者以重要的帮助。① 其后，中国台湾王见川等人合编的《明清民间宗教经卷文献》初编和续编都已经出版，均为 12 册。② 2005 年由周燮藩主编，濮文起任分卷主编的《中国宗教历史文献集成：民间宝卷》（共 20 册）由黄山书社出版发行。③ 2011 年，王见川、侯冲、杨净麟等主编的《中国民间信仰：民间文化资料汇编》由台湾博扬文化事业有限公司出版。④ 以上资料可以与四十册的《宝卷》相互参照，以作研究之用。

　　与上述的宝卷文献集成相较，《中华珍本宝卷》可谓囊括中国历代宝卷之精品。收录的宝卷版本久远，现存最早的宝卷应是金代崇庆元年（1212）初刻，元代至元庚寅（1290）新刻，其后在明代改本的《佛说杨氏鬼绣红罗化仙哥宝卷》，以及南宋宝卷忏书《销释金刚科仪》，元至脱脱所修之《目连救母出离地狱升天宝卷》。明代最早的宝卷是宣德五年（1430）问世的《佛说皇极结果宝卷》。尤其值得注意的是，通过研究我们可以发现，此次收入的藏于山西省博物馆的明版《佛说杨氏鬼绣红罗化仙哥宝卷》，曾经有过金代崇庆元年的版本

---

① 张希舜等主编：《宝卷初集》，山西人民出版社 1994 年版。
② 王见川、林万传主编：《明清民间宗教经卷文献》，新文丰出版公司 1999 年版；王见川、车锡伦、宋军、李世伟、范纯武编：《明清民间宗教经卷文献续编》，新文丰出版公司 2006 年版。
③ 周燮藩主编，濮文起分卷主编：《中国宗教历史文献集成：民间宝卷》，黄山书社 2005 年版。
④ 王见川、侯冲、杨净麟等主编：《中国民间信仰：民间文化资料汇编》，博扬文化事业有限公司 2011 年版。

及元代至元庚寅新刻本，此卷是最早的一部宝卷。[1]

收入多种珍贵的明清民间宗教传教经书，如清代八卦教主要的传教经书《五女传道宝卷》，或曰《无圣宗宝卷》，虽为晚出刊本，但影响重大，不可或缺。此外，明代万历年间西大乘教的八部宝卷，如《销释圆通宝卷》《销释圆觉宝卷》《普度新声救苦宝卷》《销释大乘宝卷》《销释显性宝卷》等，皆极为珍稀。除此之外，还有黄天教大型宝卷，海内孤本《普静如来钥宝忏》四卷本，孤本《太阴生光普照了义宝卷》《虎眼禅师遗留唱经》，等等。

罗祖教的五部六册宝卷，也是很早的教派宝卷，影响力从明正德年间达于今日，版本不下二十余种。在以往学者所编辑的民间宗教文献中，亦曾收录多种五部六册宝卷，然而，所出版者，或有残损，或所出较晚，留有遗憾。以《宝卷初集》为例，其所收五部六册中，《苦功悟道卷》是康熙十七年（1678）重刊本，[2]《叹世无为卷》是1919年重刊本，[3]《破邪显证钥匙卷》则仅注明姑苏陈子衡经房印行，[4]《正信除疑卷》以及《巍巍泰山卷》均为光绪壬午年（1882）重刊本；[5] 周燮藩主编，濮文起任分卷主编的《中国宗教历史文献集成：民间宝卷》，收入《苦功悟道卷》，是康熙十七年（1678）重刊本；[6]《叹世无为卷》是据万历四十二年（1614）原版于康熙三十九年（1700）重刊本；[7]《破邪显证钥匙卷》亦仅注明姑苏陈子衡经房印行；[8]《正信除疑卷》以及《巍巍泰山卷》均为万历

---

① 马西沙：《最早一部宝卷的研究》，《世界宗教研究》1986 年第 1 期。

② 张希舜等主编：《宝卷初集》第一册，山西人民出版社 1994 年版。

③ 同上。

④ 同上。

⑤ 同上。

⑥ 周燮藩主编，濮文起分卷主编：《中国宗教历史文献集成：民间宝卷》第一册，黄山书社 2005 年版。

⑦ 同上。

⑧ 同上。

戊戌（即万历二十六年，1598）中秋重刊本；① 王见川等人合编的
《明清民间宗教经卷文献》初编收入五部六册两种，一为雍正七年
（1729）合校本，二为道光二十七年（1847）重刊本。②

《中华珍本宝卷》收录的五部六册宝卷，全部为明万历十二年
（1584）刊行大折装本，颇为珍稀。此卷为闽西田野调查所得，无
序、跋。此刊本每部宝卷卷首页刊印"泉下陆坊信士陆惟瑞室人张
好佛刊印佛像愿赞颂"，卷后均刊印"大明万历十二年正月吉日积善
堂重刊印行"，且当代闽西罗祖教在宣卷仪式中仍然使用该卷。③

第二节　新时期民间宗教研究的展望与思考

一　打破道教与民间宗教的学术概念

马西沙指出：所谓道教，尤其是"所谓正一派，其多数支派的
存在状态实即民间宗教的存在状态"。在研究道教与民间宗教时，应
该充分关注二者的"教法"问题，法术仪式是道教与民间宗教的核
心，研究道教、民间宗教应该"注意教派与教法两者之异同，以教
派与教法相配合，教派无法打通透，则以教法继之。这才是事物的
本来面貌"④。金泽把正统宗教、民间宗教、民间信仰、民间习俗分

---

① 周燮藩主编，濮文起分卷主编：《中国宗教历史文献集成：民间宝卷》第一
册，黄山书社2005年版。

② 王见川、林万传主编：《明清民间宗教经卷文献》第一册，新文丰出版公司
1999年版。

③ 关于闽赣地区南传罗祖教的讨论可参看李志鸿《民国十三年〈大乘正教宗谱〉
与闽赣边区罗祖教》，载《宗教文化青年论坛（2010）》，社会科学文献出版社2010年
版；《南传罗祖教初探》，《世界宗教研究》2010年第6期；《罗祖教与闽西客家文化》，
载苏庆华主编《汉学研究学刊》第三卷，2012年版；《新见罗祖教〈五部六册〉宝卷
及宣卷仪式》，《世界宗教研究》2013年第3期。

④ 李志鸿：《道教天心正法研究》，社会科学文献出版社2011年版。

为四个层次，认为它们之间存在一个聚与散的关系，[①] 这四个层面内容互相影响，构成信仰实际的存在方式。正统宗教因其比较固定的教义、经典、仪式而形成较为稳固的存在方式，但正统宗教的思想文化资源在具体的社会历史情境中会发生各种变异，或被借用，或互相交融，形成新的宗教存在形式，如宋以后，道教把大量地方神灵吸收到自己的神谱中，罗祖教、三一教都吸收了道教的修炼方式[②]。任继愈主编的《中国道教史》就把民间宗教收录其中。

二 宝卷与中国民间宗教研究的新视角

目前，学术界已经有众多宝卷的影印出版，打破了以往宝卷分藏于各家图书馆，以及私藏于个人之手，学者难以窥见宝卷全貌的局面，为研究民间宝卷提供了扎实的文献基础。

宝卷与明清民间宗教的宗教实践。现有大量的宝卷中，至少有二三百种是明清民间宗教的相关经典、科仪。[③] 近年来一些民族音乐学学者也涉及了宣卷仪式研究，对赣南"斋公""做佛事"讲唱五部六册宝卷的仪式音乐进行了调查，但由于专业差异，仪式音乐研究并未触及历史上赣南民间教派传承、演变情况。[④] 2013 年 7 月，由中国人民大学清史研究所主办的"新发现黄天道帛书与写经"学术研讨会在北京召开。此次公布的明清黄天道文献，是该所研究人员在田野调查中的最新发现，包括 9 种罕见的大型彩绘帛书手卷和 40 多种珍贵的明清刊本和精抄本，另外还有大量符箓疏表、零散抄本、家谱等稀见史料。

---

① 金泽：《民间信仰的聚散现象初探》，《西北民族研究》2002 年第 2 期。

② 马西沙、韩秉方：《中国民间宗教史》，上海人民出版社 1992 年版。

③ 马西沙先生率先对宝卷中的丹道与斋醮仪式问题进行了研究，参见马西沙《宝卷与道教的炼养思想》，《世界宗教研究》1994 年第 3 期。

④ 李希：《赣南民间信仰仪式中的宝卷讲唱研究——以于都县为例》，硕士学位论文，华中师范大学，2008 年；《于都县宝卷讲唱调查报告》，《戏剧之家》（上半月）2012 年第 1 期。

民间宗教宝卷的重新流传与文本转化。时至今日，在广大的农村社会，中国民间宗教各教派都出现了对传统经卷的整理与重新流传。在民间宗教历史上，罗祖教的五部六册宝卷对后世有着重大的影响。现今流行于福建闽西地区的罗祖教徒，仍然刊印罗祖五部经典。① 黄大教内传有"九经八书"之说。在现今河北易县一带，皇天教的《太阴生光普照了义宝卷》《太阳开天立极亿化诸神宝卷》仍然是民间音乐社的艺人们讲唱的文本，与《后土宝卷》一同流传。② 流传于当今河北、天津地区的天地门教，也整理出不少的本教经典。如《董祖立道根源》《根源记》《老祖经》等③。

特别值得一提的是，弘阳教、金幢教、天地门教、大乘天真圆顿教中的当家师傅，还编写了一批新经卷。这些经卷通俗易懂，为民众所喜闻乐见。④ 除了重新刊印传统的教门经卷外，在当代活跃于民间的弘阳教徒还经常念诵《千佛歌》，以及《人性图》。《千佛歌》是在韩祖庙庙会上，信徒念诵得最多的经典，是弘阳教的教理总集，综合了五部经的基本内容，其念诵有一定的仪式。《人性图》则为弘阳教传法者代代相续的秘典，载有教内内丹修炼所需的方寸位置，不轻易示人。⑤ 现在莆田民间的金幢教除了流传《九莲经》等历史上已见记载的文献外，亦传行一些新的经典，如《宝忏一藏白话问》《大忏解》等⑥，这些经卷不仅叙述了金幢教的本门发展史，而且是该教门为广大民众提供仪式服务的重要典籍。

正因为仪式生活的鲜活性，大量教门的新科仪本也正在不断的创造中。此堪为当代民间宗教复兴的一重要特征。同时，在活态的

---

① 李志鸿：《南传罗祖教初探》，《世界宗教研究》2010 年第 6 期。

② 尹虎彬：《河北民间后土地祇崇拜》，学苑出版社 2015 年版。

③ 濮文起：《当代中国民间宗教活动的某些特点——以河北、天津民间宗教现实活动为例》，《理论与现代化》2009 年第 2 期。

④ 同上。

⑤ 李浩栽：《弘阳教研究》，博士学位论文，中国社会科学院研究生院，2005 年。

⑥ 陈松青：《福建金幢教研究》，硕士学位论文，福建师范大学，2006 年。

宣卷仪式中，许多传统的宝卷文本出现了新的形式，文本出现了转化的现象。作为文本的宝卷，其变异与转化也存在于华北的民间信仰中。当代民俗学者运用主题分析的方法，发现了定县秧歌和民间宝卷互为文本的现象，并对其意义进行了研究。① 另外一些学者指出，宝卷和民间叙事文本存在着相互借用、传递、标准化、地方化的动态影响过程。② 赣南闽西活跃的罗祖教，其五部六册宝卷衍生出了《大乘经开香本》《大乘经解经本》等一系列新文本，《销释金刚科仪》等宝卷也频繁地被采用。《大乘经开香本》《大乘经解经本》等新文本是五部六册宝卷仪式化、术数化的产物。宝卷不仅是书写的文本，更是活态的仪式文本。宣卷仪式倡导的是一种"吃斋""念佛"的宗教生活。③

宝卷与斋供体系。侯冲教授在《早期宝卷并非白莲教经卷——以〈五部六册〉征引宝卷为中心的考察》一文中指出，在民间宗教研究视角、文学研究视角无助于宝卷研究深入开展的情况下，将宝卷与变文、科仪等仪式文本一样放在斋供仪式的背景下研究，可能是一个值得尝试的新视角。④

① 董晓萍、〔美〕欧达伟：《乡村戏曲表演与中国现代民众》，北京师范大学出版社 2000 年版。

② 尹虎彬：《河北民间后土信仰与口头叙事传统》，博士学位论文，北京师范大学，2003 年。

③ 李志鸿：《新见罗祖教〈五部六册〉宝卷及宣卷仪式》，《世界宗教研究》2013 年第 3 期。

④ 侯冲：《早期宝卷并非白莲教经卷——以〈五部六册〉征引宝卷为中心的考察》，《清史研究》2015 年第 1 期；《中国佛教仪式研究：以斋供仪式为中心》，上海古籍出版社 2018 年版。

第九章

中华人民共和国 70 年
民间信仰研究（1949—2019）

　　关于中国民众民间信仰的历史发展与现实状况，是中国人文社会科学领域中许多学科都予以关注的问题，特别是历史学、宗教学、民俗学、人类学、民族学、社会学等学科的学者，在中国民间信仰的调查与研究方面均有研究成果面世。

　　1949 年以来的中国民间信仰研究情况，近些年已有不同学科的学者从各自关注的领域予以总结。例如，《近年来民间信仰问题研究的回顾与思考：社会史角度的考察》[①] 一文，总结了自顾颉刚以来历史学界（主要是社会史研究领域）近百年民间信仰研究的历史。《民间信仰研究三十年》[②] 和《从事象、事件到民俗关系——40 年民间信仰研究及其范式述评》[③] 两篇文章，是对于民俗学界近 40 年来民间信仰研究的综述性介绍。

　　学术界对于民间信仰的研究，主要有侧重其文化性和侧重其宗

---

　　① 工健：《近年来民间信仰问题研究的回顾与思考：社会史角度的考察》，《史学月刊》2005 年第 1 期。

　　② 吴真：《民间信仰研究三十年》，《民俗研究》2008 年第 4 期。

　　③ 王霄冰、王玉冰：《从事象、事件到民俗关系——40 年民间信仰研究及其范式述评》，《民俗研究》2019 年第 2 期。

教性两种不同的倾向。侧重其文化性的，以民俗学、历史学的研究为代表；侧重其宗教性的，则有宗教学、人类学等不同学科的学者。宗教学领域内，关于民间信仰研究的总结性论述一直比较薄弱，本章在总结中国民间信仰 70 年的发展历程时，着重于宗教学界和宗教学者为主的研究，兼及其他学科和相关学者的成果。

本书所使用的"民间信仰"一词，采用较为宽泛的定义，内涵包括海外汉学界经常使用"民间宗教"（folk religion、folk belief、popular religion）、"弥漫性宗教"（diffused religion），中文语境中经常使用的"民俗宗教""民俗信仰""民间信俗"等，还包括传承在少数民族地区的"民族宗教"。

第一节　艰难探索：1949 年至 1979 年

20 世纪以来，在上半叶的清末和中华民国时期，经历过清末新政的"废庙兴学"、新文化思潮的洗礼和国民政府的"风俗改革"，民众的民间信仰虽然尚未出现根本性的变革，但在学术界和文化界视民间信仰为"封建迷信""愚昧落后"的认识已经确立，这种认识也延续到了 1949 年之后。

20 世纪 50 年代初期，国家经济发展与社会建设方兴未艾，思想意识形态领域出现了诸多调整。在人文社会科学领域，学科发展受到苏联体制的影响，许多人文社会学科被调整或取消，如社会学、人类学、心理学等，宗教学的学科建设严重受阻。[1]

在 1950 年通过的《中国人民政治协商会议共同纲领》和 1954 年颁布的《中华人民共和国宪法》中，公民的宗教信仰自由权利得到法律保障。但同时，一批民间宗教组织如一贯道等，因"危害社

---

[1] 牟钟鉴：《中国宗教学的发展历程和历史责任》，《中国文化研究》2018 年第 1 期。

会秩序”被取缔和镇压，这些组织被称作“反动会道门”。① 打击反动会道门的影响所及，直至 21 世纪的今天。这一时期涉及会道门的研究成果，以李世瑜的著述最具有代表性。② 而且，这一时期的民间信仰研究成果主要集中在民族调查与中国历史（特别是近代史）领域。

开始于 1956 年，持续将近 10 年的中国少数民族社会历史状况大调查，是一项规模宏大、多学科学者参与的，由政府组织的大型人文社会科学调研活动，调研内容涉及大量的少数民族宗教信仰习俗。这项调查的成果，最初是以内部资料汇编的形式面世，直到 20 世纪 80 年代，才陆续以民族问题五种丛书的面貌呈现给学术界。民族问题五种丛书，是 40 余年来研究中国少数民族民间信仰的必备资料。③

历史学界在讨论农民战争史的时候，对于历史上民众的信仰结社、乡村社会组织、农民起义的组织形态等予以研究。其中，尤其是在研究近代中国历史上的义和团运动时，学者们在注重传统文献研究的基础上，还加入了田野调查的资料，可以被看作继顾颉刚妙峰山研究之后的又一文献与田野结合的研究范例。该研究领域的成果颇多，可以以路遥的调查资料和研究著述为代表。④

---

① 邵雍：《中国会道门》，上海人民出版社 1997 年版。

② 李世瑜：《现代华北秘密宗教：民俗、民间文学影印资料之五十九》，上海文艺出版社 1990 年影印版；李世瑜编：《宝卷综录》，中华书局 1961 年版；李世瑜：《社会历史学文集》，天津古籍出版社 2007 年版。

③ 民族问题五种丛书为：《中国少数民族丛书》《中国少数民族简史丛书》《中国少数民族语言简志丛书》《中国少数民族自治地方概况丛书》和《中国少数民族社会历史调查资料丛刊》。关于 20 世纪 50 年代民族大调研的情况，参见夏征农、陈至立主编《大辞海·民族卷》，上海辞书出版社 2012 年版，第 7 页；郝时远主编《田野调查实录——民族调查回忆》，社会科学文献出版社 1999 年版。

④ 路遥主编：《山东大学义和团调查资料汇编》，山东大学出版社 2000 年版；《义和团运动史研究》，齐鲁书社 1988 年版；《山东民间秘密教门》，当代中国出版社 2000 年版。

在这一历史时期中，1964 年在中国科学院成立世界宗教研究所（即今中国社会科学院世界宗教研究所），是中国宗教学研究领域的重大事件，也为宗教学领域内的民间信仰（民间宗教、民族宗教）研究提供了理论和人才的基础条件。

1949 年至 1979 年，特别是从 20 世纪 60 年代后期开始，中国社会在民众的宗教信仰方面，经历从逐步改造到全面取消的过程，民间信仰也难逃被批判、被扬弃的命运，对于民间信仰的研究根本无法进行，更鲜有研究成果面世。

第二节　学科初建：1980 年至 2000 年

20 世纪的最后 20 年，是中国人文社会科学学科建设，经历了全面复兴和飞速发展的重要历史时期，许多在 20 世纪 50 年代初期被取消的传统学科得以恢复，一些与社会发展和经济建设关系密切的学科得以创建。此间，宗教学的研究得以恢复并取得了长足的发展，民间信仰的调查与研究，也进入了宗教学研究的领域，受到宗教学研究者的重视。

这一时期中国民间信仰的研究，以金泽的《中国民间信仰》和乌丙安的《中国民间信仰》两部同名著作作为标志，可从侧面凸显此时期是对民间信仰进行理论探索和学科构建的重要时期。

出版于 1990 年、金泽撰写的《中国民间信仰》一书，篇幅虽然不长（不足 15 万字），但却是中国第一部对民间信仰进行系统研究的理论专著。① 金泽是宗教理论研究领域的学者，在该书中，他认为："中国民间信仰是深植于中国老百姓当中的宗教信仰，及其宗教的行为表现。民间信仰属于'潜文化'或'隐文化'的范畴，它虽不及佛教、道教、基督教等那么显赫，但溯其源却往往要追及太古，

---

① 金泽：《中国民间信仰》，浙江教育出版社 1990 年版。

它的历史要比任何一种国家宗教或世界宗教都更为悠久。因为国家宗教或世界宗教，本质上都是原始宗教的'改革者'；而民间信仰，却是原始宗教的'继承者'。"① 在该书中，金泽首先探讨了民间信仰的特质，指出民间信仰与国家宗教或世界宗教的不同，民间信仰属于宗教信仰，它是作为原始宗教继承者的身份，而成为宗教学的研究对象；其次，他还在书中构建了中国民间信仰的体系——灵魂信仰和自然崇拜，人生礼仪（生、婚、死），群体的信仰与祭仪，巫术与禁忌；最后，他又对民间信仰体系各个组成部分的逻辑关系、民间信仰与中国传统文化的关系进行了探讨。

乌丙安的《中国民间信仰》虽然出版于 1995 年，但其基本思想在 1985 年出版的《中国民俗学》一书中已有所表述。② 在《中国民俗学》的"信仰的民俗"一编中，乌丙安首先对民间信仰（信仰习俗）、迷信和俗信进行了概念辨析，然后在"信仰习俗的特征"一节中，从信仰组织、信仰对象、创始人（创教人）、信仰宗派、信仰体系、信仰规约、神职人员、活动场所、法器与仪式、信仰意识十个方面，论述了民间信仰与宗教信仰的不同。

在本阶段民间信仰研究的学科建构阶段，对于史料的系统梳理成为首先需要做的基础性工作，这也体现民间信仰类图书的出版方面。随着民间信仰得到学界的关注，对此投入精力的学者逐渐增多，在 20 世纪 90 年代在出版界便形成了民间信仰图书出版的一个小高潮。由学苑出版社出版，刘锡诚、宋兆麟、马昌仪主编的《中华民俗文丛》，集中推出了土地与城隍、灶神、财神、关公、水神、花神、泰山娘娘等 20 个专题的民间信仰著作，该文丛的写作，既注重以文献史料为基础的历史梳理，也注意吸收来自田野调研的最新材料。由中国华侨出版社和上海三联书店推出的，同样以《中华木土

---

① 金泽：《中国民间信仰》，浙江教育出版社 1990 年版，第 1 页。

② 乌丙安：《中国民间信仰》，上海人民出版社 1995 年版；《中国民俗学》，辽宁大学出版社 1985 年版。

文化丛书》命名的两套丛书，其中民间信仰的选题占据了半壁江山。
华侨出版公司的丛书中，有宋兆麟的《巫与民间信仰》①，郭子枡的
《北京庙会旧俗》②，李乔的《中国行业神崇拜》③ 等；上海三联书店
的丛书包括，乌丙安的《神秘的萨满世界——中国原始文化根
基》④，张紫晨的《中国巫术》⑤，夏之乾的《神判》⑥，王子今的
《门祭与门神崇拜》⑦，徐山的《雷神崇拜——中国文化源头探索》⑧
等；由花山文艺出版社 1995 年前后出版、刘锡诚担任主编的《中国
民间信仰传说丛书》，较为系统全面地搜集编纂了玉皇、灶王爷、八
仙、关公、门神等 12 个民间信仰传说故事群。

在传统历史学研究民间宗教的理论和方法的基础上，马西沙、
韩秉方的《中国民间宗教史》⑨ 是一部全面系统研究民间宗教发展
史的开创性著作，全书 106 万字，书前长篇序言对民间宗教予以理
论探讨，书内分为 23 个章节，对汉代以来中国民间宗教的发展分门
别类地系统梳理、全面介绍。该书在充分利用文献史料的基础上，
作者还深入民间进行田野资料的搜集，使该书成为中国民间宗教研
究的集大成之作，在宗教学、历史学、社会学、民俗学等诸多学科
中均产生较大影响。马西沙还编著有《清代八卦教》⑩《中华文化通
志·民间宗教志》⑪ 等。

---

① 宋兆麟：《巫与民间信仰》，中国华侨出版公司 1990 年版。
② 郭子枡：《北京庙会旧俗》，中国华侨出版公司 1989 年版。
③ 李乔：《中国行业神崇拜》，中国华侨出版公司 1990 年版。
④ 乌丙安：《神秘的萨满世界——中国原始文化根基》，上海三联书店 1989
年版。
⑤ 张紫晨：《中国巫术》，上海三联书店 1989 年版。
⑥ 夏之乾：《神判》，上海三联书店 1989 年版。
⑦ 王子今：《门祭与门神崇拜》，上海三联书店 1996 年版。
⑧ 徐山：《雷神崇拜——中国文化源头探索》，上海三联书店 1992 年版。
⑨ 马西沙、韩秉方：《中国民间宗教史》，上海人民出版社 1992 年版。
⑩ 马西沙：《清代八卦教》，中国人民大学出版社 1989 年版。
⑪ 马西沙等主编：《中华文化通志·民间宗教志》，上海人民出版社 1998 年版。

海外汉学界（中国学研究）在研究中国历史发展与社会经济变迁时，宗教信仰是其最为关注的问题。1949 年至 1979 年，受到社会环境的影响，海外学者多到中国台湾、中国香港或海外华人社区（如东南亚）进行考察，在利用史料研究的同时，更加注重田野调查所得资料的价值。他们对于资料的分析方法和理论概括，以及所形成的一些观点，成为此后研究者们探讨的焦点，如杜赞奇《文化、权力与国家：1900—1942 年的华北农村》[①] 一书，探讨了民间信仰在促成和维护地方权力文化网络中的作用。韩森的著作《变迁之神》[②]，通过描述南宋王朝对区域性祠神的压制与封赐过程，讨论地方士绅等地方权力与国家政权的互动。王铭铭在介绍海外社会人类学理论方面做了突出贡献，其中，对于海外人类学中的中国民间宗教研究，王铭铭有专文予以介绍并评述之。[③]

由于社会环境不同，中国港澳台地区的民间信仰保持着良好的传承状态，特别是中国台湾地区在经过威权统治之后，20 世纪八九十年代，社会环境发生了巨大变化，广大民众的宗教与民间信仰生活呈现出极其旺盛的发展态势，对于民间信仰的研究也呈现多学科参与、众多学者发声的现象。中国台湾学者的民间信仰研究，对大陆地区影响最大的就是祭祀圈理论。祭祀圈理论最初是由日本学者冈田谦提出的[④]，后来成为中国台湾人类学界观察村落祭祀活动的主

① ［美］杜赞奇：《文化、权力与国家：1900—1942 年的华北农村》，王明福译，江苏人民出版社 1994 年版。英文原书出版于 1988 年。

② ［美］韩森：《变迁之神》，包伟民译，浙江人民出版社 1999 年版。英文原书出版于 1990 年。

③ 王铭铭：《中国民间宗教：国外人类学研究综述》，《世界宗教研究》1996 年第 2 期。

④ ［日］冈田谦：《台湾北部村落之祭祀圈》，陈乃蘗译，《台北文物》1960 年第 9 卷第 4 期。

要理论架构，中国台湾学者许嘉明[①]、施振民[②]对此理论的应用也多有贡献。林美容等在祭祀圈理论之外，另起"信仰圈"的研究[③]。张珣则对祭祀圈理论予以批判[④]。祭祀圈和信仰圈理论立足于台湾地方社会的发展历史与社会组织系统，是中国台湾地区民间信仰实践的理论概括，该理论在 20 世纪 90 年代初引入大陆之后，被广泛运用。但是，大陆学者在使用祭祀圈和信仰圈这两个概念的时候，多有望文生义的情况，误读现象严重。

第三节　学科拓展：2001 年至 2019 年

进入 21 世纪，经过此前多年的学术探讨，特别是政府政策的引导、非物质文化遗产保护运动的兴起等多种因素形成的合力，中国社会对民间信仰的发展给予了较为宽松的环境，民间信仰的研究也呈现良好的发展势头。

在对于民间信仰的管理方面，政府开始正视民间信仰发展的现实状况，在管理体制方面进行了重大调整。2005 年，国家宗教事务局设立了业务四司，负责民间信仰管理，这是将民间信仰纳入宗教管理体制的重要举措，对于民间信仰的有序发展和学术研究都产生了积极的影响。各级地方政府也根据各地的实际情况，摸索适合当地发展情况的管理模式，形成了民间信仰管理的湖南模式、福建模

---

①　许嘉明：《祭祀圈之于居台汉人社会的独特性》，《中华文化复兴月刊》1978 年第 11 卷第 6 期。

②　施振民：《祭祀圈与社会组织——彰化平原聚落发展模式的探讨》，《中央研究院民族学研究所集刊》1973 年第 36 期。

③　林美容、许谷鸣：《关渡妈祖的信仰圈》，载《妈祖信仰与现代社会国际学术会议论文》，台湾宗教学会 2003 年版。

④　张珣：《打破圈圈：从"祭祀圈"到"后祭祀圈"》，载张珣、江灿腾编《台湾本土宗教研究的新视野和新思维》，台北南天书局 2003 年版。

式、浙江模式，特别是在将民间信仰纳入地方立法、使其合法化方面，不同地区所做的有益的探索尤为可贵。①

20 世纪末 21 世纪初兴起的非物质文化遗产保护运动，为民间信仰的合法化提供了难得的机遇。保护非物质文化遗产是在全球化背景下兴起的文化保护运动，以 2003 年联合国教科文组织通过的《保护非物质文化遗产公约》为标志，我国在 2004 年加入该公约，成为缔约国；2011 年，全国人民代表大会通过了《中华人民共和国非物质文化遗产保护法》，是最早通过立法保护非物质文化遗产的国家。其间，2005 年我国公布了第一批国家级非物质文化遗产保护名录，至 2019 年已公布四批国家级名录。国务院批准公布了四批共 1372 项国家级非遗代表性项目，各省（区、市）批准公布了 11042 项省级非遗代表性项目，国家、省、市、县四级非遗名录体系已经形成。与此对应，文化部命名了四批共 1986 名国家级非遗项目代表性传承人，各省（区、市）批准公布了 12294 名省级项目代表性传承人，非遗传承主体的核心力量得以不断明确；② 截止到 2018 年，我国共有 40 个项目入选联合国教科文组织相关名录，其中"人类非物质文化遗产代表作"32 项，"急需保护的非物质文化遗产名录"7 项，"优秀实践名册"1 项，是目前入选项目最多的国家。在各级非遗名录中，有许多项目都与民间信仰密不可分，特别是像妈祖信俗、庙会以及一些祭典类的项目等，都属于民间信仰的范畴。我们以妈祖信俗为例，简要分析非物质文化遗产保护对于民间信仰及其研究的促进作用。

2006 年 5 月 20 日，国务院公布了入选第一批国家级非物质文化遗产名录的名单，由福建省莆田市中华妈祖文化交流协会申报的

---

① 陈进国：《传统复兴与信仰自觉——中国民间信仰的新世纪观察》，载金泽、邱永辉主编《中国宗教报告（2010）》，社会科学文献出版社 2010 年版；《中国民间信仰如何走向善治》，《中央社会主义学院学报》2018 年第 3 期。

② 项兆伦副部长在全国非物质文化遗产保护工作会议上的讲话，2016 年 1 月 14 日（http://www.sdwht.gov.cn/html/2016/whfx_0120/28311.html）。

"妈祖祭典"入选其中。2008 年 6 月 7 日，在国务院公布的入选第
二批国家级非物质文化遗产名录的名单中，"天津皇会"作为"妈
祖祭典"的拓展项目，被列入国家级非物质文化遗产扩展项目名录。
"祭典"作为民间信仰最重要的祭祀仪式，能够列名国家级非遗名
录，其象征意义极其重要。在第二批国家级非遗名录中，"庙会"
"民间信俗"又得以列名其中。继妈祖祭典入选国家级名录之后，
2009 年 9 月 30 日，由中国政府申报的"妈祖信俗"得到联合国教
科文组织保护非物质文化遗产政府间委员会的批准，被列入"人类
非物质文化遗产代表作名录"。①

　　以妈祖信俗为代表的民间信仰项目，入选政府公布的各级非遗
名录，表面上是民间信仰祭典仪式得到了重视，其实质意义则是民
间信仰终于摆脱了封建迷信的恶名，被作为优秀传统文化的组成部
分，而得到了应有的尊重。对于民间信仰从封建迷信到非物质文化
遗产的历程，许多学者对此已有很好的论述，此不赘述。②

　　社会科学重大项目制度，对于人文社会科学的发展起着积极的
促进作用。进入 21 世纪以来，出现了以民间信仰为研究对象的教育
部和国家社科重大项目，这标志着民间信仰的研究深度和学科建设
得到了学术界的认可。以路遥为首席专家的教育部社科重大攻关课
题"民间信仰与中国社会研究"（2005 年度），历时 7 年，于 2012
年出版了该项目的最终研究成果——"民间信仰与中国社会研究系
列"，该成果包括七卷著作：《中国古代民间信仰：远古—隋唐五

---

　　① 有关"妈祖信俗"的遗产化过程，参见王霄冰、林海聪《妈祖：从民间信仰
到非物质文化遗产》，《文化遗产》2013 年第 6 期；乌丙安、胡玉福《"俗信"概念的
确立与"妈祖信俗"申遗》，《文化遗产》2018 年第 2 期。

　　② 高丙中：《作为非物质文化遗产研究课题的民间信仰》，《江西社会科学》2007
年第 3 期；吴真：《从封建迷信到非物质文化遗产：民间信仰的合法性历程》，载金泽、
邱永辉主编《中国宗教报告（2009）》，社会科学文献出版社 2009 年版，第 161—180
页；陈进国：《传统复兴与信仰自觉——中国民间信仰的新世纪观察》，载金泽、邱永
辉主编《中国宗教报告（2010）》，社会科学文献出版社 2010 年版，第 178 页。

代》《中国近世民间信仰：宋元明清》《四大菩萨与民间信仰》《道教与民间信仰》《泰山信仰与中国社会》《中国民间信仰研究述评》《民间信仰与社会生活》。在国家社科基金重大项目招标中，2010 年度的"中国民间信仰研究"，由李向平作为首席专家竞标成功，该项目正在进行中，相关成果尚未见公布。

设立高层次、高水平的学术论坛，为民间信仰的研究搭建学术交流的平台，也是民间信仰研究队伍发展到一定规模的结果。由中国社会科学院世界宗教研究所和中国宗教学会共同主办的"中国民间信仰研究高端论坛"，自 2014 年起，已经连续举办了三届。"首届中国民间信仰研究高端论坛"于 2014 年 11 月 28 日至 12 月 1 日在北京召开，会议主题为"中国民间信仰的当代处境与发展前瞻"；2016 年 12 月 11 日，"第二届中国民间信仰研究高端论坛暨宁安萨满文化学术考察活动"在黑龙江省牡丹江市召开，该届高端论坛以"比较视野与跨界研究"为研讨主题，强调历时与共时研究相结合、定量与定性研究相结合，以期深入开展民间信仰事项的多向度、跨学科研究；2019 年 4 月 13—14 日，"第三届中国民间信仰研究高端论坛"在山东省泰安市召开，该次会议的主题为"泰山精神与中国传统文化"。

在高校和科研单位人才培养体系中，在宗教学、民俗学、人类学、社会学、民族学、历史学、政治学、哲学等学科的硕士或博士论文选题过程中，都有将民间信仰作为研究对象的。以民俗学为例，在近 20 年的硕士和博士论文选题中，以民间信仰为研究对象的论文选题，占到总选题比例的 1/3 左右。在宗教学专业的培养方向设置方面，中国社会科学院研究生院宗教学系，已经将"当代宗教与民间信仰"列入研究方向，并且招收了博士研究生。

从这一时期学者个人的研究成果，也可见民间信仰研究的深度与广度。例如，金泽是一直关注民间信仰，并且从宗教学出发对民间信仰进行思考的学者，他对民间信仰的基本特征、民间信仰在当代社会的价值、民间信仰与制度化宗教的关系等均有深度思考。[①] 长期致力于宗教学理论研究的张志刚，近 20 年来也将研究的注意力关注到民间信仰中，这与他所进行的"宗教中国化"的研究密切相关。张志刚对中国民间信仰研究进行了全面反思，从民间信仰与宗教概念问题、民间信仰与价值判断问题、民间信仰与中国宗教文化传统、民间信仰与宗教理论重建等方面，展开对中国民间信仰的研究，这些成果集中收入其最新著作《"宗教中国化"义理研究》[②] 中。陈进国在其民间信仰研究成果中，注重将民间信仰的历史发展与现实问题相结合，并且注意从海外华人群体和中国香港、中国台湾民间信仰的发展中反观大陆。[③]

纵观 1949 年以来 70 年的中国民间信仰研究，虽然作为学科建构的民间信仰研究体系才刚刚起步，但是，在多学科介入、跨学科研究的历史发展过程中，70 年来的民间信仰研究取得了丰硕的成果，为未来学科的进一步发展奠定了良好的基础。

---

① 金泽：《民间信仰的聚散现象初探》，《西北民族研究》2002 年第 2 期；《能否和谐发展：民间信仰面临的挑战和选择》，《福建社会主义学院学报》2006 年第 1 期；《当代中国民间信仰的形态建构》，《民俗研究》2018 年第 3 期。

② 张志刚：《"宗教中国化"义理研究》，宗教文化出版社 2017 年版。

③ 陈进国：《宗教治理如何走出困境：以济度宗教为例》，《文化纵横》2017 年第 1 期；《中国民间信仰如何让走向善治?》，《中央社会主义学院学报》2018 年第 3 期。

第十章

中华人民共和国 70 年
新兴宗教研究（1949—2019）

"新兴宗教"（New Religions）是一个非常新的名词，20 世纪末，由于宗教社会学家们的使用才逐渐被人们接受，而逐步取代了以往的通称——"膜拜团体"①（Cult），常用来指"19 世纪中后期以来，随着世界现代化进程出现的，脱离了传统宗教的常轨并提出了某些新的教义、新的礼仪的宗教团体和宗教运动"②。其"新"的含义主要包含时间和内容两个标准：一是出现时间相当晚近，大多数是在 19 世纪中后期甚至是在 20 世纪之后才出现在世界宗教舞台上；二是在信仰内容和信仰实践上与传统宗教不同，展现出一种崭新的面貌。新兴宗教发展迅速，在美国、日本、韩国以及非洲南部等许多地区十分活跃，对中国的影响也日益明显，是当代人类的宗教生活中值得关注并重视的社会力量，也是当今世界宗教现象中不可忽视的组成部分。

中国大陆研究"新兴宗教"的起步较晚，开始于 20 世纪 80 年代改革开放之后，这之前的 30 年中相关研究不多，能查阅到的文献非常少，多是从历史学视角，把其性质归为社会革命运动谱系。比

---

① 高师宁：《新兴宗教初探》，中国社会科学出版社 2006 年版，第 2 页。
② 同上书，第 12 页。

如：董蔡时的《试论川楚白莲教农民大起义》，纳忠的《伊朗巴布农民运动及对"巴哈主义"的批判》《巴布教徒的起义与阿密尔·尼扎姆的改革》，张桂枢的《伊朗巴布教徒起义》等。[①]

第一节　1980 年至 1989 年：起步阶段

20 世纪 80 年代之后，新兴宗教逐渐成为一种全球性的文化现象，伴随着思想解放和文化开放，此时国内宗教信仰自由政策的贯彻执行，宗教活动逐步恢复，宗教类图书大量出版，一些海外的新兴宗教也进入中国，很多教义被译成了中文。一些新兴宗教思想，以及一些处于隐蔽或半隐蔽状态的新兴宗教活动，逐渐显露在民间。这时期对外学术交流也日益增多，学术著作相互流通，"走出去"的学者接触到了国外学者关于新兴宗教的相关研究资料，尤其是在一些具有"邪教"性质的新宗教团体（如 1978 年美国人民圣殿教、1986 年日本真理之友教等）造成轰动世界的惨案之后，中国的宗教学界开始关注新兴宗教，在引起警觉的同时，也展开了初步探讨。

这是新兴宗教研究的起步阶段，以观察和介绍分析美国、日本、韩国等国外的新兴宗教状况为主，研究成果比较零散。相关主要文献有：史志的《对日本宗教盛行的几种看法》，世界宗教研究所组编的《各国宗教概况》，金宜久（化名沈清）的《巴哈教今昔》等。

---

① 原载［苏］伊凡诺夫《伊朗史纲》，李希泌、孙伟、汪德全译，生活·读书·新知三联书店 1958 年版，转引自蔡德贵等主编《巴哈伊文献集成》第 2 卷，山东大学出版社 2016 年版，第 495 页。

第二节　1990 年至 1999 年:逐步深入

随着现代化进程的发展，新兴宗教团体在多元社会文化的现实世界中此起彼伏、迅速发展。据《大英百科年鉴》统计，1990 年新兴宗教人数已升至 1.3 亿人，占世界总人口的 2.5%[①]，其影响范围和受瞩目度日益上升，加之又出现了大卫教派、太阳圣殿教、奥姆真理教、天堂之门等所谓"邪教"所进行的震惊世界的轰动事件，新兴宗教成为世界关注的热点，并引起中国宗教学术界的重视。

这时期对新兴宗教的研究主要以中国社会科学院世界宗教研究所和上海社会科学院为主，逐步深入，取得了实质上的进展。世界宗教研究所于 1992 年成立了当代宗教研究室，加强了对当代世界宗教现象，包括新兴宗教的现状和发展趋势研究。国家社会科学"九五规划"将新兴宗教列入了宗教学重点研究课题，由世界宗教研究所部分学者组成的"新兴宗教研究课题组"承担了相关研究任务。这时期有了更多学术交流实践，例如，中国社会科学院世界宗教研究所于 1995 年派出周燮藩研究员等一行学者，赴美调研了威尔梅特的巴哈伊灵曦堂、芝加哥的巴哈伊研究中心[②]，通过实地考察和学术对话，促使中国学者对巴哈伊这一新兴宗教有了更深入的了解和研究。部分高校也成立了专门的新兴宗教研究中心，如山东大学于 1996 年成立了国内第一个巴哈伊教研究中心。

戴康生主编的《当代新兴宗教》是这个阶段具有代表性的理论成果，该书是国家社会科学基金"九五规划"、宗教学重点课题"新兴宗教"课题组成员的集体成果，探究了新兴宗教的定义、特点、类型和社会根源等基本理论问题，介绍分析了美国、韩国、日

---

① 于光:《新兴宗教?!》,《世界宗教文化》1998 年第 2 期。

② 周燮藩:《美国巴哈伊社团访谈》,《世界宗教文化》1995 年第 3 期。

本等国一些影响较大，或比较活跃的有代表性的新兴宗教团体，还探讨了当代邪教的定义、特点及其与新兴宗教的关系等，是国内第一本全面综合分析研究新兴宗教的著作。

这个阶段涉及新兴宗教研究的著作还有：陈训明的《当代西方邪教》，段琦的《美国宗教嬗变论》，何劲松的《创价学会的理念与实践》，邢东田的《当今世界宗教热》等。还有一些相关新兴宗教研究的文献：高师宁的《试论现代化与新兴宗教》，于光的《新兴宗教?!》，金宜久的《巴哈教的世界主义》，许正林的《世纪末宗教热透视》，张新鹰的《台湾"新兴民间宗教"存在意义片论》等。

纵览这个时段的新兴宗教研究，逐渐融入了社会学、人类学、心理学等研究方法，研究内容也日趋丰富，除了有更多介绍分析国外新兴宗教的著作文献面世，学术界开始逐步深入研讨新兴宗教的概念和相关理论，包括定义、特点、类型、产生的根源、历史、经典教义、社会影响及其发展趋势等内容。此外，受西方的"邪教"（也称"破坏性膜拜团体"）事件的影响，以及随着数个"邪教"组织被定性和查禁取缔，学者们也开始关注对所谓"邪教"的探讨，扩大了新兴宗教的研究视阈。

第三节　2000 年至 2009 年：泾渭分明

在这个阶段，中国关于新兴宗教的研究显现出鲜明的二分特色，即学者们根据新兴宗教外显的社会作用，对其做了泾渭分明的判断和区分，表现在研究内容上即是，一方面，热衷于对危害社会的邪教的批判；另一方面，也十分重视关注研究那些表现出积极的社会作用、发展比较成功的新兴宗教，建构了有中国特色的新兴宗教研究。

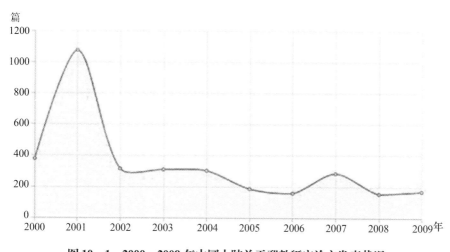

图10—1　2000—2009 年中国大陆关于邪教研究论文发表状况

一　对邪教（破坏性膜拜团体）的批判研究

图10—1 是检索中国知网（CNKI）得到的数据图表，可查到2000—2009 年有关批判研究邪教的文献 3500 多篇，而搜索同时段关于新兴宗教研究的文章却只有 110 余篇。可见 1999 年的"法轮功事件"启动了国内学者对邪教的批判研究热情，这股热潮持续上升到2001 年达到高峰，之后虽有大幅回落，但相关研究文献数量一直不少。在这期间，不止宗教研究机构和大学相关研究专业，还有法律、公安、新闻等多部门介入，大家围绕邪教的定义、界定、特点、社会危害性，以及邪教和新兴宗教的关系等内容展开了热烈的探讨，相关出版物数量急剧上升，各种关于邪教或新兴宗教的报道和文章层出不穷。

"邪教"是宗教吗？如何界定？它与新兴宗教的关系如何？这一系列问题一直都是中国宗教学术界探讨的热点。虽然并没有达成全部共识，但学者们基本认同，"新兴宗教中的一小部分宗教团体在其发展过程中触犯了国家法律，造成了严重的社会后果，我们就称其为邪教"①。

中国国际友谊促进会和中国人民大学，于 2000 年 11 月在北京主办了"首届邪教问题国际研讨会"，论文集收录在《论邪教》一书中，世界宗教研究所也分别于 2007 年和 2008 年，主办了两次"膜拜团体国际学术研讨会"。有关对邪教批判研究的著译数量在这阶段海量增长，仅在此列举部分：世言编著的《阳光下的罪恶：当代国外邪教实录》，王跃主编的《世界邪教：人类的公敌》，佩佩·罗德里格斯的《痴迷邪教》②，孔庆岫编著的《人类文明的黑暗：透析邪教》，哈桑的《走出邪教：摆脱邪教的控制》③，罗伟虹著的《世界邪教与反邪教研究》，郭安主编的《当代世界邪教与反邪教》，中国社会科学院邪教问题研究中心主编的《破坏性膜拜团体研究》等。

二 对发展较好、积极为社会发展做贡献的新兴宗教重点关注

随着新兴宗教现象的不断丰富和复杂，随着国际交流条件的改善，学者们一方面在大力剖析批判邪教；另一方面也在重点关注研究一些发展比较好、积极为社会发展做贡献的新兴宗教团体。

这方面比较典型的例子是国内学者对新兴巴哈伊教的研究。自山东大学之后，世界宗教研究所于 2000 年 3 月 31 日成立了国内第二个"巴哈伊研究中心"，由来自不同学科和宗教研究背景的科研人员组成。两个中心经常联合举办学术研讨会，议题既有对巴哈伊教的多视角深度探析，包括其历史与现状、经典、教义、组织制度、教育、伦理道德、话语构建及社会行动等方面，也有开放的跨学科、跨宗教的国际学术对话交流探讨。例如，于 2001 年和 2003 年分别

---

① 于光：《新兴宗教?!》，《世界宗教文化》1998 年第 2 期。

② [西] 佩佩·罗德里格斯：《痴迷邪教》，石灵译，新华出版社 2001 年版。

③ [美] 斯蒂文哈桑：《走出邪教：摆脱邪教的控制》，杨菲等译，安徽文艺出版社 2001 年版。

主办了两届巴哈伊教专题研究会；2006 年 10 月，在澳门对"新世界秩序"理念和"巴哈伊教的教育思想"两个议题进行了专门讨论；2007 年 5 月，在山东青岛大学国际学术中心举行了"追求内心和谐"学术研讨会①，部分论文后被收录在《宗教与内心和谐——追求内心和谐学术研讨会》②和《心灵教育——探讨巴哈伊新视角》③书中；2007 年 9 月，在周庄召开的"科学、宗教与社会及经济发展：巴哈伊教为和谐社会做贡献的思考与实践"国际学术研讨会，该次会议论文后来辑录为《巴哈伊的社会发展观》④一书。

学者们多数都认为，巴哈伊教是当代比较有代表性的积极参与社会服务的新兴宗教团体，也是现代化过程中发展比较成功的新兴宗教之一。巴哈伊文化中的大同价值观和中国传统文化有很多相似性，加上其追求和谐、积极服务社会的实践，以及"服从政府、不参与任何政治党派纷争"的态度等，都促进了国内学者对其的研究热情。不过也有一些学者认为，巴哈伊教不是新兴宗教，因为不仅西方关于新兴宗教研究的书中很少提及巴哈伊教，而且其有自己成熟的经典、教义体系、组织结构、社会服务模式等，目前已是中国澳门地区的五大宗教之一，是中国香港和中国台湾地区多元宗教生态中很重要的一员，甚至在世界上一些国家已成为主流宗教之一，在联合国也扮演了很积极的角色。

三　新兴宗教研究的理论进展

21 世纪初期，国内出现批判邪教的热潮，之后逐渐从轰轰烈烈

---

①　于光：《"追求内心和谐学术研讨会"举行》，《世界宗教文化》2007 年第 2 期。

②　蔡德贵主编：《宗教与内心和谐——追求内心和谐学术研讨会》，全球文明研究中心 2010 年版。

③　吴云贵主编：《心灵教育——探讨巴哈伊新视角》，全球文明研究中心 2010 年版。

④　晏可佳编：《巴哈伊的社会发展观》，全球文明研究中心 2012 年版。

的运动式探讨，回归到更加理性的学术研究之上。在对于邪教或新兴宗教产生原因的讨论中，越来越多的研究者开始关注心理与社会因素，对新兴宗教的探讨也延伸到了社会文化、政治、经济、教育、管理等更宽泛的领域。

在 2005 年 9 月，北京大学国际东亚研究中心主办的国内首次专门探讨新兴宗教的会议"当代世界新兴宗教学术研讨会"上，与会学者围绕新兴宗教的相关英文定义（Sect、Cult、New Religions）、新兴宗教的认识和界定，以及世界各国的新兴宗教做了深入思考和讨论，[①] 为新兴宗教的深入研究，提供了一个良好的平台，促进了中国学者对新兴宗教的正确认识和思考。

高师宁的著作《新兴宗教初探》是本阶段新兴宗教研究主要的理论成果之一，它是《当代新兴宗教》一书的延续、扩大与深化。该书进一步研究了新兴宗教的定义、特征、类型、产生与发展，以及社会变迁对新兴宗教的影响、新兴宗教的构成因素、社会心理学分析等方面。

此外，还有一些主要著述和文献也从不同角度、不同层面探讨了新兴宗教：上海社会科学院宗教研究所编的《世界新兴宗教 100 种》，蔡德贵的《当代新兴巴哈伊教研究》，张大拓的《新兴宗教与日本近现代社会》《日本新兴宗教教理的现世性》，戴桂菊的《俄罗斯的新兴宗教与律法》，吴云贵的《从〈确信之书〉看巴哈伊教的渊源》，李维建的《巴哈伊信仰与现代性》，高师宁的《摩门教何以在美国立足?》，黄夏年的《对当代新兴宗教现象的思考——兼谈新兴宗教在中国》等。

---

① 铂静：《当代世界新兴宗教学术研讨会召开》，《世界宗教研究》2005 年第 4 期。

第四节　2010 年至 2019 年:多元拓展

一　跨界跨学科领域的多元探讨

有学者认为 2010 年是中国新兴宗教研究的一个转折点,以中国社会科学院世界宗教研究所在北京组织召开的"新兴宗教发展趋势研讨会"为标志。① 该次会议首次出现,学界、政界、教界共聚一堂共同探讨新兴宗教问题的场面,从不同角度,更深入全面地分析了新兴宗教在国内外的现状及发展趋势,探讨了新兴宗教的运作及演变特点,以及新兴宗教与其他传统宗教、与社会大环境的互动等内容,标志着我国在新兴宗教研究领域,进展到了一个更加广阔多元的新天地。

这时期关于新兴宗教研究的对话交流平台更宽阔,研究内容也更加丰富多元,不仅有狭义上的对具体新兴宗教的深度探索,更多是在广义上的对新兴宗教与社会大环境相关的诸多因素所做的多元研讨。比如,有关新兴宗教团体治理、新兴宗教与可持续社区发展、宗教与人类命运共同体以及宗教、科学与发展等跨学科领域的探讨等。与此同时,世界宗教研究所领头组织召开了一系列包含有新兴宗教相关研究的国际学术研讨会,探讨对象已不仅仅局限于新兴宗教,更注重构建一个跨学科、跨研究方法、跨认识论派别的对话平台,力求在进行理论交流和反思实践的同时,立足社会发展的大背景,探讨宗教的性质、宗教的功能,及其对社会发展的意义和内涵。

---

① 金泽、邱永辉主编:《中国宗教报告(2011)》,社会科学文献出版社 2011 年版,第 13 页。

二　主要著作及理论成果

自 2010 年以来，中国学者们对新兴宗教的研究在深度和广度上均有拓展，不再是单一片面的研究，而是把新兴宗教放到了整个宗教生态谱系和社会可持续发展的大框架中去思考和探讨，研究方法也是田野调查和理论分析并重，涉足宗教人类学、社会学、心理学、教育学等多个学科视阈。

这时期涉及新兴宗教研究的理论成果以卓新平、邱永辉主编的《宗教与可持续社区研究》为代表，该书以宗教和可持续社区发展研究为主线，收录了 30 多篇相关主题研究论文，既有传统宗教，也有新兴宗教与社区发展相关的探讨；作者中既有资深的宗教专业研究学者，也有教育研究者，还有经济学家和社区工作者，这让我们看到了当代宗教研究的多元化，开始更多地注意宗教在现代社会外延的意义与作用研究。

这个阶段的新兴宗教研究拓展到了人类学等许多领域，如陈进国著的《救劫——当代济度宗教的田野研究》，该书立足于"文化中国"的跨区域网络及全球化视野和宗教人类学的理论框架，将道（教）门或教派宗派归回到"正常化"的中国宗教谱系中重思，用"济度宗教"特指近世以来那些借助"应世救劫"之中心母题，进行创教演教的各类教派宗教运动。该书紧扣"济度宗教"范畴，从宗教发生学的视角，通过翔实的田野调查和理论分析，侧重济度宗教与地域崇拜、济度宗教与神启权威、济度宗教与修行实践、济度宗教与位育教育、济度宗教与区域网络五个关系向度，深刻分析了当代济度宗教之存续和创生的动力学机制，有很多意义非凡的洞见。该书的田野研究个案里包括了对一些新兴宗教的分析研究。

此外，也有专著结合历史与现状，对新兴宗教做了现实层面的剖析和对策研究，如许宏著的《新兴宗教的传播及对国家安全的影响研究》，该书回顾了新兴宗教在中国传播的历史，通过深入的调查研究，全面探析了新兴宗教在中国传播的特点、态势及其对国家安全的二重性影响，根据国内外经验和教训，提出了有效引导和管理新兴宗教传播的对策建议；还有新兴宗教与中国传统文化的比较研究专著，如蔡德贵著的《儒学与巴哈伊信仰比较研究》，该书从文化比较的视角，站在丰富和发展中国传统文化的角度，深度探析了儒学和巴哈伊信仰的共性和相通之处以及可相互学习的经验等。

除专著以外，《世界宗教研究》《世界宗教文化》《中国宗教》《文化纵横》、国内各大学学报等，以及"中国宗教报告"（蓝皮书）、《宗教人类学》《宗教心理学》《宗教社会学》辑刊等，每年都会刊登不少涉及当代新兴宗教研究的文章，在此列举部分典型作品：卓新平的《以科学发展观研究新兴宗教》，邱永辉的《巴哈伊教的发展话语构建初探》，李均鹏的《新兴宗教运动十题：社会学研究的回顾》，宗树人的《民国救世团体与中国救度宗教：历史现象还是社会学类别?》，卢云峰的《走向宗教的多元治理模式》，丁人杰的《宗教社会学视野中的台湾新兴宗教：历史概述与理论反省》，李政阳的《国际奎师那知觉协会中国发展传播探析》《身体、符号与益世康修行》，万兆元的《巴哈伊信仰在北京：历史回顾与现状考察》，梁建华的《巴哈伊社区发展模式探析》等。

结语　反思与展望

在这个全球化的新时代，社会经济、政治、思想文化等领域都出现了前所未有的巨变，人们的精神追求更加丰富多元，新兴宗教无疑迎合了现代化进程中人们对社会多元价值观的需求，并利用现代化信息技术和资源，借助于数字化时代的网络空间、网络传媒，跨越了地域和国界，成为一种不可忽视的全球文化现象。我们应该以人类社会历史进程为大背景，用全球而非局部视野，辩证而非孤立地、动态而非静止地客观看待新兴宗教，应该"将其置于现代化与全球化两大进程之中，采用历史的、多学科的、跨文化或全球文化的观点去了解、研究新兴宗教"①。反思过去，展望未来，对于新兴宗教的研究任重而道远，笔者认为以下两点需要特别重视。

一　探索科学治理和引导新兴宗教团体之相关法规的研究

在中国，新兴宗教虽然由于没有合法地位而不存在公开的宗教活动，但事实上，在中国传统文化包容的大境界下，中国民众历来并不排斥外来文化，新兴宗教因其现代性、世俗性、开放性、灵活性和务实性等特点，自然也容易在民间生根发芽。实际上，新兴宗教这种隐秘的活动事实，不仅让研究者很难获得全面的研究资料，局限了学者们探讨的空间，也不利于社会的良好治理。从社会可持续发展的角度来思考，不仅研究者需要更加开放的学术环境，新兴宗教团体也需要科学的治理引导。牟钟鉴先生曾谈道："新兴宗教是个世界性的现象，导致民间宗教与主流宗教之间的界限正在消失。我们能否让它们长期处在灰色地带？五大教的格局不能突破吗？这对我们提出了新的挑战。"② 立足全球视野，及时研究探索治理和引导新兴宗教团体的新方法，以及相关的法律法规，是当前我国宗教研究者们紧迫的、前瞻性的任务。因为"宗教学研究者对宗教治理理论创新负有不可推卸的责任。经世致用是我国学术研究的光荣传统，国家一直赋予宗教学研究以宗教理论建设的责任，现实宗教问题研究一直就是宗教学研究的一个组成部分"③。

近 40 年以来，中国学者对新兴宗教的研究积累了丰硕的理论成果，但对于新兴宗教团体治理实践策略的研究还远远不够，希望今后能有更多积极的探索，真正把理论落到实践，及时为国家和社会

---

① 戴康生主编：《当代新兴宗教》，东方出版社 1999 年版，第 23 页。

② 牟钟鉴：《中国宗教问题研究的现状与发展》，《西北民族大学学报》（哲学社会科学版）2009 年第 3 期。

③ 赵文洪：《宗教治理实践呼唤理论创新》，《中国宗教》2018 年第 10 期。

正确处理宗教问题、健全完善相关的法律法规进言献策，让学界、政界和教界携手共同推动人类命运共同体的构建，促进和谐社会建设。

二　以科学发展观研究新兴宗教

中国社会科学院世界宗教研究所卓新平教授指出，要以科学发展观为指导思想来研究新兴宗教，即首先应该从社会、时代的发展来看"新兴宗教"的产生，及其展示的"新"特色；其次应该从人们精神生活的普遍性，及其"神圣"或"神秘"表达的独特性，来观察、区分不同宗教的共性和特性；最后应该从人类丰富多元的精神及社会生活，来看待"新兴宗教"反应、适应、回应这种生活的形式及效果，论及其张力与和谐、正面与负面、消极与积极。"要实事求是，以唯物史观的科学态度，与时与地俱进地研究当代中国宗教现象的本质与作用。"① 我们必须用全球眼光，立足当今中国的国情，紧跟其改革开放、走向繁荣富强的前行步伐，时时反思我们的理论研究成果是否能适应国家当前的发展战略？或许我们在学术观念上需要实现两个转变："从'侧重经典论断的逐字解释'转向'注重方法论观念的继承发扬'，从'批判性的研究倾向及其结论'转向'建设性的研究取向及其结论'。"②

日前中国关于新兴宗教的研究正在不断走向多元化，出现了哲学、法学、历史学、语言学、社会学、人类学、心理学、政治学等多重视角，研究内容在深度和广度上也不断拓展，但要取得"全面、协调、可持续"的研究成果，还需要开展更多跨界跨学科领域的合作探索。相信在马克思主义宗教观和中国特色社会主义宗教理论的指导下，中国关于新兴宗教的研究，定能与时与地俱进，促进中国文化生态更加健康地可持续繁荣发展。

---

① 卓新平：《以科学发展观研究新兴宗教》，《世界宗教文化》2011 年第 1 期。
② 张志刚：《中国宗教研究的几个关键问题》，《世界宗教研究》2015 年第 5 期。

第十一章

中华人民共和国 70 年
基督教研究（1949—2019）

第一节　中华人民共和国成立至改革开放
（1949—1978）基督教研究

　　基督教来华时间最早可追溯到唐代，此后因各种原因被中断三次。鸦片战争之后虽然靠着列强的势力，基督教第四次传入中国，在表面上获得了成功，但由于它从一开始就与西方势力有着密切联系，由此潜伏着许多危机，在中国发展并不顺畅，我们从 19 世纪下半叶发生的众多教案和 20 世纪 20 年代的"非基运动"中可以看出，它在中国广大民众的心目中始终被视为"洋教"，是一种异质文化。

　　从 1949 年中华人民共和国成立之后，坚持无神论的中国共产党要求中国的基督教和天主教不再受外国势力（帝国主义）的掌控，教会学校和医院收归国有，绝大部分的基督教出版机构停止运行。在这种政策下，基督教只留下少数几种教会内部发行的、数量有限的刊物。

　　由于无神论成为社会的主流意识形态，把宗教在某种程度上视为负面的事物，由此对基督教的研究也仅限于对它们的批判。实际上，1949 年至 1978 年基督教的研究完全被边缘化。由于基督教与西方有着千丝万缕的联系，中华人民共和国成立初期的党和政府着力对天主教和基督教进行的工作就是使之切断和外国势力的联系，反帝爱国成为社会和教会内有识之士对基督教研究的主旋律。当时中国没有专门从事基督教研究的机构，与基督教相关的文章主要由研究历史或哲学的学者或相关的教牧人员、教会工作人员和神学院校的教师撰写。

1964 年在毛主席的过问下，全国第一个研究宗教的机构诞生了，这就是世界宗教研究所。研究所最初归属北大，不久便转归哲学社会科学部（简称"学部"）。研究所成立时，北京青年会总干事赵复三被调入，专门负责组建基督教研究室。最初的研究人员从翻译积累资料开始，但研究工作刚要进入正轨，全国性的"四清"运动和"文化大革命"就开始了，基督教研究难以开展。1972 年周总理让哲学社会科学部在河南干校的全体成员返京。从该年下半年开始，宗教所开始慢慢步入研究正轨。基督教研究室在赵复三的领导下，首先订阅了一批海外基督教报纸杂志，又从相关单位陆续调入研究人员，包括外语人才，从外文报纸杂志上翻译文章，了解世界宗教动态和积累资料，但这些动态和资料属内部保存，没有公开出版。尽管宗教研究所基督教研究室从 1964 年便已建立，但直至 1977 年都没有公开出版过影响较大的研究文章。20 世纪 70 年代中期，赵复三（笔名杨真）完成《基督教史纲》，其打印稿由宗教所内部出版，正式出版则是在 1979 年，它可以被视为中华人民共和国成立后第一本由中国学者写的世界基督教史专著。

从以上叙述中可以看出，1949 年到 1978 年间，基督教研究状况在全国范围内很单薄，有分量的研究著作和译著很少。相关文章大多集中在少数几种教会杂志上，以及散见于社会上的报纸、大学学报、与文史哲相关的刊物和内部资料中。

一　基督教研究专著及译著

在这一时期，作为中国学者写的与基督教相关的专著寥若晨星。在这些少量的专著中，大多是揭露基督教和传教士与帝国主义的关系，阐述帝国主义是如何利用宗教来侵略中国等内容。此外，还有几本中国人民反洋教运动相关的著作，尤其是 1951 年正值抗美援朝之际，揭露美帝国主义利用宗教进行侵略，以及天主教和基督教中发起的反帝爱国运动的这类专著在国内更为集中。

这些专著包括黄雪痕编著的《华东浸礼会百年史（1843—1943）》（上海浙沪浸礼会 1950 年版），田文群撰的《为美帝国主义服务的梵蒂冈》（世界知识出版社 1951 年版），刘良模的《美国怎样利用宗教侵略中国》（青年协会书局 1951 年版），《帝国主义怎样利用宗教侵略中国》（人民出版社 1951 年版），《揭露美帝国主义利用天主教侵略中国的罪行》（华东人民出版社 1951 年版），《基督教人士的爱国运动（增订本）》（人民出版社 1951 年版），《天主教人士的爱国运动》（人民出版社 1951 年版）等。这些专著中只有极个别的属于中国教会史的内容，其余均带有反帝爱国的政治色彩，要求国内基督教切断与帝国主义的关系。

相比之下，译著的内容相对多元。大体分为几类：一是从唯物主义无神论角度揭露基督教及其经典不可信，如《基督教的本质》[①]《圣经是怎样一部书》[②]《上帝的起源》[③]。二是关于早期基督教的兴

[①]　［德］费尔巴哈：《基督教的本质》，荣震华译，载《费尔巴哈哲学著作选集》，商务印书馆 1962 年版。

[②]　［苏］雅罗斯拉夫斯基：《圣经是怎样一部书》，谭善余译，生活·读书·新知三联书店 1962 年版。

[③]　［苏］斯克沃尔佐夫－斯切潘诺夫：《上帝的起源》，杨永译，生活·读书·新知三联书店 1961 年版。

起，如《基督教之基础》①《基督教的起源》②。三是有关中世纪的历史和哲学，如《西欧中世纪哲学史纲》③《十字军东征》④。四是以汉译名著形式出版的基督教著作，如《忏悔录》⑤。上述这几类译著除了《忏悔录》之外，大都译自苏联和持社会主义立场或有唯物主义倾向学者的基督教论著，对基督教持批判态度。五是带有反帝反天主教色彩的译著，如《帝国主义反动势力的天主教哲学》⑥《梵蒂冈：和平与民主的敌人》⑦《梵蒂冈的反动思想与政策》⑧《梵蒂冈：宗教、财政与政治》⑨《耶稣会士徐日昇关于中俄尼布楚谈判的日记》⑩，这些译著大都出自苏联学者之笔。六是介绍苏联的宗教，如《苏联的宗教》⑪，该书以介绍苏联各宗教情况为主，其中最主要的是东正教的情况。苏联在 20 世纪 50 年代初被视为中国的榜样，故他们的宗教情况也是中国人民亟须了解的。这些译著反映了当时中

---

① ［德］考茨基：《基督教之基础》，叶启芳译，生活·读书·新知三联书店 1955 年版。

② ［英］罗伯逊：《基督教的起源》，宋桂煌等译，生活·读书·新知三联书店 1958 年版。

③ ［苏］奥·符·特拉赫坦贝尔：《西欧中世纪哲学史纲》，于汤山译，上海人民出版社 1960 年版。

④ ［苏］扎波罗夫：《十字军东征》，哲安译，生活·读书·新知三联书店 1962 年版。

⑤ ［古罗马］奥古斯丁：《忏悔录》，周士良译，商务印书馆 1963 年版。

⑥ ［苏］特·伊·奥则尔曼：《帝国主义反动势力的天主教哲学》，陈兆福等译，上海人民出版社 1956 年版。

⑦ ［美］M. 塞因曼：《梵蒂冈：和平与民主的敌人》，谢光生译，中外出版社 1951 年版。

⑧ ［苏］申曼：《梵蒂冈的反动思想与政策》，曹岩华译，生活·读书·新知三联书店 1953 年版。

⑨ ［苏］约·拉甫列茨基：《梵蒂冈：宗教、财政与政治》，柔水译，世界知识出版社 1959 年版。

⑩ ［苏］约瑟夫·塞比斯：《耶稣会士徐日昇关于中俄尼布楚谈判的日记》，王立人译，商务印书馆 1973 年版。

⑪ ［苏］柯洛索夫撰：《苏联的宗教》，姚宏奎译，中华书局 1950 年版。

国基督教研究主要是吸收苏联的反宗教模式，认为宗教需要批判。

二 基督教研究相关的文章和译文

这一时期与基督教相关的研究主要是以文章或译文形式出现的，这些文章或译文除了刊登在仅有的几种教会期刊上外，大多刊登在社会上的报纸杂志上。它们可分为如下几类。

1. 有关宗教、神哲学、理论探讨性的文章和译文。如赵紫宸的《漫谈神学》（载《基督教丛刊暨真理与生命合刊》1949 年第 3 期），吴耀宗的《基督教与新时代》（载《基督教丛刊暨真理与生命合刊》1950 年第 1 期），陈泽民的《中国教会神学的任务》（载《金陵神学志》1956 年第 5—6 期）等。

2. 对海外基督教的研究。这些文章和译文主要是从历史研究、现状研究两个层面进行，且研究成果涉及内容广泛。相关学者对于基督教兴起及其早期发展的理论大多来自恩格斯的分析，认为早期基督教是罗马帝国下层民众的运动，该教之所以能从犹太教中分化出来并逐渐得到发展，与当时罗马帝国的社会政治经济情况分不开。对于中世纪的天主教，这一时期的学者几乎众口一词，均持否定态度，把它视为黑暗时期。这一时期的研究，对梵蒂冈掌控的天主教和美国掌握的新教都持揭露的目的，把它们与帝国主义侵略直接相连。对苏联宗教的研究在 20 世纪 50 年代前期并无贬义，只是作为一种知识性的介绍；但到六七十年代，中苏关系恶化后，对他们的宗教也持批判态度。

3. 对中国基督教史的研究文章和译文。相较其他研究而言，中国基督教史方面的相关研究文章最多。这些文章比较集中的有：太平天国、来华传教士、反洋教运动、自立运动，此外还有涉及基督教与中国文化、科技、医疗等方面的文章，另有一些较为零散的其他有关中国基督教史方面的研究。所有这些文章中最丰富的是对教案和反洋教运动的研究，这些文章对作为农民运动的太平天国和拜上帝会是持同情态度的，肯定了其革命性，认为洪秀全利用基督教发起农民起义，至于他本人是否是基督徒则有不同看法。在这些讨论中，学者比较一致的是都认为英美传教士对太平天国拜上帝会起了破坏作用，他们是导致太平天国革命失败的原因之一。在这个时期，研究者偏向研究教案类反洋教运动以及与此相关的自立运动、基督教革新运动等，因为它们与"三自爱国运动"有直接的关系。对中国基督教的研究，还涉及基督教在华的文教、科技、医疗、出版事业，在此不一一赘述。

除上述较为集中的题目外，还有一些史料性的研究。这些文章涵盖面较广，比较分散，时间跨度从唐至近现代，教派包括景教、天主教和新教，内容上大到从整体上看中国基督宗教历史，小到讲述一个村的堂史。由于太分散，难以归类，故把这些文章都集中放在此类。相关的文章和译文包括《唐元时代及东亚之基督徒》①《大秦景教流行中国碑》②《从历史上看中国的天主教》③《天主教在山西之创始及其发展》④ 等。

三　小结

我们从上述综述中可以看出，1949—1978 年，对基督教的研究很不成熟，可以说没有对它进行深入、全面的研究。最直接的表现是，这几十年除了有几本译著外，中国研究者没有出版过有影响力的专著。正因如此，笔者在写这一阶段研究综述时只能根据文章，而不是根据专著来整理归纳。这与 1978 年之后的相关综述形成了极大的反差。

20 世纪下半叶，我国基督教研究历经三个重要发展契机：一为

---

① ［法］伯希和：《唐元时代及东亚之基督徒》，冯承钧译，载《西域南海史地考证论著汇编》，中华书局 1957 年版。

② 张星烺主编：《大秦景教流行中国碑》，载《中西交通史料汇编》（1），中华书局 1977 年版。

③ 刘贯一：《从历史上看中国的天主教》，《光明日报》1951 年 10 月 23 日。

④ 郭继汾：《天主教在山西之创始及其发展》，《山西文史资料》1962 年第 2 期。

中华人民共和国成立；二为中国科学院世界宗教研究所成立；三为改革开放。在中华人民共和国成立初期，这些研究主要为不同领域的相关学者所进行的学术引进和独立探索，多以翻译为主，而其侧重点则在于翻译、介绍苏东地区学者的研究成果和学说见解。1964年，中国科学院建立世界宗教研究所，中国学术界开始尝试对宗教研究力量的整合，并形成建制性研究机构的系统化、规范化、集体化研究，这对基督教研究亦带来了推动，使同一领域的学者有了更多的交流、沟通，逐渐营造出一种学术讨论的氛围。不过，在 1977年之前，中国基督教研究主要是政治局面的思考和意识形态上的批判，在史料梳理和学术翻译上有所积累，但在深入研究、系统梳理、提出创见上则罕见高水平的学术著作问世。随着 1978 年以来中国全面、深入的改革开放，基督教研究在当代中国呈现出一个全新的走向，引起了国际学术界的关注和评述。

第二节　改革开放至 1989 年的基督教研究

自 1978 年中国步入全面、深入的改革开放阶段至 1989 年的十年间，中国大陆学界的基督教研究，一改之前局限于政治层面思考和意识形态批判的局面，呈现出全新的学术走向。在解放思想、突破禁锢的崭新研究语境下，基督教研究主要在理论与历史两大领域展开，且南北方形成了不同的学术研究旨趣：北方的学术界较多注重理论研究，南方的学术界则更加突出历史研究。中国基督教研究学界出现了学术流派众多、研究方法并存的新格局，初步形成了强调客观、科学、"纯学术"意义的研究立场。改革开放让学术界突破了传统基督教研究的"在教言教""弘教宣道"之局限，开辟出一条"悬置"基督教信仰、回溯原初语义而对"神学"表述加以学术层面的新解读和新诠释之路，开创了当代中国基督教研究一枝独秀的局面。

改革开放初期十年间的研究是我国基督教学术界奠定基础、找准方向、确立进路的关键十年，开始初步建立起基督教研究的学科体系，并形成了教会历史研究、基督教哲学思想研究、圣经研究、中国基督教研究、文化及文献研究等基本研究分支，形成了基督教学术研究的初步框架，从而为未来基督教研究步入系统化、深入化与全面化的阶段奠定了初步的基础。

一　历史研究

步入改革开放新时期的第一个十年，基督教历史研究是学界在基督教研究领域的重心，中国学者对基督教历史开始有了比较客观与系统的研究，主要体现在相关外文著作的翻译和中国学者自己的研究两方面，研究的内容包括世界基督教史研究、早期基督教史研究、中世纪教会史研究、宗教改革史研究、教派史、修会史，以及近代教会史研究等多个领域。

在基督教历史研究方面，无论是翻译，还是著述，主要侧重在篇幅较小的基督教通史著作和相关专史著作；而在教会史略、史纲或简史方面，则成果颇多。从中国学者对基督教历史著作的翻译来看，相关译著包括福建师大外语系组织翻译的穆尔著的《基督教简史》（商务印书馆 1981 年版）。中国学者自己撰写出版的基督教史著作有：杨真的《基督教史纲》（生活·读书·新知三联书店 1979 年版），马超群编的《基督教二千年》（中国青年出版社 1988 年版），赵志廉的《基督教简史》（中国基督教协会神学教育委员会 1989 年版）。这些通史类著作尝试从宏观上对之进行描述和分析，并从中国学者的视野及立场对其展开评论与解说。

除了对教会通史的初步涉猎外，中国学术界同时开始探究教会发展的各个阶段历史。其中，关于早期基督教历史的译著包括罗伯逊著的《基督教的起源》（生活·读书·新知三联书店 1981 年版），相关专著有徐怀启的《古代基督教史》（华东师范大学出版社 1988年版）。中世纪历史是基督教会发展过程中的一个重要历史阶段，改革开放最初十年间的教会史研究，在这一阶段亦有涉猎。论及中世纪教会与西欧社会及其西方文化的著作包括：皮朗著，乐文译的《中世纪欧洲经济社会史》（上海人民出版社 1986 年版）；张绥的《中世纪"上帝"的文化——中世纪基督教会史》（浙江人民出版社 1987 年版）；霍利斯特著的《欧洲中世纪简史》（商务印书馆 1988 年版）等。此间还有论及罗马教廷及教皇的专著，如舍英曼著的《梵蒂冈史》（黑龙江人民出版社 1982 年版）；朗克著，施子愉选译的《教皇史》（商务印书馆 1980 年版）；孙庆芳编著的《教皇史话》（商务印书馆 1985 年版）。宗教改革史一向是中国基督教学术界的研究热点，内容涵盖对欧洲从中古到近代转型时期不同宗教改革运动的研究，对宗教改革家马丁·路德、加尔文等人的研究，以及对"德国农民战争"和"宗教战争"等问题的研究。这一时期关于宗教改革史的研究相关著述包括：马立臣编著的《德国宗教改革家马丁·路德》（商务印书馆 1983 年版）；茨威格著，赵台安等译的《异端的权利：卡斯特里奥反对加尔文史实》（生活·读书·新知三联书店 1986 年版）；李平晔的《人的发现——马丁·路德与宗教改革》（四川人民出版社 1987 年版）；周正安等译的《马丁·路德》（新华出版社 1988 年版）；郭振铎主编的《宗教改革史纲》（河南大学出版社 1989 年版）等。

二 基督教神学、哲学思想研究

从宏观上对基督教神学和哲学进行系统研究始于相关研究著作的翻译。1978 年以来，中国学术界对这一领域相关学术专著的翻译出版达到空前的程度，而且规模也较大。其中颇值一提的研究丛书包括中国基督教界的《神学教育丛书》，中国天主教界的《光启神学丛书》，以及学术界组织翻译的由四川人民出版社出版发行的《宗教与世界译丛》，由上海人民出版社组织出版的《西方学术译丛》等系列。

中国学术界自 1979 年起的十年间，在基督教神学与哲学研究方面，除了基督教历代思想译介与思想史通论研究的初步展开外，还开始对基督教思想进行分期研究，包括对基督教早期思想、中世纪哲学与宗教改革以来基督教近现代思想的研究。这一时期的研究成果包括：奥古斯丁著的《忏悔录》；车铭洲的《西欧中世纪哲学概论》（天津人民出版社1982年版）；安东尼·肯尼著，黄勇译的《阿奎那》（中国社会科学出版社1987年版）；弗里曼特勒编著，程岩民等译的《信仰的时代——中世纪哲学家》（光明日报出版社1989年版）；薛华的《青年黑格尔对基督教的批判——论基督教的"实定性"》（中国社会科学出版社1980年版）；艾略特著，杨民生等译的《基督教与文化》（四川人民出版社1989年版）；麦奎利著，高师宁、何光沪译的《二十世纪宗教思想》（上海人民出版社1989年版）；蒂利希著，陈新权等译的《文化神学》（工人出版社1988年版）；蒂利希著，徐钧尧译的《政治期望》（四川人民出版社1989年版）；陈奎德的《怀特海哲学演化概论》（上海人民出版社1988年版）；舍斯托夫著，董友等译的《在约伯的天平上》（生活·读书·新知三联书店1989年版）；希克著，何光沪译的《宗教哲学》（生活·读书·新知三联书店1988年版）等。

从这一时期的基督教神学与哲学研究的成果可以看到，改革开放初期十年的中国基督教学术研究，对西方基督教思想史中的核心人物与中心问题开始逐渐形成自己的认识与理解，虽然出版成果在数量上较少，但相关著述涉及基督新教、天主教以及东正教的传统、体系、流派、人物等多方面，论及基督教古代、中世纪以及近现代代表性神学家及其代表观念，包括奥古斯丁、阿奎那、帕斯卡尔、麦奎利、克尔凯戈尔等古今基督教思想家，为未来中国学界在基督教思想领域展开广泛与进深研究做了初步的预备工作。

三　圣经研究

中国改革开放以来的圣经研究始于其哲学、文学、历史范围及其经典诠释意义上的研究，尤以圣经文学为重点。1979年起，中国基督教界新教学者在丁光训的倡导下曾由王神荫、陈泽民和骆振芳等人负责对"官话和合本"《圣经》的《旧约·诗篇》和《新约》部分进行修订，先后由中国基督教会发行《诗篇》《四福音书》《使徒行传》和《保罗书信》的修订稿，但整部《圣经》的修订还没能完成。

改革开放初期涉及《圣经》出版的主要是一些"圣经故事"的编辑和对"圣经诗歌"的初探，其中"故事"类包括张久宣编的《圣经故事》（中国社会科学出版社 1981 年版）；科西多夫斯基著，张会森等译的《圣经故事集》（新华出版社 1981 年版）；朱维之主编的《圣经文学故事选》（北京出版社 1983 年版）。而"诗歌"类则有梁工编译的《圣经诗歌》（天津百花文艺出版社 1989 年版），孙小平编译的《圣经抒情诗选》（上海三联书店 1989 年版）。此外，与《圣经》研究相关联的，则是一批"耶稣传记"的重印、新译和编辑出版，其中较有影响的包括施特劳斯著，吴永泉译的《耶稣传》（商务印书馆 1981 年版）；凯斯顿著，赵振权等译的《耶稣在印度》（北京国际文化出版公司 1987 年版）和赵紫宸的《耶稣传》（上海社会科学院出版社 1988 年版）等。较早的圣经研究从对"圣经文学"的探讨切入，并形成一种较为持续的发展；随之则有各种"圣经词典""圣经导读"类著作出版。研究圣经文学及艺术的著作包括：莱肯著，徐钟等译的《圣经文学》（春风文艺出版社 1988 年版）；朱韵彬的《圣经文学通论》（河南人民出版社 1989 年版）；朱维之的《圣经文学十二讲》（人民文学出版社 1989 年版）。在圣经词典编纂方面，该时期有关著作包括代彭康等主编的《圣经词典》（陕西人民出版社 1989 年版）与白云晓编译的《圣经新约人名词典》（天津人民出版社 1989 年版）。圣经导读类的著作和译作在改革开放之后开始相继问世，相关著译包括马小军、罗林平译的《神迹，智慧，箴言：耶稣言行录》（上海三联书店 1988 年版），杨慧林等主编的《圣经新语》（中国卓越出版公司 1989 年版）。

改革开放初期十年间的圣经研究处于该领域的初期阶段，面向的读者明显是普通的基督教文学爱好者和基督徒信众，为未来圣经解释学、圣经语文学等研究领域的开拓奠定了初步的学术与读者基础。

四　中国基督教研究

中国基督教研究涉及面很广，论题较多，讨论亦很激烈，是改革开放后中国学界基督教研究中的热点。该研究除了中国基督教通史外，还有唐代景教、元代也里可温、明清天主教，尤其是耶稣会入华史、中国东正教、近现代基督教，以及改革开放以来的当代基督教研究等阶段史研究。与之相关的每一历史时期都各有其特色，有其不同的问题意识和关注的侧重点。

对中国基督教通史的研究，中国大陆学者一般采取两种方式，一是按历史发展线索，对中国基督教历史加以纵向的客观把握，形成其史论、史纲或简史；二是按照相关主题，对中国基督教史加以知识答问，以点构面，形成中国基督教历史发展整体或全貌的粗略轮廓。但这两种方式都有其局限性，仅给人点到为止的印象。从严格意义上讲，比较详细且自成体系的中国基督教通史著作在当时还尚未问世，因而也给中国当代学者在此方面进行研究留下了巨大的空间。中国基督教通史研究及其历史分期之探始于陈垣1924年完成的专著《基督教入华史略》，中国基督教史研究至此展开。与这种一以贯之的通史研究相对应，有关阶段的断代史和有关区域的地区史亦应运而生，作为对通史的重要补充和说明。

改革开放初期十年间关于中国基督教整体历史的学术专著包括：穆尔编《一五五〇年前的中国基督教史》（中华书局1984年版），张力、刘鉴唐的《中国教案史》（四川省社会科学院出版社1987年版），顾裕禄的《中国天主教的过去和现在》（上海社会科学院出版社1989年版）。

关于唐代景教研究方面取得的成果有：陈垣的《陈垣学术论文集》（中华书局1980年版）、吴泽主编的《陈垣史学论著选》（上海人民出版社 1981 年版）、江文汉的《中国古代基督教及开封犹太人：景教、元朝的也里可温、中国的犹太人》（知识出版社 1982 年版）。元代也里可温教研究的奠基之作是陈垣 1917 年完成、1918 年发表的《元也里可温考》。尽管此后研究不断扩大，并有微观、细节上的开拓，却尚未获得全新的、本质性研究突破。这一时期涉及元代也里可温教的研究专著和译著包括上述《陈垣史学论著选》，何高济译的《鄂多立克东游录》（中华书局 1981 年版），道森编、吕浦译的《出使蒙古记》（中国社会科学出版社 1983 年版），穆尔编的《一五五〇年前的中国基督教史》（中华书局 1984 年版），何高济等译的《柏朗嘉宾蒙古行纪，鲁布鲁克东行纪》（中华书局 1985 年版），方豪的《中国天主教史人物传》（三卷本）（中华书局 1988 年版）等。

关于明清天主教研究的综合性著译，此时期相关著作包括：古洛东的《圣教入川记》（四川人民出版社 1981 年版）；白晋著，赵晨等译的《康熙皇帝》（黑龙江人民出版社 1981 年版）；戴裔煊的《〈明史·佛郎机传〉笺正》（中国社会科学出版社 1984 年版）；王思治等主编的《清代人物传稿》（中华书局 1984—1995 年版）；沈福伟的《中西文化交流史》（上海人民出版社 1985 年版）；骆良、陈仁华等编的《天主教、基督教在广西资料汇编》（广西民族出版社 1985 年版）；萧致治、杨卫东编的《鸦片战争前中西关系纪事（1517—1840）》（湖北人民出版社 1986 年版）；江文汉的《明清间在华的天主教耶稣会士》（上海知识出版社 1987 年版）；张维华的《明清之际中西关系简史》（齐鲁书社 1987 年版）；朱维铮的《走出中世纪》（上海人民出版社 1987 年版）；谢和耐著，于硕等译的《中国文化与基督教的冲撞》（辽宁人民出版社 1989 年版，此书还有耿昇译本）。

在来华天主教传教士研究方面，关涉利玛窦的著作包括利玛窦、金尼阁著，何高济等译的《利玛窦中国札记》（中华书局 1983 年版）。研究其他传教士的著作则有聂崇正的《郎世宁》（人民美术出版社 1985 年版）；斯托莫著，达索彬等译的《"通玄教师"汤若望》

(中国人民大学出版社 1989 年版)。

在中国天主教人物研究方面,相关著作包括:梁家勉编的《徐光启年谱》(上海古籍出版社 1981 年版),王重民的《徐光启》(上海人民出版社 1981 年版),上海市文物保管委员会主编的《徐光启著译集》(上海古籍出版社 1983 年版),王重民辑校的《徐光启集》(上海古籍出版社 1984 年版),施宣圆的《徐光启》(江苏古籍出版社 1984 年版),王欣之的《明代大科学家徐光启》(上海人民出版社 1985 年版),席泽宗、吴德铎编的《徐光启研究论文集》(上海学林出版社 1986 年版),李之勤编的《王徵遗著》(陕西人民出版社 1987 年版),方豪的《中国天主教史人物传》(中华书局 1988 年版)等。

基督教在近代中西方文化交流中所扮演的角色亦被人重视和探索。改革开放初期十年间,学界对这一时期基督教在华存在及其作为的研究著作包括:顾长声的《传教士与近代中国》(上海人民出版社 1981 年版)、《从马礼逊到司徒雷登:来华新教传教士评传》(上海书店出版社 1985 年版);中华续行委办会调查特委会编,蔡诙春等译的《中华归主——中国基督教事业统计(1901—1920)》(三卷本)(中国社会科学出版社 1985—1987 年版);陈仁华等编的《天主教、基督教在广西资料汇编》;卢茨(鲁晞珍)著,曾钜生译的《中国教会大学史》(浙江教育出版社 1987 年版);陈秀萍编著的《沉浮录:中国青运与基督教男女青年会》(上海同济大学出版社 1989 年版)等。

五　基督教文化比较及文献研究

中国改革开放初期十年,我国学界基督教研究开始涉猎基督教文化比较及文献研究领域,主要涉及三方面:在基督教文化艺术方面的初步译介工作,基督教同其他宗教的比较对话初探,以及基督教文献整理工作。具体而言,在研究基督教文化艺术方面,中国大陆学术界在这十年中的学术成果包括蒂利希著,陈新权等译的《文化神学》(工人出版社 1988 年版);道森著,长川某译的《宗教与西方文化的兴起》（四川人民出版社 1989 年版）等。

在基督教与其他宗教的比较研究方面涉及基督教与其他宗教比较研究的著述，主要包括：刘小枫的《拯救与逍遥》（上海人民出版社 1988 年版），高旭东等的《孔子精神与基督精神》（河北人民出版社 1989 年版），高旭东的《生命之树与知识之树》（河北人民出版社 1989 年版）与王生平的《"天人合一"与"神人合一"：中西美学的宏观比较》（河北人民出版社 1989 年版）等。

在基督教文献的整理和研究方面亦有新的收获与拓展，从而形成了学术研究积累资料、基于资料的良好学风，并为中国当代基督教研究的稳步发展打下了坚实基础。在基督教研究领域文献目录学方面，这一时期的相关成果包括，李海编的《近代中国教案研究论著、资料索引（1949—1985）》，收入四川社联编辑的《近代中国教案研究》；徐宗泽编的《明清间耶稣会士译著提要——耶稣会创立四百年（1540 年—1940 年）》（中华书局 1989 年版）。相关出版物还有中华书局组织出版的《中外关系史名著译丛》，包括何高济译的《鄂多立克东游录》（1981 年版）；何高济、王遵仲、李申译的《利玛窦中国札记》（1983 年版）；耿昇、何高济译的《柏朗嘉宾蒙古行纪，鲁布鲁克东行纪》（1985 年版）；米列斯库著，蒋本良等译的《中国漫记》（1989 年版）。其他传教士著作得以整理出版的还有史式徽著，天主教上海教区史料译写组译的《江南传教史》（两卷本）（上海译文出版社 1983 年版）；中华续行委办会调查特委会编，蔡詠春等译的《中华归主：中国基督教事业统计（1901—1920）》等。

六　小结

改革开放的春风让处于新时代的基督教研究步入一个前所未有的新局面。基督教因其在中西文化交流中的影响、在国际关系及国际政治中的作用，以及在其自身宗教学术传统发展演变中的积淀而吸引了许多中国学者对之展开深入而系统的探讨。

从改革开放初期十年的基督教研究成果来看，基督教研究的主体、立场、方法及对象都发生了重要变化和转型,与之前相比,形成了一种全新的发展局面。如果说中华人民共和国成立前基督教研究具有信仰特色、主要为教会人士所展开,中华人民共和国成立初期百废待兴,基督教研究以翻译、介绍国外著作为主,"文化大革命"期间基督教研究基本以"批判""否定"为基本的论说语境;那么,改革开放后的基督教研究则基本上摆脱了信仰、神学的色彩,研究主体也由社会科学、人文学科领域的教育、研究人员来代表,他们基本上没有教会身份和背景,其研究立场、方法也不以基督教信仰为前提。独立的基督教研究学科体系开始形成,并开拓出了一条基督教研究的探索与寻求的路径,为之后的基督教研究之突破与发展奠定了基础。虽然改革开放初期十年的基督教研究还谈不上系统与深入,但经过"文化大革命"期间的全面否定、基督教研究基本中断的不利时期,新时代的基督教研究真正步入学理性、客观性的全新阶段,基本形成了教会史研究、圣经研究、基督教神哲学研究、中国基督教研究、文化及文献研究等分支、分级学科研究的多样性研究内容,并初步展露出跨学科、跨文化研究的意向,既有多学科的整合,亦有宗教研究上的突出。其独特意义则在于,中国的基督教研究打破了国际上由基督教会及其神学界"一统天下"的局面,出现了以宗教学方法为基础、悬置基督教信仰、由教外学者为主体的研究态势。许多传统意义上的基督教神学命题和研究领域,在中国学术界得以从宗教学的立意上来重新考虑、重新探析,初步形成了在研究队伍与研究意向上宗教学的基本立场和悬置信仰的学术特色,开辟了中国基督教学术界即将在国际学术舞台上发声、对话与参与,并得到积极回应与肯定的新道路。

第三节　1990 年至 1999 年的基督教研究

经过十年改革开放的春风吹拂,我国基督教研究学界在 20 世纪

90 年代进入了一个新的发展阶段，在许多领域都有深入发掘和新的开拓。在世界基督教历史与现状研究、基督教神学与哲学研究、圣经研究、中国基督教研究、基督教文化比较及文献研究等方面都取得了长足进展。改革开放初期局限于历史与哲学领域的研究，开始扩展至文学、经典和社会学等领域，并形成相应的重点研究课题，开始展露出跨学科、多学科的科际整合的学术特色，体现了基督教研究对外开放、对内沟通的趋势，成为宗教学众多研究领域中发展最快的一个分支学科，其所受到的国际学术界的关注亦逐渐增多。与改革开放初期基督教不成系统、较为浅显的学术研究相比，这十年的基督教研究已趋于完备与系统，其基础亦越来越牢固，学术积淀也越来越厚实。

一　历史研究

　　20 世纪 90 年代，我国基督教历史研究继承改革开放以来形成的基督教史研究进路，在整体历史研究方面的译介与专著包括：沃尔克著，孙善玲、段琦和朱代强译的《基督教会史》（中国社会科学出版社 1991 年版），目前段琦等人正在进行该书的新版翻译工作，译本即将付梓；麦克曼勒斯主编，张景龙等译的《牛津基督教史》（贵州人民出版社 1995 年版）；张绥的《基督教会史》（上海三联书店 1992 年版）；唐逸主编的《基督教史》（中国社会科学出版社 1993 年版），此书后来亦修订再版（江苏人民出版社 2006 年版）。

　　在基督教分段历史研究方面，关于早期基督教史的研究专著有：王晓朝的《基督教与帝国文化》（东方出版社 1997 年版）。而关于耶稣的研究，在这一时期也成为一个热点，包括帕利坎著，杨德友译的《历代耶稣形象——及其在文化史上的地位》（香港汉语基督教文化研究所 1995 年版）；克罗桑著，高师宁、段琦译的《耶稣传：一部革命性的传记》（中国社会科学出版社 1997 年版）；阿·诺兰著，宋兰友译的《基督教之前的耶稣》（今日中国出版社 1997 年版）；以及专著文庸的《人间的耶稣》（今日中国出版社 1995 年版）等。

在中世纪研究方面，论及中世纪教会与西欧社会及其西方文化的著作，包括安长春的《基督教笼罩下的西欧》（中央编译出版社1995年版），赵林的《西方宗教文化》（长江文艺出版社1999年版），陈曦文的《基督教与中世纪西欧社会》（中国青年出版社1999年版），刘明翰的《罗马教皇列传》（东方出版社1995年版）。

在宗教改革史研究方面取得的研究成果包括：林赛著，孔祥民等译的《宗教改革史》（商务印书馆1992年版）；孔祥民的《德国宗教改革与农民战争》（北京师范大学出版社1992年版）；李平晔的《宗教改革与西方近代社会思潮》（今日中国出版社1990年版）；柴惠庭的《英国清教》（上海社会科学院出版社1994年版）；蔡骐的《英国宗教改革研究》（湖南师范大学出版社1997年版）；杜兰的《世界文明史：宗教改革》（上、下）（东方出版社1999年版）。

俄罗斯东正教领域的研究在这一时期有了重要进展，其研究著作包括乐峰的《东正教》（商务印书馆1991年版）；刘祖熙等的《斯拉夫文化》（浙江人民出版社1993年版）；赫克著，高骅译的《俄罗斯的宗教》（香港汉语基督教文化研究所1994年版）；布尔加科夫著，董友译的《东正教——东正教教义纲要》（香港三联书店1995年版）；乐峰的《东正教史》（中国社会科学出版社1999年版）；张达明的《俄罗斯东正教与文化》（中央民族大学出版社1999年版）。

对基督教现状的研究范围较广，涉及当代基督教会的概貌、基本体制、结构和教派组织，亦有对基督教在相关国家发展的论述，其中以美国和欧洲社会为重点。相关出版成果包括：哈切森著，段琦、晓铺译的《白宫中的上帝》（中国社会科学出版社1992年版）；荣格著，江怡译的《宗教与美国现代社会》（今日中国出版社1992年版）；于可主编的《当代基督新教》（东方出版社1993年版）；雷雨田的《上帝与美国人——基督教与美国社会》（上海人民出版社1994年版）；段琦的《美国宗教嬗变论》（今日中国出版社1994年版）；傅乐安主编的《当代天主教》（东方出版社 1996 年版）等。

二　基督教神学、哲学思想研究

相较于这一时期历史研究仍限于介绍与宏观的层面，20 世纪 90
年代的基督教神学与哲学思想研究明显有了更广的涉猎范围与更深
的阐释层次。各种译丛、文库层出不穷，这也与整个西方哲学史研
究在这一时期的兴盛密切相关。

在这些翻译工程中规模最大、范围最广、出版最多的丛书乃是
由香港汉语基督教文化研究所组织、道风书社出版的"历代基督教
思想学术文库"。该文库包括"古代系列""现代系列"和"研究系
列"三部分，在 20 世纪 90 年代出版的译著或编著等在"古代系列"
中有库萨的尼古拉著，李秋零译的《论隐秘的上帝》；翁绍军注释的
《汉语景教文典诠释》；（托名）狄奥尼修斯著，包利民译的《神秘
神学》；德尔图良著，涂世华译的《护教篇》。在"现代系列"中有
莫尔特曼著，阮炜译的《被钉十字架的上帝》；汉斯·昆著，包利民
译的《基督教大思想家》；托伦斯著，阮炜译的《神学的科学》；康
德著，李秋零译的《单纯理性限度内的宗教》；麦奎利著，何光沪译
的《基督教神学原理》；巴特著，魏育青译的《〈罗马书〉释义》；
海德格尔、奥特等著，孙周兴等译的《海德格尔与神学》；莫尔特曼
著，隗仁莲等译的《创造中的上帝——生态的创造论》等。在"研
究系列"中有赫克著，高骅译的《俄罗斯的宗教》；潘能伯格著，
李秋零、田薇译的《人是什么？——从神学看当代人类学》；艾伯林
著，李秋零译的《神学研究——一种百科全书式的定位》等。

除了上述丛书所包括译著之外，该领域著译成果还有孙津的
《基督教与美学》（重庆出版社 1990 年版）；利奇蒙德著，朱代强等
译的《神学与形向上学》（四川人民出版社 1990 年版）；麦奎利著，
钟庆译的《神学的语言与逻辑》（四川人民出版社 1992 年版）；张
志刚的《猫头鹰与上帝的对话——基督教哲学问题举要》（东方出
版社 1993 年版）；赵敦华的《基督教哲学 1500 年》（人民出版社

1994 年版);杨慧林的《追问上帝:信仰与理性的辩难》(北京教育出版社 1999 年版) 等。此间,中国学者完成的基督教哲学专著成果,堪称我国当代学者在基督教思想研究领域的精髓。

在分阶段基督教思想史研究领域中,关于古代基督教神学与哲学研究方面的著译有:蒙哥马利著,于海等译的《奥古斯丁》(中国社会科学出版社 1992 年版);范明生的《晚期希腊哲学和基督教神学》(上海人民出版社 1993 年版);翁绍军的《神性与人性:上帝观的早期演进》(上海人民出版社 1999 年版) 等。研究中世纪神哲学的译著与专著包括:傅乐安的《托马斯·阿奎那基督教哲学》(上海人民出版社 1990 年版),李秋零的《上帝·宇宙·人》(中国人民大学出版社 1992 年版),傅乐安的《托马斯·阿奎那传》(河北人民出版社 1997 年版)。在近现代基督教思想研究方面有:刘小枫的《走向十字架上的真埋:二十世纪神学引论》(杏港三联书店 1990 年版);利文斯顿著,何光沪译的《现代基督教思想》(上、下卷) (四川人民出版社 1992 年版);卓新平的《当代西方新教神学》和《当代西方天主教神学》(上海三联书店 1998 年版)。在这些作品中,卓新平的《当代西方新教神学》与《当代西方天主教神学》堪称当代基督教神学思想的扛鼎之作,全面、深入、系统地向汉语学界评介并阐释了当代基督教思想界的代表性人物及其思想,以及当代基本神学流派与运动思潮。

东正教神学研究以研究俄罗斯东正教神学和哲学为主,相关成果以翻译著作为多,其中综合研究的著作包括洛斯基著,杨德友译的《东正教神学导论》(香港汉语基督教文化研究所 1997 年版);洛斯基著,贾泽林等译的《俄国哲学史》(浙江人民出版社 1999 年版);叶夫多基莫夫著,杨德友译的《俄罗斯思想中的基督》(学林出版社 1999 年版)。这十年也是现代东正教思想家译著大量问世的年代,陀思妥耶夫斯基、别尔嘉耶夫等俄国现代思想家的神哲学思想,被引介入我国基督教学界,相关译著包括:罗赞诺夫著,张百春译的《陀思妥耶夫斯基的“大法官”》(华夏出版社 2002 年版);

海塞等著，斯人等译的《陀思妥耶夫斯基的上帝》（社会科学文献出版社 1999 年版）；何怀宏的《道德·上帝与人——陀思妥耶夫斯基的问题》（新华出版社 1999 年版）；别尔嘉耶夫著，徐黎明译的《人的奴役与自由——人格主义哲学的体认》（贵州人民出版社 1994 年版）；别尔嘉耶夫著，雷永生、邱守娟译的《俄罗斯思想》（生活·读书·新知三联书店 1995 年版）；别尔嘉耶夫著，雷永生译的《自我认识：思想自传》（上海三联书店 1997 年版）；别尔嘉耶夫著，邱运华、吴学金译的《俄罗斯思想的宗教阐释》（东方出版社 1998 年版）；基斯嘉柯夫斯基等著，彭甄等译的《路标集》（云南人民出版社 1999 年版）；布尔加科夫著，王志耕等译的《亘古不灭之光：观察与思辨》（云南人民出版社 1999 年版）。

宗教对话与宗教多元论问题成为 20 世纪 90 年代中后期中国基督教学界开始热衷的一个课题，有不少该领域的著译出版，包括王志成的《解释与拯救——宗教多元哲学论》（学林出版社 1996 年版）；希克著，王志成译的《宗教之解释——人类对超越者的回应》（四川人民出版社 1998 年版）；王志成的《宗教、解释与和平——对约翰·希克宗教多元论哲学的建设性研究》（四川人民出版社 1999 年版）；希克著，王志成、思竹译的《信仰的彩虹：与宗教多元主义批评者的对话》（江苏人民出版社 1999 年版）；潘尼卡著，思竹、王志成译的《文化裁军——通向和平之路》（四川人民出版社 1999 年版）。在接下来的十年间，这一课题有了长足发展。

三 圣经研究

20 世纪 90 年代的圣经研究方面，承袭了前期改革开放以来圣经汉译工作取得的成果，并在圣经概论宏观式介绍的基础之上，在圣经文学、圣经相关辞书编纂、新旧约导论等方面有了进一步的发展。在圣经文学研究方面出版的著译包括：陈而泰主编的《绘画圣经文学故事全集》（鹭江出版社 1990 年版），段琦编著的《圣经故事》（译林出版社 1994 年版），田志康等选编的《圣经诗歌全集》（学苑

出版社 1990 年版），梁工著的《圣经文学导读》（漓江出版社 1990
年版），弗莱著、郝振益等译的《伟大的代码——圣经与文学》（北
京大学出版社 1998 年版）等。

　　该时期在辞书编写方面取得的成果颇多，包括：白云晓编译的
《圣经旧约人名词典》（天津人民出版社 1990 年版）；卡沃科雷西
著，仲掌生等译的《圣经人物词典》（上海人民出版社 1990 年版）；
梁工主编的《圣经百科辞典》（辽宁人民出版社 1990 年版）；黄建
华主编的《圣经人物辞典》（花城出版社 1991 年版）；彭圣佣编的
《圣经名词简介》（《天风》编辑部 1991 年版）；谢金良等主编的
《圣经典故辞典》（复旦大学出版社 1992 年版）；梁工编著的《圣经
典故辞典》（辽宁人民出版社 1993 年版）；中国基督教协会编的
《圣经简明词典》（南京爱德印刷有限公司 1996 年版）；李传龙编的
《圣经文学词典》（北京大学出版社 1998 年版）；陈惠荣主编的《圣
经百科全书》（中国基督教协会 1999 年版）等。

　　在新旧约研究方面出版的著译包括：骆振芳的《新约导论》和
《圣经论丛》（中国基督教协会神学教育委员会 1990 年版）；梁工编
译的《圣经珍言》（漓江出版社 1991 年版）；卓新平的《圣经鉴赏》
（中国社会科学出版社 1992 年版）；文庸等编的《圣经蠡测》（今日
中国出版社 1992 年版）；涂宗涛点校的《古新圣经问答》（天津社
会科学出版社 1992 年版）；蔡咏春的《新约导读》（今日中国出版社
1992 年版）；梁工编的《圣经指南》（辽宁人民出版社 1993 年版）；
段琦的《圣经知识宝典》（四川人民出版社 1995 年版）；克勒尔著，
林纪涛等译的《圣经：一部历史》（生活·读书·新知三联书店
1998 年版）等。

四　中国基督教研究

　　在 20 世纪 90 年代，中国基督教学界取得的最大成果，一为西
方历代基督教代表性思想家的引介；二为中国基督教研究方面取得
的成果。就后者而言，除了在中国基督教通史方面取得的成果，在

唐代景教、元代也里可温教、明清天主教及传教士研究、近现代中国基督教、基督教与中西文明交流史、中国教会"本色化"运动等方面也取得了不俗的进展。

在中国基督教通史研究方面取得的成果有：孔汉思、秦家懿著，吴华译的《中国宗教与基督教》（生活·读书·新知三联书店 1990 年版）；周燮藩的《中国的基督教》（商务印书馆 1991 年版）；顾卫民的《基督教与中国近代社会》（上海人民出版社 1996 年版）；卓新平的《基督教犹太教志》（上海人民出版社 1998 年版）；沙百里著，耿昇等译的《中国基督徒史》（中国社会科学出版社 1998 年版）；卓新平主编的《中国基督教基础知识》（宗教文化出版社 1999 年版）；任延黎主编的《中国天主教基础知识》（宗教文化出版社 1999 年版）等。

在中国基督教分段历史的研究领域，关于唐代景教与元代也里可温教研究方面的著译出版包括：朱谦之的《中国景教——中国古代基督教研究》（东方出版社 1993 年版）；梁鸿飞、赵跃飞的《中国隋唐五代宗教史》（人民出版社 1994 年版）；谢弗著，吴玉贵译的《唐代的外来文明》（中国社会科学出版社 1995 年版）；翁绍军编的《汉语景教文典诠释》（香港汉语基督教文化研究所 1995 年版）；刘小枫主编的《道与言——华夏文化与基督文化相遇》（上海三联书店 1995 年版）；阿·波罗著，梁生智译的《马可·波罗游记》（中国文史出版社 1998 年版）；冯承钧译的《马可波罗行记》（上海书店出版社 1999 年版）；伯希和著，冯承钧译的《蒙古与教廷》（中华书局 1994 年版）等。

在明清天主教与中西文化交流方面取得的成果甚丰，包括：帕里斯著，张茹萍等译的《耶稣会士秘史》（中国社会科学出版社 1990 年版）；孙江的《十字架与龙》（浙江人民出版社 1990 年版）；邹晓辛、吕延涛的《龙与十字架》（吉林文史出版社 1991 年版）；南炳文、李小林、李晟文的《清代文化传统的总结和中西大交流的发展》（天津古籍出版社 1991 年版）；董丛林的《龙与上帝——基督教与中国传统文化》(生活·读书·新知三联书店 1992 年版);安田朴、谢和耐等著,耿昇译的《明清间入华耶稣会士和中西文化交流》(巴蜀书社 1993 年版);朱维铮主编的《基督教与近代文化》(上海人民出版社 1994 年版);孙尚扬的《基督教与明末儒学》(东方出版社 1994 年版);李天纲的《中国礼仪之争:历史、文献和意义》(上海古籍出版社 1998 年版);楼宇烈、张志刚主编的《中外宗教交流史》(湖南教育出版社 1998 年版);楼宇烈、张西平主编的《中外哲学交流史》(湖南教育出版社 1998 年版)等。

在中国近现代基督教研究以及相关中国教会"本色"运动方面取得的研究成果包括:冯祖贻等主编的《教案与近代中国——近代中国教案学术讨论会文集》(贵州人民出版社 1990 年版);杨天宏的《基督教与近代中国》(四川人民出版社 1994 年版);朱金甫主编的《清末教案》(中华书局 1996 年版);朱维铮主编,李天纲等编校的《马相伯集》(复旦大学出版社 1996 年版);章开沅主编的《文化传播与教会大学》(湖北教育出版社 1996 年版);章开沅主编的《社会转型与教会大学》(湖北教育出版社 1998 年版);陶飞亚、吴梓明的《基督教大学与国学研究》(福建教育出版社 1998 年版);古爱华著,邓肇明译的《赵紫宸的神学思想》(香港基督教文艺出版社 1998 年版);张西平、卓新平编的《本色之探:20 世纪中国基督教文化学术论集》(中国广播电视出版社 1999 年版);徐以骅的《教会大学与神学教育》(福建教育出版社 1999 年版)等。

此外,中国当代神学建设在这一时期开始复兴。在中国教会的"神学建设"领域,相关的研究著述包括金陵协和神学院编的《金陵神学文选,1952—1992》(南京爱德印刷有限公司 1992 年版),汪维藩的《中国神学及其文化渊源》(南京爱德印刷有限公司 1997 年版),丁光训的《丁光训文集》(译林出版社 1998 年版)。20 世纪 90 年代开始兴起以香港道风山汉语基督教文化研究所为中心,中国大陆学者参与其间,并完成大量著译出版工作的"汉语神学"研究。除前述"历代基督教思想学术文库"大量译著出版外,还有由香港汉语基督教文化研究所及此后的道风书社推出的系列丛书。

五　基督教文化比较及文献研究

在基督教文化比较及文献研究方面，中国改革开放以来，亦取得重大进展和许多有意义的突破。具体而言，这些研究可以分为如下三个层面，一是对基督教文化艺术的专题研究，由此探究基督教信仰思想体系的扩展、辐射和在文化艺术领域的多元体现；二是对基督教与其他宗教的比较研究，由此剖析基督教文化体系与其他宗教文化体系的相遇、对话和交流、沟通；三是对基督教文献的整理和研究，由此了解基督教文化遗产及其影响，在对基督教文献的搜集、整理和运用上有更好的把握。在上述研究中，中国学者注意到基督教文化的开放性和扩散性，亦加深了对中国文化体系"海纳百川，有容乃大"之意义的体会。

相比于过去十年我国学界在基督教文化艺术研究方面的成果仅限于数目有限的译著出版的情形，20 世纪 90 年代在该领域的成果多为我国学者的专著，包括吴雷川的《基督教与中国文化》（上海书店 1990 年版），杨慧林等主编的《基督教文化百科全书》（济南出版社 1991 年版），中国社会科学院宗教所基督教研究室编的《基督教文化面面观》（齐鲁书社 1991 年版），朱维之的《基督教与文学》（上海书店 1992 年版），朱维铮主编的《基督教与近代文化》（上海人民出版社 1994 年版），卓新平的《基督教文化百问》（今日中国出版社 1995 年版），刘小枫主编的《道与言——华夏文化与基督文化相遇》（上海三联书店 1995 年版），杨慧林的《罪恶与救赎——基督教文化精神论》（东方出版社 1995 年版），王晓朝的《基督教与帝国文化》（东方出版社 1997 年版），董小川的《儒家文化与美国基督新教文化》（商务印书馆 1999 年版）等。

在基督教与其他宗教比较研究领域出版的著译包括：秦家懿、孔汉思著，吴华译的《中国宗教与基督教》（生活·读书·新知三联书店 1990 年版）；孙尚扬的《基督教与明末儒学》（东方出版社

1994 年版);袁步佳的《老子与基督》(中国社会科学出版社 1997 年版);何光沪、许志伟主编的《对话:儒释道与基督教》(社会科学文献出版社 1998 年版);董小川的《儒家文化与美国基督新教文化》(商务印书馆 1999 年版);香港学者何世明的《基督教儒学四讲》《从基督教看中国孝道》《基督教与儒学对谈》《融贯神学与儒家思想》(均为宗教文化出版社 1999 年版)等。

这一时期我国学界在基督教文献整理和研究方面取得了颇多成果。在基督教研究领域文献目录学上,这十年取得的成果包括:王维江、廖梅编的《基督教文化研究中文论著索引(1949—1993)》[收入朱维铮主编《基督教与近代文化》(上海人民出版社 1994 年版)],郝镇华、陆峻岭翻译出版了费赖之所著的《在华耶稣会士列传及书目》(上、下)(中华书局 1995 年版),耿昇翻译出版了荣振华的《在华耶稣会士列传及书目补编》(上、下)(中华书局 1995 年版),曹中建主编的《中国宗教研究年鉴(1996)》(中国社会科学出版社 1998 年版),《中国宗教研究年鉴(1997—2004)》(均由宗教文化出版社于 2003—2006 相继出版),收录了基督教研究的著作和论文目录,任继愈主编、卓新平执行主编的《20 世纪中国学术大典 宗教学》(福建教育出版社 2002 年版)有这一方面书目的详细介绍。

在基督教研究工具书的编纂上,中国学者亦颇有收获。除综合类辞典有许多论及基督教的内容之外,相关的专门词典还包括杨慧林等主编的《基督教文化百科全书》(济南出版社 1991 年版);中国大百科全书出版社上海分社编的《简明基督教百科全书》,《基督教词典》编写组编的《基督教词典》(北京语言学院出版社 1994 年版);泰勒编,李云路等译的《简明基督教全书》(中国社会科学出版社 1999 年版)等。

六 小结

经过改革开放初期基督教研究成果的初步积累,20 世纪 90 年代十年间的中国基督教研究进入一个系统、深入、全面探讨的新阶段。经过前期的探索与反思，这一时期是我国基督教研究取得突破与进展的重要时期，研究进路从政治性的观察与批判向学术性的分析与梳理转变。基督教历史研究、思想研究、圣经研究、中国基督教研究，以及基督教文献整理等方面都取得了重要进展。该阶段以基础研究为基本导向的基督教学科，成为一门独立系统的宗教研究分支，以理论性研究和学科发展的健全及学术体系的规范为基本特质。虽然相对于以实际应用与现实观照为基本旨归的应用性研究，作为基础性研究的基督教学科，在这一时期尚不能集中精力于现实基督教存在与发展的焦点、热点问题，亦未能直接相关于现实社会与政治，但毋庸置疑，正是此阶段的基础理论性研究，为 21 世纪基督教研究开始重视实证研究、观照现实，推进基督教中国化进程奠定厚实的理论基础。

随着基督教研究学科的系统化与独立化，我国的基督教研究机构也建成体系，形成一个由四大支柱共同构建而成的有机学术研究机构：一为以中国社会科学院世界宗教研究所为代表的、从事基督教研究的专业研究所系统；二为高校院系及其创立的宗教研究所和基督教研究中心；三为政府职能部门的宗教研究机构；四为教会系统的神哲学院和相关研究机构。在上述机构的基督教研究中，最有特色、影响最大的是人文社会科学领域的学术研究，形成了与海外以教内学者为主的基督教神学研究的不同旨趣，诸多传统意义上的基督教神学命题和研究领域，在中国学术界得以从宗教学的立意上来重新考虑、重新探析，形成了独具中国特色的中国基督教研究，因而引起国际学术界的普遍关注。

20 世纪 90 年代是中国神学开始寻求自身发展之路的开创时代，除了中国教会神学建设的构想与实践外，凸显以"汉语"为母语进行神学探究的"汉语神学"，在这一时期开始成为中国基督教学界探讨的人们话题。不少观察"汉语神学"发展变迁的学者指出，"汉语神学"首先必须要有"中国"问题意识，与"中华文化"和"汉语世界"密切联系，决不能脱离"基督教与中国之关系"；在此前提下，"汉语神学"应该运用博大精深的汉语文化资源来阐释、发展其思想内容，体现中国文化"重理性、重人伦、重文化"的特色，并得以构建其"人文性""学理性"的神学思想体系。①

综上所述，20 世纪 90 年代这十年，是中国基督教研究学界积极拓展其研究领域、深化其研究内涵的十年，在对西方神学的接受、认知与反思的基础上，结合对本国基督教发展历史的审视与评判，中国的基督教研究者们开始形成中国化的基督教学科体系，并尝试建构中国化的基督教思想体系，成为一个重要的承先启后的历史阶段。

第四节　2000 年至 2009 年的基督教研究

跨入 21 世纪，迈进新千年的中国基督教研究学界，在改革开放以来二十年间的学科建构、史料梳理、学术翻译积累到一定程度的背景下，进入了一个研究深化、分支细化、重基础研究且兼顾实证研究的新阶段，成果累累、新意迭出，高水平学术著述频出，在国际基督教研究舞台上逐渐确立了自己的地位，并开始以中国化的基督教研究学术语言，在世界学术舞台上发出自己的声音。基督教界内外的学者彼此之间在密切交流和深入沟通的过程中，形成了其研究的共有、共在之"场"，与国外研究相比较，这一基督教研究突出了学术的"中国特色"而脱颖而出，展示出一种既具有挑战，又促进对话的全新学术发展。在当代世界基督教研究领域中，中国基督教研究中的学术旨归与宗教学方法论进路乃异军突起，开辟了一种前所未有的全新研究局面。

---

① 参见卓新平主编《当代中国宗教研究精选丛书·基督教卷》，民族出版社 2008 年版，第 10—17 页。

一　历史研究

21 世纪最初十年的基督教历史研究，在承袭之前宏观历史与阶段历史并重的研究传统基础之上，体现出我国学术界在步入新千年后在基督教史研究方面的偏好，对世界基督教现状的考量明显有所偏重。

在整体基督教史领域的著译出版有：布鲁斯·雪莱著，刘平译的《基督教会史》（北京大学出版社 2004 年版）；法兰克·卡尔蒂尼编著，张海虹译的《基督教历史》（广东人民出版社 2006 年版）；罗衡林的《基督教会制度史》（湖南师范大学出版社 2000 年版）；陈钦庄的《基督教简史》（人民出版社 2004 年版）等。

在基督教分期历史的研究领域中，关于早期基督教研究方面，除相关译著外，专著包括章雪富、石敏敏的《早期基督教的演变及多元传统》（社会科学文献出版社 2003 年版）；池凤桐的《基督信仰的起源》（华东师范大学出版社 2006 年版）等。关于基督教中世纪史的研究成果有杨昌栋的《基督教在中古欧洲的贡献》（社会科学文献出版社 2000 年版）；田薇的《信仰与理性——中世纪基督教文化的兴衰》（河北大学出版社 2007 年版）；甘霖著，赵中辉译的《基督教与西方文化》（北京大学出版社 2005 年版）等。在宗教改革史研究方面主要体现在对代表性宗教改革家的研究，相关成果包括克利斯坦著，花绣林译的《宗教改革：路德、加尔文和新教徒》（汉语大词典出版社 2003 年版）；张之璐译的《真理的教师——马丁·路德和他的世界》（北京大学出版社 2004 年版）；凡赫尔斯玛著，王兆丰译的《加尔文传》（华夏出版社 2006 年版）；肯尼著，周晓亮译的《威克利夫》（中国社会科学出版社 1992 年版）。而论及德国农民战争、宗教战争的著作，则包括乔治·利维著，潘惠芳译的《宗教战争（1559—1598）》（商务印书馆 2000 年版）等。

对基督教现状的研究在这十年开始成为热点，之前作为"基础学科"的基督教研究的学术定位，开始寻求与实证研究相结合的进

路，这与此时期宗教社会学、宗教人类学、宗教心理学等宗教学分
支学科的快速细化与发展，以及马克思主义宗教观理论强调"理论
与实践相结合"的观点，都有密切关联。对基督教现状的研究势必
涉及当前世界基督教会概况，主要以美国和欧洲社会为重点。与此
相关的著译成果包括张敏谦的《大觉醒——美国宗教与社会关系》
（时事出版社 2001 年版）；刘澎的《当代美国宗教》（社会科学文献
出版社 2001 年版）；董小川的《20 世纪美国宗教与政治》（人民出
版社 2002 年版）；卓新平、萨耶尔主编的《基督宗教与当代社会》
（宗教文化出版社 2003 年版）；贝格尔著，高师宁译的《天使的传
言：现代社会与超自然再发现》（中国人民大学出版社 2003 年版）；
麦格拉斯著，董江阳译的《福音派与基督教的未来》（中央编译出
版社 2004 年版）；王美秀的《当代基督宗教社会关怀：理论与实践》
（上海三联书店 2006 年版）；卓新平的《当代基督宗教教会发展》
（上海三联书店 2007 年版）；段琦的《当代西方社会与教会》（宗教
文化出版社 2007 年版）等。

二　基督教神学、哲学思想研究

　　基督教神学、哲学研究在 21 世纪的中国学界依然是一派繁荣的
发展之势。香港汉语基督教文化研究所组织、道风书社出版的"历
代基督教思想学术文库"在 21 世纪继续推出大量译著，随着香港
1997 年回归祖国，这种学术活动及其翻译出版已更为直接和便捷。
其中，"古代系列"包括奥古斯丁著，王晓朝译的《上帝之城》（上
中下册）；奥古斯丁著，周伟驰译的《论原罪与恩典，驳佩拉纠派》
等。在"现代系列"中有朋霍费尔著，胡其鼎译的《伦理学》；蒂
利希著，尹大贻译《基督教思想史》；朋霍费尔著，王彤、朱雁冰泽
的《第一亚当与第二亚当》；莫尔特曼著，曾念粤译的《来临中的
上帝——基督教的终末论》；莫尔特曼著，曾念粤译的《盼望神
学——基督教终末论的基础与意涵》；莫尔特曼著，周伟驰译的《三
一与上帝国——论上帝的教义》等。在"研究系列"中有帕利坎

著，翁绍军译的《基督教传统——大公传统的形成》；费奥伦查著，刘锋译的《基础神学——耶稣与教会》；约纳斯著，张新樟译的《诺斯替宗教：异乡神的信息与基督教的开端》等。

另有不少著译作品相继出版，包括段琦等的《基督教学》（当代世界出版社 2000 年版）；伯克富著，赵中辉译的《基督教教义史》（宗教文化出版社 2000 年版）；许志伟的《基督教神学思想导论》（中国社会科学出版社 2001 年版）；冈察雷斯著，陈泽民等译的《基督教思想史》（金陵协和神学院 2002 年版）；张庆熊的《基督教神学范畴——历史的和文化比较的考察》（上海人民出版社 2003 年版）；奥尔森著，吴瑞诚、徐成德译的《基督教神学思想史》（北京大学出版社 2003 年版）；张宪的《启示的理性：欧洲哲学与基督宗教思想》（巴蜀书社 2006 年版）；弗格森著，刘光耀译的《宇宙与创造主：创造神学引论》（上海三联书店 2007 年版）等。

在基督教思想史研究领域，关于早期神学思想的研究成果有：章雪富的《基督教的柏拉图主义：亚历山大里亚学派的逻各斯基督论》（上海人民出版社 2001 年版）；王晓朝主编的《信仰与理性：古代基督教教父思想家评传》（东方出版社 2001 年版）；周伟驰的《记忆与光照——奥古斯丁神哲学研究》（社会科学文献出版社 2001 年版）；章雪富的《圣经和希腊主义的双重视野：奥利金其人及神学思想》（中国社会科学出版社 2004 年版）；周伟驰的《奥古斯丁的基督教思想》（中国社会科学出版社 2005 年版）；张新樟的《"诺斯"与拯救——古代诺斯替主义的神话哲学与精神修炼》（生活·读书·新知三联书店 2005 年版）；奥古斯丁著，周伟驰译的《论三位一体》（上海人民出版社 2005 年版）；王晓朝的《希腊哲学简史——从荷马到奥古斯丁》（上海三联书店 2007 年版）等。

研究中世纪神哲学的译著、专著包括：吉尔比著，王路译的《经院辩证法》（上海三联书店 2000 年版）；安瑟伦著，涂世华译的《安瑟伦著作选》（宗教文化出版社 2006 年版）；刘素民的《托马斯·阿奎那——自然法思想研究》（人民出版社 2007 年版）；翟志宏的《阿奎那自然神学思想研究》（人民出版社 2007 年版）等。中世纪基督教思想的特点，集中体现在其"经院哲学"的体系上，且中世纪欧洲曾涌现出大批基督教哲学家、神学家，并留下了大量学术著作。因此，中国宗教学对中世纪神哲学的研究，与中国哲学界对西欧中世纪哲学的研究，有着密切的关联和内容上的叠合。

这一阶段，在近现代基督教思想研究领域取得的成果也极为丰硕，关于路德、帕斯卡尔、克尔凯戈尔、巴特、朋霍费尔、莫尔特曼等近现代重要基督教思想家的研究成果丰富，代表性著译有：马丁·路德著作翻译小组译的《马丁·路德文选》（中国社会科学出版社 2003 年版）；路德文集编委会编的《路德文集》（上海三联书店 2005 年版）；朋霍费尔著，安希孟译的《作门徒的代价》（四川人民出版社 2000 年版）；朋霍费尔著，朱雁冰、王彤译的《第一亚当与第二亚当》；莫尔特曼著，曾念粤译的《俗世中的上帝》（中国人民大学出版社 2003 年版）；莫尔特曼著，曾念粤译的《来临中的上帝：基督教的终末论》（上海三联书店 2006 年版）；曹静的《一种生态时代的世界观——莫尔特曼与科布生态神学比较研究》（中国社会科学出版社 2007 年版）等。

研究当代新教福音派神学思潮的著译，有董江阳的《"好消息"里的"更新"：现代基督教福音派思想研究》（中国社会科学出版社 2004 年版）；麦格拉斯著，董江阳译的《福音派与基督教的未来》（中央编译出版社 2004 年版）；马斯登著，宋继杰译的《认识美国基要派与福音派》（中央编译出版社 2004 年版）；麦格夫著，董江阳译的《基督教的未来》（香港汉语基督教文化研究所 2005 年版）等。

关于当代天主教思想家的研究成果如下：汉斯·昆著，张庆熊主译的《世界伦理新探》（香港道风书社 2001 年版）；汉斯·昆著的《上帝存在吗？近代以来上帝问题之回答》（香港道风书社 2003 年版）；拉辛格著，静也译的《基督教导论》（上海三联书店 2002 年版）；巴尔塔萨著，曹卫东等译的《神学美学导论》（生活·读书·新知三联书店 2002 年版）；宋旭红的《巴尔塔萨神学美学思想研究》（宗教文化出版社 2007 年版）等。

这一阶段对现当代东正教思想的研究亦有大量专著与译著问世，尤其是俄罗斯"白银时代"重要的神学家，如别尔嘉耶夫、索洛维约夫等人的作品也相继译出。相关研究专著有：张百春的《当代东正教神学思想：俄罗斯东正教神学》（上海三联书店 2000 年版），徐凤林的《俄罗斯宗教哲学》（北京大学出版社 2006 年版）等。相关译著包括：别尔嘉耶夫著，张百春译的《论人的使命——博论伦理学体验》（上海学林出版社 2000 年版）；别尔嘉耶夫著，董友译的《自由的哲学》（广西师范大学出版社 2001 年版）；别尔嘉耶夫著，张百春译的《精神与实在——神人精神性基础》（中国城市出版社 2002 年版）；别尔嘉耶夫著，张雅平译的《历史的意义》（上海学林出版社 2002 年版）；别尔嘉耶夫著，张百春译的《论人的奴役与自由——人格主义哲学体验》（中国城市出版社 2002 年版）；索洛维约夫著，张百春译的《神人类讲座》（华夏出版社 2000 年版）；索洛维约夫著，钱一鹏等译的《神权政治的历史和未来》（华夏出版社 2001 年版）；徐凤林的《索洛维约夫哲学》（商务印书馆 2007 年版）等。很明显，我国学界对俄罗斯宗教思想家的系统译介与研究，在当时已经达到相当的深度。

三　圣经研究

在 21 世纪的最初十年，随着一批中青年学者对古希伯来文、古希腊文和拉丁文的掌握，对圣经的研究进而深入到对其原典、原初语言形式和社会文化背景的整体研究。这一时期我国学者在"旧约"研究、"新约"研究、"圣经后典"和"死海古卷"研究，以及圣经文学和艺术研究等领域有了进深研究的成果。

在圣经文学方面取得的成果有：梁工主编的《圣经与欧美作家作品》（宗教文化出版社 2000 年版），梁工、卢龙光编选的《圣经与文学阐释》（人民文学出版社 2003 年版），刘意青的《〈圣经〉的文学阐释：理论与实践》（北京大学出版社 2004 年版），梁工的

《圣经叙事艺术研究》(商务印书馆 2005 年版),梁工等的《圣经视阈中的东西方文学》(中华书局 2007 年版),程小娟主编的《圣经叙事艺术探索》(宗教文化出版社 2009 年版)等。

在圣经辞书编纂方面的学术成果有:马佳编著的《圣经典故》(学林出版社 2000 年版),石坚等主编的《圣经文学文化词典》(四川大学出版社 2003 年版),白云晓编的《圣经语汇词典》(中央编译出版社 2004 年版)和《圣经人名词典》(中央编译出版社 2004 年版),白云晓编的《圣经地名词典》(中央编译出版社 2004 年版),卢龙光主编的《基督教圣经与神学词典》(宗教文化出版社 2007 年版),严惠来编著的《简明圣经词典》(宗教文化出版社 2009 年版)等。

在"旧约""新约"研究方面有颇多著译问世,包括:雷立柏的《圣经的语言和思想》(宗教文化出版社 2000 年版);梁工等的《圣经解读》(宗教文化出版社 2003 年版);任东升的《圣经汉译文化研究》(湖北教育出版社 2007 年版);梅琴著,杨华明译的《新约文献与历史导论》(上海人民出版社 2008 年版);岳清华编著的《旧约神学研究》与《诗篇导读》(宗教文化出版社 2009 年版);邱业祥主编的《圣经关键词研究》(宗教文化出版社 2009 年版)等。

四　中国基督教研究

中国基督教历史和思想文化研究是中国学术界研究整个基督教领域的最重要部分,也是中国大陆学者自改革开放 40 年来专注基督教研究的核心与焦点之所在。21 世纪的基督教研究在呼声日盛的"中国化"的语境中有了新的导向与旨归。

在中国基督教通史研究方面取得的成果如下:王美秀的《中国基督教史话》(中国大百科全书出版社 2000 年版);顾卫民的《中国与罗马教廷关系史略》(东方出版社 2000 年版)和《中国天主教编年史》(上海书店出版社 2003 年版);谢和耐著,耿昇译的《中国与基督教:中西文化的首次撞击》(上海古籍出版社 2003 年版);

罗伟虹的《中国基督教》（五洲传播出版社 2004 年版）；孙尚扬、
钟鸣旦的《1840 年前的中国基督教》（学苑出版社 2004 年版）；晏
可佳的《中国天主教》（五洲传播出版社 2004 年版）；张先清主编
的《史料与视界：中文文献与中国基督教史研究》（上海人民出版
社 2007 年版）；卓新平的《基督教与中国文化的相遇、求同与存异》
（香港中文大学崇基学院 2007 年版）等。

如陈垣所言，中国基督教的历史乃"自景教始"，因此，在中国
学术史上，学者对景教的研究一直都比较重视。在这十年，中国大
陆学术界关于景教研究代表性专著包括：林悟殊的《唐代景教再研
究》（中国社会科学出版社 2003 年版），关英的《景教与大秦寺》
（三秦出版社 2005 年版）等。而关于元代也里可温教方面的研究成
果如下：顾卫民的《中国与罗马教廷关系史略》（东方出版社 2000
年版），苏宝敦、于新粒的《扫马西行：元朝西游记》（宗教文化出
版社 2003 年版），牛汝极的《十字莲花：中国元代叙利亚文景教碑
铭文献研究》（上海古籍出版社 2008 年版）等。

明清天主教研究依然是学界关注的热点，取得成果也最为丰富。
21 世纪学界在该领域的研究和 20 世纪 90 年代一样，主要体现在以
下方面：天主教与中西文化的交流和冲突，尤其是对"中国礼仪之
争"的研究；以利玛窦为代表的来华传教士的译传；以徐光启为代
表的中国天主教人物的译传；天主教在华传教研究，兼及西方思想、
文化、艺术、科学在中国的传播，以及由此引起的"西学东渐"
"东学西传"，特别是传教士汉学或海外汉学的兴起；天主教与中国
传统文化的关系，尤其是与儒教、儒学的关系，以及天主教对中国
社会文化的适应等。在上述各个方面，都有大量的学术专著和翻译
著作问世。代表性著译如下：安田朴著，耿昇译的《中国文化西传
欧洲史》（商务印书馆 2000 年版）；顾卫民的《中国与罗马教廷关
系史略》（东方出版社 2000 年版）；张西平的《中国与欧洲早期宗
教和哲学交流史》（东方出版社 2001 年版）；卓新平主编的《相遇
与对话——明末清初中西文化交流国际学术研讨会文集》（宗教文化

出版社 2003 年版）；张西平的《传教士汉学研究》（大象出版社
2005 年版）；伯希和编，高田时雄校订，郭可译的《梵蒂冈图书馆
所藏汉籍目录》（中华书局 2006 年版）；周天的《跋涉：明清之际
耶稣会的在华传教》（上海书店出版社 1970 年版）等。

在中国近现代基督教研究方面的出版物数目也相当可观，包括：
许志伟、赵敦华主编的《冲突与互补：基督教哲学在中国》（社会
科学文献出版社 2000 年版）；王忠欣的《基督教与中国近现代教育》
（湖北教育出版社 2000 年版）；汤森著，王振华译的《马礼逊——在
华传教士的先驱》（大象出版社 2002 年版）；燕京研究院编的《赵
紫宸文集》（三卷本）（商务印书馆 2003—2007 年版）；段琦的《奋
进的历程：中国基督教的本色化》（商务印书馆 2004 年版）；刘家峰
编的《离异与融会：中国基督教与本色教会的兴起》（上海人民出
版社 2005 年版）；陶飞亚的《边缘的历史：基督教与近代中国》
（上海古籍出版社 2005 年版）；唐晓峰的《赵紫宸神学思想研究》
（宗教文化出版社 2006 年版）；陶飞亚编的《性别与历史：近代中国
妇女与基督教》（上海人民出版社 2006 年版）；赵士林、段琦主编的
《基督教在中国：处境化的智慧》（宗教文化出版社 2009 年版）；张
先清的《官府宗族与天主教——17—19 世纪福安乡村教会的历史叙
事》（中华书局 2009 年版）等。其中，《基督教在中国：处境化的
智慧》一书融合了赵紫宸伦理的神学、吴雷川折中的神学、谢扶雅
辩证的神学、吴耀宗实践的神学、丁光训博爱的神学、陈泽民和好
的神学等诸多处境化神学思想评介，呈现出多元一体的中国基督教
处境化神学的面貌。

在中国当代基督教研究方面，除了 20 世纪 90 年代兴起的建设
神学与汉语神学之外，还有对方兴未艾的"学术神学"所进行的探
讨，其特点是以"宗教学"的基点和方法来展示"神学"的问题意
识，尝试一种在学术研究机构和高校人文社会科学领域颇有可能的
"信仰中立"的神学之探。这三个层面都处于正在发展与进行之中，
因而呈现为积极的动态，亦充满各种变数。在中国教会的"神学建

设"领域,相关的研究著述包括:刘华俊编的《天风甘雨——中国基督教领袖丁光训》(南京大学出版社 2001 年版),金鲁贤的《金鲁贤文集》(上海辞书出版社 2007 年版),中国基督教三自爱国运动委员会、中国基督教协会编的《传教运动与中国教会》(宗教文化出版社 2007 年版),陈泽民的《求索与见证——陈泽民文选》(中国基督教协会 2007 年版)等。

以香港汉语基督教文化研究所为中心推进的汉语神学建构,体现在《汉语基督教文化研究所丛刊》在这一时期出版成果,包括:杨熙楠编的《汉语神学刍议》,刘小枫的《汉语神学与历史哲学》,邓绍光、赖品超编的《巴特与汉语神学》,吴飞的《麦芒上的圣言——一个乡村天主教群体中的信仰和生活》,杨克勤的《古修辞学——希罗文化与圣经诠释》,赖品超编著的《近代中国佛教与基督宗教的相遇》,曾庆豹、曾念粤编的《莫尔特曼与汉语神学》,高师宁的《当代北京的基督教与基督徒——宗教社会学个案研究》,林子淳的《多元性汉语神学诠释——对"汉语神学"的诠释及汉语的"神学诠释"》,陈家富编的《蒂利希与汉语神学》,曾庆豹编的《朋霍费尔与汉语神学》等。

"学术神学"的考量已散见于卓新平等主编的《基督宗教研究》,徐以骅、张庆熊主编的《基督教学术》,以及杨慧林等主编的《基督教文化学刊》的相关论文中。其表述则由卓新平在 2006 年 11 月上海大学召开的"基督教在当代中国的社会作用及其影响"高级论坛、2007 年 4 月中国社会科学院世界宗教研究所在北京组织召开的"基督宗教研究资源及进展"国际学术会议上明确提出。此后,卓新平在几项相关的学术研讨会、研讨班上多次阐述其观点。与之关联的学术出版包括卓新平的《当代亚非拉美神学》(上海三联书店 2007 年版),《基督教与中国文化的相遇、求同与存异》(香港中文大学崇基学院 2007 年版),以及卓新平主编的《当代中国宗教研究精选丛书》(民族出版社 2008 年版)等。与之相呼应,最近海外华人学者黄保罗亦推出了其专著《汉语学术神学——作为学科体系

的基督教研究》（宗教文化出版社 2008 年版）。不过，黄保罗论及的
"学术神学"，乃以"西方学术神学"为参照，立意于"作为学科体
系的基督教研究"，其与教会神学的不同之处在于，强调"学术性"
而不是"教会性"，但二者在"认信"意义上仍有一些相同之处，
即也含有"认信神学"的立场、观点和方法，故而与中国大陆学术
界所言的、以宗教学意义为主的"学术神学"有着明显分野。这一
"学术神学"亦可称为"学问神学""学者神学"或"学院神学"，
其特点是突出其"学术性""研究性""客观性""科学性"和"求
真"意识，从而与强调"认信"的"教会神学"，以及突出主体性
的"文化基督徒"信仰与学问并重之"汉语神学"形成区别。

五　基督教文化比较及文献研究

21 世纪初十年的基督教文化艺术研究，基督教与其他宗教比较
对话研究以及相关文献研究取得了丰硕成果。

在基督教文化艺术研究方面，涉及基督教文学、音乐、中西文
化比较等领域，相关出版著译有：罗秉祥、赵敦华主编的《基督教
与近代中西文化》（北京大学出版社 2000 年版）；梁工主编的《基
督教文学》（宗教文化出版社 2001 年版）；杨慧林的《基督教的底
色与文化延伸》（黑龙江人民出版社 2002 年版）；麦格拉思编，苏欲
晓等译的《基督教文学经典选读》（北京大学出版社 2004 年版）；
甘霖著，赵中辉译的《基督教与西方文化》（北京大学出版社 2005
年版）；陈小鲁的《基督宗教音乐史》（宗教文化出版社 2006 年
版）；卓新平主编的《基督教文化 160 问》（东方出版社 2006 年
版）；赵林的《基督教思想文化的演进》（人民出版社 2007 年版）；
卓新平的《基督教与中国文化的相遇、求同与存异》（香港中文大
学崇基学院 2007 年版）；张浩达的《基督教艺术与社会生活》（北
京大学出版社 2009 年版）；齐宏伟等人的《目击道存：欧美文学与
基督教文化》（辽宁教育出版社 2009 年版）；丛新强的《基督教文
化与中国当代文学》（山东文艺出版社 2009 年版）；刘锟的《东正

教精神与俄罗斯文学》（人民文学出版社 2009 年版）等。

在基督教与其他宗教比较与对话研究方面，这一时期的出版重心体现在，儒耶对话与中西文明交融方面，具体著作包括：王敬之的《圣经与中国古代经典——神学与国学对话录》（宗教文化出版社 2001 年版）；何光沪、许志伟主编的《对话二：儒释道与基督教》（社会科学文献出版社 2001 年版）；钟鸣旦著，圣神研究中心译的《杨廷筠——明末天主教儒者》（社会科学文献出版社 2002 年版）；王志成的《和平的渴望：当代宗教对话理论》（宗教文化出版社 2003 年版）；姚兴富的《耶儒对话与融合：〈教会新报〉（1868—1874）研究》（宗教文化出版社 2005 年版）；庄祖鲲的《说禅论道：基督教与儒、释、道之对话》（世界知识出版社 2009 年版）；李志刚、冯达文主编的《文明对话：儒学与基督教》（巴蜀书社 2009 年版）；龚道运的《近世基督教和儒教的接触》（上海人民出版社 2009 年版）。

辞书编纂方面除了卓新平主编的《基督教小辞典》（上海辞书出版社 2001 年版），文庸、乐峰、王继武主编的《基督教词典（修订版）》（商务印书馆 2005 年版）等基督教相关方向词典外，还有包含了一批新的辞书的辞典丛书问世，最具代表性的是卓新平主编、宗教文化出版社出版的《宗教研究辞典丛书》，包括雷立柏编《基督宗教知识辞典》《拉丁成语辞典》《古希腊罗马及教父时期名著名言辞典》和卢龙光主编的《基督教圣经与神学词典》等。

六 小结

从 21 世纪最初十年学界关于中国基督教史的研究取得的成果来看，这一时期的基督教学界已经开始自觉关注"基督教中国化"的主题。在对中国基督教的定位上，学术界有着两种不同立场或研究视域。一种出于"世界"宗教、"普世"宗教对基督教的界定而主张从"基督教在中国"的角度来看待，突出"基督教"的自我意识而不是其"中国性"或"中国化"；另一种则从"中国的"

基督教这一立场来看待，突出其"中国性"和"中国化"。这样，在基督教"化"中国，或"在"中国这一认知，与基督教应"中国化"或体现"中国"性质的见解之间，就存有一定的张力，由此亦影响各自对基督教在中国众多方面的评价和见解。有学者指出，从基督教在华"宣教"的立场来看，20 世纪上半叶曾有"中华归主"之说，但因单方面、单向性"宣教"而导致的基督教与中国社会文化的格格不入，亦促使一些教会学者认真思考"主归中华"的议题，由此推出基督教"归"入中华、"化"入中国的思路。如果"基督教在中国"的强调主要是考虑基督教的"统一性""普世性"和"跨文化性"，那么这也仅是一种"理想化"的基督教存在，而在现实中，基督教的"入乡随俗""改变自我"乃是很普遍的。与之相对应，突出"中国的"基督教，则是从中国实际出发，来分析基督教作为从传授意义上的"外来宗教"，在中国本土及其社会思想文化氛围中"本土化""本色化""处境化"，也即"中国化"的必要。当然，这也并非完全自然的过程，在中国文化之"化外"和基督教在中国的主动"自化"之间显然存有张力，反映出一种客体与主体、被动与主动、必须与需要之间的对应及双向运动。这样，对中国基督教的分析评说不仅有文化史的意义，更有文化哲学的考量。

就基督教"中国化"主题而言，历代基督教神学经典汉译、中国基督教史研究、基督教与中国传统宗教文化的交流对话、中国基督教现状调查、中国教会的神学建设、汉语神学构建等领域皆属中国化范畴，但这一时期最值一提的应属"学术神学"理论的提出。作为纯"认知"性的学术神学，可追溯至古希腊哲学家柏拉图所创立的"神学"概念，以其对"神"之"言说"、推论这种原初"神学"理解，来使"神学"体现出学术上"究问终极"的"求真"意蕴。这样，神学就不只是"教会在思考"或"基督徒在思考"，而也是学界、学者的思考，是其对"绝对本体""终极真实"或"形上之在"的思想理解和逻辑推断。对这种探究而言，"学院"则可能比"教会"更有优势，更具发挥、发展的潜力。在其研究者看来，"学术神学"乃包括如下一些特点：第一，"学术神学"从宗教学的视阈来探讨传统基督教神学的基本论题，以其开放性来与人文社会科学各领域相结合；第二，"学术神学"以宗教学的立场、观点、方法和成果为其基础和条件，但专注于基督教神学基本命题的研究；第三，"学术神学"肯定对诸宗教神学理论整合之努力，是研究宗教之间比较、对话、理解的神学。若对"学术神学"的具体内容和意向细加分析，则可看到其包含如下层面：其一，"学术神学"研究的主体是中国大陆高校、研究机构的学者，这些人大多没有"教会"背景或"基督信仰"之前提，其研究论域却与海外大学神学系或神学院相同，与之比较故有研究"主体"之异、研究"客体"之同，有着"学问神学"与"认信神学"的对照和区别；其二，"学术神学"以学问式、哲学式的究诘来探讨宗教中的"神论"，其表述不是"存在论"（"神存在吗?"）的，而是"诠释学"（对"神是什么"的理解、诠释及其分析、比较）的；其三，"学术神学"不以"圣经神学"为前提和依据，但对"圣经"加以历史学、考古学、语言学、人类学、社会学等系统而综合的研究；其四，"学术神学"对应"系统神学"的相关命题来展开探讨，注重其学术理论构架和体系；其五，"学术神学"基于基督教神学研究，来进一步展开对不同宗教、不同思想理论、不同社会文化的比较研究，因而是一种"开放性""比较式"的"神学"。[1] 随着这种"学术神学"的深入展开，中国学术界乃至整个中国社会则可能会对基督教，以及所有宗教有更新的认识、更客观的理解、更公正的态度。

正是经过 21 世纪开端十年基督教"中国化"理念的初步探讨与实践，在接下来的十年间，基督教"中国化"乃至宗教"中国化"的理论才能初具规模、初成系统，成为新时期宗教研究学界的时代

---

① 参见卓新平主编《当代中国宗教研究精选丛书·基督教卷》，民族出版社 2008 年版，第 17—24 页。

主旋律。

第五节　2010 年至 2019 年的基督教研究

2010 年以来，基督教历史文献、基督教哲学思想、圣经研究、跨文化比较研究这些基督教传统研究领域，仍然是大陆学界基督教研究的重中之重，这些研究为该学科近 10 年的发展奠定了坚实的基础。同时，随着中国的宗教政策日益强调发挥宗教界在和谐社会及经济社会中的地位与作用，基督教各界在文化与社会中的影响力逐渐凸显，加之前 30 年基督教在团体数量与信徒人数上的增长这个既成事实被纳入考量，如何将基督教转化成为中国社会文化建设的和谐、有机的组成部分，成为宗教学界关注的热门话题，宗教生态论视阈中的基督宗教、作为整体的中国基督教会建构、基督教中国化等问题相继受到学术界关注，产生了众多代表性的学术著作，这些研究为中国基督教的良性发展趋势及宗教工作的有效开展提供了理论支撑。下面我们分主题对中国大陆近十年来的基督教研究状况加以总结。

一　历史研究

基督教史的研究分为世界史与中国史两大门类。在世界历史研究领域，自中国社会科学院世界宗教研究所王美秀、段琦等人合著的《基督教史》（江苏人民出版社 2006 年版）出版之后，由中国学者自己编著的此方面的专著在最近几年并不多见。2010 年年初，由游斌撰写的《基督教史纲》一书补此缺憾，该书隶属北京高等教育精品教材，由北京大学出版社出版，书中以基督教与西方社会文化的关系为主线，简洁明了地勾勒出了基督教历史脉络。马超群的《基督教二千年》（云南大学出版社 2014 年版）也为该领域的代表性著作，该书系统地论述了基督教的起源，及其两千年的发展演变史，全书分三章，第一章介绍基督教的起源及其早期历史；第二章讲述中世纪的基督教历史；第三章讲述近代基督教史。2012 年还再版了中国哲学家徐怀启先生的遗著《古代基督教史》（上海人民出版社 2012 年版）。

值得一提的是，以神学发展作为脉络来梳理基督教的发展，这在中国的学术界并不多见，香港学者林荣洪的《基督教神学发展史》（全三册）（译林出版社 2013 年版）可谓其中的代表作。在这方面的重要著作还包括一些断代史、国别史专题研究，比如，林中泽的《早期基督教及其东传》（上海古籍出版社 2011 年版），田明的《罗马—拜占廷时代的埃及基督教史研究》（天津人民出版社 2009 年版），朱孝远的《宗教改革与德国近代化的道路》（人民出版社 2011 年版），王加丰的《西欧 16—17 世纪的宗教与政治》（安徽大学出版社 2010 年版），刘城的《英国教会史论文集》（首都师范大学出版社 2014 年版），王德硕的《北美的中国基督教史研究述论》（上海人民出版社 2016 年版）等著作。在东正教研究方面，徐凤林教授所著的《东正教圣像史》（北京大学出版社 2012 年版）一书，可谓是中国学者研究东正教圣像艺术的首创之作。而陈志强的《拜占庭史研究入门》（北京大学出版社 2012 年版）一书亦为中国学界展开对东方正教的研究提供了可贵的背景资料。

中国基督教史的研究最近十年持续了之前的研究热度，研究成果最为丰硕，涉及通史、断代史、区域史、史学专题、史料整理等多个领域，其中通史以罗伟虹主编的《中国基督教（新教）史》最具代表性，该书对基督教传入中国近 200 年（1807—2002 年）的历史进行系统梳理，按基督教在华传播时中国的时代变迁，分为清末时期（1807—1911 年）、中华民国时期（1911—1949 年）、社会主义时期（1949—2002 年）进行论述。对断代史的研究，包括殷小平的《元代也里可温考述》（兰州大学出版社 2012 年版），唐晓峰的《元代基督教研究》（社会科学文献出版社 2015 年版），赵晓阳等的《近现代基督教的中国化》（中国社会科学出版社 2015 年版），姚伟

钧、胡俊修的《基督教与 20 世纪中国社会》（广西师范大学出版社
2014 年版），胡建华的《百年禁教始末——清王朝对天主教的优容
与厉禁》（中共中央党校出版社 2014 年版）等著作。

区域发展史在此阶段则是中国基督教史研究的重点区域，近十
年来的研究涉及中国境内多个省份及地区，其中包括吴梦麟、熊鹰
的《北京地区基督教史迹研究》（文物出版社 2010 年版），李榭熙
等人的《圣经与枪炮：基督教与潮州社会（1860～1900）》（社会科
学文献出版社 2010 年版），胡卫清的《苦难与信仰——近代潮汕基
督徒的宗教经验》（生活·读书·新知三联书店 2013 年版），孙顺华
的《基督教传播与近代青岛社会文化研究》（中国社会科学出版社
2010 年版），龚缨晏的《浙江早期基督教史》（杭州出版社 2010 年
版），黄有福等的《东北朝鲜族地区基督教传播史》（中央民族大学
出版社 2014 年版），郑永旺的《俄罗斯东正教与黑龙江文化——龙
江大地上俄罗斯》（黑龙江大学出版社 2010 年版），邱广军的《基
督教与近代中国东北社会（1866—1931）》（中国社会科学出版社
2014 年版），刘海涛的《河北基督教史》（宗教文化出版社 2016 年
版），颜小华的《广西基督宗教历史与现状研究》（社会科学文献出
版社 2014 年版），董延寿的《基督新教在河南的传播与发展研究
(1883—1949)》（人民出版社 2014 年版），吴宁的《没有终点的到
达——美南浸信会在华南地区的传教活动》（宗教文化出版社 2013
年版），谭厚锋、林建曾、伍娟的《贵州基督教史》（中央民族大学
出版社 2017 年版）等。

在众多有关中国基督教史的研究主题中，中国基督教的本土化，
及基督教教育史尤其得到学者们的关注，陶飞亚教授所著的《中国
的基督教乌托邦研究：以民国时期耶稣家庭为例》（人民出版社
2012 年版）及左芙蓉的《民国北京宗教社团：文献历史与影响
(1912—1949)》（宗教文化出版社 2011 年版）以区域个案详尽解读
了这一处境化进程。在中国基督教教育研究方面，以往的学者更多
的是从史的角度加以研究，在 2010 年问世的《中国基督教教育史

论》（广西师范大学出版社 2010 年版）一书中，复旦大学的徐以骅
教授史论结合探讨了教会大学的神学教育、基督教神学教育家、神
学教育与中国教会、外国宗派等诸多主题，虽然内容多为论文形式，
但详细的史料考订、逻辑严谨的论述，仍使本部著作成为同类论著
中之佼佼者。此方面的著述还有章博的《近代中国社会变迁与基督
教大学的发展：以华中大学为中心的研究》（华中师范大学出版社
2010 年版），王树槐的《基督教与清季中国的教育与社会》（广西师
范大学出版社 2011 年版），周东华的《民国浙江基督教教育研
究——以"身份建构"与"本色之路"为视角》（中国社会科学出
版社 2011 年版），陈晶的《上海基督教会学校女子音乐教育研究》
（上海音乐学院出版社 2016 年版），谢竹艳的《中国近代基督教大学
外籍校长办学活动研究（1892—1947）》（福建教育出版社 2015 年
版），张龙平的《国家·教育与宗教——基督教教育会与近代中国》
（中国社会科学出版社 2015 年版），戚印平的《澳门圣保禄学院研
究——兼谈耶稣会在东方的教育机构》（社会科学文献出版社 2013
年版），孙秀玲的《近代中国基督教大学社会服务研究》（山东人民
出版社 2013 年版）等。

　　除教育史研究外，基督教医疗史、社会工作、与不平等条约的
关系、边疆服务史也得到学者们的系统研究，最近十年的著述包括：
李传斌的《条约特权制度下的医疗事业：基督教在华医疗事业研究
（1835—1937）》（湖南人民出版社 2010 年版），刘天路的《身体·
灵魂·自然：中国基督教与医疗、社会事业研究》（上海人民出版社
2010 年版），左芙蓉的《基督宗教与近现代中国社会工作》（民族出
版社 2016 年版），黄海波的《宗教非营利组织的身份建构研究——
以（上海）基督教青年会为例》（上海社会科学院出版社 2013 年
版），杨天宏的《救赎与自救：中华基督教会边疆服务研究》（生
活·读书·新知三联书店 2010 年版），陈建明的《近代基督教在华
西地区文字事工研究》（巴蜀书社 2014 年版）等。在该领域尚有多
部针对特定群体和历史事件的作品，其中以康志杰的《基督的新

娘——中国天主教贞女研究》(中国社会科学出版社2013年版),周伟驰的《太平天国与启示录》(中国社会科学出版社2013年版),吕实强的《近代中国知识分子反基督教问题论文集》(广西师范大学出版社2011年版)为代表。

传教士与差会研究,是中国基督教史研究的另一个热门话题,其中,关于在华传教士及差会的研究著作有查时杰的《马礼逊与广州十三夷馆》(广西师范大学出版社2010年版),孟德卫、陈怡的《奇异的国度:耶稣会适应政策及汉学的起源》(大象出版社2010年版),章开沅的《贝德士文献研究》(广西师范大学出版社2011年版),林美玫的《追寻差传足迹:美国圣公会在华差传探析(1835—1920)》(广西师范大学出版社2011年版),林美玫的《妇女与差传:19世纪美国圣公会女传教士在华差传研究》(社会科学文献出版社2011年版),黄妙婉的《卫理公会与台湾社会变迁(1953—2008)》(合肥工业大学出版社2011年版),罗群的《传播学视角中的艾儒略与〈口铎日抄〉研究》(上海古籍出版社2012年版),郭丽娜的《清代中叶巴黎外方传教会在川活动研究》(学苑出版社2012年版),王鹰的《试析艾香德的耶佛对话观——基督教与佛教的相遇和互动》(宗教文化出版社2015年版),潘凤娟的《西来孔子艾儒略——更新变化的宗教会遇》(天津教育出版社2013年版)等。2017年度该领域共出版专著4部,译著2部,其中以伍玉西所著的《明清之际天主教书籍传教研究(1552—1773)》,薛理勇的《西风落叶:海上教会机构寻踪》,黄光域主编的《基督教传行中国纪年(1807—1949)》为代表。

在中国基督教史研究领域,史料辑刊始终是一项基础性工作,近几年,《中国基督宗教史料丛刊》《中国基督宗教重要文献汇编》等丛书陆续问世。张西平、任大援、马西尼主编的《梵蒂冈图书馆藏明清中西文化交流史文献丛刊》(大象出版社2014年版),吴小新等主编的《满洲公教月刊》(全6册)(广西师范大学出版社2013年版),《英敛之集》(上、下册)(广西师范大学出版社2013年版），朱维铮、李天纲主编的《徐光启全集》，周岩编校的《明末清初天主教史文献新编》（全三册）（国家图书馆出版社 2013 年版），唐晓峰、王帅主编的《民国时期非基督教运动重要文献汇编》（社会科学文献出版社 2015 年版）均具一定学术影响力。

二　基督教哲学思想研究

在基督教哲学思想研究领域，近十年的研究主要集中在基督教思想家思想研究、基督教神学思想研究、基督教与跨文化互动等多个领域。西方基督教思想家思想研究曾一度为大陆学界基督教研究的主体，近十年亦有多部专著问世，其中包括斐洛、奥利金、阿塔那修、奥古斯丁、尼撒的格列高利、埃瓦格里乌斯、波爱修斯、托马斯·阿奎那、马丁·路德、加尔文、茨温利、C. S. 路易斯、克尔凯郭尔、别尔嘉耶夫、弗兰克、科拉科夫斯基、斐奇诺、朋霍费尔、保罗·利科、约翰·纽曼、施莱尔马赫、莱茵霍尔德·尼布尔、布尔特曼、拉纳、莫尔特曼、蒂利希等神学家或哲学家的思想及相关主题都得到了深入阐释。关于中国基督徒思想家的著述有：唐晓峰等人主编的《夜鹰之志："赵紫宸与中西思想交流"学术研讨会文集》（宗教文化出版社 2010 年版），袁益娟的《生生神学：汪维藩神学思想研究》（金城出版社 2010 年版），李韦的《吴雷川的基督教处境化思想研究》（宗教文化出版社 2010 年版），丁锐中的《王徵评传》（宗教文化出版社 2016 年版）等。

关于基督教神学和教义、仪式方面的著作主要有张旭的《上帝死了，神学何为？——20 世纪基督教神学基本问题》（中国人民大学出版社 2010 年版），杨华明的《十字架上的盼望——莫尔特曼神学的辩证解读》（社会科学文献出版社 2010 年版），佘碧平的《中世纪文艺复兴时期哲学》（人民出版社 2011 年版），康志杰的《基督教的礼仪》（宗教文化出版社 2011 年版），谢炳国编著的《基督教仪式和礼文》（宗教文化出版社 2013 年版）等。同时，一些基督教的神学思想议题，比如灵肉观、人性论等都得到了深入解读。

从哲学与文化的视角研究基督教问题是自 20 世纪 80 年代以来大陆学界研究基督教的重要路径，最近十年也出版了多部相关著作，包括徐龙飞的《形上之路——基督宗教的哲学建构方法研究》（北京大学出版社 2013 年版），赵林的《基督教与西方文化》（商务印书馆 2013 年版），李思凡的《基督教文化概览》（武汉大学出版社 2014 年版），孙艳燕的《世俗化与当代英国基督宗教》（社会科学文献出版社 2013 年版），张雅平的《东正教与俄罗斯社会》（社会科学文献出版社 2013 年版），张龙妹的《东西方文学交流研究——东亚各国对基督宗教文化的接纳》（知识产权出版社 2013 年版）等。

三 圣经研究

近十年来，圣经研究摆脱了以往研究的颓势，成为基督教研究领域的显学，主题涉及圣经导论、圣经注释、跨文本对读、重要范畴诠释、圣经辞书编写等多个方面，并有多个系列丛书出版，其中以 2011 年梁工、卢龙光主编的《圣经文化解读书系》最具代表性。该套丛书由 6 卷构成，第一卷综述圣经形成的背景、其正典化过程、内部结构、在后世的传播和阐释，及其对后世文化的深远影响；第二卷至第六卷将圣经卷籍分成 5 种类型依次评述。全书的理论深度和文字风格力求做到雅俗共赏，既从基本常识谈起，又尽量体现西方学术界的最新成就和作者的研究成果，使一般读者和学者都能从中受益，其中包括，卢龙光的《使徒行传和使徒书信解读》，梁工等的《圣经解读》，刘光耀、孙善玲等的《四福音书解读》，梁工、郭晓霞等的《诗歌书智慧文学解读》，赵宁的《先知书启示文学解读》，梁工等的《律法书叙事著作解读》，该套丛书于 2011 年由宗教文化出版社出版发行。

除以上著作外，下面我们分类将近年来圣经研究的专著罗列如下。

1. 导论类

包括王新生的《〈圣经〉精读》（复旦大学出版社 2010 年版），

杨克勤、赵敦华的《圣经文明导论：希伯来与基督教文化》（宗教文化出版社 2011 年版），李福钟的《感悟圣经》（宗教文化出版社 2011 年版），陈贻绎的《希伯来语〈圣经〉导论》（北京大学出版社 2011 年版），柯君的《圣经的奥秘》（新世界出版社 2011 年版），刘洪一的《圣经叙事研究》（商务印书馆 2011 年版），张存远的《认识圣经》（世界知识出版社 2011 年版），游斌的《希伯来圣经导论》（上海三联书店 2015 年版），梁工的《圣经指南》（北方文艺出版社 2013 年版）。

2. 圣经史学类

包括吴涤申的《使徒保罗传》（世界知识出版社 2011 年版），张晓梅的《使徒保罗和他的世界》（社会科学文献出版社 2012 年版），赵敦华的《圣经历史哲学（修订版）》（江苏人民出版社 2016 年版）。

3. 跨文本阅读类

包括田海华主编的《经典与诠释》（四川人民出版社 2011 年版），舒也的《圣经的文化阐释》（江苏人民出版社 2011 年版），常俊跃、李文萍、赵永青的《〈圣经〉与文化》（北京大学出版社 2011 年版）。

4. 重要范畴研究

包括杨克勤的《经宴：罗马书论神意》（宗教文化出版社 2010 年版），陈廷忠的《苦痛与智慧：〈约伯记〉与生命难题》（宗教文化出版社 2010 年版），田海华的《希伯来圣经之十诫研究》（人民出版社 2012 年版），南宫梅芳的《圣经中的女性：〈创世记〉的文本与潜文本》（社会科学文献出版社 2012 年版），程小娟的《God 的汉译史——争论、接受与启示》（社会科学文献出版社 2013 年版），杨克勤的《圣经人伦——行在光与爱的人性》（宗教文化出版社 2013 年版），李炽昌的《跨文本阅读——〈希伯来圣经〉诠释》（上海三联书店 2015 年版）。

5. 圣经注释类

在这类著作中，《天道圣经注释》系列是目前第一套集合全球华人圣经学者撰著、出版的全本圣经注释，也是当今汉语世界较为深入详尽的圣经注释本之一。该套丛书包括邝炳钊的《创世记注释》（全五卷）（上海三联书店 2010 年版），钟志邦的《约翰福音注释》（上、下卷）（上海三联书店 2010 年版），鲍会园的《罗马书注释》（上、下卷）（上海三联书店 2012 年版）和《歌罗西书注释》（上海三联书店 2012 年版），黄朱伦的《雅歌注释》（上海三联书店 2013年版），冯荫坤的《腓立比书注释》（上海三联书店 2013 年版），曾祥新的《士师记注释》（上海三联书店 2014 年版），罗伟的《启示录注疏》（上、下卷）（上海三联书店 2015 年版），唐佑之的《约伯记注释》（上、下卷）（上海三联书店 2015 年版），梁康民的《雅各书注释》（上海三联书店 2016 年版），黄浩仪的《腓利门书注释》（上海三联书店 2017 年版）等，其他注释类著作包括，刘意青、李小鹿的《〈圣经〉故事名篇详注》（中国人民大学出版社 2011 年版），冯象译注的《摩西五经》（生活・读书・新知三联书店 2013年版），以及李勇的《寓意解经：从斐洛到奥利金》（上海三联书店2014 年版）等。

四　基督教与跨文化对话

在基督教与中国传统文化的比较、融通研究方面，近几年出版的专著主要有，朴小安的《基督教与中国文化的融合》（中华书局 2010 年版），刘树森的《基督教在中国：比较研究视角下的近现代中西文化交流》（上海人民出版社 2010 年版），罗秉祥、谢文郁等人主编的《耶儒对谈：问题在哪里?》（广西师范大学出版社 2010 年版），吴义雄的《地方社会文化与近代中西文化交流》（上海人民出版社 2010 年版），特木勒的《多元族群与中西文化交流：基于中西文献的新研究》（上海人民出版社 2010 年版），林滨的《儒家与基督教利他主义比较研究》（人民出版社 2011 年版），杨克勤的《庄子与雅各》（华东师范大学出版社 2012 年版），马敏的《基督教与中西文化的融合》（华中师范大学出版社 2013 年版），张先清的

《跨文化接触：基督教与近代中西对话》（中国社会科学出版社 2016 年版），马深的《英格兰精神与基督教文化透视中华文明》（知识产权出版社 2013 年版），齐宏伟的《启示与更新：基督信仰与中国文化真诚的对话与沟通》（华夏出版社 2015 年版），梁燕城的《儒、道、易与基督信仰》（宗教文化出版社 2013 年版）和《当基督遇到儒道佛：中国文化与基督信仰的对话》（宗教文化出版社 2016 年版），陆耀明的《基督教、儒家与中国社会主义市场经济》（上海交通大学出版社 2013 年版），李鹏的《上帝与祖先——东北汉人社会的基督教与亲属制度》（世界图书出版公司 2015 年版），范正义的《众神喧哗中的十字架：基督教与福建民间信仰共处关系研究》（社会科学文献出版社 2015 年版）。

此外，专门讨论基督教与佛教、伊斯兰教对比研究的著作包括一行禅师的《心的交会：佛陀与基督的生命教导》（海南出版社 2012 年版），梁兆康的《耶稣也说禅》（译林出版社 2012 年版），朱丽晓等的《佛教和基督教伦理在现代中国社会的实践价值研究》（四川大学出版社 2014 年版），张文木的《基督教佛教兴起对欧亚地区竞争力的影响》（清华大学出版社 2015 年版），刘义的《全球化公共宗教及世俗主义——基督教与伊斯兰教的比较研究》（上海人民出版社 2013 年版）等。值得一提的是，游斌主编的比较经学系列著作，堪称其中的代表，它们在宗教文化出版社得以陆续出版。以上很多著作由海外基督徒学者完成，并在大陆出版，其本身的宗教信仰，加之其传统文化的造诣，让这些研究具备学术深度的同时，亦具个体体验。

五 基督教现状与交叉学科研究

最近十年来，受国内外有关基督教发展事件的影响以及政治学、社会学、人类学方法的引入，学者们的理论研究多了些许现实关切的视角。比如当代世界的基督宗教、美国的政教关系以及中国的基督教现状，都成为学界关注的热门话题。在当代世界的基督教研究方面，卓新平、竺易安（Elisa Giunipero）、刘国鹏主编的《当代世界中的基督宗教》概要描绘了当代基督宗教三大派系在当代世界史和宗教史中的地位、作用及影响。还有多篇论文关注了俄罗斯的东正教与国家政治间的互动、韩国教会的海外传教风波、巴基斯坦的基督徒群体、拉美的解放神学、东南亚华人基督教、日本及非洲等地的教会方面的议题。在美国政教关系方面，涂怡超、徐以骅等人撰写的《美国基督教福音派及其对国际关系的影响：以葛培理为中心的考察》（上海人民出版社 2010 年版）、董江阳的《迁就与限制——美国政教关系研究》、张惠玲的《新基督教右翼与当代美国政治》均为其中的代表作。

在中国基督教现状研究领域，近十年来，除了大量调研报告问世外，亦有多部专著问世，其中涉及基督教与当代中国社会、基督教与国际关系、基督教现状调研等多个主题，代表作包括李向平的《基督教中国化的社会学研究》（宗教文化出版社 2016 年版），吴飞的《麦芒上的圣言——一个乡村天主教群体中的信仰和生活》（宗教文化出版社 2013 年版），黄剑波的《地方文化与信仰共同体的生成——人类学与中国基督教研究》（知识产权出版社 2013 年版），黄剑波、艾菊红主编的《人类学基督教研究导读》（知识产权出版社 2014 年版），卓新平、蔡葵主编的《基督教与和谐社会建设》（中国社会科学出版社 2015 年版），卓新平的《基督教与中国文化处境》（宗教文化出版社 2013 年版），谢必震、吴巍巍的《闽台基督宗教关系研究》（福建教育出版社 2016 年版），郭思嘉的《基督徒心灵与华人精神：香港的一个客家社区》（社会科学文献出版社 2013 年版），李华伟主编的《三十年来中国基督教现状研究论著选》（社会科学文献出版社 2016 年版），唐晓峰的《中国基督教田野考察》（社会科学文献出版社 2014 年版）和《改革开放以来的中国基督教及研究》（宗教文化出版社 2013 年版）等。

与基督教相关的交叉学科的兴起也颇为引人瞩目，其中以基督教文学最为突出，此类专著有：任光宣等人主编的《俄罗斯文学的神性传统：20 世纪俄罗斯文学与基督教》（北京大学出版社 2010 年版），朱维之等人的《基督教与文学》（吉林出版集团有限责任公司 2010 年版），季玢的《野地里的百合花：论新时期以来的中国基督教文学》（中国社会科学出版社 2010 年版），陈奇佳的《被围观的十字架：基督教文化与中国当代大众文学》（中国社会科学出版社 2010 年版），李正栓的《邓恩诗歌研究：兼议英国文艺复兴诗歌发展历程》（商务印书馆 2011 年版），马林贤的《英国文学与基督教文化论稿》（四川文艺出版社 2013 年版），肖四新的《欧洲文学与基督教》（暨南大学出版社 2013 年版），刘建军的《圣俗相依：刘建军教授讲基督教文化与西方文学》（中央编译出版社 2014 年版），林季杉的《T. S. 艾略特基督教思想研究》（人民出版社 2017 年版）等。在基督教与中国文学关系研究方面有区应毓、权陈、蒋有亮等合著的《中国文学名家与基督教》（九州出版社 2011 年版），旅居海外的刘再复也在 2011 年推出了其力作《罪与文学》（中信出版社 2011 年版），还有季玢的《中国当代基督教文学与新世纪文化建设》（上海三联书店 2016 年版）。

基督教艺术类研究著述包括：杨超的《人文主义的辉煌：文艺复兴艺术》（陕西人民美术出版社 2011 年版），苏喜乐的《中国基督教艺术》（五洲传播出版社 2011 年版），褚潇白的《圣像的修辞：耶稣基督形象在明清民间社会的变迁》（中国社会科学出版社 2011 年版），崇秀全的《耶稣图像的象征艺术研究：以意大利 12—15 世纪被钉十字架耶稣图像为例》（浙江大学出版社 2011 年版），何琦的《基督教艺术纵横》（宗教文化出版社 2013 年版）；其他交叉学科的著作包括：林洁珍、黄元山的《经济、金融与基督教视角》（上海社会科学院出版社 2015 年版），以及许正林的《基督教传播与大众媒介》（上海人民出版社 2015 年版）。

六　工具书编写及期刊发行

在辞书及工具书的编写方面，这两年亦有优秀成果问世。基督教会界、学界联手主编的《基督教大辞典》，由上海辞书出版社在2010 年 10 月出版，它是目前大陆学界出版的字数最多、内容也最为系统的基督教辞典，该辞典在某种程度上可视为大陆基督教研究的阶段性总结成果。此外，由张先清、赵蕊娟主编的《中国地方志基督教史料辑要》（东方出版中心 2010 年版）一书，从数千种明清至民国的各级地方志中，梳理、辑选出各种有关基督教的资料，汇集成册，达 80 余万字，是中国基督教近代史研究领域不可多得的资料性著作。另外，由鄢华阳等人主编的《中国天主教历史译文集》也由广西师范大学出版社在 2010 年出版。该资料包括多位天主教传教士的笔录、资料，其中涉及四川、澳门等多个地区，资料内容包括当地天主教起源、本土化、神职人员情况与教廷及中国政府关系等。圣经研究领域还出版了两部重要的辞书，一部是梁工编著的《圣经百科辞典》（辽宁人民出版社 2015 年版）的再版；另一部是白云晓编著的《圣经词典》（中央编译出版社 2015 年版）。其中，《圣经百科辞典》是一部反映圣经文化内涵与外延的大型学术工具书，初版于 1990 年，著名学者朱维之先生担任顾问。全书共收词 5655 条，分为 20 部类 100 科，从各个角度全面地提供有关圣经文化的基本知识。相关的辞典工具书还包括雷立柏编著的《教会史图表教程》（宗教文化出版社 2016 年版）等。

2009 年以来，尚有多部以书代刊类杂志及会议论文集出版，其中包括由卓新平等主编的《基督宗教研究》，中国人民大学基督教文化研究所主编的《基督教文化学刊》，许志伟等主编的《基督教思想评论》，张庆熊、徐以骅主编的《基督教学术》，刘光耀、杨慧林主编的《神学美学》等。

在历史性、思想性、现实性、评介性、工具性的著述之后，有些学者开始着眼于更深入的思考，将视线转到研究成果综述及"研究之研究"上，这可以以陶飞亚、杨卫华撰写的《基督教与中国社会研究入门》（复旦大学出版社 2009 年版）为代表。虽然该书定位为"入门手册"，但在有限的篇幅内，探讨了中国基督教研究的源流开端及当代中国基督教研究的成果与不足。2010 年以来的相关著作还包括：吴小新的《远方叙事——中国基督宗教研究的视角、方法与趋势》（广西师范大学出版社 2014 年版），陈俊伟的《基督教研究方法论》（宗教文化出版社 2014 年版），陶飞亚、杨卫华的《宗教与历史：汉语文献与中国基督教研究》（上海大学出版社 2016 年版），王潇楠的《宗教学研究论著与文本解读：当代宗教研究、基督教研究专辑》（中国社会科学出版社 2015 年版），陈驯的《当代中国的基督教神学方法》（宗教文化出版社 2010 年版）等著作。

此外，最近十年，大陆学界在有关基督宗教的外文经典译介方面，也取得了丰硕的成果。内容集中在基督教史、基督教思想、圣经注释与研究、在华传教士以及与此相关的研究，出版了《基督教经典译丛》《基督教文化译丛》《来华基督教传教士传记丛书》《基督教历代名著集成系列》等多套丛书，因篇幅所限，这里便不一一介绍了。

七　小结

中国的基督教研究已经跨越了以翻译介绍为主的阶段进入一个独立的方法论建构转型时期，研究队伍在日益壮大的同时，也日益年轻化、国际化；研究内容涉及教义思想、重要人物、历史文献、经典研究等方方面面；研究方法涉及社会学、人类学、历史学、心理学、哲学、文学、法学等多个领域，形成了诸多交叉学科，在此基础上形成了诸多有待研究的学术领域，有待整合的研究力量及方法，有待阐明的学术立场以及亟待构建的学术平台。面对这些新文化、新动态、新挑战，中国的基督教研究者应基于宗教学研究的经验与现实，结合中国具体的社会文化处境，努力构建中国基督教研究的学问体系及学科方法，为丰富中国宗教学学科发展，为民族团结、社会稳定、文化繁荣贡献应有的力量。

第十二章

中华人民共和国 70 年
伊斯兰教研究（1949—2019）

第一节　1949 年至 1978 年的伊斯兰教研究

　　1949 年到 1978 年是中华人民共和国成立后伊斯兰教研究的初始阶段。20 世纪 50 年代至 60 年代中期，总体而言，学术气氛仍较为宽松，伊斯兰教研究作为自 20 世纪初开始的现代中国伊斯兰教研究在当代的延伸，不绝如缕。据统计，20 世纪 50 年代，中国学者发表的关于伊斯兰教研究的各类文章共计百余篇。①

　　就文章而言，马坚撰写的一系列文章堪为代表：《〈古兰经〉的纂集和流行》《穆罕默德的宝剑》《伊斯兰文化的光芒——纪念阿维森纳诞生一千周年》《伊斯兰哲学对于中世纪时期欧洲经院哲学的影响》《中国与阿拉伯各国之间又古老又年轻的友谊》先后发表于《人民日报》《光明时报》《历史教学》《中国穆斯林》等刊物上。此外，其他学者纷纷发表不少文章，介绍伊斯兰信仰或穆斯林生活。例如苏北海的《一千年来伊斯兰教（回教）在新疆的发展》（载

---

　　① 中国伊斯兰教协会全国经学院统编教材编审委员会编：《中国伊斯兰教发展史简明教程》，宗教文化出版社 2008 年版，第 164 页。

《历史教学》1952 年第 9 期），林干的《伊斯兰教（回教）是怎样产生的》（载《历史教学》1953 年第 12 期），马立克的《中国穆斯林的人口问题》（载《中国穆斯林》1957 年第 2 期），纳忠的《清代云南回族人与伊斯兰文化》（载《云南日报》1957 年 3 月 14 日），白寿彝的《中国元明时（1280—1661 年）几个阿林》（载《中国穆斯林》1958 年第 1 期）。

在译著方面，虽有个别新作，但多为 1949 年之前的已有之作的再版书籍。20 世纪 50 年代出版的几部马坚的译作，如《古兰经》（上册）和《回教真相》《伊斯兰教哲学史》等，皆属此例。《古兰经》于 1949 年 12 月由北京大学出版部出版，但实际上，译者自 1940 年就已着手迻译，积十年之功方才面世。《回教真相》原名《伊斯兰教真相论文集》，作者为侯赛因·吉斯尔，马坚所译中文译本初版于 1937 年，1951 年由商务印书馆再版。《回教哲学史》作者为荷兰东方学家第·博尔，马坚所译中文本最早于 1944 年由重庆商务印书馆初版，1958 年又由中华书局再版，并更名为《伊斯兰教哲学史》。这一时期，同为"旧作新版"的译著还有：陈裕菁翻译的《蒲寿庚考》1929 年中华书局初版，1954 年中华书局再版；纳忠翻译的《阿拉伯文化的黎明时期》最早于 1937 年在埃及告竣，1939 年由商务印书馆初版，名为《黎明时期回教学术思想史》，1958 年由商务印书馆再版时，为适应教学的需要，更名为《阿拉伯文化的黎明时期》；《天方诗经》，该书是埃及诗人卜西里所著的《伽绥达—布尔达》的中译本名，光绪年间，由马德新译，马安礼、马学海二人整理、注释，此书于 1957 年由人民文学出版社出版。

值得注意的是，教义学一直是明清以来经堂教育和汉文译著的主要内容，流行最广的是教义学著作是《奈赛斐教典诠释》，即中亚穆斯林学者赛尔顿丁·太弗塔萨尼用阿拉伯语撰写的欧麦尔·奈赛斐的名著《奈赛斐教典》注释本，此书乃中世纪伊斯兰教逊尼派教义学的一部经典之作，不仅在中亚等地流传颇广，也被中国穆斯林奉为经典，是中国穆斯林经堂教育教材之一，即《尔歌一德》，该书自16世纪末传入中国以来，各地经师十分重视，并普遍作为经堂教育的教本。刘智曾将该书列入他的《天方典礼》的参考书目，称为《教典释难》。同治九年（1870），马德新刊印此书，称为《教典释难经解》；光绪十九年（1893），马联元刊印了此书的节本，称为《天方释难要言》。较有影响的中译本有以下几种：1924年，北平秀真精舍出版了杨仲明最早翻译的古汉语译本，称为《教心经注》；1945年，马坚在昆明翻译出版了白话文汉译本，称为《教义学大纲》；1951年上海文通书局再版时，马坚将其改名为《教典诠释》。

从1966年至1977年期间，全国范围内发表"介绍"伊斯兰教的文章屈指可数。代表性文章有两篇：一是《穆罕默德和伊斯兰教》，发表在昆明帅范学院出版的《教育革命》杂志1975年第2期。二是作者署名"方思一"的《伊斯兰教史话》，连续刊登在《中央民族学院学报》1975年第2期、第3期以及1976年第1期，全文总计5万字，后由新疆人民出版社1977年12月出版单行本，内部发行。

第二节 1979年至1999年的伊斯兰教研究

1979年至1999年这20年时间，中国伊斯兰教研究的繁荣集中表现为学术成果与学科建设两方面成绩昭著，粲然可观。

从学术成果来看，在20世纪最后20余年的伊斯兰教研究中，中国学者采用多层面、多角度的方法，来分析和阐述了伊斯兰教历史潮流、现状及特点。例如，在《古兰经》的翻译和伊斯兰教工具书的编纂方面，出版了权威性的《古兰经》汉译本和维吾尔语译本，推出了一系列介绍研究《古兰经》的专著，而伊斯兰教辞典、百科全书的出版也为人们认识伊斯兰教提供了丰富知识。在伊斯兰教综述和世界伊斯兰教研究方面，学者们比较关注阿拉伯世界和伊斯兰教现状问题，其重要研究涉及当代伊斯兰复兴运动、伊斯兰教原教旨主义倾向、伊斯兰教与国际政治的关系等问题。在伊斯兰教历史研究方向，其重点乃中国伊斯兰教，所涉及的领域包括中国伊斯兰教派门宦历史、伊斯兰教与中国传统文化的关系、伊斯兰教史料整理等方面。此外，在伊斯兰教历史学、教法学、哲学思想、人物评传、伊斯兰文化、文学、科学、艺术等研究方面亦成绩斐然，令人瞩目。这些研究不仅提高了中国宗教学的研究水平，而且有较好的社会影响。对民族文化的继承与弘扬、民族团结与合作亦产生了积极的推动作用。

就学科建设而言，这一时期的繁荣表现为除了原有的世界宗教研究所伊斯兰教室一家之外，各地方高校和科研机构也结合自身特点，纷纷开始设立伊斯兰教研究培养专业和研究机构。北京、上海以及各地方，特别是西北的部分高校和科研单位，逐渐设立宗教学研究专业，成立了数所从事伊斯兰教研究的学术机构。当时影响较大的有，宁夏社会科学院的回族伊斯兰教研究所、西北民族学院宗教研究中心等。此外，还有几家科研院所增设伊斯兰教研究方向或专业，开展研究，培养人才。如中国社会科学院研究生院世界宗教系的伊斯兰教专业、北京大学宗教学系的伊斯兰教专业、中央民族大学哲学与宗教学学院的伊斯兰教研究专业等。

从 1980 年至 2000 年，本书从学术史的高度对其加以分类，将之归纳为几个主要的学术流派或研究进路，并试图从学术发展的内在逻辑，揭示各种研究进路的纵向衍生或横向关联，特别是学术的前后繁衍流变。

一　历史—考证之路

（一）文献考证

1980 年后，当代中国的伊斯兰教研究凭借改革开放的春风，再次迸发出勃勃生机，研究领域不断扩大，学术成果接连面世，在中国伊斯兰教研究方面，形成一个有点有线、历史与专题并重的相得益彰局面。既注重对中国伊斯兰教史的研究，也在中国伊斯兰教的专题研究方面取得长足进步。

1. 中国伊斯兰教史研究

对于中国伊斯兰教史的研究又可进一步划分为通史研究与断代史研究两类。

（1）通史研究

就通史研究而言，编写一部中国伊斯兰教通史，既是陈垣的建议，也是白寿彝的夙愿。自 20 世纪 80 年代，中国的伊斯兰教研究进入"重兴—繁荣"时期以来，中国伊斯兰教研究的蓬勃发展，为从新的视角编写详尽、科学的通史，提供了初步的基础。1998 年，李兴华等合著的《中国伊斯兰教史》的问世，就是前十多年学术发展的反映。该书有 70 多万字，内容丰富、资料翔实、体系庞大，是中华人民共和国第一部中国伊斯兰教史专著。直到 21 世纪来临，中国伊斯兰教研究进入"发展—转型"时期以后，致力中国伊斯兰教通史研究者仍不乏其人，近年来出版的代表之作为周燮藩、沙秋真合著的《伊斯兰教在中国》（华文出版社 2000 年版）。

（2）断代史研究

除通史研究外，中国伊斯兰教的断代史研究方面有不少文章问世。秦惠彬在《伊斯兰教在五代时期的发展》（载《世界宗教研究》1989 年第 1 期）一文中提出五代时期，中国伊斯兰教的传播重心已由西部（长安一带）转移到了南部。他在文章中提出中国内地存在着一个信仰阶梯的观点，即中国穆斯林的信仰心态呈现出由西向东渐次下降坡度很大的阶梯。

2. 教派门宦研究

教派门宦研究是 1980 年后当代中国的伊斯兰教研究最先取得突破、产生学术专著的领域。

就苏菲门宦研究而言，除了前文提及以马通和勉维霖为代表的以实地调查方式研究教派门宦途径以外，还有不少学者从文献资料入手对苏菲门宦进行研究，涌现出了一批在文献资料的收集和整理方面取得较大进展的论文和专著，并引起国际学术界的重视。代表性论文有：杨怀中的《十八世纪哲赫忍耶穆斯林的起义》，马辰的

《马元章与哲赫林耶教派的复兴活动》，马福海的《嘎的林耶门宦杨门始末》等。

从对教派的研究来看，人数居"三大教派"之首的格底目在中国称"老教""遵古派"，指保持伊斯兰教入华后形成的传统，与明末清初后产生的门宦及新教派有别的中国穆斯林社团。相关的论文有：冯增烈的《"格迪目"八议》（载《西北民族学院学报》1984年第 1 期），冯今源的《中国伊斯兰教教坊制度初探》（载《世界宗教研究》1984 年第 1 期），李兴华的《格底木史初探》（载《甘肃民族研究》1985 年第 1、2 期），等等。

伊赫瓦尼在中国称"新兴教""遵经派"，指产生于 19 世纪末，以"凭经行教""尊经革俗"为号召而产生的教派。20 世纪 80 年代以来，发表的相关研究论文有：马克勋的《中国伊斯兰教伊赫瓦尼派的倡导者——马万福》，马占彪的《试论马万福及其依赫瓦尼教派》，刘德文的《中国伊斯兰教伊赫瓦尼派在西宁的传播》等。也有人追溯其思想渊源，如冶青卫的《试论伊赫瓦尼与瓦哈比派的关系》等。

西道堂研究方面，早在 20 世纪三四十年代就有范长江、顾颉刚、王树民等人在西道堂做过实地考察，并进行介绍与研究。从 20世纪 40 年代末到 70 年代末这 30 多年的时间内，对西道堂的研究处于停滞状态，直到 20 世纪 80 年代之后才重新启动。20 世纪 90 年代前后，学界形成了一股研究西道堂的热潮，主要由以下几方面原因促成：第一，马通先生在《中国伊斯兰教派与门宦制度史略》一书中将西道堂列为中国伊斯兰教三大教派之一，专章介绍之后，引起了学界对西道堂的关注，围绕西道堂的教权组织、宗教活动、经济建设、教派属性等问题展开了热烈讨论；第二，1987 年由青海民族学院民族研究所、西北民族学院西北民族研究所合作编辑的《西道堂史料辑》一书，以内部资料名义印行，这也是至今唯一一本专门论述西道堂的论集，书中辑录了自民国时期至 20 世纪 80 年代有关西道堂研究的资料和文章共 16 篇，内容涵盖西道堂历史、宗教信仰、马启西和历代教主生平、教育、清真寺、刘智思想对西道堂的影响、大事记等方面，为研究西道堂提供了必读和有重要参考价值的工具书；第三，1994年5月和1995年7月，西道堂先后邀请两批专家学者，赴西道堂进行为期半个月的学术考察，考察的成果陆续发表，影响延续至今。

相关的论文有：陆进贤、陆聚贤的《中国伊斯兰教西道堂》（载《阿拉伯世界》1994年第2期），马德良、于谦的《刘智思想对西道堂影响浅析》（载《世界宗教研究》1995年第1期），金宜久的《刘智思想在中国穆斯林中的影响》（载《甘肃民族研究》1996年第3、4期），马平的《中国回族的"普埃布洛"——甘南临潭西道堂尕路提大房子研究》（载《回族研究》1997年第2期）、《甘南藏区拉仁关回族"求索玛"的群体研究》（载《伊斯兰文化论集》，中国社会科学出版社2001年版），丁宏的《西道堂模式——一个宗教派别的社会实践及带给我们的思考》（载《中央民族大学学报》1996年第5期）等，均对西道堂早期的历史问题作了分析与研究。

20世纪90年代以来，在对西道堂的介绍中，高占福的成果比较集中，连续发表《刘智宗教思想对西道堂教派的影响》（载《宁夏社会科学》1990年第2期）、《马明仁与西道堂经济的发展》（载《西北民族研究》1993年第1期）、《甘肃伊斯兰教西道堂历史与现状调查——以伊斯兰教与社会发展相适应为主》（载《西北民族研究》1994年第2期）、《关于西道堂"大家庭组织"的调查与研究》（载《甘肃民族研究》1999年第2期）等文章。就刘智宗教思想与西道堂的渊源关系、马明仁振兴西道堂的经济活动、西道堂的历史与现状等问题做了评述。值得一提的是，西道堂现任教长敏生光也曾先后撰写了《刘智思想与西道堂》（载《回族研究》1991年第4期）、《伊斯兰教"乌玛"制度对西道堂的影响》（载《世界宗教研究》1995年第1期）等文章，探讨了伊斯兰教的制度、思想与西道堂形成与发展的关系。

3. 经堂教育研究

中国的经堂教育为明嘉靖年间伊斯兰教经学家胡登洲开创，他有感于当时教内"经文匮乏，学人寥落"的衰微，遂"慨然以发明正道为己任"。在家中讲经论道、授徒课业，培养了众多弟子。可以说，经堂教育是伊斯兰教在清真寺内传授知识、培养宗教人才的传统，在中国结合私塾特色而形成的教育制度。以清真寺为场所的经堂教育制度，在中国穆斯林中代代相传，为培养经学人才和伊斯兰教的传播起到了相当作用。经堂教育在历史上一直受到穆斯林的重视。

早期的文章中，有一些颇具代表性。如冯增烈的《明清时期陕西伊斯兰教的经堂教育》（载《清代中国伊斯兰教论集》，宁夏人民出版社 1981 年版），王永亮的《回族经堂教育的产生和早期形态》（载《回族研究》1993 年第 1 期）。此外，《中国穆斯林》杂志也发表了大量有关经堂教育和著名经师的介绍、研究文章。1990 年，在济南召开的第六次全国回族史讨论会，侧重于回族教育史。会议论文由山东省民委以《中国回族教育史论集》（山东大学出版社 1991 年版）为名编辑出版，其中有不少文章涉及经堂教育。

4. 地区伊斯兰教研究

1980 年后，中国伊斯兰教史研究的深入，带动了地区伊斯兰教研究。20 世纪 80 年代，关于一些地区伊斯兰教的论文和调查报告陆续出版，如泉州海外交通史博物馆和泉州历史研究会联合编纂的《泉州伊斯兰教研究论文选》、甘肃民族研究所编的《西北伊斯兰教研究》。进入 20 世纪 80 年代以来，地区性伊斯兰教研究在原有基础上又取得长足进步。其重点有两个方面：一是对内地伊斯兰教的研究；二是对边疆地区伊斯兰教之考证。

关于内地伊斯兰教研究方面的代表性专著包括《南京回族、伊斯兰教史稿》和《中国南方回族历史人物资料选编》。这两本著作都是涉及中国南方回民的历史和文化，在此之前，南方地区的伊斯兰教研究成果不多，更偏重西部地区的伊斯兰教。这两本书的出现说明，当代中国伊斯兰教研究"偏西部、轻东部"的现象有所扭转。

地区伊斯兰教的另一个重点是对边疆地区伊斯兰教的研究。其中，以对新疆的伊斯兰教研究取得的成绩最为显著。刘正寅和魏良弢合著的《西域和卓家族研究》，李进新著的《新疆伊斯兰汗朝史略》等。值得一提的是，新疆社会科学院的学者从 1979 年开始，就着手组织人员翻译、整理了大量资料，进行实地调查和学术研究。在此基础上编写的《中国新疆地区伊斯兰教史》（全两册）（新疆人民出版社 2000 年版）已经出版，是地区伊斯兰教史研究的一项重大成果。

除此之外，还有不少对新疆地区伊斯兰教派研究的文章。其中，一些论文由研究苏菲教团到苏菲主义学说的研究，从而与世界伊斯兰教的研究汇合；另一些则由西北门宦溯源至新疆依禅派，进而揭示其与小亚苏菲教团的道统渊源。代表性论文有：王守礼的《新疆依禅派研究》，金宜久的《苏菲派与中国门宦》，陈国光的《回回 25 世到中原考——关于新疆伊斯兰神秘主义在内地传布问题》《新疆伊斯兰教史上的伊斯哈克耶——兼论我国哲赫忍耶门宦的来源》《中亚纳合西班底教团与我国新疆和卓、西北门宦》，周燮藩的《伊斯兰教苏菲教团与中国门宦》，怀德的《苏菲派的演变与门宦制度形成的特点》《略论依禅派的形成及其特点》，潘志平的《中亚和新疆和卓的兴衰》，刘正寅的《和卓家族兴起前伊斯兰教派在西域的活动及其政治背景》，陈慧生的《试论清代白山派和黑山派之间的斗争及其影响》等。此外，涉及新疆伊斯兰教派的文章还有付禹与谭吴铁合作撰写的《新疆回族哲合林耶门宦历史的调查报告》（载《新疆社会科学研究》1986 年第 2 期），石磊的《哲赫忍耶教派创始人马明心的遗孀和女儿在新疆的遭遇》（载《甘肃民族研究》1989 年第 1 期），马志福的《马良骏及其著述与研究》（载《回族研究》1992 年第 4 期），陈国柱的《乌鲁木齐回族二十三坊》（载《回族研究》1994 年第 2 期），戴良佐的《新疆盖斯拱北探讨》（载《回族研究》1996 年第 2 期），等等。

5. 民族与伊斯兰教研究

在民族与伊斯兰教研究方面，以对回族与伊斯兰教的研究最具代表性，成果也最为丰富。20 世纪 80 年代，在对伊斯兰教和回族关系研究中，曾发生过一场影响深远的争论，即伊斯兰教在回族形成中的作用问题。部分学者认为，伊斯兰教在回族形成的过程中起到了决定作用、关键作用和主导作用；而另一部分学者则坚持，伊斯兰教所起的是纽带作用、联系作用。中央民族大学林松教授是"决定论"一方的代表，他撰写的《试论伊斯兰教对形成我国回族所起的决定性作用》（载《社会科学战线》1983 年第 3 期）一文，从九个方面进行缜密论证，主张伊斯兰教对回族形成起着决定性的作用。

但也有学者支持另一种观点，即所谓"纽带论"。其代表者如马汝邻，在《再论伊斯兰教与回回民族形成的关系》（载《宁夏大学学报》1984 年第 3 期）一文中，坚持认为在回族的形成过程中，民族意识起着主导作用。这一争论到 20 世纪 90 年代仍然余波未平，例如，南文渊的《论伊斯兰文化在回族形成中的主导作用》（载《回族研究》1991 年第 3 期）一文，从伊斯兰教在中国发展的历史考察中，论证了元末明初伊斯兰教在中国的兴盛发展，直接促成了回族的形成，并从回族的自我意识、民族性格、风俗习惯等方面论证了伊斯兰文化在回族的形成中起到了主导作用。此后，研究范围逐渐扩展到伊斯兰教对回族社会经济、文化、风俗习惯、居住特点等各方面的影响，部分取得了共识，即回族的形成和发展离不开伊斯兰教。

据统计，改革开放以来，回族研究领域以伊斯兰教为主题的文章多达 780 余篇。① 这些文章和论文除了直接属于对伊斯兰教的研究以外，其余则关注伊斯兰教对回族在方方面面的影响。主要论文有：丁明俊的《略论伊斯兰教对回族艺术的影响》，南文渊《伊斯兰教

---

① 董知珍：《1979—2004 年回族文化研究综述》，《甘肃民族研究》2006 年第 1 期。

对回族教育的影响》，梁向明的《略论伊斯兰教道德及其在回族传统道德形成中的作用》，肖芒的《伊斯兰文化对回族商业活动的影响》，陶红与白洁合撰的《回族服饰文化与伊斯兰教》等。

相关方面的著作也接踵而至，中国社会科学院民族所和中央民族大学民族所合编的《回族史论集》，杨怀中的《回族史论稿》（宁夏人民出版社 1991 年版），林松与和龚合著的《回回历史与伊斯兰文化》（今日中国出版社 1992 年版），李松茂的《回族伊斯兰教研究》（宁夏人民出版社 1993 年版），邱树森的《中国回族史》（宁夏人民出版社 1996 年版）。在地方回族史方面，先后出版了杨兆钧主编的《云南回族史》（云南民族出版社 1989 年版），马通的《甘肃回族史》（甘肃民族出版社 1994 年），韩斌、马苏坤、王平等合著的《新疆回族史纲要》，王伏平、王永亮合著的《西北地区回族史纲》（宁夏人民出版社 2003 年版）等。此外，还有两部由著名历史学家白寿彝主编的鸿篇巨制：一是宁夏人民出版社从 1985 年到 1997 年陆续出版的四卷本《回族人物志》；二是两卷本《中国回回民族史》（中华书局 2003 年版）。这两部著作集多位学者之长，呈现了回族学研究的新成就。

6. 政教关系研究

到目前为止，该领域的代表性著作屈指可数。出版较早、影响较大的专著当属余振贵的《中国历代政权与伊斯兰教》（宁夏人民出版社 1996 年版）。此书依时间顺序，从唐代初期到 20 世纪中叶，阐述了各个朝代以及中华民国等历史时期，伊斯兰教与历代政权间发生的各种纠葛与关系。该书以分析评估中国历代政权处理伊斯兰教事务的治理策略和实际效应为主线，揭示伊斯兰教在中国社会政治发展史上不可忽视的重要作用。在探索历代政权对伊斯兰教的政策时，同时注重分析历代政权对穆斯林民族的态度及其结果，从而深入阐述了历代政权的民族观与宗教观。此书的突出贡献在于，从历代关于伊斯兰教的政策这一特殊视角入手，开拓了一个全新的研究领域。

20 世纪 80 年代，曾出现过一些探讨历代政府对待伊斯兰教政策的文章，特别集中于清政府在民族边疆地区的施政措施上。如陈国光的《清政府统一新疆前对伊斯兰宗教民族问题的态度与政策》（载《西部学坛》1987 年第 9 期）和《清政府统一新疆后对伊斯兰教的政策》（载《新疆宗教研究资料》第 17 辑），以及苗普生、潘向明等撰写的《试论杨增新督新的伊斯兰教政策》（载《西北史地》1982 年第 2 期）。

（二）现实考证：1979—1999 年的"实际调查"

有学者认为，改革开放 40 年来"最具有学术价值的扛鼎力作"[①] 当推马通先生的《中国伊斯兰教派门宦制度史略》（宁夏人民出版社 1983 年版）（以下简称《史略》），以及其后付梓的姊妹篇《中国伊斯兰教派门宦溯源》（宁夏人民出版社 1986 年版）（以下简称《溯源》）。作者积数十年之功，在第一手珍贵资料基础上，梳理了各门宦的历史及特点，主要以西北的伊斯兰教各教派门宦支系为对象，对格底目（老教）、伊赫瓦尼（遵经派）、西道堂（汉学派）三大教派，以及虎夫耶、嘎德林耶、哲赫忍耶、库布忍耶四大门宦及其数十个支系的源流、发展、衍生的历史过程，包括各重要教派门宦的宗教领袖人物，各派的宗教思想和礼仪特征，都做了详细的介绍。如果说《史略》旨在揭示一个支系纷繁、内涵复杂的中国伊斯兰教内部世界；《溯源》则重在分析各主要教派门宦的演变过程和相互关系，这两部姊妹篇为中国伊斯兰教教派门宦的研究奠定了坚实的基础。

在此之前，勉维霖的《宁夏伊斯兰教派概要》（宁夏人民出版社 1981 年版）业已出版。书中以作者在 20 世纪 50 年代末期的调查为基础，对宁夏伊斯兰教的格迪目、虎夫耶、哲赫林耶、尕德林耶、伊赫瓦尼五个教派、门宦作了介绍，并对其分布特征、历史演变、

---

① 葛壮：《20 世纪国内有关伊斯兰教历史的重要研究论著及其影响》，《当代宗教研究》2004 年第 4 期。

教义修持，以及与世界伊斯兰教的关联作了精辟分析，故被视为当代教派门宦研究的"开山之作"。但由于篇幅较小、发行量少等原因，一直未能受到应有的重视。此书中的主要内容后来收入勉维霖主编《中国回族伊斯兰宗教制度概论》（宁夏人民出版社 1997 年版）一书中。

二 哲学—思想之路

（一）伊斯兰哲学与思想研究

20 世纪 80 年代，国内学者在《哲学研究》《哲学译丛》《文史哲》等 14 种期刊上发表阿拉伯哲学方面的论文、译文多达近 70 篇。但直到 20 世纪 90 年代，中国学界才出现了一个伊斯兰哲学研究的高潮，出版了不少专著。短短十年时间，形成了个性鲜明的前后两个不同阶段。

前一阶段肇始于 1992 年，多以迻译在国际学界具有一定影响的名著为主，较少出现中国学者自己的声音。较早出现的两部重要译著同时出版于 1992 年——日本学者井筒俊彦的《伊斯兰教思想历程——凯拉姆·神秘主义·哲学》[①] 和阿拉伯裔美国学者马吉德·法赫里的《伊斯兰哲学史》[②]。同一时期，中国学者也有类似著作出版，虽仍多以"阿拉伯哲学"为题，如蔡德贵的《阿拉伯哲学史》（山东大学出版社 1992 年版），但其内容已不再局限于所谓的"阿拉伯世俗哲学"，而是注意到了阿拉伯哲学的另一大分支，即其宗教哲学，这不能不说是一种突破与进步。

后一阶段指 20 世纪 90 年代的下半叶，实际在 1994 年就已开始，主要以中国学者的专著为主，译著所占比例明显下降。自 1994

---

① ［日］井筒俊彦：《伊斯兰教思想历程——凯拉姆·神秘主义·哲学》，秦惠彬译，今日中国出版社 1992 年版。

② ［美］马吉德·法赫里：《伊斯兰哲学史》，陈中耀译，上海外语教育出版社 1992 年版。

年开始，伊斯兰哲学—思想领域捷报频传。秦惠彬的《伊斯兰教哲学百问》（今日中国出版社 1994 年版）一书，以问答方式就伊斯兰哲学的内容、派别、主张以及代表人物的生平、著作和思想等 123个问题进行了介绍。仅一年之后，又有三部专著相继问世，包括：沙宗平的《伊斯兰哲学》（中国社会科学出版社 1995 年版），陈中耀的《阿拉伯哲学》（上海外语教育出版社 1995 年版），以及李振中、王家瑛等合作撰写的《阿拉伯哲学史》（北京语言大学出版社1995 年版）。紧随其后，蔡德贵、仲跻昆主编的《阿拉伯近现代哲学》（山东人民出版社 1996 年版）旋踵而至。这一时期，最后出版的一部较有影响的作品是张文建、王培文合作，将巴格达大学哲学教授穆萨·穆萨维的《阿拉伯哲学——从铿迭到伊本·鲁世德》（商务印书馆 1997 年版）一书译为中文。

（二）中国伊斯兰哲学与思想研究

较早研究成果中具有代表性的论文有：伍贻业的《从王岱舆到刘智的启示和反思——17 世纪中国伊斯兰教思潮》（载《中国回族研究》1991 年第 1 辑），余振贵的《从〈清真大学〉试论王岱舆宗教哲学思想的特点》（载《中国伊斯兰教研究》，青海人民出版社1987 年版），冯今源的《〈来复铭〉析》（载《中国伊斯兰教研究》，青海人民出版社 1987 年），金宜久的《论刘智的"复归"思想》（载《世界宗教研究》1990 年第 1 期），罗万寿的《试析中国伊斯兰哲学的"真一"说》（载《西北民族研究》1996 年第 1 期）等。

近年来，一些国外学者已经开始把王岱舆、刘智等"汉文译著"代表人物的著作纳入研究范围。作为中国传统文化与伊斯兰文化相交融，而产生的汉语伊斯兰教文献典籍，受到越来越多的关注。更有学者提出，鉴于汉语伊斯兰教文献对于多元化的伊斯兰思想做出的贡献，理应享有与其他语种文献同样重要的地位和更多的重视。不少中国研究者一直致力于对中文伊斯兰教文献典籍的研究，先后出版了不少具有一定深度的研究成果，但较少对汉文译著运动的通论性专著，而是多集中于人物为主题的专题性研究。且所选人物多为王岱舆、马注、刘智与马德新"汉文译著四大家"，其中，又以对王岱舆、刘智的研究频率最高，对刘智的研究起步较早，成果最丰，代表作有：金宜久的《中国伊斯兰探秘——刘智研究》（东方出版社1999年版），沙宗平的《中国的天方学——刘智哲学研究》（北京大学出版社2004年版），以及梁向明的《刘智及其伊斯兰思想研究》（兰州大学出版社2004年版）。

（三）伊斯兰哲学与思想专题研究

1. 苏菲思想研究

当代中国学界对苏菲主义的研究有三项内容，即中国西北苏菲门宦和新疆依禅派的调查研究，阿拉伯、波斯神秘主义文学研究以及苏菲思想研究。从研究进路看，上述三项内容各有偏重。门宦、教派源流多从历史—考证之路着手，神秘主义文学是语言—文化研究的专长，只有苏菲思想研究才属于哲学—思想研究。而苏菲思想研究又有"内外""专通"之别。

由于对中国西北苏菲门宦的文献考证与实地调查起步较早，属最早取得突破的领域，也带动了相关的中国苏菲思想研究。这一时期，出现了一些探讨苏菲思想对中国伊斯兰教影响的文章，代表之作有金宜久撰写的《苏菲派与汉文伊斯兰教著述》与《苏菲派与中国门宦》。还出现了一些文章，重在研究苏菲思想内部各种学说及其发展，比如杨克礼的《伊斯兰教苏菲派哲学思想初探》（载《西北伊斯兰教研究》，甘肃民族出版社1985年版）。

2. 伊斯兰教义学研究

伊斯兰教义学是伊斯兰教传统学科之一，是穆斯林在使用理性思辨和逻辑推理的方式阐释伊斯兰教信仰过程中产生的思想学说。自20世纪80年代以来，教义学研究才逐渐恢复。同时，由于学科体制等原因，此时期的伊斯兰教义学研究通常被纳入伊斯兰哲学研究名下。中国学界较早对伊斯兰教义学的系统叙述见于金宜久主编的《伊斯兰教概论》（青海人民出版社1987年版），书中将教义学视为伊斯兰教传统学科的一支，介绍了教义学的由来、历史与基本论题。从现代学术角度，从事伊斯兰教义学研究的学者主要有吴云贵等人。吴云贵的论文《伊斯兰教义学的阶段性特征》（载《世界宗教研究》1993 年第 4 期）、《伊斯兰教义学的三部早期文献》（载《回族研究》1993 年第 4 期）都是相关的专题论文。此后，吴云贵又出版了当代中国学者研究教义学第一部专著《伊斯兰教义学》（中国社会科学出版社 1995 年版），该书是作者在之前研究基础上所做的扩展，书中教义学的形成、派别以及相关文献皆有评述，是标志当代中国伊斯兰教义学研究形成的奠基之作。之后，沙宗平的《从凯拉姆思潮到凯拉姆学：伊斯兰哲学初探》（载《阿拉伯世界》1993 年第 3 期至 1994 年第 1 期）一文颇具代表性。

三 语言—文化之路

从语言工具上看，一般而言，伊斯兰教研究离不开以下两种语言系统：一是用以撰写伊斯兰教原始文献的阿拉伯语、波斯语等"伊斯兰语言"；二是伊斯兰教研究起步较早的西方世界主要语言，如英语、德语、法语等。甚至一些研究中国伊斯兰教史的著述，也援引西文文献。尽管如此，对于那些以史学或哲学为学科背景的研究者而言，语言只是获取资料的辅助手段，而非根本性的研究进路与方法依托。

（一）世界伊斯兰教通史概论研究

世界伊斯兰教史原属中国学者研究伊斯兰教的薄弱环节，恰好与中国伊斯兰教史研究实力之雄厚、人才之鼎盛形成鲜明对比。布罗克尔曼的《伊斯兰教各民族与国家史》是一部名著，于 1980 年由商务印书馆出版中译本，可惜译文错误较多。1981 年，吴云贵等人合译的《伊斯兰教简史》面世，原作者马茂德是巴基斯坦学者，此书代表了穆斯林学者的观点；同时面世的还有马肇椿、马贤合译的《历史上的阿拉伯人》，原作者是当代著名中东学家伯纳德·路易斯。此前，还有纳忠等人翻译的多卷本《阿拉伯—伊斯兰文化史》问世，该书作者艾哈默德·艾敏为埃及学者，此书资料丰富，内容详尽，由于篇帙浩繁，后人续译部分只能陆续出版，时间跨度较长。

在此基础上，中国学者厚积薄发，陆续撰写出几部能够反映中国学者观点的奠基之作。最早出版的是金宜久主编的《伊斯兰教概论》（青海人民出版社 1987 年版）。该书内容翔实，吸收近年来东西方学术界研究的精华，对伊斯兰教全貌作了较全面的概括。其历史意义在于，该书是中国学者集体撰写的首部世界伊斯兰教通论性著作，标志着当代中国的世界伊斯兰教研究迈出了重要的一步。

与此同时，中国学者在编撰《宗教词典》伊斯兰教词条时，缺乏一部关于伊斯兰教史的基本著作所带来的不便已暴露无遗。从学术角度而言，伊斯兰教的通史著作实际上是中国世界伊斯兰教研究的基础著作，其研究水平的高低直接关联到伊斯兰教学科的建设。因此，人家呼吁要有一本由中国学者编写的伊斯兰教通史。

在此背景下，金宜久主编的《伊斯兰教史》于 1990 年出版，该书是由中国学者编著的第一部世界伊斯兰教通史著作。该书全面系统地评述和介绍了伊斯兰教在世界各地的传播、发展和演变。在编写过程中，既重视借鉴、吸纳国际学术界的研究成果，又注意学术研究的独立性、科学性。在伊斯兰教的起源、伊斯兰宗教制度和各分支学科的形成、近现代伊斯兰教的发展趋势等问题上，都参考当时最新的学术成果。1992 年，王怀德、郭宝华合著的《伊斯兰教史》（宁夏人民出版社 1992 年版）出版，这是一部以史为纲的概论性著作。之后，又出现了一批学术著作，其佼佼者首推金宜久主编的《伊斯兰教》（宗教文化出版社 1997 年版），此书以 1987 年出版的《伊斯兰教概论》为底本，加以扩充和深化，共 12 章，包含了伊斯兰教的起源、经典、教法、教派、教义学、苏菲神秘主义、伊斯兰教与社会生活的关系、近现代伊斯兰教思潮与运动、中国伊斯兰教的发展演变，以及对伊斯兰教发展演变规律的认识等。该书的一大特点是开始将伊斯兰教视为"一种社会历史文化现象"，重点叙述伊斯兰教包含的丰富文化及其在不同历史时期的发展变化。

（二）世界伊斯兰教专题研究

1. 经训、典籍研究

自 1981 年中国社会科学出版社出版了马坚的汉译《古兰经》以后，围绕着该译本，民间发出了不同的声音。基于此，中国伊斯兰教协会组织人员对马坚译本进行修订，并于 2015 年再版。除了古兰经译本外，还有注释古兰经的学科，即古兰经注释学。主要译著有马金鹏的《古兰经译注》，马仲刚的《古兰经译注》，孔德军的《伊本·凯西尔古兰经注》，洪炉的《古兰经降示背景》。研究专著有金忠杰的《〈古兰经〉注释研究》，伍特公的《汉译古兰经第一章详解》，顾世群的《〈古兰经〉伦理思想研究》，马辉芬的《经堂语汉译〈古兰经〉词汇语法研究》等。

2. 伊斯兰教法研究

较早出版的是王静斋编译，马塞北整理的《选译详解伟嘎业》（天津古籍出版社 1986 年版），这是一部是翻译国外教法成果研究的译著。在金宜久主编的《伊斯兰教概论》一书中，伊斯兰教法部分由吴云贵负责撰写，这是当代中国学者以现代学术的方式、系统论述伊斯兰教法的较早开始。

在此之后，马忠杰、吴云贵、周燮藩等学者先后发表一系列论文与专著，他们撰写和翻译的一系列教法学著作，对该领域的发展起到了重要的推动作用。其中，当属吴云贵的成果最丰。他从事伊斯兰教法研究的早期代表性成果是一部译著，即《伊斯兰教法律史》[①]，这部译著向中国学界展示了国际学术界研究伊斯兰教法的最新成果，也从侧面说明了翻译乃是中国学者在面对一个全新问题时，时常采取的治学之道，这一经验堪为后人借鉴。

1993 年，吴云贵撰写的《伊斯兰教法概略》面世。作为中国学者首部系统研究伊斯兰教法的专著，该书以史论结合的方法，全面

---

① ［英］库尔森：《伊斯兰教法律史》，吴云贵译，中国社会科学出版社 1986 年版。

系统地论述了伊斯兰教法的起源、发展和演变，介绍了教法体系的具体内容，分析了近现代法制改革对教法理论和体系的影响。此后，他于 1994 年又出版了《真主的法度——伊斯兰教法》。

此外，这一时期相关著作还有：赛生发编译的《伟嘎耶教法经解——伊斯兰教法概论》（宁夏人民出版社 1993 年版），高鸿钧的《伊斯兰法：传统与现代化》（社会科学文献出版社 1996 年版）[①]，马正平翻译的《伟嘎耶教法经》（宗教文化出版社 1999 年版）。

3. 伊斯兰教派与宗教运动研究

苏菲主义作为对伊斯兰教的神秘体验和实践，渗透在穆斯林日常宗教生活的各个方面，在不同的时期和不同的地区呈现出不同学说、主张、实践、制度和组织，是一种复杂的社会现象。中国学界关于苏菲主义的研究则属起步阶段，这一时期陆续有一些学术著作面世。最早涉及苏菲主义研究的内容，见于一些对中国伊斯兰教的门宦教派研究著作中，例如，马通所著之《中国伊斯兰教教派门宦溯源》（宁夏人民出版社 1986 年版），从追本溯源的角度，揭示了中国特有之苏菲门宦的学理功修及其与中亚、西亚苏菲教团的关系。

在金宜久主编的《伊斯兰教概论》第七章中，以"伊斯兰教的神秘主义派别"为名，对苏菲主义做出专门论述。此外，在阿拉伯文和波斯文苏菲著作译介中，也有人展开神秘主义研究。金宜久《伊斯兰教的苏菲神秘主义》（中国社会科学出版社 1995 年版）一书，就苏菲派的起源、发展过程，苏菲神秘主义学说体系，苏菲功修道路，苏菲派与逊尼派、什叶派的区别等，作了全面系统的论述。书中的许多内容，为作者多年潜心研究的成果。李琛的《阿拉伯现代文学与神秘主义》（社会科学文献出版社 2000 年版）是一部研究苏菲主义对当代阿拉伯文学影响的力作，具有重要的参考价值；元文琪、穆宏燕等人翻译的《波斯经典文库》则为研究苏菲主义神秘

---

① 该书于 2004 年由清华大学出版社出版修订本。

诗，特别是鲁米的《玛斯纳维》提供了宝贵的资料。

4. 伊斯兰教与国际政治研究

金宜久主编的《伊斯兰教与世界政治》从历史上伊斯兰教与政治，当代伊斯兰教与民族民主革命、现代改革、社会主义的关系出发，全面论述新泛伊斯兰主义、伊斯兰复兴运动、伊斯兰主义与政治的演变，是较早系统研究伊斯兰教与世界政治的一部专著。1999年，东方晓主编的《伊斯兰与冷战后的世界》，以变动中的世界格局与伊斯兰运动的角度，探讨了穆斯林世界的政治变革，变革进程中的伊斯兰组织和伊斯兰政治的发展前景，并对伊斯兰威胁论作了分析和辩驳。

四　学术会议：开端与继续

（一）开端："西北五省区伊斯兰教学术会议"

1979 年 2 月，世界宗教研究所在昆明组织召开了全国宗教学研究规划会议。根据这次会议的精神，1979 年 8 月，在乌鲁木齐召开了"西北五省区伊斯兰教研究工作座谈会"，世界宗教研究所与西北五省区相关机构商定，今后每年轮流召开一次伊斯兰教学术研讨会。

1980 年 11 月 10 日至 20 日，首届"西北五省区伊斯兰教学术会议"在宁夏回族自治区召开，即银川会议。会议由宁夏社会科学研究所主办，主题是"清代中国伊斯兰教"。来自全国各地的 80 余名学者、专家与会，提交论文、资料 47 篇。会后选编成《清代中国伊斯兰教论集》一书，于 1981 年 12 月由宁夏人民出版社出版。第二届"西北五省区伊斯兰教学术会议"于 1981 年 10 月 10—21 日在兰州召开，即兰州会议。会议由甘肃省民族研究所主办，着重探讨了伊斯兰教在中国传播、发展的特点及其历史作用。会议论文选编的《伊斯兰教在中国》于翌年由宁夏人民出版社出版。1982 年 8 月 18—26 日，第三届"西北五省区伊斯兰教学术会议"在西宁召开，即西宁会议。论文选编《中国伊斯兰教研究》会后于 1987 年 7 月由青海人民出版社出版。第四届"西北五省区伊斯兰教学术会议"于

1983 年 11 月 22—26 日在西安召开，即西安会议，由陕西省社会科学院主办。论文选编《中国伊斯兰教研究文集》，于 1988 年 5 月由宁夏人民出版社出版。第五届"西北五省区伊斯兰教学术会议"延后三年，于 1986 年 8 月 22—27 日在乌鲁木齐召开，会议以"伊斯兰教在我国的传播和发展史"为中心议题。

（二）继续："三届伊斯兰学术研讨会"

虽然学术界多方呼吁，第二轮西北五省区伊斯兰教学术会议始终未能启动。世界宗教研究所为接续学术发展的势头，推动伊斯兰教研究的发展，从 1987 年至 1990 年，连续召开三届伊斯兰学术研讨会：第一届于 1987 年 8 月 21—26 日在北京召开。会议以中国伊斯兰教史研究的学科化、当代伊斯兰教的发展趋势、中国伊斯兰教的教派问题为主要议题，有来自北京、天津、上海等地近 60 位专家学者以及宗教工作部门干部与会，收到论义、资料 20 多篇。会后，《世界宗教研究》杂志以"北京伊斯兰学术会议专辑"形式，将 20 余篇论文结集发表。第二届以"中国伊斯兰教史研讨会"为名，于 1990 年 9 月 12 日在北京召开，共有 40 多名专家学者与会。会议主要讨论了伊斯兰教入华后，如何丰富和发展了民族文化、如何接受中国各民族传统文化的影响等问题。同年 10 月 19—21 日，世界宗教研究所联合西亚非洲研究所在北京召开第三届伊斯兰讨论会，有来自全国各地的专家学者和宗教、民族统战等有关部门代表 80 余人出席会议。会议分为国际和国内伊斯兰研究两组，分别讨论了第二次世界大战伊斯兰教的形态、趋向和特点，第二次世界大战伊斯兰教发展阶段的划分问题，中国伊斯兰教研究的相关问题等。

第三节 1999 年至 2009 年的伊斯兰教研究

1999 年至 2009 这十年间，较之前两个阶段，这一时期当代中国伊斯兰教学术研究的特点是逐渐步入成熟期。这一时期，学科意识明确化与研究理论多样化，在前人打下的坚实基础上，中国的伊斯兰教研究在 21 世纪结出了累累硕果，呈现出欣欣向荣、朝气蓬勃的景象，特别是近年来培养出的一批青年学者，逐渐成为中国伊斯兰教研究的骨干力量，他们大都拥有博士学位，曾系统学习和掌握本学科的理论与方法，有明确的学科意识和方法论倾向，并且能够自觉运用历史学、哲学、宗教学、民族学、人类学、社会学、语言学、文化学、政治学等各学科的理论与方法，来解读和分析伊斯兰教的典籍思想、历史现象和现实问题。

一　历史—考证之路

（一）文献考证

1. 中国伊斯兰教史研究

在通史研究方面，近年来出版的代表之作包括：周燮藩、沙秋真合著的《伊斯兰教在中国》（华文出版社 2000 年版），米寿江等的《中国伊斯兰教简史》（五洲传播出版社 2004 年版），马平主编的《简明中国伊斯兰教史》（宁夏人民出版社 2006 年版），杨桂萍与马晓英合著的《清真长明》（宗教文化出版社 2007 年版）。这些著作各具特色，提出了各自对于中国伊斯兰教历史的理解与诠释。

在断代史研究方面，专门以某个朝代的伊斯兰教为主题的文章有：邱树森的《元代伊斯兰教在中国北京和西北的传播》（载《回族研究》2001 年第 1 期），李林的《伊斯兰教在唐代活动述略——兼议伊斯兰教在中国早期文化传播的性质》（载《回族研究》2001 年第 4 期），刘成有的《地位上升而又明确附儒的元代伊斯兰教》（载《湖北民族学院学报》2002 年第 1 期），葛壮的《明代社会中的伊斯兰教和穆斯林》（载《世界宗教研究》2002 年第 1 期），陈国光的《清代维吾尔族中的伊斯兰教》（载《新疆社会科学》2002 年第 2—3 期），周耀明的《试论宋代伊斯兰教在河陇地区的传播》（载《甘肃民族研究》2004 年第 4 期）等。这些文章上至唐朝、五代，下至宋元明清时期，描绘出了一副伊斯兰教在中国演变的全息图。

然而，中国伊斯兰教的断代史研究多为论文，极少有专著，这说明断代史研究的重要性尚未引起足够重视。

2. 教派门宦研究

分宗立派、开枝散叶是任何宗教传统在发展过程中都不可避免的自然现象，也有人将其视为宗教发展成熟的标志。在长期的发展过程中，中国伊斯兰教也逐渐演化出了自己特有的教派体系，素有"三大教派""四大门宦"之说。所谓"三大教派"，即格底目、伊赫瓦尼和西道堂。"四大门宦"或"四大苏菲学派"则包括虎夫耶、嘎德林耶、哲赫忍耶、库布忍耶。马通先生最早在《中国伊斯兰教派门宦制度史略》中提出"三大教派、四大门宦"之说。这一"认识范式"在学界广为接受，已成为公认的说法。

近年来，也有学者提出新的观点，如马平主编的《简明中国伊斯兰教史》（宁夏人民出版社 2006 年版）一书，提出"四大教派、四大门宦"之说。丁士仁在《中国伊斯兰教门派划分的新视角》①一文中提出，中国伊斯兰教从整体上可以划分为"四个教派"，即格底目、门宦、伊赫瓦尼与赛莱菲耶。

对伊赫瓦尼的研究层见叠出，如马斌的《萧德珍与西安伊赫瓦尼教派》（载《西北民族研究》2001 年第 1 期）；相关论文还有马强的《瓦哈比运动与中国的伊赫瓦尼和赛莱菲耶——兼议国外伊斯兰思潮对中国教派形成的影响》（载《西北第二民族学院学报》2001 年第 3 期），马景的《伊赫瓦尼派在西北发展原因探析》（《青海社会科学》2005 年第 6 期），以及敏文杰的两篇文章《临潭县伊赫瓦尼教派的传播与发展调查》（载《西北民族研究》2008 年第 1 期）、《二十世纪中国伊赫瓦尼教派维新运动回眸》（载《宁夏社会科学》2008 年第 2 期）。

西道堂研究方面，相关论文有：马晓军的《中国伊斯兰教教派

---

① 刘义章、黄玉明主编：《不同而和：基督教与伊斯兰教在中国的对话与发展》，香港建道神学院 2010 年版。

西道堂的特点》（载《兰州大学学报》2004 年第 2 期），马志丽的
《伊斯兰文化与中国传统文化融合与适应的典范——以西道堂为例》
（载《青海民族研究》2008 年第 3 期），敏贤麟的《从西道堂创建看
中伊文化的和谐交融》（载《西北第二民族学院学报》2008 年第 6
期），康春英的《对中国伊斯兰教西道堂的最新调查与思考——兼谈
宗教参与和谐社会建构的具体形式与实现方式》（载《西北民族大
学学报》2009 年第 1 期）。

3. 经堂教育研究

晚近的有王伏平的《海思福对中国伊斯兰教经堂教育的贡献》
（《回族研究》2007 年第 4 期），杨文炯的《女学：经堂教育的拓展
与文化传承角色的重心位移——以兰州、西安、临夏调查为个案》
（载《回族研究》2002 年第 1 期）等。

另须一提的是，随着经堂教育而发展出来的"小经"，近年来也
逐渐引起人们的关注。"小经"是中国穆斯林用阿拉伯语字母拼写记
录经堂语和汉语的一种表音文字，也称"消经""小儿锦"。中国穆
斯林将阿拉伯语和波斯语典籍称为"大经"，与之相对，这种拼记文
字就称为"小经"。而所谓"消经"则取"消化经典"之意，在中
国伊斯兰教经堂教育中广为采用。大约从 2000 年起，南京大学历史
系刘迎胜教授组织"小经"课题研究组，多次赴西北实地搜集的多
件具有代表性的"小经"文献资料，并有一批后续研究成果出现，
例如，刘迎胜的《关于我国部分穆斯林民族中通行的"小经"文字
的几个问题》（载《回族研究》2001 年第 4 期），韩中义的《试论穆
斯林经学文献的印行及其对知识传播的影响——以小经〈开达尼〉
为例》《小经文献与伊斯兰教相关问题研究》（载《世界宗教研究》
2005 年第 3 期）、《小经文献与语言学相关问题初探》（载《西北民
族研究》2007 年第 1 期）等。这些研究成果的发表在该领域内引起
了一番讨论，例如，虎隆先后撰写了《"消经"日记〈正大光明〉
与普洱马阿洪》（《回族研究》2006 年第 3 期）、《也谈"消经"〈开
以达尼〉》（载《回族研究》2007 年第 1 期）等文章，就"小经"

问题，以及韩文中涉及的一些关键词提出了不同看法。

4. 地区伊斯兰教研究

近年来，随着经济高速发展，大批来自中国西部的穆斯林商人涌入南方城市，如广州、深圳、义乌等地，从事商贸活动，引起了研究者对这些地方伊斯兰教新变化、新趋势的兴趣，出现了一些相关的文章，如郭成美的《当代"蕃坊"的崛起》（载《回族研究》2007 年第 2 期），季芳桐的《东部城市流动穆斯林人口的结构特征与就业状况研究》（载《西北第二民族学院学报》2008 年第 4 期）。

在近年内地伊斯兰教研究中，值得一提的是李兴华撰写的《中国名城名镇伊斯兰教研究》系列文章，陆续发表于《回族研究》等刊物。该研究专题把中国的一些穆斯林聚居的中心如临夏、朱仙镇、大同、南京、西安、开封、兰州等作为研究目标，每个城市写一篇论文，详细论述了每个城市伊斯兰教的历史与现状，以及该城市伊斯兰教与整个中国伊斯兰教历史与现实的意义。作者厚积薄发，显示了对材料的驾驭能力和深厚的史学功底，是近年来本领域中比较见实力和功夫的研究。

喇秉德、马文慧合著的《青海伊斯兰教》（宗教文化出版社 2009 年版）论述了中国伊斯兰教及其在青海的传播与发展、青海伊斯兰教教派与门宦、经堂教育等。

迈入 21 世纪以来，新疆地区的伊斯兰教研究出现了一些新的变化。一方面，历史研究仍在继续；另一方面，更多的研究开始以史为鉴，通过文献考证和实际调查关注现实问题。近年出现的文章包括：阿比孜·尼亚孜的《当前新疆反分裂斗争与伊斯兰教关系的几个问题》[载《新疆师范大学学报》（哲学社会科学版）2004 年第 2 期]，潘向明的《清代新疆伊斯兰教教派问题刍议》（载《清史研究》2004 年第 3 期），李建生的《关于引导新疆地区伊斯兰教与社会和谐的思考》[载《新疆师范大学学报》（哲学社会科学版）2006 年第 1 期]，汤夺先的《伊斯兰教的群体整合功能论析——以地缘政治格局中的新疆地区为例》（载《宁夏师范学院学报》2008 年第 1

期），杨红的《对新疆伊斯兰教宗教教职人员队伍建设的思考》（载《中共伊犁州委党校学报》2008 年第 2 期），张敬全与李进新等合作撰写的《试论伊斯兰教协会的桥梁纽带作用——对新疆各级伊斯兰教协会的调查与思考》（载《甘肃社会科学》2008 年第 5 期），谢贵平的《试论新疆伊斯兰教的双重社会功能与和谐社会构建》（《塔里木大学学报》2008 年第 3 期），潘欣颂与龙群合撰的《试论宗教因素对新疆族群稳定的影响》（载《黑龙江民族丛刊》2008 年第 6 期），任红的《新疆伊斯兰教教育现状研究》（载《中国穆斯林》2009 年第 2 期），胡欣霞的《新疆伊斯兰教宗教人士的宗教心理分析》（载《新疆社会科学》2009 年第 1 期）等。

5. 民族与伊斯兰教研究

丁宏的《从回汉民族关系角度谈加强伊斯兰文化研究的重要意义》[《西北第二民族学院学报》（哲学社会科学版）2002 年第 1 期]，陶红与白洁合撰的《回族服饰文化与伊斯兰教》（载《青海民族研究》2002 年第 1 期）等。

6. 政教关系研究

到了"发展—转型"时期后，仍然有不少探讨历代政权与伊斯兰教关系的文章。例如，张秀丽的《中国历代封建政权处理伊斯兰教问题的政策策略》（载《河南社会科学》2000 年第 5 期）一文，概括了历代封建政权都对伊斯兰教的管理政策；刘春英的《东北沦陷期时期日本殖民政权的伊斯兰教政策》（载《日本学论坛》2004 年第 1 期）一文，探讨了抗战时期日伪政权对中国伊斯兰教的政策；钱鹏的《清朝回族立法政策初探》（载《西北民族大学学报》2005 年第 3 期）从法哲学角度对清王朝针对回族所做立法的基础和具体制度进行了探究；李进新的《蒙古统治西域时期的宗教政策》[载《新疆师范大学学报》（哲学社会科学版）2005 年第 3 期]一书指出，蒙古法律与伊斯兰教法的矛盾曾经导致西域地区反抗蒙古贵族统治的斗争绵延不断；杨虎德、张钟月合撰的《清朝伊斯兰教政策探析》（载《青海师范大学民族师范学院学报》2008 年第 2 期）一文，分析了清政府对待伊斯兰教政策由宽至严的嬗变过程，指出清政府在处理伊斯兰教问题方面所犯的最大失误，乃是对甘青地区教派矛盾处置不当；徐干、李建生合撰的《关于清代新疆伊斯兰教政策的现实思考》(载《实事求是》2008年第3期)，概述了清代针对新疆伊斯兰教制定的政策。这些论文以史为鉴，总结经验，为新疆地区制定伊斯兰教政策或处理重大突发问题提供了宝贵的依据。

尽管取得了这样的成绩，但遗憾的是，在这一领域始终未能出现和《中国历代政权与伊斯兰教》一样有分量的专著。其实，该领域原本是大有可为的，理由如下：第一，伊斯兰教强调"两世并重"，总结历代政权在伊斯兰教管理方面的得失经验具有重要的现实意义；第二，从目前的研究现状来看，学者们对于其他宗教，如佛教、基督教，与历代政权的关系之研究已遥遥领先。一方面是研究意义的极为重要，又迫在眉睫；另一方面却是研究现状不尽如人意，落后于现实要求。这足以说明，今后的研究应当重视伊斯兰教与中国历代政权关系的研究，不仅需要有通论性著作，更应针对每一朝代、不同地区，甚至某个重大事件撰写出专门著作。

(二)　现实考证：1999—2009年的"田野调查"

尽管同属"现实考证"之路，但倘若将这一时期的"实际调查"与上一阶段的"田野调查"摆在一起略加比较，就会发现两者的差异不只体现在名称上，其实际内涵也相去甚远。这至少体现在以下几个方面：第一，在研究方法上，实际调查主要通过观察、访谈等方式来收集、勘对资料；而田野调查则在此基础上，增加了新的方法，如问卷调查、定量分析等。第二，就研究宗旨而言，实际调查的目的是通过充分地掌握资料，追溯历史，还原真相；而田野调查则更多地关注当代的现实问题。第三，从学科依托看，实际调查与历史学的联系更为紧密；而田野调查则被视为民族学、社会学、人类学研究中获取一手资料的基本方法。

从近年的研究情况看，国内伊斯兰教研究界涌现出一批学术成果，其共同特点是既通过田野调查的方法获取资料，又具有明确的学科意识，自觉运用民族学、社会学及人类学理论对所获一手资料加以分析，其中作者又多为中青年学者，这一点也是特色之一。这方面具有代表性的成果为数不少，例如，马宗保的《多元一体格局中的回汉民族关系》（宁夏人民出版社 2002 年版），丁明俊的《中国边缘穆斯林族群的人类学考察》（宁夏人民出版社 2006 年版），马强的《流动的精神社区——人类学视野下的广州穆斯林哲玛提研究》（中国社会科学出版社 2006 年版），杨文炯的《互动调适与重构——西北城市回族社区及其文化变迁研究》（民族出版社 2007 年）等。

二　哲学—思想之路

（一）中国伊斯兰哲学与思想研究

此一阶段，对刘智的研究成果最丰。代表之作有：沙宗平的《中国的天方学——刘智哲学研究》（北京大学出版社 2004 年版），以及梁向明的《刘智及其伊斯兰思想研究》（兰州大学出版社 2004 年版）；对王岱舆的研究不仅在时间上略晚，而且著作也远不如刘智研究丰富，直到金宜久的《王岱舆思想研究》（民族出版社 2008 年版）出版，才改变了这一冷清局面；其他汉文译著学者更是门庭冷落，少人问津，相关专论性著作因数量稀少，更显难能可贵，如杨桂萍的《马德新思想研究》（宗教文化出版社 2006 年版）等。这些学术著作的相继问世，不仅证明中国伊斯兰哲学—思想研究正在成为当代中国伊斯兰教研究中一个众人瞩目的新亮点，也提醒后来者，尚有未开垦的领域留待有缘人。

（二）伊斯兰哲学与思想研究

这一阶段的著作有：蔡德贵主编的《当代伊斯兰—阿拉伯哲学研究》（人民出版社 2001 年版），杨启辰、杨华的《伊斯兰哲学研究》（宁夏人民出版社 2001 年版），以及刘一虹的《当代阿拉伯哲学思潮》（当代中国出版社 2001 年版）。在接下来的几年里，马通的《伊斯兰思想史纲》（宁夏人民出版社 2003 年版），王家瑛的三卷本《伊斯兰宗教哲学史》（民族出版社 2003 年版），马福德的《近代伊斯兰复兴运动的先驱——瓦哈卜及其思想研究》（中国社会科学出版社 2006 年版），张秉民主编的《简明伊斯兰哲学史》（宁夏人民出版社 2007 年版）陆续面世，为读者展现出一个缤纷复杂、色彩斑斓的伊斯兰思想世界。

（三）伊斯兰哲学与思想专题研究

1. 苏菲思想研究

近年来中国学者已经认识到苏菲思想研究的重要意义所在，对苏菲思想史上一些代表人物的思想学说进行专门探讨，即所谓的"专论"研究。近年来，这种以人物为中心的"学案"式研究屡见不鲜，已演变为一种流行的研究方式，个别具有世界影响的苏菲学者也成为众人争相追捧的热门人物。

就生活时代较早的苏菲思想家而言，中国学者较多关注的人物有安萨里、伊本·阿拉比，以及毛拉·萨德拉等。但到目前为止，这一领域仍是论文较多，专著稀缺。在这些专著中，代表作是王俊荣的《天人合一、物我还真——伊本·阿拉比存在论初探》（宗教文化出版社 2006 年版）。此书就是以生活在 12—13 世纪上半叶的苏菲神秘主义哲学家伊本·阿拉比之思想为主题的"专论"式研究，作者借助伊本·阿拉比本人的代表作《麦加的启示》，以及阿卜杜·凯利姆·吉里撰写的权威注释《开启神秘之门》这两部阿拉伯文原著，对研究对象加以介绍与评述，使中国学术界对伊本·阿拉比的研究获得了突破性的进展。

当代伊斯兰思想家也是中国学者关注的对象。比如，当代著名伊斯兰学者赛义德·侯赛因·纳赛尔（Seyyed Hossein Nasr），以其在苏菲道统传承中的特殊地位，以及阐释传统伊斯兰思想的独特视角而吸引了不少中国学者的目光。进入 21 世纪以来，涌现出一批介绍和阐释纳赛尔思想的著述，如郭晶的《神圣的"传统"——当代伊斯兰学者纳斯尔"传统"观引介》（载《宁夏社会科学》2003 年第 1 期），丁克家的《全球化进程中精神性资源的开掘：文明对话的源头活水——论杜维明和纳斯尔文明对话资源的阐发及其价值取向》

（载《回族研究》2006 年第 1 期），马效佩的《纳斯尔教授的"圣道伊斯兰教"观初探》（载《西北民族研究》2006 年第 1 期）、《伊斯兰精神性全书简介》（载《西北民族研究》2008 年第 1 期），周传斌的《凿通今古汇融东西——纳斯尔教授的伊斯兰哲学史观述评》（载《回族研究》2008 年第 3 期），任军的《神圣传统和神圣知识中的多样统一——纳斯尔〈知识与神圣〉述评》（载《回族研究》2008 年第 3 期）、《纳斯尔在〈知识与神圣〉中的宗教比较观》（载《西北民族研究》2008 年第 3 期）等，这些文章大多汇入最近出版的论文集《神圣与传统：纳塞尔哲学思想引介》①之中。

2. 伊斯兰教义学研究

继吴云贵之后，投身这一领域的学者寥寥无几，专门成果亦不多见。一些文章内容虽为伊斯兰教义学，但却以"伊斯兰哲学"为题，似尚未摆脱将教义学归类于"哲学研究"的旧框架，此类现象根源当归咎于学科体制与时代的局限，未可苛求作者。

2001 以来，伊斯兰教义学研究略有起色，其表现有三：一是个别中青年学者开始撰写文章，致力于伊斯兰教义学研究；二是这些文章大多直接以"教义学研究"为名，就宗教论宗教，而不再受哲学研究的辖制，这也从侧面反映了宗教学科自身的壮大与发展；三是一些教内人士和机构始终关注教义学的发展。《奈赛斐教典诠释》自 16 世纪传入中国以来，很受中国穆斯林推崇，故其传播与翻译工作一直由教内人士承担，这一传统在当代也得到发扬。由中国伊斯兰教经学院组织编写的《伊斯兰教教义简明教程》（丛恩霖、沙宗平编撰，宗教文化出版社 2009 年版），不仅介绍了教义学的源流、学说与派别，更具有别于同类著述的特点，即将教义学与穆斯林的宗教生活联系起来，论述了信仰的定义、信仰断法、信仰与道德等具有实践意义的问题。但总体而言，伊斯兰教义学研究在当代中国

---

① 周传斌、任军主编：《神圣与传统：纳塞尔哲学思想引介》，黄河出版传媒集团、阳光出版社 2010 年版。

学界仍未引起足够重视，尚属少人问津的殊方绝域。

李林在《当代中国伊斯兰教义学研究的问题与反思》一文中，对我国伊斯兰教义学进行了分析和总结。文章指出，当代中国学者对于伊斯兰教义学的研究直至20世纪80年代才逐渐恢复，其研究方法局限在于"哲学研究"的框架内。自2000年进入"发展　转型"期以来，伊斯兰教义学研究出现了新的变化，不仅出现了一批新成果，而且逐渐正视伊斯兰教义学的宗教特质，不再单纯局限在哲学研究范围内，其中一些研究体现出教内人士教义学研究特有的宗旨与关怀。但总体而言，伊斯兰教义学研究在当代中国学界仍未引起足够重视。其原因在于：第一，伊斯兰教义学在传统伊斯兰学科中的地位仍不高；第二，伊斯兰教义学与教法学的关系复杂；第三，现代学术体制导致当代中国的伊斯兰教义学研究往往囿于"教义学史"；第四，伊斯兰教义学仍未能完全摆脱"阿拉伯哲学"或"伊斯兰哲学"的影响。其他传统伊斯兰教以及现代人文学科与社会科学都对当代伊斯兰教义学及教义学研究提出了重大挑战，但这些挑战同时也蕴含着自我超越与自我转化的契机。

三　语言—文化之路

（一）世界伊斯兰教通史与概论研究

一些学术质量上乘的通史著作，如马明良的《简明伊斯兰教史》（经济日报出版社2001年版）等代表性著作陆续出版。断代史研究方面的代表之作当属由吴云贵、周燮藩合作撰写的《近现代伊斯兰教思潮与运动》（社会科学文献出版社2001年版）。该书实际上是一部近现代伊斯兰教史，此书抱着以史为鉴的初衷，力图通过追溯近代以来在殖民主义背景下伊斯兰世界产生的种种思潮和运动，找出历史与现实的关联，从而为深刻理解当代伊斯兰复兴运动的倾向和特点提供参照。

国少华的《阿拉伯—伊斯兰文化研究——文化语言学视角》（时事出版社2009年版）一书，借助作者的语言优势，从文化语言学的视角，将语言与文化结合起来，进行历史的、系统的考证和比较研究；通过语言这个文化的核心要素，展开了对阿拉伯—伊斯兰文化的研究，对凝结在语言中的文化因素进行描写、分析和阐释。

（二）世界伊斯兰教专题研究

1. 经训、典籍研究

除了古兰经译本外，还有注释古兰经的学科，即古兰经注释学。主要译著有马金鹏的《古兰经译注》（宁夏人民出版社2005年版），马仲刚的《古兰经简注》（宗教文化出版社2005年版）。自从康有玺翻译的《布哈里圣训实录全集》于1999年出版以后，圣训翻译逐渐增多，比如，祁学义翻译的《布哈里圣训实录全集》（宗教文化出版社2008年），余崇仁翻译的《穆斯林圣训实录全集》（宗教文化出版社2009年）等。

2. 伊斯兰教法研究

迈入21世纪，伊斯兰教法学研究出现了一些具有理论深度和时代特点的论著。其中，论文可分为以下三类。

（1）第一类是关于伊斯兰教法本身的理论探讨，如教法的渊源、派别、内容、特点等。这些文章占较大比例，如马明贤的《伊斯兰法渊源的整合机制》（载《西亚非洲》2002年第2期），杨经德的《伊斯兰法与伊斯兰教法关系辨析》（载《云南民族大学学报》2003年第3期），刘云的《伊斯兰法源探微》（载《西北师范大学学报》2003年第4期），耿龙玺的《浅谈伊斯兰法的法源理论》（载《甘肃政法学院学报》2003年第5期），敏敬的《伊斯兰法的早期特征与作用》（载《中国穆斯林》2004年第3期），周忠瑜、马旭东的《罗马法与伊斯兰法比较初探》（载《青海民族研究》2005年第4期）。

（2）第二类是关注与伊斯兰教法相关的重大理论与现实问题。此类文章多集中于探讨近现代以来伊斯兰教法的改革与现代化，其中，一些文章属于理论探索，如吕耀军的《"伊智提哈德"与伊斯兰教法的形成、发展及变革》（载《西北第二民族学院学报》2005年第3期），马进虎的《伊斯兰法创制困难的思想渊源》（载《长安大学学报》2005 年第 2 期），马明贤的《当代伊斯兰法的复兴与改革》（载《西亚非洲》2005 年第 1 期）等；另一些文章则紧密联系现实，总结分析各国的伊斯兰教法改革经验，如马明贤的《传统规则的现代化尝试：伊斯兰法律的法典化》（载《回族研究》2004 年第 3 期），冯璐璐的《近现代土耳其伊斯兰教法的世俗化改革》（载《新疆社会科学》2004 年第 6 期），洪永红、贺鉴的《伊斯兰法与中东伊斯兰国家法律现代化》（载《阿拉伯世界》2002 年第 1 期），朱虹的《面对法律全球化的伊斯兰法形态》（载《人权》2003 年第 4 期），等等。

（3）第三类是探讨伊斯兰教法在中国社会中的本土化历程。代表文章包括：邱树森的《唐宋"蕃坊"与"治外法权"》（载《宁夏社会科学》2001 年第 5 期），王东平的《明清时代汉文译著与回族穆斯林宗教法律义化的传仰》（载《世界宗教研究》2002 年第 2 期）、《元代回回人的宗教制度与伊斯兰教法》（载《回族研究》2002 年第 4 期），马宗正的《宗教法文化中的神学法治理念——兼及伊斯兰教法中国本土化对法治理念建构之影响》（载《西北民族研究》2006 年第 1 期）等。

著作方面，张秉民主编的《伊斯兰法哲学》（宁夏人民出版社 2002 年版）尝试从法哲学的角度解读伊斯兰教法，从伊斯兰法的外在个性入手，探索蕴含于其中的哲学共性；吴云贵的《当代伊斯兰教法》（中国社会科学出版社 2003 年版）一书是结合当代伊斯兰教复兴论述伊斯兰教法的一部力作，其突出特点是述源与论流、言史与议变相结合，从当代伊斯兰教世界的实际发展中解析伊斯兰教法的变革，以宏观和微观相结合的方式呈现出一个全新的学术思考。这两部著作的接踵而至，可以说为"发展—转型"时期的教法研究开了一个好头，但新的著作问世还要等到十年之后。

3. 伊斯兰教派与宗教运动研究

2002 年相继问世的两部专著为唐孟生的《印度苏非派及其历史作用》（经济日报出版社 2002 年版）和张文德的《中亚苏非主义史》

（中国社会科学出版社 2002 年版），两者都是这个学术领域中的新突破。关于什叶派的研究专著有程彤的《正统观念与伊朗什叶派——从旭烈兀到阿巴斯一世之间的伊朗》（宗教文化出版社 2010 年版）等。

4. 伊斯兰教与国际政治研究

2000 年，刘靖华、张晓东合著的《现代政治与伊斯兰教》，采用国外流行的前沿学术观点，对伊斯兰教与政治意识形态、政治传统、政治文化、政治合法性、政治体制、政治权威、政治参与的关系，以及当代伊斯兰复兴主义、原教旨主义作了深入的分析，提出了新颖的见解；陈德成主编的《中东政治现代化——理论和历史经验的探索》于 2000 年出版，该书在"中东主要政治现代化思潮"一章中，将伊斯兰主义列入其中进行探讨，并将其视为当代中东最有力量的两种政治意识形态之一，并详细论述了霍梅尼、图拉比、埃尔巴坎的政治现代化理论。在讨论伊斯兰教对中东政治现代化进程的影响后，又分别探讨了土耳其、埃及、伊朗、沙特、阿尔及利亚、叙利亚和伊拉克等个案。

四　学术会议：变化与减少

进入 21 世纪以来，以伊斯兰教研究为主题的会议较之以往有减少的趋势。例如，中国伊斯兰教协会曾在北京举办"中国伊斯兰教历史与发展学术研讨会"（2001 年 12 月）、"伊斯兰教与构建和谐社会学术研讨会"（2007 年 10 月），以及宁夏社会科学院主办"当前回族学、伊斯兰教研究现状研讨会"（2004 年 9 月）。总体而言，以伊斯兰教为标题的学术研讨会并不多见。与之形成鲜明对比，相关领域的会议依旧接踵而来、蒸蒸日上。这些会议以其跨学科的新颖理论、跨宗教的开放视野吸引了众多学者参加，支撑和推动着国内伊斯兰教研究的发展。这一系列学术会议的召开，标志着伊斯兰教研究的学术领域不断进步，研究课题逐步深化和总体水平迅速提高，而且继续活跃学术气氛，带动人才成长，推介学术成果，拓展合作领域，在伊斯兰教研究的学科建设和发展中起到了积极作用。

亮点是 2010 年 10 月 21—23 日在北京召开的"文明的交融——第二届伊斯兰教与基督教对话"学术研讨会,该次研讨会的背景是所谓的"文明冲突论"在国际学界甚嚣尘上;而与之形成鲜明对比的是,对于宗教和谐之历史经验与现实前景的探讨在中国学界正如火如荼,方兴未艾。从历史的经验看,伊斯兰教与基督教在中国社会的和谐共生以无可争辩的事实对"文明冲突论"提出了有力反驳。许多有识之士都认识到,从学术角度探讨伊斯兰教与基督教对话,对于总结中国社会宗教和谐的历史经验,探讨两教在交往与对话所遇到的问题与前景,促进这两种宗教在构建当代中国特有的宗教和谐关系,乃至在国际社会促进不同文明与宗教之间的和平与对话,无疑都具有极为重要的理论价值与现实意义。有鉴于此,在中国社会科学院世界宗教研究所、宁夏社会科学院回族伊斯兰教研究所、建道神学院基督教与中国文化研究中心三方的共同努力和推动下,"文明的交融:第二届伊斯兰教与基督教对话"学术研讨会于 2010 年 10 月 21—23 日在北京召开,该次研讨会邀请到来自北京、上海、广东、云南、宁夏、新疆以及香港等地的百余位代表与嘉宾出席。与会代表和嘉宾不仅包括来自各个高校、科研机构的学者,主办方还特意邀请相关宗教管理部门和宗教界的专家和代表,共同探讨这一具有重大理论及现实意义的问题。这一举措表明,该次研讨会借鉴第一届伊斯兰教与基督教对话学术研讨会的经验,开始注重如何促使学界的理论,探讨与政界、教界的实际经验相融合,并致力于将关于伊斯兰教与基督教对话的理论探讨转化为两教共同构建和谐宗教关系的积极实践。

第四节　2009 年至 2019 年的伊斯兰教研究

2009 年至 2019 年,伊斯兰教学科出现了一些值得关注的新变化、新动态,主要有以下两个方面。

第一，凉热并存。在学术界关于中国伊斯兰教的研究中，最近两年呈现出"凉""热"并存的学术状态，一方面是伊斯兰教研究学科的论文总数呈大幅下降趋势，截至 2018 年 11 月 15 日，在中国知网（CNKI）上以"伊斯兰教"为主题进行检索，2018 年共有论文 396 篇，是近 17 年以来（2002 年以来）发表研究伊斯兰教的论文最少的一年，分别相当于 2016 年的 38%、2017 年的 48%；另一方面是以"伊斯兰教中国化"为题的论文大幅度增加，以"中国伊斯兰教"为主题进行检索，2018 年共有论文 128 篇，是近 16 年以来（2003 年以来）发表研究中国伊斯兰教的论文最少的一年，分别相当于 2016 年的 37% 和 2017 年的 51%。从发表的刊物来看，主要集中在《世界宗教研究》《世界宗教文化》《中国宗教》《中国穆斯林》等刊物上，其他综合类人文社科核心期刊极少能发表伊斯兰教研究文章。①

第二，调整转型。这是最近几年出现的新动态，大致有几种情况：（1）更改名称，比如"宁夏社会科学院回族伊斯兰教研究所"改为"宁夏社会科学院回族研究院"；（2）裁撤合并，比如西北民族大学宗教研究中心的伊斯兰教研究专业；（3）活动减少，如一些原先有伊斯兰教专业的研究机构，因新老交替、研究力量不足等原因，研究趋于停滞。

一　历史—考证之路

这一部分较为有代表性的，当属伊斯兰教的中国化研究，其中，比较有代表性的研究有：季芳桐的《伊儒会通研究》（宁夏人民出版社 2015 年版），该书分为分伊斯兰教篇与儒家篇，前者重点从伊斯兰教角度探讨宗教会通问题，后者则是从儒家角度探讨宗教会通问题。

---

① 参见杨文炯《坚持宗教中国化：2018 年中国伊斯兰教的主旨话语》（待刊稿）。

由张志刚主编的宗教中国化丛书之一的《宗教中国化研究论集》①，收录了五篇关于"伊斯兰教中国化研究"的论文，分别是金宜久的《三论伊斯兰教在中国的地方化和民族化》，杨发明的《宗教中国化方向是中国伊斯兰教的必由之路》，高占福的《从外来侨民到本土国民——回族伊斯兰教在中国本土化的历程》，李林的《"教法随国论"：伊斯兰教法中国化的本土经验与普遍意义》，杨文炯的《伊斯兰教在中国的本土化：适应、创新与根植》，这几篇文章的研究从历史与现实、本土性和民族性的多元视角充分揭示了中国伊斯兰教的"中华性"，发掘了伊斯兰教中国化根深蒂固的历史文化基础。

自2016年以来，李林连续撰写了系列文章，探讨伊斯兰教坚持中国化方向的历史经验、理论总结以及关键问题。第一篇《教法何以随国法？——从国法与教法关系看伊斯兰教的中国化进程》②提出，伊斯兰教法在中国经历了"由俗而制，由制而礼"的演变，它在唐宋、蒙元、明清以及近现代分别被视为习俗、通制、礼法和信仰。"教法随顺国法"是国法与教法关系的主线，其实质是"教随人定"，即穆斯林遵从国法，国法规范教法。中国历史上从未出现"教法大于国法"的情况，更多的是国法对教法的主动包容和吸收。理解两者关系，应以实际为准，就事论事，切不可从概念出发，将虚作实。

第二篇《"教法随国论"——伊斯兰教法中国化的本土经验与普遍意义》③，该文与《教法何以随国法？——从国法与教法关系看伊斯兰教法的中国化进程》为姊妹篇，一为历史进程，一为理论探

① 张志刚主编：《宗教中国化研究论集》，宗教文化出版社2018年版。

② 李林：《教法何以随国法？——从国法与教法关系看伊斯兰教的中国化进程》，《世界宗教研究》2016年第6期，《人大复印资料·宗教》2017年第2期转载。

③ 李林：《"教法随国论"——伊斯兰教法中国化的本土经验与普遍意义》，《文化纵横》2018年第1期，后收入张志刚主编《"宗教中国化"研究论集》，宗教文化出版社2018年版。

讨，相互发明。《"教法随国论"——伊斯兰教法中国化的本土经验与普遍意义》一文提出，伊斯兰教法中国化的本土经验可概括为"教随人定，法顺时行"。"教法随国论"可通过六个问题予以探讨：（1）何谓"教法随顺国法"；（2）如何理解"国法与教法之关系"；（3）中国社会是否存在国法与教法之争；（4）"教法随顺国法"如何理顺中国社会的政治权威与宗教权威之关系；（5）"教法随顺国法"如何整合现代民族国家的国家认同与宗教认同；（6）如何以伊斯兰教中国化的"教法随国论"化解宗教极端主义的"教法建国论"同时，作者还将"教法随国论"总结为以下七个要点："随顺国法论""教随人定论""法顺时行论""信仰在地论""政教互动论""认同统一论""多元共体论"。"教法随国论"的本土经验亦具有普遍意义，揭示了在非伊斯兰的政治实体中，伊斯兰教法如何随顺适应社会的问题。在长达千年的伊斯兰教法中国化进程中，形成了"以教辅政"的传统。历史上教法曾以习惯法形式为国家接纳，并在穆斯林群体内部发挥作用，从社会层面而非政治层面参与社会关系协调与秩序构建。这对于界定现代民族国家中伊斯兰教与国家关系，乃至伊斯兰教的现代转型等问题都是可资借鉴的宝贵经验，具有普遍性的启发意义。

第三篇《礼法、教道与法治——伊斯兰教法中国化的传统方向与现代挑战》，将伊斯兰教法中国化的传统方向及其现代转型概括为五个环节："教即法""教崇礼""礼通道""道有规""规从法"。"教即法"指宗教教法化，即伊斯兰教以宗教律法形式表达出来，代表了世界宗教的一种典型模式；"教崇礼"指教法礼法化，即伊斯兰教法与儒家礼法相融合，演化出中国特有的礼法化伊斯兰教法；"礼通道"指礼法教道化，中国化的伊斯兰教法不仅体现为礼法，亦包含修持之道，这符合伊斯兰教特有的教道真"三乘"之说，更为伊斯兰教与中国文化的深层融合开辟了道路；"道有规"即教法清规化，有修持之道，必有修道之人，中国化的伊斯兰教法衍生出新的内容，即"清规戒律"，其典型代表是中国一些苏菲教团制定"清规"，用以规范修道团体的内部关系；"规从法"即宗教法治化，在近代以来，中国社会发生了以"礼法退却"为标志的现代转型，而在世界范围内伊斯兰教法也面临如是适应现代政治制度、现代法律的挑战。因此，伊斯兰教内部需要重新审视教团与社会、教法与国法的关系。在西方历史上，教会法与世俗法分离是构成现代西方法律与政教分离关系的前提，基督教形成教会法是为了协调教会内部关系，在此意义上，教会法可视为教会内部的清规戒律。伊斯兰教的信仰共同体"乌玛"作为一种理想的社会组织形态，既不同于家族、部落，也不同于后来的帝国和民族国家。因此，将穆斯林团体等同于国家、将伊斯兰教法视为国家《宪法》，皆属误解和滥用。在现代社会，作为罗尔斯所说的"完备性学说体系"，伊斯兰教和其他宗教一样都被安顿在现代社会的架构之内。而伊斯兰教法作为宗教社团的内部规范，实际地位类似于清规戒律，主要用以规范信仰和功修。这一思路不仅为理解伊斯兰教法的现代化提供了可行方案，而且从根本上为我国伊斯兰教坚持中国化方向、实现宗教法治化提供了保证。

第四篇《六和合：中国伊斯兰教参与构建健康宗教关系的可行路径》①提出，中国伊斯兰教构建"健康宗教关系"应从"六和"即心和、意和、政和、教和、身和、体和入手，处理好党和政府与宗教、社会与宗教、国内不同宗教、我国宗教与外国宗教、信教群众与不信教群众五种宗教关系。(1)以心和：政主教从、以教辅政，从前提上处理好政治权威与宗教权威、执政党与宗教的关系；(2)以意和：教随人定、法顺时行，从认识上处理好国法与教法(教规)的关系；(3)以政和：教非国教、政教分离，从组织上处理好社会与宗教的关系；(4)以教和：普遍与特殊、源与流、初传与回传，从根本上处理好我国宗教与外国宗教的关系；(5)以身和：

---

①　李林：《六和合：中国伊斯兰教参与构建健康宗教关系的可行路径》，《中国民族报》2018 年 4 月 9 日。

三教会通、五教同光，从格局上处理好国内不同宗教的关系；（6）以体和：天道人道、敬近合之，从文化上处理好信教群众与不信教群众的关系。

二　哲学—思想之路

（一）伊斯兰哲学与思想研究

最近几年来，国内相关研究著作逐渐增多，代表作有吴云贵的《近当代伊斯兰宗教思想家评传》（中国社会科学出版社 2016 年版），张维真的《穆斯林思想家评传》（宁夏人民出版社 2017 年版），王希的《安萨里思想研究》（宗教文化出版社 2016 年版），丁俊的《伊斯兰文明的反思与重构——当代伊斯兰中间主义思潮研究》（中国社会科学出版社 2016 年版），周传斌主编的《传统与现代之间：伊克巴尔哲学思想研究》（民族出版社 2015 年版），丁士仁的《阿拉伯哲学名著译版介》（中国社会科学出版社 2014 年版），吴雁的《伊斯兰文化中的新柏拉图主义研究》（宁夏人民出版社 2015 年版）等。这些论著探讨了伊斯兰历史上各个时期穆斯林思想家的生平、著作、思想，特别是通过探究他们在历史关键时刻的心路历程，加深对近现代伊斯兰思想发展的理解和认识，以及对伊斯兰文化传统及其社会的认识。此外，马玉秀的《伊斯兰经济思想概论》（上海社会科学院出版社 2013 年版）比较系统地阐述了伊斯兰经济思想。

译著有《跨文明对话：葛兰的伊斯兰理念与人文主义话语》（宗教文化出版社 2013 年版），周传斌译著的《穆斯林三贤哲：哈佛大学伊斯兰哲学讲座》（商务印书馆 2017 年版），王希、王俊荣合译的《〈智慧珍宝〉翻译、注释与研究》（社会科学文献出版社 2016 年版）等书，则是对知名苏菲学者伊本阿拉比苏菲思想的阐述和译介。

（二）伊斯兰哲学与思想专题研究

1. 伊斯兰教政治思想史研究

伊斯兰政治思想史研究包括伊斯兰政治制度、政治思想研究，是国际伊斯兰教研究的一个重要主题，我国学者有意识地从政治思想史、政治制度史等角度进行的相关研究尚不多见。李林的《谁之继承人，谁之代治者：从哈里发学说的演变看当代中东政治继承与换代问题》（载《国际政治研究》2011 年第 1 期）是这一领域的杰出成果，"哈里发学说"在伊斯兰教思想史上，与真主的属性、前定与自由意志等问题一样，属于传统伊斯兰教义学探讨的一个重要主题，伊斯兰教义学经典《教典诠释》将其列为一个重要问题。

《谁之继承人，谁之代治者：从哈里发学说的演变看当代中东政治继承与换代问题》一文，也从政治思想史的角度，揭示出哈里发学说的历史演变与内在逻辑揭示出伊斯兰世界政治继承与换代中的潜在规律：第一，伊斯兰教虽然不主张政教二分，但"哈里发"一词的含义注定政治权威与宗教权威的分化，必然成为伊斯兰社会不可避免的趋势；第二，哈里发的当选依据从宗教理想变为政治实力表明，宗教理想与政治现实的较量，是伊斯兰社会领袖产生过程中的两种主要博弈力量；第三，哈里发的产生制度由最初的选贤制发展到世袭制，世袭制能够在伊斯兰世界历久不衰，是因为历史上的哈里发学说在解释哈里发合法性的来源时，将判断标准从统治者的权力来源转换为统治者如何统治。这三组矛盾不仅是影响伊斯兰教史上历次政治继承与政权更迭的关键因素，而且在当代中东政治继承与换代过程中仍具有不可忽视的影响。

2. 伊斯兰教学术史研究

2010 年之前的相关研究，多为学术综述性研究，而较少有意识地从学术史角度进行研究。李林的《中国伊斯兰教研究学术史分期刍议》（载《当代宗教研究》2011 年第 2 期）则是为中国伊斯兰教的学术史提供坐标体系，该文将中国人对伊斯兰教的初识到当代中国伊斯兰教学科的最终确立这一漫长时期划分为四个阶段，即元始期、亨长期、利遂期、贞成期。从 1949 年草创至今长达 70 年的当代中国伊斯兰教研究学术史又可进一步划分为三个时期，即"草

创—停滞"时期、"重兴—繁荣"时期、"发展—转型"时期,并对
各个时期的研究内容与特点进行了概括与总结。《中国伊斯兰教研究
学术史分期刍议》来自作者近年来进行的"中国伊斯兰教学术史"
研究的一部分,其目的一是为当代学人从事伊斯兰教研究总结经验、
奠定起点;二是为后来学者提供关于这一时期伊斯兰教研究的文献
资料。

　　此外,李林还撰写了伊斯兰教学术史系列文章,包括:(1)《西
方的中国伊斯兰教研究百年》(载《世界宗教评论》辑刊);(2)《传统
与变革——中国现代伊斯兰学科体系的造就》(载《中国社会科学
院世界宗教研究所建所 50 年发展历程》);(3)《从史学到实学:当
代中国伊斯兰教研究的实证主义转向》(载《世界宗教文化》2011
年第 6 期);(4)《试析当代中国伊斯兰教哲学—思想研究的问题与
主线》(载《世界宗教研究》2011 年第 5 期);(5)《当代中国伊斯
兰教义学研究与反思》 (载《中国穆斯林》2011 年第 3 期);
(6)《当代中国伊斯兰教法学研究与反思》(载《世界宗教文化》
2013 年第 4 期)。这些系列研究标志着我国伊斯兰教学术史研究逐
渐成为一个体系。

　　任何有成效的研究,都必须做到对前人对这一领域内相关问题
做过哪些研究、达到了何种程度了然于胸,这样才能够在前人研究
的基础上有的放矢、循序渐进。然而,近年来国内伊斯兰教的一些
领域出现了徘徊不前的情况,究其原因,不重视学术史研究、不善
于总结已有的研究成果这一弊病难辞其咎。有些研究被讥为"炒冷
饭",即指那些既缺乏新材料,又不能开辟新途径,只是不断地回到
原始水平上重新开始,不断地重蹈前人已做过工作的无效研究。个
别成果甚至还达不到已有的研究水准,更遑论超越前人与学术创新
了。这一现状不仅不利于个别学者自身的学术研究,更危及伊斯兰
教学科的整体发展。要解决这一问题,唯有对症下药,加强对学术
史的研究,才能为我国伊斯兰教研究学科的发展奠定一个坚实的
基础。

三　语言—文化之路

(一)　经训、典籍研究

《古兰经》翻译方面,有孔德军翻译的《伊本·凯西尔古兰经注》(中国社会科学出版社 2010 年版)。《古兰经》研究方面的专著有:金忠杰的《〈古兰经〉注释研究》(中国社会科学出版社 2012 年版),洪炉翻译的《古兰经降示背景》(宗教文化出版社 2014 年版),伍特公的《汉译古兰经第一章详解》(宗教文化出版社 2015 年版),顾世群的《〈古兰经〉伦理思想研究》(宁夏人民出版社 2016 年版),马辉芬的《经堂语汉译〈古兰经〉词汇语法研究》(宗教义化出版社 2011 年版)等。

圣训翻译方面,余崇仁相继翻译并出版了《奈萨仪圣训集》(宗教文化出版社 2013 年版)、《提尔米兹圣训集》(宗教文化出版社 2013 年版)、《艾布·达乌德圣训集》(宗教文化出版社 2013 年版)、《伊本·马哲圣训集》(宗教文化出版社 2013 年版)。至此,逊尼派公认的六大圣训集全部被翻译成汉语,弥补了中国伊斯兰教圣训翻译的空白,将中国的圣训学研究向前推进了一大步。

圣训学研究自从丁士仁的《简明圣训学》(宗教文化出版社 2008 年版)出版后,尚有祁学义的《圣训研究》(宗教文化出版社 2010 年版),以及马建康译著的《寻根定律圣训简析》(宗教文化出版社 2013 年版)等。

(二)　伊斯兰教法研究

2011 年,两部教法研究的专著几乎同时出版。马明贤的《伊斯兰法:传统与衍新》(商务印书馆 2011 年版)分为纵横两编,纵向以时间为线索,分析了伊斯兰教法从兴起到不同历史时期发展的社会原因、基本特征;横向以问题为主线,选择了伊斯兰教法与创制、伊斯兰教法的现代化、伊斯兰教法的法典化、伊斯兰教法与人权民主等几个当代伊斯兰教法的发展中较为突出的问题加以分析。哈宝玉的《伊斯兰教法:经典传统与现代诠释》(中国社会科学出版社

2011 年版）一书可分为伊斯兰教法概论与重要问题的专论两部分。概论部分涵盖从宗教义务到民法、刑法等伊斯兰教法的主要内容，专论部分对教法中关于战争与和平、人权这两大问题的规定进行了探讨。

伊斯兰教法研究方面的论文也有不少，例如李立丰的《伊斯兰教法中的女性继承权：以国际人权法为视角的评价与反思》（载《世界宗教研究》2012 年第 6 期），李林的《当代中国伊斯兰教法研究的问题与反思——兼议伊斯兰教法研究的两大学术传统》（载《世界宗教文化》2013 年第 4 期），白京兰的《清代新疆法律的多元形态与边疆治理——以伊斯兰教法为中心》（载《世界宗教文化》2015 年第 6 期），李林的《穿透"复古"与"现代"的迷雾：如何理解现代性语境下的伊斯兰教法》（载《世界宗教文化》2015 年第 6 期），马宗保的《教法礼俗化：伊斯兰教中国化的一个重要侧面》（载《宁夏社会科学》2017 年第 4 期）。

（三）伊斯兰教派与宗教运动研究

近期的代表性研究是由周燮藩主编的《苏菲之道——伊斯兰教神秘主义研究》（中国社会科学出版社 2012 年版）一书，其内容涉及苏菲主义的历史、思想和新苏菲主义的发展。既对中国伊斯兰苏菲主义的探讨，诸如苏菲派的传入、苏菲思想在中国的传播、新疆的依禅派等问题进行了详细的探讨，也对新苏菲主义进行了研究。其研究旨在对苏菲主义的历史、思想、仪式、组织、影响等作全方位、多角度的梳理和研究。这项综合性的研究成果，将为中国学者对苏菲主义的后续研究奠定基础。

近期的著作还有姑丽娜尔·吾甫力的《苏菲主义与维吾尔文学》（民族出版社 2013 年版），译著有潘世昌的《伊斯兰苏菲概论》（商务印书馆 2013 年版）、《古篩勒苏菲论集》（商务印书馆 2016 年版），马仲荣的《初期女性苏菲研究》（中央民族大学出版社 2017 年版），马效惠的《开释福：苏菲之觉兆》（宗教文化出版社 2016 年版）等。这些专著和译著对于全面了解苏菲主义的渊源、历史、概念、术语、发展、变化、思想特征具有重要的学术价值。

关于什叶派的研究译著有：姚继德的《伊斯兰教什叶派》（云南大学出版社 2017 年版），以及阿米尔的《伊斯兰伊斯玛仪教派简史》（宗教文化出版社 2016 年版）等。赛莱菲耶是近代以来形成的伊斯兰教派别，迄今亦未有系统研究该派的专著，只有杨桂萍等翻译的《伊斯兰教新兴宗教运动：全球赛莱菲耶》（民族出版社 2015 年版），该书亦以论文的形式，探讨了赛莱菲耶在全球的传播及不同的表现形态。

（四）伊斯兰教与国际热点问题研究

吴云贵的《追踪与溯源：当今世界伊斯兰教热点问题》（中国社会科学出版社 2013 年版），是中国社会科学院荣誉学部委员吴云贵有关当今世界伊斯兰教热点问题的专题论文集，集中了作者关于当代伊斯兰教热点问题的文章，包括当代伊斯兰教复兴运动、伊斯兰教与国际政治、伊斯兰教法等。

方金英在 2016 年正式出版了两部与"激进主义"有关的著作。一部重在分析问题，一部重在解决问题。《穆斯林与激进主义》（时事出版社 2016 年版）从理论与实践的双重维度，梳理了伊斯兰激进主义历史演进轨迹；《文明的交融与和平的未来》（时事出版社 2016 年版）认为，治本之策是国际社会要大力推动伊斯兰世界向温和主义迈进，而要做到这一点，就必须推动伊斯兰世界汲取伊斯兰文化和谐观，尤其是要汲取其精髓伊斯兰哲学兼收并蓄的智慧。《文明的交融与和平的未来》正是这样一部在历史的视野和中华文明的语境下专门探讨伊斯兰哲学思想演进及其实践轨迹的论著，力图为当下全球暴恐乱象寻找一条从无解的"死结"到有解的"活结"之新出路。

四　学术会议：承接与扩展

中国社会科学院世界宗教研究所伊斯兰教研究室是 1949 年以来我国成立的首个专门性的伊斯兰教研究机构，迄今已有 50 余年历史。作为国内最权威的伊斯兰教研究机构，在我国伊斯兰教学科建设过程中发挥着极为关键的奠基、引领和推动作用。

（一）四届"全国伊斯兰教学术研讨会"

2014 年以来，鉴于伊斯兰教学术会议召开难的现实困境，以及我国伊斯兰教学科发展的迫切需要，伊斯兰教研究室决定将搭建引领性和导向性的全国性学术平台作为工作重点之一，发起创办了"全国伊斯兰教学术研讨会系列"，成为目前伊斯兰教研究领域最具代表性、参与人数最多、层次最高、规模最大的伊斯兰学术会议，被评价为"上接 20 世纪 80 年代以来在西北五省区召开的伊斯兰教学术研讨会，重启了全国伊斯兰教学术研讨会的帷幕，具有承上启下的作用和里程碑式的意义"。

1."第一届全国伊斯兰教学术研讨会

伊斯兰教与中国社会"，2015 年 10 月 27 日在北京召开。全国人大原副委员长许嘉璐等百余位学者参加，研讨会围绕主题"伊斯兰教与中国社会"，分"伊斯兰教与中国化""伊斯兰教与本土化""中国伊斯兰教与对外交流""伊斯兰教与当代中国社会""伊斯兰教与中国地方社会""伊斯兰教与地方知识""伊斯兰教与中国文化""伊斯兰思想与文化"八个分论题展开，共 40 余篇论文。该次会议学术和社会反响重大，被与会学者评价为"上接 20 世纪 80 年代以来在西北五省区召开的伊斯兰教学术研讨会"，重启了全国伊斯兰教学术研讨会的帷幕，必将写入中国伊斯兰教研究史，具有承上启下的作用和里程碑式的意义。

2."第二届全国伊斯兰教学术研讨会

伊斯兰教与'一带一路'"，2016 年 12 月在北京召开。该次会议由中国社会科学院世界宗教研究所、中国宗教学会、中国社会科学院西亚非洲研究所、中国中东学会主办。该次会议打破学科界限，联合宗教学界、中东学界两大领域共同探讨"一带一路"的伊斯兰教因素，是一大创新之举。中国中东问题原特使吴思科等近百名专家和学者参加该次会议。会议围绕伊斯兰教与"一带一路"、中东局势与"一带一路"、丝绸之路上的伊斯兰教、中华文明与伊斯兰文明、"一带一路"沿线经济文化以及青年学者论坛等七个主题和场次展开讨论。与会专家一致认为，伊斯兰教是"一带一路"建设中不容回避的重要因素，对其影响应有充分认识与考量，方能发挥优势，防范风险，促进区域共同发展，维护社会繁荣稳定。

3. "第三届全国伊斯兰教学术研讨会

伊斯兰教与中国文化"，2017 年 11 月 19—21 日在北京召开。会议由中国社会科学院世界宗教研究所伊斯兰教研究室、中国宗教学会主办，来自全国各地一百多位专家学者出席会议。会议从以下七个议题深入探讨了伊斯兰教中国化的问题：（1）伊斯兰教与中国传统文化；（2）经堂教育的传统与衍新；（3）伊斯兰教与中国社会；（4）回儒会通与汉文译著；（5）中国穆斯林与近代新文化运动；（6）宗教本土化的理论与实践；（7）宗教本土化的国际视野。

该次会议取得的成果与亮点体现在以下七个方面：（1）第三届全国伊斯兰教研讨会主题定为"伊斯兰教与中国社会"，旨在响应中央号召，坚持宗教中国化方向，探讨在新时代伊斯兰教如何与时俱进，如何在新时代开拓伊斯兰教研究的新格局、新气象，这是本次会议的第一大亮点。（2）该次会议弘扬回儒传统，促进伊斯兰教与中华优秀传统文化的结合，中国优秀传统文化不仅限于"儒释道"，还应包括以"回"为标志的中国伊斯兰教传统，从而开创我国宗教以"儒释道回耶"五教同光、五教共辉为特点的新时代宗教格局与宗教关系。（3）该届全国伊斯兰教研讨会的第三个亮点是，伊斯兰教研究与中国传统文化研究两大领域知名专家学者共聚一堂，共同探讨伊斯兰教如何借宗教中国化的难得历史机遇，在新时代实现与时俱进、实现与中国优秀传统文化融合。（4）该次会议的第四个亮点是，在新时代倡导新格局、新发展，秉持与时俱进、开放包容的学科理念，伊斯兰教研究不应成为小圈子、少数人关起门来的研究，而是应有广阔的视野和格局，应作为中国特色哲学社会科学体系的一门学科，关注中国社会现实的呼声，由来自各个学科的学者共同参与，形成"一门多学"即一个主题，多个学科的开放格局。从学科构成看，该次会议的发言人不仅有来自宗教学、宗教哲学、宗教社会学领域的权威大家，如卓新平、张志刚、李向平等，而且还有来自哲学、历史学、文学、语言学、社会学、民族学、人类学、新闻学等学科的专家。充分展现了我国学者从事伊斯兰教研究所具备的中国特色、中国气派与中国风格，揭开了新时代中国伊斯兰教学术体系的崭新一幕。（5）该次会议的第五个亮点是，与会代表不仅来自学术界的国内知名高校、科研院所，还来自政界和宗教界，覆盖面广，代表性强，伊斯兰教中国化不仅是学术问题、理论问题，更是现实问题、实践问题，不仅是象牙塔内的理论探讨，更涉及在现实中如何落地生根，结出成果，伊斯兰教中国化，政界有支持、引导之责，学界有扶持、研究之任，教界有坚持、落实之功，实现这一宏伟目标，必须"三界"同心、"三界"齐力。（6）第六个亮点是有一批青年学者脱颖而出。这批青年学者具有不同学科背景，具有良好的学术训练，是我国伊斯兰教研究的生力军。他们登上学术舞台，给伊斯兰教研究界带来了新气象、新希望。（7）第七个亮点是伊斯兰教中国化要有具体落脚点，该次会议集思广益，为伊斯兰教中国化指明了具体路径，包括：倡导伊斯兰教与中国文化的融合，阐发独特的中国伊斯兰教传统，构建新时代中国特色经学思想体系，从政治认同、社会认同与文化认同三个认同入手实现伊斯兰教中国化等。

4. "第四届全国伊斯兰教学术研讨会

新时代的伊斯兰教研究"，2018 年 10 月 20—21 日在西安隆重召开。该次会议由中国宗教学会伊斯兰教专业委员会、中国社会科学院世界宗教研究所伊斯兰教研究室、陕西师范大学中国西部边疆研究院共同举办。该次会议的主题为"新时代的伊斯兰教研究"。来自全国各地共计 200 余人参加了该次会议，为历次全国伊斯兰教研讨会规模最大的一次。

该次研讨会积极响应了习近平新时代中国特色社会主义思想对

我国宗教必须坚持中国化方向的时代要求。重视伊斯兰教研究是怀有历史使命感的中国人，为中华民族的复兴和福祉，所不能不发出的呼吁。今天的世界不应是一个大国与文明之间彼此制裁、彼此冷战、彼此孤立的世界，而是迫切需要在更深层次上相互开放，相互合作。霸权主义曾经给中国和伊斯兰世界造成过深重的灾难，今天，全世界应该携起手来，一致反对霸权主义，反对丛林法则式的零和思维。中国与伊斯兰文明、阿拉伯文明之间的互学互鉴源远流长，历久弥新，为不同文明之间的交往交流提供了榜样。中国特色的伊斯兰文化是中华优秀传统文化不可分割的一部分，伊斯兰文明与中华文明两大文明相互交融，开创、造就了一个有别于国外伊斯兰教的、独特的传统——中国伊斯兰传统。中国优秀传统文化不仅限于"儒释道"，还应包括以"回"为标志的中国伊斯兰教传统，进而开创我国宗教以"儒释道回耶"五教同光、五教共辉为特点的新时代宗教格局与宗教关系。伊斯兰世界的中心在历史上曾经多次变迁，时至今日，是否可以大胆地说：在一些方面，中国伊斯兰教也可以承担起引导伊斯兰世界的作用；通过倡导中庸、中和、中道，反对极端暴力，为世界和平与发展，做出独特贡献。新时代"一带一路"建设任重道远、意义重大，伊斯兰教研究应在其中发挥不可缺少的作用。中国学者主导的伊斯兰教研究应具备大格局、大气象，应成为一门"大学问""大研究"，应努力突破学科划分的局限，形成"一门多学"的开放格局，即一种研究、多门学科，由来自各个学科的学者共同参与伊斯兰教研究，秉持与时俱进、开放包容的学术理念，逐渐形成我国伊斯兰教研究特有的中国特色、中国风格、中国气派乃至中国学派。

该次研讨会成果丰硕，集中表现在以下三个方面：（1）会议共设立 12 个议题、3 个分会场，紧紧围绕新时代的伊斯兰教研究主题展开研讨，包括：新时代中国伊斯兰教的本土特色、新时代"一带一路"与伊斯兰教、新时代人类命运共同体与伊斯兰世界、新时代伊斯兰教研究的新视野、新时代伊斯兰教研究的新资料、新时代伊斯兰教研究的新景观、新时代中国伊斯兰教的发展模式、新时代中阿战略合作伙伴关系、当代伊儒相通的互动模式、中华文明与伊斯兰文明的互学互鉴、反对西方话语霸权与历史虚无主义等。(2) 研讨会的举行标志着中国宗教学会伊斯兰教专业委员会正式启动，这是伊斯兰教专业委员会自 2018 年 7 月在中国宗教学会威海会议上宣布成立以来主办的首次学术活动，专委会的宗旨定位为：坚持习近平新时代中国特色社会主义思想，坚持马克思主义宗教观，遵循"百花齐放，百家争鸣"的方针，坚持实事求是的原则，发挥跨学科、多层面的综合优势，组织协调国内外学者开展与伊斯兰教有关的历史典籍、思想哲学、语言文化、国际政治、区域国别、现状调研等领域研究，开展多种形式的学术交流，为繁荣发展我国哲学社会科学事业做贡献。专委会的启动意味着，进入新时代以来我国伊斯兰教研究也登上了一个新台阶，迈入了一个新阶段，在整合学术资源、开展学术活动、深化学术研究等方面的协调与合作，必将大幅提升，为我国的伊斯兰教研究的转型与深化带来新的契机、新的思路。(3) 该次研讨会上各种反映新时代伊斯兰教研究特点的新思路、新观点、新资料层出不穷，这些情况说明，我国的伊斯兰教研究已经到了一个关键时期，原有的条块分割型的学科体系，已经无法反映时代的需要，因此，亟待在学术视野、学术格局、学术组织上有所突破与升级，打破现有的科学（人文社会科学和自然科学）碎片化的种种壁垒，从多个角度，用多种方法，联合众多学科、学人、学派共同研究。中国学者主导的伊斯兰教研究应打破学科的隔阂，反映时代的呼声，唯其如此，方能跟上新时代的步伐，方能服务于国家发展的"大战略""大布局"。作为一项"大研究"，我国的伊斯兰教学科当聚集民族宗教、国际关系、语言文化、区域国别、安全反恐等领域的专家，服务于国家发展的大战略。因为任何研究、学科只有在投入到时代发展的潮流中，才能找准自身定位，实现自身价值。

（二）"伊斯兰教学术论坛系列"

伊斯兰教研究室还创办了"伊斯兰教学术论坛系列"。目前召开过四次不同主题的研讨，包括"伊斯兰教与丝绸之路经济带""伊斯兰教与国家安全战略""伊斯兰教与新疆社会发展""伊斯兰教与欧美社会"，收到良好的学术效果和社会反响。比如，"伊斯兰学术高峰论坛·伊斯兰教与欧美社会"学术研讨会，2017 年 5 月 25 日在北京召开。会议围绕伊斯兰教与欧美文化、伊斯兰教与欧美社会、伊斯兰教与欧美移民、伊斯兰教与欧美政治四个专题展开研讨。召开此次论坛基于以下考虑：因穆斯林移民等相关问题，近期欧美一些国家出现了如"禁穆令"、右翼民粹等现象；欧美社会如何对待穆斯林、伊斯兰教；其未来走向如何等问题都已成为举世瞩目的热点。这些问题既有历史背景，也有现实困境；既关涉理论，也有鲜活的实践；既有文明冲突的视角，也有文明共融的阐释。该次研讨会的意义在于，从不同视角深入研讨欧美伊斯兰教的历史与现实，推动中国社会对这一问题的理解与认识。

此外，自 2016 年全国宗教工作会议召开以来，"伊斯兰教中国化"成为近年来伊斯兰教会议使用频率最高的主题词，由北京市伊斯兰教协会主办、中国社会科学院世界宗教研究所伊斯兰教研究室、中国宗教学会伊斯兰教专业委员会协办的"福德论坛——京津冀'坚持伊斯兰教中国化方向'"目前已举办三届。

第五节　反思与展望

由于地缘政治、资源储备、历史争端、民族教派等因素，伊斯兰世界往往处于国际冲突和争端的前沿，形形色色的组织、派别和主张，汇成一股"伊斯兰潮"，不断冲击国际政治舞台、震撼全世界。2010 年年初西亚北非地区发生的政治剧变、"9·11"事件以来，各种恐怖主义和极端主义滋生与演变等在伊斯兰世界引发的冲突，以及伊斯兰世界与西方关系，等等。这一切都在提醒中国学者：伊斯兰教发展趋势不仅关乎地区局势，而且关乎世界。不但对基础理论研究提出严峻挑战，其所不断产生的"热点"和"难点"更在应用理论和对策研究层面，激发了加强伊斯兰教学术研究的迫切要求。

唐高宗永徽二年（651）伊斯兰教传入中国。元代至明初是伊斯兰教在中国广泛传播和发展的重要时期。元代，随着大批中亚、西亚穆斯林来华，伊斯兰教在中国已经形成相当的规模，明清之际，伊斯兰教又兴起一场蓬蓬勃勃的"汉文译著"运动，借用传统儒释道三教的术语来翻译、阐释和发挥伊斯兰教思想，涌现出了以王岱舆、马注、刘智和马德新为代表的一批中国穆斯林学者。此时的中国穆斯林早已不是最初的"住唐""藩客"，而早已成为中华民族的一分子。他们对伊斯兰教经典的翻译、编撰，乃至创造性地使用中国传统哲学中的术语、观念对之进行的诠释，代表着一大巨变，即伊斯兰教进一步中国化。

纵观历史，伊斯兰文化与中国文化的共融使得中国伊斯兰教这个"亚文化系统"在中国生根发芽、开花结果，成为中华民族的"实质传统"（substantive tradition）一个不可或缺的构成部分，至今在哲学、数学、天文、医药、武术、建筑（如北京城的布局）等领域都可以看到中国伊斯兰文化的影响。

历史上，伊斯兰教进入中国以后，所面临的最大挑战就是如何实现在中国的"本土化"。穆斯林先民成功地回应了这一挑战，其标志是从"伊斯兰教在中国"发展为"中国伊斯兰教"。使伊斯兰教从一个外来宗教演变为中国传统文化的有机组成部分，而穆斯林群体也被作为一个少数群体而为中国社会所接纳。时至今日，伊斯兰教对本土化挑战的回应并没有结束，而是随着社会的变化而出现了新的发展、被赋予了新的意义。

第一，对外而言，在传统社会，穆斯林需要考虑的是如何处理好"忠于真主"与"忠于君主"的关系，而在现代社会，这一问题演变为如何解决好"宗教认同"与"国家认同"的关系。这两者之间具有一定联系，但并不完全等同。可以说，新的社会形势对中国穆斯林提出了新的问题，亟待解决。

第二，对内而言，世界各地穆斯林的信仰"同中有异"，其共通之处表现为皆具伊斯兰信仰，而殊异之处表现为受当地文化的影响而烙上各自的文化印记，即伊斯兰信仰的"共性"与"个性"特征、伊斯兰文化的"统一"与"多元"样态。如何阐明伊斯兰教多样性的一面，阐明扎根于中华大地的中国穆斯林如何借助特有的中国伊斯兰文化，来成就和表达各自的信仰，无疑成为一个值得深入研究的课题。

第三，进而言之，中国文化正处在一个大转型的关键时刻，亟待一场类似欧洲文艺复兴的文化运动，因此，文化之大繁荣与大发展对于实现中华民族伟大复兴之意义、之重要不言而喻。在此过程中，来自其他文化的刺激、对照，以及在此基础上的借鉴、吸收都不可或缺。伊斯兰文明不仅在历史上对中国文明产生过重要影响，至今我们在哲学、数学、天文、医药、武术、建筑（如北京城的布局）等领域都可以看到，而且在未来中国文化的复兴过程中也必然起到积极的作用。

2018 年 4 月发布的《中国保障宗教信仰自由的政策和实践》，中国有十一个少数民族多数人信仰伊斯兰教，包括回族、维吾尔族、哈萨克族、乌孜别克族、柯尔克孜族、塔塔尔族、塔吉克族、东乡族、撒拉族、保安族等，总人数达 2000 多万人。从分布来看，中国伊斯兰教信仰人口分布历来具有"大分散，小集中"的特点，遍布全国各省（区）的大多数城乡，主要聚居于西北、华北以及西南等地，中国台湾、港澳地区亦有分布。相关社会公共事件、民族宗教、网络舆情、社会治理与宗教治理、国家安全战略等都不容忽视。

从中国未来的发展战略目标来看，无论在经济建设、文化繁荣、社会稳定、国家安全，还是在处理民族问题、宗教问题、边疆问题、反恐问题等方面，都需要加强从各个角度对伊斯兰教的研究。

伊斯兰教是世界性宗教之一，目前，全世界信仰伊斯兰教的人口已接近 16 亿人，据估算到 2050 年左右，全球信仰伊斯兰教的人数将超过基督徒，成为世界第一大宗教群体。在信仰伊斯兰教的人口数量居世界前十位的国家中，不少与中国毗邻，或是与中国的发展战略关系重大。特别是近年来，与伊斯兰教关系密切的热点与现实问题屡屡出现，这一切都在提醒中国学者：在未来的一个时期，各种与伊斯兰教相关的热点与现实问题必然层出不穷。西亚、中亚、南亚、东南亚等地各国局势的变化都在提醒我们：中国文明将越来越多、越来越直接地与伊斯兰文明、伊斯兰世界打交道。在此背景下，如果对伊斯兰教、对伊斯兰世界缺乏了解，不仅"一带一路"等国家重大发展战略将受到影响，甚至就连我们国家在国际社会的发展空间也可能受到不应有的压缩。学术界由此提出："是到了重视伊斯兰教研究的时候了！"

第十三章

中华人民共和国 70 年
宗教哲学研究（1949—2019）

引言　宗教学与宗教哲学

一般而言，宗教学是以客观的、中立的、理性的研究态度和方法，以各种宗教现象为研究对象，综合利用社会学、心理学、人类学、历史学、语言学等学科，进行的一种人文科学与社会科学的交叉研究。但是，从宗教学自身的起源和发展来看，这门学科的建立，以麦克斯·缪勒于1873年发表的《宗教学导论》为标志，而缪勒所谓的"宗教"至少具有两重含义：第一是现象上的"各种宗教传统"；第二是本质上的"人的信仰天赋"。而"宗教学"就是要通过以"各种宗教传统"为研究对象的"比较神学"，来建立关于"人的信仰天赋"的"理论神学"，这里的"神学"就是意指"宗教"。因此，狭义地讲，宗教学有别于其他学科的方法论就是比较研究，而宗教学研究和关心的根本问题就是人的信仰天赋的本质，也就是宗教的本质。对此，社会学、心理学、人类学等相关社会学科都分别从不同侧面给出了自己的答案。但是，对于本质的追问，最终仍然属于哲学的任务，尤其属于作为第一哲学的形而上学的根本任务。

形而上学就是指研究存在和事物本质的学问，从这样的意义上讲，狭义的宗教学就是宗教哲学，因为它们关心的是一个共同的问题，亦即"宗教是什么"。

当然，在实际的宗教研究中，宗教哲学并不仅仅是研究宗教的形而上学。哲学还包括逻辑学、伦理学、认识论等多个学科，而以这些不同的学科为基础，学者也可以研究基督教、天主教、佛教、道教、伊斯兰教等不同宗教，从而形成基督教哲学、天主教哲学、佛教哲学、道教哲学和伊斯兰教哲学等研究领域。因此，宗教哲学的外延实际上非常广泛。但是，无论是哪种专题研究，最终都要以宗教哲学的基本问题为前设，那就是如何理解和看待宗教本身。事实上，正如缪勒所讲，"只知其一，一无所知"。作为宗教哲学的不同分支学科，最终都是要回答宗教哲学的基本问题。当然，在这样的过程中，还要注意另外一种理路，那就是固然可以对"宗教是什么"给出一个自己的答案，但是这个答案却很可能是站在某一种具体的宗教立场上，将自身研究的具体宗教等同于抽象的宗教本身，从而导致对其他宗教的排他性或者包容性的弊病，这样既缺乏对其他宗教传统的尊重，也不符合宗教研究本应秉持的客观、中立的立场。在这种情况下，宗教哲学研究应当做到既能"入乎其内"，又能"出乎其外"，而是否达到"出乎其外"的标准，就要看是否符合马克思主义的宗教观。马克思、恩格斯运用辩证唯物主义和历史唯物主义观察分析宗教现象和问题，这是衡量和指导我们进行宗教哲学研究的客观标准与理论基础。

第一节　1949 年至 1978 年的宗教哲学研究

一　主要成果和学术特点

和宗教悠久的历史相比，作为一门学科的宗教学实际上是一门较"新兴"的学科。美国约在 20 世纪 50 年代才出现宗教学相关科系，在中国的发展则更晚一些。1964 年，按照毛泽东的批示，中国科学院哲学社会科学部成立了世界宗教研究所，这也是我国唯一的国家级宗教学术研究专门机构。然而，由于受到随后发生的"文化大革命"运动的影响，世界宗教研究所的工作实际未能顺利进行，所以，正常的宗教学术研究活动的开展是在 1976 年"文化大革命"运动结束之后。在此期间，纯粹的宗教哲学研究几乎退隐不前，而且研究不同的宗教面临的境遇也不尽相同。相比之下，本土化最为成功并且对于中国文化影响甚深的佛教的研究情况相对较好。吕澂于 20 世纪 60 年代初，应邀在南京开办佛教讲习班，他的讲稿以《印度佛学源流略讲》（上海人民出版社 1979 年版）、《中国佛学源流略讲》（中华书局 1979 年版）为书名，并在"文化大革命"结束后出版。这两本书以汉藏文资料为基础写成，基础扎实，论证有力，被认为是老一代佛教学者的最高成就。

除了传统的宗教研究进路之外，1949 年之后形成的具有特色的进路还有以马克思主义为理论指导的宗教研究，侯外庐主编的《中国思想通史》（人民出版社 1956—1959 年陆续出版）和任继愈主编的《汉唐佛教思想论集》（人民出版社 1973 年版）就是其中的代表作。例如，侯外庐认为，禅宗之所以被武周拔为正宗，是因其社会基础为"社会的中小层"，武则天尊崇禅宗，与她在政治上启用庶族地主有关，这就将禅宗与特定的社会阶级联系在一起。任继愈则是从经济基础和上层建筑的关系出发，分析了宗教各宗派的经济基础和阶级实质，并且运用马克思主义哲学观分析了佛教义理的思想实质。这给当时的人们带来一种前所未有的新思路，取得了一些新成果，并且在当时的条件下使得宗教研究重新获得知识分子的关注。毛泽东评价任继愈的文章是"凤毛麟角"，也是表达了对这种运用马克思主义研究宗教学的进路的赞赏和肯定。

二 代表人物与代表思想

任继愈是中国社会科学院世界宗教研究所的实际创建者，也是中国宗教哲学研究的代表人物。1978 年，任继愈第一个提出"儒教是宗教"的论断，引起了宗教学和哲学界的广泛争鸣。他认为，儒教的形成是由于它满足了封建统治阶级维护和稳定封建社会秩序的需要，具体而言就是"从汉武帝独尊儒术起，儒家已具有宗教雏形。但是，宗教的某些特征，尚有待于完善。经过了隋唐佛教和道教的不断交融、互相影响，又加上封建帝王的有意识地推动，三教合一的条件已经成熟，以儒家封建伦理为中心，吸取了佛教、道教一些宗教修行方法，宋明理学的建立，标志着中国儒教的完成"①。由此形成的儒教，任继愈将它定义为："儒教的教主是孔子，其教义和崇奉的对象为'天地君亲师'，其宗教组织即中央的国学及地方的州学、府学、县学，学官即儒教的专职神职人员。僧侣主义、禁欲主义、蒙昧主义、注重心内反省的宗教修养方法，敌视科学，轻视生产，这些中世纪经院哲学所具备的落后东西，儒教（唯心主义理学）也应有尽有。"② 而对于儒教的历史评价，任继愈认为："儒教带给我们的是灾难、是桎梏、是毒瘤，而不是优良传统。它是封建宗法专制主义的精神支柱，它是使中国人民长期愚昧落后、思想僵化的总根源。"③ 值得注意的是，任继愈所谓的儒教有别于儒家，"儒教的建立标志着儒家的消亡……说孔子必须打倒，这是不对的；如果说儒教应当废除，这是应该的"④。

　　从宗教哲学的层面来看，虽然任继愈表面谈论的是儒家是否是宗教的问题，但实际上已经体现出对"宗教是什么"的基本认知与

---

① 任继愈：《论宗教的形成》，载任继愈主编《儒教问题争论集》，宗教文化出版社 2000 年版，第 9 页。

② 任继愈：《儒家与儒教》，载任继愈主编《儒教问题争论集》，宗教文化出版社 2000 年版，第 30—31 页。

③ 任继愈：《论宗教的形成》，载任继愈主编《儒教问题争论集》，宗教文化出版社 2000 年版，第 21 页。

④ 任继愈：《儒家与儒教》，载任继愈主编《儒教问题争论集》，宗教文化出版社 2000 年版，第 34 页。

界定，那就是宗教必然包括崇拜的对象、作为首领的教主和出于启示的经典等要素，还要具备有别于凡间的精神世界等特点。但正是根据这种宗教哲学的定义，张岱年、冯友兰等提出了不同的意见。冯友兰认为，"天地君亲师"是荀子首先提出的，而荀子是朴素唯物主义者，更何况"君亲师"显然是人不是神，因此不可能是宗教崇拜的对象。至于孔子，他的祖先世系、人生经历等在历史上也都有明确记载，没有什么神秘之处，因此也不算什么教主。儒家的四书五经也都有来源可考，并不是出于什么神的启示，因此也不能算是宗教的经典。综上所述，冯友兰说："如果说道学是宗教，那就是一无崇拜的神，二无教主，三无圣经的宗教。""能有这样的宗教吗?"① 对于宗教的其他特点，冯友兰、张岱年也分别了以了反驳，这都在根本上、从宗教哲学的角度，否定了任继愈关于宋明理学的建立是儒教的完成的观点。

　　"儒教是不是宗教"的问题并未就此盖棺定论，反而只是形成此后20余年论争的一个序曲。值得注意的是，此次儒教论争不仅是在儒学方面，推动了相关研究的深入开展，而且在宗教哲学研究方面，也具有重要的启示和推动作用。一方面，相关研究有意无意地包含着对于宗教本身的定义和理解，乃至最后出现"准宗教""原生宗教""政治宗教""非学非教，亦学亦教"等新概念和新观点，反映出对于宗教本质问题看法的不断变化和加深；另一方面，宗教或宗教性本身不再是一个禁忌的词汇，它不再被简单等同于"迷信"或其他具有负面价值的含义，而是具有中性甚至积极的含义，这就为宗教哲学研究和相关学科建设的开展做出重要的铺垫。

---

　　① 冯友兰：《略论道学的特点、名称和性质》，载任继愈主编《儒教问题争论集》，宗教文化出版社2000年版，第91页。

第二节　1979 年至 1989 年的宗教哲学研究

一　主要成果与学术特点

随着"文化大革命"运动的结束，中国进入了一个改革开放和思想解放的时代。宗教研究开始在相对自由和宽松的氛围中，以一种实事求是的理性态度去研究和思考宗教问题，因此也得以使宗教学学科展现出一种蒸蒸日上的蓬勃发展气象。1981 年 1 月，世界宗教研究所与北京大学哲学系达成初步协议，决定共同创办"北京大学哲学系宗教研究专业"。1982 年《关于我国社会主义时期宗教问题的基本观点和基本政策》亦即著名的"第 19 号文件"，明确了要建立理论研究队伍，自此，宗教研究的专业队伍和机构有所扩大。1986 年，以吕大吉为首的中国社会科学院世界宗教研究所宗教理论研究室完成名为《宗教学通论》的初稿，1989 年由中国社会科学出版社出版，随即成为各个大学、宗教研究机构和宗教工作部门的教材与必备参考书，自此，宗教学的专业教材和理论体系也逐步建立。

除了宗教学科建设的起步外，这一时期还形成一批重要的学术研究成果。学者们遵照"百花齐放，百家争鸣"的方针，在理论上努力创新，学术讨论非常活跃，而这其中并不缺乏对宗教本质问题的探讨，这也正是宗教哲学关注的基本问题。相关研究包括：赵复三的《究竟怎样认识宗教的本质》（载《中国社会科学》1986 年第 3 期），吕大吉的《关于宗教本质问题的思考》（载《中国社会科学》1987 年第 5 期），熊锡元的《宗教本质及其社会作用新探》（载《思想战线》1987 年第 2 期）等。另外，作为分支的具体的宗教哲学研究也相继开展，比如，王克千的《评马塞尔的宗教存在主义》[载《复旦学报》（社会科学版）1980 年第 3 期]，方广锠的《两年来我国印度宗教哲学研究的回顾》（载《南亚研究》1989 年第 1 期），李刚的《道教哲学刍议》（载《哲学研究》1989 年第 10 期）

等。值得注意的是，20 世纪 80 年代也开始了西方宗教哲学著作的翻译工作，约翰·希克的《宗教哲学》①，麦克斯·缪勒的《宗教学导论》②，约翰·麦奎利的《二十世纪宗教思想》③ 等译著，为中国学界引介了西方宗教哲学研究的前沿动态，为中国宗教哲学研究的繁荣发展打好了基础。

二　代表人物与代表思想

1982 年，中共中央印发了《关于我国社会主义时期宗教问题的基本观点和基本政策》的文件。文件没有直接引述马克思的论断，但也指出宗教是"剥削阶级利用宗教作为麻醉和控制群众的精神手段"。这就牵扯出关于如何理解"宗教是人民的鸦片"的论争，由于论争主要是在上海社会科学院宗教研究所的罗竹风等人与中国社会科学院世界宗教研究所的吕大吉等人之间展开，因此也被称为关于"宗教鸦片论"的"南北战争"。

双方争论的焦点在于宗教是否是麻醉剂。反对一方的罗竹风等人认为，如果把宗教称为鸦片（麻醉剂），那么宗教界人士就成了"毒品贩子"，信教者成了"吸毒犯"，宗教应该像毒品一样被消灭，而这种理解正是导致过去极"左"宗教工作路线的思想基础。事实上，当马克思讲这句话时，欧洲人是将鸦片作为治病镇痛的良药，并无麻醉剂之意。之所以会将鸦片当作具有麻醉作用的毒品，是由于中国在"鸦片战争"中对鸦片深恶痛绝，从而造成对马克思论断的误解，并进而将其视为马克思对宗教的简单否定。吕大吉并不赞同这样的解释，他指出，其实欧洲人早在马克思写这句话时的两个

---

①　［英］约翰·希克：《宗教哲学》，何光沪译，生活·读书·新知三联书店 1988 年版。

②　［英］麦克斯·缪勒：《宗教学导论》，陈观胜、李培茱译，上海人民出版社 1989 年版。

③　［美］约翰·麦奎利：《二十世纪宗教思想》，高师宁、何光沪译，上海人民出版社 1989 年版。

世纪之前，就已认为鸦片是麻醉剂，这并不只是说明"鸦片战争"后中国人对鸦片形成的偏见。鸦片当然也是镇痛良药，但其所以镇痛，正在于其具有麻醉功能，鸦片可以消磨人的意志，但也可以给人带来精神安慰。这里的重点在于，精神鸦片并不能与物质鸦片相提并论，在社会苦难本身还不能被彻底解决的情况下，宗教给苦难人民带来的镇痛和麻醉作用本身，就是人民必然的社会需求，因此不能完全否定宗教存在的必然性和其发挥的作用。

客观地看，否认宗教是麻醉剂的一方，在那个刚刚经历"拨乱反正"的思想解放时代，无疑会得到更多的支持。但值得注意的是，承认宗教具有麻醉作用的一方，实际上也是反对对宗教问题极"左"的理解，力图对马克思主义宗教观做出客观、全面的解释。因此，对于指导宗教研究的马克思主义宗教理论，双方其实都是持一种反对教条主义和本本主义的态度，吕大吉在《宗教学通论》的"导言"中就明确指出："马克思主义的宗教观……它的基本精神和主要内容，经受了历史实践的检验，至今仍是正确的，有生命力的。马克思主义的世界观和宗教观可以为我们的宗教研究提供认识论和方法论上的指导。但是我们决不能把马克思主义的这个观点或那个理论当成现成的结论或永恒的教条，更不能把马克思、恩格斯、列宁的个别论断当成证明的工具。彻底的辩证法不承认超时空的绝对物，当然也反对把马克思主义自身绝对化。马克思主义应该是一个开放的系统，既要随时抛弃已被实践证明为错误的东西，更要不断研究新的问题，使自身得到发展。……马克思、恩格斯、列宁并不曾建立一个完整的宗教学体系，他们的宗教理论并没有穷尽宗教问题的各个方面，也不是绝对真理。对待马克思主义的宗教理论，我们不能持宗教徒式的迷信态度，不能用经典作家的语录去代替对宗教现象的具体分析。"① 正是由于将马克思主义理解为一种"开放的体系"，才使得学者能够在相对宽容的氛围中以实事求是的态度去研究

---

① 吕大吉主编：《宗教学通论》，中国社会科学出版社 1989 年版，第 33 页。

问题，在关于"宗教鸦片论"的"南北战争"中对宗教的历史作用和社会功能予以充分的讨论和论证，甚至对宗教存在的价值和必然性做出肯定的解答，学者至此可以对宗教问题做更加深入的探讨，以及更加全面的评价，客观上也促进了宗教哲学研究的发展繁荣。

第三节　1990 年至 1999 年的宗教哲学研究

一　主要成果与学术特点

如果说 20 世纪 80 年代的宗教学研究还是在起步阶段，那么 90 年代的研究则进入专业化的深入发展时期。1995 年，北京大学成立国内第一个宗教学系，与北京大学哲学系实行联体运作，合并招生，共同培养。由此可见，一方面，宗教研究逐渐拥有了自身独立的专业的学科体系，专业性和学科地位都有所加强；另一方面，宗教研究仍然是以宗教哲学研究为主流和特色，宗教学学科的基础训练还是与哲学专业的基础训练紧密相关。除北京大学外，四川大学、浙江大学、山东大学、中国人民大学等都陆续设立了宗教学系或者研究所等专业研究机构，而作为国家民委重点学科，中央民族大学最终成立了哲学与宗教学学院，宗教学地位得到进一步提升。

在这一时期，虽然宗教哲学研究的专业化得到加强，但主要还是在学习和吸收现代西方的宗教哲学研究成果，何光沪的《多元化的上帝观：20 世纪西方宗教哲学概览》（贵州人民出版社 1991 年版）就是其中的代表作。这本书虽然主题是"上帝观"，但其实际内容却是以上帝观念为中心，由哲学基本问题和宗教根本问题结合而成的双重结构，在此框架内综述了 20 世纪西方思想家的宗教思想及其发展线索。在该书中，何光沪第一次提出，宗教哲学的性质是"哲学与宗教学之根本性的分支学科"，又是"哲学与宗教学之非边缘的交叉学科"。不仅如此，何光沪还译介了多本西方宗教哲学的重要著作，组织翻译出版了《宗教与世界丛书》，其中包括鲁道夫·奥

托的《论"神圣"：对神圣观念中的非理性因素及其与理性之关系
的研究》①，孔汉思、库舍尔的《全球伦理：世界宗教议会宣言》②，
约翰·希克的《宗教之解释：人类对超越者的回应》③ 等宗教哲学
书籍。

当然，何光沪只是宗教哲学研究的代表性人物之一。事实上，
在这一时期，宗教哲学的各专题研究均得以开展，并取得了一批丰
硕成果，包括吕大吉的《人道与神道：宗教伦理学导论》（上海人
民出版社 1991 年版），严耀中的《中国宗教与生存哲学》（学林出
版社 1991 年版），谢地坤的《费希特的宗教哲学》（中国社会科学
出版社 1993 年版），王志成的《解释与拯救——宗教多元哲学论》
（学林出版社 1996 年版），张志刚的《理性的彷徨：现代西方宗教哲
学理性观比较》（东方出版社 1997 年版），翁绍军的《信仰与人
世——现代宗教伦理面面观》（湖北教育出版社 1999 年版），张荣的
《神圣的呼唤——奥古斯丁的宗教人类学研究》（河北教育出版社
1999 年版）等，许多学者正是在这一时期崭露头角，确立了自身在
宗教哲学研究领域中的中流砥柱地位。

二 代表人物与代表思想

在深入学习和吸收西方宗教哲学研究成果的同时，关于宗教基
本问题的讨论并没有结束。在 20 世纪末这段时间，从"文化"的综
合意义上来分析和讨论宗教形成一股热潮，这方面的代表仍然是世
界宗教研究所宗教学理论研究室原主任吕大吉。他于 1987 年发表的
《关于宗教本质问题的思考》一文中，提出了"宗教四要素说"，作

---

① ［德］鲁道夫·奥托：《论"神圣"：对神圣观念中的非理性因素及其与理性
之关系的研究》，成穷、周邦宪译，四川人民出版社 1995 年版。

② ［德］孔汉思、库舍尔：《全球伦理：世界宗教议会宣言》，何光沪译，四川人
民出版社 1997 年版。

③ ［英］约翰·希克：《宗教之解释：人类对超越者的回应》，王志成译，四川人
民出版社 1998 年版。

为宗教学的基本范畴和逻辑结构，此后经过作者不断地修改与发挥，终于在 1998 年出版的《宗教学通论新编》（中国社会科学出版社 1998 年版）中正式提出，将宗教视为由宗教观念、宗教体验、宗教行为、宗教体制四个基本要素逻辑地构成的社会文化体系。具体而言，宗教的观念或思想以及宗教的情感或体验是宗教的内在因素，宗教的行为或活动以及宗教的组织或制度是宗教的外在因素。从逻辑上看，处于基础层或核心层的是宗教观念（主要是神道观念）；宗教的感受或体验则是作为伴生于宗教神道观念的第二个层次；宗教崇拜的行为（包括巫术、祭祀、祈祷、禁忌等）是宗教观念和宗教体验的外在表现，属于宗教体系的第三个层次；宗教的组织与体制则是宗教观念信条化、宗教信徒组织化、宗教行为仪式化、宗教生活规范化和制度化的结果，处于宗教体系的最外层。当然，在宗教的内在要素中，宗教感情或体验逻辑上必须以对神或神圣物的信仰为条件，那么神和神性又是什么？这种观念从何而来？吕大吉悬置了这种容易引起争议的所谓深层次问题，从而将宗教定义为"是关于超人间、超自然力量的一种社会意识，以及因此而对之表示信仰和崇拜的行为，是综合这种意识和行为并使之规范化、体制化的社会文化体系"①。而这里的"文化"，在吕大吉看来就是自然的人性化。人类的文化创造过程，实质上是人类通过创造性活动，把自身的人性加于自然之上，使自然人性化的过程，而宗教正是这样一种文化创造活动，都是人性对象化（异化）的产物，因此说宗教是一种文化。

"宗教文化论"在某种程度上是对宗教"唯意识形态论"拨乱反正的产物，正如吕大吉所言，"宗教是文化"本身并非什么新的创见，但是在特定的社会背景下，"没有一种理论或观念，像'宗教即反动统治'那样束缚宗教学者的思想；也没有一种理论或观念，像

---

① 吕大吉主编：《宗教学纲要》，高等教育出版社 2003 年版，第 37 页。

'宗教是文化'那样对宗教学者起了那么大的解放作用"①。时至今日，"宗教文化论"的影响早就远远超过了与"唯意识形态论"的纷争，使宗教研究获得了更宽广的范围和视野，因为从广义的文化角度来看，经济、政治、艺术、科学、道德、法律等都属于不同的社会文化形式。因此，宗教如何发挥其社会文化功能，宗教又如何影响和作用于其他社会文化，就成为在大的文化学背景下，可以进行进一步思考和研究的课题。

第四节　2000 年至 2009 年的宗教哲学研究

一　主要成果与学术特点

进入 21 世纪，既往的宗教哲学专题研究继续深入发展，相关成果有：王珉的《终极关怀：蒂里希思想引论》（新华出版社 2000 年版），尚九玉的《宗教人生哲学思想研究》（北京师范大学出版社 2000 年版），思竹的《巴别塔之后：雷蒙·潘尼卡回应时代挑战》（宗教文化出版社 2004 年版），尚劝余的《圣雄甘地宗教哲学研究》（中国社会科学出版社 2004 年版），赵林的《黑格尔的宗教哲学》（武汉大学出版社 2005 年版），姚卫群的《印度宗教哲学概论》（北京大学出版社 2006 年版），梁骏的《普兰丁格的宗教认识论》（中国社会科学出版社 2006 年版），徐凤林的《俄罗斯宗教哲学》（北京大学出版社 2006 年版），黄铭的《过程与拯救——怀特海哲学及其宗教文化意蕴》（宗教文化出版社 2006 年版），张晓梅的《托马斯·里德的常识哲学研究》（上海人民出版社 2007 年版），朱东华的《从"神圣"到"努秘"：鲁道夫·奥托的宗教现象学抉微》（宗教文化出版社 2007 年版），赵广明的《康德的信仰——康德的自由、

---

① 吕大吉：《中国现代宗教学术研究百年来的回顾与展望》，载中国社会科学院世界宗教研究所编《宗教研究四十年》，宗教文化出版社 2004 年版，第 295 页。

自然和上帝埋念批判》（江苏人民出版社 2008 年版）等。此外，也在积极介绍和引进西方宗教哲学研究成果，除相关译著外，1998 年北京大学哲学系分别邀请到欧洲和美国的哲学与宗教学学者在北京大学发表专题讲演，相关讲稿被收辑为《欧美哲学与宗教讲演录》①，反映出中外学术交流在 21 世纪来临之际的日益加深。

另外，随着宗教哲学研究的不断积累，宗教哲学的概论性和系统性著作也不断面世，包括王志成、思竹的《神圣的渴望：一种宗教哲学》（江苏人民出版社 2000 年版），张志刚的《宗教学是什么》（北京大学出版社 2002 年版）和《宗教哲学研究：当代观念、关键环节和方法论批判》（中国人民大学出版社 2003 年版），单纯的《宗教哲学》（中国社会科学出版社 2003 年版），卓新平的《神圣与世俗之间》（黑龙江人民出版社 2004 年版）等。上述著作的内容几乎都涉及对所有宗教哲学的梳理，显示出作者全面而扎实的学术功底。

受到 20 世纪末"宗教文化论"的影响，21 世纪初的宗教学术研究显现出一种从文化角度看宗教的热潮，而这就体现在作为不同文化的宗教间的比较研究，和宗教文化与其他种类文化的对话研究，也取得了丰硕的成果。举其大者，包括：陈村富的《宗教与文化——早期基督教与教父哲学研究》（东方出版社 2001 年版），阮炜的《中国与西方：宗教、文化、文明比较》（社会科学文献出版社 2002 年版），王志成的《和平的渴望：当代宗教对话理论》（宗教文化出版社 2003 年版），傅有德等主编的《跨宗教对话：中国与西方》（中国社会科学出版社 2004 年版），卓新平主编的《宗教比较与对话》（宗教文化出版社 2000—2005 年陆续出版），赵林的《西方宗教文化》（武汉大学出版社 2005 年版）等。

二　代表人物与代表思想

"文化论"的盛行一方面可能会导致文化相对主义；但另一方面

---

① 赵敦华编：《欧美哲学与宗教讲演录》，北京大学出版社 2000 年版。

也会促进对自身所在传统文化的思考，这一点应该说与"国学热"的兴起不无关系。一些颇有学术与社会影响力的前辈学者，都曾发表对于中国传统文化和宗教文化的观点与看法。

楼宇烈是北京大学宗教文化研究院名誉院长，根据他对中国传统文化的理解，中国文化最鲜明、最重要的特征就是"人文精神"，而所谓"人文"就是不要用武力，而要以文明的办法，亦即用诗书礼乐来教化人民，建立一个"人伦有序的理想社会"。在他的著作《中国的品格——楼宇烈讲中国文化》（当代中国出版社 2007 年版）中，楼宇烈指出，中国古典哲学思想正是将"人的道德情操的自我提升"放在首位，特别注重"人性的伦理教化或道德完善"，这就是"中国人文精神之精华所在"。而从这样的角度去看中国宗教文化传统，就是强调"入世"和"个人内在的自我超越"，从而表现出强烈的"伦理和人道精神"。

相较而言，中央民族大学宗教学学术带头人牟钟鉴，则更为具体地将中国宗教文化的优良传统概括为五点。一是多样性与和谐性，因为中国五大宗教有四种是在不同历史阶段从国外传入的，但都在不同程度上同中国文化互相交融，这就体现出中国宗教的和而不同与多元一体；二是重视行善积德和道德教化，把去恶为善放在宗教教义与宗教活动的首位，这就使得中国宗教不易产生极端主义，而拥有较多道义上的力量；三是中国宗教善于把爱教和爱国相统一，在中国爱教必须与爱国相结合，但又不是狭隘的民族主义者，因此宗教爱国人士争取的是国家的复兴与民族的平等，在此基础上愿意与世界上一切民族与宗教友好来往；四是中国宗教能够与时俱进、勇于改革，中国历史上凡是流传下来的，都是具有创新活力的宗教，都是能够与主流社会保持协调的宗教；五是注重自身人文素质的提高，能够使宗教的文化性得到较好的发挥。[1]

---

[1]　牟钟鉴：《继承和发扬中国宗教文化的优良传统》，载牟钟鉴《探索宗教》，宗教文化出版社 2008 年版。

中国人民大学佛教与宗教学理论研究所所长方立天认为，宗教有关构建和谐社会的优良传统有四点。第一是宗教间互相包容的传统。如佛教与道教由冲突走向融合，道教与民间宗教也长期处于融合状态。第二是爱人利他的传统。如佛教的平等慈悲，道教的"齐同慈爱，异骨成亲"，基督教和伊斯兰教的爱人仁慈等都有助于人与他人、与社会的和谐。第三是爱国爱教的传统。如佛教提倡的"庄严国土，利乐有情"，道教的"弘扬道教，即所以救国"，伊斯兰教的"国家兴亡，穆民有责"，都体现了宗教的爱国精神。第四是关爱自然的传统。如佛教的缘起共生论，道教视天、地、人为统一的整体，都十分尊重自然，提倡人与自然的和谐。①

无论是高校还是民间，"国学热"都意味着一股向中国传统文化学习的热潮。但是辩证地看，传统文化中既有精华也有糟粕，不加分别地复兴传统文化，很可能会使某些封建迷信思想死灰复燃，同时文化沙文主义大行其道，也将西方优秀文化拒之门外，这与中国文化兼容并蓄的风格，以及构建人类命运共同体的愿景都是不相符的。此时楼宇烈、牟钟鉴、方立天等学术前辈的观点，有助于我们把握中国传统优秀文化，特别是宗教文化的积极内核，深入挖掘宗教文化中有利于社会和谐、时代进步、健康文明的内容，而宗教哲学研究也就从国学热的大潮中，进一步转移到坚持我国宗教中国化的方向上来。

第五节　2010 年至 2019 年的宗教哲学研究

一　主要成果与学术特点

近十年，宗教哲学的研究更加蔚为大观。在此期间，具有较强代表性和较大学术影响力的事件，是由中国社会科学院世界宗教研

---

① 方立天：《和谐社会的构建与宗教的作用》，《中国宗教》2005 年第 7 期。

究所金泽研究员主持创办的"宗教哲学论坛",及相关的《宗教与哲学》辑刊的出版。作为国内宗教学哲学理论建设最具权威性和前沿性的成果展示平台,宗教哲学论坛自 2012 年开始,至 2018 年已经连续举办了七届,内容涉及宗教学理论、西方宗教哲学、中国和东方宗教哲学、宗教与哲学的关系、不同宗教哲学间的对话和比较研究等多个方面。相关成果汇编为《宗教与哲学》辑刊,分为宗教哲学、经典诠释、思想视野和宗教研究四个板块,由世界宗教研究所宗教理论研究室的金泽、赵广明研究员主编,社会科学文献出版社出版,至今也已连续出版七辑,基本反映和代表了国内宗教哲学研究的最高水平和前沿动态,具有极高的学术价值和参考价值。

在宗教哲学专题研究方面,西方宗教哲学研究不仅有对过去一些较少关注的宗教哲学家及流派的研究,也更加关注现当代哲学和新兴宗教研究,相关著作包括:张力锋、张建军的《分析的宗教哲学》(江苏人民出版社 2010 年版),许宏的《巴布宗教思想研究》(人民出版社 2010 年版),林鸿信的《莫特曼神学研究》(上海人民出版社 2010 年版),赵广明的《尼采的启示——尼采哲学宗教研究》(社会科学文献出版社 2012 年版),张晓梅的《使徒保罗和他的世界》(社会科学文献出版社 2012 年版),刘精忠的《犹太神秘主义概论》(中国社会科学出版社 2015 年版),赵同生的《迈蒙尼德宗教哲学思想研究》(中国社会科学出版社 2015 年版),朱彩虹的《生活宗教:唐·库比特的宗教哲学》(中国社会科学出版社 2017 年版)等;传统的中世纪哲学、康德哲学和宗教现象学研究也继续得到开展,包括傅永军的《绝对视域中的康德宗教哲学——从伦理神学到道德宗教》(社会科学文献出版社 2015 年版),朱东华的《宗教学学术史问题研究》(清华大学出版社 2016 年版),尚文华的《希望与绝对:康德宗教哲学研究的思想史意义》(江苏人民出版社 2017 年版),黄裕生的《宗教与哲学的相遇:奥古斯丁与托马斯·阿奎那的基督教哲学研究》(江苏人民出版社 2018 年版)等。

除了西方宗教哲学外，佛教与中国宗教哲学的研究也取得了瞩目进展，相关有分量的著作在此时期也层出不穷，包括：张西平的《丝绸之路中国与欧洲宗教哲学交流研究》（新疆人民出版社 2010 年版），张荣明的《信仰的考古：中国宗教思想史纲要》（南开大学出版社 2010 年版），葛兆光的《中国宗教、学术与思想散论》（复旦大学出版社 2010 年版），詹石窗主编的《中国宗教思想通论》（人民出版社 2011 年版），李泽厚的《由巫到礼释礼归仁》（生活·读书·新知三联书店 2015 年版），张云江的《唐君毅佛教哲学思想研究》（高等教育出版社 2016 年版），胡伟希的《中观哲学导论》（北京大学出版社 2016 年版），姚卫群的《佛教与印度哲学研究》（中国大百科全书出版社 2016 年版），李跃红的《西学东渐浪潮激荡下的思想脉动——论汉语神学对中国个体主义哲学的影响》（人民出版社 2017 年版），程乐松的《身体、不死与神秘主义——道教信仰的观念史视角》（北京大学出版社 2017 年版）等。

二　代表人物与代表思想

无论是在宗教现实的社会层面，还是在理论的学术层面，在经过近七十年的发展与探索后，"宗教中国化"命题最终为中国的宗教与宗教学的发展指明了方向。而对于"宗教中国化"命题哲学层面的研究，当首推北京大学哲学系宗教学系教授、北京大学宗教文化研究院院长张志刚，他的代表作是《"宗教中国化"义理研究》（宗教文化出版社 2017 年版）。在该书中，张志刚提出"宗教中国化"有三个命题值得关注和讨论。第一个命题是唯有立足中华文化、中华民族和中国社会，方能深刻理解"坚持我国宗教中国化方向"的重要性。中国宗教要真正融入"中华文化、中华民族、中国社会"，其理论内涵就是国际学术界在全球化时代深切关注的"文化认同、民族认同和社会认同"。在当今时代，所有国家、民族和社会均不得不重新回答"我是谁"这一根本且永恒的哲学和神学问题。对此，我国理论界近些年关于中华文化传统、中国特色社会主义道路、人类命运共同体等方面的研讨，都充分表明了"认同问题"的重大理论价值和现实意义。

"宗教中国化"的第二个命题，是务必着眼世界宗教史揭示的生存发展规律，方能客观认识"坚持我国宗教中国化方向"的必然性。张志刚认为，从世界宗教史来看，几大世界性宗教之所以能够广为传播，其首要条件或前提即在于，它们均能适应不同的文化、民族和社会境遇，并以不同的方式来实现本土化、民族化与处境化。斯玛特的研究向我们揭示了宗教在不同文化背景中的多元性或多样化，而汉斯·昆则从"宗教对话与文明对话"的角度指出，只有真正扎根中国文化土壤，中国基督教才有前途。根据这两位国际学者的研究，张志刚认为，世界宗教史研究视野中的"本土化、民族化、处境化"，具体就中华文化、中华民族和中国社会而论，就是意指"宗教中国化"。同时，"宗教中国化"也是符合世界各大宗教传统"本土化、民族化、处境化"这一普遍规律的。

"宗教中国化"的第三个命题，是"宗教中国化"是合乎中华文化的优良传统的。张志刚认为，就宗教中国化的三个认同而论，"文化认同"又是任何一个文明社会的"根本认同"或"最高认同"。而根据前文已经总结过的楼宇烈、牟钟鉴和方立天等前辈，对中华文化传统的"基本精神"和"核心价值"的研究，张志刚指出"宗教中国化"的必由之路，就是中国宗教理应融入中华文化、中华民族与中国社会，共同弘扬"以人为本，和而不同，兼容并蓄""海纳百川，有容乃大"的中华民族优秀文化传统，在持守各自的基本信仰、核心教义、礼仪制度的同时，不断发掘其教义教规中裨益于文明昌盛、民族团结、社会和谐的真精神与正能量，从而引导广大信教群众为中华民族与中国社会的发展进步多做积极的、有建设性的重要贡献。

第六节　回顾与展望

与宗教学在国外是一门独立发展的专业性学科不同，在中国特殊的文化和语境中，宗教学，特别是宗教哲学始终与其他两种文化保持着某种张力。其一是当宗教作为一种外来的文化概念时，宗教与中国传统文化之间的张力；其二是当宗教作为一种社会意识形态时，宗教的有神论与马克思主义的无神论之间的张力。这样两种张力始终主导和左右着中国的宗教学与宗教哲学研究，但是，无论宗教哲学研究在这样的两股张力中如何曲折发展，最终都无法回避并且应当回答的是，作为第一哲学的形而上学的基本问题，亦即"宗教是什么"。按照回答这个问题的思路，我们大致梳理出近 70 年宗教哲学发展的一个基本脉络，那就是从以"宗教鸦片论"为代表的"唯意识形态论"到"宗教文化论"，再从"宗教文化论"到由此唤起的文化主体意识觉醒（以及某种程度的文化沙文主义和文化保守主义），最终以弘扬民族优良传统的"宗教中国化"命题和"积极引导宗教与社会主义社会相适应"的"导"的思路，既避免了不加取舍地弘扬传统文化，又避免了不尊重客观历史规律地废除宗教，从而为宗教和宗教哲学在中国未来的发展指明了方向。

然而，即使是"宗教中国化"也有很多值得讨论的问题。首先，"宗教"本身应当是一个具有普适性的定义，而定义本身并不存在"中国化"的问题，所以在谈到"中国化"时，应当具体指的是"基督教中国化""佛教中国化""道教中国化""伊斯兰教中国化"，以及其他任何符合宗教定义的东西的中国化，而这就需要在今后的宗教学研究中，更加注重跨宗教的比较与对话，通过宗教间的相互学习与借鉴，共同推进"宗教"的"中国化"。另外，"中国"本身也是一个具有多重含义的综合性概念，它可以是"政治中国""文化中国""社会中国""心理中国"，或者是"语言中国"。因此，"宗教中国化"的命题本身又要求在今后的宗教学研究中更加注重跨学科的视角与研究方法，不单只是使宗教的某一方面中国化，而是要从宗教社会学、宗教心理学、宗教语言学、宗教哲学和政治神学等角度对宗教有一个全方位的了解，从而使宗教更加全面地中国化，并最终做到积极引导宗教与社会主义社会相适应，真正使宗教融入中华文化和中华民族伟大复兴的中国梦当中。

第十四章

中华人民共和国 70 年
宗教社会学研究[*]（1949—2019）

第一节　1949 年至 1978 年的酝酿时期

宗教社会学是由国外引进的新兴学科，经历了从无到有、由萧条到繁荣的发展历程。尽管在 20 世纪 20—40 年代，个别涉及宗教的西方学术名著已经有中译本，但这些著作并非严格意义上的宗教社会学著作，其影响也较为有限。

1949—1978 年，严格意义上的宗教社会学研究是缺乏的，只有一些零星的现状调查。因此，对十宗教社会学学科来说，1949—1978 年是酝酿时期。

---

* 本章讨论宗教社会学的发展历程只限于大陆学术界，其中所示的材料和内容大多取自李华伟的《宗教社会学在大陆的发展历程》一文，但有所拓展。参见李华伟《宗教社会学在大陆的发展历程》，载中国社会科学院世界宗教研究所编《中国社会科学院世界宗教研究所五十年发展历程（1964—2014）》，中国社会科学出版社 2014 年版。

第二节　1979年至1989年的草创时期

1982年，中央发布了19号文件，认为社会主义社会条件下的宗教具有"五性"，引发了学界关于宗教本质问题的大讨论。该论争解放了宗教学界的思想，"为全面理解宗教的社会功能，为宗教在社会主义时期存在的必然性的深入讨论，进而为中国宗教社会学的建设做了必要的思想准备"①。这场论争最重要的贡献在于，使宗教研究作为一门学科得以合法化。国内一些著名的大学成立了宗教学教研机构；一些省级社会科学院成立了宗教研究机构。此外，一系列宗教研究刊物得以创刊、发行。

为了更好地推进宗教研究，尽可能吸收西方宗教学研究的前沿成果，吕大吉、何光沪分别主编了一系列的宗教学名著译丛，其中有数本宗教社会学的教材，推动了宗教社会学的深入研究。随着中国改革开放以及"亚洲四小龙"的经济腾飞，社会学家韦伯所提出的"韦伯命题"引发了学界的广泛兴趣。韦伯的《新教伦理与资本主义精神》也于1987年被译为中文出版②，这是韦伯著作第一次在大陆出版。此后，涂尔干《社会学研究方法论》③、韦伯的《中国的宗教：儒教与道教》④ 等相继被翻译成中文。

在吸收借鉴西方宗教学成果的基础上，由吕大吉主编的《宗教学通论》⑤ 得以在1989年出版。该书提出了宗教定义的四要素说，

---

① 高师宁：《宗教社会学在中国》，《中国人民大学学报》2004年第5期。

② ［德］马克斯·韦伯：《新教伦理与资本主义精神》，于晓等译，生活·读书·新知三联1987年版。

③ ［法］涂尔干：《社会学研究方法论》，华夏出版社1988年版。

④ ［德］马克斯·韦伯：《中国的宗教：儒教与道教》，简惠美译，台北远流出版事业公司1989年版。

⑤ 吕大吉主编：《宗教学通论》，中国社会科学出版社1989年版。

其中宗教体制被认为是宗教内在的有机组成部分，书中关于宗教体制（组织）的专章属于宗教社会学的范畴。

在这一阶段，中国社会学界翻译过来的社会学理论史，对韦伯、涂尔干和马克思都有深入的介绍，如 1988 年翻译出版的雷蒙·阿隆的《社会学主要思潮》一书，以及 1990 年翻译出版的刘易斯·A. 科瑟的《社会学思想名家》一书。

该时期关于宗教社会学理论的研究，值得强调的是苏国勋对韦伯的研究专著《理性化及其限制——韦伯思想引论》①一书，该书借鉴了大量外文资料，准确地抓住理性化这一韦伯思想中的核心展开论述。

20 世纪 80 年代的论争与文化热在时间上基本重合，促成了诸如《中国佛教与传统文化》《道教与中国文化》等一批著作的出版。1987 年，岁竹风的《中国社会主义时期的宗教问题》②问世，探讨了中华人民共和国成立后中国宗教状况的变化与宗教长期存在的原因，属于直面现实之作，对当时的政教学各界均产生了积极的影响。

第三节　1990 年至 1999 年的落户时期

一　对西方宗教社会学理论的译介

这一时期宗教社会学的经典著作陆续被翻译成中文。《神圣的帷幕》③与《宗教生活的基本形式》④之翻译出版，可作为标志。西美

---

① 苏国勋：《理性化及其限制——韦伯思想引论》，上海人民出版社 1988 年版。

② 岁竹风主编：《中国社会主义时期的宗教问题》，上海社会科学院出版社 1987 年版。

③ ［美］彼得·贝格尔：《神圣的帷幕》，高师宁译，上海人民出版社 1991 年版。

④ ［法］涂尔干：《宗教生活的基本形式》，渠东、汲喆译，上海人民出版社 1999 年版。

尔的《现代人与宗教》①、卢克曼的《无形的宗教》② 均在此时期出版。西美尔的《现代人与宗教》一书，提出了宗教性与宗教的关系，指出宗教性乃是最为根本的，为高师宁研究北京基督徒③、范丽珠研究深圳的民间宗教信徒④提供了理论基础。

此外，数种宗教社会学通论性著作得以翻译出版，如罗纳德·L. 约翰斯通⑤的《社会中的宗教———一种宗教社会学》以及托马斯·奥戴的《宗教社会学》⑥，这两本书为学界了解宗教与社会的互动、宗教社会学中的结构功能论提供了理论视野。

二　专业教材的出版与学科架构的形成

更有意义的则是中国学者在宗教社会学学科建设上做出的贡献。1992 年由陈麟书、袁亚愚主编的《宗教社会学通论》出版，系统地介绍了宗教社会学的历史、方法、研究对象等，这是中国学界第一本宗教社会学教材。1996 年，上海辞书出版社将《宗教辞典》扩充为《宗教大辞典》，增补了有关宗教社会学方面的词条近 50 个⑦，这些条目均由高师宁教授撰写，对宗教社会学理论、宗教社会学家及代表著作等作了介绍。

---

① ［德］西美尔：《现代人与宗教》，曹卫东等译，香港汉语基督教文化研究所 1997 年版。

② ［德］卢克曼：《无形的宗教》，覃方明译，香港汉语基督教文化研究所 1995 年版。

③ 高师宁：《当代北京的基督教与基督徒———宗教社会学个案研究》，香港道风书社 2005 年版。

④ 范丽珠：《当代中国人宗教信仰的变迁———深圳民间宗教信徒的田野研究》，台北韦伯文化国际出版有限公司 2005 年版。

⑤ ［美］罗纳德·L. 约翰斯通：《社会中的宗教———一种宗教社会学》，薛利芳等译，四川人民出版社 1991 年版。

⑥ ［美］托马斯·奥戴：《宗教社会学》，刘润忠等译，中国社会科学出版社 1990 年版。

⑦ 高师宁：《中国宗教社会学研究回顾》，载曹中建主编《中国宗教研究年鉴（1997—1998）》，宗教文化出版社 2000 年版。

在这一时期，也有数本关于中国当代宗教研究的具有较高学术水准的著作诞生，如《当代中国宗教问题的思考》①《当代新兴宗教》② 等。

三 对当代中国宗教的经验研究

关于中国宗教现状方面的研究，多侧重基督教与民间信仰。中国基督教概况方面，汪维藩的《谈基督教的现状问题》③ 和李平晔的《90 年代中国基督教发展状况报告》④ 两篇文章都曾对学界产生了巨大的影响。关于民间信仰在当代的复兴，主要由人类学、民俗学界进行研究，兹不赘述。

这一时期宗教社会学的不足之处在于，中国学者的大部分文章，仍停留在论证社会主义时期宗教存在的必然性，尚无大的开拓性进展。不过，这一时期对世俗化问题和新兴宗教问题的关注与研究，属于宗教社会学的切题之作。

第四节 2000 年至 2009 年的扎根时期

随着宗教社会学在中国的酝酿及中国宗教复兴现象所带来的理论探讨，宗教社会学在 21 世纪头十年获得了实质性的发展。将 2000 年至 2009 年的宗教社会学发展称之为扎根时期，其主要表现有四：（1）《宗教社会学》教材得以编撰出版；（2）对宗教社会学经典理论的译介与研究取得了新进展；（3）引进并参与了宗教社会学最新颖的理论——宗教市场论，并发展出了宗教生态论；（4）对当代中

---

① 萧志恬：《当代中国宗教问题的思考》，上海社会科学院出版社 1994 年版。
② 戴康生主编：《当代新兴宗教》，东方出版社 1999 年版。
③ 汪维藩：《谈基督教的现状问题》，《宗教》1991 年第 1 期。
④ 李平晔：《90 年代中国基督教发展状况报告》，载中国人民大学基督教文化研究所主编《基督教文化学刊》第 1 辑，东方出版社 1999 年版。

国宗教的经验研究，在数量上有极大的增长，在质量上有较大的提高。

一　专业教材的出版

2001 年孙尚扬的专著《宗教社会学》① 出版，2007 年由戴康生主编的《宗教社会学》② 出版，这两部教材的出版标志着宗教社会学在中国大陆的新开端。

二　对宗教社会学理论的译介加快、研究进一步深入

广西师范大学出版社引进台湾版的韦伯著作中译本《韦伯作品集》（共 8 本），于 2004 年开始陆续出版，为学界全面理解韦伯的思想提供了基础。该社同时引进了顾忠华的《韦伯学说》③ 与《韦伯〈新教伦理与资本主义精神〉导读》两书④，出版了韦伯研究专家施路赫特的《理性化与官僚化——对韦伯之研究与诠释》⑤，推进了韦伯研究的规范化与深入。J. M. 英格的《宗教的科学研究》⑥ 在 2009 年问世。此外，世俗化理论的旗手伯格在 1999 年主编了《世界的非世俗化：复兴的宗教及全球政治》⑦ 一书，否定了他提出并精心论证的

---

① 孙尚扬：《宗教社会学》，北京大学出版社 2001 年版。

② 戴康生、彭耀主编：《宗教社会学》，社会科学文献出版社 2007 年版。

③ 顾忠华：《韦伯学说》，广西师范大学出版社 2004 年版。

④ 顾忠华：《韦伯〈新教伦理与资本主义精神〉导读》，广西师范大学出版社 2005 年版。

⑤ ［德］施路赫特：《理性化与官僚化——对韦伯之研究与诠释》，顾忠华译，广西师范大学出版社 2004 年版。

⑥ ［美］J. M. 英格：《宗教的科学研究》，金泽等译，中国社会科学出版社 2009 年版。

⑦ Peter L. Berger, *The Desecularization of the World：Resurgent Religion and World Politics*, Grand Rapids, Michigan：Ethics and Public Police Center and Wm. b. Eerdmans Publishing Co. , 1999.

世俗化理论[①]，该书的中译本于 2005 年问世[②]；而《信仰的法则——解释宗教之人的方面》的中文版于 2004 年问世。两书的译介，为学界接触西方最新的新世俗化理论、宗教市场论提供了条件。

对西方宗教社会学史的研究，国内仍比较缺乏。最重要的著作乃是由高师宁翻译的由罗伯托·希普里阿尼所撰写的《宗教社会学史》[③]。

对在西方具有范式地位的理论，如世俗化理论、新世俗化理论的系统研究，以汲喆的《如何超越经典世俗化理论？——评宗教社会学的三种后世俗化论述》与孙尚扬的《世俗化与去世俗化的对立与并存》等文章为代表。[④] 目前，极少有专门的文章谈到 Eileen Bartan Barker、Mark Chaves、Christian Smith、Dean Hoge、José Casanova 等在美国具有影响的宗教社会学家。就国别而言，我国学者对美国宗教社会学的关注较多，对欧洲国家的研究进展关注较少；对宗教社会学在各国发展史的系统介绍也比较少见，迄今为止，只有黄海波曾对宗教社会学在美国的发展情况予以介绍[⑤]。

由于宗教信徒的异质性，宗教社会学界尤为关注对社会认同理论的引介，如方文、何其敏等人，方文还深入分析了"群体身份边

① Peter L. Berger, *The Desecularization of the World*: *Resurgent Religion and World Politics*, Grand Rapids, Michigan: Ethics and Public Police Center and Wm. b. Eerdmans Publishing Co., 1999.

② ［美］彼得·伯格等：《世界的非世俗化：复兴的宗教及全球政治》，李骏康译，上海古籍出版社 2005 年版。

③ ［意］罗伯托·希普里阿尼：《宗教社会学史》，高师宁译，中国人民大学出版社 2005 年版。

④ 汲喆：《如何超越经典世俗化理论？——评宗教社会学的三种后世俗化论述》，《社会学研究》2008 年第 4 期；孙尚扬：《世俗化与去世俗化的对立与并存》，《哲学研究》2008 年第 7 期。

⑤ 黄海波：《美国宗教社会学发展的三大支柱》，载金泽、李华伟主编《宗教社会学》（第二辑），社会科学文献出版社 2014 年版。

界”形成的机制①。

提到中国的宗教社会学，就不得不提著名美籍华人学者杨庆堃的《中国社会中的宗教：宗教的现代社会功能与其历史因素之研究》（*Religion in Chinese Society*，1961）一书，该书的中文本由范丽珠等翻译，并于 2007 年出版②。该书富有创造性地提出制度型宗教与弥散型宗教的概念，至今仍对国内外研究中国宗教的学者有着深刻影响。

三　宗教市场论的引进、创新及其与宗教生态论的对垒

1. 宗教市场论的引进与创新

宗教市场论的代表人物是美国当代宗教社会学家斯达克、芬克与本布里奇。美国社会学家斯蒂芬·沃讷（Stephen Warner）首次将宗教市场论称为一种“新范式”③。2004 年，宗教市场论的代表性论著《信仰的法则——解释宗教之人的方面》④ 中文版问世。宗教市场论对中国宗教学界从人文学、神学的进路到社会科学进路的转向具有一种极大的推动力；宗教市场论的基本概念与公设，也对学界、政界产生了较大的影响。

学界对宗教市场论及其理论基础进行了反思与讨论。如卢云峰探讨了“宗教市场论”在华人社会的适用性问题⑤，指出该理论不一定适合于非排他性宗教。范丽珠则根据对中国宗教的研究，对宗

---

① 方文：《群体符号边界如何形成？——以北京基督新教群体为例》，《社会学研究》2005 年第 1 期。

② ［美］杨庆堃：《中国社会中的宗教：宗教的现代社会功能与其历史因素之研究》，范丽珠等译，上海人民出版社 2007 年版。

③ 其中文版参见 ［美］斯蒂芬·沃讷《宗教社会学范式及理论的新进展》，《中国人民大学学报》2004 年第 6 期。

④ ［美］罗德尼·斯达克、罗杰尔·芬克：《信仰的法则——解释宗教之人的方面》，中国人民大学出版社 2004 年版。

⑤ 卢云峰：《超越基督宗教社会学：兼论宗教市场论在华人社会中的适用性问题》，《社会学研究》2008 年第 5 期。

教的理性选择提出了质疑①。此外，宗教市场论代表人物罗德尼·斯达克与威廉姆·希姆斯·本布里奇合著的《宗教的未来》由高师宁等译为中文，并于 2006 年出版②。

2. 宗教生态论

宗教生态论真正引发学界、政界大规模反响，则始自中国社会科学院世界宗教研究所段琦研究员，在"2008 年民族宗教问题高层论坛"上发表的《宗教生态失衡是当今中国基督教发展快的主要原因》③ 一文。吕大吉、牟钟鉴、张新鹰、魏德东、陈进国等对宗教生态论多有阐发，而马虎成、李向平、陈彬、高师宁等则对宗教生态论提出诸多质疑④。李向平的批驳尤为激烈，他认为，宗教生态失衡的问题其实是权力生态、社会生态的问题，是政教关系问题。⑤

3. 对当代中国宗教的经验研究：定性与量化研究的并行发展

就宗教社会学领域内所发表的相关论文来看，有以下几个值得注意的趋势：理论研究与经验研究并重；定性研究仍居于优势，量化研究有所深入；在对中国宗教与西方理论深入了解的基础上，对西方理论的批评与反思越来越多。

---

① 范丽珠：《现代宗教是理性选择的吗　质疑宗教的理性选择研究范式》，《社会》2008 年第 6 期；范丽珠：《西方宗教理论下中国宗教研究的困境》，《南京大学学报》2009 年第 2 期。

② ［美］罗德尼·斯达克、威廉姆·希姆斯·本布里奇：《宗教的未来》，高师宁等译，中国人民大学出版社 2006 年版。

③ 段琦：《宗教生态失衡是当今中国基督教发展快的主要原因》，载《当代中国民族宗教问题研究》第 4 辑，甘肃民族出版社 2009 年版。

④ 关于宗教生态论的主要观点及对其的反思，参见李华伟《宗教生态论反思》，载曹中建主编《中国宗教研究年鉴（2009—2010）》，宗教文化出版社 2011 年版，第 854—865 页。

⑤ 李向平：《宗教信仰的国家想象力——兼评"宗教生态论"思潮》，《中国民族报·宗教周刊》2010 年 7 月 27 日。

（1）定性研究

①对基督教的研究

2005 年，高师宁出版了《当代北京的基督教与基督徒——宗教社会学个案研究》一书①，该书对北京基督徒的宗教虔诚度进行了实证分析。而陈村富的《转型期的中国基督教——浙江基督教个案研究》，发现并提出城市基督教是中国基督教发展的方向②。《边际的共融——全球地域化视角下的中国城市基督教研究》一书，以全球地域化的宗教互动模式为视角，比较研究上海、泰安、天水、温州四地城市基督教如何嵌入地方社会—文化结构，进而成为"具有中国本土及其地方特征的信仰组织"③。

近年来，越来越多的学者开始投身于宗教社会学的实证研究，表现为各种学术期刊中相关主题的论文数量和比例都有明显提升。最为重要的一批论著，则是一系列博士学位论文的出版，如李峰④、黄海波⑤、黄剑波⑥的。

此外，"当代中国宗教信仰与社会信任"课题组，专门对韦伯命

① 高师宁：《当代北京的基督教与基督徒——宗教社会学个案研究》，香港道风书社 2005 年版。

② 陈村富：《转型期的中国基督教——浙江基督教个案研究》，人民出版社 2005 年版，第 119 页；又参见陈村富、吴欲波《城市化过程中的当代农村基督教》，《世界宗教研究》2005 年第 2 期。

③ 吴梓明、李向平、黄剑波、何心平等：《边际的共融——全球地域化视角下的中国城市基督教研究》，上海人民出版社 2009 年版，第 33 页。

④ 李峰：《乡村教会的组织结构及其运行机制——温州市瓯北镇基督教教会组织研究》，博士学位论文，上海大学，2004 年；李峰：《乡村基督教职工的组织特征及其社会结构性位秩：华南 Y 县 X 镇基督教教会组织研究》，复旦大学出版社 2005 年版。

⑤ 黄海波：《宗教性非营利组织的身份建构研究》，博士学位论文，上海大学，2008 年；黄海波：《宗教非营利组织的身份建构研究——以（上海）基督教青年会为例》，上海社会科学院出版社 2013 年版。

⑥ 黄剑波：《乡村社区的信仰、政治与生活：吴庄基督教的人类学研究》，香港中文大学崇基学院宗教与中国社会研究中心 2012 年版；黄剑波：《"四人堂纪事"——中国乡村基督教的人类学研究》，博士学位论文，中央民族大学，2003 年。

题在当代中国市场经济中的适用性进行了重新检验，认为当代中国基督教伦理和现代理性市场经济制度的精神是相符的。陈声柏[①]、汪维藩[②]也就基督教伦理进行了讨论。

②对其他宗教的研究

对佛教的社会学研究，大陆学者的成果较少，只有邓子美和李向平有专门的著作[③]问世。除此之外，只有有限的几篇文章进行了讨论：李向平[④]关于少林寺世俗化问题的讨论，魏德东对生活禅这一宗教市场中红色市场发展演变的研究[⑤]，以及李向平对浙江、福建地区佛教的研究[⑥]。

对道教与民间宗教、新兴宗教的社会学研究，研究成果相对较少。范丽珠基丁在深圳的田野研究，从宗教性的概念出发，研究了民间宗教信徒的变迁；[⑦] 卢云峰对某新兴宗教在台湾的发展及变迁机制进行了讨论；[⑧] 宫哲兵对道教商人的信仰与信任进行了讨论。[⑨]

---

① 陈声柏：《福音还是利润?》，载卓新平主编《基督宗教研究》第十二辑，宗教文化出版社 2009 年版。

② 汪维藩：《基督教伦理与当代精神重建》，《金陵神学志》2008 年第 1 期。

③ 邓子美：《超越与顺应：现代宗教社会学观照下的佛教》，中国社会科学出版社 2004 年版；李向平：《佛教信仰与社会变迁》，宗教文化出版社 2007 年版。

④ 李向平：《另一种信仰危机：少林寺引发的宗教社会学问题》，《河南社会科学》2007 年第 3 期；《社会化，还是世俗化？——中国当代佛教发展的社会学审视》，《学术月刊》2007 年第 7 期。

⑤ 魏德东：《当代中国宗教红市发展——以生活禅夏令营为例》（http://fo. ifeng. com/special/sjz/shegnhuo/detail_ 2011_ 05/12/6345295_ 0. shtml）。

⑥ 李向平：《"信仰但不归属"的佛教信仰形式——以浙闽地区的佛教生活为中心》，《世界宗教研究》2004 年第 4 期。

⑦ 范丽珠：《当代中国人宗教信仰的变迁：深圳民间宗教信徒的田野研究》，台北韦伯文化国际出版有限公司 2005 年版。

⑧ Yunfeng Lu, *The Transformation of Yiguan Dao in Taiwan: Adapting to a Changing Religious Economy*, Lanham: Lexington Books, 2008.

⑨ 宫哲兵：《中国道商的宗教经济学分析》，《中国企业家》2010 年第 2 期。

2010 年道教界的"李一现象"引起了学界对当代道教的讨论。①

就儒教而言，其是否是一个宗教的问题仍存在争论，但其在中国各阶层的影响不容小觑。关于儒教在中国的未来走向的讨论也比较热烈，但尚未达成共识。政治儒学②、生活儒学③、儒教国教化、以儒教为公民宗教④等各路主张异彩纷呈、竞争共存。与此同时，官方与民间也开展了与儒教相关的活动，这些动向引起了国外的关注与讨论⑤。在国外建立孔子学院、搬走在国博门口树立的孔子像，以及在曲阜建教堂等事件引发的儒家与基督教的冲突，也引起了国内外的广泛关注。国学以及传统文化进一步受到举国上下的关注，儒家和儒教也被作为传统文化或中华文化的主体，受到空前的关注。

（2）量化研究的兴起

近年来，宗教社会学量化研究的一个热点是对中国大学生宗教信仰状况的调查。上海社会科学院的学者在 2008 年 10—12 月对上海市松江大学城 7 所高校学生的宗教信仰状况进行了比例整群抽样调查，结果发现，有宗教信仰的学生占总数的 19%，其中中国传统宗教信仰仍然占据优势；近半数学生在校园中与宗教信徒有接触，而基督教与学生接触的广泛程度大于其他宗教⑥。

---

① 李刚：《新生态、新问题、新挑战下道教文化的角色功能》，载金泽、邱永辉主编《中国宗教报告（2008）》，社会科学文献出版社 2008 年版；孙尚扬：《市场需求导致"李一现象"产生》（http：//v. ifeng. com/society/201008/692aec51 - c79c - 4ab1 - 847a - 5ee7d28e6928. shtml）。

② 蒋庆：《政治儒学：当代儒学的转向、特质与发展》，生活·读书·新知三联书店 2003 年版。

③ 甘阳：《以家庭作为道德重建的中心》（http：//wen. org. cn/modules/article/view. article. php/3113）。

④ 陈明：《儒教之公民宗教说》（http：//www. cssn. cn/news/157807. htm）。

⑤ "波士顿儒家的主张"可参见高师宁等编《从书斋到田野》（上卷），中国社会科学出版社 2010 年版。

⑥ 上海社会科学院宗教研究所课题组：《松江大学城大学生宗教信仰状况调查报告》，载金泽、邱永辉主编《中国宗教报告（2009）》，社会学科文献出版社 2009 年版。

长期以来，中国宗教社会学的量化研究存在一些明显的弱点，量化研究的发展仍然任重而道远。

第五节　2010 年至 2019 年的成长期

一　国外宗教社会学专业教材的翻译出版

近十年来，有一些国外的宗教社会学教材或入门读物被译介过来，主要有库尔茨的《地球村里的诸神：宗教社会学入门》与菲尔·朱克曼的《宗教社会学的邀请》。这两本读物为国内年轻人了解宗教社会学的要旨提供了生动的入门教材。

二　对宗教社会学理论的译介加快、研究进一步深入

有学者对宗教社会学理论关键词或概念史进行了研究，如对公民宗教的研究。对公民宗教这一主题的研究，在近来成蓬勃之势。黄海波的《公民社会中的宗教：罗伯特·伍斯诺的多维分析模式述评》和李峰的《罗伯特·贝拉的宗教社会学思想述评》均涉及公民宗教。但对公民宗教论述最充分的要数汲喆的《论公民宗教》一文[1]。陈明倡导以儒教为公民宗教[2]，在国内产生了较大的影响。

学者不仅对帕森斯[3]、贝拉[4]、伍斯诺[5]等理论家进行了研究，对经典理论的研究也仍在继续，对西美尔[6]的研究，则由邵铁峰以博

---

[1]　汲喆：《论公民宗教》，《社会学研究》2011 年第 1 期。

[2]　陈明：《儒教之公民宗教说》（http://www.cssn.cn/news/157807.htm）。

[3]　石丽：《帕森斯宗教社会学理论述评》，《世界宗教文化》2011 年第 3 期。

[4]　李峰：《罗伯特·贝拉的宗教社会学思想述评》，《华东师范大学学报》2011 年第 5 期。

[5]　黄海波：《公民社会中的宗教：罗伯特·伍斯诺的多维分析模式述评》，《华东师范大学学报》2011 年第 5 期。

[6]　邵铁峰：《宗教与现代文化：西美尔的宗教社会学研究》，博士学位论文，北京大学，2011 年。

士学位论文的形式完成。此外，也有学者基于对中国本土宗教概念及宗教与中国社会关系的认识，尝试反思当前的宗教社会学研究，并尽力匡正或拓展宗教社会学理论的视野。①

对宗教社会学家杨庆堃的研究也进入高峰期，说明学界在反思学科理论和学科范式上往前推进了一大步。如卢云峰的《论"混合宗教"与"独立宗教"——兼论〈中国社会中的宗教〉之经典性》（载《社会学研究》2019 年第 2 期），卢云峰、吴越的《略论瓦哈对杨庆堃之宗教社会学研究的影响》（载《北京大学学报》2018 年第 6 期），范丽珠、陈纳的《从杨庆堃宗教社会学的功能主义视角看儒学的宗教特质》［载《复旦学报》（社会科学版）2018 年第 5 期］，李华伟的《论杨庆堃对"民间信仰"与"弥散型宗教"的研究：贡献、问题与超越》（载《宗教人类学》2015 年第 5 辑），李华伟的《杨庆堃宗教社会学思想与梁启超"中国无宗教论"》（载《学术界》2017 年第 11 期）等。

三 对当代中国宗教的经验研究：定性与量化研究的并行发展

1. 定性研究

李向平的《信仰但不认同：当代中国信仰的社会学诠释》（社会科学文献出版社 2010 年版）讨论了在鲜活、丰富的中国宗教生活的现实中，套用西方宗教社会学理论而有的尴尬和困难。李峰的《国际社会中的国际宗教非政府组织》（上海人民出版社 2013 年版）一书，对国际宗教非政府组织进行了研究，为国内学界提供了新视野。

总体而言，关于佛教、道教的社会学研究依然相对比较缺乏，而对基督教的研究较为集中。曹南来的英文专著《建构中国的耶路撒冷：当代温州的基督徒、权力和场域》，对改革开放以来温州老板

---

① 卢云峰：《从类型学到动态研究：兼论信仰的流动》，《社会》2013 年第 2 期；李峰：《回到社会：对当前宗教社会学研究范式之反思》，《江海学刊》2013 年第 5 期。

基督徒及温州基督教的独特发展模式做了深入的解析,指出多元话语以及多重主体场域,都介入到了地方基督教的复兴之中;王莹的《身份建构与文化融合——中原地区基督教会个案研究》①,陈彬的《宗教权威的建构与表达——对 N 省 H 市山口教堂的研究》② 以及李华伟的《乡村基督徒与儒家伦理:豫西李村教会个案研究》一书③都是这一领域的代表作。

民间信仰的社会学研究成果也较为丰富,岳永逸④、华智亚⑤、范丽珠、欧大年⑥、郁喆隽⑦、李天纲⑧等学者均有重要发现。

2. 量化研究

近十年间,宗教社会学研究中量化研究薄弱的状况也有所改变,从《从书斋到田野》(下卷)收录的 3 篇量化研究论文中就可见一斑。学术期刊中涉及宗教社会学量化研究的论文也开始增多,如《世界宗教文化》在 2010 年改版后,开辟了"实证研究"专题,其中经常刊发优秀的量化研究论文。

近年来,宗教社会学量化研究的一个热点,就是对中国大学生

---

① 王莹:《身份建构与文化融合——中原地区基督教会个案研究》,上海人民出版社 2011 年版。

② 陈彬:《宗教权威的建构与表达——对 N 省 H 市山口教堂的研究》,香港中文大学崇基学院宗教与中国社会研究中心 2013 年版。

③ 李华伟:《乡村基督徒与儒家伦理:豫西李村教会个案研究》,社会科学文献出版社 2013 年版。

④ 岳永逸:《家中过会:中国民族信仰的生活化特质》,《开放时代》2008 年第 1 期;《灵验·磕头·传说:民众信仰的阴面与阳面》,生活·读书·新知三联书店 2010 年版。

⑤ 华智亚:《龙牌会:一个冀中南村落中的民间宗教》,上海人民出版社 2013 年版。

⑥ 范丽珠、〔美〕欧大年:《中国北方农村社会的民间信仰》,上海人民出版社 2013 年版。

⑦ 郁喆隽:《神明与市民:民国时期上海地区迎神赛会研究》,上海三联书店 2014 年版。

⑧ 李天纲:《金泽:江南民间祭祀探源》,生活·读书·新知三联书店 2017 年版。

宗教信仰状况的调查。在对大学生宗教信仰的调查中，问卷规模较大的专业性调查，为孙尚扬、李丁在北京市大学生中所做的基督教态度调查。[①]

提到近年来宗教社会学的量化研究，最引人瞩目的研究是中国社会科学院世界宗教研究所课题组于 2010 年 8 月公布的《中国基督教入户问卷调查报告》[②]（下文简称《调查报告》）。《调查报告》公布了 2008—2009 年对全国 31 个省、自治区和直辖市基督教新教进行大规模抽样调查的结果，显示我国现有基督徒占全国人口总数的1.8%，总体估值 2305 万人。《调查报告》发布之后引起了社会的强烈反响和关注。

四　学科建设

宗教社会学的发展，最为重要的是学科的制度化，包括课程设置、学位点等的制度化与规范化。当前，越来越多的大学或科研院所的社会学系或哲学系、宗教学系开设了宗教社会学课程，或进行了相关的教学、研究。宗教社会学及宗教社会科学，近来在学术机构和学术团队，以及研究基金的支持下获得较快发展。

宗教社会学学科建设得到进一步强化，其平台有三个：由中国社会科学院世界宗教研究所主办的《宗教社会学》辑刊和宗教社会学论坛；中国人民大学举办的宗教社会科学暑期班及论坛；中国社会学会宗教社会学专业委员会举办的论坛。此外，2017 年中国社会学会宗教社会学专业委员会成立，是中国宗教社会学学科制度化的又一个标志性事件。

[①]　孙尚扬、李丁：《北京市大学生对基督宗教态度的调查报告》，《同济大学学报》2013 年第 4 期。

[②]　中国社会科学院世界宗教研究所课题组：《中国基督教入户问卷调查报告》，载金泽、邱永辉主编《中国宗教报告（2010）》，社会科学文献出版社 2010 年版。

结语　中国宗教社会学 70 年的 经验与未来展望

　　中国宗教社会学从无到有，从落户到生根，从萌芽到苗壮成长，取得了不少斐然的成绩。70 年来，宗教社会学在中国取得了丰厚的成果。无论在理论方面，还是在经验研究方面；无论在引介西方理论方面，还是在反思、批评西方理论、建构中国话语方面，都有所拓展。

　　但不可否认，其中仍然存在不少问题。与欧美的宗教社会学学科体系相比，中国开展宗教社会学研究的历史尚短，研究水准仍有较大的距离，尚未能输出新的理论。总的来说，中国宗教社会学研究仍落后于中国宗教现实，对现实问题的关注与研究依然不够多。

　　宗教社会学的教学被纳入高校本科学科体系教学，随之而来的教材的编撰、人才培养都会提上议事日程，由此，宗教社会学的发展必将迈上新台阶。随着学科意识的提升及国内外交流与合作研究的深化，中国宗教社会学界被动接受、缺席西方理论讨论的局面肯定能得到改变。假以时日，宗教社会学在中国的发展，必将促成新理论和新范式的诞生，必将建构出新的学科体系和话语体系。

第十五章

中华人民共和国 70 年宗教
心理学研究（1949—2019）

抛开中国的宗教心理学源远流长的争论①不说，单从西方宗教心理学诞生以来，中国的宗教心理学研究就非常薄弱，没有形成一套自己的学科体系，长期处于一种自发的发展状态之中。虽然不同领域的学者试图从不同的视角来探究宗教和心理学的关系，但是鉴于该学科的研究难度，部分学者往往浅尝辄止，而大多数学者都望而却步。在中华人民共和国成立 70 周年之际，回顾中国宗教心理学走过的 70 年历程，正当其时，继往开来，对于学科建设来说具有非常重要的理论和现实意义。

第一节　1949 年至 1978 年：中国宗教
心理学研究的准备阶段

1964 年 8 月，遵照毛泽东主席的批示，世界宗教研究所正式成立，成员以北京大学哲学系东方哲学教研室教师为班底，加上从各

---

① 有部分中国学者认为，中国的宗教心理学应该追溯到中国古代的鬼魂观，在这个意义上，中国的宗教心理学历史是源远流长的。

领域调来的宗教学专家，以及当年毕业分配来的12位大学哲学专业、历史学专业以及外语专业的学生。世界宗教研究所的成立是中国宗教学研究领域的重大事件，标志着以马克思主义为指导的宗教研究的开始，自此，宗教学的学科建设从无到有，不断完善。"积累资料，培养人才"是当时科研工作的总方针，而科研工作的主要任务是基础研究。在这一方针指引下，宗教学设立了专门的图书资料室，收集积累了大量重要的中外文图书资料。在学术研究方面，研究所有计划地组织学者集体编著了一批对各学科具有奠基意义的著作，夯实了世界宗教研究所作为国家级研究机构的扎实基础，也在国内外宗教学界确立了自己学术地位。同时，这也为宗教心理学等宗教学分支学科的发展奠定了坚实的基础。

1978年，宗教学理论研究室成立，为世界宗教研究所实力较强的研究室。该室在研究、译介近代西方宗教学各分支学科的成果方面取得了显著成绩，在结合中国实际开创马克思主义宗教学方面做了不少基础工作，完成发表了大量专著、译著和论文。该研究室的成立，为后来的宗教心理学等分支学科的发展做了一定的准备工作，也为其日后的进一步发展提供了可能性。

第二节　1979年至1989年：中国宗教心理学研究的起步阶段

改革开放以来，宗教心理学的研究再度受到关注。中国的心理学界，尤其是宗教学界非常重视该专业的发展，国内其他领域也有一些学者对宗教心理学感兴趣。这十年间，一些经典著作的中文译本出版，主要有弗洛伊德的《图腾与禁忌》[①]《摩西与一神教》[②]《一

---

① ［奥地利］弗洛伊德：《图腾与禁忌》，杨庸一译，中国民间文艺出版社1986年版。
② ［奥地利］弗洛伊德：《摩西与一神教》，李展开译，生活·读书·新知三联书店1989年版。

个幻觉的未来》①，荣格的《寻求灵魂的现代人》② 等。

1989 年，沈冀鹏翻译出版了苏联心理学家乌格里诺维奇（Д. М. Угринович）的《宗教心理学》③ 一书，使大陆学者对苏联宗教心理学的研究状况有了初步了解；同年，世瑾的《宗教心理学》④ 一书由知识出版社出版，该书全面而简要地介绍了国外宗教心理学的研究，并从人类宗教意识的起源、宗教禁忌和戒律的产生等方面入手，来介绍和探索宗教现象与心理学的关系。这两部著作的出版及其他相关文章的发表，标志着中国学者开始关注宗教心理学学科建设，也表明了改革开放以后，宗教心理学研究在中国大陆开始起步。

第三节　1990 年至 1999 年：中国宗教心理学学科意识初现

20 世纪 90 年代初，梅多、卡霍的《宗教心理学：个人生活中的宗教》⑤，布朗的《宗教心理学》⑥ 著作先后被介绍到中国。1936年在广学会出版的龚德义的《宗教心理学》⑦ 一书，于 1990 年由上海书店再版，该书比较系统地概述了宗教心理学的演进历史、研究方法及其与神学的关系；从宗教意识的起源、发展及其与行为

---

① ［奥地利］弗洛伊德：《一个幻觉的未来》，杨韶刚译，华夏出版社 1989 年版。

② ［瑞士］荣格：《寻求灵魂的现代人》，苏克译，贵州人民出版社 1987 年版。

③ ［苏］乌格里诺维奇：《宗教心理学》，沈冀鹏译，社会科学文献出版社 1989年版。

④ 世瑾：《宗教心理学》，知识出版社 1989 年版。

⑤ ［美］玛丽·乔·梅多、理查德·德·卡霍：《宗教心理学：个人生活中的宗教》，陈麟书等译，四川人民出版社 1990 年版。

⑥ ［澳］L. B. 布朗：《宗教心理学》，金定元、王锡嘏译，今日中国出版社 1992年版。

⑦ 龚德义：《宗教心理学》，上海书店 1990 年版。

的关系等方面，对原始宗教意识进行了考究；从人类本性的宗教基础、个人的心理特征、儿童期和成人的宗教情操及其发展以及"改心"的心理学基础等方面，探讨了宗教在个人内在的生成机制；然后，作者以成人对上帝的经验、崇拜经验、祈祷、神秘经验、灵感、道德等方面，阐释了成人的基督教宗教意识；最后，作者以探析宗教的恒久功能和价值为结论。笔者认为，该书是一本近代中国学者撰写的宗教心理学领域的经典之作，这些译著和专著增加了大陆学者对西方当代宗教心理学学术思想的了解，这些启蒙性的译介工作，为中国大陆宗教心理学的深入研究奠定了最初的基石。

其间，中国学者继续翻译经典作家的著作，其中最有代表性的是《精神分析学派的宗教观》①，该书阐述了精神分析学派及其学说，弗洛伊德宗教观的社会根源和思想根源、精神分析学对宗教的解释的演变等。

第四节　2000 年至 2009 年：中国宗教心理学研究的初步发展

在这个阶段，翻译西方经典依然是学科发展的重点，针对学科建设的论著相继被译成中文。2002 年，罗跃军翻译出版了英国学者洛文塔尔的专著《宗教心理学简论》②，该书首先考察了心理学与宗教之间的脆弱关系及其变化和发展，着重反映了欧洲近一二十年在宗教心理学领域取得的进展。宗教心理学作为一个研究领域正在逐

---

① ［苏］波波娃：《精神分析学派的宗教观》，张雅平译，上海人民出版社 1992 年版。

② ［英］凯特·洛文塔尔：《宗教心理学简论》，罗跃军译，北京大学出版社 2002 年版。

渐成熟。我们对它的理解也在不断增强，超越了经常在宗教心理学名义下所进行的，反对宗教的论辩和支持宗教的辩护。接着，该书探讨了在主要局限于对西方基督教的研究的影响下，对于宗教行为、思想和情感所进行的科学心理学研究所产生的影响。阿盖尔的《宗教心理学导论》①，该书对心理学领域就宗教所做的研究及其成果进行了探究，阐述了作者对相关问题的独到见解，其中充满了对人及其宗教世界的精彩而深刻的洞见。作者显然既相信心理学的实用价值，也相信宗教的精神价值。他在这部全面而易懂的作品中，向人们展示了心理学如何以不同的方式处理宗教这一特殊的人类行为领域中的问题。

除了继续关注学科发展之外，西方一些著名宗教心理学家的代表性论著被译介到中国，如冯特的《民族宗教心理学纲要——人类心理发展简史》②，詹姆士的《宗教经验之种种：人性之研究》③，弗洛伊德的《图腾与禁忌》④《一个幻觉的未来》⑤ 和《摩西与一神教》⑥，荣格的《东洋冥想的心理学：从易经到禅》⑦《寻找灵

---

① ［英］麦克·阿盖尔：《宗教心理学导论》，陈彪译，中国人民大学出版社2005 年版。

② ［德］威廉·冯特：《民族宗教心理学纲要——人类心理发展简史》，陆丽青、刘瑶译，单纯校，宗教文化出版社 2008 年版。

③ ［美］威廉·詹姆士：《宗教经验之种种：人性之研究》，唐钺译，商务印书馆2002 年版。

④ ［奥地利］弗洛伊德：《图腾与禁忌》，杨庸一译，中国民间文艺出版社 1986年版。

⑤ ［奥地利］弗洛伊德：《一个幻觉的未来》，杨韶刚译，华夏出版社 1999 年版。

⑥ ［奥地利］弗洛伊德：《摩西与一神教》，李展开译，生活·读书·新知三联书店 1992 年版。

⑦ ［瑞士］荣格：《东洋冥想的心理学：从易经到禅》，杨儒宾译，社会科学文献出版社 2000 年版。

魂的现代人》① 和《心理学与宗教》等②，弗洛姆的《精神分析与宗教》③ 等都陆续翻译出版，这些启蒙性的译介工作开阔了学者的眼界，为我国的宗教心理学研究奠定了基石。2008 年，青年学者陆丽青、刘瑶翻译了德国威廉·冯特所著的《民族宗教心理学纲要——人类心理发展简史》，由宗教文化出版社出版。2011 年 4 月，谢晓健等人翻译的《荣格文集》（九卷本），由国际文化出版公司出版发行，具体卷名分别为：第一卷，弗洛伊德与精神分析；第二卷，转化的象征；第三卷，心理类型；第四卷，心理结构与心理动力学；第五卷，原型与集体无意识；第六卷，文明的变迁；第七卷，人、艺术与文学中的精神；第八卷，人格的发展；第九卷，象征生活。这些宗教心理学领域的译著，推动了中国的宗教心理学的发展。

中国学者的相关论著出版，主要有祥贵的《崇拜心理学》④，黄国胜《佛教与心理治疗》⑤，陈昌文主编的《宗教与社会心理》⑥，梁丽萍的《中国人的宗教心理：宗教认同的理论分析与实证研究》⑦，卢德的《荣格宗教心理学与圣三灵修》⑧，徐光兴的《东方人的心理疗法——禅的智慧与启示》⑨，释淳法、刘凤珍的《佛教与心

---

① ［瑞士］荣格：《寻找灵魂的现代人》，王义国译，光明日报出版社 2007 年版。

② 参见［瑞士］荣格《荣格文集：让我们重返精神家园》，冯川、苏克译，改革出版社 1997 年版。

③ ［美］埃利希·弗洛姆：《精神分析与宗教》，贾辉军译，中国对外翻译出版公司 1995 年版。

④ 祥贵：《崇拜心理学》，大众文艺出版社 2001 年版。

⑤ 黄国胜：《佛教与心理治疗》，宗教文化出版社 2002 年版。

⑥ 陈昌文主编：《宗教与社会心理》，四川人民出版社 2003 年版。

⑦ 梁丽萍：《中国人的宗教心理：宗教认同的理论分析与实证研究》，社会科学文献出版社 2004 年版。

⑧ 卢德：《荣格宗教心理学与圣三灵修》，光启文化 2004 年版。

⑨ 徐光兴：《东方人的心理疗法——禅的智慧与启示》，上海科学技术出版社 2004 年版。

理健康》①，王惠君编著的《崇拜与精神控制》②，徐仪明的《易学心理学》③，徐光兴的《心理禅——东方人的心理疗法》④，曹剑波的《道教心理健康指要》⑤，陈兵的《佛教心理学》⑥，赵文的《宗教行为与心理治疗》⑦，诺布旺典的《图解西藏医心术》⑧，以及个别社科基金项目的设立，其中典型的成果是陈永胜的《现代西方宗教心理学理论流派》一书。

第五节　2010 年至 2019 年：中国宗教心理学初步成形

在最近十年间，译著、专著的出版增多，学术论文发表增长迅速。浙江师范大学陈永胜出版了其专著《现代西方宗教心理学理论流派》⑨，该成果是在国家社科基金项目（批准号：04BZJ003）支持下完成的。该书首先从前科学时期和现代发展两个方面，梳理了西方宗教心理学的历史源流、发展脉络，然后介绍了现代西方宗教心理学开创时期的代表性理论（詹姆斯的个体经验宗教心理观、冯特的民族文化宗教心理观），早期精神分析学派的宗教心理学理论（弗洛伊德的精神分析宗教心理观、荣格的集体潜意识宗教心理观），新精神分析学派的宗教心理学理论（埃里克森的自我身份认同宗教心

---

① 释淳法、刘凤珍：《佛教与心理健康》，云南民族出版社 2005 年版。

② 王惠君编著：《崇拜与精神控制》，西安交通大学出版社 2005 年版。

③ 徐仪明：《易学心理学》，中国书店 2007 年版。

④ 徐光兴：《心理禅——东方人的心理疗法》，文汇出版社 2007 年版。

⑤ 曹剑波：《道教心理健康指要》，宗教文化出版社 2007 年版。

⑥ 陈兵：《佛教心理学》，南方日报出版社 2007 年版。

⑦ 赵文：《宗教行为与心理治疗》，宗教文化出版社 2008 年版。

⑧ 诺布旺典：《图解西藏医心术》，紫禁城出版社 2009 年版。

⑨ 陈永胜：《现代西方宗教心理学理论流派》，人民出版社 2010 年版。

理观、弗洛姆的人本精神分析宗教心理观和弗兰克尔的意义分析宗教心理观)，人本主义学派的宗教心理学理论（奥尔波特的人格取向宗教心理观、马斯洛的高峰体验宗教心理观和瓦茨的神秘体验宗教心理观）。最后他对西方的宗教心理学理论研究进行了反思和展望，评价了西方宗教心理学理论研究的主要贡献、根本缺陷，提出了其未来的发展趋势。该专著是近年来少有的宗教心理学史研究的著作，带有作者鲜明的个人特色，是从心理学研究者的独特视角看西方宗教心理学发展的一部力作。

此外，陆丽青的《弗洛伊德的宗教思想》① 一书，在梳理弗洛伊德生平和著作的基础上，勾勒出弗洛伊德宗教思想形成和发展的过程，进而分别从"宗教的起源和发展""宗教的本质"（宗教观念、宗教体验、宗教行为和教会组织）以及"宗教和文化的关系"三个部分对弗洛伊德的宗教思想进行了全面、系统和深入的阐述，并力图结合宗教心理学领域的最新研究对其做出客观中立的评价。鸿逸的《佛说心理学》②，张雅惠、陈莉榛的《宗教心理学概论》③等著作都是此时期的典型之作。其中，梁恒豪的《信仰的精神性进路：荣格的宗教心理观》④ 一书，介绍了荣格的生平和著作，总结了他的分析心理学体系和宗教观，并在此基础上，从上帝的形象和对三位一体教义的心理分析两个方面，集中探讨了他的基督教心理观，探讨了荣格进路对"精神性"概念的阐释，荣格的精神性与心理治疗的关系，总结了荣格对宗教心理学的贡献，最后对传统心理学未来的发展趋向，以及超越东西方文化差异进行了反思。余德慧的《宗教疗愈与生命超越经验》⑤，刘佳佑的《荣格心理类型理论在宗

①　陆丽青：《弗洛伊德的宗教思想》，中国社会科学出版社 2011 年版。

②　鸿逸：《佛说心理学》，新世界出版社 2011 年版。

③　张雅惠、陈莉榛：《宗教心理学概论》，洪叶文化事业有限公司 2013 年版。

④　梁恒豪：《信仰的精神性进路：荣格的宗教心理观》，社会科学文献出版社 2014 年版。

⑤　余德慧：《宗教疗愈与生命超越经验》，心灵工坊 2014 年版。

教心理学中的应用研究》①，葛鲁嘉的《宗教形态的心理学——宗教
传统和研究的心理学智慧》②，陈青萍、周济全的《膜拜危害的心理
学预警思考》③，刘欢的《道教仪式音乐及其心理影响机制探析》④
等著作的出版，体现了这一学科已经出现了一批相当有实力和潜力
的学者，研究成果也在逐年增多，在中国知网网站上搜索"宗教"
"心理学"关键词，显示相关论文已近 5000 篇。

《宗教心理学》辑刊的创立和学术论坛的举办，是宗教心理学学
科建设的重要进展。中国社会科学院世界宗教研究所在持续推进中
国宗教心理学的学科建设，为此，宗教学理论研究室克服种种困难，
做出了持续不懈的努力，致力于每年举办一次"宗教心理学论坛"
和出版《宗教心理学》辑刊，为研究中国宗教心理学的学者提供学
术交流平台，并为其研究成果的出版提供一定的支持。2014 年至
今，由中国社会科学院世界宗教研究所主办的宗教心理学论坛已经
举办 5 届，讨论的主题包括宗教心理学发展史和思想史、核心概念
和理论、研究方法探新、实践应用，以及学科中国化等相关问题。
2013 年 6 月，金泽、梁恒豪主编的《宗教心理学》（第一辑）由社
会科学文献出版社出版，目前已经出版 4 辑。该辑刊是国内唯一的
宗教心理学辑刊，其内容结构大致分为以下几个部分：历史展望、
域外视野、理论前沿、思想交谈、学术述评和实证研究，旨在整合
学科力量，搭建学术交流平台，为学科发展助力，该辑刊的出版发
行具有重要的学科建设意义。

宗教心理学作为宗教学的一门分支学科逐渐深入人心，一部分

---

① 刘佳佑：《荣格心理类型理论在宗教心理学中的应用研究》，四川大学出版社
2015 年版。

② 葛鲁嘉：《宗教形态的心理学——宗教传统和研究的心理学智慧》，上海教育
出版社 2016 年版。

③ 陈青萍、周济全：《膜拜危害的心理学预警思考》，中国社会科学出版社 2017
年版。

④ 刘欢：《道教仪式音乐及其心理影响机制探析》，宗教文化出版社 2017 年版。

高校已经开始开设相关课程，如中国社会科学院世界宗教研究所、中国科学院心理研究所、北京大学、中国人民大学、中央民族大学、北京师范大学、复旦大学、浙江大学、四川大学、广州大学、南京师范大学、浙江师范大学、陕西师范大学、新疆师范大学、曲阜师范大学、福建师范大学、山西医科大学等高校的宗教所（系）和心理所（系）都有学者和教授进行宗教心理学相关的研究及开设相关课程。近年来，有一些医院和社会上的心理咨询中心也参与到这一学科的研究中来，例如成都华西医院和南京直面心理咨询研究所等。

宗教心理学学科最近两年越来越受重视，这一点从国家社科基金的审批情况就可以看出端倪，几乎每年都有这一分支学科的项目获得批准，主要成果有：梁恒豪的《西方宗教心理学的最新进展》，陈永胜的《中国特色个体宗教心理发展研究》，彭鹏的《心文化与心理学视域中的精神家园问题研究》，何其敏的《宗教认同研究》，陆丽青的《精神分析学派的宗教思想研究》，谭颖的《西部少数民族地区宗教信仰的心理实证研究》，宋学立的《李道谦与全真教宗教认同的建构研究》，张新樟的《宗教极端思潮的心理危害研究》，周普元的《新疆喀什地区维吾尔族个体宗教心理发展研究》。

中西学科交流活动的开展有声有色。2007 年 9 月由美国富勒神学院心理学院、中国科学院心理研究所和浙江师范大学心理研究所联合主办的，"中美首届宗教心理学国际研讨会"在浙江师范大学召开，随后几年分别在北京（2008 年）、四川成都华西医院（2009 年）、曲阜师范大学（2010 年）和中央民族大学（2011 年）举办，迄今已经举办过五届。2010 年 7 月，20 多位中国宗教心理学研究者赴美国富勒神学院心理学院进行交流和研讨，有幸参加了美国心理学会第 118 次大会，并与该学会 36 分部（宗教心理学）的专家们进行交流。2011 年 5 月，在中国科学院心理研究所举办了"中美宗教心理学研究生论坛"。中外的宗教心理学学者们一起就中国的宗教心理学研究展开讨论，并开始翻译西方经典心理学著作、尝试编著宗教心理学的教材。在参与研讨交流的学者中，既有研究心理学的学者，也有从事宗教学研究的学者；既有基督教信仰背景的国外学者参与，也有国内无神论背景的学者；既有成果卓著的专家，也有初出茅庐的年轻人和学生。这种跨文化、多背景、多层面的对话，体现了相互包容、友好交流、齐心合作的良好势头，给人留下了深刻的印象，也给刚刚起步的中国宗教心理学开了个好头，预示着该学科在中国发展的新希望。

第六节　中国宗教心理学面临的问题和未来展望

对中国宗教心理学而言，虽然有上述可喜的进步和发展，但是我们必须清醒地看到该学科在中国的发展还面临诸多困难，存在许多亟待解决的问题。

第一，宗教心理学的学科定位问题尚有待明确，研究内容范畴也不清晰。对中国的宗教心理学来说，建立相对完善的学科体系是当务之急，首先要解决中国宗教心理学的内涵和外延，即学科定位问题。李春尧在《宗教心理学在中国发展的困境与前景》[①] 中对宗教心理学的含义进行了狭义和广义的区分。他指出，狭义的"宗教心理学"就时间而言，诞生于 19 世纪下半叶；就立场而言，是中立的和没有宗教倾向的；就方法而言，是"科学心理学"的而非"宗教"的。以此定义衡量，"宗教的心理学"是被排除在这个学科之外的。宗教心理学是"把心理学的理论和方法系统地运用到对宗教传统的内容，以及运用到对相关的个人的经验、态度和行为的研究中"的一门学科。这门学科"研究对象是宗教现象，研究方法是心理学的方法，研究工具是心理学的理论，研究的出发点和特点是信

---

① 李春尧：《宗教心理学在中国发展的困境与前景》，《甘肃理论学刊》2015 年第 2 期。

仰者个人"。广义的宗教心理学是"有关宗教的行为、思想和感情的研究"，不仅包括了"宗教的心理学"，更加包罗了人类有史以来各个文化传统中对"有关宗教的"心理性的（非物质性的）研究。就中国而论，如某些学者所说，"中国的宗教心理学历史是源远流长的""应该追溯到中国古代的鬼魂观"，而在中国道教的内丹学、佛教的心性论等思想中，凡心理性的内容也都可以归入"广义的宗教心理学"。如此观之，中国有丰富的宗教心理学的遗产，这些遗产值得我们认真整理和发掘，如果好好利用，可以成为学科发展的动力；否则，将成为学科发展的包袱。总之，"广义的宗教心理学"外延宽广，包罗万象，它不拘于方法、立场，除了"狭义的宗教心理学"的内容之外，还广纳古今中外所有的哲学、宗教探索人心奥秘所得的文明成果。笔者认为，上述对宗教心理学的定位可以作为进一步讨论的起点，逐步解决该学科的定位问题，有利于其沿着良性健康之路向前发展。

就研究内容而言，在宗教心理学的研究中，既要关注"制度的宗教"心理学，又要关注"个人的宗教"[①] 心理学。关于宗教心理学的内涵及外延众说纷纭，笔者认为詹姆士对"宗教"的这一区分，正是我们作为宗教心理学的研究者应该一并关注并加以研究的领域。对"制度的宗教"心理学而言，研究（教徒或教徒群体）宗教观念和宗教行为（诸如崇拜、献祭、仪式、教会等）的心理根源，用心理学来解释（教徒或教徒群体）宗教信仰的规律，这是传统宗教心理学长期以来关注的内容。而"个人的宗教"[②] 心理学，笔者认为更加切合宗教经验论者和人本主义的观点，它关注的是个人的人格整合、道德完善、自我升华，使人们了解宗教对于人类道德与精神

---

① 美国宗教心理学家詹姆士在《宗教经验之种种：人性之研究》一书中，把"宗教"分为"制度的宗教"和"个人的宗教"，这里借用了这一分类。

② 詹姆斯指出，"个人的宗教"就是作为个体的人在孤独地情感、行为和经验，他们的领悟使他们自身处于和神圣者的关系中，此一神圣者可能是他们所关注的任何事物。

的价值。荣格把宗教视为人的精神生活中不可缺少的部分，他通过长期的临床治疗发现，宗教观念实际上是人们精神生活中不可或缺的组成部分，相当一部分心理病症患者的病因，在于他们丧失了原有宗教信仰的意义和以往使自己成为信徒的那种东西。根据詹姆士的观点，个人的宗教较之于制度的宗教更重要、更根本。因此，要重视和加强对"个人的宗教"心理学的研究，这一点也呼应了文章开始所提到的，西方近年来出现的对"信仰而不归属"的"精神性"心理学的研究。

第二，对中国各大宗教的深刻理解和认知是中国宗教心理学研究者面临的一大挑战，如何整合宗教和心理学领域的研究很不容易。宗教心理学是一门交叉学科，利用心理学的研究方法去探究宗教现象的本质及规律是它的基本要义，因此对这一学科的研究离不开对各大宗教的深刻理解和认识。要加强宗教和心理学两个领域学者的交流和合作，注重中国宗教的实际情况，大力推动宗教心理学的学科建设。宗教心理学是一门宗教学和心理学的交叉学科，该领域的研究者应该具备宗教学和心理学两个领域的知识积淀，但是学者一个人的精力有限，因此需要两个领域学者之间的交流和合作。近年来，宗教学界日益重视用宗教心理学的方法，来探究宗教现象的本质和规律，有学者进行了关于宗教认同的调查与分析[1]，对基督教的全国性调查也开始逐步展开[2]，使用实验方法来探究宗教的神经生理机制[3]的文章也见诸宗教学的杂志，由此可见，宗教学界已经开始注意并运用心理学方法来研究宗教。中国的心理学研究者在研究宗教问题的时候，如果不掌握中国宗教自身的规律，深入我国宗教实践进行考察，其理论探讨就会空洞无物。该领域的专业人才培养仍很

---

[1] 梁丽萍：《关于宗教认同的调查与分析》，《世界宗教研究》2003 年第 3 期。

[2] 金泽、邱永辉主编：《中国宗教报告（2010）》，社会科学文献出版社 2010 年版。

[3] 韩慧娟、刘昌：《宗教体验的情绪活动与生理活动研究》，《世界宗教研究》2010 年第 2 期。

欠缺，需要大力加强培养。"百花齐放，百家争鸣"固然叫喜，但是难免蜻蜓点水、隔靴搔痒。该学科对专业知识要求极高，需要宗教学和心理学两支研究队伍彼此互相学习、加强交流。如前所述，不同背景的中国宗教心理学研究者已经开始注意到这一点，心理学研究者、宗教学研究者甚至神职人员和教徒之间的对话和交流日益也在增加，这是可喜的现象。

第三，在研究方法上，要注重宗教心理学的中国处境。虽然在西方宗教心理学研究中，实证研究在可预见的未来还是主流，但是宗教心理现象往往很难简单量化，研究方法的多样化整合一定是未来的研究方向，历史研究、叙事研究、行动研究等方法，必将得到足够重视。对于中国的宗教心理学来说，选用什么最适合的研究方法，一定要结合中国宗教的实际情况。宗教心理学研究必定要采用多样化整合的研究方法。对于"制度性的宗教"心理学而言，使用问卷调查加统计工具对客观的、可观察的宗教现象进行实证研究是非常有用的。比如宗教场所、参加聚会的次数等宗教现象比较容易量化，在样本足够大的情况下，也可以使用统计工具来考察变量与变量之间的关系，建构一定的模型来说明一定的问题。然而，对于更重要、更根本的"个人的宗教"而言，通过注重现象描述的历史研究、叙事研究、行动研究等质性研究，能够更加准确、更加清晰地反映和揭示宗教现象的心理根源和作用。例如上述的宗教现象对于参加者来说到底意味着什么，信仰的历程是怎样的等，可能只有通过对本人的进一步了解、面谈和对参与者的观察等来发现。当然，除了上述两种主要的方法论取向，哲学辩证、形而上学等取向的方法也可以为我所用，"法无定法"，研究方法的"多样化整合"会是未来的趋势。

第四，该学科的实际应用范围相当有限，从而使这门重要的应用心理学分支，在中国未能发挥其应有的作用。从西方宗教心理学研究来看，宗教心理学被广泛应用于医院、社区、学校等领域，对心理健康、疾病治疗、精神看护、临终关怀等都有研究，相较而言，中国的宗教心理学研究还很薄弱，实际应用领域的作用尚未明确显现。在宗教心理学的研究中，理论研究和应用研究一定要并重。在加大理论研究的力度，尽快建设宗教心理学学科的同时，一定要普及宗教心理学的知识，使大众认识到宗教心理学研究的重要性，消除对这一学科的种种偏见，加强宗教心理学实际应用方面的研究。从西方的经验来看，宗教心理学方面的知识对于社会各方面都有重要意义，在各个领域都可以发挥积极作用。小而言之，了解宗教心理学，对于个人的心理健康看护、人际关系建立、生涯规划设计等方面都是有帮助的；大而言之，观照大众心灵健康、重建精神家园、构建和谐社会等应该都是该学科的应有之义。

　　总之，中国的宗教心理学不能急功近利，在借鉴西方宗教心理学历史发展的基础上，开创中国的宗教心理学，需要先从扎实的基础做起。该学科虽然取得了一些进展，但发展相对滞后。虽其修远兮，但已在路上，大有可为，未来可期。

第十六章

中华人民共和国 70 年宗教
人类学研究（1949—2019）

  宗教人类学是宗教学和人类学的交叉学科，在 20 世纪初传入中国，经历了萌芽、创立和发展等时期，为推动中国现代学术的发展做出了积极的贡献。

  19 世纪下半叶至 20 世纪上半叶，随着东西方交流的日益深入，以及西方对华战略的需要，来华的传教士、人类学家、汉学家、探险家等，将宗教观察作为理解中国的一个重要切入口，关注的领域既涉及萨满教、民间信仰，也涉及道门、教门等教派。较为著名的有高延（J. J. M. de Groot）对东南宗教信仰体系的研究，葛兰言（Marcel Granet）对中国古代宗教的社会学研究，顾路柏（W. Grube）对民俗民间信仰的研究等，鸟居龙藏对西南和东北各民族的整体性研究，丸井圭治郎、增田福太郎对台湾的宗教调查，冈田谦对台湾北部地区"祭祀圈"的研究等。特别是日本为配合侵华而开展的《满铁调查报告》，对华北村落的宗教信仰情况做了较细致的记录，亦为后来者保留了一批资料。

  中华民国时期中国本土宗教学人多从欧美留学归来，形成了南方历史学派、北方功能学派和华西学派。他们对西方人类学多有译介，包括《社会学方法论》《人类学与现代生活》《巫术、科学、宗教与神话》《人文类型》《交感巫术的心理学》等，杨庆堃还集中介绍了法国年鉴社会学派的理论和方法。而少数民族宗教亦是这批学人的关注点，包括陶云逵的《大寨黑夷之宗教与图腾制》，杨成志的《罗罗族巫师及其经典》，卫惠林的《中国古代图腾制度论证》，田汝康的《芒市边民的摆》，许烺光的《滇西的巫术和科学》《祖荫下》，李安宅的《藏族宗教史之实地研究》，杨庆堃的《中国家族中的祖先崇拜》《灶神考》等，为宗教人类学在中国的落地生根奠定了坚实的基础。此外，李世瑜关于华北秘密宗教（道门、教门）的田野调查、顾颉刚等人对妙峰山"民众宗教"或"法术宗教"的民俗研究，则将研究视野转向华北地区汉人社会宗教信仰的新发展。

中外研究者在 20 世纪上半叶的探索，为后来学科的发展建设提供了理论、方法、资料等方面的积累。中华人民共和国成立后的 70 年，虽有坎坷，但宗教人类学已然取得了长足进步。

第一节　1949 年至 1978 年的起伏

20 世纪 50 年代初开始，中国大陆主要以苏联模式为参照系，来建构马克思主义民族学的学科体系。其中，中央民族学院研究部汇聚了燕京大学民族学系、清华大学社会学系及其他高校的学者，主要从事少数民族的历史和现状研究，包括各族"原始宗教"的调查。1956 年，切博克萨洛夫（Н. Н. Чебоксаров）和林耀华合作的《民族学的对象及其在中华人民共和国的任务》就将"原始文化史（包括宗教起源）"的调查作为民族学的重要任务之一。林耀华负责编写的《原始社会史》，也重点探讨了原始宗教起源、万物有灵、巫术、图腾和自然崇拜、死人和祖先崇拜、灵物和偶像崇拜等问题。

1953 年以来，人类学者参加了两项大规模的全国性调查。一是民族识别工作（1953 年）。宗教信仰和风俗习惯是其中调查的重要内容之一，如潘光旦的《湘西北的"土家"与古代的巴人》，从白虎神崇拜角度，分析论证了土家族的起源和发展。二是全国少数民族社会历史调查（1956 年），发表了一系列调查报告和《民族问题三种丛书》（后增为五种），以期用中国经验来丰富马克思主义人类社会发展史。这时期宗教人类学的研究虽然依附于民族学旗下，但也保存了一大批少数民族的宗教田野资料。1958 年，毛泽东指示要加强对三大宗教（佛教、伊斯兰教、基督教）的研究，之后世界宗教研究所在 1964 年正式成立，为宗教人类学的后续发展提供了关键的平台，于锦秀、吕大吉等学者贡献良多。

1960 年以来，中国台湾地区的宗教人类学获得了一定的进展，研究对象从原住民转向台湾的汉人社会，并致力于科际整合和社会及行为科学中国化的尝试。1965 年，"中研院"民族学研究所正式成立，设有文化、行为和区域三个研究组，其中文化组涵盖宗教人类学，广泛涉及台湾"原住民"的宗教信仰、台湾的民间信仰、新兴教派及海外华人宗教等议题。1972—1976 年实施的"浊大计划"成果丰硕：一是运用历史人类学方法，重视族谱、碑刻等田野文献，兼顾大小传统，有力地推动了闽台地区的汉族民间信仰方面的研究；二是提出并深化了"祭祀圈""信仰圈"和"土著化""在地化"等中层理论范畴，为宗教人类学的本土化做出了重要的贡献。

第二节　1979 年至 1989 年：恢复与重建

1978 年以来，中国的宗教人类学迎来新的发展机遇。中山大学、中央民族大学、厦门大学、北京大学等先后成立或恢复人类学、民族学院系。少数民族"原始宗教"的调查依旧获得了较多的关注。如于锦秀、范慧娟合作开展了云贵川等地的彝族原始宗教研究，出版了《彝族原始宗教调查报告》《中国各民族原始宗教资料集成考古卷》等著作；1987 年，吕大吉主持了"中国各民族原始宗教资料集成"课题，最终形成了 1000 多万字的研究成果，为中国宗教研究体系的建构做出了重要贡献。

在巫术、萨满教研究方面，中国学者取得了较多的成绩。如宋兆麟分析了巫教的发展过程及其对于科学文化的影响；梁钊韬探讨了巫术和巫师的分类，巫术的观念基础和组成要素，祭礼的象征与传承等；而且秋浦主编的《萨满教研究》，吉林省民族研究所编的《萨满教文化研究》，乌丙安的《神秘的萨满世界》等也各有特色。

20 世纪 80 年代中后期，宗教人类学者将目光转向汉人社会的传统宗教研究。其中比较有特色的研究有：1985 年徐杰舜的《汉民族历史与文化新探》讨论了汉族的风俗特点、婚礼、葬礼、节日起源等；陈国强、石奕龙等人的《崇武大岞村调查》描述了当地的风俗文化、民间信仰、民间故事等；庄孔韶接续林耀华的《金翼》研究，回访撰写了续编《银翅》，重点分析了佛教、道教和民间信仰在乡村生活中的呈现、基督宗教的复兴，及其与民间信仰之互动和冲突等议题。

随着改革开放政策的推进，学术领域的中外交流日益频繁。一是国外的人类学著作得到了大量的译介，包括泰勒（Edward B. Tylor）的《原始文化》，列维 - 斯特劳斯（Claude Levi - Strauss）的《野性的思维》，涂尔干（Émile Durkheim）的《社会学研究方法论》，弗雷泽（Sir James G. Frazer）的《金枝》，韦伯（Max Weber）的《新教伦理与资本主义精神》等，费孝通的《江村经济》和林耀华的《金翼》也分别发行了中文版；二是国外学者纷纷到中国大陆访问和开展实地研究，如杨庆堃、卫惠林、张光直等华裔学者，日本学者中根千枝，美国人类学家萨林斯（Marshall Sahlins）等都在 20 世纪 80 年代访问中国，郝瑞（Stevan Harrell）、杜磊（Dru C. Gladney）等在中国大陆开展了田野考察，对中国大陆的宗教人类学的学科重建有一定的影响。

第三节　1990 年至 1999 年:译介与奠基

20 世纪 90 年代以来，随着宗教人类学的学科奠基性工作基本完成，不仅大批西方的宗教人类学著作和理论得以译介进来，本土学者亦积极参与汉人社会的宗教实证研究。

90 年代初，中国大陆出版了三本以"宗教人类学"为题的通识性著作。1991 年，吉田祯吾的著作译介出版，介绍了祭祀与萨满、神圣的蘑菇——致幻植物与萨满教、礼仪与世界观、象征的世界等议题。次年，布赖恩·莫利斯（Brian Morris）的作品翻译发行，介绍了韦伯、涂尔干、列维－斯特劳斯等人的宗教著作和观点。1993 年张桥贵、陈麟书合著的《宗教人类学》，是大陆首部重点研究少数民族地区的传统宗教的作品。

在国外经典著作的译介方面，计有贝格尔（P. L. Berger）的《神圣的帷幕》，韦伯的《儒教与道教》，渡边欣雄的《汉族的民俗宗教》，涂尔干的《宗教生活的初级形式》，列维－斯特劳斯的《结构人类学》，格尔茨（Clifford Geertz）的《文化的解释》《地方性知识》《尼加拉》等。金泽等还主持完成了《20 世纪西方宗教人类学文选》的选编、翻译工作，让中国学者对宗教人类学的整体进展有了更清楚的了解。

这个关键的 10 年，汉人社会的宗教人类学研究继续全面展开，并取得了一系列的成果。金泽从 20 世纪 90 年代起先后出版《中国民间信仰》《文化形态与英雄崇拜》《禁忌探秘》《宗教禁忌研究》；王铭铭探讨了闽台乡村民间传统的延续和复兴、地方社会的象征权威与精英、仪式时空与年度周期等议题，并出版了《社区的历程》《村落视野中的文化与权力》等作品，强调必须关注中国地方宗教的几个关键问题，如"神、祖先、鬼的信仰""庙祭、年度祭祀、生命周期仪式""血缘性的家族和地缘性庙宇的仪式组织""世界观和宇宙观的象征体系"等。他还系统地介绍了海外的中国民间宗教（民间信仰）研究的现状和理论关切，指出由信仰、仪式和象征构成的民间宗教文化是中国学研究的课题之一。此外，陈国强主持了"闽台民俗研究"课题，先后出版了《妈祖信仰与祖庙》《闽台玉皇文化研究》《闽台清水祖师文化研究》等地方研究系列；张小军则重点关注了民间信仰与地方社会文化重构、历史再造的关系。

该时期海外及港台的研究者在华南、东南及西南有关地方宗教与民间文化的调查计划，亦有效地带动了中国地方信仰研究的热潮，形成一大批以本土学者为主的田野调查成果。如劳格文（John La-gerwey）主持的《客家传统社会丛书》（1996—2004），涉及"宗教、建筑以及中国东南部的经济""中国农业社会的结构与原动力""中国东南的地方宗教与社会""粤北的宗教节庆"等计划，大量探讨南方乡族社会的地方宗教与传统社会结构的关系；由王秋桂主持的"中国地方戏与仪式计划"（1991—2000），重点关注西南和东南的"傩文化"及相关的地方道教科仪文本。

此外，这一时期有关萨满教研究的成果颇丰，主要有刘小萌、定宜庄的《萨满教与东北民族》，孟慧英的《满族萨满教研究》，迪木拉提·奥迈尔的《阿尔泰语系诸民族萨满教研究》，色音的《东北亚的萨满教》等。

第四节　2000 年至 2009 年：成熟与丰收

在 21 世纪开端，中国的宗教人类学也日益走向成熟。黄剑波、赵英、于丽娜、罗惠翾、安秋旭、宫哲兵等学者撰写了多篇学科发展史的文章。黄剑波指出，中国的宗教人类学主要关注地方性的、民族的宗教信仰，以及民间信仰的仪式过程，比较缺乏对跨地域宗教形式，特别是对世界宗教的关注。

金泽在学科体系的建设方面贡献颇丰。2009 年，宗教人类学成为中国社会科学院重点扶持的院级"交叉学科"，由金泽和陈进国共同主持，并开始出版《宗教人类学》辑刊系列，成为一个重要的学科平台。第一辑（2009）是"走近宗教现场"之立场的实践，包括"田野现场""本土眼光""域外视野""学术交谈""学术书评"等栏目，主要涉及东南地区的民间信仰、东亚和东南亚地区的民间信仰，中国的"宗教生态"等议题。

　　数量众多的人类学宗教作品继续得以翻译和出版，包括埃文斯－普理查德（Sir E. E. Evans－Pritchard）的《原始宗教理论》《阿赞德人的巫术、神谕和魔法》，马林诺夫斯基（Bronislaw Malinowski）的《西太平洋的航海者》，莫斯（Marcel Mauss）的《论馈赠》，涂尔干的《乱伦禁忌及其起源》，列维－斯特劳斯的《图腾制度》《神话学研究》，特纳（Victor Turner）的《仪式过程》《象征之林》，道格拉斯（Mary Douglas）的《洁净与危险》，弗里德曼（Maurice Freedman）的《中国东南的宗族组织》，王斯福（Stephan Feuchtwang）的《帝国的隐喻》，杨庆堃的《中国社会中的宗教：宗教的现代社会功能与其历史因素之研究》，菲奥纳·鲍伊（Fiona Bowie）的《宗教人类学导论》等。其中，海外关于中国传统宗教的理论反思成果，也开始引起国内学者的注意并进行了积极推介，诸如杨庆堃关于"制度性宗教"（独立性宗教）和"弥散性宗教"（混合性宗教）的范畴研究，武雅士（Arthur P. Wolf）关于神、鬼、祖先的谱系划分，王斯福关于"帝国的隐喻"模式探讨，华生（James Watson）关于"神明标准化"的思考，焦大卫（David Jordan）和欧大年（Daniel L. Overmyer）关于民间宗教教派的研究，都引起了诸多的学术讨论。

　　学科体系的不断完善，以及西方人类学理论的引入，都为国内研究者提供了更多的学术资源。其中金泽的《宗教人类学导论》和《宗教人类学学说史纲要》成为各大高校的专业教材。前者详尽地梳理了宗教人类学的形成和发展进程，并提出了"原生性宗教"和"创生性宗教"范畴；后者回顾了该学科的发展和前沿理论。金泽还创造性地勾勒出，中国民间信仰和民间宗教在演变进程中的聚散路径和机制；岳永逸聚焦北京和华北地区民俗事项和民间信仰；高丙中考察了民间仪式中的地方与国家之关系，以及作为非物质文化遗产的民间信仰"双名制"的生存策略；叶涛主要分析了泰山信仰的基本特征、神祇的人格化进程、香社团体的形成运作等议题。

　　在华南和华北地区，围绕地方崇拜和信仰议题的历史或宗教人类学研究，取得了一系列的成果。在华南方面，刘志伟、陈春声、郑振满、蔡志祥等"华南学派"，尝试透过民俗看历史，关注中国地方社会的"结构过程"，分析民间信仰与仪式传统、神明的正统化、礼仪的庶民化等议题。如丁荷生、郑振满重点关注莆田平原的仪式联盟的问题；刘永华讨论了明清时代福建地方的"礼仪下乡"问题，特别是礼生所扮演的文化中介作用；陈进国借助"人类学式的历史学"方法，将风水习俗视为中国乡土社会的一种文化系统和民众的生活方式，思考该事象与近世乡土社会的认同、分类意识，以及社会文化秩序整合的关联问题。中山大学人类学系亦有十几位博士生，选择以社区的某种宗教形态或多元宗教传统作为博士学位论文的选题。2006 年起，中国台湾王秋桂负责主持"历史视野中的中国地方社会比较研究""中国村落中的宗族、仪式、经济和物质文化"计划，并将视野扩大到华北地区；康豹（Paul R. Katz）和浙江学者也一同出版了《浙江传统社会丛书》，开展浙江民间信仰和地方道教调查；赵世瑜探讨了中华帝国晚期的民间庙会与乡土社会网络、地缘组织与仪式表演、民间教派与地方生活等；欧大年、范丽珠主持的《华北农村民间文化研究丛书》，对河北地区的民间信仰现象做了深入的田野调查；郭于华等人研究了华北乡村社会的仪式与社会变迁，包括传统的葬俗；王建新和刘昭瑞主编的《地域社会与信仰习俗：立足田野的人类学研究》一书，则重视地方性宗教信仰的形成、形态和作用。

　　人类学的西南宗教研究亦在有效推进，其中有关中华民国魁阁时期三个经典案例的回访值得关注。梁永佳以大理喜洲镇为田野点，展现了地域崇拜现象的等级结构、当地的庙宇及其组织和仪式活动；张宏明分析了禄村的土地制度，以及消遣经济背后的公共仪式，指出公共仪式中洞经活动与花灯活动的变迁反映了国家与地方社会关系的变化；褚建芳以德宏傣村的田野案例，分析了当地社会文化的经济伦理与等级秩序。

此外，采用人类学方法的制度性宗教研究也不乏精彩的成果，如龚浩群的海外民族志《信徒与公民》，尕藏加的《西藏宗教文化生态》，马强的《流动的精神社区》等。而萨满教也继续得到深入的观察，如孟慧英的《中国北方民族萨满教》《尘封的偶像：萨满教观念研究》《寻找神秘的萨满世界》《满族民间信仰》，迪木拉提·奥迈尔等的《维吾尔族萨满文化遗存调查》，色音的《中国萨满文化研究》，郭淑云的《原始活态文化：萨满教透视》《中国北方民族萨满出神现象研究》等，对萨满教的宗教属性、仪式实践、附体和出神的宗教经验等都有较深入的探索，并与国际萨满教研究形成了一些理论对话。

值得一提的是，中国学者还围绕"宗教生态论"与"宗教市场论"展开了热烈的讨论。其中，牟钟鉴、段琦、陈进国、李华伟、魏德东、陈晓毅、范丽珠等学人，围绕宗教生态论问题进行了讨论；而赵鼎新、孙砚菲等学者则从历史中国某些制度性宗教的"零和扩张"问题来深化宗教生态问题；李向平、梁永佳等人指出，"宗教生态论"需要完善其理论体系，并反思中国语境下的宗教概念，以及宗教与权力、社会之关系等议题。

第五节　2010 年至 2019 年：开放与转型

宗教人类学在最近的十年内取得了重大的发展。一方面，研究者从本土经验出发，致力于具有中国底色的学科概念和中层理论的建构；另一方面，研究者开始走向海外，以"他者的眼光"来反思既有的学科传统，讲好中国学者的"故事"，发出中国学者的"声音"，中国的学者日益转向关注制度性宗教的人类学研究。

这一时期，中国社会科学院世界宗教研究所一直致力于学科平台的搭建，并发挥了关键性的引领作用。该所汇聚了金泽、陈进国、叶涛、尕藏加、李金花、王超文等一批老中青学者，通过编辑出版《宗教人类学》辑刊，举办"宗教人类学学术论坛""宗教人类学工作坊""宗教人类学名家讲座"等，从而带动了整个学科的进步。而王铭铭、高丙中等学者亦积极倡导，并带领学生有规模地开展中国边疆及人类学的海外研究，很多研究都涉及田野点的宗教问题。

一　学科平台的搭建

在金泽、陈进国的主持下，《宗教人类学》辑刊先后出版了 7 辑，第 8—10 辑也即将出版，作者群涵盖海内外著名的宗教人类学家及一批中青年学者，紧跟国际学术前沿，关注的议题亦相当广泛。每一辑约为 50 万字，并被列为中国社会科学院创新工程核心期刊，获得中国优秀学术期刊奖；第 2 辑（2010 年）由"域外视野""本土眼光""历史向度""思想交谈""书评综述"等板块组成，聚焦基督教人类学的当代研究，关注宗教研究中的历时维度；第 3 辑（2012 年）汇集了一组海内外的伊斯兰人类学研究；第 4 辑（2013 年）翻译介绍日本关于萨满教、风水等方面的研究及基督教人类学的前沿观点；第 5 辑（2014 年）集中呈现了中国香港的道教和民间信仰的历史与现实，日本学者对于中国民间信仰仪式和伊斯兰教的研究，以及藏区宗教信仰的最新田野观察；第 6 辑（2015 年）集中重点探讨了宗教研究的概念和理论范式，聚焦基督宗教在国内外的现实情况，以及日本本土的宗教与社会研究；第 7 辑（2017 年）"修行人类学"专辑，包括"修行人类学导论""修行与身心实践""修行与学习过程"等板块，刊发了由陈进国、杨德睿、黄剑波共同倡导的研究群的成果。

世界宗教研究所主办的宗教人类学论坛，目前共举办了五届。

第一届论坛于 2010 年在广州举行，由世界宗教研究所和中山大学人类学系主办，主题为"中国宗教人类学的回顾与前瞻"，包括本土概念与宗教人类学、海外研究与宗教人类学、区域历史视野中的宗教信仰、民间信仰（宗教）与汉人社会、当代藏区的多元宗教传统、多元族群视野中的宗教信仰、基督教与当代中国社会、人类学视野中的伊斯兰教等。第二届论坛于 2012 年在北京举行，主题为"宗教的动力研究"，涉及学科理论反思、社区宗教传统与当代社会变迁、宗教仪式的结构与象征、基督教人类学与中国研究、香港当代道教的田野调查、宗教运动与社会变革、历史人类学视野中的地方宗教等。第三届论坛于 2013 年在兰州举行，由世界宗教研究所、兰州大学西北少数民族研究中心/民族学研究院主办，主题为"多元宗教与地方经验"，讨论了"宗教、理论与地方经验""宗教、民族与社会生活""伊斯兰、人类学与本土化""信仰、历史与地方社会""信仰、变迁与义化融合""信仰、文本与地方经验"等。第四届论坛于 2015 年在吉首举行，主题为"茶马古道上的文明与宗教"，涉及"一带一路"建设与多元宗教生态、茶马古道上的多元宗教融合与族群认同、茶马古道上的多元宗教传播与文化交流、茶马古道上的地域崇拜与民俗宗教、茶马古道上的苯教与佛教信仰、"一带一路"的宗教人类学研究等。第五届论坛于 2019 年在昆明举行，由世界宗教研究所、中国宗教学会宗教人类学专业委员会、云南大学民族学与社会学学院、云南大学《思想战线》编辑部等合办，主题为"当代宗教与生态实践"，旨在挖掘传统生态智慧资源，探讨各宗教的自然生态观、宗教信仰与生态实践关系，人类学本体论转向、人类纪（世）处境下的宗教变迁，以及相关的地方性经验和理论对话等。

至 2019 年，在魏德东等人的组织下，中国人民大学哲学学院已连续举办了 16 届"宗教社会科学年会"，并邀请海内外知名学者举办了多次宗教社会学、人类学领域的暑期工作坊，议题相当广泛，为推动宗教学领域的跨学科合作做出了积极的贡献。在黄剑波的组织下，华东师范大学人类学研究所也邀请了罗宾斯（Joel Robbins）

等国际知名的宗教人类学者前来讲学。自 2011 年起，陈进国则邀请了近 20 位宗教人类学领域的中外学者，在京举办了一系列"宗教人类学名家讲座"，并计划结集出版。现受邀之学者有魏乐博（Robert P. Weller）、王铭铭、罗红光、渠敬东、中牧弘允、张珣、梁永佳、宗树人（David A. Palmer）、范丽珠、王建新、马力罗（Roberto Malighetti）、黄剑波、张小军、庄孔韶、李天纲、施舟人（Kristofer M. Schipper）、吴重庆、赵丙祥、田海（Barend J. ter Haar）、张泽洪、汪毅夫、汲喆等。

在学术机构建设方面，2014 年中国人类学民族学研究会成立宗教人类学专业委员会，庄孔韶任主任，陈进国、色音、沈林、迪木拉提·奥迈尔、黄剑波、魏乐博等中外学者任副主任。2018 年，为响应习近平总书记"要加快发展具有重要现实意义的新兴学科和交叉学科"的号召，在陈进国、杨德睿、黄剑波的主持下，发起成立了中国宗教学会宗教人类学专业委员会。专委会由陈进国任主任，梁永佳、龚浩群任副主任，黄剑波任秘书长，张原任副秘书长，邀请了庄孔韶、卓新平、金泽、郑筱筠、魏乐博、赵鼎新、王建新、邱永辉、范丽珠、王铭铭、张泽洪、吴飞、游斌、李志农等资深学者担任学术顾问。两个分属不同学会的专委会的建立，体现了两个学科的通力合作，在理论、方法和视角方面的互为补充，将共同推进宗教人类学的可持续发展。

二　本土经验与走向海外

2013 年以来，杨德睿、陈进国、黄剑波等共同倡导"修行人类学"。传统的人类学宗教研究大多从"非信仰传统"切入，较为缺失信仰者的声音和在场，由此需要一种内部性理解的视角，以反思信仰者自身的文化习得机制和信仰的内生动力，并回归对社会人的形成这一经典问题的探讨。这一范畴为中国的宗教人类学提出一个具有普世性和关键性的话语构建，迄今已举办五届"宗教人类学工作坊"，旨在从经验研究的个案出发，推进"修行人类学"相关议题的讨论，进而加速中国及周边宗教人类学的进展。

首届工作坊于 2015 年在海南玉蟾宫举行，主题为"世俗时代的修行"，涉及修行与灵性教育、修行与身心实践、修行与信仰戒律、个体与集体的修行、修行的语义学分析等议题。第二届工作坊于 2016 年在茅山乾元观举行，主题为"修行人类学视野下的宗教与社会"，包括中国语境下的修行、佛教修行研究、基督信仰修行研究、道教和民间信仰修行等议题。第三届工作坊于 2017 年在宁波金峨寺举行，主题为"修行与精神性生活探析"，包括修行人类学的学理反思、修行与精神体验、修行与尘世生活、修行与日常经验、修行与身体实践、声音感知与视觉、佛教居士的修行等议题。第四届工作坊于 2018 年在福建泉州举行，主题为"修行方式与指向"，讨论了当代中国社会的佛教寺院及互联网下的民间信徒修行模式、藏区及内蒙古地区的修行者、基督徒的主观性与语言意识形态、儒道传统与读经活动，以及当下各个宗教参与城市生活的种种实践等。第五届工作坊于 2019 年在山西恒山举行，主题为"隐修传统与信仰的生成"，涉及知名宗教人物的隐修故事与传说，基督宗教中的灵修，道教的隐修传统与修仙实践，古代与现代的隐修、修行话语和观念之比较，琴道、"修身"与古琴的隐修面向，藏区修行者的身体与选择，以及当下各个宗教参与城市生活的多样实践等内容。

费孝通先生曾大力倡导"藏彝走廊"研究，以推动构建中华民族的"多元一体"格局。因此，西南地区的宗教研究，一直是中国人类学关注的重点。云南大学、云南民族大学暨云南社会科学院等机构，集中了一大批民族学和人类学的学者，关注西南地区及跨境的南传暨藏传佛教、基督教及少数民族传统宗教的发展。如高志英关注基督教的跨境互动与在地化问题，白志红对云南本土信仰的研究，李志农对云南及海外藏传佛教的田野研究，都颇具特色。而倡导"中间圈"的王铭铭，带领一大批学生，也持续关注西南的民族和宗教问题。如杨渝东、汤芸、舒瑜、杨清媚、张原等以仪式为切入点，讨论了山地苗族的秩序性和神圣性建构、多族交互共生关系的仪式景观、云南邓诺盐井的丰产仪式、西双版纳社会的"双重宗教"、嘉绒神山的空间象征与文明形态、屯堡村寨的降乩仪式与"礼治秩序"等。而李金花以士人顾彩为个案，采用传记法的方式，分析了作为神灵之所在面向的山川的多重面貌。伴随着人类学的本体论转向，与宗教相关的生态、器物、医疗、性别等新议题也日益获得关注。

在这一时期，关于制度性或独立性宗教的人类学研究日益占据主流位置，黄剑波、吴飞、高志英、曹南来、何哲、孙晓舒、王修晓、王媛、蔡圣晗、艾菊红、刘琪等学者，一直在关注基督宗教的人类学研究，议题涉及全球化、地方化、文化认同、信徒的日常生活实践等议题。苏敏关注鲁西南的伊斯兰教，以期反思"清真"概念的真实与想象的问题；杨德睿以"传承"概念和"表征的流行病学"模型，关注当代中国道教的最新发展形态；景军的《神堂记忆》借鉴社会记忆理论，勾勒了甘肃大川孔庙的重建历程；范丽珠、陈讷等也将眼光转向一些地方儒教的田野研究；陈进国的《救劫：当代济度宗教的田野研究》一书，则呈现了近现代中国及周边地区的本土济度宗教运动的基本面貌及内生动力；郑筱筠主编了《东南亚宗教与社会发展研究》和《东南亚宗教研究报告》，东南亚特别是海外华人的宗教信仰在中国获得了更多的关注。

此外，一些研究主题也独具特色，如赵丙祥、张士闪等人对中国近代武术传统与地方信仰的关系的历史人类学研究；范丽珠和魏乐博合作，将研究视角转向江南地区的宗教与公共生活。

近年来中国人类学的重要转向之一是将视野投向海外，形成了一批新的成果。如龚浩群主要关注泰国现代社会的宗教生活、宗教与民族国家建构、全球化时代的宗教与社会变迁，以及东西方社会语境中的宗教个体化等议题。曹南来关注温州商人基督徒与全球化的关系，海外华人基督教信仰与中国民族主义、全球性的经济联盟的关联性。罗杨结合中国的文献，展示了柬埔寨人将宗教知识传统纳入在地社会并形成自身"文明"的方式。汲喆则重点关注海外华人佛教道场，指出移民结构的变迁和宗教全球化的发展，将进一步改变华人的信仰版图，进而为中国宗教的分化与创新注入新的动力。

第六节 总结与反思：中国的宗教人类学往何处去

纵观宗教人类学 70 年的发展历程，既得益于中国学术大环境的日益改善和开放，更得益于经典著作的译介和中西方日趋活跃的学术交流。中国学者的研究领域和视野都在不断地扩大，在关注中国本土的宗教研究的同时，也将眼光扩大到世界各地，构建海外宗教研究的"中国经验"。在虚心引介西学的理论方法的同时，中国学者也尝试构建自己的中层理论，提出更适合解释中国宗教的本土范畴。随着学科体系的日趋完善，平台的新建与运作，人才队伍的凝聚与增加，宗教人类学的学科影响力正在不断增强。

居安思危，中国的宗教人类学虽取得了一定的成绩，但仍然存在不少问题，与国际学术界相比，尚有不少的差距。第一，许多人类学研究的落脚点不在宗教本身，而那些将宗教还原为政治经济问题的取向，则多背离了学科应有之义；第二，部分研究过于机械性地套用西方的理论，缺乏突破和创新；第三，对民族宗教和民间信仰的关注仍为主流，近年来基督宗教的人类学研究有所增加，但涉及道教、佛教、伊斯兰教和新兴宗教的成果仍较为缺乏；第四，在宗教学的二级学科中，并没有独立的宗教人类学的机构平台，很多高校主要以教别对象为单位进行设计，诸如宗教人类学或宗教社会学、宗教心理学等学科基本属于边缘化的状态，缺乏学术话语权和相应的学术资源。此外，著作的出版亦相当困难。

新的突破何以可能？2016 年，习近平总书记在哲学社会科学工作座谈会上指出"要加快完善对哲学社会科学具有支撑作用的学科"。宗教人类学急需加强独立的学科平台建设，以补强短板，促进跨学科合作，才能有利于学科体系、学术体系和话语体系的建设。

宗教人类学者应当以问题为导向，摒弃对时髦理论和现代化理论的过分追求，兼顾历时和共时层面，致力于挖掘中层理论，弥补社会科学与人文学科之间的失衡，以期揭示宗教现象的复杂性。此外，要打破过往的乡村与城镇、少数民族与汉人社会、民间信仰与制度化宗教的研究区隔，这对于重新梳理中国的宗教谱系，推动宗教人类学的"中国学派"的建立，将有所裨益。

第十七章

中华人民共和国 70 年
宗教艺术研究（1949—2019）

　　宗教艺术研究处于宗教学、艺术学和考古学之间的交叉领域，其考察模式随着研究的推进而有所变化。大致而言，我国宗教艺术研究在考古学—艺术学—宗教学三个视角之间转换。

　　20 世纪的中国考古发现吸引了学术界的高度关注，其中很多出土文物既是艺术品，也是宗教用品。基于宗教与艺术在文物上的高度重合，早期宗教艺术研究被视为考古学的分支，研究者试图通过对艺术品宗教属性的断定，来协助其对历史事件的理解和说明。一方面，借助艺术史对作品风格的定位等学科内容，来推断考古发现的年代或者米源；另一方面，通过宗教学研究手段，追溯这些出土器物在当时的实际功用。在这种思路下，宗教艺术品被当作器物来看待，依据其材质进行分类，无意间忽略了其自身的内在意义。

　　随着 20 世纪 80 年代艺术学和美学研究的繁荣，宗教艺术现象的内在价值开始得到关注。无论是基于马克思经典思想家，还是其他西方艺术理论流派的考察，都无法忽略历史上艺术品与宗教活动之间的密切关联，虽然这种关联在现代社会中开始变得模糊。通常而言，基于艺术学的宗教艺术研究，试图将人的情感作为联系艺术与宗教的纽带，无论是艺术学还是宗教学的研究者，多数认为宗教艺术源自人的独特生存体验。然而，通过个体体验来解说宗教艺术，很难避免过度解释，甚至可能引发宗教艺术现象的不可知困境。

宗教主要表现为基于特定团体的固定仪式，它本身难以容纳对其内涵的过度诠释。宗教的出现远远早于艺术观念的产生，目前所判定的很多艺术品在其产生源头上只是纯粹的宗教仪式用品。用启蒙运动之后的艺术理念来统摄数千年历程的宗教艺术现象，在历史和逻辑上都难以周全。对于宗教艺术现象来说，更合理的方法是，从宗教研究的角度予以展开，同时兼顾艺术学和考古学视野。在这种宗教艺术研究视野中，研究者越来越意识到宗教对其艺术表现的先决性影响：除非我们真正理解宗教艺术现象背后的预设，否则就难以对其艺术内涵进行透彻的分析。而对于宗教预设的解析，必须通过宗教学的探索来具体化，这样，宗教艺术研究才会反过来促进宗教理论的具化过程，促使宗教学探索更加趋近逻辑和历史的统一。

第一节　1949 年至 1978 年

一　佛教艺术领域

1. 石窟与佛寺

中华人民共和国成立初期，我国的佛教美术研究主要是针对石窟寺、佛寺、佛塔等地上遗迹进行调查与清理。1950 年，由中央人民政府文化部及文物局负责组织成立雁北文物勘查团，对包括云冈石窟及义县万佛堂石窟的各地遗迹进行了调查，出版了《雁北文物勘查团报告》，这也是 1949 年以来第一本关于文化遗址调查的报告。同时期的类似调查团体还有敦煌勘查团、炳灵寺石窟勘查团、麦积山石窟勘查团，等等。其中，华东艺专美术史教研究组的罗卡子等，调查了云冈、龙门、响堂山、巩县和渑池石窟，并于 1955 年出版了

《北朝石窟艺术》①，这也是中华人民共和国成立后第一部研究佛教石窟的专著；1957 年，北京大学历史系对响堂山石窟进行了详细的调查与测绘，从考古学的角度记录了石窟的各方面信息。佛教建筑方面有梁思成考述了山西五台山佛光寺的殿堂、山西大同上华严寺、山东济南四门塔和龙虎塔等，主要对建筑年代、特征进行考证②。1954 年，山西省的文物考古工作者发表了《两年来山西省新发现的古建筑》③ 一文，介绍了五台山南禅寺这一珍贵的唐代遗址，并发表了相关建筑、塑像的细节图片。

　　1959 年以后，考古学的研究方法被普遍使用。对于石窟寺的调查与研究更加规范、科学。特别是 1961 年国务院公布了第一批全国重点文物保护单位，其中石窟寺与摩崖造像共 14 处；由此可见，国家加大了对石窟寺的调查及周边的清理、挖掘的力度。如陕西省复查了本省的 33 所石窟，甘肃发现了庆阳北石窟，并复查了炳灵寺、马蹄寺、文殊山、昌马等，尤其是在炳灵寺第 169 窟发现了西秦建弘元年（420）的墨书题记，这也是目前发现的年代最早的石窟题记。敦煌文物研究所也对莫高窟进行了崖面保护，并重新挖掘了 20 多处洞窟、遗址，出土了为数不少的文书、画像、供养具，等等。在郑振铎先生的主持下，以文物出版社为代表的出版社，从 20 世纪50 年代起就开始出版石窟寺方面的图籍。开始多是艺术性的画册，如《云冈石窟》④《龙门石窟》⑤《敦煌莫高窟》⑥ 三大石窟的简介，

　　① 罗未子：《北朝石窟艺术》，上海人民出版社 1955 年版。

　　② 梁思成：《梁思成全集》，中国建筑工业出版社 2001 年版。

　　③ 祁英涛、朴仙洲、陈明达：《两年来山西省新发现的古建筑》，《文物参考资料》1954 年。

　　④ 山西云冈石窟文物保管所编：《云冈石窟》，文物出版社 1955 年版。

　　⑤ 龙门保管所编，罗哲文摄影：《龙门石窟》，文物出版社 1958 年版。

　　⑥ 敦煌文物研究所编：《敦煌莫高窟》，甘肃人民出版社 1957 年版。

以及《敦煌壁画》①《敦煌彩塑》② 等。其中 1953 年、1954 年出版的《炳灵寺石窟》③《麦积山石窟》④，是当时两个石窟考察团的工作总结，粗具石窟寺报告的雏形。1963 年出版的《巩县石窟寺》⑤ 在当时出版专书中具最高水平，附有实测图，摄影、拓片图版及研究性文章。"文化大革命"期间，学术研究工作基本中断，各个石窟寺、文物保护单位主要以保护、维修为主。

这一阶段的学者们为中国宗教艺术之后的研究，奠定了深厚的基础。如北京大学考古系的宿白、中央美术学院的金维诺、浙江美术学院的史岩、北京大学文物研究所的阎文儒以及敦煌文物研究所的常书鸿、段文杰、关友惠，等等。金维诺的主要成就在于运用艺术风格学与图像学对中国佛教美术的题材、图像进行分析，研究佛教美术图像在不同时期的变化与发展。如发表于 20 世纪 50 年代的《敦煌壁画祇园记图考》《敦煌壁画维摩变的发展》《西方净土变的形成与发展》⑥ 几篇论文，以敦煌壁画为对象进行讨论。史岩先生集中调查了杭州南山、四川广元千佛崖以及甘肃北朝的石窟。阎文儒的研究主要集中于对各地石窟的调查、题材的判断，其研究汇集为《中国石窟寺艺术总论》⑦ 于 20 世纪 80 年代出版，此书也成为第一部全面介绍中国石窟寺的专著。这一阶段的敦煌文物研究所主要致力于洞窟的清理、保护、发掘，并对壁画反映的社会生活进行初步

---

① 敦煌文物研究所编：《敦煌壁画》，文物出版社 1960 年版。

② 敦煌文物研究所编：《敦煌彩塑》，文物出版社 1961 年版。

③ 文化部社会文化事业管理局：《炳灵寺石窟》，文化部社会文化事业管理局 1953 年版。

④ 文化部社会文化事业管理局编：《麦积山石窟》，文化部社会文化事业管理局 1954 年版。

⑤ 文物出版社编：《巩县石窟寺》，文物出版社 1962 年版。

⑥ 均收录于金维诺著，薛永年、罗世平编《中国美术史论集》，黑龙江美术出版社 2004 年版。

⑦ 阎文儒：《中国石窟寺艺术总论》，天津古籍出版社 1987 年版。

判定。如常书鸿《敦煌莫高窟艺术》①，段文杰《敦煌早期壁画的民族传统和外来影响》②，关友惠、施萍婷的《莫高窟第 220 窟新发现的复壁壁画》③ 等均是其中代表。此外，中国台湾学者石彰如的《莫高窟形》④ 为台北"中研院"史语所田野工作报告，发表了大量莫高窟石窟的窟型、空间结构。

2. 单体造像

这一时期，在全国范围内发现了数处大型佛教造像窖藏坑，如 1954 年发现的曲阳修德寺、成都万佛寺窖藏中，发现了大批南北朝、唐代的窖藏佛像，为佛教艺术研究提供了大量珍贵的资料。此外，在文物普查工作中，大量散佚民间的单体造像也得到了系统而有效的保护。针对这些单体造像的研究，学者们主要以区域为主，对造像的年代、风格特征进行判断，成果也主要以论文为主。如 1955 年《文物参考资料》中收录了荆三林的《济南近郊北魏隋唐造像》⑤，1956 年，他又发表了关于《济南近郊北魏隋唐造像的补充意见》⑥ 一文，这是早期地方性佛教造像特点研究成果的开端；保全的《西安文管处所藏北朝白石造像和隋鎏金铜像》⑦ 一文，将文管所搜集的造像根据材质进行分类研究；对于单体造像的服饰特点，杨泓的《试论南北朝前期佛像服饰的主要变化》⑧ 一文进行了讨论，这也是佛教造像中佛衣专项研究的开端之作。

---

① 常书鸿：《敦煌莫高窟艺术》，《文物》1978 年第 12 期。

② 段文杰：《敦煌早期壁画的民族传统和外来影响》，《文物》1978 年第 12 期。

③ 关友惠、施萍婷：《莫高窟第 220 窟新发现的复壁壁画》，《文物》1978 年第 12 期。

④ 石彰如：《莫高窟形》，台北"中研院"历史语言研究所 1966 年版。

⑤ 荆三林：《济南近郊北魏隋唐造像》，《文物参考资料》1955 年第 9 期。

⑥ 荆三林：《济南近郊北魏隋唐造像的补充意见》，《文物参考资料》1956 年第 3 期。

⑦ 保全：《西安文管处所藏北朝白石造像和隋鎏金铜像》，《文物》1979 年第 3 期。

⑧ 杨泓：《试论南北朝前期佛像服饰的主要变化》，《考古》1963 年第 6 期。

3. 书法与绘画

这一时期的佛教书法与绘画主要依靠国家博物馆、故宫博物院以及各地各级博物馆、文管所的整理。随着材料通过展览、出版画册等形式进行发表，学者们开始对题材、风格以及著名书僧、画僧进行基本研究。如金维诺对阎立本与尉迟乙僧①的考察，王伯敏对吴道子生平、佛教作品的考证②，使得人们对古代的佛教艺术作品、艺术家有所了解。敦煌写经与龙门二十品等杰出的书法作品，在此阶段也成为研究对象。1963 年，《文物》杂志连续刊登数篇关于古代佛教写经的文章：张铁弦的《敦煌古写本丛谈》③，紫溪的《由魏晋南北朝的写经看当时的书法》④，均对写经艺术进行了介绍。

4. 音乐、舞蹈与戏剧

1953 年，杨荫浏、简其华、王迪共同参与并完成的《智化寺京音乐》研究报告，共三册，并以油印稿的方式发表于中央音乐学院民族音乐研究所编印的采访记录中。该文首次对智化寺的历史渊源进行梳理、阐释，继而对智化寺的法会、佛教音乐的音乐结构、音乐种类、工尺谱进行分析、论述。1956 年，杨荫浏前往湖南省对宗教音乐进行实地考察、搜集与整理，并撰写了《湖南音乐普查报告附录·宗教音乐》。1957 年，中央音乐学院民族音乐研究所编印的由章传达记谱，凌其阵整理的《沈阳小万寿寺梵乐的初步研究》，首次对沈阳小万寿寺的梵乐进行了介绍。总体来说，这一时期的研究成果主要以搜集、保护、整理为主，这为后来的研究工作创造了条件。

1900 年，敦煌藏经洞的发现，从事文学、戏剧方面研究的学者从敦煌文书中清理、分辨出大量与佛教戏剧相关的卷子。针对这些

---

① 金维诺：《阎立本与尉迟乙僧》，《文物》1960 年第 7 期。
② 王伯敏：《唐代杰出画家吴道子》，《美术》1957 年第 4 期。
③ 张铁弦：《敦煌古写本丛谈》，《文物》1963 年第 4 期。
④ 紫溪：《由魏晋南北朝的写经看当时的书法》，《文物》1963 年第 5 期。

珍贵的内容，中华人民共和国成立后任半塘先生的《敦煌曲初探》①《敦煌曲校录》②《唐戏弄》③ 三本与敦煌戏剧文献相关的著作问世，对敦煌所出的乐曲、戏剧资料进行了搜集整理和研究，并讨论了唐代戏剧与敦煌文献的关系。饶宗颐先生与法国学者戴密微合著的《敦煌曲》④ 也完成于这一时间段，这篇文章对敦煌曲辞进行了钩稽整理，其中包含了对唐代舞剧、戏剧研究的内容。

二　道教艺术领域

中华人民共和国成立初期，道教艺术研究代表性成果是《苏州道教艺术集》⑤，该书对苏州玄妙观正一派为主的传统道教的仪式和音乐进行了整理和解释。书中详尽地说明了对每个科仪中曲目的运用、串接与所用乐器的名称和功效，还保留了珍贵的道教艺术影像，是当时道教艺术的珍贵资料。

第二节　1979 年至 1989 年

一　佛教艺术领域

1. 石窟与佛寺

"文化大革命"以后，佛教美术研究百废待兴，在早期针对石窟寺、佛寺调查、发掘的基础上开始了全面、科学的考古挖掘与修复。这其中以宿白教授为首的北京大学考古系及与段文杰院长领导的敦

---

① 任半塘：《敦煌曲初探》，上海文艺联合出版社 1954 年版。
② 任半塘：《敦煌曲校录》，上海文艺联合出版社 1955 年版。
③ 任半塘：《唐戏弄》，作家出版社 1958 年版。
④ 饶宗颐、［法］戴密微：《敦煌曲》，收录于《饶宗颐二十世纪学术文集》第十一册，中国人民大学出版社 2009 年版。
⑤ 中国舞蹈艺术研究会编：《苏州道教艺术集》，中国舞蹈艺术研究会 1957 年版。

煌研究院成就最大，他们分别在石窟寺考古基础的奠定与敦煌美术的领域取得了很大成就。这一时期最重要的考古发现当为 1987 年陕西宝鸡法门寺地宫的发掘。在画册出版方面，最重要的为文物出版社与日本平凡社合作出版的《中国石窟》①。另外，从 1980 年开始，由人民美术出版社、文物出版社、上海美术出版社、上海书画出版社、建筑工业出版社联合出版的《中国美术全集》②（60 卷）也有大量的篇幅介绍各地的石窟寺，以及重要的寺塔建筑、寺观壁画，是全面了解中国宗教艺术的重要工具书。此外，敦煌研究院编撰完成的《敦煌莫高窟内容总录》③《敦煌莫高窟供养人题记》④，全面公布了莫高窟的洞窟题材、窟型、供养人题记等诸多信息。

宿白先生致力于云冈等石窟寺的考古分期、样式特征等方面的研究，并用历史学的方法挖掘其背后动因。如《凉州石窟遗迹和"凉州模式"》《平城实力的积聚和"云冈模式"的形成与发展》等文章，重点讨论了云冈石窟第一期和第二期的营建过程。这些论文后被收录于论文集《中国石窟寺研究》⑤ 之中。同样收录于该书中的还有北京大学刘慧达的《北朝石窟与禅》，作者从宗教学与考古学的角度分析了北朝时期石窟营建的原因、造像题材的选择。作为中国石窟寺中数量最多、延续时间最长、题材最为丰富的敦煌石窟，段文杰、樊锦诗、贺世哲、史苇湘等敦煌研究院的工作人员，在相当长的时间段内都致力于洞窟年代、洞窟分期、壁画题材的判定以及敦煌壁画美学研究，在此基础上对每个时代的风格特征进行总结，使我们能够看清各个时间段敦煌石窟的不同面貌。如段文杰《略论

---

① 文物出版社、[日] 平凡社编：《中国石窟》，文物出版社 1980 年版。

② 中国美术全集编辑委员会：《中国美术全集》（全 60 册），人民美术出版社、文物出版社、上海美术出版社、上海书画出版社、建筑工业出版社 1980—1993 年版。

③ 敦煌研究院编：《敦煌莫高窟内容总录》，文物出版社 1982 年版。

④ 敦煌研究院编：《敦煌莫高窟供养人题记》，文物出版社 1986 年版。

⑤ 宿白：《中国石窟寺研究》，文物出版社 1996 年版。

敦煌壁画的风格特点和艺术成就》①，樊锦诗《莫高窟北朝洞窟本
生、因缘故事画补考》②，贺世哲《关于北朝石窟三世佛与三佛造像
问题》③，孙修身《莫高窟佛教史迹故事画介绍》④，史苇湘《敦煌莫
高窟中的福田经变》⑤ 等。这些论文在对敦煌石窟的宏观把握、图像
研究、断代分期、义理阐述及社会根源和美学论方面均有所突破。
1981 年，敦煌研究所发行《敦煌研究》，筹办四年一次的国际性学术
讨论会，并出版讨论会的学术论文集。专著方面，宫大中的《龙门石
窟艺术》⑥ 系统讨论了龙门石窟的分期、各时间段的特征、重点龛窟
的营建等问题。江苏连云港孔望山摩崖造像的研究也在这一时期兴
起，其代表性研究成果有：李洪甫的《孔望山佛教造像的内容及其
背景》⑦，丁义珍的《连云港市孔望山摩崖造像调查报告》⑧，俞伟
超、信立祥的《孔望山摩崖造像的年代考察》⑨，阎文儒的《孔望山
佛教造像的题材》⑩，阎孝慈的《孔望山佛教造象年代考辨》⑪ 等。
萧默的《敦煌建筑研究》⑫ 一书，为国内首部讨论敦煌建筑的专著；

① 段文杰：《略论敦煌壁画的风格特点和艺术成就》，《敦煌研究》1982 年第
1 期。

② 樊锦诗：《莫高窟北朝洞窟本生、因缘故事画补考》，《敦煌研究》1986 年第
1 期。

③ 收录于贺世哲《敦煌图像研究——十六国北朝卷》，甘肃教育出版社 2006
年版。

④ 孙修身：《莫高窟佛教史迹故事画介绍》，《敦煌研究》1982 年第 1 期、1982
年第 2 期、1983 年第 1 期。

⑤ 史苇湘：《敦煌莫高窟中的福田经变》，《文物》1980 年第 6 期。

⑥ 宫大中：《龙门石窟艺术》，上海人民出版社 1981 年版。

⑦ 李洪甫：《孔望山佛教造像的内容及其背景》，《法音》1981 年第 4 期。

⑧ 丁义珍：《连云港市孔望山摩崖造像调查报告》，《文物》1981 年第 7 期。

⑨ 俞伟超、信立祥：《孔望山摩崖造像的年代考察》，《文物》1981 年第 7 期。

⑩ 阎文儒：《孔望山佛教造像的题材》，《文物》1981 年第 7 期。

⑪ 阎孝慈：《孔望山佛教造象年代考辨》，《徐州师范学院学报》1982 年第 3 期。

⑫ 萧默：《敦煌建筑研究》，机械工业出版社 1989 年版。

罗哲文的《中国古塔》① 一书，可视为佛教建筑方面的代表。

　　与汉传佛教艺术相似的是，20 世纪 80 年代以后，全国宗教政策逐渐恢复，这一时期蒙藏佛教寺院佛像、建筑、绘画艺术得以修缮并逐渐受到重视，国内蒙藏佛教艺术研究得以有序展开，并为后续蒙藏佛教艺术研究起到奠定作用。阿木尔巴图的《蒙古民间美术》②和《蒙古族美术研究》③ 两本书中涵盖了大量蒙藏佛教艺术的内容；金峰的《呼和浩特十五大寺院考》④ 一文，对呼和浩特寺院建筑布局、建筑风格、建筑材料、建筑装饰特点进行了简要介绍，并提出寺院建筑风格具有汉藏结合、汉式、蒙汉结合等多元民族文化艺术特点；陶克通嘎的《瑞应寺》（蒙文版）⑤，对寺院佛像、壁画的审美意蕴特点进行了介绍，认为寺院佛像、壁画沿袭藏传佛教艺术风格，同时也吸收尼泊尔、印度、中国传统美术的艺术特征；扎雅·诺丹西绕著，谢继胜译的《西藏宗教艺术》⑥ 一书，是藏族学者完成的第一部系统的关于西藏宗教文化艺术的专著。

　　2. 单体造像

　　在这一时期，区域性的造像研究有《河北邺南城附近出土北朝石造像》⑦，该文以考古简报的形式，对邺南城出土的各类石造像逐一进行了图文描述。1987 年前后，各地均有不同程度的佛像遗迹出土，学者均迅速组织起来，对这些新材料展开研究，其中最具代表性的有《陕西省长武县出土一批佛教造像碑》⑧《山东省高青县出土

　　① 罗哲文：《中国古塔》，中国青年出版社 1985 年版。

　　② 阿木尔巴图：《蒙古民间美术》，内蒙古人民出版社 1987 年版。

　　③ 阿木尔巴图：《蒙古族美术研究》，辽宁民族出版社 1997 年版。

　　④ 金峰：《呼和浩特十五大寺院考》，《内蒙古社会科学》1982 年第 4 期。

　　⑤ 陶克通嘎：《瑞应寺》（蒙文版），内蒙古人民出版社 1984 年版。

　　⑥ 扎雅·诺丹西绕：《西藏宗教艺术》，谢继胜译，西藏人民出版社 1989 年版。

　　⑦ 乔文泉：《河北邺南城附近出土北朝石造像》，《文物》1980 年第 9 期。

　　⑧ 陕西省考古所和长武县文管所：《陕西省长武县出土一批佛教造像碑》，《文物》1987 年第 3 期。

佛教造像》① 等。对南北朝时期的单体造像研究也日渐深入，如
《试论北齐佛教造像艺术》② 等文。此外，对早期佛教造像在美术领
域和视角下的研究，以张总的《中国早期佛教造像》③ 为代表。佛
教造像与中国传统文化的关系也逐渐进入了研究者的视角，如《中
国传统与佛教造像散论》④ 一文，就讨论了中国传统审美与佛教造像
间的关系等问题。

3. 绘画与书法

在佛教绘画方面，这一时期的讨论重点是张胜温的《法界源流
图》，赵学谦的《大理国时期的张胜温画卷》⑤ 与杨晓东的《南诏图
传述考》⑥ 这几篇文章分别对画面内容、主要情节，以及南诏大理的
佛教艺术进行论述。对于其他区域的佛教绘画的研究，有张光福的
《略谈西夏美术》⑦，该书介绍了黑水城出土的大量佛教绘画；秦文
的《浅谈藏族绘画及其艺术特色》⑧ 与张光福的《藏族美术探索
录》⑨ 都涉及唐卡艺术的常见题材与技法特点。

这一时期对于弘一法师的书法成就也有较多研究成果，如郑逸
梅的《李叔同的艺事》⑩，陈珍珍的《一代艺术大师李叔同（弘一

---

① 常叙政、于丰华主笔：《山东省高青县出土佛教造像》，《文物》1987 年第
4 期。

② 张英群：《试论北齐佛教造像艺术》，《中原文物》1987 年第 2 期。

③ 张总：《中国早期佛教造像》，《美术研究》1988 年第 4 期。

④ 郭芳：《中国传统与佛教造像散论》，《辽宁大学学报》（哲学社会科学版）
1989 年第 6 期。

⑤ 赵学谦：《大理国时期的张胜温画卷》，《云南师范大学学报》（哲学社科科学
版）1984 年第 4 期。

⑥ 杨晓东：《南诏图传述考》，《美术研究》1989 年第 1 期。

⑦ 张光福：《略谈西夏美术》，《中央民族学院学报》1986 年第 4 期。

⑧ 秦文：《浅谈藏族绘画及其艺术特色》，《西北民族大学学报》（哲学社会科学
版）1986 年第 4 期。

⑨ 张光福：《藏族美术探索录》，《云南社会科学》1987 年第 3 期。

⑩ 郑逸梅：《李叔同的艺事》，《学术月刊》1979 年第 5 期。

法师)》①，包立民的《弘一法师的墨缘》②，蔡惠明的《弘一法师的
书法》③ 等。这些文章从不同的角度讨论了弘一法师的生平与书法艺
术；其他关于高僧墨迹的研究，集中于唐宋时期中日佛教交流当中
的书法现象，包括忻中的《弘法大师与日本佛教》④，蒋华的《鉴真
东渡事迹及其书法造诣》⑤，洪丕谟的《隋唐时期的僧人书法家》⑥，
林子青的《关于圆悟禅师墨迹的说明与注释》⑦；熊秉明的《佛教与
书法》⑧ 一文，对历代书僧进行了综合性介绍。在摩崖石刻与碑刻方
面：马忠理、李喜红的《北齐雕塑艺术的宝库——响堂山石窟》⑨，
介绍了响堂山石窟的大量刻经；宫大中发表了《试谈龙门二十品》⑩
一文，对龙门二十品名称的由来以及二十品的内容、位置、书法艺
术成就做出较为详细的研究；李献奇的《北魏正光四年翟兴祖等人
造像碑》⑪ 对石碑的铭文进行了解读，并讨论了碑刻的艺术性；刘敏
的《太蓬山摩崖石刻题记》⑫ 一文，对位于四川太蓬山所存历代石
刻题记进行详细整理，并对石刻题记的所处时代、内容、书体等予
以介绍说明。

　4. 音乐、舞蹈与戏剧

　关于汉传佛教的音乐艺术研究在此阶段也逐步展开。肖兴华的

---

①　陈珍珍：《一代艺术大师李叔同（弘一法师）》，《社会科学战线》1982 年第
3 期。

②　包立民：《弘一法师的墨缘》，《中国书法》1986 年第 4 期。

③　蔡惠明：《弘一法师的书法》，《法音》1987 年第 5 期。

④　忻中：《弘法大师与日本佛教》，《社会科学》1980 年第 4 期。

⑤　蒋华：《鉴真东渡事迹及其书法造诣》，《中国书法》1979 年第 1 期。

⑥　洪丕谟：《隋唐时期的僧人书法家》，《法音》1985 年第 2 期。

⑦　林子青：《关于圆悟禅师墨迹的说明与注释》，《法音》1985 年第 6 期。

⑧　熊秉明：《佛教与书法》，《法音》1987 年第 5 期。

⑨　马忠理、李喜红：《北齐雕塑艺术的宝库——响堂寺石窟》，《河北学刊》1983
年第 2 期。

⑩　宫大中：《试谈龙门二十品》，《河南文博通讯》1979 年第 2 期。

⑪　李献奇：《北魏正光四年翟兴祖等人造像碑》，《中原文物》1985 年第 2 期。

⑫　刘敏：《太蓬山摩崖石刻题记》，《四川文物》1989 年第 1 期。

《云冈石窟中的乐器雕刻》①　主要介绍了云冈石窟中的乐器历史源流、乐器形制、乐器分类特点；陈家滨的《五台山寺庙音乐初探》②首次介绍了五台山寺庙音乐，并运用音乐形态研究方法分析五台山寺庙音乐；田青的《梁武帝与佛教音乐》③　主要介绍梁武帝对中国佛教音乐的影响，以及梁武帝为佛教所做的贡献；田青的《佛教音乐的华化》④《浅谈佛教与中国音乐》⑤　两篇文章均讨论了佛教音乐的源流，以及佛教对中国传统文化的影响，其中《浅谈佛教与中国音乐》探讨了中国佛教音乐历史渊源、佛教音乐理论、佛教乐器、佛教乐曲对中国传统文化的影响。另外，作者还对中国宗教音乐的现状及研究情况进行了阐释。

　　查玛乐舞是藏传佛教系统中的重要仪式，也是佛教音乐与舞蹈中最为重要的一部分。这一时期的相关研究有：苏和的《“查玛”起源探究》⑥，达·桑宝的《古代宗教乐舞“查玛”收集整理概况》⑦，呼日勒巴特尔、乌仁其木格的《米拉查玛》⑧，额尔德尼的《“查玛”艺术与其特点》⑨，高厉霆的《喇嘛教寺院舞蹈“羌姆”探源》⑩，呼日勒巴托的《内蒙古流传的佛教歌舞“禅木”》⑪，扎米

---

①　肖兴华：《云冈石窟中的乐器雕刻》，《中国音乐》1980 年第 2 期。

②　陈家滨：《五台山寺庙音乐初探》，《音乐研究》1981 年第 2 期。

③　田青：《梁武帝与佛教音乐》，《音乐学习与研究》1985 年第 1 期。

④　田青：《佛教音乐的华化》，《世界宗教研究》1985 年第 2 期。

⑤　田青：《浅谈佛教与中国音乐》，《音乐研究》1987 年第 4 期。

⑥　苏和：《“查玛”起源探究》，《草原珍珠》1982 年第 2 期。

⑦　达·桑宝：《古代宗教乐舞“查玛”收集整理概况》，《内蒙古日报》1982 年9 月。

⑧　呼日勒巴特尔、乌仁其木格：《米拉查玛》，《内蒙古社会科学》1983 年第2 期。

⑨　额尔德尼：《“查玛”艺术与其特点》，《金钥匙》1984 年第 3 期。

⑩　高厉霆：《喇嘛教寺院舞蹈“羌姆”探源》，《舞蹈论丛》1985 年第 4 辑。

⑪　呼日勒巴托：《内蒙古流传的佛教歌舞“禅木”》，《内蒙古社会科学》1986 年第 2 期。

央、奥宝音乌力吉的《阿鲁科尔沁"查玛"的起源及其含义》① 等，以上研究成果具有两个明显的倾向：一是从历时性的角度，对查玛乐舞起源、称谓、表演形式与内容进行简要介绍；二是从共时性的角度，对内蒙古地区个别寺院的查玛乐舞程序、表演形式与内容进行描述。可以说，这一时期的研究，主要以历史性的文献资料为主，偏重于表层的描述，且从学术层面上较少整体观照查玛乐舞与其他因素之间的联系。

20 世纪 80 年代以来，佛教戏剧逐渐成为研究热点。敦煌与西域文献中的佛教戏剧依然是此期的重点，任半塘的《敦煌歌辞总编》②，几乎收集了敦煌文献中的全部曲辞资料，集基本资料与研究于一体，为敦煌佛教戏剧的研究提供了大量资料。李正宇的《晚唐敦煌本释迦因缘剧本试探》③ 一文，考订了敦煌写本 S. 2440V/2 的内容，认为其是表现释迦因缘故事的戏剧剧本，"是我国迄今发现的最早的汉文剧本"。20 世纪在吐鲁番发现的《舍利弗传》三部梵文佛教戏剧，图木舒克发现的吐火罗语佛教剧本《弥勒会见记》，焉耆发现的回鹘语本《弥勒会见记》，一直为研究者所重视。季羡林在《谈新疆博物馆藏吐火罗 A 弥勒会见记剧本》④ 中，将之定为"这是一部叙述弥勒会见释迦牟尼佛剧本"；维吾尔族学者多鲁坤·坎白尔在《弥勒会见记成书年代及剧本形式初探》⑤ 中，将回鹘语本考订为成书于 767 年；黎蔷在《印度梵剧与中国戏曲关系之研究》⑥ 中，

---

① 扎米央、奥宝音乌力吉：《阿鲁科尔沁"查玛"起源及其含义》，《内蒙古社会科学》1988 年第 6 期。

② 任半塘：《敦煌歌辞总编》，上海古籍出版社 1987 年版。

③ 李正宇：《晚唐敦煌本释迦因缘剧本试探》，《敦煌研究》1987 年第 1 期。

④ 季羡林：《谈新疆博物馆藏吐火罗 A 弥勒会见记剧本》，《文物》1983 年第 1 期。

⑤ 多鲁坤·坎白尔：《弥勒会见记成书年代及剧本形式初探》，《戏剧》1989 年第 1 期。

⑥ 黎蔷：《印度梵剧与中国戏曲关系之研究》，《戏剧艺术》1986 年第 3 期。

认为西域的《舍利弗传》《弥勒会见记》对汉地佛教戏剧产生了深远的影响。这一时期，佛教戏剧也进入到戏剧史的综合性研究之中，张庚、郭汉城的《中国戏曲通史》① 一书，在以往戏曲史的基础上加入了大量敦煌文献中的佛教戏剧资料。郭英德的《世俗的祭礼——中国戏曲的宗教精神》② 一书，详细讨论了佛教与戏剧间的关系；张鸿勋所撰的《简论敦煌民间词文和故事赋》③，重点讨论了敦煌讲唱文本与戏剧间的关系，大量讲唱作品直接成为后世戏剧题材；张锡厚的《敦煌变文艺术散论》④ 一文，讨论唐代变文向戏剧文本转换的过程，是对变文与戏剧关系的重要总结性文章。

二　道教艺术领域

道教艺术研究处于起步阶段，虽然成果不多，但已经凸显出道教艺术研究的重点：道教音乐、道教建筑和造像。道教音乐的研究依然是最重要的组成部分，其中关于道教音乐的研究有蒲亨强的《唐明皇与道教音乐》一文，对唐明皇与道教音乐的关系进行了论述。⑤ 甘绍成的《论道教音乐与民间音乐的关系》，认为无论是道观还是民间道坛演唱演奏的道教音乐，都直接或间接地与民间音乐发生关系。它们之间在曲目、曲调、形式、演唱和演奏风格上都有许多相通之处，彼此相互吸收，相互借鉴。⑥ 在道教音乐的整理方面，《中国道教音乐》的上海卷和茅山卷、常熟卷由中国唱片总公司上海公司于 1986 年、1987 年发行问世。除道教音乐外，道教造型艺术的

---

① 张庚、郭汉城：《中国戏曲通史》，中国戏剧出版社 1980 年版。

② 郭英德：《世俗的祭礼——中国戏曲的宗教精神》，国际文化出版公司 1988 年版。

③ 张鸿勋：《简论敦煌民间词文和故事赋》，《社会科学》1980 年第 1 期。

④ 张锡厚：《敦煌变文艺术散论》，载甘肃省社会科学院文学研究所编《敦煌学论集》，甘肃人民出版社 1985 年版。

⑤ 蒲亨强：《唐明皇与道教音乐》，《音乐艺术》1989 年第 3 期。

⑥ 甘绍成：《论道教音乐与民间音乐的关系》，《宗教学研究》1988 年第 1 期。

研究也取得初步成果：在道教建筑方面有孙宗强在《古典园林技术》上连续发表的三篇《南方道教建筑艺术初探》，对典型道教建筑的历史、特征和内涵进行了综合性论述。[①] 关于道教造像，此期有王宜峨的两篇论文，分别是《道教的造像艺术》[②] 和《道教的神仙信仰及其建筑造像艺术》[③]，对造像艺术在道教中的功能作了解析。

三　一神教艺术领域

此时期的伊斯兰教艺术研究处于初创阶段，其主要方向是对伊斯兰教的建筑艺术进行研究。刘致平的《中国伊斯兰教建筑》[④] 就出版于此时期，但实际上他对于伊斯兰教建筑的研究始于 20 世纪 40 年代。刘致平带领团队在 60 年代就伊斯兰教建筑进行了广泛考察，但"文化大革命"中断了他的研究，直至 80 年代才将成果付梓。该书对中国地区重要的伊斯兰建筑的年代、形质和演化进行了论述，同时还讲述了伊斯兰教建筑重要组件的制作过程，是该领域研究的奠基之作。

四　宗教艺术原理领域

对于宗教艺术的原理性研究发端于 20 世纪 80 年代。在思想解放过程中艺术提供了重要的论述主题，很多新兴思想借助文学和艺术来表达其与以往不同的见解。大家开始意识到马克思等经典思想家曾对于宗教和艺术进行过论述，鉴于它涉及当时文学艺术思考的核心，所以马克思等经典思想家对宗教艺术的论述引发了广泛的关注和讨论。总体而言，这一时期的研究成果只是对马克思的宗教艺术观点的分析和解释，尚未将宗教艺术视为独立的研究对象。

---

① 孙宗强：《南方道教建筑艺术初探》，《古典园林技术》1989 年第 1、2、3 期。
② 王宜峨：《道教的造像艺术》，《中国道教》1989 年第 1 期。
③ 王宜峨：《道教的神仙信仰及其建筑造像艺术》，《道协会刊》1986 年第 17 期。
④ 刘致平：《中国伊斯兰教建筑》，新疆人民出版社 1985 年版。

　　其中较早的一篇论述是翟宗祝的《试论宗教艺术》[①] 一文，该文一方面论述了宗教和艺术在历史上的关联；另一方面也对宗教和艺术的差异进行了分析，同时用辩证的方式对宗教艺术的取舍进行了具体对待。不久之后，朱维之发表了《马克思论宗教艺术》[②]，就马克思本人的宗教艺术思想，尤其是宗教对于文学艺术的影响进行了论述。李思孝的《马克思与宗教和宗教艺术》[③] 一文，则对于马克思的宗教艺术思想进行了更为深入全面的分析，他从马克思的早年成长经历和时代背景入手，对其早期宗教艺术观念的产生进行了探索，对马克思早期宗教艺术观念的转折作了详细分析。同期，虞频频的《想象：宗教与艺术的心理联结点》[④] 认为，宗教和艺术的关联在于人的想象能力，是对马克思宗教艺术观念的展开。陈泽翠的《论宗教和艺术的关系》[⑤] 一文，其论述依然基于马克思宗教艺术观点，对于宗教艺术正面积极作用的论述是其独到之处。周忠厚的《马克思恩格斯论宗教与艺术的关系》[⑥] 对宗教和艺术的联结方式进行了经典阐述，从认知对象看，艺术面向现实，而宗教则是虚幻的反映；从认知方式看，两者像都是运用幻想和想能力；两者都具有情感特征，宗教多借助敬畏，而艺术对情感的表现更为多样；宗教的认识结果是颠倒的，而艺术可能是正确的。他对于宗教和艺术的论述，后来成为相关研究的重要参照。于朝贵的《马克思论宗

---

①　翟宗祝：《试论宗教艺术》，《安徽师大学报》（哲学社会科学版）1983 年第 2 期。

②　朱维之：《马克思论宗教艺术》，《外国文学研究》1984 年第 2 期。

③　李思孝：《马克思与宗教和宗教艺术》，《北京大学学报》（哲学社会科学版）1986 年第 5 期。

④　虞频频：《想象：宗教与艺术的心理联结点》，《复旦学报》（社会科学版）1987 年第 3 期。

⑤　陈泽翠：《论宗教和艺术的关系》，《西北民族学院学报》（哲学社会科学版）1987 年第 3 期。

⑥　周忠厚：《马克思恩格斯论宗教与艺术的关系》，《求是学刊》1987 年第 2 期。

教与艺术》① 的独特观点在于，他指出了宗教和艺术之间具备张力，双方既可以互相促进，又可能成为制约对方的元素。王畅的《我国近年来关于宗教与艺术关系的研究》② 一文，是此期宗教艺术原理研究的综述，对 20 世纪 80 年代学术界基于马克思宗教艺术思想进行的争论作了概述，较为全面地反映了当时宗教艺术原理涉及的主要议题。

第三节　1990 年至 1999 年

一　佛教艺术领域

1. 石窟与佛寺

改革开放以后，中国佛教美术研究进入全面开花阶段。一方面，敦煌、云冈、龙门等石窟寺依然是研究重点，大量学者致力于这些方面的研究；另一方面，丝绸之路佛教艺术、西夏佛教艺术、佛教绘画等之前并未重视的研究领域得到了拓宽，特别是改革开放带来的研究视野的开阔，如中印佛教艺术的交流，犍陀罗佛教艺术等出现在研究的视野之中。在这一时间段重要的考古发现有，1990 年发掘的宁夏贺兰宏佛塔天宫西夏文物、新疆民丰尼雅遗址、山东青州龙兴寺佛教造像窖藏、新疆尉犁营盘汉晋墓地等，其中以山东青州龙兴寺窖藏最为引人注目。这批造像数量达二百余尊，主要为北朝作品。像身多有贴金绘彩，其中有数件石像施以彩绘的卢舍那法界人中像，极为难得。此外，随着考古工作的开展，原先重视不够的中小型石窟得到考察与研究，并出版了考古报告或精美画册。例如，

---

① 于朝贵：《马克思论宗教与艺术》，《文艺争鸣》1987 年第 3 期。

② 王畅：《我国近年来关于宗教与艺术关系的研究》，《青海社会科学》1988 年第 1 期。

江西赣州通天岩①、陕西庆阳北石窟寺②、河南新安西沃石窟③、河北张家口下花园石窟④、山东历城黄石崖⑤等。其中西沃石窟的研究测绘，是因配合黄河工程而对石窟所做整体搬迁；下花园石窟则是对窟中积满的淤泥做了清理后，形成了考察简报。石窟摩崖刻经方面也有突出成绩：河北涉县中皇山北齐摩崖刻经洞⑥、曲阳八会寺隋代刻经龛⑦都有详细报道。关于山东摩崖刻经，还出版有《山东北朝摩崖刻经全集》⑧与《山东平阴三山北朝摩崖》⑨。这一时期最重要的工具书是 1997 年出版的《中国大百科全书》，我国学者不仅撰写了有关佛教艺术条目，还写出了东南、东北亚等各国的佛教的条目；季羡林主编的《敦煌学大辞典》⑩也是研究敦煌艺术的重要工具书。此外，重要图像资料《中国古建筑艺术大系》"佛教建筑卷"⑪公布了国内大量佛教建筑遗存；敦煌研究院主编的《敦煌石窟艺术》⑫，以单个重点洞窟介绍的方式公布窟内全部图像；北京大学考古系、克孜尔千佛洞文物保管所编著的《新疆克孜尔石窟考古报告》（第一卷）⑬，详细披露了克孜尔石窟的结构、窟型、壁画等方面的内容。

---

① 张总：《江西赣州通天岩石窟调查》，《文物》1993 年第 2 期。

② 李红雄、宋文玉主编：《北石窟寺》，甘肃文化出版社 1999 年版。

③ 陈平：《河南新安西沃石窟勘测报告》，《文物》1997 年第 10 期。

④ 刘建华：《河北张家口下花园石窟》，《文物》1998 年第 7 期。

⑤ 张总：《山东历城黄石崖摩崖龛窟调查》，《文物》1996 年第 4 期。

⑥ 马忠理、张沅、程跃峰、江汉卿：《涉县中皇山北齐佛教摩崖刻经调查》，《文物》1995 年第 5 期。

⑦ 刘建华：《河北曲阳八会寺隋代刻经龛》，《文物》1995 年第 5 期。

⑧ 山东石刻艺术博物馆：《山东北朝摩崖刻经全集》，齐鲁书社 1992 年版。

⑨ 柳文金编：《山东平阴三山北朝摩崖》，荣宝斋出版社 1997 年版。

⑩ 季羡林主编：《敦煌学大辞典》，上海辞书出版社 1998 年版。

⑪ 王伯扬等编：《中国古建筑艺术大系》，中国建筑工业出版社 1993 年版。

⑫ 敦煌研究院、江苏美术出版社主编：《敦煌石窟艺术》（全 22 册），江苏美术出版社 1993—1998 年版。

⑬ 北京大学考古系、克孜尔千佛洞文物保管所编著：《新疆克孜尔石窟考古报告》（第一卷），文物出版社 1997 年版。

在研究方面，金维诺、罗世平的《中国宗教美术史》[1] 为第一部中国宗教美术通史，对历代宗教美术材料进行了系统梳理与研究。同时，敦煌、云冈、龙门等大型石窟依然是研究的重点。马德的《敦煌莫高窟史研究》[2] 一书，系统梳理了莫高窟崖面窟龛的开凿情况和开凿历史；徐自强等主编的《龙门石窟研究》[3]，与龙门石窟研究所编的《龙门石窟研究论文选》[4] 汇集了阎文儒、常青等学者的论文，从历史、宗教、艺术等方面，系统讨论了龙门石窟的佛教造像；温玉成的《中国石窟与文化艺术》[5] 一书，讨论了各大石窟的特点。此外，这一时期对于新疆、丝绸之路佛教艺术的研究逐渐兴起，如霍旭初的《龟兹艺术研究》[6]《龟兹佛教文化论集》[7] 等，还有吴焯的《佛教东传与中国佛教艺术》[8] 等专著。张广达、荣新江的《于阗史丛考》[9] 一书中，有《于阗佛寺志》《敦煌瑞像、瑞像图及反映的于阗》等讨论丝绸之路南道佛教艺术的文章；姜伯勤的《敦煌艺术宗教与礼乐文明》一书，对于新疆、敦煌的佛教艺术均有涉及。除大陆学者之外，中国港澳台学者对于佛教美术研究亦有突出贡献，如香港饶宗颐教授著有《敦煌白画》；台湾则有林保尧的《法华造像研究——嘉登博物馆藏东魏武定元年石造释迦像考》[10]，

---

① 金维诺、罗世平：《中国宗教美术史》，江西美术出版社 1995 年版。

② 马德：《敦煌莫高窟史研究》，甘肃教育出版社 1996 年版。

③ 徐自强等主编：《龙门石窟研究》，书目文献出版社 1995 年版。

④ 龙门石窟研究所编：《龙门石窟研究论文选》，上海美术出版社 1993 年版。

⑤ 温玉成：《中国石窟与文化艺术》，上海美术出版社 1993 年版。

⑥ 霍旭初著，新疆龟兹石窟研究所编：《龟兹艺术研究》，新疆人民出版社 1994 年版。

⑦ 霍旭初著，新疆龟兹石窟研究所编：《龟兹佛教文化论集》，新疆美术摄影出版社 1993 年版。

⑧ 吴焯：《佛教东传与中国佛教艺术》，浙江人民出版社 1991 年版。

⑨ 张广达、荣新江：《于阗史丛考》，上海书店 1993 年版。

⑩ 林保尧：《法华造像研究——嘉登博物馆藏东魏武定元年石造释迦像考》，台北艺术家出版社 1993 年版。

该书集中对东魏武定元年（543）造像进行了极为深入的研析；陈清香的《罗汉图像研究》① 是第一部以中文写作讨论罗汉图像演变与发展的专著。建筑方面则对山西隰县千佛庵（小西天）大殿与彩塑进行探讨，学者得出了建于明、塑于清的确切年代的结论。② 专题研究中有圣僧僧伽的造像及崇拜③；早期佛教初传时图像特征研讨也有深入④；密教美术方面，有吴立民、韩金科的《法门寺地宫唐密曼荼罗之研究》⑤，该书详细地论述了供奉佛指舍利的法门寺地宫之设计、缘由及文化内涵，并提出了自己的观点与看法。

在蒙藏佛教方面，这一时期出版和发表的蒙藏佛教艺术研究著述逐渐增多，研究队伍不断扩大，研究视角更加广泛。学者们收集整理了大量相关材料，为我们研究蒙藏佛教艺术提供了重要的参考与辅助作用。对于蒙藏佛教的重点寺院，出版了大量图书、画册，公布了寺院建筑、塑像、壁画、收藏品等珍贵信息。如波瓦·土登坚参主编的《雪域圣殿布达拉宫》⑥，该书是布达拉宫被列入"世界文化遗产名录"之际，布达拉宫管理处精心挑选了一批文物单独发表，并对这些文物的宗教、自性、历史、习俗、工艺理论等情况作了详细的研究。关于北京雍和宫就有《雍和宫志略》⑦ 《雍和宫》（画册）⑧、《走近雍和宫》⑨ 论文集等数本专门性成果。其他关于蒙

① 陈清香：《罗汉图像研究》，文津出版社1995年版。

② 吴锐：《山西隰县千佛庵大雄宝殿建筑、彩塑创建年代新探》，《文物》1998年第5期。

③ 徐苹芳：《僧伽造像的发现和僧伽崇拜》，《文物》1996年第5期。

④ 罗世平：《汉地早期佛像与胡人流寓地》，载《艺术史研究》第一辑，中山大学出版社1999年版。

⑤ 吴立民、韩金科：《法门寺地宫唐密曼荼罗之研究》，中国佛教文化出版有限公司香港分公司1998年版。

⑥ 波瓦·土登坚参主编：《雪域圣殿布达拉宫》，中国旅游出版社1996年版。

⑦ 金梁编纂，牛力耕校订：《雍和宫志略》，中国藏学出版社1994年版。

⑧ 雍和宫画册编委会主编：《雍和宫》（画册），香港亚洲艺术出版社1995年版。

⑨ 雍和宫编委会：《走近雍和宫》，民族出版社1999年版。

藏佛教寺院的重要作品还有：杨时英、杨本芳的《外八庙大观》①，呼日勒沙的《蒙古族藏传佛教寺院大全——哲里木盟寺院》（蒙文版）②，嘎拉森的《蒙古族藏传佛教寺院大全二——昭乌达盟寺院》（蒙文版）③，阿日宾巴雅尔、曹纳木的《鄂托克寺庙》④ 等，以上研究成果主要梳理了内蒙古地区藏传佛教寺院历史脉络，并通过调查与文献相结合为基础，阐释各寺院佛像的审美性与象征性，绘画的形式美与艺术美、绘画的题材特征以及文化特征，建筑的分布格局、选址特点与多元文化特点，并揭示了这一时期蒙藏佛教艺术的时代面貌。法国学者海瑟·噶尔美的《早期汉藏艺术》⑤ 一书，重点讨论了 15 世纪以前汉藏佛教的交流与融合。

2. 单体造像

在这一阶段，由于 1996 年青州龙兴寺窖藏的发现，举办了大型展览，出版了画册类《青州龙兴寺佛教造像艺术》⑥ 等，使得南朝梁时期沿着海上丝绸之路传来的新的佛教造像艺术为学者所重。虽然这一提法及传播路径还在讨论之中，但依然为时代学术现象。1991 年，《东南文化》杂志发专刊登载此类"南传"系统的文章：阮荣春的《早期佛教造像的南传系统》《早期佛教造像的南传系统

---

①　杨时英、杨本芳：《外八庙大观》，地质出版社 1992 年版。

②　呼日勒沙：《蒙古族藏传佛教寺院大全——哲里木盟寺院》（蒙文版），内蒙古文化出版社 1993 年版。

③　嘎拉森：《蒙古族藏传佛教寺院大全二——昭乌达盟寺院》（蒙文版），内蒙古文化出版社 1994 年版。

④　阿日宾巴雅尔、曹纳木：《鄂托克寺庙》，内蒙古文化出版社 1998 年版。

⑤　［法］海瑟·噶尔美：《早期汉藏艺术》，熊文彬译，河北教育出版社 1994 年版。

⑥　青州市博物馆编：《青州龙兴寺佛教造像艺术》，山东美术出版社 1999 年版。

（续）》①《"早期佛教造像南传系统"研究概说》②，山田明尔、木田知生等的《"早期佛教造像南传系统"研究概况及展望》③等文章，都对以青州造像为代表的"南传系统"进行了研究和梳理。区域性的研究有《论山西佛教彩塑》④一文，是金维诺先生为展览和随后所出画册而作，文章对山西境内、唐宋迄清各期彩塑，从题材、样式和内容等方面分别作了考察，为大家认识山西佛教彩塑这一艺术宝藏，了解整个佛教艺术的特色，提供了指南。还有《山东地区北朝佛教造像艺术》⑤一文，对山东地区的佛教造像进行了区域研究。在宗教仪轨和佛教造像的关系研究方面，有李翎的专著《佛教造像量度与仪轨》⑥，并尤以张总的《佛教造像与宗教仪轨的矛盾现象》⑦成就最为突出。

这一时期对藏传佛教造像艺术的研究也进入了一个新的阶段，如刘宁、李玉玲主编的《佛教法像真言宝典》⑧，将原有的藏文、梵文译成英文、汉文，扼要说明了每尊佛的佛号、咒语、"种子字"，是研究佛教文化艺术的第一手资料；王家鹏的《藏传佛教金铜、佛像图典》⑨，是关于故宫博物院收藏的蒙藏佛教金铜佛像的代表性作品，作者在故宫博物院藏的藏传佛教造像、唐卡、法器等的基础上，汇集了国内外不同时代具有代表性的图像近四百幅，并对其主题内

①　阮荣春：《早期佛教造像的南传系统》，《东南文化》1990年第1期；《早期佛教造像的南传系统（续）》，《东南文化》1990年第3期。

②　阮荣春：《"早期佛教造像南传系统"研究概说》，《东南文化》1991年第4期。

③　［日］山田明尔、木田知生等：《"早期佛教造像南传系统"研究概况及展望》，《东南文化》1991年第1期。

④　金维诺：《论山西佛教彩塑》，《佛教文化》1991年第3期。

⑤　刘凤君：《山东地区北朝佛教造像艺术》，《考古学报》1993年第3期。

⑥　李翎：《佛教造像量度与仪轨》，宗教文化出版社1998年版。

⑦　张总：《佛教造像与宗教仪轨的矛盾现象》，《美术研究》1991年第3期。

⑧　刘宁、李玉玲主编：《佛教法像真言宝典》，民族出版社1993年版。

⑨　王家鹏：《藏传佛教金铜、佛像图典》，文物出版社1996年版。

容、艺术形式、地域特征、时代风格等进行了对比研究，论述精到，弥补了这一领域的空白；中国台湾地区也举办了大型藏传佛教相关的展览，蔡玫芬的《皇权与佛法"藏传佛教法器特展图录"》①，共收录了 123 组文物，该书还阐述了清廷制作藏传佛教艺术品时对藏传佛教的态度、清廷制作藏传佛教艺术品的用途等情况，汉英文解图，是了解清代蒙藏佛教文化艺术的重要参考书。此外，还有《关于藏传佛教造像艺术展若干问题的讨论》②《清代藏系造像艺术风格及其特征（续）》③ 等相关论文。

3. 绘画与书法

这一时期出版的《中国大百科全书·美术卷》④ 涵盖了大量中国古代的佛教画家及其重要作品，是不可多得的工具书；徐建融的《佛教与民族绘画精神》⑤ 一书，从美学上讨论了中国佛教绘画的艺术特点；庞鸥的《试论元朝宗教状况与道释画之嬗变》⑥ 一文，讨论了元代流行的佛教绘画的特点、重要代表性画家；林树中的《李真真言七祖像及其他》⑦，讨论了唐代画家李真与其东传到日本的真言七祖像；法国学者乐愕玛的《揭钵图卷研究略述》⑧ 一文，梳理了关于中国古代的重要佛教绘画题材《揭钵图》的学术史。

---

①　蔡玫芬：《皇权与佛法"藏传佛教法器特展图录"》，台北"故宫博物院"1999 年版。

②　李澄：《关于藏传佛教造像艺术展若干问题的讨论》，《首都博物馆丛刊》1997年第 11 期。

③　黄春和：《清代藏系造像艺术风格及其特征（续）》，《首都博物馆丛刊》1998年第 12 期。

④　《中国大百科全书》总编辑委员会美术编辑委员会编：《中国大百科全书·美术卷》，中国大百科全书出版社 1990 年版。

⑤　徐建融：《佛教与民族绘画精神》，上海书画出版社 1991 年版。

⑥　庞鸥：《试论元朝宗教状况与道释画之嬗变》，《东南文化》1999 年第 5 期。

⑦　林树中：《李真真言七祖像及其他》，《西北美术》1997 年第 2 期。

⑧　［法］乐愕玛：《揭钵图卷研究略述》，《美术研究》1997 年第 1 期。

在藏传佛教领域，费新碑的《藏传佛教绘画艺术》① 一书，讨论了大量唐卡的题材、绘制技法；嘉木杨·图布丹主编的《雍和宫唐卡瑰宝》②，收入清代蒙藏佛地区活佛、高僧大德敬献给雍和宫的唐卡珍品 63 幅，该书图文并茂，具有重要的艺术价值和历史价值；才让的《藏传佛教信仰与民俗》③ 一书，是利用唐卡等藏传佛教绘画进行宗教民俗研究的专著。

书法方面的代表性著作较少，田光烈在《佛法与书法》④ 中，谈到中国佛教书法艺术风采独特，包含写经与抄经、刻经、造像题记，有关佛事之碑铭、志、记，书法家手书之著述等几个类型。

4. 音乐、舞蹈与戏剧

这一时期主要汉传佛教音乐研究成果有：田青的《中国佛教音乐研究的历史与未来》⑤，谢立新的《中国佛教音乐之初》⑥，田青的《从"金瓶梅"看明代佛教音乐》⑦，袁静芳的《中国佛教京音乐中堂曲研究》⑧，胡耀的《佛教与音乐艺术》⑨，周耘的《五祖禅寺佛教音乐述略》⑩，李宏如的《五台山佛教音乐现状》⑪，王日昌的《谈古代典籍中的佛教音乐》⑫，以上研究成果相比过去有了很大的进步，即学术研究队伍日渐扩大，研究对象呈现新颖、多样化的趋势，研

---

① 费新碑：《藏传佛教绘画艺术》，今日中国出版社 1995 年版。

② 嘉木杨·图布丹主编：《雍和宫唐卡瑰宝》，中国民族摄影艺术出版社 1998 年版。

③ 才让：《藏传佛教信仰与民俗》，民族出版社 1999 年版。

④ 田光烈：《佛法与书法》，河北人民出版社 1991 年版。

⑤ 田青：《中国佛教音乐研究的历史与未来》，《佛学研究》1995 年第 2 期。

⑥ 谢立新：《中国佛教音乐之初》，《南京艺术学院学报》1992 年第 1 期。

⑦ 田青：《从"金瓶梅"看明代佛教音乐》，《中国音乐学》1992 年第 2 期。

⑧ 袁静芳：《中国佛教京音乐中堂曲研究》，《中国音乐学》1993 年第 1 期。

⑨ 胡耀：《佛教与音乐艺术》，天津人民出版社 1992 年版。

⑩ 周耘：《五祖禅寺佛教音乐述略》，《黄钟》1993 年第 4 期。

⑪ 李宏如：《五台山佛教音乐现状》，《五台山研究》1994 年第 2 期。

⑫ 王日昌：《谈古代典籍中的佛教音乐》，《古籍整理研究》1997 年第 4 期。

究内容丰富化、研究视角开放化，尤其在以田青、袁静芳为首的专家学者的不懈努力下，中国佛教音乐研究有了更好的发展空间。

　　藏传佛教音乐、舞蹈的研究成果有：白翠英的《科尔沁的傩型戏剧〈米拉查玛〉》①，乌国政、李宝祥的《〈查玛〉探析》②，李军的《漠南蒙古"查玛"研究》③，莫德格玛的《蒙古舞与蒙古寺庙"查玛"》④，田联韬的《北京雍和宫"金刚驱魔神舞"音乐考察》⑤，乌兰杰的《清代蒙古族喇嘛教音乐》⑥，额尔德尼的《蒙古查玛》⑦，德勒格的《内蒙古喇嘛教史》⑧，郭净的《心灵的面具——藏密仪式表演的实地考察》⑨，罗斌的《"跳布扎"与"傩"——观雍和宫"打鬼"泛起的思绪》⑩ 等。在上述文献中，研究工作者从不同的视角和观点对查玛乐舞的起源、角色种类、规模、内容与形式进行论述，其中田联韬的《北京雍和宫"金刚驱魔神舞"音乐考察》一文，作者以民族音乐学的理论与方法，对查玛乐舞的音乐部分进行初步考察与分析，包括对查玛乐舞中的乐器类别、乐器形制、演奏方法、乐队组合形式、旋律进行、节拍节奏等诸多方面进行分析，弥补了查玛乐舞音乐研究部分，具有较高的学术理论价值。

　　额尔德尼的《蒙古查玛》一书，是首部专题性研究查玛乐舞的

---

① 白翠英：《科尔沁的傩型戏剧〈米拉查玛〉》，《黑龙江民族丛刊》1992 年第 2 期。

② 乌国政、李宝祥：《〈查玛〉探析》，《民族艺术》1993 年第 2 期。

③ 李军：《漠南蒙古"查玛"研究》，《内蒙古社会科学》1993 年第 2 期。

④ 莫德格玛：《蒙古舞与蒙古寺庙"查玛"》，《舞蹈》1996 年第 2 期。

⑤ 田联韬：《北京雍和宫"金刚驱魔神舞"音乐考察》，《中国音乐学》1997 年第 4 期。

⑥ 乌兰杰：《清代蒙古族喇嘛教音乐》，《中国音乐学》1997 年第 1 期。

⑦ 额尔德尼：《蒙古查玛》，民族出版社 1997 年版。

⑧ 德勒格：《内蒙古喇嘛教史》，内蒙古人民出版社 1998 年版。

⑨ 郭净：《心灵的面具——藏密仪式表演的实地考察》，上海三联书店 1999 年版。

⑩ 罗斌：《"跳布扎"与"傩"——观雍和宫"打鬼"泛起的思绪》，《民族艺术研究》1999 年第 2 期。

著作，书中较为全面地论述了查玛乐舞的形成与发展，种类、题材内容、服饰、面具、表演程序、乐器、乐队组合形式等，可以说是面面俱到，因此该书作为重要文献资料颇受学者们的青睐。

总体上看，这一时期研究工作具有四个明显的倾向：第一，介绍查玛的起源、种类、规模、内容，其中查玛的历史来源问题，学术界尚存争议，一种观点认为查玛是藏传佛教格鲁派"羌姆"基本形态演变而来的密宗乐舞，认为无论是查玛的音译、历史渊源、服饰、面具、法器，还是表演程序等各方面都深深烙刻着佛教密宗乐舞的古老印记，这已是学界共识；另一种观点认为查玛来源于傩。第二，是对查玛的起源传说、查玛种类的划分持不同观点。第三，专题研究成果开始受到关注，说明研究工作进入了一个崭新阶段。第四，研究方法呈现多学科交叉研究趋势。

蒙藏佛教诵经音乐研究是一门较新的研究领域，其研究起点较晚，只有部分学者涉足这一领域的研究，因此研究成果较少。主要成果有：乌兰杰的《清代蒙古族喇教音乐》①，呼和吉乐图的《内蒙古藏传佛教乐曲考》②。其中呼和吉乐图在《内蒙古藏传佛教乐曲考》一文中，简要介绍了诵经音乐特点，并指出诵经曲可分为西藏风格、藏蒙合流风格和纯蒙古风格三大类，这也是在当时提出的比较新颖的内容，具有参考性价值。

在戏剧方面，周育德的《中国戏曲与中国宗教》③，日本学者田仲一成的《中国的宗族与戏剧》④ 等都从通史的角度梳理了佛教对戏剧的深入影响；余从等的《中国戏曲史略》⑤ 专门讨论了俗讲与

① 乌兰杰：《清代蒙古族喇嘛教音乐》，《中国音乐学》1997 年第 1 期。

② 呼和吉乐图：《内蒙古藏传佛教乐曲考》，《内蒙古师范大学学报》1997 年第 2 期。

③ 周育德：《中国戏曲与中国宗教》，中国戏剧出版社 1990 年版。

④ ［日］田仲一成：《中国的宗族与戏剧》，钱杭等译，上海古籍出版社 1992 年版。

⑤ 余从等：《中国戏曲史略》，人民音乐出版社 1993 年版。

变文对后世戏剧的影响；徐振贵的《佛教对戏曲艺术形式的影响》①
讨论了佛教与戏曲间的关系。佛教戏剧中的重要戏文"目连戏"在
这一时期成为研究的重点，朱恒夫的《目连戏研究》② 与刘祯的
《中国民间目连文化》③ 这两本专著，以"目连救母"这一佛教故事
为对象，进行了深入研究，讨论了目连戏的版本与流传。

二　道教艺术领域

在此时期，道教艺术研究开始进入到增长阶段，除了传统上对
道教音、戏曲和造型艺术的具体研究外，还出现了对道教艺术原理
的反思性考察。贺玉萍的《论道教对元代杂剧的影响》指出，神仙
道化剧与写梦戏的产生，就是因剧中出现大量描写道法道术的内容，
而对元杂剧艺术风格产生了深刻影响；④ 延保全的《现实的异化与艺
术审美的回归——试论道教对古代戏曲作家的影响》一文中表达了
类似的观点，认为道教通过影响士大夫的思想从而间接影响了戏曲
的艺术风格；⑤ 蒲亨强对道教音乐的研究开始深入到细节，其《全真
道法器音乐艺术特点探微》一文，从文化内涵、配器与运用和艺术
表现指出道教信仰体现了以至简形式体现至深含蕴的道家哲学美学
观念，⑥ 此外，他还有《道教声乐艺术研究漫谈》一文，对道教仪
式中的歌颂艺术进行了分析。⑦ 此时期道教艺术的原理性反思主要来
自潘显一的研究，他的观点集中体现于《道教艺术美论三题》一

---

① 徐振贵：《佛教对戏曲艺术形式的影响》，《上海戏剧》1996 年第 4 期。
② 朱恒夫：《目连戏研究》，南京大学出版社 1993 年版。
③ 刘祯：《中国民间目连文化》，巴蜀书社 1997 年版。
④ 贺玉萍：《论道教对元代杂剧的影响》，《洛阳大学学报》1999 年第 1 期。
⑤ 延保全：《现实的异化与艺术审美的回归——试论道教对古代戏曲作家的影响》，《中华戏曲》1996 年第 2 期。
⑥ 蒲亨强：《全真道法器音乐艺术特点探微》，《星海音乐学院学报》1997 年第 4 期。
⑦ 蒲亨强：《道教声乐艺术研究漫谈》，《民族艺术》1990 年第 2 期。

文，① 文中提出"大巧若拙"是道教从道家继承下来的艺术美学观点；"忘笔知书"是道教在此基础上创造的艺术技巧论；"不能者听"是道教提出的艺术鉴赏技巧论。它们从三个不同角度和层面阐述了道教艺术美学技巧观点，对古代艺术美学产生了深远的影响。此时期对道教艺术进行综述的著作是王宜峨所著的《道教与艺术》②，对道教艺术的多个方面进行了综合性概述。

三　一神教艺术领域

国内基督教艺术研究始于 20 世纪 90 年代，其中以基督教音乐研究为主要切入点。就基督教与西方音乐的关系，高士杰在《基督教与西方音乐文化问题的若干思考》③《基督教精神与西方艺术音乐传统》④ 两篇文章中，重新对基督教影响下的欧洲中世纪音乐进行评估，并阐述了引进西方音乐的必然性和基督教对西方艺术音乐的重要影响；李应华在《对"基督教与西方音乐文化"的重新思考》⑤中提出，西方音乐所关注的有限与永恒等基督教命题，强调了西方音乐对精神领域的呈现；毕祎的《欧洲"古艺术"时期的经文歌》⑥，讲述了基督教音乐对于复调音乐形成所起到的作用。就具体作品而言，周小静的《李斯特的宗教音乐创作》⑦ 一文，指出李斯特的宗教音乐是对其音乐生涯全面评价的必备元素；白君汉的《论莫扎特〈安魂曲〉表现的"死"观和〈安魂曲〉的悲剧性对

---

① 潘显一：《道教艺术美论三题》，《宗教学研究》1997 年第 3 期。

② 王宜峨：《道教与艺术》，文津出版社 1997 年版。

③ 高士杰：《基督教与西方音乐文化问题的若干思考》，《中国音乐学》1994 年第 3 期。

④ 高士杰：《基督教精神与西方艺术音乐传统》，《中国音乐学》1998 年第 3 期。

⑤ 李应华：《对"基督教与西方音乐文化"的重新思考》，《中国音乐学》1991 年第 3 期。

⑥ 毕祎：《欧洲"古艺术"时期的经文歌》，《音乐艺术》1998 年第 4 期。

⑦ 周小静：《李斯特的宗教音乐创作》，《西安音乐学院学报》1998 年第 1 期。

于西方音乐的普遍意义》① 一文，则从更为普遍的角度，分析了以莫扎特作品为代表的安魂曲对西方音乐的意义。在基督教音乐现状方面，赵小楠的《民族音乐中的天主教音乐——贾后疃村天主教音乐会调查》② 一文，通过对特定区域天主教音乐的乐器情况、演奏形式与曲目的考察，对其来源以及发展前景进行了探讨。

在基督教造型艺术方面，李丕宇的《神圣的象征图式——基督教美术象征方法简析》③ 一文中指出，"象征"作为一种自觉的美术观念和美术表现方法，具有普遍性和历史性，是中世纪基督教美术不同于古代美术的独特风格。

这一时期伊斯兰艺术的研究成果还是相对较少，但题材有所拓展。李扬的《新疆古伊斯兰建筑艺术》④ 一文，对新疆早期重要伊斯兰风格建筑进行了论述，同时概括了这批建筑的艺术风格和细节表现；蔡伟良的《中世纪伊斯兰造型艺术及其流派》⑤，对伊斯兰早期造型艺术的表现进行了介绍，对其中的重要流派进行了概述；丁明俊的《略论伊斯兰教对回族艺术的影响》⑥ 一文，通过对伊斯兰教教义的解说，介绍了伊斯兰教对回族艺术形态的影响，认为回族艺术是伊斯兰教和回族传统相结合的产物，该论文明确意识到宗教和民族之间的融合与区分，对民族传统的宗教性变化有着清晰的表述；马文宽的《长沙窑瓷装饰艺术中的某些伊斯兰风格》，对唐代长沙窑瓷器纹饰当中的某些伊斯兰风格元素进行了分析，提出了早期

---

① 白君汉：《论莫扎特〈安魂曲〉表现的"死"观和〈安魂曲〉的悲剧性对于西方音乐的普遍意义》，《西安音乐学院学报》1998 年第 2 期。

② 赵小楠：《民族音乐中的天主教音乐——贾后疃村天主教音乐会调查》，《中国音乐》1994 年第 4 期。

③ 李丕宇：《神圣的象征图式——基督教美术象征方法简析》，《美术观察》1997 年第 4 期。

④ 李扬：《新疆古伊斯兰建筑艺术》，《民族艺术》1990 年第 4 期。

⑤ 蔡伟良：《中世纪伊斯兰造型艺术及其流派》，《阿拉伯世界》1992 年第 1 期。

⑥ 丁明俊：《略论伊斯兰教对回族艺术的影响》，《回族研究》1992 年第 2 期。

伊斯兰教艺术同中国文化交流的重要议题。

四 宗教艺术原理领域

20 世纪 90 年代，蒋述卓开始将宗教艺术看作独立的研究领域，其论文《论宗教艺术的世俗化倾向及其审美创造》①从人本主义立场，对于宗教和艺术的贯通性进行了阐述。蒋述卓于 1998 年出版的专著《宗教艺术论》②，是第一本关于宗教艺术的研究性专著，该书并未局限于教派来对宗教艺术现象进行分类，而是通过艺术的产生、作品意象、艺术与道德等重要美学和艺术学话题，对宗教艺术现象进行了重构。该书充满对于宗教艺术现象的创造性洞察和深入思考，无论对于宗教学，还是对于美学研究，都具有参考价值，书中提出的议题非常重要，但具体论述却略显随意，其原因在于缺少严格的宗教学背景作为参考。

第四节　2000 年至 2009 年

一 佛教艺术领域

1. 石窟与佛寺

2000 年以后，佛教美术研究更加专题化、细致化。学者们在前贤构建的框架下，着力于更为深入的讨论。这一时期重要的佛教考古发现有：浙江杭州雷峰塔遗址、山西高平石会堂石窟、甘肃木梯寺石窟、庄浪云崖寺石窟，等等。与之前相比，这一时期着重于中小型石窟的挖掘与清理，以及佛塔窖藏的挖掘整理工作。

---

① 蒋述卓：《论宗教艺术的世俗化倾向及其审美创造》，《暨南学报》（哲学社会科学版）1994 年第 4 期。

② 蒋述卓：《宗教艺术论》，暨南大学出版社 1998 年版。

四川地区《广元石窟》①《巴中石窟内容总录》②《广元石窟内容总录·皇泽寺卷》③ 及《广元石窟艺术》④ 等几本总录性质的书籍以及画册，描述了所有龛窟的内容、形制，公布了重要造像的高清照片，是研究的重要成果。新疆等地也出版了为数不少的石窟内容总录，如《克孜尔石窟内容总录》⑤《克孜尔尕哈石窟内容总录》⑥《库木吐喇石窟内容总录》⑦《森木塞姆石窟内容总录》⑧。中国美术全集现已深入"分类全集"，壁画全集已经出版了敦煌壁画、新疆壁画、中国寺观壁画，等等。"石窟雕塑全集"方面也有分类全集并已基本完成。敦煌研究院编的《敦煌石窟全集》⑨，以敦煌壁画中的重要题材为中心，分 26 卷进行介绍，标志着敦煌艺术研究的细化。柴泽俊、贺大龙的《山西佛寺壁画》⑩ 发表了山西省重要的佛寺壁画图片及相关介绍、研究。

佛教石刻经典作为一个特别领域也有突出成绩，德国海德堡学术院成立了中国佛教石经项目组，由海德堡大学师生与中方合作进行长期的科研，目前已完成与中国社会科学院世界宗教研究所张总、山东省石刻艺术博物馆在山东省的合作，发表了东平洪顶山⑪与泰山

---

① 雷玉华编著：《广元石窟》，巴蜀书社 2002 年版。

② 四川省文物管理局：《巴中石窟内容总录》，巴蜀书社 2006 年版。

③ 四川省文物管理局：《广元石窟内容总录·皇泽寺卷》，巴蜀书社 2008 年版。

④ 罗宗勇编著：《广元石窟艺术》，四川美术出版社 2005 年版。

⑤ 新疆龟兹石窟研究所编著：《克孜尔石窟内容总录》，新疆美术摄影出版社 2000 年版。

⑥ 王卫东编：《克孜尔尕哈石窟内容总录》，文物出版社 2009 年版。

⑦ 新疆龟兹石窟研究所编：《库木吐喇石窟内容总录》，文物出版社 2008 年版。

⑧ 王卫东编：《森木赛姆石窟内容总录》，文物出版社 2008 年版。

⑨ 敦煌研究院编：《敦煌石窟全集》，商务印书馆 2003 年版。

⑩ 柴泽俊、贺大龙：《山西佛寺壁画》，文物出版社 2006 年版。

⑪ 山东省石刻艺术博物馆、德国海德堡学术院、中国社会科学院世界宗教研究所编：《山东东平洪顶山摩崖刻经考察》，《文物》2006 年第 12 期。

石经①的调查简报，并数次举办国际学术研讨会。除中文出版物之外，印度钱德拉·洛开森编纂了《佛教图像辞典》，共 17 册（2001—2006 年出版），虽是英文写作，但诸佛菩萨护法诸神祇名含汉梵藏蒙等文，是极为重要的佛教艺术研究工具书。

在研究方面，李裕群的《北朝晚期石窟寺研究》②，常青的《彬县大佛寺造像艺术研究》③，龚国强的《隋唐长安城佛寺研究》④ 及韩国留学生的一批以考古学方法为主的论著成果，如李正晓的《中国早期佛教造像研究》⑤，苏玄淑的《东魏北齐庄严纹样研究》⑥，梁银景《隋代佛教龛窟研究》⑦，都有不俗的成绩。李崇峰的《中印佛教石窟寺比较研究：以塔庙窟为中心》⑧ 一书，是涉及中国与印度两地石窟寺少有的成果。针对某一题材的专题研究成果也不少，李利安的《印度古代观音信仰研究》⑨ 一书，就涉及不少图像材料；孙晓岗的《文殊菩萨图像学研究》搜集了中国、日本、韩国的大量文殊菩萨图像，并利用图像学的方法进行细致研究；张总的《地藏信仰研究》⑩ 为此类题材的代表，1999 年张总研究员赴美国芝加哥参加国际学术会，并发表了《山东佛教艺术查研新得》，讨论北朝石刻佛灭纪年等关系佛教史，在国际上产生影响。利用石窟造像刻经等

---

① 高育民、蔡穗玲、何伟明、张少华：《山东泰山经石峪摩崖刻经及周边题刻的考察》，《考古》2009 年第 1 期。

② 李裕群：《北朝晚期石窟寺研究》，文物出版社 2003 年版。

③ 常青：《彬县大佛寺造像艺术研究》，现代出版社 1998 年版。

④ 龚国强：《隋唐长安城佛寺研究》，文物出版社 2006 年版。

⑤ ［韩］李正晓：《中国早期佛教造像研究》，文物出版社 2005 年版。

⑥ ［韩］苏玄淑：《东魏北齐庄严纹样研究》，文物出版社 2008 年版。

⑦ ［韩］梁银景：《隋代佛教龛窟研究》，文物出版社 2004 年版。

⑧ 李崇峰：《中印佛教石窟寺比较研究：以塔庙窟为中心》，北京大学出版社 2003 年版。

⑨ 李利安：《印度古代观音信仰研究》，陕西人民出版社 2006 年版。

⑩ 张总：《地藏信仰研究》，宗教文化出版社 2003 年版。此书经增订并添加图版后，由韩国金镇务教授译为韩文，于 2007 年由东国大学出版社出版，备受好评且获奖。

艺术资料研究佛教史更是成就卓著，除专著之外，敦煌莫高窟、云冈石窟、龙门石窟、大足石刻等中国佛教艺术重镇，自 20、21 世纪之交以来，多数都建立研究院并举办年会。这些会议经过仔细筹办，邀请许多国际一流学者参加，辑成质量较高的论文集，产生了较大的影响。2005 年以后，大足石窟研究所（院）也开始定期举办学术研讨会，有力推进了西南佛教美术的研究。

蒙藏佛教研究领域，这一时期呈现多元研究趋势。国内研究者对蒙藏佛教艺术个案研究愈发重视，涌现出诸多代表性成果。格·拉西色楞主编的蒙古文《〈甘珠尔〉佛像大全》（上）①，是根据内蒙古大学图书馆藏北京版 108 部朱字蒙古文《甘珠尔》中的画像编辑而成，共含有 756 幅画像，是难能可贵的工具书；雍和宫从 2000 年开始，将全部木制经版（一万多块）和木版佛画（数十幅）进行了整理、排序，最终形成《雍和宫木版佛画》② 一书，是研究清代藏传佛教的重要资料；乌力吉巴雅尔的《蒙藏关系史大系·宗教卷》③，比较系统地阐述了蒙古地区的宗教文化艺术、政教关系、佛教建筑艺术、绘画艺术；尼玛次仁主编的《大昭寺》④，介绍了大昭寺的建筑艺术、佛像唐卡艺术、僧众地佛事活动和民众的信仰等情况，是了解大昭寺的重要参考书。在研究方面，李翎的《藏密观音造像》⑤ 一书，系统地阐述了蒙藏地区佛教有关观音菩萨的造像历史等问题；金申的《佛教美术丛考》⑥ 一书，收录了作者多年来有关

①　格·拉西色楞主编：《〈甘珠尔〉佛像大全》（上），内蒙古人民出版社 2001年版。

②　胡雪峰、鲍洪飞主编，李立祥撰：《雍和宫木版佛画》，民族出版社 2004年版。

③　乌力吉巴雅尔：《蒙藏关系史大系·宗教卷》，外语教学与研究出版社 2001年版。

④　尼玛次仁主编：《大昭寺》，中国民族摄影艺术出版社 2000 年版。

⑤　李翎：《藏密观音造像》，宗教文化出版社 2003 年版。

⑥　金申：《佛教美术丛考》，科学出版社 2004 年版。

佛教美术考古的文章，其中大量涉及了蒙藏佛教艺术；嘉木扬·凯朝的《蒙古佛教的研究》（日文）①，系统地研究了佛教传入蒙古地区的历史和现状，其中涉及了蒙古地区佛教寺院的宗教艺术与文化等内容。

2. 单体造像

进入 21 世纪以后，对佛教造像的研究成果繁盛，题材和所涉及的内容及地域也越来越广泛。图片类成果有《青州龙兴寺佛教造像窖藏》②，发表了大量龙兴寺出土的精美造像图片。《中国流失海外佛教造像总合图目》③ 著录了流散于海外各大博物馆、美术馆、图书馆，以及私人收藏家珍藏的历代中国佛教造像珍品，基本上囊括了各个门类的造像艺术精品，其中以铜石造像为最大宗。《中国寺观雕塑全集》④，对现存寺观雕塑作品中的典型代表作品的集中展示，也是对佛教造像艺术研究必不可少的珍贵资料。

这一时期不乏重量级的造像艺术研究成果，例如：白化文的《佛教造像手印》⑤，对佛教常见手印的含义进行介绍；费泳的《汉唐佛教造像艺术史》⑥，以时代区域为依凭，对中土佛教造像风格之演变、造像断代沿革之轨迹等艺术论题进行了阐述。此外，还有《中国早期佛教造型研究》⑦ 等。

藏传佛教领域，有故宫博物院编撰的《藏传佛教造像》⑧，为故宫所珍藏的历代佛教造像中的精品，也是故宫珍藏系列丛书之一，为

---

① 嘉木扬·凯朝：《蒙古佛教的研究》（日文），日本法藏馆 2004 年版。

② 夏名采主编：《青州龙兴寺佛教造像窖藏》，生活·读书·新知三联书店 2004 年版。

③ 孙迪编著：《中国流失海外佛教造像总合图目》，外文出版社 2005 年版。

④ 中国美术编辑委员会：《中国寺观雕塑全集》，黑龙江美术出版社 2006 年版。

⑤ 白化文：《佛教造像手印》，北京燕山出版社 2000 年版。

⑥ 费泳：《汉唐佛教造像艺术史》，湖北美术出版社 2009 年版。

⑦ 李正晓：《中国早期佛教造型研究》，文物出版社 2005 年版。

⑧ 故宫博物院编撰：《藏传佛教造像》，紫禁城出版社 2009 年版。

研究藏传佛教造像提供了诸多珍贵的图片。这一时期关于藏传佛教单体造像艺术的研究论文主要有：《两宋时期的藏传佛教造像艺术》①《元明清北京宫廷的藏传佛教造像艺术风格及特征》②《藏传佛教造像的主要艺术特征》③《藏传佛教造像艺术特点和形式》④《藏传佛教造像艺术的结构体系及其象征意义》⑤ 等，分别从不同角度讨论藏传佛教艺术的特点、传播。

3. 绘画与书法

在佛教书画方面，这一时期中国古代禅僧的绘画、墨迹及其背后的宗教美学思想受到了学者们的重视，个案研究成果较多。陈自立的《释惠洪研究》⑥，系统研究了北宋著名画僧释惠洪的作品与思想；皮朝纲的《禅宗美学思想的嬗变轨迹》⑦ 一书，以禅宗绘画为基点讨论了禅宗美学的特点；陈中浙的《苏轼书画艺术与佛教》⑧ 一书，选择佛教对苏轼书画艺术的影响作为研究课题，通过对苏轼复杂的文化涵养的梳理，挖掘其中佛教义理对苏轼世界观、人生观的内在影响；陈中浙的《一超直入如来地——董其昌书画中的禅意》⑨，从董其昌的"南北宗论"入手，讨论了董其昌绘画、书法作品中体现的禅宗思想。

---

① 黄春和：《两宋时期的藏传佛教造像艺术》，《首都博物馆丛刊》2000 年第 12 期。

② 黄春和：《元明清北京宫廷的藏传佛教造像艺术风格及特征》，《法音》2001 年第 1 期。

③ 陈平：《藏传佛教造像的主要艺术特征》，《东方博物》2004 年第 1 期。

④ 索朗卓嘎：《藏传佛教造像艺术特点和形式》，《西藏艺术研究》2006 年第 2 期。

⑤ 罗桑开珠：《藏传佛教造像艺术的结构体系及其象征意义》，《中央民族大学学报》（哲学社会科学版）2009 年第 1 期。

⑥ 陈自立：《释惠洪研究》，中华书局 2005 年版。

⑦ 皮朝纲：《禅宗美学思想的嬗变轨迹》，电子科技大学出版社 2003 年版。

⑧ 陈中浙：《苏轼书画艺术与佛教》，商务印书馆 2004 年版。

⑨ 陈中浙：《一超直入如来地——董其昌书画中的禅意》，中华书局 2008 年版。

书法方面的代表作，属《巴蜀佛教碑文集成》①一书，该书对四川地区的佛教碑刻进行了精细收集，涵盖佛碑达千余通，其时间跨度从东晋至清末，是极珍贵的历史资料；赖非的《山东北朝佛教摩崖刻经调查与研究》②完整、系统地展示了山东泰峄山区摩崖刻经的全部资料及作者的研究成果，也是第一部北朝佛教摩崖刻经学术专著；韩天雍的两部关于中日禅僧墨迹与文化交流的专著《禅宗墨迹》③《中日禅宗墨迹研究及其相关文化之考察》④，重点讨论了禅宗墨迹的界定与分类，中国宋元禅僧墨迹的流派、日本中世禅僧墨迹的特点。

4. 音乐、舞蹈与戏剧

汉传佛教音乐方面的研究，袁静芳的《中国汉传佛教音乐文化》⑤是一部专题性研究汉传佛教音乐的著作，该成果是在前人研究的基础上，对中国汉传佛教音乐的历史沿革、佛教的主要派系，以及对北京智化寺瑜伽焰口仪轨程序、内容作了较为详细的记录与阐述，因此该著作具有较高的学术价值；韩军的《五台山佛教音乐》⑥是较系统地研究地区性佛教音乐的著作，书中对五台山佛教音乐的历史源流、形态作了较为详细的阐释，并且对五台山佛教音乐的曲谱进行整理、记录；田青的《20 世纪中国音乐史论研究文献宗论·宗教音乐卷》⑦，首次以历时性与宏观角度梳理了 1901 年至 2000 年包括中国内地、香港、台湾在内的佛教音乐研究成果综述。

---

① 龙显昭主编：《巴蜀佛教碑文集成》，巴蜀书社 2004 年版。

② 赖非：《山东北朝佛教摩崖刻经调查与研究》，科学出版社 2007 年版。

③ 韩天雍：《禅宗墨迹》，中国美术学院出版社 2001 年版。

④ 韩天雍：《中日禅宗墨迹研究及其相关文化之考察》，中国美术学院出版社 2008 年版。

⑤ 袁静芳：《中国汉传佛教音乐文化》，中央民族大学出版社 2003 年版。

⑥ 韩军：《五台山佛教音乐》，上海音乐出版社 2004 年版。

⑦ 田青：《20 世纪中国音乐史论研究文献宗论·宗教音乐卷》，人民音乐出版社 2005 年版。

　　在藏传佛教方面的研究有：包·达尔汗的《蒙古佛教音乐文化的多元性》①；色仁道尔基的《论佛教乐舞查玛艺术——藏传佛教乐舞查玛艺术在内蒙古地区的传播》②；刘小晔的《呼和浩特大召"查玛"多文化因素初探》③；特古斯、呼和的《试论蒙古族"查玛"中体现的审美意识》④；张茜的《谈"查玛"舞蹈引发的心理期待》⑤；嘉木扬·凯朝的《中国蒙古族地区佛教文化》⑥；木村理子著，巴音门德转写的《蒙古查玛》等。这一时期查玛乐舞研究内容更加细化、全面，研究视角新颖，研究方法打破传统的单一研究取向，尝试从宗教学、宗教人类学、文化人类学、舞蹈动态学、民族音乐学、美学等多学科的理论方法进行探讨，已取得可喜的成绩。如来自民族音乐学领域的专家学者，从民族音乐学理论角度分析了查玛乐舞音乐的特点，代表性著作有：包·达尔汗在《蒙古佛教音乐文化的多元性》一书中，作者主要论述了蒙古佛教乐舞查玛的内容、种类、意义、功能、表演程序、表演中的乐器演奏形式、特点、乐舞音乐形态，此类深入研究具有很高的学术价值。

　　刘小晔的《呼和浩特大召"查玛"多文化因素初探》一文，从文化人类学角度探析呼和浩特大召查玛舞具有多元文化特征；特古斯、呼和的《试论蒙古族"查玛"中体现的审美意识》一文中，将查玛乐舞作为宗教仪式剧来研究，并从审美意识、蒙古族生活情感角度讨论查玛面具、服装、表演特点；张茜的《谈"查玛"舞蹈引

---

①　包·达尔汗：《蒙古佛教音乐文化的多元性》，宗教文化出版社 2002 年版。

②　色仁道尔基：《论佛教乐舞查玛艺术——藏传佛教乐舞查玛艺术在内蒙古地区的传播》，硕士学位论文，内蒙古师范大学，2006 年。

③　刘小晔：《呼和浩特大召"查玛"多文化因素初探》，《内蒙古大学艺术学院学报》2007 年第 3 期。

④　特古斯、呼和：《试论蒙古族"查玛"中体现的审美意识》，《内蒙古艺术》2007 年第 2 期。

⑤　张茜：《谈"查玛"舞蹈引发的心理期待》，《内蒙古大学艺术学院学报》2008 年第 2 期。

⑥　嘉木扬·凯朝：《中国蒙古族地区佛教文化》，民族出版社 2009 年版。

发的心理期待》一文中，作者认为寺院特定的世界观与价值观当中，查玛舞以宗教教义与心理定式来展现现实世界，而人们可以通过查玛舞的外在艺术形式去感受和体验客观世界与精神世界。

包·达尔汗的《蒙古佛教音乐文化的多元性》，是首部研究蒙藏佛教音乐文化的开创性著作，详细分析了蒙古语诵经音乐和藏语诵经音乐的特点，从不同层面观察和分析蒙古佛教音乐所包含的诸多文化要点。其他成果包括：嘎拉鲁编著的《梅力更葛根罗布桑丹毕坚赞作品集》（蒙文）[1]，收录了蒙古语经文及少量的诵经音乐音像资料及谱例，这也是研究蒙古语经文及蒙古语诵经音乐的珍贵资料；博吐郭勒的《18 世纪蒙古族音乐巨匠梅力更葛根》[2] 一文主要论述了梅力更葛根罗布桑丹毕坚赞对蒙古语诵经音乐、蒙古族民歌及蒙古族音乐教育方面做出的贡献；包·达尔汗的《罗桑丹毕坚赞与蒙古语诵经音乐》[3] 主要论述了罗桑丹毕坚赞创编的蒙古语诵经音乐的语言特点，以及他对诵经音乐的贡献。总体而言，在专家学者的共同努力下，蒙藏佛教寺院诵经音乐研究进入了开创性的阶段，在前人的研究基础上提出了一些新的研究方法、新的研究视角。然而，亟待加强的问题就是藏文经书的理解颇为有限，导致学者们只注重诵经音乐本体研究，而忽略了佛教深层思想内涵。

戏剧方面在这一时期可谓是百花齐放，学者们角度各一，针对不同的题材、内容提出了自己的看法。如康保成的《中国古代戏剧形态与佛教》[1] 一书，系统研究了佛教与戏曲的关系；李强的专著

---

① 嘎拉鲁编著：《梅力更葛根罗布桑丹毕坚赞作品集》，内蒙古文化出版社 2003 年版。

② 博吐郭勒：《18 世纪蒙古族音乐巨匠梅力更葛根》，《内蒙古艺术》2003 年第 2 期。

③ 包·达尔汗：《罗桑丹毕坚赞与蒙古语诵经音乐》，《内蒙古大学学报》（人文社会科学版）2006 年。

④ 康保成：《中国古代戏剧形态与佛教》，东方出版中心 2004 年版。

《丝绸之路戏剧文化研究》①，将敦煌文献中剧本与西域、汉地留存的戏剧结合在一起，讨论了古典佛教剧种的演变与流传；陈洪的论文《元杂剧与佛教》②，对元杂剧中的佛教剧目进行了全面的爬梳，并在此基础上论述了佛教对于元杂剧的影响；郑传寅在《古代戏曲中的宗教剧及其特点》③ 中，将有宗教因素的戏剧从一般戏剧中分割出来，单独研究；周秋良的《观音本生故事戏论疏》④，讨论了观音相关戏剧与佛教的关系；戴云的《劝善进科研究》⑤ 一书，以目连戏为出发点，收集了受佛教影响而产生的劝善类戏剧，并进行了综合研究。

二　道教艺术领域

在此期间，道教艺术研究进入到发展阶段，研究成果无论是数量，还是所涉及的领域，都有着长足的进展。就研究领域而言，除传统的道教戏曲、音乐和造像、建筑外，道教与书法的关系引发了众多的思考。张育英《道教书法艺术》⑥ 是其中的代表，从历史和逻辑两个方面阐述了道教与中国书法艺术之间的密切关联。相关成果还有四川大学李俊涛的博士学位论文《"云篆天书"：道教符图艺术对现代视觉设计的启示》、中央美术学院颜开的《中国巫道"符篆"与当代设计应用》等，都对道教独特的文字观及其现代艺术视野下的价值进行了演绎。道教舞蹈方面的研究以程群的论文最为突出，他在《舞蹈艺术与道教中的步罡踏斗》⑦ 中指出，道教步罡踏

---

①　李强：《丝绸之路戏剧文化研究》，新疆人民出版社 2009 年版。

②　陈洪：《元杂剧与佛教》，《文学评论》2005 年第 6 期。

③　郑传寅：《古代戏曲中的宗教剧及其特点》，《中国文化研究》2007 年第 4 期。

④　周秋良：《观音本生故事戏论疏》，中国戏剧出版社 2008 年版。

⑤　戴云：《劝善进科研究》，北京师范大学出版社 2006 年版。

⑥　张育英：《道教书法艺术》，《中国宗教》2004 年第 4 期。

⑦　程群：《舞蹈艺术与道教中的步罡踏斗》，《西藏大学学报》（社会科学版）2008 年第 2 期。

斗作为肢体语言，与舞蹈一样源于对动物行为的模拟，也都被认为具有通神功能。这一时期道教艺术研究繁荣的标志之一是，以四川大学为中心涌现出诸多相关主题的博士学位论文，张明学的《道教与明清文人画研究》，对于道教与文人画的关系进行了深入解析，认为文人山水画形成来源于道教山水观；雷晓鹏的《两宋道教审美文化》一文，从美学原理角度对两宋时期道教审美文化，从道教美学思潮的总体发展趋势、道教文学和艺术异彩纷呈的成果，从宋人的道教审美人格理想三个向度进行了考察；李燕的《明清道教与戏剧研究》，着重于元以后道教与戏剧的关联，认为道教劝善惩恶、阴骘观念和因果报应等思想对戏剧创作产生重要影响。

　　道教艺术研究专著主题集中于道教音乐：蒲亨强在《神圣礼乐：正统道教科仪音乐研究》①一书中，从历史与现状，艺术、审美特点及其文化，详细深入地探讨了道教音乐的历史沿革和艺术宗教价值；胡军的《中国道教音乐简史》②，就道教音乐之缘起、道教音乐之生成、道教音乐之兴盛、道教音乐之发展、道教音乐之现状等内容，对道教音乐的历史进行了概述。

三　一神教艺术研究领域

　　这一时期基督教音乐依然是基督教艺术研究的热点，具体研究集中于欧洲基督教音乐史、基督教音乐中国化过程和中国基督教音乐现状调查三个方向。基督教音乐研究专著有：陈小鲁的《基督教音乐史》③，该书既叙述了早期基督教音乐、罗马礼仪与单声部圣咏和中世纪基督教音乐，也对近代以来文艺复兴时期、宗教改革时期、巴洛克时期、古典乐派时期、浪漫派时期的教会音乐等内容进行了阐发，同时还涉及 20 世纪基督教音乐的表现，对于基督教音乐发展

---

① 蒲亨强：《神圣礼乐：正统道教科仪音乐研究》，巴蜀书社 2000 年版。
② 胡军：《中国道教音乐简史》，华龄出版社 2000 年版。
③ 陈小鲁：《基督教音乐史》，宗教文化出版社 2006 年版。

的历史作了全面而清晰的梳理;《中世纪美学理论与其音乐成就》①
《中世纪音乐审美心理浅探》② 都从音乐美学的角度,阐述了中世纪
的宗教艺术审美对中世纪的音乐文化乃至整个西方音乐文化生成的
深远影响;李晶的《勃拉姆斯〈德意志安魂曲〉的历史价值》③ 一
文认为,勃拉姆斯在创作中融入了个人关于生与死的信念,认为死
亡是另一个与上帝同在的永恒生命的开始;《基督教中的圣母崇拜与
西方音乐文化》④ 一文认为,圣母音乐在西方音乐文化中占有重要位
置,从圣母音乐体裁这种特殊的渠道来理解西方宗教音乐的精神;
《简述音乐在基督教不同时代的表现》⑤ 通过对基督教音乐几个时期
的表现,来了解音乐在宗教中的作用功能等;《马丁·路德的宗教改
革和音乐实践》⑥ 一文,分析了路德教音乐在西方音乐发展史上的意
义。在中国基督教音乐研究方面,陈伟的《中国基督教圣诗发展概
况》⑦ 一文,从几个历史时期介绍了中国基督教圣诗音乐的发展概
况,其中着重介绍了基督教新教的圣诗对研究中国基督教圣诗音乐
起到的作用;《基督教文化对我国音乐发展的影响》⑧ 一文,论述了
基督教文化对我国传统音乐文化的冲击和影响;《近代福建基督教学

---

① 司杨:《中世纪美学理论与其音乐成就》,《西安音乐学院学报》2003 年第
1 期。

② 周静:《中世纪音乐审美心理浅探》,《武汉音乐学院学报》2003 年增刊。

③ 李晶:《勃拉姆斯〈德意志安魂曲〉的历史价值》,《西安音乐学院学报》
2004 年第 1 期。

④ 韩乐:《基督教中的圣母崇拜与西方音乐文化》,《西安音乐学院学报》2004
年第 1 期。

⑤ 诸炜:《简述音乐在基督教不同时代的表现》,《艺术百家》2002 年第 4 期。

⑥ 汪洋:《马丁·路德的宗教改革和音乐实践》,《天津音乐学院学报》2002 年
第 3 期。

⑦ 陈伟:《中国基督教圣诗发展概况》,《中央音乐学院学报》2003 年第 3 期。

⑧ 褚炜:《基督教文化对我国音乐发展的影响》,《西安音乐学院学报》2003 年
第 3 期。

校音乐教育简况及启示》① 一文，从近代福建基督教学校音乐教育简况，论述了近代基督教音乐传入福建并对福建的音乐教育起到了很大的作用；在《内蒙古中、西部天主教音乐的历史和现状》② 中，作者认为现在内蒙古地区的天主教音乐是中西音乐交流的结果。

在基督教造型艺术方面，顾卫民的《基督宗教艺术在华发展史》③ 一书问世，该书先叙述了唐元两代景教在中国各地的石刻、壁画和寺院建筑，以及元代罗马天主教方济各会在北京、扬州、泉州等地的教堂和石刻的遗存，然后对明清时期耶稣会士带来的西方宗教绘画及其意义作了详细说明，最后罗列了明清之际重要的天主教建筑，呈现出天主教来华之后在艺术表现上与中国文化的融合轨迹。

这一时期伊斯兰教艺术的研究成果数量开始增长，其涉及领域也有所拓展。刘一虹所著的《美的世界：伊斯兰艺术》④ 一书，对伊斯兰教艺术的渊源和历史分期进行叙述，对伊斯兰教的建筑、纹案、书法以及表现艺术等领域进行了阐发，揭示了伊斯兰艺术形态与其宗教信仰之间的密切关联；哈宝玉的论文《早期清真寺与伊斯兰建筑艺术》⑤，讲述了清真寺建筑从麦地那到大马士革，经由各伊斯兰王朝到奥斯曼、伊朗和印度等不同时间和地域清真寺建筑的差异所在；左力光在其《新疆伊斯兰教建筑装饰艺术中的多元文化现象》⑥ 一文中，对伊斯兰教建筑中的装饰纹案的文化内涵进行了分析，认为这是西亚、周边民族和汉族各种文化共同作用的结果；同

---

① 吴少静、黄少枚：《近代福建基督教学校音乐教育简况及启示》，《星海音乐学院学报》2004 年第 2 期。

② 南鸿雁：《内蒙古中、西部天主教音乐的历史和现状》，《天津音乐学院学报》2001 年第 4 期。

③ 顾卫民：《基督宗教艺术在华发展史》，上海书店出版社 2005 年版。

④ 刘一虹：《美的世界：伊斯兰艺术》，宗教文化出版社 2006 年版。

⑤ 哈宝玉：《早期清真寺与伊斯兰建筑艺术》，《西北民族学院学报》2001 年第 3 期。

⑥ 左力光：《新疆伊斯兰教建筑装饰艺术中的多元文化现象》，《新疆社会科学》2004 年第 4 期。

样关注伊斯兰教纹案艺术的论文还有李丛芹的《伊斯兰装饰艺术的审美特征》①，其从抽象、满密、共相、均衡四个角度对伊斯兰教装饰纹案的审美特征进行了归纳。阿拉伯书法往往是伊斯兰教装饰艺术的组成部分，朱秀梅的《伊斯兰艺术奇葩——阿拉伯书法》②，对伊斯兰教书法的起源、分派、宗教象征乃至风格等方面进行了综合论述。伊斯兰教造型艺术方面的研究还有王玉兰的《论苏菲主义及其对伊斯兰细密画和诗歌艺术的影响》③，文章认为苏菲神秘主义兴盛又恰好与细密画的繁荣几乎是同一时期，因此伊斯兰细密画必然不可避免地刻上了神秘主义的烙印。对伊斯兰表现艺术的研究相对较少，格桑曲杰的《伊斯兰和藏族艺术的结晶——卡尔乐》④对该主题进行了研究，文章指出，西藏地区长期与信奉伊斯兰教的周边区域接壤，因此吸收了伊斯兰教的音乐舞蹈形式，进而融合西藏本地艺术形成卡尔乐系统。

姜伯勤的《中国祆教艺术史研究》⑤通过艺术、考古、历史等方法，对于三夷教中之祆教的艺术表现进行了详细分析，其中包括了对祆教图像和文物的确认，对图像表达内容的阐释，祆教艺术对于我国艺术传统的影响及其在中国艺术史上之地位等重要的问题的论述，是三夷教艺术研究之力作。

四　宗教艺术原理领域

此期宗教艺术原理研究展开对自身研究方法和研究范围的反思，说明宗教艺术研究的自觉意识开始出现，是学科走向成熟的标志。

---

① 李丛芹：《伊斯兰装饰艺术的审美特征》，《装饰》2005 年第 2 期。

② 朱秀梅：《伊斯兰艺术奇葩——阿拉伯书法》，《美术观察》2004 年第 12 期。

③ 王玉兰：《论苏菲主义及其对伊斯兰细密画和诗歌艺术的影响》，《南通航运职业技术学院学报》2008 年第 3 期。

④ 格桑曲杰：《伊斯兰和藏族艺术的结晶——卡尔乐》，《西藏艺术研究》2007 年第 4 期。

⑤ 姜伯勤：《中国祆教艺术史研究》，生活·读书·新知三联书店 2004 年版。

李留记在《论构建宗教艺术学的学科基础》① 一文中，较早地提出宗教艺术学科构想，从艺术的宗教起源、宗教对于艺术发展的作用、双方思维模式的接近等方面论述了宗教和艺术的密切关联性；于向东明确将宗教艺术学定义为艺术学的重要分支，他在《宗教艺术学的研究对象及其分类与特点》② 中，对于宗教艺术学科的对象和分类进行了初步思考；随后在《宗教艺术学初探》中，于向东对于宗教艺术学科的独立方法和领域进行了更为深入的思考，明确将宗教艺术学科分为代表广度的宗教艺术志、代表进度的宗教艺术史、代表深度的宗教艺术原理三个维度，形成明确的宗教艺术学科定位。与此同时，出现了关于宗教艺术的教科书式专著，张育英所著的《中西宗教与艺术》③，采用了教材式体例，以绘画、建筑、雕塑和音乐为主要范畴，对重要宗教传统的艺术表现作了论述，该书对于重要的宗教艺术现象多有涉及，可看作是宗教艺术研究的通识性参考。

第五节　2010 年至 2019 年

一　佛教艺术领域

1. 石窟与佛寺

近十年来佛教艺术研究突飞猛进，一方面石窟考古的范围不断扩大，很多隐藏在僻静之处的中小型石窟不断被发现；另一方面，石窟调查报告的内容更加丰富，特别是三维立体扫描技术的运用，使得石窟测绘更加精准。在研究方法上，依然是领域与专题不断被

---

① 李留记：《论构建宗教艺术学的学科基础》，《河南师范大学学报》（哲学社会科学版）2001 年第 4 期。

② 于向东：《宗教艺术学的研究对象及其分类与特点》，《艺术学研究》2009 年。

③ 张育英：《中西宗教与艺术》，南京大学出版社 2003 年版。

细化，并且学者们的视野更为开阔，多种研究方法也在佛教美术研究中综合使用。这一时期的重要考古发现有，新疆鄯善吐峪沟石窟群和佛寺遗址、江苏南京大报恩寺遗址、山西大同云冈石窟窟顶北魏辽金佛教寺院遗址、内蒙古辽上京皇城西山坡佛寺遗址等。资料性图录与考古报告有敦煌研究院樊锦诗编著的《莫高窟第 266—275 窟考古报告》①，分上下两册，以文字图片、测绘图等形式，完备记录和描绘了敦煌莫高窟第 266 窟、第 275 窟等 11 个洞窟的石窟。成果包括：《石窟之祖：武威天梯山石窟》②《响堂山石窟》③《安岳圆觉洞保护研究》④《新津观音寺佛教艺术》⑤《彬县大佛寺石窟研究与保护》⑥《长治观音堂明代彩塑》⑦《正定隆兴寺壁画》⑧《辽西古刹塔窟》⑨ 等。《龙门石窟研究院文物藏品集》⑩ 公布了龙门石窟研究院中散藏的佛教造像，是研究龙门石窟的有力补充。其中最为重要的是金维诺主编的《西域美术全集》，这套书籍在汇集早期西方探险家所获的西域石窟图片之外，还补拍了大量石窟照片，包括近年来新发现的石窟，对于研究西域、新疆佛教艺术有重要意义。⑪ 此外，日本学者水野清一、长广敏雄等著的《云冈石窟》16 卷 32 册考古报告，近年来被译成中文⑫，为该领域不可多得的重要成果。王家鹏

---

① 樊锦诗编：《莫高窟第 266—275 窟考古报告》，文物出版社 2011 年版。
② 王奎：《石窟之祖：武威天梯山石窟》，甘肃人民美术出版社 2018 年版。
③ 赵立春主编：《响堂山石窟》，中国文史出版社 2010 年版。
④ 四川文物局编：《安岳圆觉洞保护研究》，科学出版社 2015 年版。
⑤ 方世聪、车永仁：《新津观音寺佛教艺术》，天津美术出版社 2013 年版。
⑥ 李忠堂编：《彬县大佛寺石窟研究与保护》，三秦出版社 2010 年版。
⑦ 长治市博物馆编：《长治观音堂明代彩塑》，文物出版社 2012 年版。
⑧ 河北省正定县文物保管所：《正定隆兴寺壁画》，文物出版社 2013 年版。
⑨ 贾辉：《辽西古刹塔窟》，社会科学文献出版社 2018 年版。
⑩ 刘景龙：《龙门石窟研究院文物藏品集》，文物出版社 2013 年版。
⑪ 金维诺主编：《西域美术全集》，天津人民美术出版社 2016 年版。
⑫ ［日］水野清一、长广敏雄：《云冈石窟》，科学出版社 2012—2014 年版。

主编的《梵华楼》①，共三册，将其中诸佛菩萨等像、法器与供具全部依原状刊出，有重要的价值。巫鸿、郭伟其主编的《遗址与图像》②，从流散海外的佛教造像与石窟位置复原入手，进行空间拼接，具有很强的创新性。

此外，以佛教美术为主题的专题展览在近年兴起，这些展览在展出大量精彩文物的同时，还有高质量的图录出版。如上海博物馆2014年的"圣境印象：印度佛教艺术展"③"丝路梵相——新疆和田达玛沟佛教遗址出土壁画艺术作品展"④，浙江省博物馆2015年的"心放俗外：定州静志、净众佛塔地宫文物展"⑤，故宫博物院2016年"梵天东土并蒂莲华：公元400—700年印度与中国雕塑艺术大展"⑥。关于佛教碑刻的研究，最为重要的著作是中德合作重大项目《中国佛教石经》⑦，由中国社会科学院世界宗教研究所张总2001年赴德国海德堡大学介绍新发现石经等后，向国家文物局申报与雷德侯教授的合作，至2004年正式开始分省合作。张总研究员首任山东项目领队，项目组首先发表东平洪顶山与泰山经石峪的调查简报，该研究对每处刻经进行深入细致的调查、测绘和全面的资料记录，针对刻经的历史、政治、宗教、艺术等含义进行综合分析，探讨刻经的时代背景。

在综合性研究中，邹清泉的《中国佛教美术论著引得》⑧，详细

---

① 王家鹏主编：《梵华楼》，紫禁城出版社2009年版。

② 巫鸿、郭伟其主编：《遗址与图像》，中国民族摄影艺术出版社2017年版。

③ 上海博物馆：《圣境印象：印度佛教艺术》，上海书画出版社2014年版。

④ 上海博物馆：《丝路梵相——新疆和田达玛沟佛教遗址出土壁画艺术》，上海书画出版社2014年版。

⑤ 浙江省博物馆、定州市博物馆：《心放俗外：定州静志、净众佛塔地宫文物》，中国书店2017年版。

⑥ 故宫博物院、福建博物院、浙江省博物馆、四川博物院编：《梵天东土并蒂莲华》，故宫出版社2016年版。

⑦ 雷德侯主编：《中国佛教石经》（第二卷），中国美术学院出版社2015年版。

⑧ 邹清泉：《中国佛教美术论著引得》，上海三联书店2014年版。

梳理了 20 世纪以来中国佛教美术研究的论著，较为完整地呈现了研究面貌，是难得的工具书；美国学者杜朴与文以诚合著的《中国艺术与文化》①，对于中国宗教艺术与中国文化的关联进行了重新解读；美国学者柯嘉豪出版了《佛教对中国物质文化的影响》②，该书关注佛教的流传与物质文化的关系，使用了大量佛教艺术品进行研究；马世长先生的论文集《中国佛教石窟考古文集》③，是用考古学进行中国石窟年代分析的重要作品；李巳生的《禅密造像艺术精华——两宋至明清时期》④，对四川地区的寺塔石窟造像进行了研究；赖永海、王月清主编的《中国佛教艺术史》⑤ 一书，阐述了佛教传入东土后，中国佛教艺术的种类、形成、发展、流变及其影响。随着"一带一路"的实施与推进，丝绸之路沿线佛教艺术研究逐渐成为国内外学界的热点，阮荣春、张同标的《从天竺到华夏：中印佛教美术历程》⑥，以国内各省市著名壁画、石窟艺术遗珍为主要对象，解析了从印度到中国佛教美术的发展进益及本土化历程；乐仲迪的《从波斯波利斯到长安西市》⑦ 一书收录了大夏和萨珊印章、波斯摩崖石刻以及来华粟特葬仪等方面的研究文章；廖旸的《克孜尔石窟壁画年代学研究》⑧ 一书，系统讨论了克孜尔石窟壁画的年代与分期；意大利学者魏正中著有《区段与组合：龟兹石窟寺院遗址的考

---

①　［美］杜朴、文以诚：《中国艺术与文化》，张欣译，北京联合出版公司 2014 年版。

②　［美］柯嘉豪：《佛教对中国物质文化的影响》，中华书局 2015 年版。

③　马世长：《中国佛教石窟考古文集》，商务印书馆 2014 年版。

④　李巳生：《禅密造像艺术精华——两宋至明清时期》，河南大学出版社 2012 年版。

⑤　赖永海、王月清主编：《中国佛教艺术史》，南京大学出版社 2017 年版。

⑥　阮荣春、张同标：《从天竺到华夏：中印佛教美术历程》，商务印书馆 2017 年版。

⑦　［美］乐仲迪：《从波斯波利斯到长安西市》，漓江出版社 2017 年版。

⑧　廖旸：《克孜尔石窟壁画年代学研究》，社会科学文献出版社 2012 年版。

古学探索》①，作者将龟兹地区的石窟寺院遗址视为一个整体进行研究，颇具创新；刘韬著的《唐与回鹘时期龟兹石窟壁画研究》②，讨论了库木吐喇等汉风洞窟；陈粟裕的《从于阗到敦煌——以唐宋时期图像的东传为中心》③ 一书，讨论了丝绸之路南道的于阗和敦煌的图像交流问题；林立的《西域古佛寺：新疆古代地面佛寺研究》④讨论了新疆古代佛寺的形制、布局等情况。敦煌依然是石窟研究的重点，宁强的《敦煌石窟寺研究》⑤，全方位展示了各个历史时期敦煌石窟寺的历史沿革及艺术特色；沙武田的《吐蕃统治时期敦煌石窟研究》⑥，从一个时代反映出敦煌在中西文化交流和多民族文化交流中的特殊意义；张建宇的《汉唐美术空间表现研究——以敦煌壁画为中心》⑦ 一书，致力于在汉唐艺术“模拟形似史”的大背景下，运用风格学方法，以北凉至盛唐敦煌壁画之“空间表现”问题为切入点，对汉民族特有的空间表现方式与外来佛教题材的融合过程进行系统考察；赵晓星的《吐蕃统治时期敦煌密教研究》⑧，杨郁如著的《敦煌隋代石窟壁画样式与题材研究》⑨，张元林著的《北朝—隋时期敦煌法华图像研究》⑩，王惠民著的《敦煌佛教与石窟营建》⑪，

---

① ［意］魏正中：《区段与组合：龟兹石窟寺院遗址的考古学探索》，上海古籍出版社 2013 年版。

② 刘韬：《唐与回鹘时期龟兹石窟壁画研究》，文物出版社 2017 年版。

③ 陈粟裕：《从于阗到敦煌——以唐宋时期图像的东传为中心》，方志出版社 2014 年版。

④ 林立：《西域古佛寺：新疆古代地面佛寺研究》，科学出版社 2018 年版。

⑤ 宁强：《敦煌石窟寺研究》，甘肃人民美术出版社 2018 年版。

⑥ 沙武田：《吐蕃统治时期敦煌石窟研究》，中国社会科学出版社 2013 年版。

⑦ 张建宇：《汉唐美术空间表现研究——以敦煌壁画为中心》，中国人民大学出版社 2018 年版。

⑧ 赵晓星：《吐蕃统治时期敦煌密教研究》，甘肃教育出版社 2017 年版。

⑨ 杨郁如：《敦煌隋代石窟壁画样式与题材研究》，甘肃教育出版社 2017 年版。

⑩ 张元林：《北朝—隋时期敦煌法华图像研究》，甘肃教育出版社 2017 年版。

⑪ 王惠民：《敦煌佛教与石窟营建》，甘肃教育出版社 2017 年版。

张景峰的《敦煌阴氏与莫高窟研究》[1]，邹清泉的《虎头金粟影：维摩诘变相研究》[2] 均是其中的代表。宋永忠的《须弥山石窟艺术研究》[3] 对须弥山石窟在窟室形制、分布以及造像题材等方面展开探讨；魏文斌所著的《麦积山石窟初期洞窟调查与研究》[4] 讨论了麦积山的早期洞窟。沿着丝绸之路，长安地区的佛教艺术研究兴起，王敏庆的《北周佛教美术研究：以长安造像为中心》[5]，杨效俊所著的《武周时期的佛教造型——以长安光宅寺七宝台的浮雕石佛群像为中心》[6]，于薇的《圣物制造与中古中国佛教舍利供养》[7]，吴荭的《北周石窟造像研究》[8] 均是以关中地区的佛教艺术材料为主要讨论对象。彭明浩的《云冈石窟的营造工程》[9] 将考古层位学在石窟研究中进行了具体应用。在西南地区，雷玉华、罗春晓、王剑平合著的《川北佛教石窟和摩崖造像研究》[10]，系统研究了四川北部的石窟与佛教造像；邓星亮的《四川安岳卧佛院石窟刻经研究》[11]，探讨了佛教刻石与石窟、典籍之间的关系；李淞的《四川宋代菩萨造像研究》[12] 以安岳石窟菩萨群为研究重点；朴城君的《大邦之间：妙香

① 张景峰：《敦煌阴氏与莫高窟研究》，甘肃教育出版社 2017 年版。

② 邹清泉：《虎头金粟影：维摩诘变相研究》，北京大学出版社 2013 年版。

③ 宋永忠：《须弥山石窟艺术研究》，阳光出版社 2013 年版。

④ 魏文斌：《麦积山石窟初期洞窟调查与研究》，甘肃教育出版社 2017 年版。

⑤ 王敏庆：《北周佛教美术研究：以长安造像为中心》，社会科学文献出版社 2013 年版。

⑥ 杨效俊：《武周时期的佛教造型——以长安光宅寺七宝台的浮雕石佛群像为中心》，文物出版社 2013 年版。

⑦ 于薇：《圣物制造与中古中国佛教舍利供养》，文物出版社 2018 年版。

⑧ 吴荭：《北周石窟造像研究》，甘肃教育出版社 2017 年版。

⑨ 彭明浩：《云冈石窟的营造工程》，文物出版社 2017 年版。

⑩ 雷玉华、罗春晓、王剑平：《川北佛教石窟和摩崖造像研究》，甘肃教育出版社 2016 年版。

⑪ 邓星亮：《四川安岳卧佛院石窟刻经研究》，巴蜀书社 2016 年版。

⑫ 李淞：《四川宋代菩萨造像研究》，科学出版社 2018 年版。

国的观世音图像志》[①] 一书，则研究了南诏大理时期的观音图像。

在其他区域和个案研究上，李翎是近十年来著作颇多的一位，《佛教与图像论稿》[②]《佛教与图像论稿续编》[③] 为其著作的论文合集，《鬼子母研究：经典、图像与历史》[④] 为研究佛教中第一位女神诃利帝（鬼子母）的学术专著。王静芬的博士学位论文《中国石碑：一种象征形式在佛教传入之前与之后的运用》[⑤]，讨论了佛教信仰与造像碑的雕造。侯旭东的《佛陀相佑：造像记所见北朝民众信仰》[⑥]，主要依据铭刻资料和造像碑讨论了北朝时期佛教流行的情况；《普陀山建筑艺术与宗教文化》[⑦] 内容基于作者恩斯特·柏石曼1906—1909年在中国游历期间实地考察的研究成果，对普陀山的佛教寺院进行了深入讨论，是难得的材料。此外，不可忽视的是台湾两位长期从事佛教美术研究的女学者——李玉珉与颜娟英。李玉珉长期从事佛教造像题材的研究工作，2011年出版的个人论文集《佛陀形影》[⑧] 涵盖了包括《法轮常转：亚洲的佛教造像》《妙香国的梵僧观世音》《法界人中像》等多篇代表性论文，具有很高的学术价值；颜娟英的《镜花水月——中国古代美术考古与佛教艺术的探讨》[⑨] 论文集收录了《武则天与唐长安七宝台石雕佛像》《唐长安七

---

① 朴城君：《大邦之间：妙香国的观世音图像志》，暨南大学出版社2017年版。

② 李翎：《佛教与图像论稿》，文物出版社2011年版。

③ 李翎：《佛教与图像论稿续编》，文物出版社2013年版。

④ 李翎：《鬼子母研究：经典、图像与历史》，上海人民出版社2018年版。

⑤ 王静芬：《中国石碑：一种象征形式在佛教传入之前与之后的运用》，毛秋瑾译，商务印书馆2011年版。

⑥ 侯旭东：《佛陀相佑：造像记所见北朝民众信仰》，社会科学文献出版社2018年版。

⑦［德］恩斯特·柏石曼：《普陀山建筑艺术与宗教文化》，史良、张希晅译，商务印务馆2017年版。

⑧ 李玉珉：《佛陀形影》，台北“故宫博物院”2011年版。

⑨ 颜娟英：《镜花水月——中国古代美术考古与佛教艺术的探讨》，台湾石头出版股份有限公司2016年版。

宝台石刻的再省思》《盛唐玄宗朝佛教艺术的转变》《天龙山石窟再
省思》《北齐禅观图像考——从小南海到响堂山石窟》等，都是名
重一时之作，其中《北齐禅观图像考——从小南海到响堂山石窟》
一文为讨论"图像义理学"的代表性论文。

2010 年以后，蒙藏佛教艺术研究达到了一个新的高度，学术界
相继发表和出版的研究成果十分丰硕，研究方法呈现出多学科交叉
趋势，来自历史学、宗教学、宗教人类学、文化人类学、仪式学、
民族音乐学、舞蹈动态学等领域的专家学者，用不同学科的理论方
法进行探讨，已取得可喜的成绩。这一时期最为重要的成果为浙江
大学谢继胜教授团队完成的几部大部头著作：《藏传佛教艺术发展
史》①《江南藏传佛教艺术：杭州飞来峰石刻造像研究》②《北京藏传
佛教艺术：北京藏传佛教文物遗存研究》③。这几部著作图文并茂，
一方面公布了大量的第一手资料；另一方面以扎实的学风对材料进
行了深入解读。还有四川大学霍巍教授及其团队在西藏地区的调查
与研究，如《藏东吐蕃摩崖造像与唐蕃交流视野下的剑南益州》④
《唐蕃会盟与吐蕃佛教》⑤等文章，讨论了汉藏佛教交流等问题。此
外，还有嘉木扬·凯朝的《内蒙古佛教与寺院教育》⑥，奇·巴图朝
鲁、达·额丁巴雅尔的《鄂尔多斯寺院大全》⑦，乔吉的《内蒙古藏

---

① 谢继胜等：《藏传佛教艺术发展史》，上海书画出版社 2012 年版。

② 谢继胜等：《江南藏传佛教艺术：杭州飞来峰石刻造像研究》，上海书画出版
社 2014 年版。

③ 谢继胜等：《北京藏传佛教艺术：北京藏传佛教文物遗存研究》，上海书画出
版社 2018 年版。

④ 霍巍：《藏东吐蕃摩崖造像与唐蕃交流视野下的剑南益州》，《藏学学刊》2017
年第 1 期。

⑤ 霍巍：《唐蕃会盟与吐蕃佛教》，《世界宗教研究》2017 年第 2 期。

⑥ 嘉木扬·凯朝：《内蒙古佛教与寺院教育》，中国社会科学出版社 2013 年版。

⑦ 奇·巴图朝鲁、达·额丁巴雅尔：《鄂尔多斯寺院大全》，内蒙古文化出版社
2013 年版。

传佛教寺院》① 等。其中，嘉木扬·凯朝的《内蒙古佛教与寺院教育》，是作者在蒙藏佛教寺院经过深入、细致的考察工作，以及大量搜集国内外文献资料的基础上完成的重要科研成果，具体阐释了蒙藏佛教寺院的造像、唐卡绘画、建筑艺术特点。

　　近年来，随着蒙藏佛教艺术研究成果的不断问世，一大批年轻学者在研究对象上采取个案专题研究，取得了很好的成绩。代表性论文包括：梁姝丹的《清代阜新地区藏传佛教圣经寺壁画艺术研究》②，王智睿的《土默特地区召庙建筑彩画研究》③，郭晓英的《从"还原"佛界到融入世俗》④，刘书妍的《清治蒙政策下北京和内蒙古地区藏传佛教建筑形态比较》⑤，苏日古嘎的《美岱召壁画艺术研究》⑥等，上述文献研究对象既有宏观性研究，也有微观性研究；在研究时段的选取上，既有长时段的研究，也有某一重要历史时期的研究。研究方法多以比较学为主，历史学、宗教学、美学为辅，研究内容涉及壁画的分布、绘制、题材、线条的共性与个性艺术特点、宗教文化特质，唐卡制作方法、建筑形态、造像艺术、造像风格，以及传播与发展等诸多内容。

　　2. 单体造像

　　这一时期，单体造像研究在宽度和深度上都有所加强。佛教造像资料集成方面最重要的成果有：日本学者仓本尚德的《北朝佛教

　　① 乔吉：《内蒙古藏传佛教寺院》，甘肃民族出版社 2014 年版。

　　② 梁姝丹：《清代阜新地区藏传佛教圣经寺壁画艺术研究》，《黑龙江民族丛刊》2013 年第 4 期。

　　③ 王智睿：《土默特地区召庙建筑彩画研究》，硕士学位论文，内蒙古大学，2013 年。

　　④ 郭晓英：《从"还原"佛界到融入世俗》，硕士学位论文，内蒙古师范大学，2015 年。

　　⑤ 刘书妍．《清治蒙政策下北京和内蒙古地区藏传佛教建筑形态比较》，硕士学位论文，内蒙古工业大学，2015 年。

　　⑥ 苏日古嘎：《美岱召壁画艺术研究》，硕士学位论文，内蒙古大学，2017 年。

造像铭研究》①，在收录了大量佛教造像、铭文之外，作者还依据这些内容进行了深入的研究。在地域方面，国家区域间的比较研究颇有成就，如张同标、胡彬彬的《中印佛教造像比较百例：从古印度到中国长江流域的佛教造像之路》② 一书，以中国和印度百尊佛教造像为例，从造像内容、风格式样、造作材料与工艺、仪轨程式等方面进行比较研究，讨论佛教艺术中国化、世俗化的历程；张同标所著的《中印佛教造像源流与传播》③ 着眼于"印度佛像对中国的影响"，并非是全盘研究中国佛教美术通史或古印度佛教美术通史，而是从文化交流与传播演变的角度进行探讨。区域间的比较研究也深入到了图像细节，如《中国南北朝时期佛教造像背光研究》④ 一书，由金建荣编著，是基于对佛教造像背光而展开的专项研究。

整体研究方面，有黄春和的《汉传佛像时代与风格》⑤，论述了汉传佛像艺术发展的历史背景、各时代风格特征、各时代造像题材及造型样式；葛英颖的《汉地佛教造像服饰研究》⑥ 一书，梳理了历代佛教造像服饰类型，分析了探索汉地佛教造像服饰的文化特征。

3. 绘画与书法

在资料方面，台湾星云法师总监修，罗世平、如常主编的《世界佛教美术图说大典》⑦ 的"绘画卷""书法卷"，收集了各地所藏的佛教绘画与书法，并配合简短的文字说明，是这方面的重要资料。

---

① ［日］仓本尚德：《北朝佛教造像铭研究》，日本法藏馆 2016 年版。

② 张同标、胡彬彬：《中印佛教造像比较百例：从古印度到中国长江流域的佛教造像之路》，湖南大学出版社 2011 年版。

③ 张同标：《中印佛教造像源流与传播》，东南大学出版社 2013 年版。

④ 金建荣编著：《中国南北朝时期佛教造像背光研究》，东南大学出版社 2016 年版。

⑤ 黄春和：《汉传佛像时代与风格》，文物出版社 2010 年版。

⑥ 葛英颖：《汉地佛教造像服饰研究》，东华大学出版社 2018 年版。

⑦ 星云法师总监修，罗世平、如常主编：《世界佛教美术图说大典》，湖南美术出版社 2017 年版。

潘明权、柴志光主编的《上海佛教碑刻资料集》①，2014 年由复旦大学出版社出版。该书收集的碑记约 600 篇，这些碑记是记录上海佛教发展轨迹的珍贵资料，也是研究上海地区的政治、社会、经济、文化、人文、建筑、艺术，以及历代政府管理等方面的第一手资料。

皮朝纲的两部著作《丹青妙香叩禅心：禅宗画学著述研究》②《墨海禅迹听新声：禅宗书学著述解读》③ 讨论了禅宗绘画、禅僧墨迹的美学思想。樊克勤的《宋元明清高僧书画墨迹》④ 讨论了宋代至清代多位禅僧的绘画和书法作品，并发表了这方面的大量资料。新加坡学者古正美的《〈张胜温梵画卷〉研究——云南后理国段智兴时代的佛教画像》⑤，是关于大理《张胜温梵画卷》的最新研究。作者仔细考订了画面中的人物、南诏大理佛教的发展与画面内容的关系，是研究云南地区佛教美术的力作。

在书法方面，楚默的《佛教书法史》⑥ 在多维文化视野中探讨了佛教书法中许多难题，包括：译经、抄经与政治文化制度，刊刻及书写与二度创作等问题；胡建明的《宋代高僧墨迹研究》⑦ 是对东传日本的宋代中国禅宗高僧墨迹的专题研究；毛秋瑾编著的《墨香佛音（敦煌写经书法研究）》⑧ 一书，通过对写经题记以及写经字体的分析，探讨了与写经书法密切相关的政治、宗教、书手地位等因素对其产生的影响；同作者的《敦煌吐鲁番文献与名家书法》⑨ 由山东画报出版社出版，主要内容包括：敦煌本柳公权书《金刚经》

①　潘明权、柴志光主编：《上海佛教碑刻资料集》，复旦大学出版社 2014 年版。
②　皮朝纲：《丹青妙香叩禅心：禅宗画学著述研究》，商务印书馆 2012 年版。
③　皮朝纲：《墨海禅迹听新声：禅宗书学著述解读》，上海三联书店 2013 年版。
④　樊克勤：《宋元明清高僧书画墨迹》，上海文化出版社 2017 年版。
⑤　［新］古正美：《〈张胜温梵画卷〉研究——云南后理国段智兴时代的佛教画像》，民族出版社 2019 年版。
⑥　楚默：《佛教书法史》，生活·读书·新知三联出版社 2012 年版。
⑦　胡建明：《宋代高僧墨迹研究》，西泠印社出版社 2011 年版。
⑧　毛秋瑾编著：《墨香佛音（敦煌写经书法研究）》，北京大学出版社 2014 年版。
⑨　毛秋瑾：《敦煌吐鲁番文献与名家书法》，山东画报出版社 2014 年版。

拓本研究、敦煌吐鲁番写本中的王羲之书法等；赵超所著的《锲而
不舍——中国古代石刻研究》①涉及碑刻墓志、造像题记、画像石、
刻经、摩崖等石刻类型与有关的历史、考古问题。

4. 音乐、舞蹈与戏剧

这一时期主要研究成果有：杨秋悦的《对瑜伽焰口仪式音乐两
大风格流派的浅析》②，狄其安的《江浙沪梵呗》③，杨秋悦的《瑜伽
焰口仪式与仪式音乐》④，杨秋悦的《梵呗在瑜珈焰口仪式中的特
征》⑤，傅慕容的《现代佛教音声梵呗分类》⑥，姚慧的《京西丧礼
"瑜伽焰口"前的仪式与用乐》⑦，周耘的《天宁梵呗研究》⑧，胡晓
东的《佛乐分类新论——以重庆罗汉寺瑜伽焰口唱腔为例》⑨，李春
沐、王馗合著的《梅州客家佛教香花音乐研究》⑩，陈芳的《重庆华
严寺佛教仪式音乐与传承》⑪等，以上研究成果以专著和个案研究为
主，内容主要涉及瑜伽焰口仪式实录、仪式功能、仪式风格流派、
仪式音乐形态、梵呗及梵呗曲谱记录、传承问题，并进行了系统的
阐释。此外，王昕的《1989 年—2008 年中国汉传佛教音乐研究述

---

①　赵超：《锲而不舍——中国古代石刻研究》，三晋出版社 2015 年版。

②　杨秋悦：《瑜伽焰口仪式音乐两大风格流派的浅析》，《乐府新声》2012 年第
3 期。

③　狄其安：《江浙沪梵呗》，上海音乐学院出版社 2013 年版。

④　杨秋悦：《瑜伽焰口仪式与仪式音乐》，《乐府新声》2012 年第 2 期。

⑤　杨秋悦：《梵呗在瑜珈焰口仪式中的特征》，《乐府新声》2012 年第 4 期。

⑥　傅慕容：《现代佛教音声梵呗分类》，《中国音乐》2013 年第 3 期。

⑦　姚慧：《京西丧礼"瑜伽焰口"前的仪式与用乐》，《中国音乐学》2013 年第
3 期。

⑧　周耘：《天宁梵呗研究》，宗教文化出版社 2014 年版。

⑨　胡晓东：《佛乐分类新论——以重庆罗汉寺瑜伽焰口唱腔为例》，《音乐研究》
2014 年第 2 期。

⑩　李春沐、王馗：《梅州客家佛教香花音乐研究》，宗教文化出版社 2014 年版。

⑪　陈芳：《重庆华严寺佛教仪式音乐与传承》，巴蜀书社 2017 年版。

评》①，王莺晓的《近三十年汉传佛教音乐述评》②，刘正阳的《近五年国内佛教音乐研究述略》③，陈福伟的《从四本专著看"中国佛教音乐"的学术研究概况》④，他们的研究成果主要对中国佛教音乐整体研究趋势、研究思路、研究内容进行归纳与总结。

在查玛乐舞方面，研究成果有：王静的《消弭与重构中的"查玛"——一项宗教仪式的人类学研究》⑤，书中以辽宁阜新蒙藏传佛教寺院为个案，阐释查玛乐舞在历史与当下传播及其发展产生的变异，揭示查玛乐舞消弭与重构中的历史与现实意义。楚高娃的《"身密"的象征表述——跨界语境中的蒙古查玛乐舞音乐比较研究》⑥，从跨界角度，对中国境内的雍和宫和蒙古国境内的达锡朝楞寺的查玛乐舞仪式进行比较研究，揭示佛教仪式及音乐在不同的社会政治背景中形成的演变。赵婧含的《雍和宫"跳布扎"动态文化研究》⑦，以雍和宫"跳布扎"法会为切入点，运用"动态切入法""动态形象"研究方法，阐释"跳布扎"艺术特点与文化内涵。楚高娃的《文化记忆与认同建构——蒙古国达锡朝楞寺查玛乐舞音乐比较研究》⑧，主要分析了蒙古国达锡朝楞寺查玛乐舞仪式，阐释乐舞仪式程序内容，解读乐舞仪式结构与音声结构之间的同构关系。

---

① 王昕：《1989 年—2008 年中国汉传佛教音乐研究述评》，硕士学位论文，中央音乐学院，2010 年。

② 王莺晓：《近三十年汉传佛教音乐述评》，《大音》2018 年第 1 期。

③ 刘正阳：《近五年国内佛教音乐研究述略》，《中国民族博览》2018 年第10 期。

④ 陈福伟：《从四本专著看"中国佛教音乐"的学术研究概况》，《中国民族博览》2018 年第 9 期。

⑤ 王静：《消弭与重构中的"查玛"——一项宗教仪式的人类学研究》，中央民族大学出版社 2011 年版。

⑥ 楚高娃：《"身密"的象征表述——跨界语境中的蒙古查玛乐舞音乐比较研究》，《中央音乐学院学报》2016 年第 4 期。

⑦ 赵婧含：《雍和宫"跳布扎"动态文化研究》，硕上学位论文，北京舞蹈学院，2016 年。

⑧ 楚高娃：《文化记忆与认同建构——蒙古国达锡朝楞寺查玛乐舞音乐比较研究》，《民族艺术》2018 年第 1 期。

诵经音乐研究成果有：楚高娃的硕士学位论文《蒙古语诵经音乐研究》①，运用民族音乐学、语言学、民俗学等研究方法，对蒙古地区藏传佛教寺院蒙古语诵经音乐特点、诵经音乐形态类型、唱诵音乐的发声方法进行细微的阐释，解读蒙古佛教诵经音乐包含的多元性特质；红梅的《当代蒙古族祭敖包音乐研究——以呼伦贝尔蒙古族敖包祭祀仪式为个案》②，以呼伦贝尔蒙古族敖包祭祀为切入点，运用民族音乐学研究方法阐释敖包祭祀仪轨中包含的佛教诵经音乐特点及其分类，最后揭示敖包祭祀仪式中形成的多元文化特点。

楚高娃的博士学位论文《蒙古佛教本尊与护法神诵经音乐之密律——以雅曼德迦和摩柯嘎啦神祇为例》③，作者以雅曼德迦和摩柯嘎啦神祇为例，主要对中国境内的雍和宫、内蒙古包头市梅力更召、蒙古国境内的甘丹寺三座寺院所诵唱的音声进行比较，继而阐释其地域性特点；娜仁娜的《呼和浩特市席力图召关公祭祀仪轨音乐研究》④，以蒙古佛教关公祭祀仪轨音乐为研究对象，运用宗教人类学、民族音乐学研究方法探究仪轨内涵、解读仪轨音乐中的多元文化特质；娜仁娜的《蒙古佛教关公祭祀仪式的功能和意义》⑤，运用宗教学、社会学角度探析关公祭祀仪式在蒙古地区的形成与发展，揭示关公祭祀仪轨的社会功能与现实意义。总体而言，由于研究方法的多元化、研究视野的拓宽、研究内容的细化、问题意识的明确，这一时期诵经音乐研究已取得较好的成绩。

---

① 楚高娃：《蒙古语诵经音乐研究》，硕士学位论文，中央民族大学音乐学院，2011 年。

② 红梅：《当代蒙古族祭敖包音乐研究——以呼伦贝尔蒙古族敖包祭祀仪式为个案》，博士学位论文，中央音乐学院，2011 年。

③ 楚高娃：《蒙古佛教本尊与护法神诵经音乐之密律——以雅曼德迦和摩柯嘎啦神祇为例》，博士学位论文，中央民族大学音乐学院，2014 年。

④ 娜仁娜：《呼和浩特市席力图召关公祭祀仪轨音乐研究》，《艺术教育》2018 年第 5 期。

⑤ 娜仁娜：《蒙古佛教关公祭祀仪式的功能和意义》，《文化学刊》2018 年第 6 期。

在戏剧方面，这一时期佛教戏剧的研究视野更为开阔。如张净秋的《清代西游戏考论》①一文，以西游记为主题的戏剧作为个案研究讨论了西游记在清代的文本、流行情况；张婷婷、王宁邦的《元代杂剧艺术与禅宗文化精神》②详细讨论了具体的禅宗文化对戏剧的影响。在民间戏剧方面，有孙星群的《福建戏曲音乐中的〈太子游四门〉曲牌考》③。此外，传统佛教戏剧与电影等多媒体艺术的交融也进入了研究视野，如袁智忠、赵敏的《藏戏与藏族电影的跨媒介互文性研究》④，讨论了电影对佛教戏剧的借鉴。

二 道教艺术领域

道教艺术研究进入到繁荣阶段，期刊论文、学位论文和著述都出现了井喷式的增长，形成道教艺术研究的繁荣景象。期刊论文数量很多，但研究主题并没有很大突破，还是集中于道教音乐、建筑、书画等较为传统的研究点。此时期的道教艺术相关学位论文，有向书画艺术集中的趋势。吴端涛的《蒙元时期山西地区全真教艺术研究——以宫观、壁画及祖师形象为对象》⑤，通过对蒙元时期山西全真教建筑壁画的考察，揭示出全真教在山西地区至尹志平等第三代继任掌教之时，凭借强大的教团势力对该地区的区域社会与文化施加了巨大的影响力；无论是宫观建设的形制与规模，还是其中壁画制作的结构及技巧，以及对祖师形象的宣传与塑造等方面，都体现

---

① 张净秋：《清代西游戏考论》，知识产权出版社 2012 年版。

② 张婷婷、王宁邦：《元代杂剧艺术与禅宗文化精神》，《佛教文化》2010 年第 4 期。

③ 孙星群：《福建戏曲音乐中的〈太子游四门〉曲牌考》，《中国音乐》2019 年第 3 期。

④ 袁智忠、赵敏：《藏戏与藏族电影的跨媒介互文性研究》，《西南民族大学学报》（人文社科版）2019 年第 6 期。

⑤ 吴端涛：《蒙元时期山西地区全真教艺术研究——以宫观、壁画及祖师形象为对象》，博士学位论文，中央美术学院，2014 年。

出了宗教介入视觉艺术的勃勃雄心。谢琼芳的《以道家思想视角论倪瓒绘画艺术》① 指出，倪瓒的生活和艺术创作都受到了隐逸文化的影响，换而言之是受到了道家思想影响，他的画道和道家自然之道有很多想通之处。道教隐逸文化成就了倪瓒具有代表性的文化性格、独特的艺术思想、开创性的创作手法、杰出的艺术成就。道教书法领域的学位论文有多篇，既包括对普通书法家道教内涵的研究，如《道教思想视阈下的颜真卿书法研究》②，也包括对道教人士书法成就的研究，如《杜光庭书法艺术研究》③。

　　道教艺术专著方面有王宜峨的"道教艺术三部曲"：《卧游仙云》《玉宇琼楼》和《陶铸永恒》④，分别对道教绘画、道教建筑和道教塑像三个主题进行了历史和类型考察，是道教造型艺术的重要参考文献。李俊涛在其博士学位论文基础上完成的专著《道教图像艺术的意象与思想研究》⑤，梳理界定了道教图像的基本类型、主要特点、功能，以及在中国美术史中的发展和影响，该书重点探讨了道教图像的沿革问题、道教云篆天书的图像造型问题等；朱尽晖的《西部道教造像艺术研究》⑥ 一书，对关中、巴蜀等地隋唐道教造像艺术的文脉起源和类型样式做了审慎考证和艺术梳理，通过图像学分析和文献学引证，利用二重证据法及多元方法论，将道教造像艺术置于整个社会人文的大背景下，揭示其艺术源流、文化内涵与审美价值。道教建筑方面的专著有：续昕的《道教建筑的艺术形式与

---

① 谢琼芳：《以道家思想视角论倪瓒绘画艺术》，硕士学位论文，云南师范大学，2014 年。

② 刘洋：《道教思想视阈下的颜真卿书法研究》，硕士学位论文，曲阜师范大学，2018 年。

③ 张素：《杜光庭书法艺术研究》，硕士学位论文，四川师范大学，2017 年。

④ 王宜峨：《卧游仙云》，五洲传播出版社 2011 年版；王宜峨：《玉宇琼楼》，五洲传播出版社 2013 年版；王宜峨：《陶铸永恒》，五洲传播出版社 2014 年版。

⑤ 李俊涛：《道教图像艺术的意象与思想研究》，四川教育出版社 2016 年版。

⑥ 朱尽晖：《西部道教造像艺术研究》，中国社会科学出版社 2016 年版。

美学思想》①，李星丽的《四川道教宫观建筑艺术研究》②，分别从统合与个案两个角度对道教建筑艺术的内涵与形式进行了阐述。聂清的《道教与书法》③ 是道教书法研究领域的第一本专著，该书将道教从功能上分为萨满与祭司两类，从宗教功能差异角度分析了道教对于中国书法艺术风格的形成、分化与融汇所起到的作用。尤其值得一提的是李淞的《中国道教美术史》（第一卷）④ 终于问世。作者试图展开"道教""美术"和"历史"相统一的思考，对道教艺术涉及的不同领域做结构层面的重组。目前出版的第一卷，叙述了前道教美术史和南北朝时期的道教美术，期待其后续卷册的早日问世。

三　一神教艺术领域

此时期的基督教造型艺术的研究开始走向深入，主要集中于对基督教美术中国化过程的探讨。张总的《宗教艺术与传播模式试探——以中古三夷教等为例》⑤，通过对景教、袄教和摩尼教艺术品的梳理指出，宗教本身传播成败与其艺术繁衰息息相关，三夷教的失败、伊斯兰教的独特、犹太教被同化，直接关系着各自的艺术形态；褚潇白的《民国时期基督教图像的本土化努力》⑥，通过考察民国时期在本色教会和本土教会运动中出现的各种基督教图像，反映出当时基督教希望通过基督教图像的本土化，使基督教会更快摆脱洋教形象而成为中国文化的有机组成部分，呈现出基督教试图融入中国文化的努力。类似主题的还有林斐、汪长亮的《明末清初澳门

---

① 续昕：《道教建筑的艺术形式与美学思想》，四川大学出版社 2014 年版。

② 李星丽：《四川道教宫观建筑艺术研究》，巴蜀书社 2015 年版。

③ 聂清：《道教与书法》，中央编译出版社 2012 年版。

④ 李淞：《中国道教美术史》（第一卷），湖南美术出版社 2012 年版。

⑤ 张总：《宗教艺术与传播模式试探——以中古三夷教等为例》，《形象史学研究》2013 年第 7 期。

⑥ 褚潇白：《民国时期基督教图像的本土化努力》，《基督教文化学刊》2013 年第 1 期。

天主教绘画艺术的本土化》① 一文，该文认为天主教绘画艺术作为对天主教义的直接表现，于明清之际的天主教在华传播过程中起到过很大作用，天主教绘画艺术受当地文化传统、审美观念等因素影响，最终形成中西文化共存并行的艺术文化；董丽慧的《圣母形象在中国的形成、图像转译及其影响——以〈中国风圣母子〉为例》②，以署名"中国风圣母子"的卷轴画为个案研究对象，探讨圣母子形象在中国的形成、西方图像的本土化转译及其影响，该文还引入圣母子木刻图像、牙雕、瓷塑等，力图解释中国文化接受西方基督教图像的过程与动机。基督教美术方面的专著有刘平的《中国天主教艺术简史》③ 问世，该书以中国天主教艺术的本地化发展为叙述脉络，以建筑、绘画、音乐等艺术形态为载体，表现了天主教会通过本地化和民族化的努力，使本地文化与天主教理念在中国天主教艺术中融为一体的过程。

　　此期基督教音乐艺术研究呈现出对现实问题的高度关切，基督教音乐的调查性专著以孙晨荟的三本田野考察著作最为醒目。她在《天音北韵：华北地区天主教音乐研究》④ 一书中，先梳理了音乐在天主教礼仪体系中的作用，然后叙述了天主教音乐在华传播中的融汇现象。该书依据丰富的田野考察，对华北地区天主教礼仪中的音乐形态进行分析，揭示出音乐在华北地区天主教仪式中所发挥的功用。另外，孙晨荟还有《雪域圣咏——滇藏川交界地区天主教礼仪

---

　　① 林斐、汪长亮：《明末清初澳门天主教绘画艺术的本土化》，《中国天主教》2019 年第 2 期。

　　② 董丽慧：《圣母形象在中国的形成、图像转译及其影响——以〈中国风圣母子〉为例》，《文艺研究》2013 年第 10 期。

　　③ 刘平：《中国天主教艺术简史》，中国财富出版社 2014 年版。

　　④ 孙晨荟：《天音北韵：华北地区天主教音乐研究》，宗教文化出版社 2012 年版。

音乐研究》①《谷中百合——傈僳族和大花苗新教音乐文化的比较研究》（上、下）②，分别对西南地区天主教和新教地区音乐现象进行了考察。她的这三本书，结合历史与现实展开对基督教艺术现状的调查和研究，是基督教艺术现状研究的重要书系。

许正林、刘荒石在《当代美国基督教音乐传播及其文化影响》③一书中指出，当代基督教音乐家通过大音量、强节奏的音乐形式赞美上帝恩典的歌曲，很典型地体现了宗教与世俗的双重性。但是从整体的运作环节上看，它却是在商业模式的推动下通过产业化的形成得以实现的。美国当代基督教音乐不仅拓展了传统教堂的传播空间，而且在这由传播的便利而构筑的信仰空间中暂时取代了牧师的职位。段奕辰的《基督教音乐的社会文化启示及其互动》④一文认为，基督教音乐反映出整体上的宏观社会文化对于平等、理性、开放与包容和美好人性的向往。孙悦湄的《中国近代基督教传教上声乐教育活动探微》⑤揭示了基督教传教士于近代西方声乐艺术在中国的传播中的作用，西方声乐艺术通过教堂和教会学校的传播，逐步使之发展成为一种普及性歌唱活动。伍维曦的《从古代到中世纪——早期基督教思想家眼中的音乐和音乐家》⑥一文，按照时间线索分析了从古代到中世纪基督教对于音乐艺术的态度变化及其原因。

①　孙晨荟：《雪域圣咏——滇藏川交界地区天主教礼仪音乐研究》，香港中文大学天主教研究中心 2010 年版。

②　孙晨荟：《谷中百合——傈僳族和大花苗新教音乐文化的比较研究》（上、下），花木兰文化出版社 2015 年版。

③　许正林、刘荒石：《当代美国基督教音乐传播及其文化影响》，《上海大学学报》（社会科学版）2013 年第 4 期。

④　段奕辰：《基督教音乐的社会文化启示及其互动》，《陕西学前师范学院学报》2016 年第 3 期。

⑤　孙悦湄：《中国近代基督教传教士声乐教育活动探微》，《艺术百家》2012 年第 4 期。

⑥　伍维曦：《从古代到中世纪——早期基督教思想家眼中的音乐和音乐家》，《音乐研究》2013 年第 5 期。

伊斯兰艺术研究持续推进，相关研究论文、学位论文和专著的数量都呈现增长态势。从研究内容看，伊斯兰教艺术的本土化现象和过程是此期研究的热点。

对于伊斯兰教艺术的整体性论述，有刘一虹的两篇文章。其中《伊斯兰教艺术二题》[①] 主要就"宗教与艺术的内在联系"和"《古兰经》经文与伊斯兰美学三原则"两个方面做概要的阐释。该文将独一、统一和运动作为伊斯兰教美学的三个原则并进行了解说。《伊斯兰艺术的文化渊源与历史分期》[②] 先追溯了伊斯兰艺术自阿拉伯、希腊和波斯文明的渊源，然后将伊斯兰艺术分为成型全盛期、发展多元期和传承复兴期三个分期，对于伊斯兰教艺术的历史发展作了清晰梳理。

伊斯兰建筑及其附属纹案依然是该领域的研究重点，其中本土化现象引发了越来越多的关注。王萍、丁刚的《中国伊斯兰文化的"本土化"——以清真寺的建筑艺术为例》[③] 介绍了中国伊斯兰教建筑在格局、形制和纹饰上与阿拉伯清真寺不同的所在，并通过回溯伊斯兰教传入中国的过程解释了这种本土化的成因。周传斌、马文奎的《回道对话：基于甘肃临夏大拱北门宦建筑中砖雕图案的象征分析》[④] 指出，明清之际临夏地区道教影响到伊斯兰教在该地区的表现，并借助砖雕艺术的形式加以呈现。该文以临夏市伊斯兰教大拱北门宦建筑中砖雕图案的象征为切入点，结合苏菲派思想的分析，展开对回道对话的深入讨论，从而拓展了伊斯兰教艺术本土化研究

---

① 刘一虹：《伊斯兰教艺术二题》，《世界宗教文化》2017 年第 5 期。

② 刘一虹：《伊斯兰艺术的文化渊源与历史分期》，《世界宗教文化》2018 年第 5 期。

③ 王萍、丁刚：《中国伊斯兰文化的"本土化"——以清真寺的建筑艺术为例》，《赤峰学院学报》（汉文哲学社会科学版）2011 年第 1 期。

④ 周传斌、马文奎：《回道对话：基于甘肃临夏大拱北门宦建筑中砖雕图案的象征分析》，《世界宗教文化》2017 年第 5 期。

的视野。宋卫哲的《循化撒拉族明清时期伊斯兰建筑装饰艺术》①
一文，就青海循化地区清真寺和拱北等伊斯兰教建筑的装饰艺术进
行了考察，认为其中不仅有来自阿拉伯世界的渊源，还融合了撒拉
族、藏族、汉族等多民族文化而共同造就其风格。牛乐的《伊斯兰
教拱北的彩绘砖雕艺术》②指出，西北地区穆斯林中苏菲派以"拱
北"为活动中心，这些拱北建筑群有其特殊的形制和建筑风格，鉴
于门宦比较注重对非伊斯兰文化传统的借鉴和吸收，故建筑、装饰、
审美习俗比较丰富多元，除保留了许多域外伊斯兰文化的传统符号
之外，亦大量融入了河湟地区其他宗教和民族的文化元素。杨静的
《古代伊斯兰世界的纺织装饰艺术初探》③指出，伊斯兰纺织品的装
饰发展与流变始终置于伊斯兰教的信仰之下，同时又有不同的地域
文化背景下的差异，该文对其不同表现风格进行了对比性阐述。马
诚的《新疆伊斯兰陵墓建筑艺术研究》④一书，收纳了新疆不同时
期具代表性的伊斯兰陵墓建筑，对其建筑形制、装饰类型、材料工
艺进行分析，对其产生背景和历史变迁进行了考察，对新疆伊斯兰
陵墓建筑的艺术特征进行分类论述，并论述了新疆伊斯兰陵墓建筑
的"文化综合体"现象。

　　穆宏燕的《摩尼教绘画艺术对伊斯兰细密画发展的影响》⑤认
为，摩尼教绘画在中亚、中东地区影响深远，对伊斯兰教细密画艺
术的产生起到了重要推动作用，细密画与文字经典密切结合，对于
伊斯兰教在中世文化和艺术发展有深远意义。穆宏燕还有一篇《中

---

　　①　宋卫哲：《循化撒拉族明清时期伊斯兰建筑装饰艺术》，《美术观察》2016年
第6期。

　　②　牛乐：《伊斯兰教拱北的彩绘砖雕艺术》，《中国民族美术》2017年第2期。

　　③　杨静：《古代伊斯兰世界的纺织装饰艺术初探》，《苏州工艺美术职业技术学院
学报》2018年第4期。

　　④　马诚：《新疆伊斯兰陵墓建筑艺术研究》，中国建筑工业出版社2017年版。

　　⑤　穆宏燕：《摩尼教绘画艺术对伊斯兰细密画发展的影响》，《世界宗教文化》
2015年第4期。

国宫廷画院体制对伊斯兰细密画艺术发展的影响》[1]，也探讨了伊斯兰细密画问题。该文认为，中国宫廷画院体制由蒙古人传播到波斯，对波斯细密画书籍插图艺术的兴起、发展和繁荣起了十分重要的推动作用。除绘画之外，还有研究谈到了"一带一路"所引发的雕刻艺术交流。许晓东的《13—17 世纪中国玉器与伊斯兰玉雕艺术的相互影响》[2] 指出，特别是 15 世纪以来伊斯兰玉器艺术的发展，与蒙古人统治者对汉地玉雕传统的接受和推崇息息相关。13—15 世纪伊斯兰玉器在造型上可见宋元艺术影响的痕迹，16—17 世纪，伊斯兰玉器在工艺、造型、纹饰方面与明代存在相通之处。

此期还出现了第一本关于伊斯兰音乐的研究性专著，为刘明所著的《中国回族伊斯兰教音乐与民俗音乐文化》[3]，该书对世界伊斯兰音乐文化，特别是中国回族多元音乐文化的生成发展，形态属性、类别体裁及民族地域风格特色等多个角度进行了分析。对伊斯兰教活动中的音乐现象，从其宗教功能和历史渊源以及传播发展等多方面进行了整理。

四　宗教艺术原理领域

此期虽然相关成果不多，但对宗教艺术原理性研究有所推进，逐步明晰了该学科的逻辑架构。与以往将宗教艺术视为艺术学分支不同，这时研究开始将宗教艺术视为宗教学下属的研究范围。其实在吕大吉《宗教学通论新编》[4] 一书中，已经有专门的章节论述宗教艺术现象。随后也有很多基于宗教学立场，对具体宗教艺术表现进行研究的成果，但宗教艺术作为宗教学分支的自觉意识，在此期

---

① 穆宏燕：《中国宫廷画院体制对伊斯兰细密画艺术发展的影响》，《回族研究》2015 年第 1 期。

② 许晓东：《13—17 世纪中国玉器与伊斯兰玉雕艺术的相互影响》，《故宫博物院院刊》2015 年第 1 期。

③ 刘明：《中国回族伊斯兰教音乐与民俗音乐文化》，华文出版社 2016 年版。

④ 吕大吉：《宗教学通论新编》，中国社会科学出版社 1998 年版。

才逐渐展开。

其中张总、王敏庆所作的《宗教艺术的定义、性质、边界及基本形态初论》①可看作是宗教艺术学科的纲领性论述。与以往以艺术形态为划分标准的立场不同，该文首先对宗教艺术与世俗艺术的边界进行了明确划分。然后它从宗教学视野出发，以人在宗教中的活动为出发点，以宗教功能为主要依据，将宗教艺术分为依托宗教组织的空间场域、基于宗教观念的文字载体和集中于宗教仪式的工具器物三大部分。这篇文章对传统宗教艺术研究局限于艺术学视野倾向有所纠正和弥补，是基于宗教学立场进行宗教艺术研究的初步纲领。

同期聂清的《马克思宗教艺术观的多维视野》②对马克思宗教艺术观念进行了较为全面的分析，不仅论述了青年马克思的人本主义宗教艺术观，也强调了成熟马克思思想中对于宗教艺术的历史唯物主义和辩证唯物主义的综合，还指出了晚期马克思对于人类学视野宗教艺术现象的关注，同时借助马克思四种掌握世界方式的论述展升了对于宗教艺术本体性的思考。这篇文章在分析马克思宗教艺术观念的同时，也包含了对宗教艺术学科逻辑结构的思考。

第六节　宗教艺术研究展望

对于占据宗教艺术研究中心位置的佛教艺术研究而言，材料的积累和历史的梳理都取得了令人瞩目的进展，几乎每个研究领域都有大量的研究成果涌现。但是，如果参照西方学术界以基督教为中心的宗教艺术研究而言，目前国内的佛教艺术研究在深度和广度两

---

① 张总、王敏庆：《宗教艺术的定义、性质、边界及基本形态初论》，《艺术探索》2018年第5期。

② 聂清：《马克思宗教艺术观的多维视野》，《世界宗教研究》2018年第3期。

方面都不乏拓展的余地。首先，就研究的深度而言，佛教艺术研究没有同佛教美学研究很好地结合，对佛教艺术品的分析缺少足够的美学洞察；另外，就研究广度而言，对于历史现象的描述很多，而对于现状分析却相对欠缺。

相比较而言，基督教艺术研究对于现实问题给予了很多关注，对于基督教艺术和美学的结合也比较成熟。但就总体规模而言，针对基督教艺术研究的成果还是太少，与基督教艺术的规模不相匹配。另外，在一神教艺术研究中本土化固然是非常重要的话题，但对其本原意义的解说也不能忽略，两者之间有相互促进的作用。

道教艺术研究成果呈现出明显的增长态势，只是目前尚未选定合适的解说模式。无论是将其还原为仪式的集合，还是将其视为抽象哲理的具化，都不足以解释基于道教的中国艺术之独特所在。如果我们试图对最具有中国特色的艺术风格进行解析，那么必须要对道教的内在原理做出创造性的诠释。

宗教艺术研究中面临的诸多不足，根本上源自其基于宗教学的研究范式尚未真正完成。宗教艺术研究作为宗教学分支的发展前景，取决于它与宗教学学科整体互相增进的结果。

参考文献

一 经典著作

《马克思恩格斯全集》，中央编译局译，人民出版社 1956—1974
   年版。

郑天星选编：《马克思恩格斯论无神论、宗教和教会》，华文出版社
   1991 年版。

中共中央马克思恩格斯列宁斯大林著作编译局编：《马克思、恩格
   斯、列宁、斯大林论宗教和无神论》，人民出版社 1999 年版。

国家宗教事务局宗教研究中心选编：《马克思、恩格斯、列宁论宗
   教》，宗教文化出版社 2008 年版。

唐晓峰选编：《马克思恩格斯列宁论宗教》，人民出版社 2010 年版。

唐晓峰选编：《马克思、恩格斯、列宁、斯大林论宗教》，中国社会
   科学出版社 2014 年版。

国家宗教事务局宗教研究中心编：《马克思、恩格斯、列宁论宗教著
   作精选和导读》，宗教文化出版社 2016 年版。

胡锦涛：《坚定不移沿着中国特色社会主义道路前进　为全面建成小
   康社会而奋斗——在中国共产党第十八次全国代表大会上的报
   告》，人民出版社 2012 年版。

习近平：《习近平出席全国宗教工作会议并发表重要讲话》，2016 年
   4 月 23 日，央视网（http://news.cctv.com/2016/04/23/ARTIql-
   rNODcW4xv9Gsx90d0p160423.shtml）。

习近平：《决胜全面建成小康社会　夺取新时代中国特色社会主义伟

大胜利——在中国共产党第十九次全国代表大会上的报告》，人民
出版社 2017 年版。

二　中文专著

阿地力·阿帕尔等：《维吾尔族萨满文化遗存调查》，民族出版社
2010 年版。

巴宙：《南传弥兰王问经》，中国社会科学出版社 1997 年版。

白化文：《佛教造像手印》，燕山出版社 2000 年版。

蔡佳禾：《当代伊斯兰原教旨主义运动》，宁夏人民出版社 2003
年版。

蔡圣晗：《神谕的再造——一个城市天主教群体中的个体信仰和实
践》，花木兰文化出版社 2015 年版。

曹剑波：《道教心理健康指要》，宗教文化出版社 2007 年版。

曹南来：《建设中国的耶路撒冷——基督教与城市现代性变迁》，香
港大学出版社 2013 年版。

曹中建主编：《中国宗教研究年鉴（1996）》，中国社会科学出版社
1998 年版。

曹中建主编：《中国宗教研究年鉴（1997—1998）》，中国社会科学
出版社 2000 年版。

曹中建主编：《中国宗教研究年鉴（1999—2000）》，中国社会科学
出版社 2001 年版。

曹中建主编：《中国宗教研究年鉴（2001—2002）》，中国社会科学
出版社 2003 年版。

曹中建主编：《中国宗教研究年鉴（2003—2004）》，宗教文化出版
社 2006 年版。

曹中建主编：《中国宗教研究年鉴（2005—2006）》，宗教文化出版
社 2008 年版。

曹中建主编：《中国宗教研究年鉴（2007—2008）》，宗教文化出版
社 2010 年版。

曹中建主编：《中国宗教研究年鉴（2009—2010）》，宗教文化出版社 2011 年版。

曹中建主编：《中国宗教研究年鉴（2013）》，宗教文化出版社 2015 年版。

曹中建主编：《中国宗教研究年鉴（2014）》，中国社会科学出版社 2016 年版。

曹中建主编：《中国宗教研究年鉴（2015）》，中国社会科学出版社 2017 年版。

陈彬：《宗教权威的建构与表达——对 N 省 H 市山口教堂的研究》，香港中文大学崇基学院宗教与中国社会研究中心 2013 年版。

陈兵：《佛教心理学》，南方日报出版社 2007 年版。

陈昌文主编：《宗教与社会心理》，四川人民出版社 2003 年版。

陈村富：《转型期的中国基督教——浙江基督教个案研究》，人民出版社 2005 年版。

陈国强、石奕龙主编：《崇武大岞村调查》，福建教育出版社 1990 年版。

陈进国：《信仰、仪式与乡土社会：风水的历史人类学探索》，中国社会科学出版社 2005 年版。

陈进国：《隔岸观火：泛台海区域的信仰生活》，厦门大学出版社 2008 年版。

陈进国：《本土情怀与全球视野》，载金泽、邱永辉主编《中国宗教报告（2009）》，社会科学文献出版社 2009 年版。

陈进国：《传统复兴与信仰自觉——中国民间信仰的新世纪观察》，载金泽、邱永辉主编《中国宗教报告（2010）》，社会科学文献出版社 2010 年版。

陈进国：《救劫——当代济度宗教的田野研究》，社会科学文献出版社 2017 年版。

陈进国：《修行人类学刍议》，载陈进国主编《宗教人类学》（第七辑），社会科学文献出版社 2017 年版。

陈嘉厚主编：《现代伊斯兰主义》，经济日报出版社 1998 年版。

陈麟书：《宗教学原理》，四川大学出版社 1986 年版。

陈明：《儒教新论》，贵州人民出版社 2010 年版。

陈青萍、周济全：《膜拜危害的心理学预警思考》，中国社会科学出版社 2017 年版。

陈荣富：《马克思主义宗教观研究》，四川人民出版社 2008 年版。

陈声柏：《福音还是利润?》，载卓新平主编《基督宗教研究》第十二辑，宗教文化出版社 2009 年版。

陈小鲁：《基督教音乐史》，宗教文化出版社 2005 年版。

陈晓毅：《中国式宗教生态》，社会科学文献出版社 2008 年版。

陈永胜：《现代西方宗教心理学理论流派》，人民出版社 2010 年版。

陈燕珠：《大念住经要义》，宗教文化出版社 2002 年版。

陈志明、张小军、张展鸿编：《传统与变迁——华南的认同与文化》，文津出版社 2000 年版。

陈中浙：《苏轼书画艺术与佛教》，商务印书馆 2004 年版。

陈中耀：《阿拉伯哲学》，上海外语教育出版社 1995 年版。

褚建芳：《人神之间：云南芒市一个傣族村寨的仪式生活、经济伦理与等级秩序》，社会科学文献出版社 2005 年版。

楚默：《佛教书法史》，生活·读书·新知三联出版社 2012 年版。

戴康生主编：《当代新兴宗教》，东方出版社 1999 年版。

戴康生、彭耀主编：《宗教社会学》，社会科学文献出版社 2007 年版。

当代宗教极端主义研究课题组：《新疆伊斯兰极端势力研究》，内部报告，2004 年。

邓殿臣：《南传佛教史简编》，中国佛教协会 1991 年版。

邓子美：《超越与顺应：现代宗教社会学观照下的佛教》，中国社会科学出版社 2004 年版。

东方晓主编：《伊斯兰与冷战后的世界》，中国社会科学出版社 1997 年版。

董江阳：《美国政教关系研究》，生活·读书·新知三联书店 2017
　　年版。

董晓萍：《田野民俗志》，北京师范大学出版社 2003 年版。

杜继文主编：《佛教史》，中国社会科学出版社 1991 年版。

段德智：《新中国宗教工作史》，人民出版社 2013 年版。

段琦：《新兴宗教研究综述》，载曹中建主编《中国宗教研究年鉴
　　（1996）》，中国社会科学出版社 1998 年版。

段琦：《宗教生态失衡是当今中国基督教发展快的主要原因》，载
　　《当代中国民族宗教问题研究》第 4 辑，甘肃民族出版社 2009
　　年版。

段晴等：《汉译巴利三藏·经藏·长部》，中西书局 2012 年版。

范丽珠：《当代中国人宗教信仰的变迁——深圳民间宗教信徒的田野
　　研究》，台北韦伯文化国际出版有限公司 2005 年版。

范丽珠、［美］欧大年：《中国北方农村社会的民间信仰》，上海人
　　民出版社 2013 年版。

范丽珠：《中国当代儒教复兴与发展问题报告》，载金泽、邱永辉主
　　编《中国宗教报告（2015）》，社会科学文献出版社 2016 年版。

冯友兰：《三松堂自序》，人民出版社 1998 年版。

尕藏加：《西藏宗教文化生态》，社会科学文献出版社 2010 年版。

高师宁：《中国宗教社会学研究回顾》，载曹中建主编《中国宗教研
　　究年鉴（1997—1998）》，宗教文化出版社 2000 年版。

高师宁：《当代北京的基督教与基督徒——宗教社会学个案研究》，
　　香港道风书社 2005 年版。

高师宁：《新兴宗教初探》，中国社会科学出版社 2006 年版。

葛鲁嘉：《宗教形态的心理学——宗教传统和研究的心理学智慧》，
　　上海教育出版社 2016 年版。

格·拉西色楞：《蒙文"甘珠儿"佛像大全》，内蒙古人民出版社
　　2001 年版。

龚浩群：《信徒与公民——泰国曲乡的政治民族志》，北京大学出版

社 2009 年版。

龚浩群：《佛与他者：当代泰国宗教与社会研究》，社会科学文献出版社 2019 年版。

龚学增等：《马克思主义宗教观中国化研究》，四川人民出版社 2012年版。

顾颉刚编著：《妙峰山》，上海文艺出版社 1988 年版。

顾卫民：《基督宗教艺术在华发展史》，上海书店出版社 2005 年版。

顾忠华：《韦伯学说》，广西师范大学出版社 2004 年版。

顾忠华：《韦伯〈新教伦理与资本主义精神〉导读》，广西师范大学出版社 2005 年版。

光泉：《巴利佛典译丛》，宗教文化出版社 2017 年版。

郭良鋆、黄宝生：《佛本生故事选》，人民出版社 1985 年版。

郭良鋆：《经集》，中国社会科学出版社 1990 年版。

郭良鋆：《佛陀和原始佛教思想》，中国社会科学出版社 1997 年版。

郭泰山、李进新：《新疆宗教问题研究论文选编》，新疆人民出版社 2011 年版。

郭于华主编：《仪式与社会变迁》，社会科学文献出版社 2000 年版。

郭子枡：《北京庙会旧俗》，中国华侨出版公司 1989 年版。

韩星：《儒教问题——争鸣与反思》，陕西人民出版社 2004 年版。

韩廷杰：《岛史》，慧炬出版社 1996 年版。

韩廷杰：《南传上座部佛教概论》，文津出版社 2001 年版。

何虎生：《中国化马克思主义宗教观研究》，华文出版社 2009 年版。

何哲：《城市中的灵宫——一个知识分子及其家庭教会的发展实录》，香港明风出版社 2009 年版。

贺圣达：《缅甸史》，人民出版社 1992 年版。

洪修平：《佛教文化研究》，江苏人民出版社 2016 年版。

鸿逸：《佛说心理学》，新世界出版社 2011 年版。

胡鸿保主编：《中国人类学史》，中国人民大学出版社 2006 年版。

胡建明：《宋代高僧墨迹研究》，西泠印社出版社 2011 年版。

华智亚：《龙牌会：一个冀中南村落中的民间宗教》，上海人民出版社 2013 年版。

黄春和：《汉传佛像时代与风格》，文物出版社 2010 年版。

黄国胜：《佛教与心理治疗》，宗教文化出版社 2002 年版。

黄海波：《宗教非营利组织的身份建构研究——以（上海）基督教青年会为例》，上海社会科学院出版社 2013 年版。

黄海波：《美国宗教社会学发展的三大支柱》，载金泽、李华伟主编《宗教社会学》（第二辑），社会科学文献出版社 2014 年版。

黄剑波：《乡村社区的信仰、政治与生活：吴庄基督教的人类学研究》，香港中文大学崇基学院宗教与中国社会研究中心 2012 年版。

黄剑波：《都市里的乡村教会》，香港道风书社 2012 年版。

黄剑波、艾菊红主编：《人类学基督教研究导读》，知识产权出版社 2014 年版。

黄奎：《马克思主义宗教观的话语形态》，载曾传辉主编《马克思主义宗教观研究（2011）》，社会科学文献出版社 2013 年版。

黄夏年：《民国佛教期刊文献集成》，中国书店 2011 年版。

回族典藏全书编委会编：《回族典藏全书》，甘肃文化出版社、宁夏人民出版社 2008 年版。

季羡林：《季羡林文集》，江西教育出版社 1996 年版。

蒋庆：《政治儒学：当代儒学的转向、特质与发展》，生活·读书·新知三联书店 2003 年版。

蒋述卓：《宗教艺术论》，暨南大学出版社 1998 年版。

《金陵神学文选（1952—1992）》，金陵神学院 1992 年版。

金申：《佛教美术丛考》，科学出版社 2004 年版。

金维诺、罗世平：《中国宗教美术史》，江西美术出版社 1995 年版。

金宜久主编：《伊斯兰教概论》，青海人民出版社 1987 年版。

金宜久主编：《伊斯兰教与世界政治》，社会科学文献出版社 1996 年版。

金宜久主编：《伊斯兰教》，宗教文化出版社 1997 年版。

金宜久：《中国伊斯兰探秘：刘智研究》，东方出版社 1999 年版。

金宜久主编：《伊斯兰教小辞典》，上海辞书出版社 2006 年版。

金宜久：《王岱舆思想研究》，民族出版社 2008 年版。

金宜久、吴云贵主编：《当代宗教与极端主义》，中国社会科学出版社 2008 年版。

金宜久：《伊斯兰与国际政治》，中国社会科学出版社 2013 年版。

金以枫：《1949 年以来基督宗教研究索引》，社会科学文献出版社 2007 年版。

金泽：《中国民间信仰》，浙江教育出版社 1990 年版。

金泽：《宗教人类学导论》，宗教文化出版社 2001 年版。

金泽、邱永辉主编：《中国宗教报告（2008）》，社会科学文献出版社 2008 年版。

金泽：《宗教人类学学说史纲要》，中国社会科学出版社 2009 年版。

金泽、邱永辉主编：《中国宗教报告（2009）》，社会科学文献出版社 2010 年版。

金泽、邱永辉主编：《中国宗教报告（2011）》，社会科学文献出版社 2011 年版。

金泽、赵广明主编：《宗教与哲学》（第 1—7 辑），社会科学文献出版社 2012—2018 年版。

景军：《神堂记忆：一个中国乡村的历史、权力与道德》，吴飞译，福建教育出版社 2013 年版。

景珩等编：《太平天国革命性质问题讨论集》，生活·读书·新知三联书店 1962 年版。

净海：《南传佛教史》，宗教文化出版社 2002 年版。

鞠曦：《中国儒教史》，中国经济文化出版社 2003 年版。

巨赞：《现代佛学》，天津古籍出版社 1990 年版。

康有为：《孔子改制考》，吉林出版集团股份有限公司 2017 年版。

夔德义：《宗教心理学》，上海书店 1990 年版。

李渤：《民族宗教问题与国家安全》，时事出版社 2013 年版。

李峰：《乡村基督教职工的组织特征及其社会结构性位秩：华南 Y 县 X 镇基督教教会组织研究》，复旦大学出版社 2005 年版。

李刚：《新生态、新问题、新挑战下道教文化的角色功能》，载金泽、邱永辉主编《中国宗教报告（2008）》，社会科学文献出版社 2008 年版。

李华伟：《宗教生态论反思》，载曹中建主编《中国宗教研究年鉴（2009—2010）》，宗教文化出版社 2011 年版。

李华伟：《乡村基督徒与儒家伦理：豫西李村教会个案研究》，社会科学文献出版社 2013 年版。

李进新：《新疆宗教演变史》，新疆人民出版社 2003 年版。

李林：《信仰的内在超越与多元统——史密斯宗教学思想研究》，社会科学文献出版社 2011 年版。

李林：《中国伊斯兰教研究（2009—2010）》，载曹中建主编《中国宗教学年鉴（2009—2010）》，宗教文化出版社 2011 年版。

李林：《西方的中国伊斯兰教研究百年》，载《世界宗教评论》辑刊，宗教文化出版社 2014 年版。

李林：《传统与变革——中国现代伊斯兰学科体系的造就》，载中国社会科学院世界宗教研究所编《中国社会科学院世界宗教研究所建所 50 年发展历程》，中国社会科学出版社 2014 年版。

李翎：《佛教造像量度与仪轨》，宗教文化出版社 1998 年版。

李平晔：《90 年代中国基督教发展状况报告》，载中国人民大学基督教文化研究所主编《基督教文化学刊》第 1 辑，东方出版社 1999 年版。

李乔：《中国行业神崇拜》，中国华侨出版公司 1990 年版。

李凇：《中国道教美术史》（第一卷），湖南美术出版社 2012 年版。

李世瑜编：《宝卷综录》，中华书局 1961 年版。

李世瑜：《现代华北秘密宗教：民俗、民间文学影印资料之五十九》，上海文艺出版社 1990 年版。

李世瑜：《社会历史学文集》，天津古籍出版社 2007 年版。

李天纲：《中国礼仪之争：历史、文献和意义》，上海古籍出版社 1998 年版。

李天纲：《金泽：江南民间祭祀探源》，生活·读书·新知三联书店 2017 年版。

李兴华、冯今源编：《中国伊斯兰教史参考资料选编（1911—1949）》，宁夏人民出版社 1985 年版。

李兴华等：《中国伊斯兰教史》，中国社会科学出版社 1998 年版。

李向平：《佛教信仰与社会变迁》，宗教文化出版社 2007 年版。

李向平：《基督教中国化的社会学研究》，宗教文化出版社 2016 年版。

李正晓：《中国早期佛教造像研究》，文物出版社 2005 年版。

李振中、王家瑛：《阿拉伯哲学史》，北京语言学院出版社 1995 年版。

连立昌：《福建秘密社会》，福建人民出版社 1989 年版。

连晓明、[美] 康豹主编：《天台县传统经济社会文化调查》，民族出版社 2005 年版。

梁工编：《圣经百科辞典》，辽宁人民出版社 2015 年版。

梁恒豪：《信仰的精神性进路：荣格的宗教心理观》，社会科学文献出版社 2014 年版。

梁景之：《清代民间宗教与乡土社会》，社会科学文献出版社 2004 年版。

梁丽萍：《中国人的宗教心理：宗教认同的理论分析与实证研究》，社会科学文献出版社 2004 年版。

梁向明：《刘智及其伊斯兰思想研究》，兰州大学出版社 2004 年版。

梁永佳：《地域的等级：一个大理村镇的仪式与文化》，社会科学文献出版社 2005 年版。

梁永佳：《象征在别处：社会人类学探讨》，民族出版社 2008 年版。

梁钊韬：《中国古代巫术》，中山大学出版社 1989 年版。

林国平：《林兆恩与三一教》，福建人民出版社 1992 年版。

林美容：《妈祖信仰与汉人社会》，黑龙江人民出版社 2003 年版。

林耀华主编：《原始社会史》，中华书局 1984 年版。

刘国鹏：《刚恒毅与中国天主教的本地化》，社会科学文献出版社 2011 年版。

刘欢：《道教仪式音乐及其心理影响机制探析》，宗教文化出版社 2017 年版。

刘慧主编：《国家安全蓝皮书：中国国家安全研究报告（2014）》，社会科学文献出版社 2014 年版。

刘靖华、张晓东：《现代政治与伊斯兰教》，社会科学文献出版社 2000 年版。

刘佳佑：《荣格心理类型理论在宗教心理学中的应用研究》，四川大学出版社 2015 年版。

刘平：《中国天主教艺术简史》，中国财富出版社 2014 年版。

刘琪：《基督教人类学在美国》，载金泽、陈进国主编《宗教人类学》（第四辑），社会科学文献出版社 2013 年版。

刘仁文：《刑事法治视野下的社会稳定与反恐》，社会科学文献出版社 2013 年版。

刘岩：《南传佛教与傣族文化》，云南民族出版社 1993 年版。

刘一虹：《美的世界著——伊斯兰艺术》，宗教文化出版社 2006 年版。

刘永华：《礼仪下乡：明代以降闽西四保的礼仪变革与社会转型》，生活·读书·新知三联书店 2019 年版。

刘致平：《中国伊斯兰教建筑》，新疆人民出版社 1985 年版。

刘昭瑞、王建新编：《地域社会与信仰习俗：立足田野的人类学研究》，中山大学出版社 2007 年版。

路遥：《义和团运动史研究》，齐鲁书社 1988 年版。

路遥：《山东民间秘密教门》，当代中国出版社 2000 年版。

路遥主编：《山东大学义和团调查资料汇编》，山东大学出版社 2000 年版。

路遥主编：《中国民间信仰研究述评》，上海人民出版社 2012 年版。

罗杨：《他邦的文明：柬埔寨吴哥的知识、王权与宗教生活》，北京联合出版公司 2016 年版。

罗竹风主编：《中国社会主义时期的宗教问题》，上海社会科学院出版社 1987 年版。

罗竹风：《宗教通史简编》，华东师范大学出版社 1990 年版。

卢德：《荣格宗教心理学与圣三灵修》，光启文化 2004 年版。

陆丽青：《弗洛伊德的宗教思想》，中国社会科学出版社 2011 年版。

吕澂：《吕澂佛学论著选集》，齐鲁书社 1979 年版。

吕大吉主编：《宗教学通论》，中国社会科学出版社 1989 年版。

吕大吉：《宗教学通论新编》，中国社会科学出版社 1998 年版。

吕大吉、龚学增主编：《马克思主义宗教观与当代中国宗教卷》，民族出版社 2008 年版。

吕大吉：《哲学与宗教学研究》，中国社会科学出版社 2016 年版。

马福德：《近代伊斯兰复兴运动的先驱——瓦哈卜及其思想研究》，中国社会科学出版社 2006 年版。

马坚：《古兰经》（汉译本），中国社会科学出版社 1996 年版。

马平主编：《简明中国伊斯兰教史》，宁夏人民出版社 2006 年版。

马强：《流动的精神社区——人类学视野下的广州穆斯林哲玛提研究》，中国社会科学出版社 2006 年版。

马通、马海滨：《中国苏菲学派典籍》（上、下册），内部出版。

马通：《中国伊斯兰教派门宦制度史略》，宁夏人民出版社 1983 年版。

马通：《中国伊斯兰教派门宦溯源》，宁夏人民出版社 1986 年版。

马通：《伊斯兰思想史纲》，宁夏人民出版社 2003 年版。

马西沙：《清代八卦教》，中国人民大学出版社 1989 年版。

马西沙：《民间宗教志》，上海人民出版社 1998 年版。

马西沙、韩秉方：《中国民间宗教史》，中国社会科学出版社 2004 年版。

马西沙：《中国民间宗教简史》，上海人民出版社 2005 年版。

马西沙主编：《中华珍本宝卷》（第一辑），社会科学文献出版社 2012 年版。

马西沙主编：《中华珍本宝卷》（第二辑），社会科学文献出版社 2014 年版。

马西沙主编：《中华珍本宝卷》（第三辑），社会科学文献出版社 2015 年版。

米寿江、尤佳：《中国伊斯兰教简史》，五洲传播出版社 2004 年版。

勉维霖主编：《中国回族伊斯兰宗教制度概论》，宁夏人民出版社 1997 年版。

牟钟鉴：《民族宗教学导论》，宗教文化出版社 2009 年版。

宁夏回族自治区伊斯兰教协会编委会：《〈古兰经〉概述》，宁夏人民出版社 1991 年版。

牛苏林：《马克思恩格斯宗教思想研究》，宗教文化出版社 2013 年版。

诺布旺典：《图解西藏医心术》，紫禁城出版社 2009 年版。

潘光旦：《潘光旦民族研究文集》（7），北京大学出版社 2000 年版。

庞朴等编：《先秦儒家研究》，湖北教育出版社 2003 年版。

彭树智主编：《伊斯兰教与中东现代化进程》，西北大学出版社 1997 年版。

彭永捷等主编：《中国儒教发展报告（2001—2010）》，河北大学出版社 2011 年版。

皮朝纲：《丹青妙香叩禅心著，禅宗画学著述研究》，商务印书馆 2012 年版。

皮朝纲：《墨海禅迹听新声著——禅宗书学著述解读》，生活·读书·新知三联书店 2013 年版。

蒲亨强：《神圣礼乐：正统道教科仪音乐研究》，巴蜀书社 2000 年版。

祁学义：《圣训研究》，宗教文化出版社 2010 年版。

秦宝琦：《中国地下社会》，学苑出版社 1993 年版。

邱永辉等主编：《中国宗教报告（2014）》，社会科学文献出版社 2015 年版。

曲洪：《当代中东伊斯兰：观察与思考》，中国社会科学出版社 2001 年版。

热依拉·达吾提：《维吾尔族麻扎文化研究》，新疆人民出版社 2001 年版。

任继愈：《关于宗教与无神论问题》，载中国社科院世界宗教研究所 宗教学原理研究室编《宗教·道德·文化》，宁夏人民出版社 1988 年版。

任继愈：《任继愈学术文化随笔》，中国青年出版社 1996 年版。

任继愈主编：《宗教大辞典》，上海辞书出版社 1998 年版。

任继愈主编：《儒教问题争论集》，宗教文化出版社 2000 年版。

任继愈：《任继愈文集》（第 8 卷），国家图书馆出版社 2014 年版。

任继愈：《任继愈论儒佛道》，国家图书馆出版社 2016 年版。

沙宗平：《伊斯兰哲学》，中国社会科学出版社 1995 年版。

沙宗平：《中国的天方学——刘智哲学研究》，北京大学出版社 2004 年版。

山东石刻艺术博物馆：《山东北朝摩崖刻经全集》，齐鲁书社 1992 年版。

上海社会科学院宗教研究所课题组：《松江大学城大学生宗教信仰状 况调查报告》，载金泽、邱永辉主编《中国宗教报告（2009）》， 社会学科文献出版社 2009 年版。

邵雍：《中国会道门》，上海人民出版社 1997 年版。

释淳法、刘凤珍：《佛教与心理健康》，云南民族出版社 2005 年版。

世瑾：《宗教心理学》，知识出版社 1989 年版。

史宗主编：《20 世纪西方宗教人类学文选》，生活·读书·新知三联 书店 1995 年版。

宋军：《清代弘阳教研究》，社会科学文献出版社 2002 年版。

宋立道：《传统与现代：变化中的南传佛教世界》，中国社会科学出版社 2002 年版。

宋立道：《从印度佛教到泰国佛教》，东大图书股份有限公司 2002 年版。

宋兆麟：《巫与巫术》，四川民族出版社 1989 年版。

宋兆麟：《巫与民间信仰》，中国华侨出版公司 1990 年版。

苏国勋：《理性化及其限制——韦伯思想引论》，上海人民出版社 1988 年版。

苏敏：《捍卫"清真"：世界宗教、迷信与鲁西南回民的伊斯兰想象》，载金泽、陈进国主编《宗教人类学》（第三辑），中国社会科学出版社 2012 年版。

孙晨荟：《天音北韵：华北地区天主教音乐研究》，宗教文化出版社 2012 年版。

孙尚扬：《宗教社会学》，北京大学出版社 2001 年版。

孙晓舒、王修晓：《基督徒的内群分化——分类主客体的互动》，花木兰文化出版社 2015 年版。

孙振玉：《王岱舆及其伊斯兰思想研究》，兰州大学出版社 2000 年版。

谭乐山：《南传上座部佛教与傣族村社经济》，云南大学出版社 2005 年版。

唐晓峰：《改革开放以来的中国基督教及研究》，宗教文化出版社 2013 年版。

汤用彤：《汤用彤全集》，河北人民出版社 2000 年版。

田光烈：《佛法与书法》，河北人民出版社 1991 年版。

田青：《20 世纪中国音乐史论研究文献宗论·宗教音乐卷》，人民音乐出版社 2005 年版。

屠龙德、周华：《伊斯兰激进组织》，时事出版社 2010 年版。

王怀德、郭宝华：《伊斯兰教史》，宁夏人民出版社 1992 年版。

王惠君编著：《崇拜与精神控制》，西安交通大学出版社 2005 年版。

王见川、林万传主编:《明清民间宗教经卷文献》,新文丰出版公司
　　1999 年版。

王见川、车锡伦、宋军、李世伟、范纯武编:《明清民间宗教经卷文
　　献续编》,新文丰出版公司 2006 年版。

王建民:《中国民族学史》(上卷),云南教育出版社 1997 年版。

王建民、张海洋、胡鸿保:《中国民族学史》(下卷),云南教育出
　　版社 1997 年版。

王建平、白润生主编:《中国伊斯兰教典籍选》,上海古籍出版社
　　2008 年版。

王俊荣:《天人合一、物我还真——伊本·阿拉比存在论初探》,宗
　　教文化出版社 2006 年版。

王家瑛:《伊斯兰宗教哲学史》,民族出版社 2003 年版。

王卡:《道教研究的回顾与展望》,载中国社会科学院世界宗教研究
　　所编《宗教研究四十年:中国社会科学院世界宗教研究所成立 40
　　周年 (1964—2004) 纪念文集》,宗教文化出版社 2004 年版。

王雷泉、刘忠宇、葛壮主编:《二十世纪中国社会科学:宗教学卷》,
　　上海人民出版社 2005 年版。

王铭铭:《社区的历程》,天津人民出版社 1996 年版。

王铭铭:《村落视野中的文化与权力》,生活·读书·新知三联书店
　　1997 年版。

王铭铭:《社会人类学与中国研究》,生活·读书·新知三联书店
　　1997 年版。

王铭铭、舒瑜编:《文化复合性:西南地区的仪式、人物与交换》,
　　北京联合出版公司 2015 年版。

王美秀、段琦等:《基督教史》,江苏人民出版社 2006 年版。

王伟光:《恐怖主义·国家安全与反恐战略》,时事出版社 2011
　　年版。

王新生:《古兰经与伊斯兰文化》,宁夏人民出版社 2009 年版。

王莹:《身份建构与文化融合——中原地区基督教会个案研究》,上

海人民出版社 2011 年版。

王媛：《附魔、驱魔与皈依——乡村天主教与民间信仰关系研究》，花木兰文化出版社 2015 年版。

王宜峨：《卧游云山》，五洲传播出版社 2011 年版。

王宜峨：《玉宇琼楼》，五洲传播出版社 2013 年版。

王宜峨：《陶铸永恒》，五洲传播出版社 2014 年版。

王懿之、杨世光：《贝叶文化论》，云南人民出版社 1990 年版。

王逸舟主编：《恐怖主义溯源》，社会科学文献出版社 2010 年版。

王珍：《马克思恩格斯宗教思想研究》，宗教文化出版社 2006 年版。

王子今：《门祭与门神崇拜》，上海三联书店 1996 年版。

危丁明：《庶民的永恒：先天道及其在港澳及东南亚地区的发展》，博扬文化事业有限公司 2015 年版。

魏道儒等主编：《世界佛教通史》，中国社会科学出版社 2015 年版。

乌丙安：《中国民俗学》，辽宁大学出版社 1985 年版。

乌丙安：《神秘的萨满世界——中国原始文化根基》，上海三联书店 1989 年版。

乌丙安：《中国民间信仰》，上海人民出版社 1995 年版。

吴飞：《麦芒上的圣言——一个乡村天主教群体中的信仰和生活》，宗教文化出版社 2013 年版。

吴云贵：《穆斯林民族的觉醒：近代伊斯兰运动》，中国社会科学出版社 1994 年版。

吴云贵、周燮藩：《近现代伊斯兰教思潮与运动》，社会科学文献出版社 2000 年版。

吴云贵：《当代伊斯兰教法》，中国社会科学出版社 2003 年版。

吴云贵：《追踪与溯源：当今世界伊斯兰教热点问题》，中国社会科学出版社 2013 年版。

吴耀宗：《吴耀宗文集》，中国基督教三自爱国运动委员会、中国基督教协会 2010 年版。

吴真：《从封建迷信到非物质文化遗产：民间信仰的合法性历程》，

载金泽、邱永辉主编《中国宗教报告（2009）》，社会科学文献出版社 2009 年版。

吴梓明、李向平、黄剑波、何心平等：《边际的共融——全球地域化视角下的中国城市基督教研究》，上海人民出版社 2009 年版。

吴之清：《云南西双版纳南传上座部佛教社会研究》，人民出版社 2008 年版。

夏之乾：《神判》，上海三联书店 1989 年版。

祥贵：《崇拜心理学》，大众文艺出版社 2001 年版。

肖宪：《传统的回归：当代伊斯兰复兴运动》，中国社会科学出版社 1994 年版。

肖宪：《当代国际伊斯兰潮》，世界知识出版社 1997 年版。

萧耀辉、梁晓芬、王碧陶：《云南佛教史》，云南大学出版社 2016 年版。

萧志恬：《当代中国宗教问题的思考》，上海社会科学院出版社 1994 年版。

谢继胜：《藏传佛教艺术发展史》，上海书画出版社 2012 年版。

熊顺清：《南传上座部佛教与阿昌族文化》，宗教文化出版社 2016 年版。

徐光兴：《东方人的心理疗法——禅的智慧与启示》，上海科学技术出版社 2004 年版。

徐光兴：《心理禅——东方人的心理疗法》，文汇出版社 2007 年版。

徐宏图、［美］康豹主编：《平阳县、苍南县传统民俗文化研究》，民族出版社 2005 年版。

徐杰舜：《汉民族历史和文化新探》，广西人民出版社 1985 年版。

徐山：《雷神崇拜——中国文化源头探索》，上海三联书店 1992 年版。

徐仪明：《易学心理学》，中国书店 2007 年版。

许志伟、赵敦华主编：《冲突与互补：基督教哲学在中国》，社会科学文献出版社 2000 年版。

燕京研究院编：《赵紫宸文集》（第四卷），商务印书馆 2010 年版。

阎文儒：《中国石窟寺艺术总论》，天津古籍出版社 1987 年版。

杨德睿、黄剑波：《修行何为，何以修行？——修行人类学研究倡议》，载陈进国主编《宗教人类学》（第七辑），社会科学文献出版社 2017 年版。

杨德睿：《传承：认知与宗教人类学的探索》，商务印书馆 2018 年版。

杨华明：《十字架上的盼望——莫尔特曼神学的辩证解读》，社会科学文献出版社 2010 年版。

杨学林：《哲赫忍耶——中国伊斯兰教苏菲学派史论之一》，宁夏人民出版社 2010 年版。

杨学政：《云南宗教史》，云南人民出版社 1999 年版。

杨宗山：《圣训基础简明教程（试用本）》，宗教文化出版社 2009 年版。

杨曾文：《当代佛教》，东方出版社 1993 年版。

姚卫群：《佛教般若思想发展源流》，北京大学出版社 1996 年版。

叶春声主编：《典藏中山大学民俗学丛书》，黑龙江出版社 2004 年版。

叶均：《南传法句经》，中国佛教协会 1984 年版。

叶均：《清净道论》，中国佛教协会 1985 年版。

叶均：《摄阿毗达摩义论》，中国佛教协会 1986 年版。

叶涛：《泰山石敢当》，浙江人民出版社 2007 年版。

叶涛：《泰山香社研究》，上海古籍出版社 2009 年版。

尹虎彬：《河北民间后土地祇崇拜》，学苑出版社 2015 年出版。

于丽娜：《试论中国宗教人类学研究的发展脉络》，《宗教与民族》（第四辑），宗教文化出版社 2006 年版。

余德慧：《宗教疗愈与生命超越经验》，心灵工坊 2014 年版。

余振贵：《中国历代政权与伊斯兰教》，宁夏人民出版社 1996 年版。

郁喆隽：《神明与市民：民国时期上海地区迎神赛会研究》，上海三联书店 2014 年版。

岳永逸:《空间、自我与社会:天桥街头艺人的生成与系谱》,中央
　编译出版社 2007 年版。

岳永逸:《田野逐梦:走进华北乡村庙会现场》,广西人民出版社
　2007 年版。

岳永逸:《灵验·磕头·传说:民众信仰的阴面与阳面》,生活·读
　书·新知三联书店 2010 年版。

曾传辉主编:《马克思主义宗教观研究》(2010—2017 年专辑),社
　会科学文献出版社 2011—2018 年版。

章远:《后反恐时代的宗教与法治建设》,法律出版社 2012 年版。

章远:《宗教功能单位与地区暴力冲突:以科索沃冲突中的德卡尼修
　道院和希南帕夏清真寺为个案》,上海人民出版社 2014 年版。

张秉民:《简明伊斯兰哲学史》,宁夏人民出版社 2007 年版。

张公瑾:《傣族文化》,吉林教育出版社 1986 年版。

张公瑾等:《中华佛教史·云南上座部佛教史卷》,山西教育出版社
　2014 年版。

张宏明:《土地象征:禄村再研究》,社会科学文献出版社 2005
　年版。

张家栋:《恐怖主义与反恐怖:历史、理论与实践》,上海人民出版
　社 2012 年版。

张铭:《现代化视野中的伊斯兰复兴运动》,中国社会科学出版社
　1999 年版。

张桥贵、陈麟书:《宗教人类学——云南少数民族原始宗教考察研
　究》,四川大学出版社 1993 年版。

张珣:《打破圈圈:从“祭祀圈”到“后祭祀圈”》,载张珣、江灿
　腾编《台湾本土宗教研究的新视野和新思维》,台北南天书局
　2003 年版。

张星烺主编:《大秦景教流行中国碑》,载《中西交通史料汇编
　(1)》,中华书局 1977 年版。

张西平：《中国与欧洲早期宗教和哲学交流史》，东方出版社 2001
　　年版。

张先清等等：《中国地方志基督教史料辑要》，东方出版中心 2010
　　年版。

张希舜等主编：《宝卷初集》，山西人民出版社 1994 年版。

张新鹰：《引导宗教参与和谐社会建设的纲领性文件》，载俞可平、
　　李慎明、王伟光主编《马克思主义研究论丛——宗教观研究》，中
　　央编译出版社 2007 年版。

张英：《东南亚佛教与文化》，中央民族大学出版社 1999 年版。

张雅惠、陈莉榛：《宗教心理学概论》，洪叶文化事业有限公司 2013
　　年版。

张育英：《中西宗教与艺术》、南京大学出版社 2003 年版。

张志刚：《宗教哲学研究——当代观念、关键环节及其方法论批判》，
　　中国人民大学出版社 2009 年版。

张志刚：《宗教研究指要》，北京大学出版社 2012 年版。

张志刚：《“宗教中国化”义理研究》，宗教文化出版社 2017 年版。

张紫晨：《中国巫术》，上海三联书店 1989 年版。

赵世瑜：《狂欢与日常：明清以来的庙会与民间社会》，生活·读
　　书·新知三联书店 2002 年版。

赵文：《宗教行为与心理治疗》，宗教文化出版社 2008 年版。

郑筱筠：《中国南传佛教研究》，中国社会科学出版社 2012 年版。

郑筱筠主编：《东南亚宗教与社会发展研究》，中国社会科学出版社
　　2013 年版。

郑筱筠主编：《东南亚宗教研究报告：东南亚宗教的复兴与变革》，
　　中国社会科学出版社 2014 年版。

郑筱筠：《跨界与融合——佛教与民族文化的云南叙事》，中国社会
　　科学出版社 2015 年版。

郑筱筠：《世界佛教通史·斯里兰卡与东南亚佛教》，中国社会科学
　　出版社 2015 年版。

郑筱筠、梁晓芬：《世界佛教通史·中国南传佛教》，中国社会科学出版社 2015 年版。

郑筱筠、康南山：《首届南传佛教高峰论坛论文集》，中国社会科学出版社 2017 年版。

郑振满：《乡族与国家：多元视野下的闽台传统社会》，生活·读书·新知三联书店 2009 年版。

中国基督教三自爱国运动委员会、中国基督教协会编：《传教运动与中国教会》，宗教文化出版社 2007 年版。

《中国贝叶经全集》编委会：《中国贝叶经全集》，人民出版社 2006 年版。

中国社会科学院世界宗教研究所编：《宗教研究四十年》，宗教文化出版社 2004 年版。

中国社会科学院世界宗教研究所编：《中国宗教研究年鉴（2011—2012）》，中国社会科学出版社 2013 年版。

中国社会科学院世界宗教研究所编：《中国社会科学院世界宗教研究所五十年发展历程（1964—2014）》，中国社会科学出版社 2014 年版。

中国社会科学院世界宗教研究所《各国宗教概况》编写组：《各国宗教概况》，中国社会科学出版社 1984 年版。

中国社会科学院世界宗教研究所课题组：《中国基督教入户问卷调查报告》，载金泽，邱永辉主编《中国宗教报告（2010）》，社会科学文献出版社 2010 年版。

中国伊斯兰百科全书编委会：《中国伊斯兰教百科全书》，四川辞书出版社 1996 年版。

钟云莺：《清末民初民间儒教对主流儒学的吸收与转化》，台湾大学出版中心 2008 年版。

周燮藩、沙秋真：《伊斯兰教在中国》，华文出版社 2000 年版。

周燮藩主编、濮文起分卷主编：《中国宗教历史文献集成：民间宝卷》，黄山书社 2005 年版。

周燮藩主编：《清真大典》，黄山书社 2006 年版。

周伟驰：《太平天国与启示录》，中国社会科学出版社 2013 年版。

周展：《文明冲突、恐怖主义与宗教关系》，东方出版社 2009 年版。

朱东华：《宗教学学术史问题研究》，清华大学出版社 2016 年版。

朱瑞玲、瞿海源、张苙云主编：《台湾的社会变迁 1985—2005：心理、价值与宗教》，台北"中研院"社会学研究所 2012 年版。

朱维群：《民族宗教工作的坚持与探索》，四川人民出版社 2016 年版。

庄孔韶：《银翅——中国的地方社会与文化变迁》，生活·读书·新知三联书店 2000 年版。

卓新平：《当代基督宗教社会发展》，生活·读书·新知三联书店 2007 年版。

卓新平：《基督教信仰与中国文化》，载中国基督教三自爱国运动委员会、中国基督教协会编《传教运动与中国社会》，宗教文化出版社 2007 年版。

卓新平：《基督教与中国文化处境》，宗教文化出版社 2013 年版。

卓新平主编：《马克思主义宗教观探究》，中华书局 2013 年版。

卓新平：《全球化的宗教与当代中国》，社会科学文献出版社 2008 年版。

卓新平：《西方宗教学研究导引》，中国社会科学出版社 1990 年版。

卓新平：《学术神学：中国当代基督教研究的一种新思路》，载金泽、邱永辉主编《中国宗教报告（2008）》，社会科学文献出版社 2008 年版。

卓新平：《中国宗教与文化战略》，社会科学文献出版社 2013 年版。

卓新平：《宗教理解》，社会科学文献出版社 1999 年版。

卓新平主编：《20 世纪中国社会科学·宗教学卷》，广东教育出版社 2009 年版。

卓新平主编：《当代中国宗教学研究（1949—2009）》，中国社会科学出版社 2011 年版。

卓新平主编：《当代中国宗教研究精选丛书·基督教卷》，民族出版
　社 2008 年版。

卓新平主编：《论马克思主义宗教观》，社会科学文献出版社 2009
　年版。

卓新平主编：《马克思主义宗教观研究》（第 1—2 辑），中国社会科
　学出版社 2011、2014 年版。

卓新平主编：《相遇与对话——明末清初中西文化交流国际学术研讨
　会文集》，宗教文化出版社 2003 年版。

卓新平主编：《中国宗教学 30 年（1978—2008）》，中国社会科学出
　版社 2008 年版。

邹清泉：《中国佛教美术论著引得》，上海三联书店 2014 年版。

三　期刊论文

艾菊红：《身份的政治学——西双版纳傣族基督徒的身份研究》，
　《世界宗教研究》2014 年第 5 期。

艾菊红：《基督教在韩国的本土化实践》，《世界民族》2015 年第
　4 期。

安秋旭：《近十年中国宗教人类学研究综述》，《邢台职业技术学院
　学报》2009 年第 4 期。

铂静：《当代世界新兴宗教学术研讨会召开》，《世界宗教研究》
　2005 年第 4 期。

白欲晓：《回到儒教自身——儒教学术形态引论》，《安徽大学学报》
　2010 年第 4 期。

白志红：《实践与阐释：大理白族“绕三灵”》，《民族研究》2010
　年第 5 期。

白志红：《人类学视域中的白族本主崇拜》，《宗教学研究》2017 年
　第 4 期。

曹南来：《流离与凝聚：巴黎温州人的基督徒生活》，《文化纵横》
　2016 年第 2 期。

曹南来：《旅法华人移民基督教：叠合网络与社群委身》，《社会学研究》2016 年第 3 期。

曹南来：《皈信与传统的再生：美国华埠移民教会的人类学研究》，《社会科学论坛》2017 年第 9 期。

曹南来、林黎君：《经济全球化背景下的华人移民基督教：欧洲的案例》，《世界宗教研究》2016 年第 4 期。

陈进国：《宗教治理如何走出困境：以济度宗教为例》，《文化纵横》2017 年第 1 期。

陈进国：《中国民间信仰如何走向善治》，《中央社会主义学院学报》2018 年第 3 期。

陈村富、吴欲波：《城市化过程中的当代农村基督教》，《世界宗教研究》2005 年第 2 期。

崔大华：《“儒教”辨——与仕继愈同志商榷》，《哲学研究》1982 年第 6 期。

戴康生：《继往开来，开创宗教研究新局面》，《世界宗教研究》1997 年第 3 期。

单纯：《“儒教”：认识民族情感的新视野》，《中国图书评论》2013 年第 5 期。

邓子美、周菲菲：《人间佛教研究五十年述评》，《西南民族大学学报》2015 年第 6 期。

杜继文：《佛学研究经验谈》，《佛学研究》1998 年第 2 期。

杜继文：《中国的人本主义传统和无神论精神》，《科学与无神论》2008 年第 1 期。

杜继文：《什么是“宗教信仰自由”？——学习〈全面推进依法治国若干重大问题的决议〉，重读宪法的体会》，《科学与无神论》2015 年第 2 期。

段德智：《关于儒家与儒教的讨论》，《中国哲学史》2002 年第 2 期。

段德智：《近 30 年来的“儒学是否宗教”之争及其学术贡献》，《晋阳学刊》2009 年第 6 期。

段琦：《宗教生态失衡对基督教发展的影响——以江西余干县的宗教调查为例》，《中国民族报·宗教专刊》2010 年 1 月 19 日。

范丽珠：《西方宗教理论下中国宗教研究的困境》，《南京大学学报》2009 年第 2 期。

范丽珠：《现代宗教是理性选择的吗　质疑宗教的理性选择研究范式》，《社会》2008 年第 6 期

方广锠：《中国佛教研究的里程碑》，《普门学报》2004 年第 22 期。

方文：《群体符号边界如何形成？——以北京基督新教群体为例》，《社会学研究》2005 年第 1 期。

孕藏加：《中华人民共和国的藏传佛教研究——回顾与展望》，《世界宗教研究》2000 年第 2 期。

高丙中：《民间的仪式与国家的在场》，《北京大学学报》（哲学社会科学版）2001 年第 1 期。

高丙中：《作为非物质文化遗产研究课题的民间信仰》，《江西社会科学》2007 年第 3 期。

高师宁：《宗教社会学在中国》，《中国人民大学学报》2004 年第 5 期。

高志英：《宗教认同与区域、民族认同——论 20 世纪藏彝走廊西部边缘基督教的发展与认同变迁》，《中南民族大学学报》（人文社会科学版）2010 年第 2 期。

高志英：《宗教诉求与跨境流动——以中缅边境地区信仰基督教跨境民族为个案》，《世界宗教研究》2014 年第 6 期。

龚云：《马克思主义无神论研究和宣传教育是党的意识形态工作的重要组成部分》，《科学与无神论》2017 年第 3 期。

宫哲兵：《宗教人类学的现代转变》，《中国宗教》2009 年第 3 期。

宫哲兵：《中国道商的宗教经济学分析》，《中国企业家》2010 年第 2 期。

郭豫适：《论儒教是否为宗教及中国古代小说与宗教的关系》，《华东师范大学学报》（哲学社会科学版）1996 年第 3 期。

哈迎飞：《现代文学研究中的"宗教"问题》，《首都师范大学学报》（社会科学版）2018 年第 12 期。

韩慧娟、刘昌：《宗教体验的情绪活动与生理活动研究》，《世界宗教研究》2010 年第 2 期。

郝光明等：《构建道教研究的"中国学派"——访教育部长江学者盖建民教授》，《中国道教》2018 年第 3 期。

华方田：《二十年来中国大陆佛学研究现状与未来展望》，两岸佛学教育现况与发展研讨会，2002 年。

侯李游美：《2009 年中国佛教美术研究综述》，《成都大学学报》2010 年第 4 期。

黄剑波：《宗教人类学的发展历程及学科转向》，《广西民族研究》2005 年第 2 期。

黄海波：《公民社会中的宗教：罗伯特·伍斯诺的多维分析模式述评》，《华东师范大学学报》2011 年第 5 期。

黄剑波：《人类学与中国宗教研究》，《思想战线》2017 年第 3 期。

黄剑波、刘琪：《私人生活、公共空间与信仰实践——以云南福贡基督教会为中心的考察》，《开放时代》2009 年第 2 期。

黄夏年：《四十年来对外国佛教研究综述》，《佛学研究》1992 年第 1 期。

黄夏年：《当前中国大陆佛学研究的难点与对策》，《五台山研究》1998 年第 2 期。

黄夏年：《对当代新兴宗教现象的思考——兼谈新兴宗教在中国》，《世界宗教文化》2007 年第 1 期。

汲喆：《论公民宗教》，《社会学研究》2011 年第 1 期。

汲喆：《如何超越经典世俗化理论？——评宗教社会学的三种后世俗化论述》，《社会学研究》2008 年第 4 期。

汲喆：《法国的华人佛教道场之初步调查》，《世界宗教文化》2014 年第 3 期。

金泽：《民间信仰的聚散现象初探》，《西北民族研究》2002 年第

2 期。

金泽：《能否和谐发展：民间信仰面临的挑战和选择》，《福建社会
　　主义学院学报》2006 年第 1 期。

金泽：《当代中国民间信仰的形态建构》，《民俗研究》2018 年第
　　3 期。

雷慧萃：《试论儒教在越南的传播与发展》，《东南亚纵横》2003 年
　　第 2 期。

李春尧：《宗教心理学在中国发展的困境与前景》，《甘肃理论学刊》
　　2015 年第 2 期。

李峰：《罗伯特·贝拉的宗教社会学思想述评》，《华东师范大学学
　　报》2011 年第 5 期。

李峰：《回到社会：对当前宗教社会学研究范式之反思》，《江海学
　　刊》2013 年第 5 期。

李林：《中国伊斯兰教暨回族研究论文书目索引（1991—1998 年）》，
　　《西北史地》1999 年第 4 期。

李林：《中国伊斯兰教研究学术史分期刍议》，《当代宗教研究》
　　2011 年第 2 期。

李林：《当代中国伊斯兰教义学研究与反思》，《中国穆斯林》2011
　　年第 3 期。

李林：《试析当代中国伊斯兰教哲学—思想研究的问题与主线》，
　　《世界宗教研究》2011 年第 5 期。

李林：《当代中国伊斯兰教法学研究与反思》，《世界宗教文化》
　　2013 年第 4 期。

李林：《从史学到实学：当代中国伊斯兰教研究的实证主义转向》，
　　《世界宗教文化》2011 年第 6 期。

李习文、张玉海：《〈禹贡半月刊〉回族伊斯兰教研究之特点》，《青
　　海民族研究》2001 年第 2 期。

李向平：《"信仰但不归属"的佛教信仰形式——以浙闽地区的佛教
　　生活为中心》，《世界宗教研究》2004 年第 4 期。

李向平:《另一种信仰危机:少林寺引发的宗教社会学问题》,《河南社会科学》2007 年第 3 期。

李向平:《社会化,还是世俗化?——中国当代佛教发展的社会学审视》,《学术月刊》2007 年第 7 期。

李向平:《"宗教生态",还是"权力生态"——从当代中国的"宗教生态论"思潮谈起》,《上海大学学报》(社会科学版) 2011 年第 1 期。

李志农:《文化边缘视野下的云南藏族丧葬习俗解读——以德钦县奔子栏村为例》,《云南社会科学》2009 年第 5 期。

李志农、李红春:《藏传佛教信仰与儒家文化互动下的"二次葬"习俗——以云南省迪庆州德钦县奔子栏藏族村为例》,《西南边疆民族研究》2010 年第 1 期。

梁丽萍:《关于宗教认同的调查与分析》,《世界宗教研究》2003 年第 3 期。

刘宁:《末代士绅阶层的式微与儒教文化之危机——兼论〈白鹿原〉的当代文化意义》,《陕西师范大学学报》2013 年第 5 期。

刘仲宇:《中国道教研究三十年》,《历史教学问题》2008 年第 6 期。

卢云峰:《超越基督宗教社会学:兼论宗教市场论在华人社会中的适用性问题》,《社会学研究》2008 年第 5 期。

卢云峰:《从类型学到动态研究:兼论信仰的流动》,《社会》2013 年第 2 期。

卢云峰:《走向宗教的多元治理模式》,《文化纵横》2013 年第 3 期。

罗惠翾:《三十年来中国宗教人类学研究的回顾与展望》,《湖北民族学院学报》(哲学社会科学版) 2009 年第 4 期。

吕力:《儒学当代全球传播、化约儒学与儒教社会科学》,《产业与科技论坛》2018 年第 17 卷第 7 期。

马泽梅:《中国伊斯兰教圣训学研究现状评述》,《青海民族研究》2011 年第 1 期。

牟钟鉴:《中国宗法性传统宗教试探》,《世界宗教研究》1990 年第

1 期。

牟钟鉴：《宗教文化生态的中国模式》，《中国民族报·宗教周刊》
　2006 年 5 月 16 日。

牟钟鉴：《宗教生态论》，《世界宗教文化》2012 年第 1 期。

牟钟鉴：《中国宗教学的发展历程和历史责任》，《中国文化研究》
　2018 年第 1 期。

牛苏林：《〈共产党宣言〉与宗教问题》，《中州学刊》2018 年第
　7 期。

卿希泰：《道教研究百年的回顾与展望》，《四川大学学报》（哲学社
　会科学版）2006 年第 4 期。

秋石（叶小文）：《社会主义的宗教论》，《求是》2003 年第 9 期。

任继愈：《把儒教放在更广阔的视野里来观察——序李申著〈中国儒
　教论〉》，《云梦学刊》2005 年第 2 期。

任文启：《儒教：作为一种身体中的宗教——一个现象学的视角》，
　《宗教学研究》2011 年第 12 期。

桑荣：《百年来新疆伊斯兰教研究》，《新疆社会经济》2000 年第
　5 期。

石丽：《帕森斯宗教社会学理论述评》，《世界宗教文化》2011 年第
　3 期。

施振民：《祭祀圈与社会组织——彰化平原聚落发展模式的探讨》，
　《"中央"研究院民族所集刊》第 36 期，1973 年。

孙尚扬：《世俗化与去世俗化的对立与并存》，《哲学研究》2008 年
　第 7 期。

孙尚扬、李丁：《北京市大学生对基督宗教态度的调查报告》，《同
　济大学学报》2013 年第 4 期。

孙砚菲：《千年未有之变局：近代中国宗教生态格局的变迁》，《学
　海》2014 年第 2 期。

王东波、孟凯：《近 25 年来我国道教研究的现状分析——基于国家
　社科基金项目（1991—2015）及其学术成果的研究》，《西南民族

大学学报》（人文社会科学版）2018 年第 4 期。

王健：《近年来民间信仰问题研究的回顾与思考：社会史角度的考察》，《史学月刊》2005 年第 1 期。

王铭铭：《中国民间宗教：国外人类学研究综述》，《世界宗教研究》1996 年第 2 期。

王士良：《儒教论争中的马克思主义宗教本质观》，《南昌师范学院学报》（社会科学版）2018 年第 1 期。

王伟光：《坚持马克思主义无神论是大原则》，《科学与无神论》2017 年第 6 期。

汪维藩：《基督教伦理与当代精神重建》，《金陵神学志》2008 年第 1 期。

汪维藩：《谈基督教的现状问题》，《宗教》1991 年第 1 期。

王霄冰、林海聪：《妈祖：从民间信仰到非物质文化遗产》，《文化遗产》2013 年第 6 期。

王霄冰、王玉冰：《从事象、事件到民俗关系——40 年民间信仰研究及其范式述评》，《民俗研究》2019 年第 2 期。

魏艾：《研究佛学的目的和方法——佛学基础知识讲座之七》，《法音》1983 年第 2 期。

魏道儒：《改革开放四十年来的佛教研究》，《中国宗教》2018 年第 8 期。

魏德东：《重视宗教生态的平衡》，《中国民族报·宗教周刊》2009 年 8 月 18 日。

韦立新：《中国儒教文化与日本近世思想的形成》，《广东外语外贸大学学报》2002 年第 4 期。

乌丙安、胡玉福：《"俗信"概念的确立与"妈祖信俗"申遗》，《文化遗产》2018 年第 2 期。

吴真：《民间信仰研究三十年》，《民俗研究》2008 年第 4 期。

习五一：《科学无神论是抵御境外宗教渗透的思想武器》，《科学与无神论》2014 年第 3 期。

解光宇：《儒学与儒教并行不悖——"儒学与宗教关系"学术研讨会综述》，《世界宗教研究》2010 年第 5 期。

邢东田：《儒教问题研究的发展和深入——儒教问题讨论会综述》，《世界宗教研究》2001 年第 2 期。

许嘉明：《祭祀圈之于居台汉人社会的独特性》，《中华文化复兴月刊》1978 年第 11 卷第 6 期。

杨德睿：《当代道教宫观经济的转型》，《中国农业大学》（社会科学版）2009 年第 1 期。

杨德睿：《当代中国道士培训教程的特征与意义》，《中国农业大学》（社会科学版）2010 年第 1 期。

杨德睿、陈进国、黄剑波、刘秀秀：《修行人类学：中国人类学家的话语构建——修行人类学访谈录》，《新视野》2017 年第 2 期。

杨曾文：《佛学研究与中国佛教的未来》，《中国宗教》2005 年第 2 期。

叶小文：《建设马克思主义宗教学探析》，《文史哲》2019 年第 2 期。

于光：《新兴宗教?!》，《世界宗教文化》1998 年第 2 期。

宇恒伟、肖文杰：《近二十年来的民间佛教研究综述》，《康定民族师范高等专科学校学报》2007 年第 3 期。

于涛：《我国新兴宗教研究问题综述》，《中国轻工教育》2013 年第 3 期。

岳永逸：《家中过会：中国民族信仰的生活化特质》，《开放时代》2008 年第 1 期。

曾友和：《论吕澂〈新编汉文大藏经目录〉在佛教目录学上的新成就》，《贵州学刊》2009 年第 1 期。

詹石窗、褚国锋：《改革开放四十年中国道学研究》，《孔学堂》2018 年第 5 期。

张立文：《20 世纪中国儒教的展开》，《宝鸡文理学院学报》（社会科学版）2001 年第 4 期。

张荣明：《儒教与道教关系的个案分析》，《管子学刊》2006 年第

1 期。

张士闪：《灵的皈依与身的证验——河北永年县故城村梅花拳调查》，《民俗研究》2012 年第 2 期。

张士闪：《民间武术的"礼治"传统及神圣运作——冀南广宗乡村地区梅花拳文场考察》，《民俗研究》2015 年第 6 期。

张小军：《象征地权与文化经济——福建阳村的历史地权个案研究》，《中国社会科学》2004 年第 3 期。

张新鹰：《宗教生态话题散议》，《世界宗教文化》2010 年第 4 期。

张志刚：《"儒教之争"反思——从争论线索、焦点问题到方法论探讨》，《文史哲》2015 年第 3 期。

张志刚：《中国宗教研究的几个关键问题》，《世界宗教研究》2015 年第 5 期。

赵丙祥：《祖业与隐修——关于河南两个太极拳流派之谱系的研究》，《民俗研究》2012 年第 2 期。

赵鼎新：《强势基督教文化下儒家文化及中国宗教的困境和出路》，《领导者》2009 年第 3 期。

赵文洪：《关于"宗教中国化"定义的理论思考》，《中国宗教》2018 年第 7 期。

赵文洪：《宗教治理实践呼唤理论创新》，《中国宗教》2018 年第 10 期。

赵英：《近二十年来中国宗教人类学研究综述》，《世界宗教研究》2005 年第 2 期。

周月琴：《儒教在当代韩国的命运及其传统文化意义》，《哲学动态》2005 年第 11 期。

朱维群：《共产党员不能信仰宗教》，《求是》2011 年第 24 期。

朱晓明：《始终保持马克思主义无神论在人民群众思想中的主导地位》，《红旗文稿》2016 年第 16 期。

卓新平：《中国宗教研究百年历程》，《中国宗教》1999 年第 2 期。

卓新平：《中国宗教的当代走向》，《学术月刊》2008 年 10 期。

卓新平：《改革开放三十年来的宗教学研究》，《中国宗教》2008 年
　　第 10 期。

卓新平：《以科学发展观研究新兴宗教》，《世界宗教文化》2011 年
　　第 1 期。

卓新平：《论积极引导宗教的现实意义》，《世界宗教研究》2016 年
　　第 1 期。

卓新平：《宗教学研究的新时代与新任务》，《中国宗教》2018 年
　　9 月。

四　报纸文章

陈进国：《关于中国宗教生态论的争论》，《中国民族报・宗教周刊》
　　2010 年 7 月 6 日。

高师宁：《新兴宗教及其研究在中国》，《中国民族报》2006 年 8 月
　　29 日。

郭豫适：《儒教是宗教吗?》，《文汇报》1996 年 6 月 12 日。

加润国：《自觉用习近平关于宗教工作的重要论述武装头脑》，《中
　　国民族报》2018 年 5 月 11 日。

李林：《中国伊斯兰教研究：学术史梳理与前瞻》，《中国社会科学
　　报》2013 年 2 月 27 日。

李向平：《宗教信仰的国家想象力——兼评"宗教生态论"思潮》，
　　《中国民族报・宗教周刊》2010 年 7 月 27 日。

牟钟鉴：《中国的社会主义者应当是温和的无神论者》，《中国民族
　　报》2007 年 1 月 16 日。

田心铭：《坚持马克思主义必须坚持无神论》，《中国社会科学报》
　　2018 年 6 月 26 日。

曾传辉：《必须辩证看待宗教的社会作用》，《中国民族报》2015 年
　　9 月 3 日。

曾传辉：《改革开放 40 年我国在宗教治理方面对马克思主义宗教理
　　论的发展》，《中国民族报》2018 年 5 月 15 日。

朱维群：《为什么"宗教信徒入党"行不通》，《环球时报》2016 年 6 月 21 日。

五　电子文献

陈明：《儒教之公民宗教说》（http：//www. cssn. cn/news/157807. htm）。

甘阳：《以家庭作为道德重建的中心》（http：//wcn. org. cn/mod-ules/article/view. article. php/3113）。

孙尚扬：《市场需求导致"李一现象"产生》（http：//v. ifeng. com/society/201008/692aec51 – c79c – 4ab1 – 847a – 5ee7d28e6928. sht-ml）。

魏德东：《当代中国宗教红市发展——以生活禅夏令营为例》（ht-tp：//fo. ifeng. com/special/sjz/shegnhuo/detail ＿ 2011 ＿ 05/12/6345295_0. shtml）。

六　译著

［美］埃利希·弗洛姆：《精神分析与宗教》，贾辉军译，中国对外翻译出版公司 1995 年版。

［美］埃·弗洛姆：《精神分析与宗教》，孙向晨译，上海人民出版社 2006 年版。

［美］彼得·贝格尔：《神圣的帷幕》，高师宁译，上海人民出版社 1991 年版。

［美］彼得·伯格等：《世界的非世俗化：复兴的宗教及全球政治》，李骏康译，上海古籍出版社 2005 年版。

［苏］波波娃：《精神分析学派的宗教观》，张雅平译，上海人民出版社 1992 年版。

［法］伯希和：《唐元时代及东亚之基督徒》，冯承钧译，载《西域南海史地考证论著汇编》，中华书局 1957 年版。

［英］布赖恩·莫斯利：《宗教人类学》，周国黎译，今日中国出版社 1992 年版。

［英］查尔斯·埃利奥特：《巴利系佛教史纲》，李荣熙译，华宇出版社 1987 年版。

［德］第·博尔：《伊斯兰教哲学史》，马坚译，中华书局 1958 年版。

［美］杜赞奇：《文化、权力与国家：1900—1942 年的华北农村》，江苏人民出版社 1994 年版。

［英］菲奥纳·鲍伊：《宗教人类学导论》，金泽、何其敏译，中国人民大学出版社 2004 年版。

［美］冯德麦登：《宗教与东南亚现代化》，张世红译，今日中国出版社 1995 年版。

［奥地利］弗洛伊德：《摩西与一神教》，李展开译，生活·读书·新知三联书店 1989、1992 年版。

［奥地利］弗洛伊德：《图腾与禁忌》，杨庸一译，中国民间文艺出版社 1986 年版。

［奥地利］弗洛伊德：《一个幻觉的未来》，杨韶刚译，华夏出版社 1998、1999 年版。

［美］J. M. 英格：《宗教的科学研究》，金泽等译，中国社会科学出版社 2009 年版。

［美］韩森：《变迁之神：南宋时期的民间信仰》，浙江人民出版社 1999 年版。

［日］吉田祯吾：《宗教人类学》，王子今、周苏平译，陕西人民教育出版社 1991 年版。

［美］焦大卫、［美］欧大年：《飞鸾：中国民间教派面面观》，周育民译，香港中文大学出版社 2005 年版。

［日］井筒俊彦：《伊斯兰教思想历程——凯拉姆·神秘主义·哲学》，秦惠彬译，今日中国出版社 1992 年版。

［英］凯特·洛文塔尔：《宗教心理学简论》，罗跃军译，北京大学出版社 2002 年版。

［法］劳格文主编：《客家传统社会》，中华书局 2005 年版。

［苏］里夫希茨:《马克思论艺术和社会理想》,吴元迈等译,人民文学出版社 1983 年版。

［巴基斯坦］里亚兹·穆罕默德·汗:《阿富汗和巴基斯坦:冲突·极端主义·抵制现代性》,时事出版社 2014 年版。

［美］列文森:《儒教中国及其现代命运》,郑大华、郑菁译,中国社会科学出版社 2000 年版。

［德］卢克曼:《无形的宗教》,覃方明译,香港汉语基督教文化研究所 1995 年版。

［意］罗伯托·希普里阿尼:《宗教社会学史》,高师宁译,中国人民大学出版社 2005 年版。

［美］罗德尼·斯达克、威廉姆·希姆斯·本布里奇:《宗教的未来》,高师宁等译,中国人民大学出版社 2006 年版。

［美］罗德尼·斯达克、罗杰尔·芬克:《信仰的法则——解释宗教之人的方面》,杨凤岗译,中国人民大学出版社 2004 年版。

［美］罗纳德·L.约翰斯通:《社会中的宗教——一种宗教社会学》,尹今黎、张蕾译,四川人民出版社 1991 年版。

［美］马吉德·法赫里:《伊斯兰哲学史》,陈中耀译,上海外语教育出版社 1992 年版。

［德］马克斯·韦伯:《新教伦理与资本主义精神》,于晓等译,生活·读书·新知三联书店 1987 年版。

［德］马克斯·韦伯:《中国的宗教:儒教与道教》,简惠美译,台北远流出版事业公司 1989 年版。

［美］玛丽·乔·梅多、理查德·德·卡霍《宗教心理学——个人生活中的宗教》,陈麟书等译,四川人民出版社 1990 年版。

［美］马特兰:《宗教艺术论》,李军、张总译,今日中国出版社 1992 年版。

［英］麦克·阿盖尔:《宗教心理学导论》,陈彪译,中国人民大学出版社 2005 年版。

［印］摩诃那摩:《大史·斯里兰卡佛教史》,韩廷杰译,佛光文化

事业有限公司 1996 年版。

［埃及］穆罕默德·艾玛热编纂：《布哈里圣训实录精华》，宝文安、买买提·赛来译，中国社会科学出版社 1981 年版。

［伊拉克］穆罕默德·本·侯赛因·谢里夫·莱迪编：《辞章之道——伊玛目阿里·本·艾比·塔利卜言论集》，张志华译，宗教文化出版社 2009 年版。

［伊拉克］穆萨·穆萨维：《阿拉伯哲学——从铿迭到伊本·鲁世德》，张文建、王培文译，商务印书馆 1997 年版。

［阿拉伯］穆斯林·本·哈查吉辑录：《穆斯林圣训实录》，穆萨·余崇仁编译，宗教文化出版社 2009 年版。

［斯］尼古拉斯、帕拉纳维达那：《锡兰简明史》，李荣熙译，商务印书馆 1964 年版。

［美］欧大年：《中国民间宗教教派研究》，刘心勇、严耀中等译，上海古籍出版社 1993 年版。

［美］欧大年、范丽珠主编：《华北农村民间文化研究丛书》，天津古籍出版社 2006 年版。

［瑞士］荣格：《东洋冥想的心理学：从易经到禅》，杨儒宾译，社会科学文献出版社 2000 年版。

［瑞士］荣格：《荣格文集：让我们重返精神家园》，冯川、苏克译，改革出版社 1997 年版。

［瑞士］荣格：《寻求灵魂的现代人》，苏克译，贵州人民出版社 1987 年版。

［瑞士］荣格：《寻找灵魂的现代人》，王义国译，光明日报出版社 2007 年版。

［美］塞缪尔·亨廷顿：《文明的冲突与世界秩序的重建》，周琪译，新华出版社 1998 年版。

［德］施路赫特：《理性化与官僚化——对韦伯之研究与诠释》，顾忠华译，广西师范大学出版社 2004 年版。

［法］涂尔干：《社会学研究方法论》，华夏出版社 1988 年版。

［法］涂尔干：《宗教生活的基本形式》，渠东、汲喆译，上海人民出版社 1999 年版。

［美］托马斯·奥戴：《宗教社会学》，刘润忠等译，中国社会科学出版社 1990 年版。

［英］王斯福：《帝国的隐喻：中国民间宗教》，赵旭东译，江苏人民出版社 2008 年版。

［美］威尔弗雷德·坎特韦尔·史密斯：《宗教的意义与终极》，董江阳译，中国人民大学出版社 2005 年版。

［德］威廉·冯特：《民族宗教心理学纲要——人类心理发展简史》，陆丽青、刘瑶译，单纯校，宗教文化出版社 2008 年版。

［美］威廉·詹姆士：《宗教经验之种种：人性之研究》，唐钺译，商务印书馆 2002 年版。

［美］魏乐博、范丽珠主编：《江南地区的宗教与公共生活》，上海人民出版社 2015 年版。

［苏］乌格里诺维奇：《宗教心理学》，沈翼鹏译，社会科学文献出版社 1989 年版。

［美］武雅士主编：《中国社会中的宗教与仪式》，彭泽安等译，江苏人民出版社 2014 年版。

［德］西美尔：《现代人与宗教》，曹卫东等译，香港汉语基督教文化研究所 1997 年版。

［美］希提：《阿拉伯通史》，马坚译，商务印书馆 1995 年版。

［美］杨庆堃：《中国社会中的宗教：宗教的现代社会功能与其历史因素之研究》，范丽珠等译，上海人民出版社 2007 年版。

［阿拉伯］伊本·凯西尔：《古兰经注》，孔德军译，中国社会科学出版社 2010 年版。

［日］泽田瑞惠：《增补宝卷的研究》，国书刊行会 1975 年版。

［英］詹·乔·弗雷泽：《金枝》，徐育新等译，中国民间文艺出版社 1987 年版。

七 外文文献

James L. Watson, "Standardizing the Gods: The Promotion of T'ien –
hou ('Empress of Heaven') along the South China Coast, 960 –
1960", David Johnson, Andrew Nathan and Evelyn S. Rawski
(eds.), *Popular Culture in Late Imperial China*, Berkeley: University
of California Press, 1985, pp. 292 – 324.

Kenneth Dean, Zheng Zhenman, *Ritual Alliances of the Putian Plain*:
Historical Introduction to the Return of the Gods (Vol. 1) & A Survey of
Village Temples and Ritual Activities (Vol. 2), Leiden: Brill,
2009 – 2010.

Na Chen, Lizhu Fan, "Confucianism as an 'Organized Religion': An
Ethnographic Study of the Confucian Congregation", *Nova Religio: The*
Journal of Alternative and Emergent Religions, Vol. 21, No. 1,
August 2017。

Peter L. Berger, *The Desecularization of the World: Resurgent Religion*
and World Politics, Grand Rapids, Michigan: Ethics and Public Police
Center and Wm. b. Eerdmans Publishing Co. , 1999.

Yunfeng Lu. *The Transformation of Yiguan Dao in Taiwan: Adapting to a*
Changing Religious Economy , Lanham: Lexington Books, 2008.

后　记

　　2019 年我们迎来了中华人民共和国成立 70 周年，本书全面回顾总结了自中华人民共和国成立 70 年来宗教学学科建设所取得的显著成就，对宗教学的学术发展史进行了系统深入的探究和回顾，分析了宗教学的发展脉络，并进一步探讨了宗教学学科的发展趋势及方向，是一份从宗教学发展史角度对中华人民共和国成立 70 周年的献礼。

　　本书的十七个章节涵盖了多元研究主题，包括马克思主义宗教观研究、汉传佛教研究、藏传佛教研究、南传佛教研究、印度佛教研究、道教研究、儒教研究、民间宗教研究、民间信仰研究、新兴宗教研究、基督教研究、伊斯兰教研究，以及宗教哲学研究、宗教社会学研究、宗教心理学研究、宗教人类学研究、宗教艺术研究。这样的结构架构一方面坚守了马克思主义宗教观，涵盖了五大宗教，兼顾了交叉学科的发展趋势，基于学科发展脉络视角在地域上囊括了蒙、藏、滇、印度等广阔地域，并关注到了新兴宗教等当代问题。

　　本书紧扣关系党和国家事业发展的重大理论和现实问题，考虑到跨学科、不同学科交叉和融合的发展趋势，我们完善了本所自身的科研组织方式，组织了二十四位同事共同参与本书的编撰工作，多次讨论、优化本书的结构框架，并邀请了十一位学者对不同章节进行细致审稿。

　　二十四位同事基于专长分工负责各个章节的编撰工作，其中，黄奎执笔"中华人民共和国 70 年马克思主义宗教观研究（1949—

2019）"，纪华传、吕其俊共同执笔"中华人民共和国 70 年汉传佛教研究（1949—2019）"，周艳、任永康共同执笔"中华人民共和国 70年藏传佛教研究（1949—2019）"，裴振威执笔"中华人民共和国 70年南传佛教研究（1949—2019）"，王萱、花佳秋共同执笔"中华人民共和国 70 年印度佛教研究（1949—2019）"，汪桂平执笔"中华人民共和国 70 年道教研究（1949—2019）"，肖雁执笔"中华人民共和国 70 年儒教研究（1949—2019）"，李志鸿执笔"中华人民共和国 70 年民间宗教研究（1949—2019）"，叶涛执笔"中华人民共和国 70 年民间信仰研究（1949—2019）"，梁建华执笔"中华人民共和国 70 年新兴宗教研究（1949—2019）"，卓新平、唐晓峰、段琦、杨华明共同执笔"中华人民共和国 70 年基督教研究（1949—2019）"，李林执笔"中华人民共和国 70 年伊斯兰教研究（1949—2019）"，冯梓琏执笔"中华人民共和国 70 年宗教哲学研究（1949—2019）"，李华伟执笔"中华人民共和国 70 年宗教社会学研究（1949—2019）"，梁恒豪执笔"中华人民共和国 70 年宗教心理学研究（1949—2019）"，王超文、陈进国共同执笔"中华人民共和国 70 年宗教人类学研究（1949—2019）"，嘉木扬·凯朝执笔"中华人民共和国 70 年宗教艺术研究（1949—2019）"。

本书的审稿促进了宗教学领域的学术交流及互动，在一定程度上发挥着学术"传帮带"的作用。由各研究室室主任推荐资深研究员担任审稿专家，其中，张新鹰审稿"中华人民共和国 70 年马克思主义宗教观研究（1949—2019）"，纪华传、周广荣审稿"中华人民共和国 70 年汉传佛教研究（1949—2019）""中华人民共和国 70 年藏传佛教研究（1949—2019）""中华人民共和国 70 年南传佛教研究（1949—2019）"三个部分，周广荣审稿"中华人民共和国 70 年印度佛教研究（1949—2019）"，王宗昱审稿"中华人民共和国 70 年道教研究（1949—2019）""中华人民共和国 70 年民间宗教研究（1949—2019）"两个章节，韩星审稿"中华人民共和国 70 年儒教研究（1949—2019）"，黄剑波审稿"中华人民共和国 70 年民间信

仰研究（1949—2019）""中华人民共和国 70 年新兴宗教研究
（1949—2019）""中华人民共和国 70 年宗教人类学研究（1949—
2019）"三个章节，卓新平审稿"中华人民共和国 70 年基督教研究
（1949—2019）"，吴云贵审稿"中华人民共和国 70 年伊斯兰教研究
（1949—2019）"，金泽审稿"中华人民共和国 70 年宗教哲学研究
（1949—2019）""中华人民共和国 70 年宗教社会学研究（1949—
2019）""中华人民共和国 70 年宗教心理学研究（1949—2019）"三
个部分，张总审稿"中华人民共和国 70 年宗教艺术研究（1949—
2019）"。

　　本书在世界宗教研究所党委和领导班子的大力支持下，由世界
宗教研究所郑筱筠所长统筹安排，组织写作团队，大家群策群力、
用心写作，可以说，本书凝聚了世界宗教研究所老中青三代科研学
者共同的心血结晶。即将付梓之际，我们对如上专家学者在编撰工
作过程中付出辛勤努力致以真诚的感谢，谢谢大家克服种种困难、
在完成自身科研工作的同时对本书稿的支持及所倾注的心血。同时，
我们对中国社会科学出版社的刘亚楠编辑致以诚挚的谢意，刘老师
在本书出版规范化等多个维度为我们提供了至关重要的帮助。当然，
在有限时间内，难免存有遗憾，本书仍有诸多需完善的地方，文责
自负，欢迎不吝指教、批评指正，以期后续有机会及时修正。

　　本书着力于对宗教学领域的系统性和综合性的总结及回顾，开
展了多视角和跨学科的协同合作，在本书的编撰过程中，跨学科的
融合发展得到了进一步的推动，学科基础建设也更加扎实了。最后，
期望本书能对推动建设人类命运共同体、解决人类面临的共性问题
提供一个可资借鉴的宗教学学科视角，为中国特色社会主义建设的
新时代征程提供精神动力及文化支撑，希望不辜负新时代赋予我们
学者们的使命，不忘初心，为繁荣中国学术及学科三大体系建设，
为实现中华民族伟大复兴的中国梦做出更大贡献。